国泰安职业教育与产业发展研究院
GTA Vocational Education and Industry Development Research Institute
GVEIDRI

中国职业教育年鉴
(2017)

陈工孟　主编

CHINA VOCATIONAL EDUCATION YEARBOOK 2017

经济管理出版社
ECONOMY & MANAGEMENT PUBLISHING HOUSE

图书在版编目（CIP）数据

中国职业教育年鉴（2017）/陈工孟主编．—北京：经济管理出版社，2017.5
ISBN 978－7－5096－5047－9

Ⅰ.①中…　Ⅱ.①陈…　Ⅲ.①职业教育—中国—2017—年鉴　Ⅳ.①G719.2－54

中国版本图书馆CIP数据核字(2017)第057840号

组稿编辑：魏晨红
责任编辑：魏晨红
责任印制：黄章平
责任校对：超　凡　王纪慧

出版发行：经济管理出版社
（北京市海淀区北蜂窝8号中雅大厦A座11层　100038）
网　　址：www. E－mp. com. cn
电　　话：（010）51915602
印　　刷：深圳当纳利印刷有限公司
经　　销：新华书店
开　　本：880mm×1230mm/16
印　　张：38.75
字　　数：1042千字
版　　次：2017年5月第1版　　2017年5月第1次印刷
书　　号：ISBN 978－7－5096－5047－9
定　　价：980.00元

《中国职业教育年鉴（2017）》专家顾问委员会

陈广庆　中华职业教育社原总干事　中国职业教育创新联盟常务副理事长

毕结礼　人力资源和社会保障部职业技能鉴定中心副主任　中国职工教育和职业培训协会常务副会长

刘占山　中国职业技术教育学会常务副会长、秘书长

杨　进　教育部职业技术教育中心研究所所长

汤　敏　国务院参事　友成企业家扶贫基金会常务副理事长

李家华　教育部创业教育指导委员会副主任　KAB 创业教育中国研究所所长　中国青年政治学院原副校长、教授

陈　宗　中国青年创业就业基金会党组书记、秘书长　中国职业教育创新联盟副理事长

梁美智　香港联合国教科文组织协会副会长

吕新荣　香港理工大学前副校长　香港生产力促进局前副总裁

罗崇敏　国家督学　云南省人民政府参事　云南省原教育厅厅长

冯庆山　沧州职业技术学院党委书记

顾名宇　安顺职业技术学院党委书记

张乐天　聊城职业技术学院党委书记

刘建强　佳木斯职教集团党委副书记、管委会副主任　佳木斯职业学院党委书记

邵一江　合肥职业技术学院党委副书记、院长

张京龙　云南旅游职业学院党委书记、院长

李善华　云南机电职业技术学院院长

董丛华　玉溪农业职业技术学院院长

陈　鸣　贵州建设职业技术学院党委副书记　贵州省职业教育学会常务副会长

周　文　荆州职业技术学院党委副书记、院长

龚双江　教育部高职十二五规划教材立项评审专家　教育部改革创新教材评审组组长

《中国职业教育年鉴（2017）》编撰委员会

主　　编

陈工孟　国泰安职业教育与产业发展研究院院长

上海交通大学金融学教授、博士生导师

副 主 编

俞仲文　中国职业技术教育学会副会长

全国民办职业教育分会会长

深圳职业技术学院创校校长

丁　艳　国泰安职业教育与产业发展研究院常务副院长

《中国职业教育年鉴（2017）》组织机构

理事长单位

中国教育创新研究院

深圳国泰安职业教育与产业发展研究院

昆明泛亚职业教育与产业发展研究院

理 事 单 位（按行政区域代码排序，排名不分先后）

上海工商外国语学校

佳木斯市职业教育集团

南京铁道职业技术学院

江苏省盱眙技师学院

六安职业技术学院

山东理工职业学院

河南交通职业技术学院

河南省外贸学校

河南漯河第一中等专业学校

商丘职业技术学院

安阳职业技术学院

郑州财经技师学院

许昌幼儿师范学校

新乡幼儿师范学校

湖北生态工程职业技术学院

武汉市蔡甸职业教育中心学校

武汉船舶职业技术学院

大冶市职业技术学校

沧州职业技术学院

江苏省南京工程高等职业学校

镇江高等职业技术学校

合肥职业技术学院

聊城职业技术学院

河南工业贸易职业学院

河南省工业设计学校

许昌电气职业学院

河南化工技师学院

漯河技师学院

郑州交通技师学院

安阳中等职业技术学校

郑州铁路技师学院

武汉交通职业学院

荆州职业技术学院

秭归县职业教育中心

恩施职业技术学院

宜昌市三峡中等专业学校

湖北生物科技职业学院
枝江市职业教育中心
襄州区职教中心
襄阳市樊城区职业技术教育中心学校
广州市信息工程职业学校
东莞市电子商贸学校
深圳市龙岗区第二职业技术学校
佛山市顺德区胡宝星职业技术学校
安顺职业技术学院
毕节职业技术学院
贵州省财政学校
贵州省德江县中等职业学校
临沧财贸学校
楚雄医药高等专科学校
玉溪农业职业技术学院
云南省曲靖农业学校
丽江师范高等专科学校
新疆工业经济学校
（新疆经济贸易技师学院）
武汉光谷职业学院
湖北三峡技师学院
湖北省十堰技师学院
长沙市信息技术职业学校
广州市机电技师学院
佛山市南海区第一职业技术学校
广东机电职业技术学院
贵州建设职业技术学院
黔南民族职业技术学院
贵州省职业教育学会
贵州航天职业技术学院
云南旅游职业学院
云南省昭通农业学校
云南商务信息工程学校
江川县职业中学
景谷职业高级中学
新疆维吾尔自治区物流学会

序

100 年前，我国著名教育家黄炎培先生联合蔡元培等 48 位教育界、实业界知名人士在上海创立了中华职业教育社，本着教育救国的宗旨，致力于改革脱离生产劳动、脱离社会生活的传统教育，推动职业教育发展，在不同历史时期，为国家富强、民族振兴和祖国统一作出了积极贡献。100 年后的今天，全国人民正迈着坚定的步伐，朝着全面建成小康社会和实现中华民族伟大复兴的中国梦的目标前进，共筑职教梦再次成为时代强音！

近年来，党和国家持续关注、大力推动职业教育改革创新发展，并已建成世界上规模最大的职业教育体系。2016 年，全国共有 1.25 万所职业学校，在校生 2700 多万人，非学历教育注册学生 5287 万人，开设近千个专业、10 万个专业点，基本覆盖国民经济各领域。职业教育为我国经济社会发展培养了数以亿计的高素质劳动者和技术技能型人才，为建设高等教育强国和人力资源强国作出了重要贡献，为国家长远发展提供了更加强有力的人才支撑，也为广大人民群众提供了更多的优质职业教育资源，为更多的人提供了人生出彩的机会。

2016 年是《中华人民共和国职业教育法》实施 20 周年，职业教育已经实现跨越式发展，站在了新的历史起点上！2017 年，适逢中共十九大、“一带一路”国际合作高峰论坛、全国教育大会、中华职业教育社建社 100 周年等重要活动，职业教育面临良好的发展环境和新的发展机遇，一系列利好政策值得期待。同时，新形势下职业教育也将回应国家战略和经济社会发展需要，肩负新的使命和任务。教育部 2017 年《职业教育与继续教育工作要点》指出，职业教育将围绕国家战略精准施策，全面服务“中国制造 2025”、服务脱贫攻坚、服务区域发展战略以及服务“一带一路”建设和国际产能合作。2017 年，职业教育必将为推动经济保持中高速增长、迈向中高端水平作出新贡献！必将成为中国职业教育发展史上浓墨重彩的一年！

2017 年 5 月，“一带一路”国际合作高峰论坛取得圆满成功。会议倡导各国坚持以和平合作、开放包容、互学互鉴、互利共赢为核心的丝路精神，将“一带一路”建成和平、繁荣、开放、创新、文明之路。职业教育将在共建“一带一路”的进程中，发挥输送基础性、支撑性人才的重要作用。我国职业教育要切实摆在更加突出的位置，以战略眼光、先进理念和国际视野，科学布局，创新发展，以更加自信的姿态走向“一带一路”、走向世界。

2015年以来，国泰安职业教育与产业发展研究院开始编撰《中国职业教育年鉴》，初心是想为我国职业教育领域提供一本比较专业、系统、全面的参考工具书，为推动我国职业教育发展贡献一份力量。如今，在职业教育及相关领域学术界、实业界以及政府管理部门的大力支持和积极参与下，《中国职业教育年鉴（2017）》依然带着“初心”和大家见面了。《中国职业教育年鉴（2017）》全面记录了2016年我国职业教育前进的脚步、发展的轨迹和取得的丰硕成果，同时介绍和分析了国外现代学徒制、学分银行制度、创新创业教育的先进模式，以及无人机、虚拟现实等新兴产业与职业教育融合发展的现状及趋势，并且针对我国职业教育发展存在的问题提出了思考和建议，希望“他山之石，可以攻玉”，对促进我国职业教育发展有所裨益。

中国职业教育发展取得的辉煌成绩已载入史册，新的历史画卷正期待着我们去绘就。让我们携起手来，务实重行，开拓创新，为建设具有中国特色的现代职业教育体系，为职教梦、中国梦，贡献我们的智慧和力量！

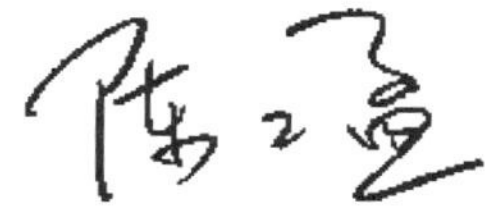

国泰安职业教育与产业发展研究院院长

《中国职业教育年鉴（2017）》主编

上海交通大学安泰管理学院教授、博士生导师

2017年5月

前言

《中国职业教育年鉴》（以下简称《年鉴》）是反映中国职业教育改革发展情况的大型资料性工具书。《年鉴》的编撰、出版对我国职业教育学界和产业界具有重要的参考价值和借鉴作用，既可为政府有关部门提供决策参考，为专家学者研究中国职业教育的改革发展提供事实依据，也可为有关职业院校、行业协会、企业、教育培训机构等提供系统、准确、广泛的参考信息，还可以作为图书馆、研究机构等的重要参考工具书。

在中国职业教育及相关领域的学术界、实务界和政府管理部门的积极参与下，在编委会的共同努力下，《中国职业教育年鉴（2017）》已经顺利编撰完成。本书内容丰富广泛，共设政策篇、统计篇、国际篇、产业发展与职业教育篇、研究篇、案例篇和附录篇，涵盖国内职业教育政策动向、理论研究前沿、国际先进职教模式、产教融合等多个方面，特别是深入剖析了新兴产业与职业教育融合发展情况，以期推动职业教育更好地服务产业发展。

《年鉴》于2017年5月正式出版发行，在此，向所有对《年鉴》提出宝贵意见和建议的专家、学者表示感谢，向所有参与《年鉴》编撰的人员表示感谢，同时感谢政府部门、行业企业协会、媒体机构、众多职业院校的大力支持和配合！

为尊重知识产权，我们严格要求所有文稿必须注明参考资料和引用文献的出处和来源。尽管如此，由于编撰工作的复杂性，在资料搜集和文稿编辑过程中依然存在一些疏漏，敬请海内外的专家学者、职业教育界人士给予批评指正，争取在今后加以改进，进一步提高编撰质量。

《中国职业教育年鉴（2017）》编委会

2017年5月

目　录

案例篇

附录篇

政策篇

统计篇

国际篇

产业发展与职业教育篇

研究篇

案例篇

附录篇

政 策 篇

第一章　职业教育重大政策法规综述

“十三五”时期，是我国全面建成小康社会、实现第一个一百年奋斗目标的决胜阶段。随着“创新驱动”、“中国制造2025”、“一带一路”等国家战略的深入实施，职业教育迎来了新的机遇与挑战。加快发展职业教育、提高教育质量成为“十三五”时期职业教育的发展主题。

2016年，教育部等部门发布了教育信息化、社区教育、技工教育、制造业人才等发展规划，全面实施了职业教育质量年度报告制度、中等职业学校教学诊断与改进制度、教师素质提高计划等措施，进一步深化职业教育改革，着力提高职业教育质量，推动人口红利转化成人才红利。在国家政策法规的指引下，地方政府结合区域发展特点和职业教育发展现状，出台地方性政策法规，推动区域职业教育改革发展。本章系统梳理2016年国家和地方出台的职业教育相关政策法规，为准确把握职业教育发展方向、全面了解职业教育发展形势提供参考。

一、国家政策法规综述

国家政策是职业教育发展的风向标，既能凸显未来的发展重点，也能反映当前职业教育发展面临的主要问题。2016年是“十三五”开局之年，也是全面深化改革的关键之年，国家密集出台了多项政策，提高职业教育地位，厘清发展方向，助力职业教育发展。2016年国家主要职业教育类政策法规如表1－1所示。

表1－1　　2016年国家主要职业教育类政策法规一览表

成文时间	文件名	发布机构
1月11日	关于印发《依法治教实施纲要（2016～2020年）》的通知	教育部
1月14日	关于开展中等职业教育质量年度报告工作的通知	教育部办公厅
1月21日	关于办好开放大学的意见	教育部
2月25日	关于印发《全民科学素质行动计划纲要实施方案（2016～2020年）》的通知	国务院办公厅
3月1日	关于印发《农民工学历与能力提升行动计划——“求学圆梦行动”实施方案》的通知	教育部、中华全国总工会
3月14日	关于印发《中等职业学校办学能力评估暂行办法》的通知	国务院教育督导委员会办公室

续表

成文时间	文件名	发布机构
3月14日	关于印发《高等职业院校适应社会需求能力评估暂行办法》的通知	国务院教育督导委员会办公室
3月16日	关于确定《高等职业教育创新发展行动计划（2015～2018年）》任务（项目）承接单位的通知	教育部职业教育与成人教育司
3月17日	关于开展中等职业学校学生学籍管理和资助工作专项治理的紧急通知	教育部办公厅
3月21日	关于印发《职业教育与继续教育2016年工作要点》的函	教育部职业教育与成人教育司
3月21日	关于公布2016年普通高等学校高等职业教育专业设置备案和审批结果的通知	教育部
3月29日	关于报送2016年职业教育与产业对话活动计划的通知	教育部职业教育与成人教育司
4月7日	关于做好中等职业学校教学诊断与改进工作的通知	教育部职业教育与成人教育司
4月18日	关于印发《职业学校学生实习管理规定》的通知	教育部、财政部、人力资源和社会保障部、安全监管总局、中国保监会
4月19日	关于印发贯彻实施质量发展纲要2016年行动计划的通知	国务院办公厅
4月21日	关于做好2016年职业教育活动周相关工作的通知	教育部、中央宣传部、人力资源和社会保障部
4月27日	关于公布实施专科教育高等学校备案名单的函	教育部办公厅
4月29日	关于做好新时期教育对外开放工作的若干意见	中共中央办公厅、国务院办公厅
5月11日	关于加快中西部教育发展的指导意见	国务院办公厅
5月11日	关于印发《职业学校教师企业实践规定》的通知	教育部、国务院国有资产监督管理委员会等七部门
5月12日	关于建设大众创业万众创新示范基地的实施意见	国务院办公厅
5月31日	关于确定职业院校教学诊断与改进工作试点省份及试点院校的通知	教育部职业教育与成人教育司
6月7日	关于印发《教育信息化“十三五”规划》的通知	教育部
6月28日	关于进一步推进社区教育发展的意见	教育部、民政部、科技部、财政部等九部门

续表

成文时间	文件名	发布机构
7月8日	公布首批《职业学校专业（类）顶岗实习标准》目录的通知	教育部
7月25日	关于征求《全国职业院校技能大赛实施规划（2017～2020年）》意见的函	教育部职业教育与成人教育司
8月11日	关于深入推进国家高技能人才振兴计划的通知	人力资源和社会保障部、财政部
9月1日	关于开展学习签署践行《中等职业学校学生公约》活动的通知	教育部
9月13日	关于印发《职业教育专业教学资源库建设资金管理办法》的通知	教育部
10月14日	关于加快发展现代交通运输职业教育的若干意见	人力资源和社会保障部、教育部
10月28日	关于实施职业院校教师素质提高计划（2017～2020年）的意见	教育部、财政部
11月1日	关于公布第三批国家级农村职业教育和成人教育示范县创建入围名单及开展第四批示范县创建工作的通知	教育部办公厅
11月9日	关于建设全国万名优秀创新创业导师人才库的通知	教育部办公厅
11月18日	关于印发《高等学历继续教育专业设置管理办法》的通知	教育部
12月9日	关于印发技工教育“十三五”规划的通知	人力资源和社会保障部
12月16日	关于印发《教育脱贫攻坚“十三五”规划》的通知	教育部、国家发展和改革委员会、民政部等六部门
12月27日	关于印发《制造业人才发展规划指南》的通知	教育部、人力资源和社会保障部、工业和信息化部

资料来源：根据中央人民政府门户、教育部门户等网站整理。

综观2016年国家各政府部门出台的主要职业教育类政策法规，内容涵盖了总体规划与统筹、区域布局与发展、质量监控与管理等方面，覆盖了中等职业教育、高等职业教育、继续教育等领域。具体特点如下：

（一）服务国家战略需求

“十二五”以来，我国职业教育快速发展，为社会培养了一大批技术技能人才，为经济社会发展提供了重要支撑。当前，我国正处于全面建设小康社会的决胜阶段，既面临重要战略机遇，也面临诸多发展挑战。提高职业教育服务国家战略需求的能力，既是我国职业教育发展的必然趋势，也是职业教育扩大社会影响力的重要途径。为此，国家出台多项政策鼓励职业教育对接国家需求，提升社会服务能力。

1. 实施创新发展行动计划

面对“中国制造2025”、“互联网+”、“一带一路”、“精准扶贫”等重大国家战略给区域职业教育带来的机遇和挑战，2016年3月16日，教育部职业教育与成人教育司发布《关于确定〈高等职业教育创新发展行动计划（2015～2018年）〉任务（项目）承接单位的通知》，落实《高等职业教育创新发展行动计划（2015～2018年）》，公布了全国主要省区共1306项承接任务。项目主要包括扩大优质教育资源、增强院校办学活力、加强技术技能积累、完善质量保障机制、提升思想政治教育质量五方面，旨在引导区域职业教育加强重点发展领域、发展方向的规划与布局。

2. 推进创新创业教育

推进大众创业、万众创新是经济发展新常态下党中央做出的重要战略部署。大学生是创新创业重要的生力军，提高大学生创新创业能力、提升毕业生创新创业水平是教育领域的重要任务。2016年5月，国务院办公厅发布《关于建设大众创业万众创新示范基地的实施意见》，力争通过试点示范、统筹布局，到2018年底建设一批高水平的双创示范基地，培育一批具有市场活力的双创支撑平台，突破一批阻碍双创发展的政策障碍，推广一批适应不同区域特点、组织形式和发展阶段的双创模式和典型经验。10月，人力资源社会保障部、教育部发布《关于实施高校毕业生就业创业促进计划的通知》，提出实施“能力提升、创业引领、校园精准服务、就业帮扶、权益保护”五大行动，将有就业创业意愿的高校毕业生纳入就业创业促进计划，全面提升高校毕业生就业创业水平。12月，教育部出台《关于建设全国万名优秀创新创业导师人才库的通知》，决定在各地各高校创新创业导师人才库的基础上，通过省（区、市）教育部门推荐的形式，分批建设全国万名优秀创新创业导师人才库，旨在集聚优质共享的创新创业导师资源，切实发挥导师教育引导和指导帮扶作用，提升创新创业教育的针对性、时代性和时效性。文件的密集出台，既为职业教育创新创业营造了良好的环境，也有力地推动了职业院校创新创业教育的发展。

3. 助推技能人才培养

“十三五”期间，供给侧改革、“中国制造2025”对技能人才提出更高要求。不断提高技能人才数量和质量，提高我国产业工人队伍整体水平成为摆在职业教育面前的重要任务。在高技能人才支持方面，8月11日，人力资源社会保障部、财政部《关于深入推进国家高技能人才振兴计划的通知》发布，对“十三五”期间国家高技能人才振兴计划做出整体部署。该计划从2011年开始实施，主要包括高技能人才培训基地建设项目、技能大师工作室建设项目和技师培训项目三大主要内容，计划通过十年持续支持，培养一大批具有高超技艺、精湛技能和工匠精神的高技能人才。与往年不同，从“十三五”开始，国家不再给各地名额和拨付项目资金，而是指导各省（区、市）按照有关规定和要求制定本地区“十三五”高技能人才培养中长期规划，确定本地区技能人才培养支持重点领域和项目总体工作目标。

技工教育是国民教育体系和人力资源开发的重要组成部分，承担着为经济社会发展培养高素质技能人才的重要任务。12 月 9 日，人力资源社会保障部发布《技工教育“十三五”规划》，这是该部门第一个关于技工教育的五年规划。规划系统阐述了技工教育事业发展的四条基本原则、六大发展目标、十项主要指标和若干重点举措，到“十三五”末期，基本形成办学规模适合市场需求、专业结构适应产业发展、校企融合贯穿办学过程、教学改革实现工学结合、实习实训与工作岗位紧密衔接、技能人才培养层次规模与经济社会发展更加匹配、社会服务功能更加健全的现代技工教育体系。12 月 26 日，《制造业人才发展规划指南》发布，总结了我国制造业人才队伍发展现状和形势，将到 2020 年形成与制造业发展需求相适应的人力资源建设格局作为总体目标，提出七项核心任务，实施五大重点人才工程，以为中国制造“三步走”战略目标奠定坚实的人才基础。该指南作为《中国制造 2025》的重要配套文件，是未来一个时期中国制造业人才发展的总纲领和总遵循，对坚持把人才作为建设制造强国的根本、走人才引领的发展道路、筑牢制造强国的人才之基具有重要意义。

4. 开展职业教育扶贫

党的十八大以来，我国逐渐形成了精准扶贫战略的科学理论体系，强调治贫先治愚、扶贫先扶智，将教育扶贫作为精准扶贫战略的重要内容。为进一步推进国家教育扶贫工作，12 月 16 日，教育部、国家发展和改革委员会等六部门联合印发了《教育脱贫攻坚“十三五”规划》，这是国家首个教育脱贫五年规划，也是“十三五”时期教育脱贫工作的行动纲领。规划提出，到 2020 年，要实现贫困地区教育总体发展水平显著提升，建档立卡等贫困人口教育基本公共服务全覆盖。为确保目标实现，规划提出要提升教育脱贫能力，大力发展职业教育和培训，将中等职业教育作为普及高中阶段教育的重点，并广泛开展公益性职业技能培训。

（二）提高职业教育质量

提高职业教育质量是我国“十三五”时期教育发展的主题，围绕这一主题，国家从加强质量评估、规范教学管理、深化产教融合、推进教育信息化等方面出台政策，促进职业教育质量稳步提升。

1. 加强质量评估

完善的教育质量评估制度是激发职业学校办学活力、提高办学能力和水平的重要举措。2016 年 1 月，教育部发布《关于开展中等职业教育质量年度报告工作的通知》，决定实施中等职业教育质量年度报告制度。职业教育质量年度报告制度自 2012 年开始实施，首先在高等教育领域实施，2016 年在中等职业教育领域启动职业教育质量年度报告制度，这是我国加强职业教育质量监督、向社会展示职业教育发展的重要举措。3 月 14 日，《中等职业学校办学能力评估暂行办法》、《高等职业院校适应社会需求能力评估暂行办法》出台，并公布了《中等职业学校办学能力评估指标及说明》和《高等职业院校适应社会需求能力评估指标及说明》，对中高等职业院校评估主要内容和组织实施进行明确规定。与以往职业院校评估相比，新实行的评估办法提出建立由政府、行业、企业及社会等多方参与的评价机制，将评估结果向社会公布，接受社会监督，促进职业学校内涵发展。

2. 规范教学管理

近年来，我国职业教育快速发展，基本具备了大规模培养高素质劳动者和技术技能人才的能力，但是职业教育发展不均衡、教学水平参差不齐、教学管理不规范、师资力量整体薄弱等问题仍然存在，严重影响职业教育快速健康发展。基于此，2016 年，我国通过建立职业院校教学诊改制度、规范学生实习管理、实施教师素质提高计划等措施，规范教学管理。在教学诊改方面，继 2015 年《教育部办公厅关于建立职业院校教学工作诊断与改进制度的通知》发布之后，2016 年教育部职业教育与成人教育司先后发布了《关于做好中等职业学校教学诊断与改进工作的通知》、《关于确定职业院校教学诊断与改进工作试点省份及试点院校的通知》，对中等职业学校教学诊断与改进工作进行全面指导，并确定了 18 个省（区、市）27 所中高等职业学校教学诊改试点。在学生实习管理方面，4 月，教育部等五部门颁布了《职业学校学生实习管理规定》，从制度层面对学校学生实习管理进行引导和规范；7 月，《职业学校专业（类）顶岗实习标准》出台，进一步明确了相关专业（类）实习目标与任务、内容与要求、考核与评价等，填补了我国职业院校顶岗实习国家统一标准缺失的问题，完善了教育质量的国家标准。在提高教师素质方面，国家出台了《职业学校教师企业实践规定》、《关于实施职业院校教师素质提高计划（2017 ~ 2020 年）的意见》，通过建立职业院校教师示范培训、中高职教师素质协同提升和校企人员双向交流合作等机制，加强“双师型”教师队伍建设，推动职业教育跨越式发展。

3. 深化产教融合

职业教育与产业对话活动、职业教育活动周、现代学徒制试点是国家推动产教融合的重要举措。2016 年，我国相继发布了《关于报送 2016 年职业教育与产业对话活动计划的通知》、《教育部、中央宣传部、人力资源和社会保障部关于做好 2016 年职业教育活动周相关工作的通知》，继续支持两大活动。其中，职业教育与产业对话活动自 2010 年实施以来已成功举办 80 余场，职业教育活动周自 2015 年启动以来已成功举办 3 届，通过两大活动的宣传与带动，改善全社会，特别是行业企业对职业教育的认识，为发展职业教育创造了良好的社会环境。8 月 30 日，《关于公布现代学徒制试点工作任务书备案结果的通知》发布，公布了通过备案审核的 163 个国家首批现代学徒制试点单位和行业试点牵头单位任务书，支持和监督我国现代学徒制试点工作。

4. 推进教育信息化

随着云计算、大数据、物联网、移动计算等新技术的广泛应用，社会整体信息化程度不断加深，为职业教育均衡化发展带来了重大机遇。2016 年 6 月，教育部印发《教育信息化“十三五”规划》，对我国教育信息化未来五年的发展做出全面部署，通过继续实施“三通工程”、探索数字教育资源服务供给模式等措施，到 2020 年，基本建成“人人皆学、处处能学、时时可学”、与国家教育现代化发展目标相适应的教育信息化体系。职业教育专业教学资源库建设是教育信息化的重要举措，为加强资源库项目管理，适应财税体制改革，9 月，教育部出台《职业教育专业教学资源库建设资金管理办法》，对资金分配与拨付、使用与管理等内容作出详细规定。职业教育专业教学资源库项目自 2010 年正式启动建设以来，中央已经投资专项资金近 5.2 亿元，拉动社会各界支持资金 6 亿元左右，形成了由 71 个国家级专业教学资源库、1 个民族文化传承与创新资源库（包括 8 个子库）和 1 个学习平台构成的国家级资源库建设体系，覆盖了农林牧渔、交通运输等 19 个专业大类。① 两份文件的出台，有力地推动了信息技术在职业教育领域的应用，带动职业教育理念、教学模式的变革，为推动我国优质职业教育资源共享、创新人才培养、解决教育扶贫等问题提供了基础性、战略性支撑。

---

①中华人民共和国教育部网站：《〈职业教育专业教学资源库建设资金管理办法〉答记者问》，http：//www.moe.gov.cn/jyb_xwfb/s271/201610/t20161013_284760.html，2016－02－15。

（三）优化职业教育资源配置

2016年，《教育部办公厅关于开展中等职业学校学生学籍管理和资助工作专项治理的紧急通知》、《国务院办公厅关于加快中西部教育发展的指导意见》、《教育部办公厅关于公布第三批国家级农村职业教育和成人教育示范县创建入围名单及开展第四批示范县创建工作的通知》等文件，通过完善职业教育学生资助政策、加强农村和中西部地区职业教育，优化职业教育资源配置，增强职业教育培养能力。其中，《国务院办公厅关于加快中西部教育发展的指导意见》提出，要大力发展中西部地区职业教育，改善职业学校办学条件，到2020年中西部地区所有中职学校办学水平基本达标。将中西部职业教育置于全国教育总体格局中谋划设计，给中西部省份的职业教育带来了发展机遇，对推动新型城镇化建设、推动区域经济社会发展、推动教育扶贫具有重要意义。

（四）推进学习型社会建设

大力发展继续教育，加快学习型社会建设，是我国“十三五”时期重要的战略任务。2016年，国家先后出台了《全民科学素质行动计划纲要实施方案（2016～2020年）》、《教育部、中华全国总工会关于印发〈农民工学历与能力提升行动计划——“求学圆梦行动”实施方案〉的通知》、《教育部等九部门关于进一步推进社区教育发展的意见》、《教育部关于印发〈高等学历继续教育专业设置管理办法〉的通知》，分别从提高全民科学素质教育、推动农民工继续教育、推进社区教育和建立健全继续教育基本制度等方面，推进学习型社会建设。

3月1日，《农民工学历与能力提升行动计划——“求学圆梦行动”实施方案》出台，计划通过建立学历与非学历教育并重、产教融合、校企合作、工学结合的农民工继续教育新模式，用五年时间资助150万名农民工接受学历继续教育，助推农民工随时学习、终身学习。6月，教育部、民政部、科技部、财政部、人力资源和社会保障部、文化部、体育总局、共青团中央、中国科学技术协会九部门联合印发了《关于进一步推进社区教育发展的意见》，这是近年来我国多部门联合印发的第一个推进社区教育发展的指导性文件，通过加强基础能力建设、整合社区教育资源、丰富内容和形式、提高服务重点人群的能力、提升社区教育内涵等措施，推进学习型社会建设，推进社区建设和社区治理。11月，教育部出台了《高等学历继续教育专业设置管理办法》，并发布了《高等学历继续教育补充专业目录》，该文件是教育部规范高等学历继续教育专业设置的首份文件，对于统一各类高等学历继续教育专业设置管理政策、转变管理方式、明确责任和管理程序、加强信息服务与过程监管具有重要的现实意义。

二、国家重大政策法规评述

下面将通过详细解读和评述2016年国家出台的职业教育方面重大政策法规，深刻把握政策法规内涵和意义。

（一）《高等职业院校适应社会需求能力评估暂行办法》、《中等职业学校办学能力评估暂行办法》

随着我国职业教育快速发展，开展职业院校评估成为职业教育评估的重要内容。近年来，我国开展了数次教育评估，如在高等职业教育领域先后开展了以规范管理为重点的高职高专人才培养工作水平评估和以内涵建设为重点的高等职业院校教学工作评估；在中等职业教育领域先后开展了中等专业学校办学水平试点评估、重点中等职业学校评选、示范中职学校遴选与建设评估等工作。这些评估工作为推动职业教育发展起到了积极作用。但由于经济社会转型的过程性和职业教育发展的阶段性，以往评估的局限性逐渐显现，如管办评分离不够、第三方参与不足、网络信息技术利用不充分以及现场考察和定性评价为主带来的局限性等，加快完善职业院校评估制度迫在眉睫。

2016 年 3 月 14 日，国务院教育督导委员会办公室印发《高等职业院校适应社会需求能力评估暂行办法》和《中等职业学校办学能力评估暂行办法》（以下统一简称《暂行办法》），对职业院校适应社会需求能力的评估内容与方法做出具体规定。与以往的职业院校评估相比，这两项评估在评估主体、评估方式以及结果运用等方面都发生了较大变化，对更好地推进管办评分离，促进各地改善学校办学条件，指导学校加强自身建设，规范学校管理，不断提升学校办学水平和质量起到了重要的推动作用。

1. 评估内容：结果导向可操作

《暂行办法》按照“结果导向和可操作性”要求，对评估内容作了明确规定：

高职院校评估内容包括高等职业院校办学基础能力、“双师”队伍建设、专业人才培养、学生发展和社会服务能力五个方面。办学基础能力方面，主要考察学校年生均财政拨款水平、教学仪器设备配置、校舍及信息化教学条件；“双师”队伍建设方面，主要考察学校教师结构与“双师型”教师配备；专业人才培养方面，主要考察学校的专业人才培养模式、课程体系、校内外实践教学及校企合作情况；学生发展方面，主要考察学校毕业生获得职业资格证书情况和就业情况；社会服务能力方面，主要考察学校专业设置，向企事业单位提供技术服务和满足政府购买服务情况。

中等职业学校办学能力评估涉及了基本办学条件、师资队伍、课程与教学、校企合作、学生发展和办学效益六个方面。基本办学条件方面，主要考察学校年生均财政拨款水平，教学仪器设备配置，校舍及信息化教学条件；师资队伍方面，主要考察学校教师配备与结构；课程与教学方面，主要考察学校校内外实践教学条件、课程开设结构；校企合作方面，主要考察学校教师的企业实践时间、企业为学校提供教学设备情况；学生发展方面，主要考察学校在校生巩固率和毕业生就业情况，同时考察毕业生获得职业资格证书情况及计算机应用能力；办学效益方面，主要考察学校专业设置和主要专业与区域产业匹配程度。

评估工具主要由数据表、调查问卷和数据信息管理分析平台组成。数据表包括学校基本情况表、师生情况表、专业情况表，由学校填写；调查问卷包括《校长问卷》和《学生问卷》，高职院校评估还包括《教师文件》，分别由学校校长和一定比例的学生和教师填写；数据信息管理分析平台将以在线方式进行数据信息收集、校验、汇总和分析。

2. 评价主体：引入第三方评价

《暂行办法》规定，国务院教育督导委员会办公室委托第三方机构基于学校相关数据信息和省级评估报告，建立数据模型，运用测量工具进行分析评估，形成国家评估报告。这不同于以往仅由教育行政部门主导的评估，增强了评估的客观性和科学性。

3. 评估方式：运用信息技术

与以往组织专家进校现场评估不同，《暂行办法》要求评估工作主要依托现代信息技术进行，第三方机构通过数据和相关信息分析，独立评判学校相关工作情况。新规定的评估工具主要由数据表、调查问卷和数据信息管理分析平台组成，其中，数据信息管理分析平台将以在线方式进行数据信息收集、校验、汇总和分析。这降低了评估专家进校带来的干扰，减轻了被评院校的负担，更有利于评估工作的开展，也有利于保证评估结论的客观性。

4. 结果运用：注重监督指导

在评估结果运用上，充分发挥监督指导、激励导向作用。《暂行办法》强调评估工作要注重实效，既要发现问题，又要督促整改，为政府决策提供有价值的依据和建议，为学校办学提供有力的指导和帮助。不再简单地把评估结果作为甄别学校优劣的手段，充分发挥评估应有的监督检查和指导激励作用。[①]

（二）《职业学校学生实习管理规定》

随着职业教育快速发展和经济社会环境变化，职业学校学生实习呈现出新特征，也出现了一些新问题，原有的《中等职业学校学生实习管理办法》（教职成［2007］4号）已经不再适应实习的发展要求。为规范中职学校学生实习管理，进一步完善职业学生实习管理制度，4月18日，教育部等五部门发布了《职业学校学生实习管理规定》（以下简称《规定》），对实习分类和定义进行明确界定，对实习组织、管理、考核及责任做了系统的规定。

1. 强化实习管理

针对职业学校实习管理松散的现象，《规定》从四个方面强化实习管理：

一是强调实习的全过程管理。《规定》指出要覆盖实习各个环节，包括实习组织、实习管理、实习考核、安全职责等，实现全过程管理。

二是明确各方的管理职责。教育行政部门负责统筹指导职业学校学生实习工作；职业学校主管部门负责职业学校学生实习的监督管理；职业学校的主要责任是会同实习单位共同组织实施学生实习。

三是建立实习指导教师制度。《规定》要求，职业学校和实习单位需要分别选派经验丰富、业务素质好、责任心强、安全防范意识高的实习指导教师和专门人员全程指导、共同管理学生实习。实习指导教师和实习单位指定的专人应负责学生实习期间的业务指导和日常巡视工作，定期检查并向职业学校和实习单位报告学生实习情况，及时处理实习中出现的有关问题，并做好记录。

四是对违规组织实习提出处罚措施。《规定》提出，对违反本规定组织学生实习的职业学校，由职业学校主管部门责令改正。拒不改正的，对直接负责的主管人员和其他直接责任人依照有关规定给予处分。因工作失误造成重大事故的，应依法依规对相关责任人追究责任。

2. 保护学生权益

《规定》从五个方面加强监管，切实保障学生合法权益。

一是明确要求签订协议约定。《规定》要求跟岗实习、顶岗实习必须签订三方协议，明确各自责任、权利和义务，并对实习协议的基本内容作出规定。

二是明确禁止事项。《规定》第十五条和第十六条对实习中的禁止情形作出要求，提出“六不得”，即不得安排、接收一年级在校学生顶岗实习；不得安排未满16周岁的学生跟岗实习、顶岗实习；不得安排未成年学生从事《未成年工特殊保护规定》中禁忌从事的劳动；不得安排

---

①中华人民共和国教育部网站：《国务院教育督导委员会办公室负责人就〈高等职业院校适应社会需求能力评估暂行办法〉答记者问》，http：//www.moe.edu.cn/jyb_xwfb/s271/201603/t20160324_235187.html，2017-02-15。

实习的女学生从事《女职工劳动保护特别规定》中禁忌从事的劳动；不得安排学生到酒吧、夜总会、歌厅、洗浴中心等营业性娱乐场所实习；不得通过中介机构或有偿代理组织、安排和管理学生实习工作。除相关专业和实习岗位有特殊要求，并报上级主管部门备案的实习安排外，不得有以下三种情况：安排学生从事高空、井下、放射性、有毒、易燃易爆，以及其他具有较高安全风险的实习；安排学生在法定节假日实习；安排学生加班和夜班。

三是首次提出顶岗实习学生报酬底线。《规定》要求，接收学生顶岗实习的实习单位，应参考本单位相同岗位的报酬标准和顶岗实习学生的工作量、工作强度、工作时间等因素，合理确定顶岗实习报酬，原则上不低于本单位相同岗位试用期工资标准的80%，并按照实习协议约定，以货币形式及时、足额支付给学生。

四是要求职业学校和实习单位不得向学生收取实习押金、顶岗实习报酬提成、管理费或者其他形式的实习费用，不得扣押学生的居民身份证，不得要求学生提供担保或者以其他名义收取学生财物。

五是对顶岗实习学生占实习单位在岗人数比例作出约定，保证实习质量。《规定》明确顶岗实习学生的人数不超过实习单位在岗职工总数的10%，在具体岗位顶岗实习的学生人数不高于同类岗位在岗职工总人数的20%。①

（三）《职业学校教师企业实践规定》

我国1996年的《职业教育法》明确提出了企业、事业组织应当接纳职业学校和职业培训机构教师实习。2006年，教育部印发了《关于建立中等职业学校教师到企业实践制度的意见》，要求各地建立完善的职业学校教师企业实践制度。经过20年的发展，我国在教师企业实践方面取得了重大进展，积累了丰富经验，但也暴露了不少问题，责任主体不明确、实践渠道不通畅、实践针对性不强等问题仍然没有解决。2016年5月，教育部、国资委等七部委印发《职业学校教师企业实践规定》（以下简称《实践规定》），对我国职业学校教师企业内容与形式、组织与管理、考核与奖惩、保障措施等作了进一步规定和要求，标志着我国“双师型”教师队伍建设规范化水平的进一步提升，是完善职业教育教师培养培训制度、提高职业教育教师质量的重要举措。

1. 内容科学可行，实践方案凸显针对性

《实践规定》要求，教师每5年必须到企业或生产服务一线实践累计不少于6个月，改变了过去“每2年不少于2个月”的难以深入、无法对接和实效性差的局面，呼应了教师继续教育学习制度，符合国际主流的实践做法，有利于学校正常教学工作的开展，有利于各地统一规划教师继续教育学习，有利于企业安排合适岗位，有利于确保教师实践效果。

《实践规定》提出，企业和学校要针对教学中的实际问题，结合教师专业水平制定实践方案。充分认识到职业学校教师类型的多样性、层次的差异性、要求的异质性和目标的可能性，明确了实践方案的问题性导向和对象性要求；针对过去教师企业实践中存在的盲目性和形式主义现象，专门要求企业和学校共同研制方案的设计原则，符合职业教育“产教融合、校企合作”人才培养模式的本质要求，能够有效调动教师企业实践积极性，提高教师参与度和岗位对接能力，确保实践成效。

---

①中华人民共和国教育部网站：《教育部就〈职业学校学生实习管理规定〉答记者问》，http：//www.moe.gov.cn/jyb_ xwfb/xw_ fbh/moe_ 2069/xwfbh_ 2016n/xwfb_ 160427/160427_ sfcl/201604/t20160426_ 240377.html，2017－02－15。

2. 组织体系协同，实践安排凸显系统性

实践组织体现合作与协同。《实践规定》针对教师企业实践涉及多个利益相关部门的现实情况，强调建立包括教育、人社、发改、财政、国资和工信等多部门的协同合作机制和部门联席会议制度，明确各级政府在教师企业实践中的职责，提出统筹协调推进教师企业实践工作。这种组织制度彰显了职业教育跨界属性，符合职业教育多元主体参与、协同治理的特征，改变了过去由教育部唱独角戏的局面，有利于发挥各利益相关主体的作用，调动参与方的积极性，消解部门之间扯皮和不作为的现象，使教师企业实践在人、财和物等方面有组织保障。

实践推进制度化和系统性。为确保教师企业实践成效，《实践规定》提出一系列保障制度，包括设立企业实践专项基金、办理教师意外伤害保险、建立教师企业实践考核和登记制度、接收教师企业实践的企业税收扣除制度、遴选实践示范基地和加强企业实践督导考核等。上述制度具有很强的针对性，对"教师如何参与实践、在什么地方实践、如何保障企业的利益、如何确保参与效果"等诸多难点问题提出针对性措施，特别是对于如何保障企业利益和教师实践安全提出具体举措，为教师企业实践工作高质量推进提供指导。

3. 明确主体责任，实践举措明确翔实

明确企业应当依法接纳教师开展实践。《实践规定》根据《职业教育法》等相关法律法规，进一步明确法律赋予企业参与教师企业实践的责任和义务，强调企业应依法接纳职业学校教师进行实践。企业在接收教师企业实践方面要发挥主体作用，积极承担教师企业实践任务。

强化行业主管部门的监督指导作用。《实践规定》对行业主管部门和行业组织指导企业接收教师实践提出具体要求，包括引导支持行业内企业开展教师企业实践活动，推荐、建设教师企业实践基地，对企业承担教师企业实践任务进行协调、指导与监督。

出台企业参与教师企业实践的支持政策。《实践规定》明确要求地方政府部门要研究制定税收优惠、经费投入、表彰奖励等支持政策，引导支持企业参与教师企业实践工作。比如：企业因接收教师实践所实际发生的有关合理支出，按现行税收法律规定在计算应纳税所得额时扣除；省级教育行政部门要联合行业主管部门对企业实践工作成绩突出的企业、个人按照国家有关规定予以表彰奖励；鼓励职业学校教师为企业职工教育与培训、产品研发、技术改造与推广等提供支持和服务。

要求遴选建立教师企业实践基地。《实践规定》提出要建立和完善教师企业实践体系。一方面，国家和省级教育行政部门会同行业主管部门遴选一批共享开放的示范性教师企业实践基地，引导职业学校建设具备生产能力的校级教师企业实践基地；另一方面，各地要采取有效措施，发挥央企、国企等大中型企业的示范引领作用，支持企业常设一批教师企业实践岗位。[①]

（四）《关于实施职业院校教师素质提高计划（2017~2020年）的意见》

《国务院关于加快发展现代职业教育的决定》对建设"双师型"教师队伍提出了明确要求："加强校长培训，实行五年一周期的教师全员培训制度；落实教师企业实践制度；政府要支持学校按照有关规定自主聘请兼职教师。"为贯彻落实文件精神，有效提高职业院校校长治校水平，提高"双师型"教师素质，推进产教融合，推动职业教育跨越式发展，10月，教育部、财政部

①中国教育新闻网：《让企业成为教师专业发展的另一所大学——〈职业学校教师企业实践规定〉解读》，http://www.jyb.cn/zyjy/zcjd/201606/t20160607_661900.html，2017-02-16。

联合发布了《关于实施职业院校教师素质提高计划（2017～2020年）的意见》（以下简称《计划》）。《计划》明确提出，2017～2020年实施职业院校教师示范培训计划、中高职教师素质协同提升计划、校企人员双向交流合作计划，通过示范引领、创新机制、重点推进、以点带面，切实提升职业院校教师队伍整体素质和建设水平，加快建成一支师德高尚、素质优良、技艺精湛、结构合理、专兼结合的高素质专业化的“双师型”教师队伍。

1. 凸显国家示范引领

《计划》指出，中央财政通过现代职业教育质量提升计划专项资金渠道，采取以奖代补方式引导地方加大经费投入力度，提升计划的实施成效。通过设置国家级示范性、引导性项目，实现高端引领与短板补齐相结合，对接精准扶贫、制造强国、区域协同发展等国家战略，统筹优化教师培养培训资源配置，明确工作重点，加强统筹指导，强化目标管理，保障计划有序推进、有效实施。

2. 强化省级统筹实施

加强省级政府职业教育统筹职能是我国教育体制改革的重要内容，《计划》通过下移项目管理“重心”，强调以省级组织实施为主，指导地方做好规划设计、组织安排、体系建设、监管评估，完善政府、高校、职业院校与行业企业协同机制，逐步建立健全教师培训经费投入长效机制，实现需求导向、因地制宜，推动教师培养培训体系更加完备、保障更加有力、效果更加显著。

3. 推进项目优化设置

保留前期成效比较显著、较受基层欢迎的项目，如教师培训、企业实践、兼职教师等；应用“互联网+”技术创新教师培养培训方式，实行集中脱产学习和网络自主化研修相结合；模块化设置培训课程，将师德素养、工匠精神、“双创”教育、信息技术等列入培训必修内容；实行专业带头人、骨干教师、青年教师分层分类实施培训，增强针对性和实效性；创建一批教师专业技能创新示范团队，建立中等职业教育、高职、应用型高校教师素质协同提升机制。

4. 完善基地体系建设

《计划》要求，充分发挥国家职教师资培养培训基地和示范学校的示范引领作用，推进校企共建“双师型”教师培养培训基地和企业实践基地，通过深化区域、校企、校际合作，创新合作机制，组建专业化培训专家团队，建成一批教师教育优势特色专业和优质课程资源，构建国家级、省级、市级、校级校企共建的教师专业发展支持服务体系。

5. 加强项目质量监管

全方位、系统化设计项目绩效管理制度机制，完善竞争择优遴选机制和动态调整机制，包括信息化管理平台建设、完善考核评价机制、制定评价方案与标准、督导检查与绩效公示制度等，完善绩效考评，定期开展督察，提高项目实施效益。①

三、地方性政策法规

2016年以来，在国家政策法规的指引下，地方政府结合区域发展特点和职业教育发展现状，相继出台了多部地方性政策法规，推动区域职业教育发展。部分地方性职业教育类政策法规如表1－2所示。

---

①中华人民共和国教育部网站：《提升职业院校教师“双师”素质　助推现代职业教育加快发展》，http：//www.moe.gov.cn/jyb_xwfb/s271/201611/t20161115_288797.html，2017－02－15。

表 1-2　地方性职业教育类政策法规（部分）

出台时间	文件名	省（市、区）
2016 年 5 月 4 日	辽宁省教育厅　辽宁省招生考试办公室关于进一步完善职业教育对口升学考试招生工作的意见	辽宁省
2016 年 8 月 30 日	辽宁省教育事业发展“十三五”规划	辽宁省
2016 年 5 月 30 日	甘肃人民政府办公厅　教育部办公厅关于印发甘肃省人民政府教育部共建国家职业教育助推城镇化建设改革试验区实施方案的通知	甘肃省
2016 年 6 月 24 日	广东省教育厅　广东省财政厅关于实施广东省一流高职院校建设计划的通知	广东省
2016 年 9 月 21 日	关于普通本科转型试点高校遴选结果的公示	广东省
2016 年 5 月 26 日	北京市教育委员会关于 2016 年开展高端技术技能人才贯通培养试验的通知	北京市
2016 年 2 月 18 日	关于印发《上海市职业院校管理水平提升工作实施方案（2016～2018 年）》的通知	上海市
2016 年 10 月 17 日	关于印发《2017 年中等职业学校内涵建设经费管理办法》的通知	上海市
2016 年 11 月 25 日	关于印发《上海市职业教育改革和发展“十三五”规划》的通知	上海市
2016 年 3 月 8 日	江苏省教育厅关于印发《江苏省职业院校管理水平提升行动计划实施方案（2016～2018 年）》的通知	江苏省
2016 年 5 月 6 日	江苏省教育厅《关于做好 2016 年江苏省高职院校与普通本科联合培养试点工作的通知》	江苏省
2016 年 7 月 4 日	江苏省教育厅办公室关于落实高等职业教育　创新发展行动计划报送高职院校实施方案的通知	江苏省
2016 年 6 月 29 日	浙江省教育厅　浙江省发展和改革委员会　浙江省人力资源和社会保障厅关于进一步加强中等职业学校布局及专业建设工作的通知	浙江省
2016 年 9 月 9 日	浙江省高等职业教育创新发展行动计划（2016～2018 年）实施方案	浙江省
2016 年 9 月 25 日	浙江省中等职业教育“十三五”发展规划	浙江省
2016 年 1 月 18 日	安徽省教育招生考试院关于印发《安徽省 2016 年高等职业院校分类考试招生工作实施办法》的通知	安徽省
2016 年 4 月 25 日	安徽省教育厅　安徽省发展和改革委员会　安徽省财政厅　安徽省人力资源和社会保障厅关于加强职业教育市级统筹的指导意见	安徽省
2016 年 5 月 12 日	安徽省教育厅　安徽省发展和改革委员会　安徽省财政厅关于报送中等职业教育布局结构调整规划的通知	安徽省
2016 年 12 月 19 日	安徽省教育厅关于印发 2017 年安徽省应用型本科高校面向中等职业教育毕业生对口考试和招生工作实施方案的通知	安徽省
2016 年 4 月 29 日	关于开展 2016 年全省中等职业学校招生工作专项督导工作的通知	江西省

续表

出台时间	文件名	省（市、区）
2016年1月22日	关于印发福建省《职业教育管理水平提升行动计划（2015~2018年）》实施方案的通知	福建省
2016年2月4日	福建省教育厅等五部门关于实施“二元制”技术技能人才培养模式改革试点的通知	
2016年6月8日	关于征求《福建省职业教育校企合作促进办法（征求意见稿）》意见的函	
2016年9月20日	福建省教育厅关于印发福建省高等职业教育（专科）专业设置管理实施细则（试行）的通知	
2016年5月23日	关于成立河南省高等职业院校内部质量保证体系诊断与改进专家委员会的通知	河南省
2016年2月9日	海南省教育厅关于印发《贯彻落实〈高等职业教育创新发展行动计划（2015~2018年）〉实施方案》的通知	海南省
2016年7月4日	贵州省教育厅办公室关于开展中等职业教育质量年度报告工作的通知	贵州省
2016年3月22日	四川省教育厅关于印发《四川省高等职业院校内部质量保证体系诊断与改进实施方案（试行）》和《四川省高等职业院校内部质量保证体系诊断与改进操作规程（试行）》的通知	四川省
2016年8月25日	四川省高等职业教育创新发展行动计划总体实施方案	
2016年6月17日	关于印发《陕西省中等职业学校教学工作诊断与改进实施方案》的通知	陕西省

资料来源：根据各省、自治区、直辖市人民政府网站及教育主管部门网站资料整理。

（一）规划区域职教布局

1. 加强区域教育统筹

2014年，国家教育体制改革领导小组办公室发布的《关于进一步扩大省级政府教育统筹权的意见》指出，明确地方教育管理权限和职责范围，为扩大地方政府职业教育统筹权提供重要依据。为贯彻该文件精神，各地纷纷出台政策，统筹规划各地区职业教育发展。如近年来，安徽省正深入打造创新型“三个强省”。为服务“文化强省”，加快发展现代职业教育，先后出台了《关于加强职业教育市级统筹的指导意见》、《关于报送中等职业教育布局结构调整规划的通知》，明确市级人民政府在发展职业教育中的主体作用，并要求各市就本地区根据经济社会发展状况，制定中等职业教育布局结构调整的规划。2016年6月29日，浙江省发布《关于进一步加强中等职业学校布局及专业建设工作的通知》，对浙江省中等职业学校布局和专业建设工作作出部署。文件表示：“十三五”期间，每个县（市、区）至少建成1所实力强、办学特色鲜明的中职学校，每个设区市办好若干所骨干中职学校，等级职业学校覆盖率省三级达到95%以上，省一级达到70%以上，打造一批名校和名专业，为全省经济发展和现代化建设提供有力的技术技能人才支撑。

2. 编制区域职业教育规划

区域规划是区域职业教育重要的行动纲领。2016 年是“十三五”开局之年，编制区域教育“十三五”规划成为各省市的重要工作内容。1 月以来，浙江、广东、湖北、陕西、江苏、辽宁、湖南、江西、福建、安徽、上海等全国大部分省（区、市）均发布了教育事业或者职业教育“十三五”规划，全面总结“十二五”时期职业教育发展成果，明确“十三五”时期职业教育发展目标和重点举措，统筹布局区域职业教育。如《浙江省中等职业教育“十三五”发展规划》提出“十三五”时期浙江省将依托实施“中等职业教育质量提升行动计划”，构建与浙江省发展格局和水平相一致、与技术进步和生产方式变革相适应、具有浙江特色和全国领先水平的现代职业教育体系；安徽省提出坚持需求导向，加快发展具有安徽特色的现代职业教育，加快推动具备条件的本科高校向应用型深度转变；上海市将更加注重职业教育内涵建设、更加注重协调与职业教育相关的社会关系、更加注重构建开放融合的现代职业教育体系作为总体要求，提出加强立德树人、完善体系构建、提高内涵质量、强化师资队伍、提升基础能力、深化校企合作、推进信息化建设、提升国际化水平八大任务。

3. 推动高职优质院校建设

继 2015 年教育部印发《高等职业教育创新发展行动计划（2015～2018 年）》后，湖南、广东、安徽、浙江等十个省份出台了本省《高等职业教育创新发展行动计划》，启动优质专科高等职业院校建设。如 2016 年 6 月，广东省发布《关于实施广东省一流高职院校建设计划的通知》，启动“一流高职院校建设计划”，并于 11 月确定广州民航职业技术学院、深圳职业技术学院等 18 所高职院校为立项建设单位，要求通过 4 年建设，到 2020 年达到一流高职院校建设目标。

（二）服务地方经济发展

随着我国经济发展进入新常态，人才供给结构性矛盾更加突出，加快应用型、复合型、创新型人才培养机制成为职业教育亟须解决的问题，而引导部分地方普通本科院校向应用型转变则是解决人才供给结构性矛盾、解决区域经济结构调整和产业升级的重要举措。2015 年，教育部、国家发展和改革委员会、财政部出台《关于引导部分地方普通本科高校向应用型转变的指导意见》，引导和支持地方本科院校向应用型转型，推动高校将办学思路向服务地方经济社会发展转型。为贯彻落实我国高等职业教育布局安排，到 2016 年底，全国已有近 20 个省（市、区）陆续出台具体的政策方案，落实转型试点，确定了 200 余所高校完全转型为应用型高校或者部分专业转型。

推动产教融合、校企合作是有效提升职业教育服务区域经济发展的能力和水平，促进职业教育服务地方经济发展的重要途径。一方面，各地通过出台行政规章，有效推进产教融合，规范校企合作。如《福建省职业教育校企合作促进办法（征求意见稿）》、《合肥市推进产教融合校企合作实施办法》、《安徽省教育厅　安徽省经济和信息化委员会关于推进职业教育集团化办学的指导意见》等政策相继出台。另一方面，充分利用税收财政政策，鼓励企业参与校企合作。如湖北省出台了《关于支持发展现代职业教育　加强校企合作有关税收政策的通知》，充分发挥税收调节作用，支持社会力量办学。这些行政规章的出台，有力地推动了地方产教融合、校企合作的开展，有效解决了校企合作企业积极性不高、参与度不深等问题。

（三）改革考试招生制度

考试招生制度是职业院校沟通内外、协调上下的制度设计。考试招生制度改革能够进一步释放体制机制活力，是近年来我国教育领域综合改革的重要突破口，也是2016年教育部的工作要点之一。辽宁省、江西省、安徽省、河北省、陕西省等地公布了区域职业院校考试招生制度改革相关政策。如5月4日《辽宁省教育厅　辽宁省招生考试办公室关于进一步完善职业教育对口升学考试招生工作的意见》发布，明确“到2020年逐步形成政府统筹管理、专业有效衔接、学生自主选择、学校择优录取、社会有效监督的职业教育对口考试招生制度”。要求职业院校要正确处理职业教育与升学的关系、合理设置考试科目及分值、明确考试范围与命题依据、不断改进考试组织方式、明确各层次职业教育专业对口原则、建立考试招生录取新机制、提高管理水平和服务质量。8月12日，山西省教育厅印发了《山西省高等职业教育考试招生制度改革方案》，提出制定并实施“文化素质＋职业技能”的考试办法，到2020年基本形成高职考试多元录取的考试招生制度。该方案是山西省探索中高职技术技能人才贯通培养的重要体现，对改变以高考为主要渠道的招生录取方式、扩大职业院校办学自主权具有重要意义。

（四）提升学校管理水平

管理工作对职业教育改革发展有重要的推动、引领和保障作用，2015年9月，教育部出台了《职业院校管理水平提升行动计划（2015～2018年）》，计划用三年时间组织动员全国各级教育行政部门和职业院校开展以“六个行动”[①] 为载体的集中行动，发挥管理工作对职业教育改革发展的推动、引领和保障作用。其中，质量保证体系完善行动是“六个行动”的重要内容，提出通过完善职业教育质量年度报告制度和建立教育教学质量监控体系，建立健全全员参与、全程控制、全面管理的质量保证体系。

1. 建立教育教学诊改制度

在高等职业教育领域，2016年，四川省、河南省、浙江省、内蒙古自治区、广东省等地先后出台了相关政策，推动区域职业院校内部质量保证体系和可持续诊断与改进工作机制建设。3月22日，四川省教育厅印发《四川省高等职业院校内部质量保证体系诊断与改进实施方案（试行）》，确定学校内部质量保证体系不断完善、诊断改进工作形成常态、教育教学管理信息化水平不断提升、专业建设水平与人才培养质量明显提升四大主要建设目标。为确保目标的达成，文件确立自主诊改和抽样复核等审查方法，成立四川省高职院校内部保证体系诊断与改进专家委员会，监督方案的执行。此外，文件还公布《四川省高等职业院校内部质量保证体系诊断与改进操作规程（试行）》，对诊改具体操作作出详细说明。8月8日，《浙江省高职院校内部质量保证体系诊断与改进工作实施方案》发布，提出建立基于高职院校人才培养工作状态数据、学校自主诊断改进、上级部门抽样复核的工作机制，促进高职院校牢固树立内部治理自我保证意识，构建网络化、全覆盖、具有较强预警功能和激励作用的质量保证体系。各地区方案均公布了内部质量保证体系诊断改进工作专家委员会或教学工作诊断与改进委员会名单，但是对比各省区专家名单，仅广东省、内蒙古自治区等少数省区吸纳了行业企业人员，大多数省市委员会成员均来自各

①“六个行动”是指突出问题专项治理行动、管理制度标准建设行动、管理队伍能力建设行动、管理信息化水平提升行动、学校文化育人创新行动、质量保证体系完善行动。

职业院校或教育科研院所，人员结构单一，与《教育部办公厅关于建立职业院校教学工作诊断与改进制度的通知》要求的“遴选熟悉职业教育、具有管理经验、具有公信力的行业企业专家组成省级诊断与改进专家委员会”还存在一定的差距。

在中等职业教育方面，为了落实教育部《关于做好中等职业学校教学诊断与改进工作的通知》，陕西省、山西省、浙江省、河北省等全国多个省区相继出台了区域中职学校教学诊改方案，计划通过五年左右时间，通过建立中职学校教学工作自主诊断持续改进的运行机制、中职学校人才培养工作状态数据管理系统和学校内部质量保证制度体系，推动区域中职学校人才培养质量持续提高。

2. 完善质量年度报告制度

开展中等职业教育质量年度报告工作，是深化中等职业教育改革、建立和完善中等职业教育质量评价制度的重要举措。自3月以来，安徽省、贵州省、辽宁省、上海市、重庆市等省市相继发出了开展本地区中等职业教育质量年度报告工作的通知文件。中等职业教育质量年度报告实行省、市、学校三级报告制度，按照“分级负责、分步实施、诊断改进”基本原则，以中等职业学校为主体，全面展示人才培养、教育教学、学生德育、学校党建等情况。同时，明确提出每年年底前将年度报告向社会公开，接受社会全面监督的公开制度。

第二章　职业教育重要观点引述

2016 年 3 月 5 日，“工匠精神”首次被写入政府工作报告。随后“弘扬工匠精神，打造技能强国”被确定为第二届职业教育活动周主题。“工匠精神”一经提出就引起社会广泛热议，被誉为职业教育的灵魂和推动“中国制造”完成品质革命的关键因素，触发了社会各界对职业教育和技能人才的关注与讨论。本章梳理了 2016 年国家高层领导和职业教育专家有关职业教育的讲话或观点，以期进一步掌握职业教育发展脉络、洞悉职业教育面临的问题与挑战。

一、高层领导讲话

随着我国制造强国战略的推出，《中国制造 2025》为中国制造业未来十年乃至更长时间的发展描绘了“三步走”的宏伟蓝图，职业教育也迎来了服务制造业转型升级新的发展方向，进一步引起了政府的高度重视。2016 年，国务院总理李克强、国务院副总理刘延东、教育部部长陈宝生等领导在讲话中屡次提及要重视职业教育发展、提高技能人才培养质量，为我国职业教育振兴、制造业转型升级创造了有利的舆论环境。

（一）李克强：切实把职业教育摆在更加突出的位置①

12 月 2 日，推进职业教育现代化座谈会在北京召开，中共中央政治局常委、国务院总理李克强做出重要批示。批示指出：加快发展现代职业教育，对于发挥我国人力和人才资源巨大优势、提升实体经济综合竞争力具有重要意义。在各方面共同努力下，近年来职业教育改革发展取得了显著成就，应给予充分肯定。“十三五”时期，希望围绕贯彻党中央、国务院重大战略部署，落实新的发展理念，切实把职业教育摆在更加突出的位置，加快构建现代职业教育体系。坚持面向市场、服务发展、促进就业的办学方向，进一步深化改革创新，强化产教融合、校企合作，积极鼓励和支持社会力量参与，努力建成一批高水平的职业学校和骨干专业，加快培育大批具有专业技能与工匠精神的高素质劳动者和人才，深度融入大众创业、万众创新和“中国制造 2025”的实践之中，促进新动能发展和产业升级，带动扩大就业和脱贫攻坚，为推动经济保持中高速增长、迈向中高端水平作出新贡献。

---

①中国政府网：《李克强对推进职业教育现代化座谈会做出重要批示强调：切实把职业教育摆在更加突出的位置　加快培育大批具有专业技能与工匠精神的高素质劳动者和人才》，http://www.gov.cn/xinwen/2016－12/02/content_5142246.htm，2017－02－17。

（二）刘延东：弘扬工匠精神　打造技能强国[①]

2016年5月8日，第二届职业教育活动周启动仪式暨全国职业院校技能大赛开幕式在天津举行，中共中央政治局委员、国务院副总理刘延东出席并致辞。她表示，2016年是《职业教育法》颁布实施20周年、中国近现代职业教育产生150周年，职业教育理念日趋成熟，框架体系基本形成，人才活力逐渐释放，为国家现代化建设作出了重要贡献。将本届活动周主题定为“弘扬工匠精神　打造技能强国”，既是国家需求，也是时代呼唤。当前，我国正处在全面建成小康社会的决胜阶段，既面临重要战略机遇，也面临诸多严峻挑战。“十三五”时期，职业教育要按照“四个全面”战略布局，以五大发展理念为引领，瞄准现代化建设目标，坚持服务发展、促进就业的办学方向，紧扣提高质量、促进公平两大主题，着眼供给侧改革需求，着力深化改革、加快发展、加强建设，不断提升发展质量、服务能力和现代化水平，为全面建成小康社会提供充足优秀的技术技能人才支撑。为此，要特别抓好四个方面的工作。

一要把职业教育摆在更加突出位置。习近平总书记指出，“学一技之长才能有更好保障”，强调要“上下共同努力进一步办好职业教育”。李克强总理也提出要“推动职业教育发展实现新跨越”。各级政府要依法履责，立足经济社会发展和人民群众期盼谋篇布局，加强组织领导和统筹规划，把中央关于加快发展现代职业教育的决策部署落到实处，推动职业教育与经济社会同步规划、同步发展，与经济新常态下产业结构升级、技术更新换代和大众创业、万众创新的时代需求更加契合。要把职业教育作为实现教育现代化的重要突破口，加大支持力度，确保到2020年建成具有中国特色、世界水平的现代职业教育体系。要强化督导评估，把发展职业教育作为政府工作业绩考核指标，狠抓贯彻落实，建立问责机制，确保中央决策部署落地生根。要重视营造全社会关心和支持的良好氛围，大力宣传职业教育方针政策，大力宣传技术技能人才的先进事迹和重要贡献，消除社会的误解和偏见，消除对职业院校毕业生的歧视，使全社会了解职教、体验职教、参与职教、共享职教改革发展成果，让职业教育受到尊重，让劳动者受到尊重。

二要进一步服务好国家战略。当前，我国经济进入新常态，发展新经济、培育新动能势头良好，“中国制造2025”、“一带一路”建设、京津冀协同发展、长江经济带发展等重大战略正在实施。要紧跟科技和产业发展新趋势，促进职业教育的规模、结构、层次、布局与经济社会发展的要求协调互动，加快培养发展高端制造业、现代服务业、战略性新兴产业急需的高质量技术技能人才，抢占国际产业链和价值链的制高点。要进一步完善资助政策体系，落实好逐步分类推进中等职业教育免除学杂费等政策，统筹办好各级各类职业教育和培训，实行国家基本职业培训包制度，为阻断贫困代际传递、实施精准扶贫、精准脱贫作出更大贡献。

三要进一步深化改革创新。要更加解放思想，加大体制机制创新力度，抓住修订《职业教育法》的契机，推进教育政策、产业政策、用人政策的衔接配套，协调好教育、经济、劳动、就业等领域联动改革的关系，健全体现职教规律和特色的各类办学标准，打好改革的“组合拳”。要适应新技术革命和产业发展的潮流，适应产业结构调整的需要，适应广大人民群众生产生活的需求，创造和提供优质的教育供给。要用好政府和市场“两只手”，深化产教融合、校企合作，推动形成企业主导的实践教学模式，构建教育和产业、学校和企业多元参与的治理结构，

①中华人民共和国教育部网站：《弘扬工匠精神　打造技能强国》，http：//www.moe.edu.cn/jyb_ xwfb/moe_ 176/201605/t20160510_ 242660.html，2017-02-17。

使办好职业教育成为教育界和产业界的共同行动。要积极推进试点试验，鼓励有条件的地区因地制宜、定向施策、率先突破，探索行业企业参与、“双师型”教师队伍建设、技术技能人才待遇提升的有效形式。

四要进一步提高技术技能人才培养质量。职业教育仍然是教育体系中的薄弱环节，与教育现代化的要求相比仍有差距。要增强工作的紧迫感和主动性，把提高职业技能和培养职业精神高度融合，形成具有职业教育特点的培养模式、管理制度和育人文化，特别是结合产业特点强化创新创业教育，让我们的学生走好迈向社会的第一步。要坚持立德树人，培养学生坚定理想信念、坚守社会道德，实现德智体美劳全面发展，成为中国特色社会主义事业的优秀建设者。要提高实践教学水平和技术服务能力，推广现代学徒制和企业新型学徒制，强化实习实训环节，加强职业能力和岗位适应训练。要教育学生崇尚劳动，让学生在劳动中体现价值、展现风采、感受快乐。要教育学生敬业守信，让学生学会做人做事，实现可持续发展。要教育学生精益求精，掌握中高端技术技能，成长为支撑“中国制造”走向“优质制造”、“精品制造”的生力军。要教育学生敢于创新，提升创新思维和创造能力、实践能力、解决复杂问题的能力，将大量创新成果转化为现实生产力，推进大众创业、万众创新。要为学生成长、成才搭建更为广阔的平台，建好职业教育与高等教育衔接的立交桥，助力有志成才的孩子们创造美好人生。

（三）陈宝生：六大关键词　谈职业教育发展①

12 月 12 日，教育部与福建省人民政府在福州联合召开现代职业教育发展推进会，纪念《职业教育法》颁布实施 20 周年暨中国近现代职业教育发轫 150 周年，总结交流经验，研究部署工作，加快推进职业教育现代化。教育部党组书记、部长陈宝生出席会议并用六个关键词对职业教育发展提出了明确要求：

一是要让职业教育香起来。香不香，看思想。要持续不断地宣传职业教育对经济社会发展的特殊地位，对培养多元化人才的重要作用，积极转变成才观念，为职业教育发展提供思想前提，创造良好环境。

二是要让职业教育亮起来。亮不亮，看质量。要牢固树立质量意识，将质量意识贯穿教学、管理和人才培养中，让高质量的毕业生成为职业教育的品牌和代言人。

三是要让职业教育忙起来。忙不忙，看市场。有市场就门庭若市，没市场就门可罗雀，要抓住经济转型升级和供给侧结构性改革契机，积极调整专业结构，对接产业链需要，适应市场需求。

四是要让职业教育强起来。强不强，看成长。要把学校建在开发区里，把学科建在产业链上，下功夫培育职业教育发展后劲，不为升格、不图虚名，实现职业院校在专业、管理、特色上的全面成长。

五是要让职业教育活起来。活不活，看政策。贯彻好《职业教育法》和《民办教育促进法》，推进放管服改革，落实省级统筹权和职业院校办学自主权，为职业教育提供更大的政策支持。

六是要让职业教育特起来。特不特，看工作。要把职业教育打造成“名优土特产品”，培养

①中华人民共和国教育部网站：《在新的起点上加快推进职业教育现代化》，http：//www. moe. edu. cn/jyb_ xwfb/gzdt_ gzdt/moe_ 1485/201612/t20161212_ 291700. html，2017 -02 -17。

一批名师，提供优质教学，服务区域经济社会发展，实现专业、技能、教学方法各方面特色发展，推进产学结合，把职业教育打造成闪光品牌。

二、教育专家观点

长期以来，职业教育领域专家以解决职业教育发展中的重大问题为己任，积极建言献策，为推动职业教育发展提供了强大的理论依据与智力支持。以下梳理2016年职教领域专家的代表观点，为准确把握职业教育当前发展背景、深刻认识职业教育发展中的问题、牢牢掌握职业教育发展的关键点提供参考。

（一）俞仲文：产业升级需要高等职业教育的创新发展[①]

如果说《国务院关于加快发展现代职业教育的决定》是新时代我国职教改革发展的动员令和设计总图，那么《高等职业教育创新发展行动计划（2015～2018年）》（以下简称《行动计划》）则是贯彻落实国务院决定的具体工作部署和施工总图。这是横跨三年的第一仗，具有重大的现实意义。《行动计划》部署了65项任务和22个具体项目。透过这些任务和项目，传递了强烈而清晰的信号，即伴随着产业升级，我国高等职业教育要从八个方面华丽转身，全面升级：

1. 在发展目标上实现华丽转身

发展与技术进步相适应的高等职业教育。《行动计划》将高等职业教育目标与当今的技术水平和技术进步的大背景紧密结合起来的表述是前所未有的，预示着要加大技术教育的分量，不仅要使学生适应今天的岗位、工种或职业所包含的技术要求，而且还要让他们适应未来技术发展的趋势，用明天的技术来武装今天的劳动者，使得这些“90后”的年轻人能够满足我国新型工业化、信息化、城镇化和农业现代化的“新四化”要求。当前高职院校专业建设与上述目标相比差距还很大，专业教学大体上还停留在低水平重复、简单化操作、浅内涵发展的阶段。伴随着中国制造要从合格制造向精品制造、优质制造转变，中国的高等职业教育也必须完成从粗放、低端向精品高职和优质高职的上升过程，这是实现高等职业教育转型升级、整体上水平的重要指标。

2. 在培养规格上实现华丽转身

《行动计划》提出培养数以亿计的高素质劳动者和技术技能人才，与过去单纯强调培养高素质技能型人才有了明显的区别，这既是高等职业教育转型升级的核心指标，也是中高职既相互区别又相互衔接的核心指标，预示着职业技术教育将回归其本位。中等职业教育和高职虽然培养的都是技术技能人才，但是侧重点不一样。中等职业教育主要培养操作技能型人才，即以熟练的动作技能培养为主要标志；高职主要培养技术技能型人才，即以具有一定的技术应用能力和管理能力的培养为主要标志。如何使学生既具有熟练的技能，又具备技术应用、技术改良和技术革新的能力，将对现今各高职院校的培养方案提出前所未有的挑战。

3. 在服务面向上实现华丽转身

《行动计划》提出在服务我国的区域经济和地方经济的同时，服务“一带一路”经济带的发

---

①中国教育新闻网：《创新发展高等职业教育系列笔谈——产业升级需要高职教育的创新发展》，http：//www.jyb.cn/zyjy/sjts/201601/t20160119_650060.html，2017-02-20。

俞仲文：中国职业技术教育学会副会长、全国民办职业技术教育分会会长。

展，这是新时代对高等职业教育提出的新任务，预示着今后高职院校，尤其是优质的高职院校，要同时面对两种需求，国内的需求和“一带一路”沿线国的需求，要培养既熟悉国内环境又熟悉国际标准和国际规则的两用人才。这对现有职业院校的课程体系和课程内容提出了极大的挑战。

4. 在体系建设上实现华丽转身

在相当长的一段时间里，高等职业教育实际上只是高等教育专科层次的代名词，而不是高等教育的一种类型。《行动计划》将创新现代职教体系作为一项重要任务，宣告我国的现代职业教育体系包括中等职业教育、专科、本科、研究生在内的完整板块，预示着中国高等教育版图重构工程再度启动。《行动计划》部署了中国职教从局部发展到整体发展、从个别成长到系统成长、从中低端形态向高端形态上升的工作路径，这是高等职业教育作为一种高等教育类型由不完整向完整转型升级的重要方面。

5. 在高职院校体制机制改革创新上实现华丽转身

《行动计划》倡导打开闸门，采取混合所有制方式兴办职教，让更多社会资源向职业教育汇聚。预示着举办者主体多元化了，可以以独资、合资、合作形式来举办职业教育。由于高等职业教育一头连着教育，一头连着产业；一头连着岗位，一头连着技术，因此产业或企业究竟是以主角还是配角的身份、以主动还是被动的姿态进入职教，既决定了职教的品质，又决定了职教的兴衰。实践证明，纯公活不起来，纯民大不起来，只有与企业行业“混”起来，才能使高等职业教育真正“火”起来。同时，办学者主体也多元化了，办学者可以以知识、技术、管理等要素作为投入，享有与举办者同等的权利。《行动计划》使得高职院校在体制机制上有了脱胎换骨的变化，一批行业企业将作为举办者，实行真正意义上的“双主体办学”，将产业的要素深入到高职院校骨髓里；一批高等职业教育的行家、专家将作为举办者，实行真正意义上的职业教育家办学。这是高等职业教育在体制机制上转型升级的重要成果。

6. 在引入创新教育方面实现华丽转身

“大众创业、万众创新”呼唤并倒逼着高等职业教育新一轮人才培养模式的改革。《行动计划》的落实意味着创新教育将全面引入高等职业教育的每个专业、每门课程和每个项目。高等职业教育培养的是能将工程图纸转化为实物的“灰领人才”，在新时期，这种转化不仅需要合格转化，而且需要优质转化和精细转化，更加需要创新转化。今天，创新教育不再只是一门课，也不是可实行、可不实行的一种教学模式，而是高职院校必备的生存方式和发展方式。

7. 在如何提升学生应用技术创新服务能力方面实现华丽转身

在新时期，高职院校的重要历史使命是必须培养出千千万万个像20世纪五六十年代那样的大批技术革新能手。这就需要正确处理好“三大关系”，即以理论适用为度和适当强化技术基础的关系、以工作过程为导向和以技术活动全过程为导向的关系、面向现实的实务教育和面向未来的创新教育的关系。这是新形势下全面提高教学质量、适应产业转型升级的重中之重。

8. 在“互联网+”的背景下，实现专业建设和课程体系的华丽转身

当前，大数据时代除了对传统的学习方式产生巨大冲击之外，对在这一大背景下的高职专业建设和课程体系也产生了巨大的冲击。高职院校要顺应“互联网+”的发展趋势，自觉地将“互联网+产业”的产业发展思路转变成“互联网+专业”的专业建设思路。落实“互联网+专业”的理念将谱写高职院校专业建设和课程体系开发的新篇章，是贯彻《行动计划》的具体举措，也是新时代高等职业教育创新发展的重大指标。

（二）姜大源：结构问题是课程开发的关键①

教育作为人力资源的供给侧，需要供给两个最重要的“产品”，一是为社会提供合格的人力资源，即合格的毕业生；二是为能成为合格人力资源的学生提供合格的课程。因此，课程始终是人才培养的核心，学校和教师的“基本功”——课程开发，是学校和教师的立身之本，是一个国家教育的核心竞争力。

1. 问题的提出：内容还是结构

一般来说，课程开发必须解决课程内容如何选择和排序的问题，“排序”即结构化问题。课程开发，到底是课程内容的选择重要，还是课程结构的选择更为重要呢？长期以来，这一问题在课程开发时竟一直未能引起重视，不能不说是一个极大的“疏忽”。

对课程内容选择的理解相对容易：课程内容是根据教育的培养目标来确定的。培养科学家、工程师，与培养应用型、职业型人才，其所要学习的课程内容是不同的。普通教育的课程内容往往是对相对静态的学科体系演绎的结果，而应用性、职业性教育的课程内容，往往是对未来职场应用知识的领域所需能力归纳的结果，且伴随科技发展对职场所需知识要求的不断变化，具有强烈的动态性。

对课程内容排序的理解，也就是课程结构的理解，就不那么容易了。这里指的是，课程内容只有在序化或者说只有在结构化的情况下才能够被传递，教育正是一种传递结构化知识内容的活动。因此，关键的问题在于：一旦课程知识的内容选择对了，如何对其排序呢？也就是说，课程内容如何结构化呢？

长期以来，教育陷入了一个怪圈：以为知识只能有一种结构化的方式，即依据学科体系的排序方式来组织课程内容。基于学科知识结构系统来对知识排序，所追求的是知识的范畴、结构、内容、方法、组织以及理论的历史发展的有序，以至于从小学到高等教育，课程都是按照这样的排序方式进行结构化的。这样排序的课程，本质上是基于知识储备的课程。形象地说，是在搭建一个知识的仓库，所追求的是仓库里的每一层、每一格、每一个抽屉里放什么知识，是一种堆栈式的结构。

然而，我们必须清醒地认识到，存储知识的目的是什么？答案不是为了考试，而是为了应用！遗憾的是，长期以来我们只教会了学生如何存储知识而没有教会他们如何应用知识。基于此，一个极具挑战性而又极富哲理性的问题就摆在我们面前：为什么我们不能用应用知识的结构来开发课程呢？

2. 破题的思路：存储还是应用

国际上把应用知识的教育称为行动导向的教育，把与之相应的教学体系称为行动体系，也就是工作的体系。这意味着，存在基于行动体系的课程内容的排序方式，即应用知识的结构形式。

何谓应用知识的结构形式呢？与基于主观认知层面的科学知识结构化的存储知识的课程——堆栈式的结构不同，基于客观事实层面的行动知识结构化的应用知识的课程，其结构遵循的是“事实逻辑结构”——工作过程，这是一个与应用知识紧密相关的有意义的结构。

---

①姜大源：《结构问题是课程开发的关键》，《中国教育报》2016年8月23日第3版，http：//paper. jyb. cn/zgjyb/html/2016 - 08/23/content_ 461851. htm？ div = -1，2017 -02 -21。

姜大源：教育部职业技术教育中心研究所高等职业教育研究中心主任、教育部学校规划建设发展中心课程建设研究院院长。

1996年，强调知识应用的德国教育理论的研究成果指出，工作过程是“在企业里为完成一件工作任务并获得工作成果而进行的一个完整的工作程序”，“是一个综合的、时刻处于运动状态但结构相对固定的系统”。其意义在于，“一个职业之所以能够成为一个职业，是因为它具有特殊的工作过程，即在工作的方式、内容、方法、组织以及工具的历史发展方面有它自身的独到之处”。显然，这一结构摒弃了教条的存储知识的结构主义说，凸显了创新的应用知识的结构观。我国伟大教育家陶行知先生，也早在1918年就以“种豆”为例明确指出：“职业学校之课程，应以一事之始终为一课。”尽管陶先生没有明确地使用“工作过程”这四个字，但工作过程的三要素，即“起点、终点、手续”与德国提出的“任务、成果、程序”三要素惊人的一致。可以说，这正是基于工作过程的课程理念的思想源头。

需要强调的是，适度够用的知识在总量上并没有变化，但其排序方式发生了变化。课程不再关注建筑在静态学科体系之上的显性理论知识的复制与再现，而更多的是着眼于蕴含在动态行动体系之中的隐性实践知识的生成与构建。因为应用知识的每一工作过程，都是一种客观存在自然形成的过程序列，而学习者认知的心理顺序也是循序渐进自然形成的过程序列。这表明，认知心理顺序与工作过程顺序都是自然形成的。因此，有生命的“机体”对知识的构建，与“机体”在工作过程中的行动实现了融合。

3. 解题的方案：复制还是迁移

工作过程具有三个特点：一是强调综合、追求整体，涵盖专业能力、方法能力、社会能力三个维度的学习，把技能、知识、态度集成于应用的工作过程之中；二是时刻处于运动状态之中，是不断变化的，同一时段的不同职业以及同一职业的不同时段，其区别在于工作的对象、内容、手段、组织、产品、环境六个要素的差异；三是结构相对固定，尽管具体工作过程千变万化，但完成具体工作过程的思维和行动的过程，即资讯、决策、计划、实施、检查、评价这六个步骤，对所有的工作却都是一样的。

强调基于工作过程这一结构来开发课程，不是对客观存在的工作过程的简单复制，而是对实际的工作过程，按照职业成长规律和认知学习规律，进行系统化的教学化处理，使教学过程成为知识应用的过程。因此，从工作过程导向走向工作过程系统化的课程开发，是一次创新性的突破。

工作过程系统化课程的结构包括三个层次：第一层次是课程的整体结构，就是一个专业的课程体系的开发，或称为课程门类的开发；第二层次是课程的单元结构，就是一门课的课程结构的开发；第三层次是课程的教学结构，就是一门课的课程实施，即教学结构的开发。

关于课程的整体结构的设计，首先应确定职场或应用领域里的典型工作任务，也就是确定课程的整体内容；其次对典型工作任务进行整合，归纳出行动领域（工作领域）；最后将行动领域转换为由多个学习领域组成的课程体系。

关于课程的单元结构的设计，要根据职业的特征和完整的思维，将每门课分解为主体学习单元（学习情境），每个学习情境都是一个独立的完整的工作过程。其具体的操作有三个步骤：第一，确定该课程所对应的典型工作过程，梳理并列出这一工作过程的具体步骤；第二，选择一个参照系对这一客观存在的典型工作过程进行教学化处理；第三，根据这个参照系确定三个以上的具体工作过程进行比较，按照平行、递进和包容的原则设计课程单元（学习情境）。

关于课程的教学结构的设计，要将实际的工作过程，根据完整的行动和思维的过程，即“资讯、决策、计划、实施、检查、评价”六步骤，将其设计为教学过程。需要强调的是，工作过程是客观存在，而教学过程却是对其进行基于教学原理加工的结果，即在前述演绎出的三个学习单元的基础上，设计有逻辑关系的、用于教学的工作过程。它强调通过比较学习的方式，实现迁移、内化，进而使学生学会思考，学会发现、分析和解决问题。

同时，工作过程系统化的课程及教学，还必须设计相应的载体，即将抽象的教学内容具象化，载体中要隐含解构后的学科知识。判断是否为工作过程系统化课程，其标准强调比较学习，要遵循三个原则：第一，比较必须三个以上；第二，比较必须同一范畴（同一个参照系）；第三，比较中重复的是步骤（工作过程），而不是内容。

综上所述，工作过程泛指从事一切职业的行动过程，无论是操作、维修、服务，还是研究、设计、管理，都是工作过程的具体体现。由此，凡是应用知识的课程，都可依据工作过程的结构进行开发。所以，工作过程系统化的课程开发所彰显的创新性突破，使得工作过程这一应用知识的结构，逐渐成为一个普适性的概念，进入了整个教育和教育学的领域。

（三）刘占山："中国制造2025"职业教育要实施六大战略①

当前，为实现"两个一百年"奋斗目标和中华民族伟大复兴，我国实施了创新驱动、"中国制造2025"、"互联网+"、创新创业、"一带一路"等一系列国家战略。为更好地应对"中国制造2025"，职业教育要理清局势，更好地适应战略需求。

1. "中国制造2025"对技术技能人才提出了七大要求

随着未来工业变革，智能制造将成为整个工业发展的核心，绿色化、服务化将成为制造业发展的趋势，内部组织扁平化和资源配置全球化将成为未来制造业的特征。未来，工业生产特征也会发生变化，产品由趋同转向个性，在智能制造的背景下，每个生产者都由集中向分散转变，不再是生产线上的简单操作工，他们不仅是设备的生产者，同时也是智能设备的管理者。这种变化对人才提出新的要求：

第一，信息技术是未来技术人才必备的技能，所以现在要加强学生信息技术教育，使之掌握信息技术能力；

第二，未来技术人才要有良好的职业道德、工匠精神；

第三，未来技术人才要有扎实的基本功和基本学习能力；

第四，应该是复合型人才，不再是单一工种；

第五，应该具有迅速解决生产现场实际问题的能力，迅速地判断设备的运维；

第六，要有良好的合作、沟通能力；

第七，要具有国际视野，要具有跨国文化交流能力。

当前，我国制造业职业教育现状是：从规模上看，2015年，我国高等学校本科工科类专业点数约1.6万个，本科工科类专业在校生525万人、研究生在校生69万人；高等职业学校制造大类专业点数约6000个，在校生136万人；中等职业学校加工制造类专业点数约1.1万个，在校生186万人。据不完全统计，人才总量大概是730多万人，其中本科和研究生学历分别只占人才总量的29%和2%。但是根据"中国制造2025"总体规划预测，制造业人才需求总量为3200多万，到2020年人才缺口1900多万，到2025年人才缺口可能会达到2900万。因此，职业教育

---

①根据"2016（第二届）中国职业教育国际合作峰会"嘉宾观点集萃整理。
刘占山：中国职业技术教育学会常务副会长、秘书长。

面临严重的问题：人才结构性过剩和短缺并存、结构性失衡问题较为严重；各类学校，特别是高等教育院校的人才培养与制造业生产现场实际脱节比较严重；职业院校与制造业行业企业融合度不够、共同育人不够。

2. 围绕“中国制造2025”，职业教育要实施六大战略

第一个战略：围绕提高制造业创新能力，着力培养创新型拔尖人才、领军人才；

第二个战略：为了强化工业基础能力，加强培养掌握共性技术的专业人才；

第三个战略：围绕“两化融合”，加快培养全面从业者的技术能力；

第四个战略：加强培养复合型人才进入新业态、新领域；

第五个战略：围绕绿色制造，加快普及绿色技能和绿色文化；

第六个战略：要大力提升制造业全员职业意识和职业素养。

为了应对未来总体战略任务，第一，要推进制造业人才供给结构性改革；第二，加快实现产业和教育深度融合；第三，打造高素质专业技术人才队伍；第四，扩大精准领域需求，向重点领域倾斜；第五，促进学科专业发展，使学校专业设置、学科设置与产业高度匹配；第六，充分发挥职业教育功能，加强对企业在职员工的全员培训，提升员工的整体素质。其中，在加快产教融合方面，一方面要进一步采取措施，鼓励行业企业参与人才培养，当前，我国正在组织修订职教法、制订校企合作条例，通过一法一例，进一步明确行业企业参与职业教育、参与教育职责；另一方面，要进一步发挥企业办学主体作用，推动企业和学校实行现代学徒制，吸引校企合作共建二级学院，鼓励企业独立办学，大力推进集团化办学，深化校企合作。

围绕“中国制造 2025”的战略目标，第一，要积极推进职业教育体制机制改革，激发职业教育办学活力，促进产教融合，实现职业教育办学主体多元化；第二，加大财政投入，建立与制造业人才培养规模和培养要求相适应、与“中国制造 2025”总体规划相适应的财政投入政策；第三，优化制造业人才发展环境，特别要提高一线技术人才待遇水平，支持技术人才坚守制造业工作岗位，支持制造业发展；第四，加强职业教育宣传，提升社会对职业教育的关注度。

（四）李小鲁：“工匠精神”，职业教育的灵魂①

对“工匠精神”的认识，当前面临着很大的危机，就是对“工匠精神”认识普遍的庸俗化、表浅化。“工匠精神”是职业教育的灵魂，是学生应该树立的理想，却也是学校职业教育容易忽视的一个盲区。为什么会有这样的问题呢？原因很多，关键是对“工匠精神”的理解缺乏理论上的拓展，缺乏理性的提升。

1. 三个层次理解“工匠精神”

第一个层次，了解什么是工匠。工匠是长期受到工业文明熏陶，训练、培育出来的一种专门人才，这种专门人才，是在整个专门、专业活动中掌握技能、技艺和技术的人才，要达到一定高度才能称为工匠，一般的小手作、一般的简单熟练工，不能称为工匠。也正是因为这样，工匠一定是与工业文明的发展、熏陶和浸润联系在一起的。

第二个层次，了解工匠的精神境界。工匠的精神境界有着独特的界定。一般来说，跟工匠匹

---

①李小鲁：《“工匠精神”，职业教育的灵魂》，《中国教育报》2016 年 5 月 13 日第 5 版，http：//paper. jyb. cn/zgjyb/html/2016－05/13/content_ 455841. htm？ div＝－1，2016－02－21。

李小鲁：中国职业技术教育学会副会长、广东省人民政府参事、广东职业技术教育学会会长。

配的精神，首先，应该具备极强的专业性，在专业上专心致志、精益求精；其次，应该具备强烈的专业追求，把这种不懈的追求，贯穿自己的职业生涯，当作人生的一个目标；最后，应该具备坚定的专业操守，为了自己的专业坚持，舍得放弃诱惑，坚持企业忠诚，把自己的精神生活寄托在对专业的奉献上，这才是工匠具有的一种精神。

第三个层次，在技术理性和价值理性相统一的基础上，去看待“工匠精神”这一整体的概念和确切的内涵。真正的“工匠精神”应该是专业精神、职业态度、人文素养三者的统一。只有从专业性、职业性和人文性这三个特征来把握“工匠精神”，才能够对“工匠精神”有一种源于职业教育，又高于职业教育；源于工业文明，又进入后工业文明；源于教育，又跳出教育去看待的一种教育的理想境界和形而上的追求。

“工匠精神”应该成为学校职业教育的灵魂，成为每一个接受职业教育的学生所努力向往的一种境界。对“工匠精神”要有一个系统的把握和理解，片面的、庸俗化的、表浅化的理解，会对职业教育产生极大的误导。首先，工匠自身的技能、技艺和技术是他们的物质载体和最根本的职业生涯的追求；其次，与之相称的独特精神表现为他们对自己专业独特的职业态度，没有这种职业态度，他们就不能够将自己的专业变成自己生命存在的方式；最后，也是更重要的，工匠要有可持续发展能力，要有创新能力，要有最终的社会人文关怀。工匠应该有更高的要求，即人文素养的培育，如果没有人文素质，就不可能有职业态度的端正和专业技能的提升，就不可能有可持续的发展能力和专业上不懈的创新动力。

2. 五个方面认识“工匠精神”

“工匠精神”的社会价值和教育意义，笔者认为以下几点显而易见。

第一，它是工业文明高度发展的精神成果。这是对该成果的一种技术理性和价值理性相统一的具体化理解。只有从这个角度去把握，我们对工业文明的精神成果才能够有正确的认识，而我们对职业教育的认识，也就有了一个与世界文明接轨的桥梁和纽带。职业教育是以服务为根本、以就业为导向的教育，所以，职业教育在本质上，就应该将这种精神成果作为自己的价值根本和导向。

第二，它是现代职业教育的精神标杆。只有这样去理解“工匠精神”，才能够为职业教育树立一个志存高远的工作标杆，使得职业教育免于陷入培育、生产“机器人”的尴尬地位，才能走出终极教育、次等教育的认识误区。而且，职业教育确立这样的标杆，会给职业教育带来全新的、本质性的改造，即让它不仅见技术、见技能，也能见人的素质素养、见人的全面持续发展。

第三，它是职业教育“立德树人”的特征和灵魂。只有这样去理解“工匠精神”，才能既将教育的根本任务落到实处，又使职业教育具有自己独特的判断和选择。教育的根本任务是立德树人，具体到职业教育，要有自己的规律和特点，有自己独特的表现形式，有独特的精神内涵，有独特的灵魂。笔者认为，职业教育坚持立德树人为根本任务，就必须要高度重视“工匠精神”的培育，并落到实处，只有这样，才能给职业教育灌注丰富的思想内容，才能提升职业教育真正的人文价值，也只有这样，才能给职业教育带来思想政治教育的特质和亮点。所谓职业教育要培养“德艺双馨”的人才，它的“德”，就应该包含着“工匠精神”。

第四，它是职业教育内涵发展的指导思想。坚持这样理解“工匠精神”，并将其作为职业教育的重要内容和学校教育的指导思想之一，必然会给职业教育带来革命性的变革。因为，只见物而不见人，只见技能、技艺和技术，而不见精神，这条路走不下去。因此，必须要在人才培养模式上，在专业课程教材的建设上，在教育方法的创新上实行一系列的变革，从而使教育教学的全过程具有极强的人文性、价值性和思想性。经常听到企业在录用职业院校毕业生时，会更重视“德”，这实际上表明了人才的生命力之所在。所以，对“工匠精神”的正确理解，以及对它的适应与培育，成为学校教育教学改革的一个重要方向和指导思想。

第五，它是职业教育文化软实力的象征。将“工匠精神”的正确理解引入职业教育，并向社会广泛宣传，对于改变职业教育的形象，对于调整职业教育的社会评价，具有十分重要的意义。只有这样，才能够让社会真正认识到劳动光荣、技能宝贵、创造伟大。因此，我们不能小看“工匠精神”的培育以及向社会宣传的意义和价值，它能够与劳动、技能和创造紧密地结合起来。

从这五个方面来说，必须要正确认识“工匠精神”，在职业教育领域把它作为全新的工作指导思想。

3. 五个方面培育“工匠精神”

第一，职业院校在工作的指导思想上，要从职业教育的内在规律要求出发，摒弃普通教育目标的制约，正确认识“工匠精神”对于职业教育的价值，从而为深化职业教育教学改革提供思想武器，奠定现实基础。

第二，职业院校要将“工匠精神”的培育贯穿于教育教学改革全过程，那就必须在课程设置、实践教育、思想政治教育和顶岗实习等教学环节中加强理性教育的内容。通过必要的人文课程的学习，必要的职业生涯教育，必要的技术理性培育和引导，使得职业院校整个教学过程包含良好的综合素质教育和学生能力持续发展教育的内容。

第三，职业院校在产教融合的落实上，必须利用校企合作的人才培养模式改革平台，加强“工匠精神”的养成教育、体验教育和实践教育，从而使“工匠精神”与技术活动、技能培育有机结合起来，并内化于学生的精神之中。

第四，职业院校在师生共同成长的实践中，要以“工匠精神”培育为抓手和载体，给学生、教师一个密切互动、共同成长的机制，只有这样，精神培养才可能成为一个有机而又有效的、教与学统一的过程。我们经常以为技能的培育是学生的事，精神的培育也是学生的事，殊不知，精神的培育离开了师生的共同成长，是不可能真正实现的。所以“工匠精神”的培育，对于职业院校的所有教师，都是一次全新的教育改革、教育理念创新的挑战。

第五，职业院校在自身文化软实力构建过程中，要以“工匠精神”的培育作为切入点和制高点。一方面在院校构建富有“工匠精神”的校园文化，另一方面以这种文化软实力向全社会推送“工匠精神”的价值和意义。显然，只有弘扬“工匠精神”，才能真正营造劳动光荣、技能宝贵、创造伟大的社会氛围，才能有职业教育文化软实力生存的社会基础。因此，所有职业院校必须提高社会责任感，在自身文化软实力建设中，以“工匠精神”培育为重点，将劳动、技能和创造的价值和意义，向整个社会宣传。

统 计 篇

第一章　中国职业教育统计分析

近年来，随着经济发展方式的转变和“中国制造2025”战略的实施，社会对技能人才的需求不断扩大，2016年“工匠精神”首次被写入《政府工作报告》，由此职业教育成为国家和社会关注的焦点。在推进职业教育现代化座谈会上，李克强总理作出批示，强调切实把职业教育摆在更加突出的位置，加快构建现代职业教育体系。在国家和领导的高度重视下，2016年，我国职业教育亮点不断涌现，如明确提出推进职业教育产教融合、实施中等职业教育领域教学工作诊断与改进制度、规范职业学校学生实习管理、促进职业院校教师素质提升、推动现代技工教育体系形成、推进社区教育发展等。本章在回顾2016年中国职业教育发展状况的基础上，展望职业教育未来发展趋势，同时通过对职业院校的数量、学生规模、师资情况、教育经费、热门专业等方面的系统统计分析，以期全面了解和把握当前我国职业教育发展的现状。

一、2016年中国职业教育发展概况

2016年是“十三五”的开局之年，也是我国全面建成小康社会决胜阶段的开局之年，这一年，职业教育利好不断，职业教育的地位和人们对职业技术教育的认识也已今非昔比。可以说，职业教育正在迎来美好的春天。教育部党组书记、部长陈宝生出席现代职业教育发展推进会，用六个关键词对职业教育发展提出明确要求，即让职业教育香起来、亮起来、忙起来、强起来、活起来、特起来。

（一）发展概述

2016年1月15日，教育部召开全国教育年度工作会议，部署2016年和“十三五”教育工作。会前，李克强总理作重要批示，对“十三五”教育工作提出了要求，强调要进一步提升教学和研究水平，重视加强创新创业教育，大力发展现代职业教育，培育更多管用实用的高技能人才、创新人才和拔尖人才，为全面建成小康社会发挥好关键支撑作用。3月17日，国家第十三个五年规划纲要发布，确定了未来五年经济社会发展的主要目标、重点任务和重大举措，对职业教育发展提出了明确要求。围绕推进教育现代化的总要求，规划纲要对职业教育体系建设、基础能力建设、人才培养模式创新、教师队伍建设、专业设置与课程改革等重点工作提出具体要求。在国家政策的指导下，职业教育快速发展，改革发展方向更加明确，办学活力持续增强，现代职业教育体系逐步建立。

在高等教育领域，我国已建成高等职业院校1364所，在校生1048.6万人，为经济社会发展作出了重要贡献。随着高等职业教育规模的扩大，高等职业教育进入提高质量的新阶段。2016年7月，《2016中国高等职业教育质量年度报告》发布，这是我国连续五年发布职业教育质量年度报告。报告显示，我国高职毕业生发展潜力逐步提升，专业结构不断优化；该报告首次将“企业参与”写入其中，首次发布了“高等职业院校服务贡献50强”，肯定了企业

参与教学过程并发挥主体作用，聚焦高等职业教育对学生、对地方、对行业企业发展的服务贡献。

在技工教育领域，2016 年 12 月，中国人力资源和社会保障部印发《技工教育“十三五”规划》，这是该部门第一个关于技工教育的五年规划，通过系统阐述“十三五”时期技工教育事业发展的四条基本原则、六大发展目标、十项主要指标等，对未来五年技工教育做出全面布局。规划为全国技工教育事业描绘发展蓝图，推动全国技工院校科学发展，为“中国制造”走向“中国智造”、大力培养技工人才提供有力支撑。

（二）发展特征

当前我国经济发展进入新常态，中央启动了供给侧结构改革，明确了去产能、去库存、去杠杆、降成本、补短板五大任务，进一步推动了产业结构和就业岗位的深刻调整。职业教育需要主动适应经济发展的新趋势新需求，密切跟踪产业革命和新一轮科技革命改革动态，深化职业教育改革，高度重视科技创新、人才培养模式创新，让职业教育呈现出崭新的发展态势。

1. 现代职教体系不断完善

我国积极探索构建中职—高职—本科相衔接、职普互通的职业教育体系，搭建人才成长“立交桥”，让职业教育更加出彩。2016 年 5 月 28 日天津中德应用技术大学正式揭牌，成为我国第一所应用技术大学，开本科层次职业教育之先河。该校将探索一套可复制的应用技术大学经验、标准和制度，为贯通中职、高职、本科职业教育的人才培养通道，构建完善的现代职业教育体系做出示范。2016 年 5 月，教育部办公厅、人力资源和社会保障部办公厅联合印发《关于做好 2016 年高中阶段教育招生工作的通知》，明确提出统筹做好招生工作，大力发展现代职业教育，落实职普招生大体相当的要求。《高等职业教育创新发展行动计划（2015 ~ 2018 年）》中亦明确提出，推动各地健全“文化素质 + 职业技能”、单独招生、综合评价招生和技能拔尖人才免试等考试招生办法，为学生接受不同层次高等职业教育提供多种机会。

2. 思想政治教育逐步加强

职业教育必须坚持以马克思主义为指导，全面贯彻党的教育方针，坚持不懈地传播马克思主义科学理论，抓好马克思主义理论教育，为学生一生成长奠定科学的思想基础。习近平总书记在全国高校思想政治工作会议中明确指出，我国高等教育肩负着培养德智体美全面发展的社会主义事业建设者和接班人的重大任务，必须坚持正确的政治方向。高校立身之本在于立德树人，要坚持不懈地培育和弘扬社会主义核心价值观，引导广大师生做社会主义核心价值观的坚定信仰者、积极传播者、模范践行者。抓好学生思想政治工作，从根本上说是做人的工作，必须围绕学生、关照学生、服务学生，不断提高学生思想水平、政治觉悟、道德品质、文化素养，让学生成为德才兼备、全面发展的人才。对于中等职业教育来说，为深入贯彻习近平总书记系列重要讲话精神，积极培育和践行社会主义核心价值观，教育部于 9 月 1 日发布了《中等职业学校学生公约》，针对中职校学生的特点，提出了 8 条 48 字公约内容，对中职学校学生道德品质和行为规范进行了高度浓缩，增强中等职业学校德育的针对性、实效性。公约已成为中职生的“道德指南”，将有助于教育引导学生自觉养成良好的思想品质和行为习惯，突出学生的自我约束、自我管理。

3. 质量保障体系不断完善

提高职业教育质量是“十三五”时期职业教育发展的重要主题。2016 年，国家围绕提高职业教育质量，出台了《关于开展中等职业教育质量年度报告工作的通知》、《关于做好中等职业学校教学诊断与改进工作的通知》、《关于确定职业院校教学诊断与改进工作试点省份及试点院校的通知》等文件，推动我国职业教育领域开展质量年度报告、教学诊断与改进、职业院校评估等工作的开展，极大地完善了我国职业教育质量保障体系，有力地保证了职业教育健康发展。其中，教学诊断与改进（以下简称“教学诊改”）是我国职业教育质量保障体系的重要举措。2016 年，我国职业院校教学诊改取得重要进展，一方面，《关于做好中等职业学校教学诊断与改进工作的通知》出台，公布了《中等职业学校教学工作诊断与改进指导方案（试行）》，标志着 2015 年在高等职业教育领域实行的教学诊改向中职领域扩展；另一方面，《关于确定职业院校教学诊断与改进工作试点省份及试点院校的通知》确定了在天津市等 18 个省（区、市）分别开展中高等职业院校教学诊改试点工作，标志着职业教育教学诊改工作正式启动。职业院校的教学诊改制度建立，是我国职业院校内部管理体制改革创新的有益探索，是职业院校内部教育质量保证体系的重要尝试，有助于营造具有中国特色、职业教育特点的现代质量文化。

4. 教师素质得到进一步提升

2016 年 5 月，教育部等七部门颁发的《职业学校教师企业实践规定》也明确要求，进一步加强职业学校“双师型”教师队伍建设，促进职业学校教师专业发展，提升教师实践教学水平；职业学校专业课教师根据专业特点每 5 年必须累计不少于 6 个月到企业或生产服务一线实践。11 月，教育部、财政部联合印发了《关于实施职业院校教师素质提高计划（2017 ~ 2020 年）的意见》，指出将组织职业院校校长、专业带头人、“双师型”骨干教师、优秀青年教师分层分类参加国家级培训，开展中职、高职、应用型高校教师团队研修和协同创新，推进教师和企业人员双向交流合作，组织职业院校专业教师到企业进行为期不少于 4 周的企业实践。国家明确提出完成职业院校教师全员培训、创建中高职教师专业技能创新示范团队、建立教师到企业实践和企业人员到学校兼职任教常态化机制等总体目标，旨在加快建成一支师德高尚、素质优良、专兼结合的高素质专业化的“双师型”教师队伍。

5. 产业与教育进一步融合

坚持产教融合、校企合作，在名师名匠与学生之间建立新型师徒关系，培养学生对职业的敬畏、对技艺的执着，使学生具有敬业、乐业、精业的神圣感和使命感，成为培养“工匠精神”的有效路径。2016 年，职业教育围绕“中国制造 2025”中的十大重点发展领域，推进产业与教育深度融合，打造校企教育链、产业链、利益链融合体，培育具有工匠精神的技术技能型人才。国家通过支持与引导社会资本通过独资、合资、合作的方式，探索发展股份制、混合所有制职业院校，探索公办和社会力量举办的职业院校相互委托管理和购买服务的机制，推动办学主体多元化；推行现代学徒制试点，鼓励行业企业参与人才培养，共同开发课程，共建工程实践中心、教育培训中心、实习实训基地，参与人才评价，推动办学过程“跨界”、社会化；推进职业教育集团化办学，校企共建集团，深化体制机制和人才培养模式改革，提高职业教育贡献力。

（三）未来展望

随着经济和社会的转型升级，未来社会对受过职业教育、具有良好技能和技术与管理素质的人才将会有巨大的需求，进而带动职业教育需求的提升。

1. 强化改革职教顶层设计

2008 年，我国针对《职业教育法》的修订进行调查研讨，2016 年完成了《职业教育法》修订草案起草工作，但至今没有出台。2017 年，我国将进行《职业教育法修订案》的审议，通过法律规范制度完善，强化职业教育的顶层设计。

目前，我国职业教育迈向内涵式发展阶段，通过加强顶层设计深化职业教育改革的重要内容。现代学徒制作为职业教育下一阶段的重点工作之一，在职业教育中将占有更多更大的分量。现代学徒制改革将由教育部、人力资源和社会保障部等部门负责落实，旨在推进我国职业教育和国家劳动用工制度的紧密结合，实现更高形式的校企合作、产教融合。其重点任务有：第一，要落实双重身份、联合培养。现代学徒制最核心的是两个“双”——员工学员的“双重身份”和校企联合培养的“双主体育人”。第二，要积极完善政策保障，以地区、行业、企业、学校为试点牵头单位类型，推动现代学徒制试点工作有序进行。

2. 加快职业教育信息化

云计算、物联网、大数据、虚拟现实等新一代信息技术的广泛运用，对我国教育信息化建设产生了深远的影响。近年来，职业教育信息化在基础设施和资源建设方面取得了很大进展，目前各学校正大力推进信息技术走进课堂，聚焦 AR（增强现实）/VR（虚拟现实）等新兴的信息技术与职教课堂教学的双向融合，通过线上线下、虚实融合的职教全息学习场景——“未来课堂”，为我们勾画了一个创新、协调、开放、共享的未来职教人才培养新模式，实现“人人皆学、处处能学、时时可学”教育信息化的美好愿景。

根据《教育信息化“十三五”规划》的总体部署，我国制定了《2017 年教育信息化工作要点》，将逐步推进职业教育专业教学资源库项目、职业院校数字校园实验学校试点，推进全国中等职业学校学生管理信息系统、高等职业院校人才培养工作状态数据采集与管理系统等平台建设与应用，并将举办 2017 年全国职业院校信息化教学大赛。信息化教学大赛作为一项制度设计，已经成为信息化带动职业教育现代化的重要推手，在推进职业教育信息化方面将发挥重要作用。

3. 推进创新创业教育发展

在“大众创业、万众创新”的时代，将创新创业教育融入人才培养全过程，已成为职业教育综合改革的一项重要内容。创新创业教育并不是指一定要让学生创办自己的企业，而是教会学生如何突破束缚，创造社会价值和个人财富的过程。因此，职业院校的创新创业教育最重要的是营造创新创业教育的氛围，激发学生创业热情，帮助学生建立自信，鼓励他们放宽眼界、开拓进取，把创新的点子、想法落到实处。

厚植“大众创业、万众创新”土壤，才能广植创新型人才。未来，我们将落实创新创业教育。第一，契合区域经济发展，探索院校教育改革，创立创新创业学院。第二，对接产业，瞄准市场岗位，实施院校课程改革，开发创新创业课程。第三，引入企业行业导师，融入院校专业导师，组建创新创业师资。第四，实施“线上自主学习 + 互联网 + 线下研讨”模式，开展创新创业教学。第五，打造校外孵化基地 + 互联网 + 校内双创基地，形成创新创业基地等。通过以上路径，把创新创业教育融入职业教育人才培养的全过程。

4. 加强职业教育国际化

加强与“一带一路”沿线国家和地区职业教育与产业领域合作，对推动沿线国家和地区经济社会发展、推进我国职业教育国际化发展、促进国际经贸交流与合作、促进丝路文化交流具有重要意义。为沿线国家和地区经济社会发展提供人才和技术支撑，推进我国职业教育国际化发展，促进国际经贸交流与合作，促进丝路文化交流，将是职业教育国际化发展的方向。

我国职业教育无论规模还是质量，都达到了世界水平，而许多“一带一路”沿线国家和地区的教育还相对落后，迫切需要寻找到一种有借鉴意义的学习样本。职业教育作为与经济社会联系最为紧密的一种教育类型而更受这些国家的关注，正因如此，我国高职“走出去”充满机遇。在此背景下，国家倡导成立了“一带一路”产教协同联盟，推进职业院校国际化、服务企业“走出去”，重点推动中国与“一带一路”沿线国家和地区职业教育的务实合作，加强与“一带一路”沿线国家和地区共享中国职业教育发展理念、办学模式，创新职业教育境外办学的新模式，探索跨国培养与跨境流动的技术技能人才培养新机制，拓展“一带一路”沿线国家和地区来华留学生渠道，搭建中国学生海外实习就业平台。搭建企业海外发展的信息交互平台，搭建“一带一路”沿线国家和地区科技合作平台，建立“海外职业技术培训基地”。通过举办国际学术会议，搭建“一带一路”沿线国家和地区学术合作交流的平台等。

5. 推进终身职业技能培训

新一轮科技革命对传统产业形成巨大冲击，经济转型中新业态、新岗位不断涌现，提高全要素生产率要求人才素质和能力不断提升。这就要更加重视教育职业培训，充分依托高等职业教育、中等职业教育资源，建设职工继续教育基地，提高广大劳动者的就业能力、工作能力和职业转换能力。对此，教育部等九部门颁布了《关于进一步推进社区教育发展的意见》，提出加强社区教育实验区、示范区建设，推进社区教育规范化、制度化发展；实施《老年教育发展规划（2016~2020年）》，推动高校第三年龄大学联盟和老年大学建设；推动开放大学建设，指导国家开放大学开展继续教育学习成果认证、积累和转换试点；启动农民工学历与能力提升行动计划等，推动各类学习型组织建设。职业教育以终身学习理念引领教育改革，着力为社会成员提供多样化的教育选择，加快发展继续教育，构建继续教育和终身学习的便捷通道，完善终身学习支持服务平台，为我国建设终身教育体系和学习型社会奠定基础。

二、职业教育发展统计分析

本书采用2000年我国对东部、中部和西部三大地区行政区域划分标准，其中，西部包括12个地区，分别是四川、重庆、贵州、云南、西藏、陕西、甘肃、青海、宁夏、新疆、广西、内蒙古；中部包含8个地区，分别是山西、吉林、黑龙江、安徽、江西、河南、湖北、湖南；东部包括11个地区，分别是北京、天津、河北、辽宁、上海、江苏、浙江、福建、山东、广东和海南。

（一）高职篇

1. 院校现状

（1）院校数量。职业院校数量的变化最能直观地反映我国职业教育的规模。根据教育部的统计，2006~2016年全国高职院校数量如表1-1、图1-1所示。

表 1－1　2006～2016 年全国高职院校数量　单位：所

年份	2006	2007	2008	2009	2010	2011	2012	2013	2014	2015	2016
数量	1147	1168	1184	1215	1246	1280	1297	1321	1327	1341	1364

资料来源：根据国家统计局、教育部网站相关数据整理。

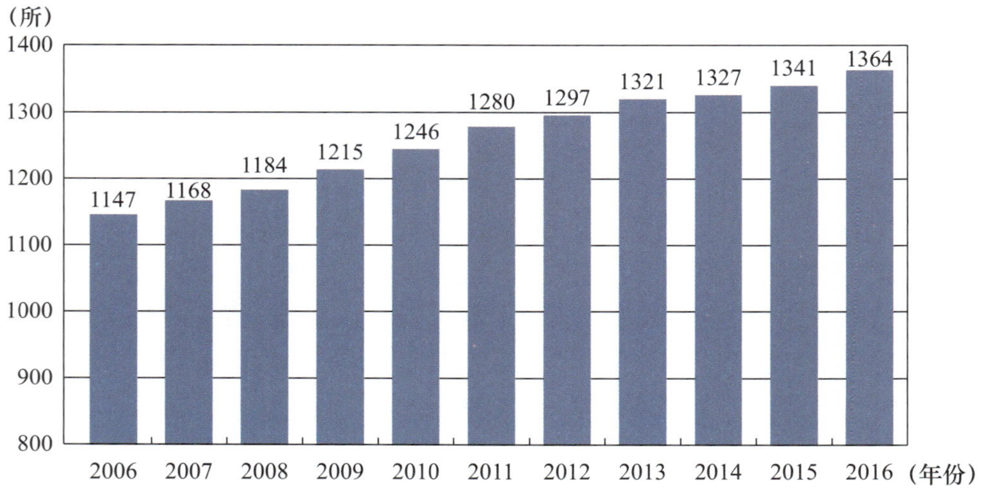

图 1－1　2006～2016 年全国高职院校数量

通过分析以上数据可以看出：

2006～2016 年，高职院校数量呈逐年上升的趋势，2016 年我国已有高职院校 1364 所，相比 2006 年增长了 18.9%。

（2）地区分布①。职业院校的地区分布态势可以反映出我国职业教育的区域性差异。2016 年，我国高职院校的地区分布情况如表 1－2、图 1－2 所示。

表 1－2　2015～2016 年我国高职院校的地区分布情况

地区		东部	中部	西部
2016 年	数量（所）	547	463	354
	比例（%）	40.10	33.94	25.95
2015 年比例（%）		40.74	33.61	25.66

资料来源：根据教育部门户网站相关数据整理。

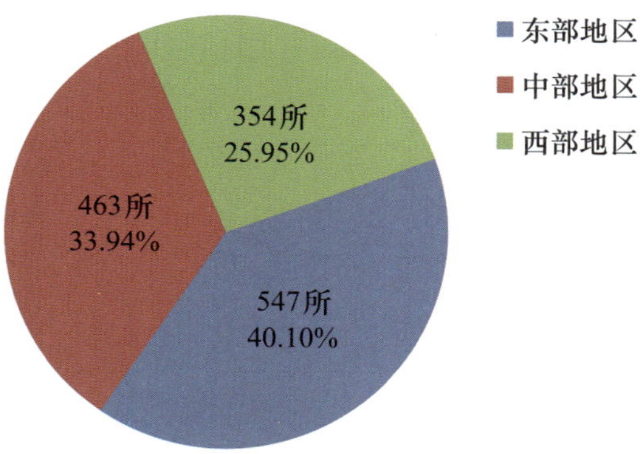

图 1－2　2016 年我国高职院校的地区分布情况

①本报告中，全国区域划分均以 2000 年国家对东部、中部和西部三大区域的划分为标准，下同。

2016 年东部地区高职院校数量占比最高，为 40.10%，其次为中部地区、西部地区，这反映出我国东部、中部、西部地区高等职业教育的发展存在一定程度的不均衡。东部地区依托于区位和经济优势，教育发达，高职院校数最多，为 547 所；中部地区高职院校 463 所，占比 33.94%；西部地区的高职院校数量最少，为 354 所，占比仅为 25.95%。但是，总体来看，与 2015 年相比，中西部地区高职院校数量占比有所提升，高等职业教育发展不均衡现象有所改善。

（3）办学类型。职业院校的办学类型可以反映出我国职业院校的办学力量。根据教育部统计数据，全国高职院校的类型如表 1－3、图 1－3 所示。

表 1－3　　2010～2016 年全国高职院校的类型

类型		高职	
		公办	民办
2016 年	院校数（所）	1048	316
	比例（%）	76.83	23.17
2014 年比例（%）		77.04	22.96
2013 年比例（%）		75.40	24.60
2012 年比例（%）		75.87	24.13
2011 年比例（%）		75.47	24.53
2010 年比例（%）		76.24	23.76

资料来源：根据教育部网站相关数据整理。其中，2015 年数据缺失。

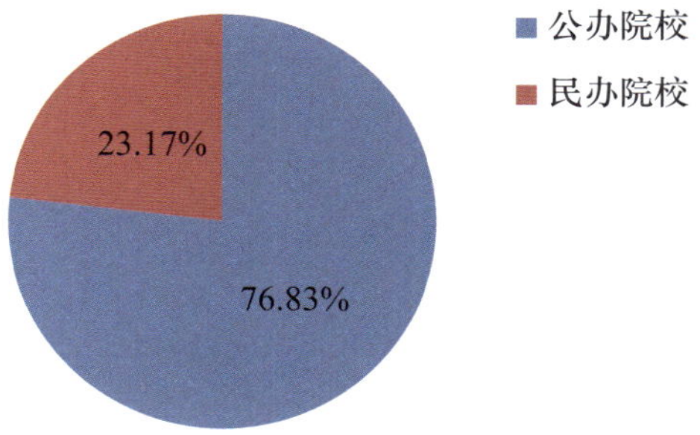

图 1－3　2016 年全国高职院校的类型

首先，就办学性质而言，公办院校占绝对的数量优势。从全国高职院校办学类型分布来看，2016 年我国公办高职院校有 1048 所，占 76.83%，比 2014 年减少了 0.21%，但主要办学力量还是政府；民办高职院校所占比例仍然很低，但却是我国职业教育不可或缺的重要组成部分。我国应该立足国情与现实需要，通过对现有职业教育办学体制进行改革，合理配置教育资源，充分调动社会各方面的积极性，以促进办学主体多样化。

其次，从两类高职院校的占比来看，总体上，2010～2016 年公办高职院校占比略微下降，民办高职院校占比略微上升，特别是 2014 年以后，这种趋势更为明显，如图 1－4 所示。

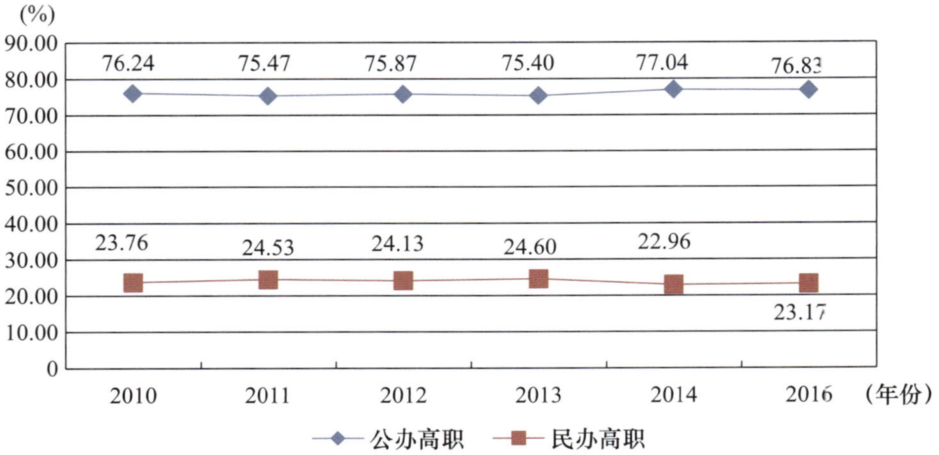

图1-4　2010~2016年公办、民办高职院校所占比例

2. 学生分析

（1）学生数量。

1）在校生数量。2006~2015年，我国高职院校在校生人数具有一定程度的增长，但增幅较小，年均增长率①为3.54%，2015年高职院校在校生人数为10486000人，如表1-4和图1-5所示。

表1-4　2006~2015年我国高职院校在校生数量　单位：人

年份	在校生数	年份	在校生数
2006	7955046	2011	9588501
2007	8605924	2012	9642267
2008	9168042	2013	9736373
2009	9648059	2014	10066000
2010	9661797	2015	10486000

资料来源：国家统计局网站。

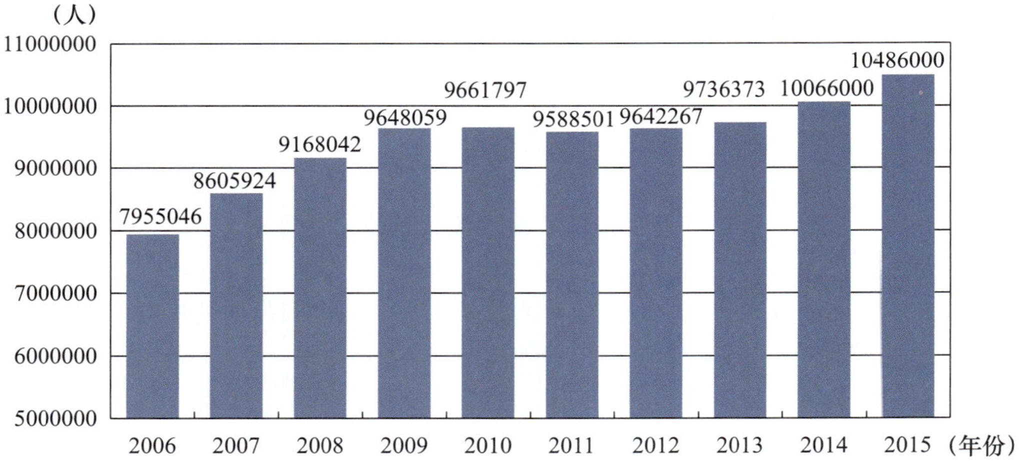

图1-5　2006~2015年我国高职院校在校生数量

①本报告所涉及年均增长率均采用算数平均值，下同。

2）年度招生人数。年度招生人数可以反映职业教育人才培养的增加量。根据教育部统计数据，2006～2015年高职院校年度招生数量如表1－5所示。

表1－5　2006～2015年高职院校年度招生数量　单位：人

年份	高职	年份	高职
2006	2929676	2011	3248598
2007	2838223	2012	3147762
2008	3106011	2013	3183999
2009	3133851	2014	3379800
2010	3104988	2015	3484000

资料来源：国家统计局网站。

通过对以上数据进行分析可以看出，2006～2011年高职院校招生人数总体平稳增长，其年均增长率为2.2%；2012年后高职院校招生人数则出现小幅波动，2015年招生数达到近年来最高值，为3484000人，如图1－6所示。

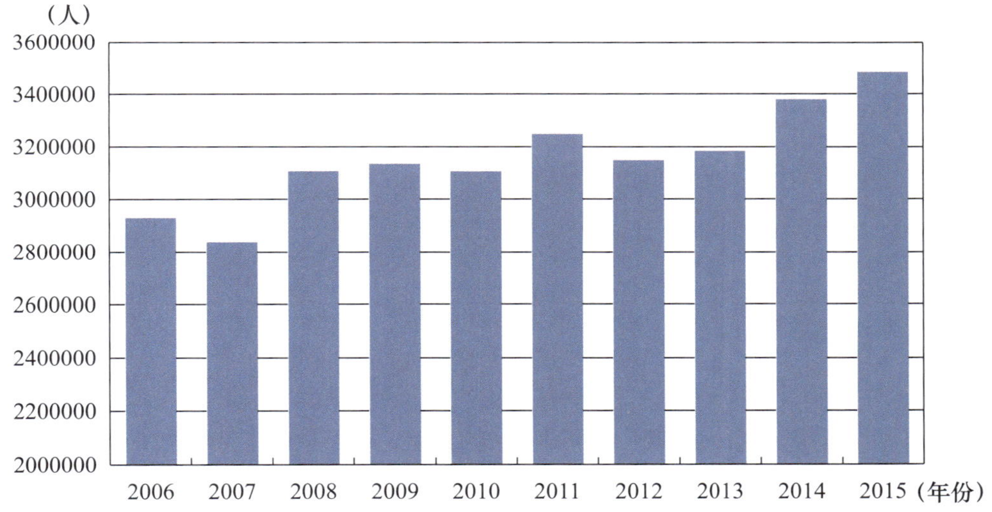

图1－6　2006～2015年高职院校年度招生数量

3）毕业生数量。毕业生数量可以反映职业教育向社会输送的人才量。尽管近年来，高职院校年度毕业生数量有小幅波动，但总体而言，2006～2015年的高职院校年度毕业生数量呈增长趋势。2006～2015年，我国高等职业院校毕业生数量如表1－6、图1－7所示。

表1－6　2006～2015年高等职业院校毕业生数量　单位：人

年份	高职	年份	高职
2006	2048034	2008	2862715
2007	2481963	2009	2855664

续表

年份	高职	年份	高职
2010	3163710	2013	3187494
2011	3285336	2014	3179884
2012	3208865	2015	3223000

资料来源：教育部网站。

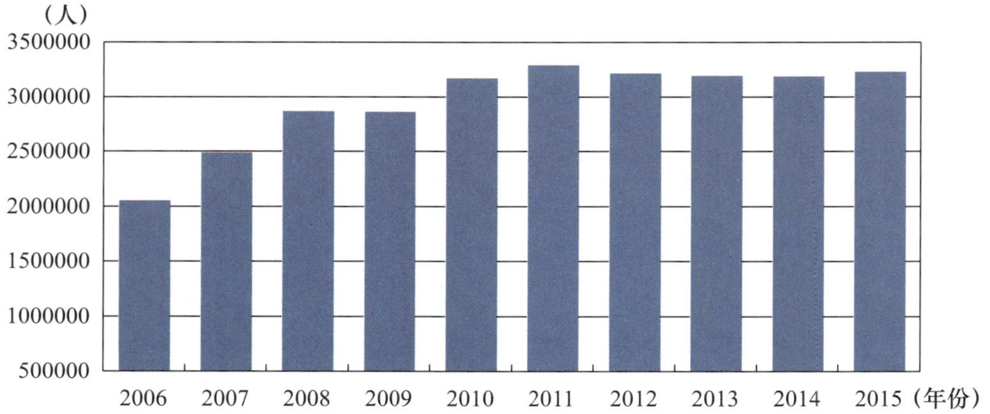

图 1－7　2006～2015 年高职院校年度毕业生数量

（2）结构分析。

通过对比高职院校在校生数量和本科院校在校生数量可以从一定程度上反映出目前高等教育的结构。2006～2015 年高职院校与本科院校在校生规模之比如表 1－7 所示。

表 1－7　　2006～2015 年高职院校在校生规模与本科院校在校生规模之比

年份	2006	2007	2008	2009	2010	2011	2012	2013	2014	2015
比值	0. 84	0. 84	0. 83	0. 82	0. 76	0. 71	0. 68	0. 65	0. 69	0. 67

资料来源：根据国家统计局网站统计数据整理。

通过图 1－8 可以看出，2006～2015 年高职院校与本科院校的在校生规模之比维持在 0. 65～0. 84，并且总体上呈下降态势。这表明高等职业教育规模并未占到高等教育规模的一半以上，教育结构有待优化。

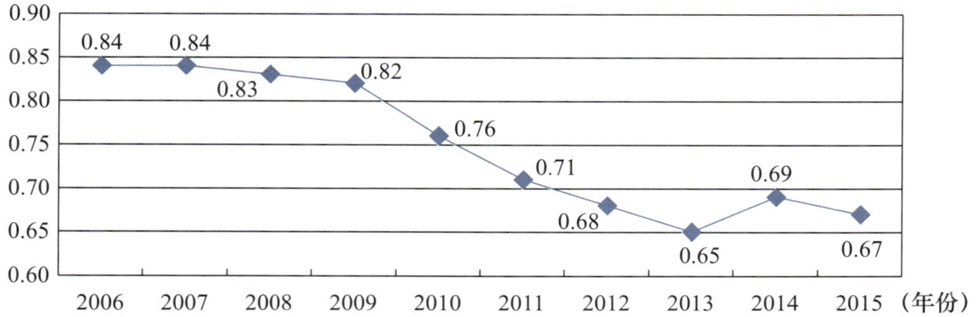

图 1－8　2006～2015 年高职院校与本科院校在校生数量比

3. 师资规模

（1）师资数量。《中国统计年鉴》数据显示，我国职业院校专任教师从2006年的31.6万人增加到2015年的45.5万人，10年间增加了约14万人，年均增长率为4.86%。高职院校专任教师的数量一直保持稳定增长的态势。结合前面的分析可知，高职院校专任教师数的增长与高职院校学生数的增长密切相关。如表1－8、图1－9所示。

表1－8　2006～2015年高职院校专任教师数量　单位：人

年份	2006	2007	2008	2009	2010	2011	2012	2013	2014	2015
教师数量	316299	354817	377137	395016	404098	412624	423381	436561	438300	454576

资料来源：国家统计局网站。

（2）生师比。生师比在一定程度上体现了我国高职教育规模的大小、高职院校人力资源利用效率，也从一个侧面反映了高职院校的办学质量。《全国教育事业发展统计公报》、《全国职业教育工作专项督导报告》以及教育部网站发布的教育统计数据显示，2006～2015年我国高职院校生师比具体情况如表1－9所示。

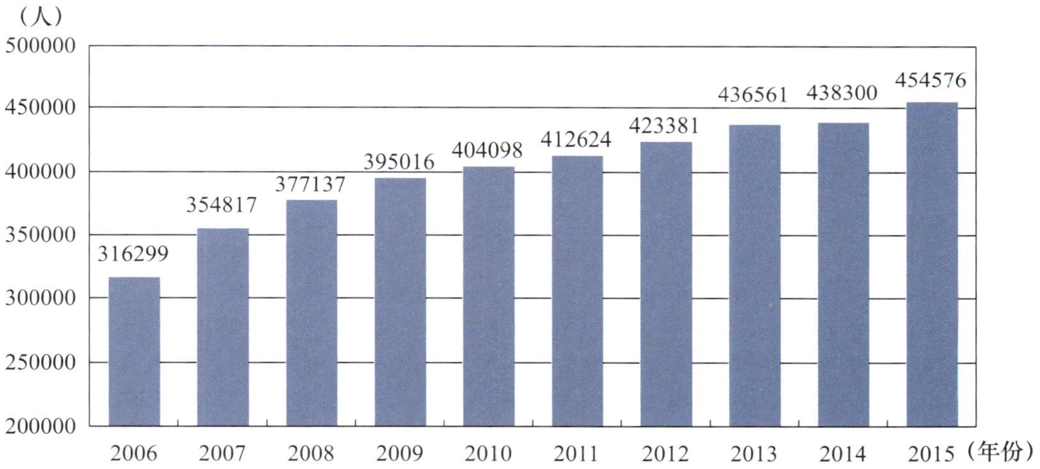

图1－9　2006～2015年全国高职院校专任教师数量

表1－9　2006～2015年高职院校生师比

年份	2006	2007	2008	2009	2010	2011	2012	2013	2014	2015
比值	25.15	24.25	24.31	24.42	23.91	23.24	22.77	22.31	17.57	17.77

资料来源：教育部网站，2015年数据来源于《全国教育事业发展统计公报》。

分析2006～2015年高职院校生师比数据可以发现，高职院校生师比呈现下降趋势。由图1－10可以看出，高等职业教育生师比总体上呈下降趋势，2006年生师比高达25.15，到2015年高职院校生师比下降至17.77，与普通本科院校的17.69相当。这说明在教师资源配置上，高等职业教育越来越趋向合理、有效。

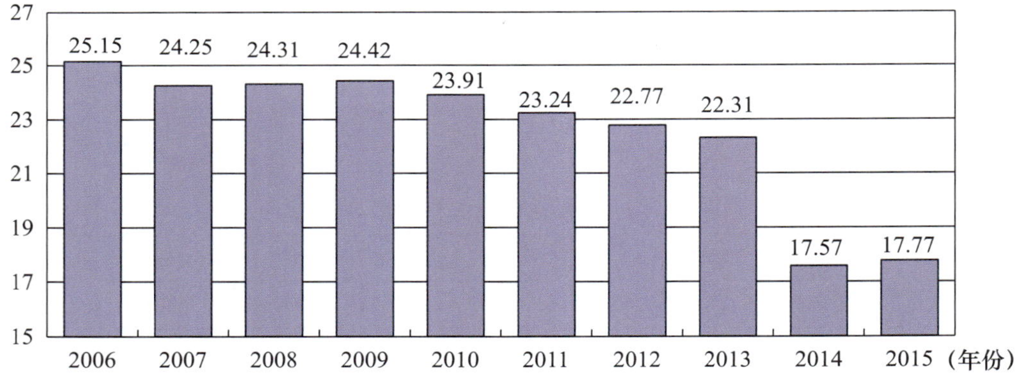

图1-10　2006~2015年全国高职院校生师比统计

4. 教育经费

（1）全国高职教育经费投入。经费投入是职业教育得以开展的重要资金保障。根据《中国教育经费统计年鉴》的数据，2008~2014年我国高等职业教育的经费投入情况如表1-10所示。

表1-10　2008~2014年全国高等职业教育的经费投入情况　单位：亿元

年份	总额	国家财政性教育经费	民办学校中举办者投入	社会捐赠经费	事业收入	其他收入
2008	802.7	335.0	12.5	2.7	413.4	39.1
2009	921.2	397.0	17.7	2.9	464.0	39.6
2010	1051.4	491.6	14.6	2.9	499.3	43.0
2011	1250.6	674.8	14.1	2.5	507.3	51.9
2013	1452.4	823.7	19.8	4.0	538.6	66.3
2014	1517.7	909.5	8.8	1.8	549.7	47.8

资料来源：《中国教育经费统计年鉴》，2012年数据缺失。

从投入总量来看，高等职业教育的经费投入均在稳步增长。2008~2014年，高等职业教育经费投入的年均增长率约为14.8%，如图1-11所示。

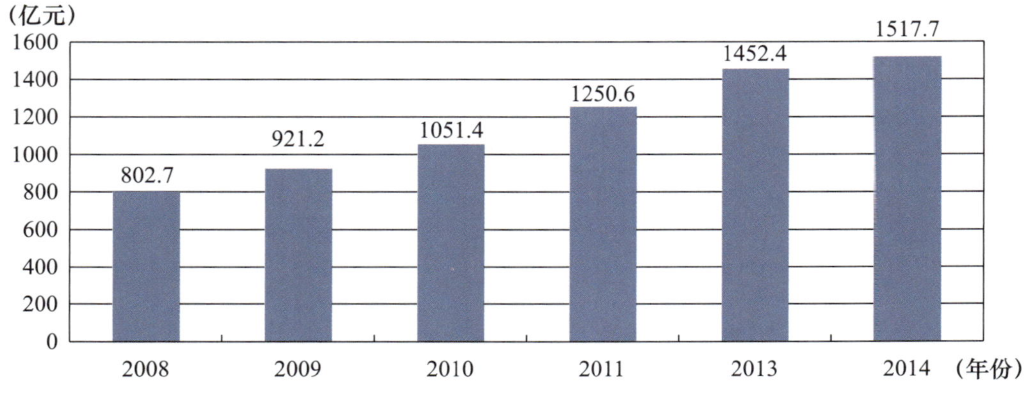

图1-11　2008~2014年高等职业教育的经费投入

从教育经费来源来看，事业收入占高等职业教育经费的比例呈逐年下降的态势，国家财政性教育经费占比则逐年上升，2011 年，国家财政性教育经费首次超过事业收入，如图 1－12 所示。

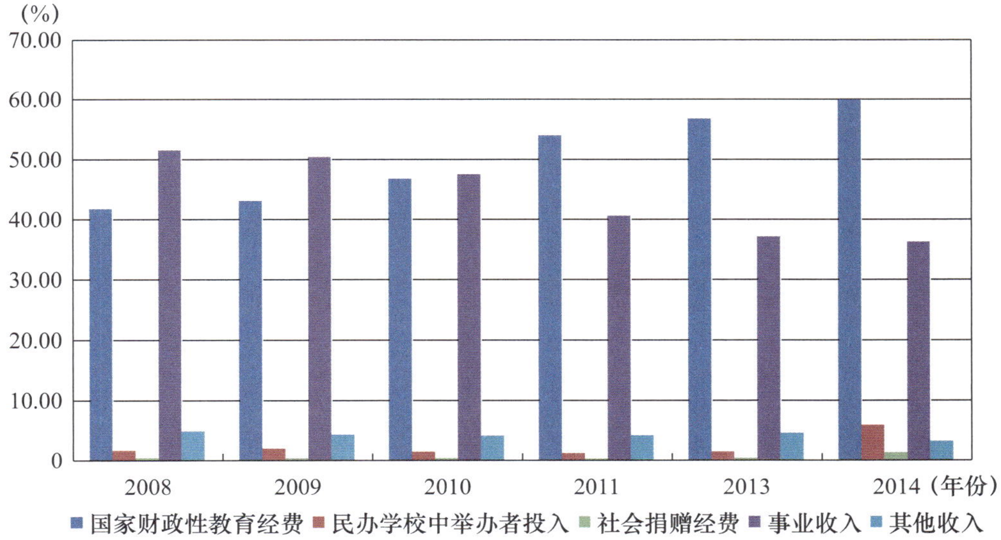

图 1－12　2008～2014 年高等职业教育经费来源构成

（2）各省（市、自治区）高等职业教育经费分析。考虑到各省、自治区、直辖市之间职业教育的学生数量存在差距，为了更好地反映高等职业教育财政经费预算与实际经费总量的差距，下面分析各省（市、自治区）教育经费及其占全国经费的比例和在校生生均教育经费情况，如表 1－11 所示。

1）2014 年，高等职业教育经费占比最高的是江苏省，其次是广东省，如图 1－13 所示。

2）2014 年，高等职业教育生均教育经费最高的是北京市，如图 1－14 所示。

表 1－11　2014 年各省（市、自治区）高等职业教育经费投入情况

地区	教育经费总量（亿元）	比例（%）	在校生生均教育经费（元）	地区	教育经费总量（亿元）	比例（%）	在校生生均教育经费（元）
全国	1517.8	100	17435.00	上海	33.6	2.21	52305.72
北京	45.2	2.98	54116.06	江苏	147.0	9.69	21626.84
天津	40.2	2.65	24142.92	浙江	92.1	6.07	24582.70
河北	50.1	3.30	13305.20	安徽	47.2	3.11	11646.27
山西	37.1	2.44	13503.50	福建	45.1	2.97	16882.08
内蒙古	42.0	2.77	24759.91	江西	45.6	3.00	14247.49
辽宁	43.8	2.89	17719.90	山东	98.2	6.47	15684.64
吉林	19.6	1.29	16066.18	河南	82.9	5.46	12953.55
黑龙江	36.5	2.40	17623.14	湖北	60.7	4.00	13395.16

续表

地区	教育经费总量（亿元）	比例（%）	在校生生均教育经费（元）	地区	教育经费总量（亿元）	比例（%）	在校生生均教育经费（元）
湖南	81.3	5.36	16164.91	云南	28.5	1.88	16822.86
广东	132.5	8.73	18463.65	西藏	6.8	0.45	32335.68
广西	42.8	2.82	17523.17	陕西	50.8	3.35	17067.62
海南	11.3	0.74	22338.42	甘肃	21.2	1.40	13542.42
重庆	37.7	2.48	16821.89	青海	4.9	0.32	23867.68
四川	69.7	4.59	15298.23	宁夏	8.0	0.53	18830.01
贵州	31.0	2.04	13425.30	新疆	24.4	1.61	19616.16

资料来源：根据《中国教育经费统计年鉴》（2015）、《中国统计年鉴》（2016）相关数据整理。

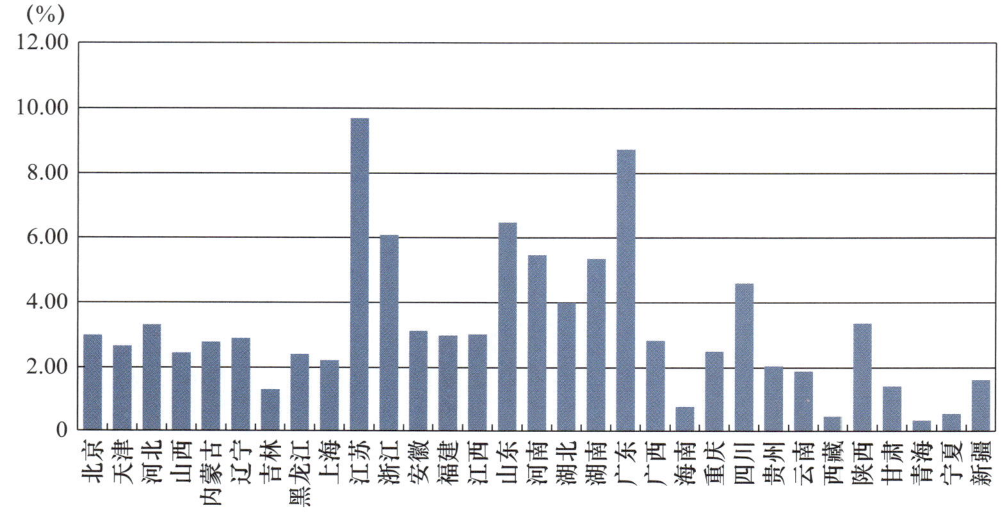

图1－13　2014年各省（市、自治区）高等职业教育经费占比

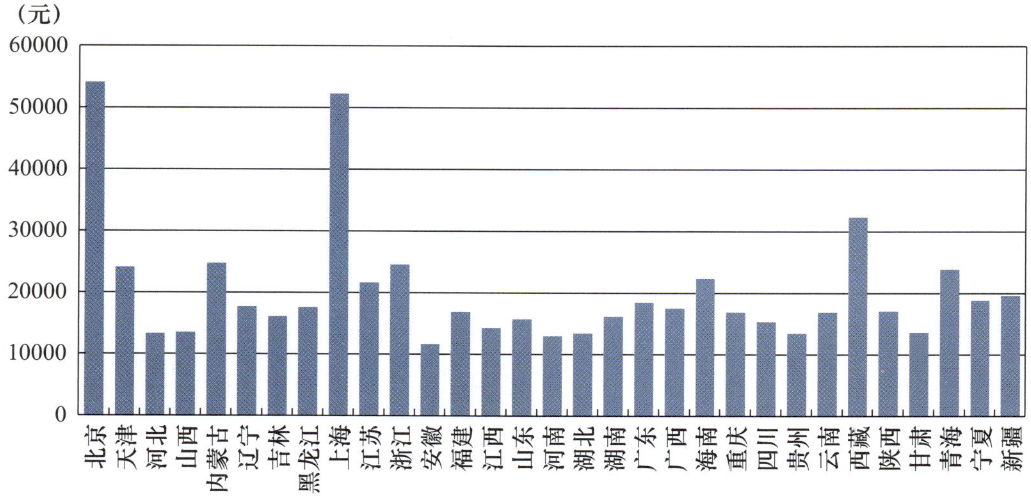

图1－14　2014年各省（市、自治区）高等职业教育在校生生均教育经费

5. 热门专业

我国高等职业教育所开设的专业共分属19个学科大类（见表1－12），较为齐全，涵盖了社会生产、生活的各个方面，能够为学生提供较多的选择。

表1－12　2015年全国高职院校分学科招生数　单位：人

专业	招生数	专业	招生数
总　计	3484311	土建大类	340934
农林牧渔大类	59024	水利大类	14450
交通运输大类	200611	制造大类	458388
生化与药品大类	69988	电子信息大类	365308
资源开发与测绘大类	33974	环保、气象与安全大类	15163
材料与能源大类	40197	轻纺食品大类	52927
财经大类	759087	文化教育大类	324948
医药卫生大类	386246	艺术设计传媒大类	166223
旅游大类	113982	公安大类	10462
公共事业大类	36576	法律大类	35823

资料来源：教育部网站。

如表1－12和图1－15所示，高职院校招生人数位居前五的热门专业依次是财经大类、制造大类、医药卫生大类、电子信息大类和土建大类。

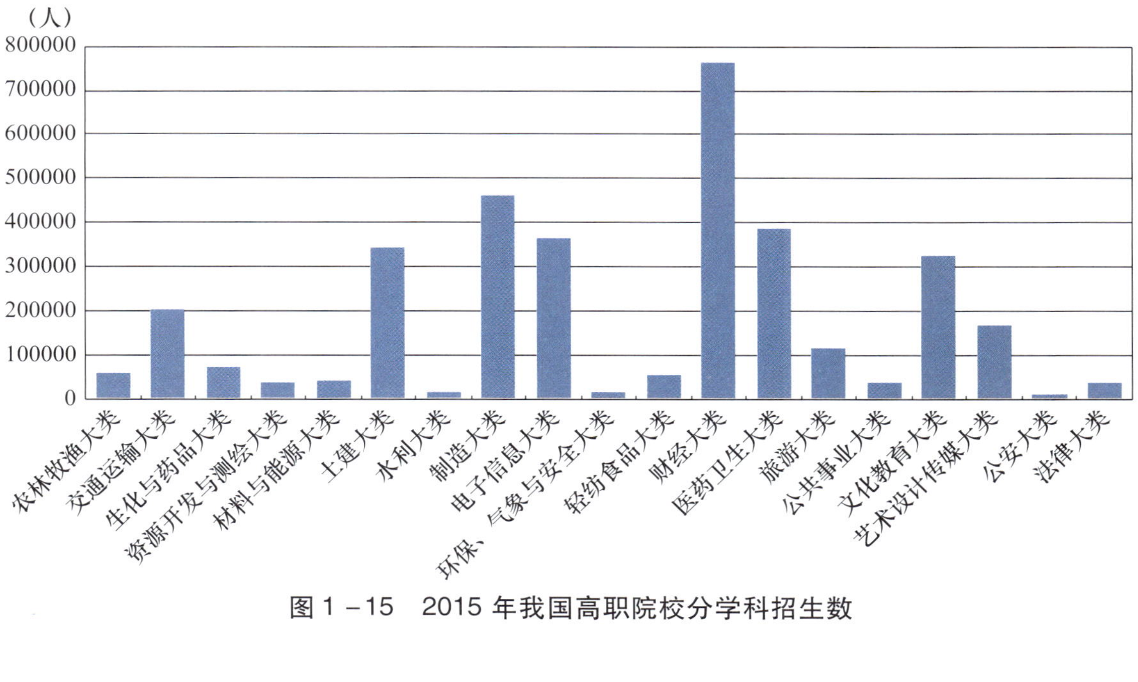

图1－15　2015年我国高职院校分学科招生数

（二）中职篇①

1. 学校现状

（1）学校数量。学校数量的变化最能直观地反映我国中等职业教育的规模。根据教育部的统计数据，2006～2015 年全国中等职业学校数量如表 1－13、图 1－16 所示。

表 1－13　　2006～2015 年全国中等职业学校数量　　单位：所

年份	2006	2007	2008	2009	2010	2011	2012	2013	2014	2015
院校数量	11813	11837	11772	11324	10864	10169	9762	9380	9060	8657

资料来源：根据国家统计局相关数据整理。

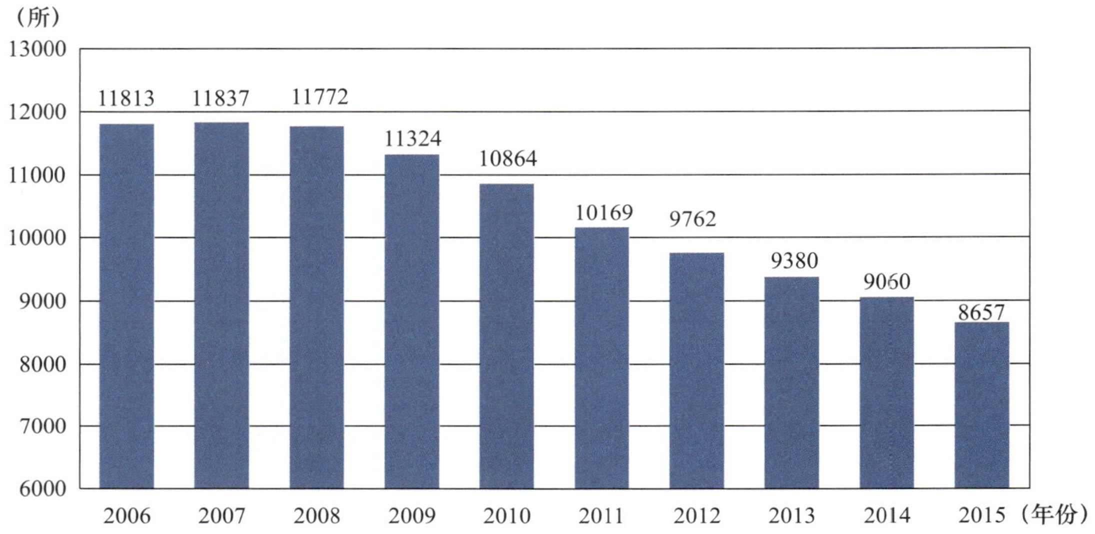

图 1－16　2006～2015 年全国中等职业学校数量

分析以上数据可以看出，2007 年前中等职业学校数量有所增长，之后逐年下降，且下降幅度较大，年均减少约 351 所，2015 年中等职业学校数量已经下降至 8657 所。

（2）地区分布。2015 年我国中等职业学校的地区分布情况如表 1－14 所示。

表 1－14　　2015 年我国中等职业学校的地区分布情况

地区	东部	中部	西部
数量（所）	2935	3238	2484
比例（%）	33.90	37.40	28.69

资料来源：根据教育部网站相关数据整理。

①本报告对中职学校的统计，均不包括技校的相关数据，下同。

就地区分布来看，中部地区中等职业学校数量占比最高。由图1－17可以看出，中部地区拥有中职学校3238所，占比为37.40%，位居第一；东部、西部地区分别有2935所、2484所，占比分别为33.90%、28.69%。我国的中等职业学校总体规模比较大，但中等职业教育办学整体水平较低，政府应加强对职业教育资源的整合力度，提升中等职业教育水平。

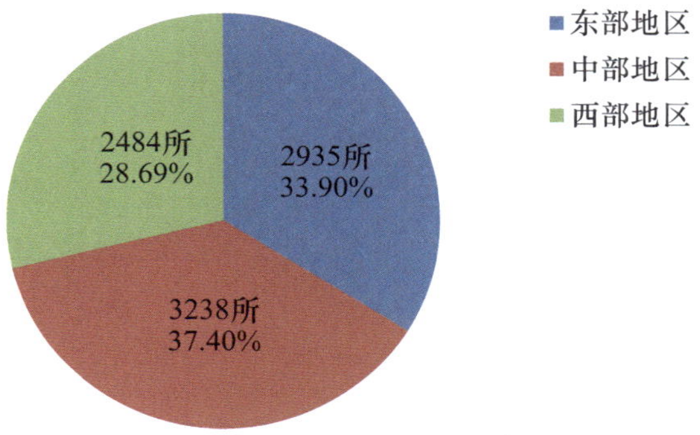

图1－17　中等职业学校地区分布情况

（3）办学类型。根据教育部统计数据，全国中等职业学校类型及数量如表1－15所示。

表1－15　2010～2015年全国中等职业学校类型及数量

类型		公办	民办
2015年	院校数（所）	6432	2225
	比例（%）	74.30	25.70
2014年比例（%）		73.58	26.42
2013年比例（%）		73.54	26.46
2012年比例（%）		72.86	27.14
2011年比例（%）		71.91	28.09
2010年比例（%）		71.25	28.75

资料来源：根据教育部网站相关数据整理。

从两类中职学校的占比来看，2011年以来公办中职学校一直呈微弱上升趋势，相应的是民办中职学校出现略微下降。如图1－18所示，公办和民办中职学校的数量差距依旧很大。

2. 学生分析

（1）学生数量。

1）在校生数量。如表1－16和图1－19所示，2006～2015年，我国中职学校在校生的人数出现一定程度的增长，但增幅较小。2010年之后，在校生人数开始逐年下降，到2015年中职学校在校生已经下降至约1335万人，减少了近481万人。

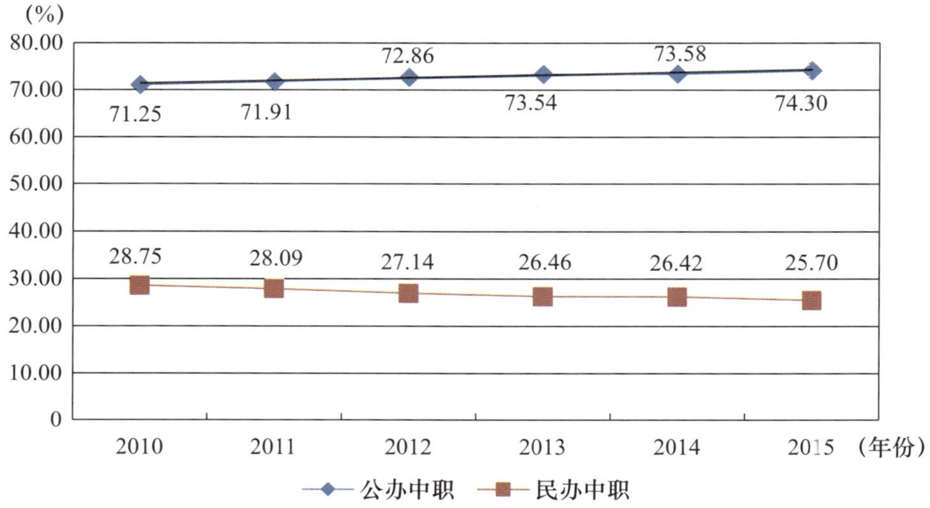

图1-18　2010~2015年公办、民办中职学校所占比例

表1-16　2006~2015年我国中职学校在校生数量　单位：人

年份	人数	年份	人数
2006	14890719	2011	17749068
2007	16198590	2012	16898820
2008	16882421	2013	15363842
2009	17798473	2014	14163127
2010	18164447	2015	13352414

资料来源：国家统计局网站。

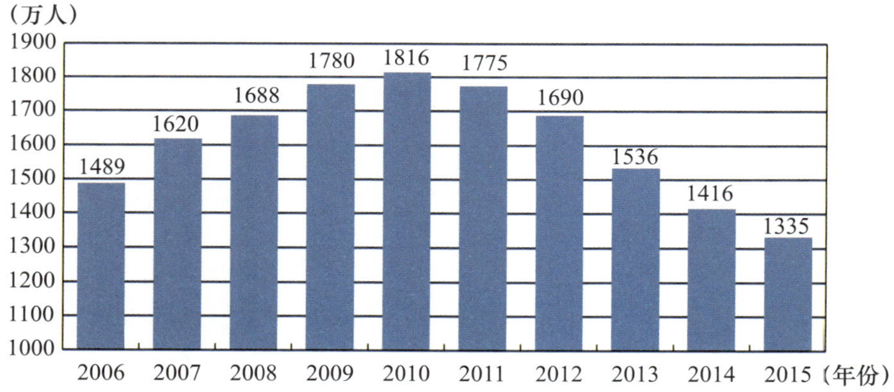

图1-19　2006~2015年我国中职学校在校生数量

2）年度招生人数。根据教育部统计数据，2006~2015年中职学校年度招生数量如表1-17、图1-20所示。

数据显示，2006~2009年中职学校招生人数平稳增长，其年均增长率达到5.38%，而2009

年之后中职学校招生数呈现下降趋势，2015 年招生数已低于 2006 年的水平，为近十年来最低。

表 1－17　　2006～2015 年中职学校年度招生数量　　单位：人

年份	人数	年份	人数
2006	7478200	2011	8138664
2007	8100200	2012	7541349
2008	8121100	2013	6747581
2009	8685200	2014	6289000
2010	8681428	2015	4798174

资料来源：国家统计局网站。

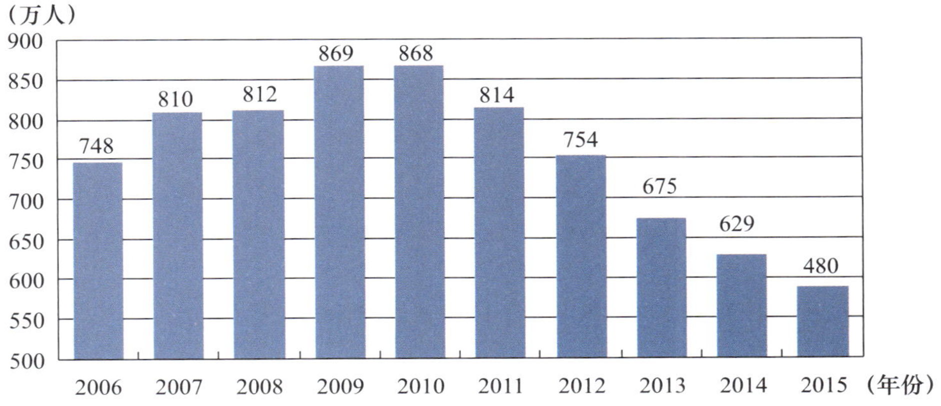

图 1－20　2006～2015 年中职学校年度招生数量

3）毕业生数量。2006～2015 年，我国中职学校毕业生数量如表 1－18 所示。

表 1－18　　2006～2015 年中职学校毕业生数量　　单位：人

年份	人数	年份	人数
2006	3926271	2011	5411252
2007	4312433	2012	5543840
2008	4710924	2013	6744396
2009	5096654	2014	6330328
2010	5436524	2015	4732654

资料来源：教育部网站、国家统计局网站。

如图 1－21 所示，2006～2010 年中等职业学校年度毕业生数量一直呈增长趋势，2011 年毕业生数量略有下降，之后呈现先升后降的发展态势。2013 年为近十年来中职学校毕业生数量最多的一年，达到 670 多万人。

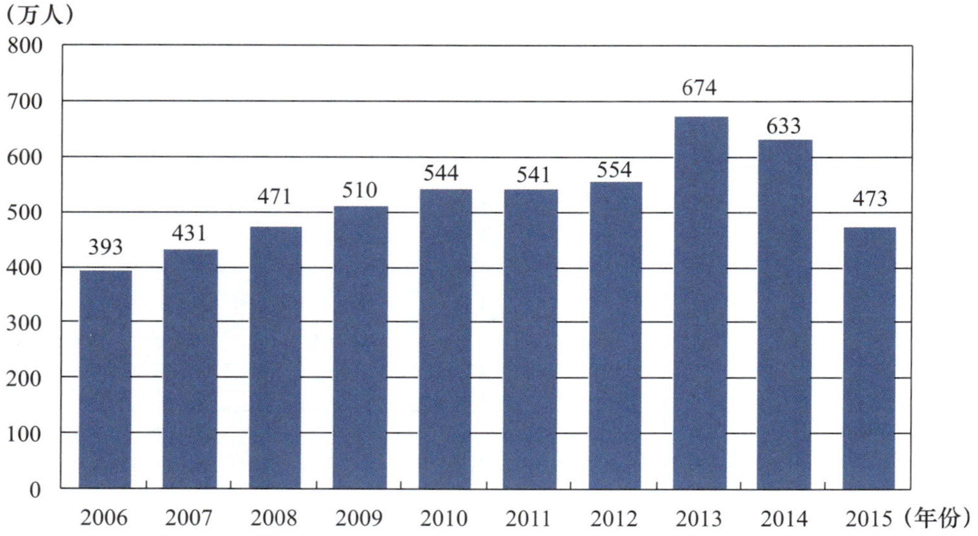

图 1－21　2006～2015 年中职学校年度毕业生数量

（2）结构分析。由于中职学校招生途径单一，普通初中毕业生是中职学校的最大生源，因此通过中职学校招生规模与普通高中招生规模的对比来分析中职学校的社会吸引力。2006～2015 年中职学校与普通高中招生数量比如表 1－19、图 1－22 所示。

表 1－19　　2006～2015 年中职学校与普通高中招生数量比

年份	2006	2007	2008	2009	2010	2011	2012	2013	2014	2015
比值	0.86	0.96	0.97	1.05	1.04	0.96	0.89	0.82	0.79	0.60

资料来源：根据国家统计局网站统计数据整理。

从表 1－19 可以发现，2006～2009 年，中职学校的招生数量逐步增大，并逐渐超过普通高中招生数量，但 2010 年以后，中职学校与普通高中的招生规模之比逐渐变小，中职学校的社会吸引力逐年减弱。

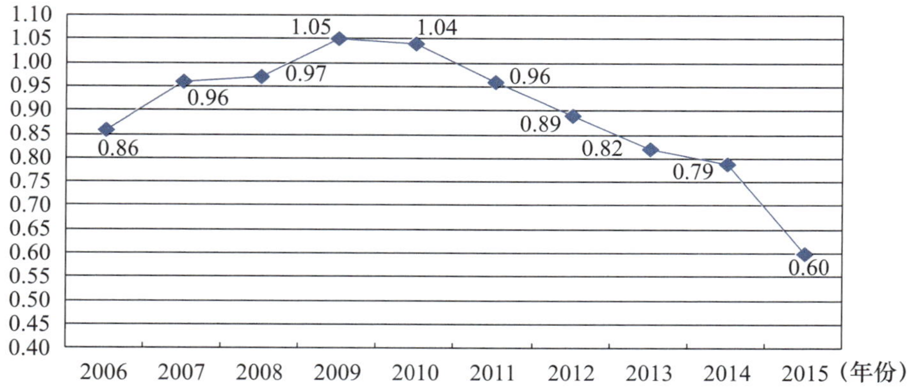

图 1－22　2006～2015 年中职学校与普通高中招生数量比

3. 师资规模

（1）师资数量。2006～2015 年中职学校专任教师的数量整体变化为先升后降，前期上升幅度较大，后期下降幅度波动较小，如表 1－20、图 1－23 所示。其中，2006～2009 年是中职学校专任教师数量增长阶段，2009 年较 2006 年增长率达到 9.68%；2010 年中职学校专任教师数量小幅下降，2011 年有所增长，之后中职学校专任教师数量逐年下降，2015 年相对 2009 年下降 4.35%。结合前文分析，专任教师数量的下降和中职学校招生数下降有一定关联。

表 1－20 2006～2015 年中职学校专任教师数量 单位：人

年份	2006	2007	2008	2009	2010	2011	2012	2013	2014	2015
教师数量	621940	654600	674169	682151	680954	689363	684071	668800	663782	652447

资料来源：国家统计局网站。

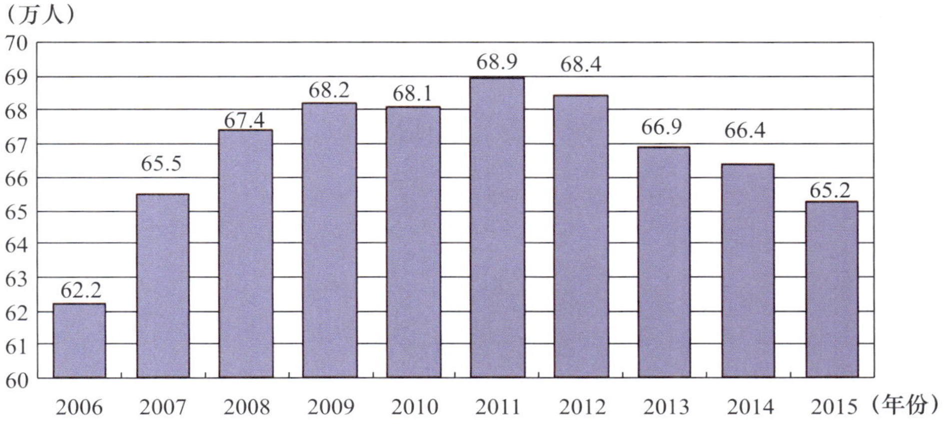

图 1－23 2006～2015 年中职学校专任教师数量

（2）学历、职称。学历结构是体现教师队伍素质的一个重要指标。近年来，我国中等职业教育师资中，拥有本科学历教师数量占大多数，并且呈逐年增多趋势。这表明我国中职教育师资队伍质量得到了一定程度的改善，但是具有研究生学历的教师数量仍然增长缓慢。如表 1－21 所示。

表 1－21 2015 年中职学校专任教师学历、职称情况

类型	学历					职称				
	博士研究生	硕士研究生	本科	专科	高中及以下	正高级	副高级	中级	初级	未定职称
数量（人）	705	43304	544070	61795	2573	2869	157931	261890	171569	58188
比例（%）	0.11	6.64	83.39	9.47	0.39	0.44	24.21	40.14	26.30	8.92

资料来源：教育部网站。

2015 年中职学校专任教师中，本科学历占比最大。教师学历层次的提高，无论是从市场供

求还是从教育发展的需求来看，都是必然现象。此外，随着国内研究生数量迅速增长，中职学校选择教师的空间也随之扩大，如图 1－24 所示。

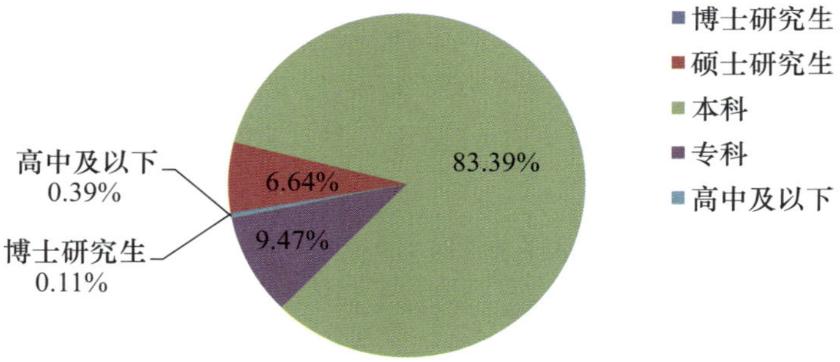

图 1－24 2015 年中等职业学校专任教师学历层次分布

从图 1－25 可以看出，2015 年中职学校专任教师中，中级职称教师占比最大，具有正高级职称的教师所占比例最小；从正高级到副高级再到中级职称，教师数逐渐递增，初级职称教师占比已超过 25%。这些数据表明，我国高级职称的中职教师比较短缺，骨干教师数量较少。不过随着中职学校的选择空间扩大，正高级（教授）职称数量也会随之增长。

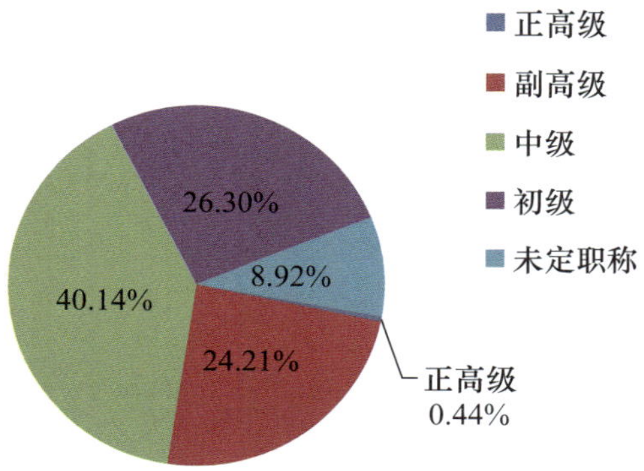

图 1－25 2015 年中等职业学校专任教师职称分布

（3）生师比。2006～2015 年我国中职学校生师比如表 1－22 所示。

表 1－22 2006～2015 年中职学校生师比

年份	2006	2007	2008	2009	2010	2011	2012	2013	2014	2015
中职	22.65	23.13	23.32	24.31	25.73	25.01	23.99	22.97	21.34	20.47

资料来源：教育部网站。

通过对 2006～2015 年中职学校生师比数据的分析，可以发现中职学校生师比呈现先升后降趋势。由图 1－26 可以看出，2006～2010 年，我国中职学校生师比逐年上升，其中 2010 年达到 25.73，此后，生师比开始下降，但仍然较高。这说明中职学校师资数量难以有效满足中职教育的需求，亟须加快师资队伍建设。

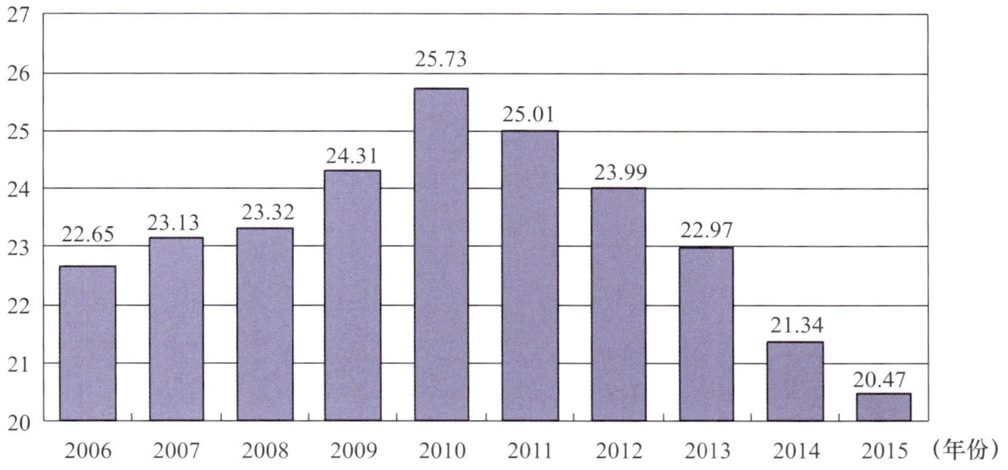

图 1-26　2006~2015 年中职学校生师比

4. 教育经费

（1）全国中等职业教育经费投入。2008~2014 年我国中等职业教育的经费投入情况如表 1-23 所示。

表 1-23　2008~2014 年全国中等职业学校经费投入情况　单位：亿元

年份	总额	国家财政性教育经费	民办学校中举办者投入	社会捐赠经费	事业收入	其他收入
2008	437.8	265.9	3.7	1.6	151.5	15.1
2009	1198.9	814.2	12.8	3.9	335.2	32.8
2010	1357.4	968.3	12.9	2.6	332.0	41.6
2011	1638.5	1259.1	12.8	2.5	322.7	41.4
2013	1997.8	1719.0	8.9	4.2	212.2	53.5
2014	1906.6	1647.3	5.4	2.1	193.0	58.8

资料来源：《中国教育经费统计年鉴》，2012 年数据缺失。

1）从总量来看，中等职业教育的经费投入总体在稳步增长，2014 年略微下降。2008~2014 年，中等职业教育经费投入的年均增长率为 55.9%，如图 1-27 所示。

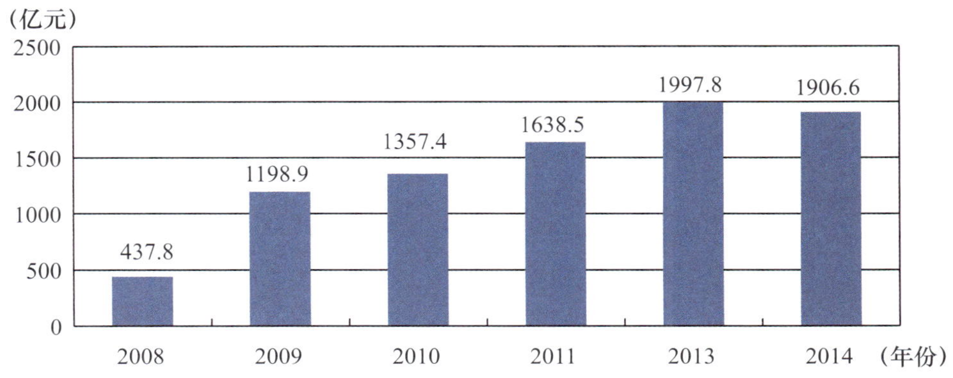

图 1-27　2008~2014 年中等职业教育的经费投入

2）从中等职业教育经费占教育总经费的比重来看，与2008年相比，2009年呈直线上升趋势，2009年后呈缓慢下降趋势，如图1－28所示。

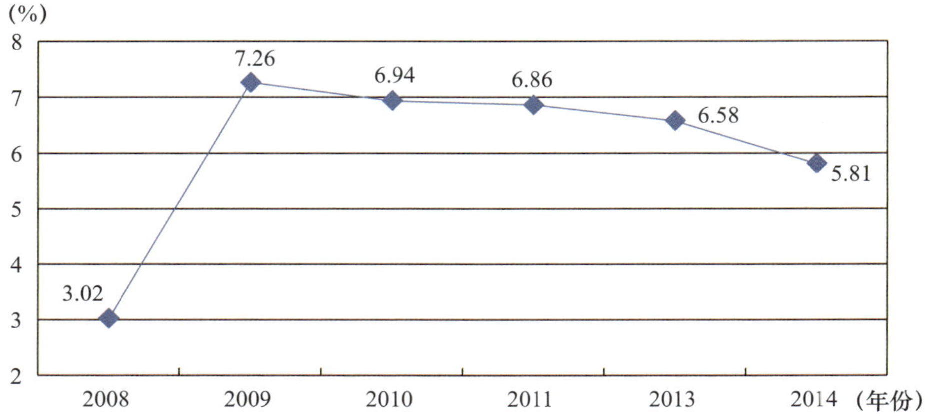

图1－28　2008～2014年中等职业教育经费占总教育经费比例

3）从中等职业教育经费的来源来看，2008～2014年国家财政性教育经费占比最大且整体上逐年上升，事业收入占比呈逐年下降趋势，民办学校中举办者投入呈下降趋势，社会捐赠经费和其他收入等占比无较大幅度变动，如图1－29所示。

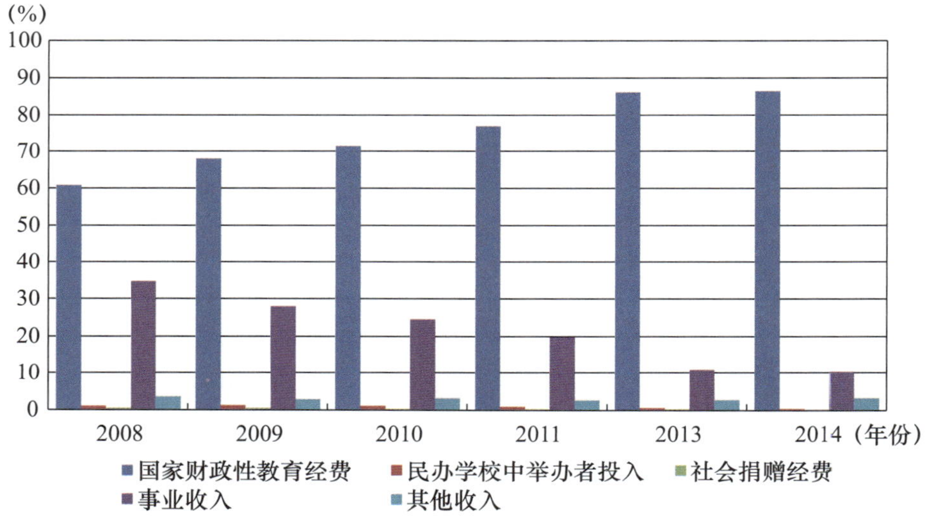

图1－29　2008～2014年中等职业教育经费来源构成

（2）各省（市、自治区）中等职业教育经费分析。2014年我国各地中等职业教育经费投入情况如表1－24所示。

表1－24　2014年各省（市、自治区）中等职业教育经费投入情况

地区	教育经费总量（亿元）	比例（%）	在校生生均教育经费（元）	地区	教育经费总量（亿元）	比例（%）	在校生生均教育经费（元）
全国	1906.5	100	13983.07	河南	100.0	5.25	9407.46
北京	65.3	3.43	48701.22	湖北	49.8	2.61	13613.52

续表

地区	教育经费总量（亿元）	比例（%）	在校生生均教育经费（元）	地区	教育经费总量（亿元）	比例（%）	在校生生均教育经费（元）
天津	25.9	1.36	30256.26	湖南	58.3	3.06	10845.01
河北	70.5	3.70	10704.00	广东	196.7	10.32	12085.40
山西	47.3	2.48	11975.83	广西	51.4	2.70	10132.72
内蒙古	37.7	1.98	19075.65	海南	17.3	0.91	14714.95
辽宁	54.2	2.84	15576.87	重庆	50.5	2.65	12129.97
吉林	34.9	1.83	22049.52	四川	87.4	4.58	11011.42
黑龙江	38.1	2.00	15302.70	贵州	46.9	2.46	9361.93
上海	68.4	3.59	49282.58	云南	59.7	3.13	11690.33
江苏	164.5	8.63	16556.50	西藏	5.6	0.29	33900.99
浙江	119.0	6.24	20916.40	陕西	40.4	2.12	10325.32
安徽	68.5	3.59	12723.93	甘肃	35.0	1.84	13773.01
福建	50.4	2.64	14473.43	青海	11.3	0.59	14388.11
江西	37.0	1.94	11132.36	宁夏	9.2	0.48	12513.78
山东	163.9	8.60	15241.62	新疆	41.4	2.17	20696.04

资料来源：根据《中国教育经费统计年鉴》（2015）、《中国统计年鉴》（2016）等相关数据整理。

1）2014 年，在各省市中等职业教育经费占全国中等职业教育总经费的比例中，广东省教育经费占比最高，如图 1－30 所示。

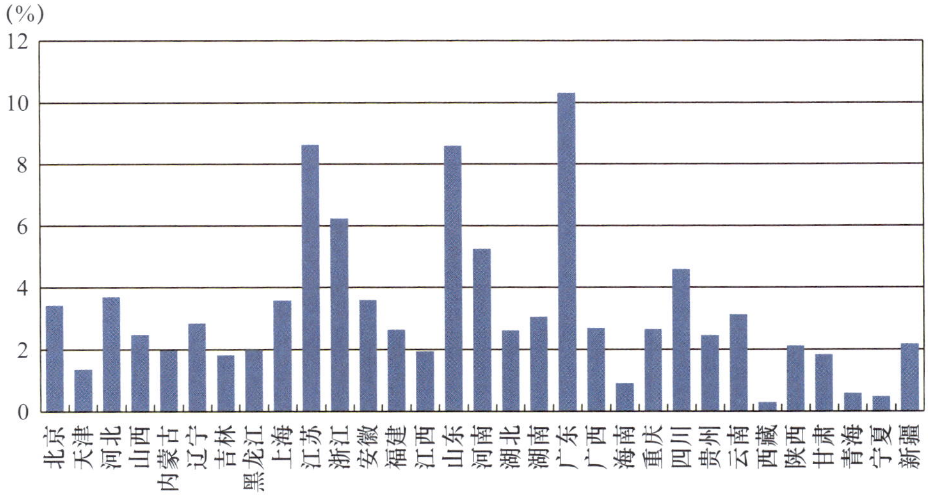

图 1－30　2014 年各省（市、自治区）中等职业教育经费比例

2）2014 年，中等职业教育生均教育经费最高的是上海市，如图 1－31 所示。

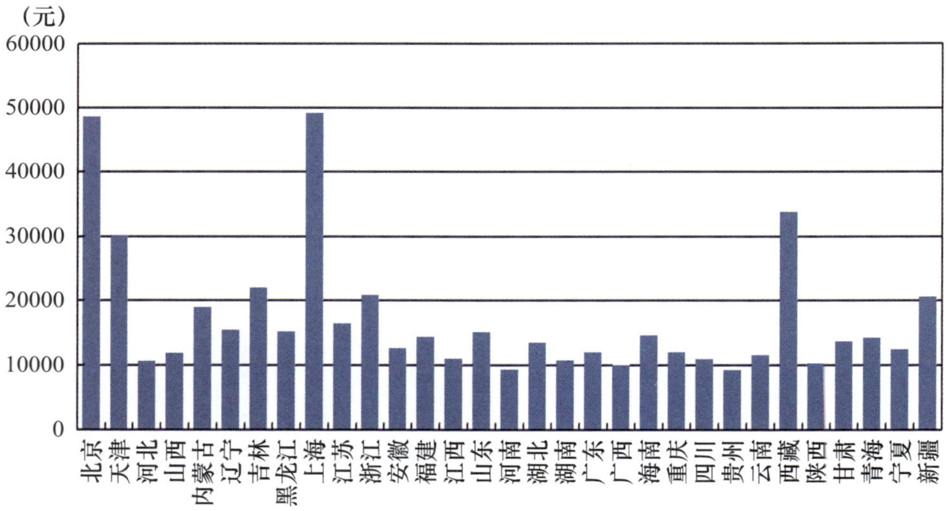

图 1－31　2014 年各省（市、自治区）中等职业教育生均教育经费

5. 热门专业

目前，我国中等职业教育专业设置较齐全，如表 1－25 所示。

表 1－25　　2015 年全国中职学校分学科招生数　　单位：人

专业类型	招生数	专业类型	招生数
总　计	4798174	医药卫生类	468240
农林牧渔类	343258	休闲保健类	33247
资源环境类	13386	财经商贸类	568162
能源与新能源类	14966	旅游服务类	254921
土木水利类	174109	文化艺术类	236961
加工制造类	640537	体育与健身	47162
石油化工	20558	教育类	483463
轻纺食品	42475	司法服务类	16869
交通运输类	531295	公共管理与服务类	57179
信息技术类	800078	其他	51308

资料来源：教育部网站。

2015 年，中职学校位居前五的热门专业分别为信息技术类、加工制造类、财经商贸类、交通运输类和教育类，如图 1-32 所示。

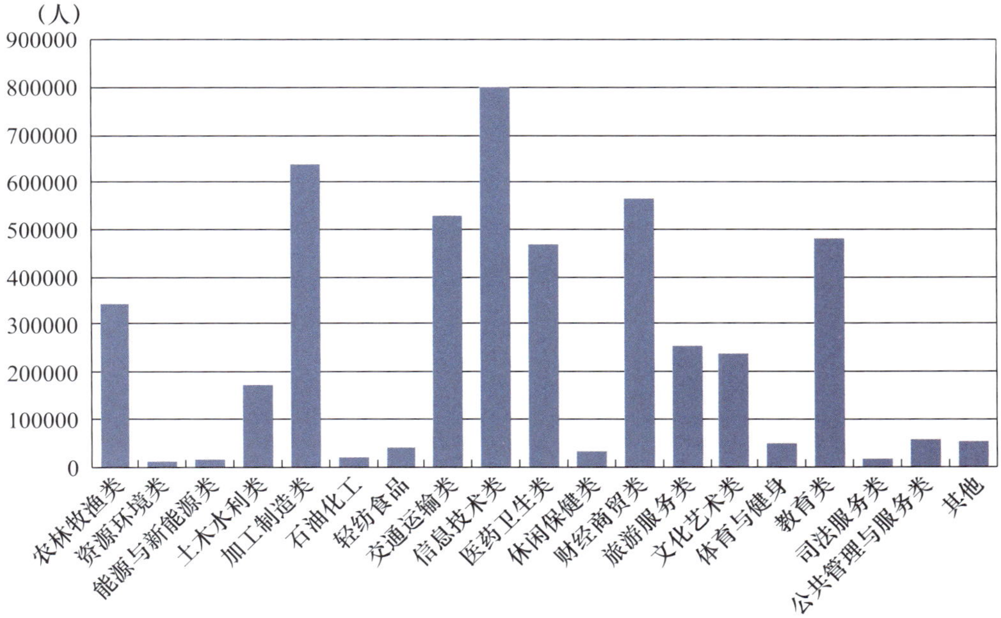

图 1-32　2015 年我国中职学校分学科招生数

第二章　中国职业培训与技能鉴定统计分析

技工学校归属人力资源和社会保障部主管，属于中等教育层次，旨在培养各类实用型的技术技能人才；职业培训与技能鉴定则旨在为社会各层次人才提供职业技能培训与鉴定考核，它们都是我国现代职业教育体系的重要组成部分，对技术技能人才培养和培训发挥了重要作用。本章重点统计分析我国技工学校、就业训练中心、民办培训机构的发展概况以及我国职业技能鉴定工作的开展情况，以期为读者展现我国职业教育体系发展的全貌。

一、技工学校

1. 学校数量

学校数量的变化最能直观地反映我国技工学校教育的规模。根据国家统计局的统计数据，2006～2015 年全国技工学校数量如表 2－1、图 2－1 所示。

表 2－1　　2006～2015 年全国技工学校数量　　单位：所

年份	2006	2007	2008	2009	2010	2011	2012	2013	2014	2015
技工学校	2880	2995	3075	3077	3008	2924	2901	2882	2818	2545

资料来源：国家统计局。

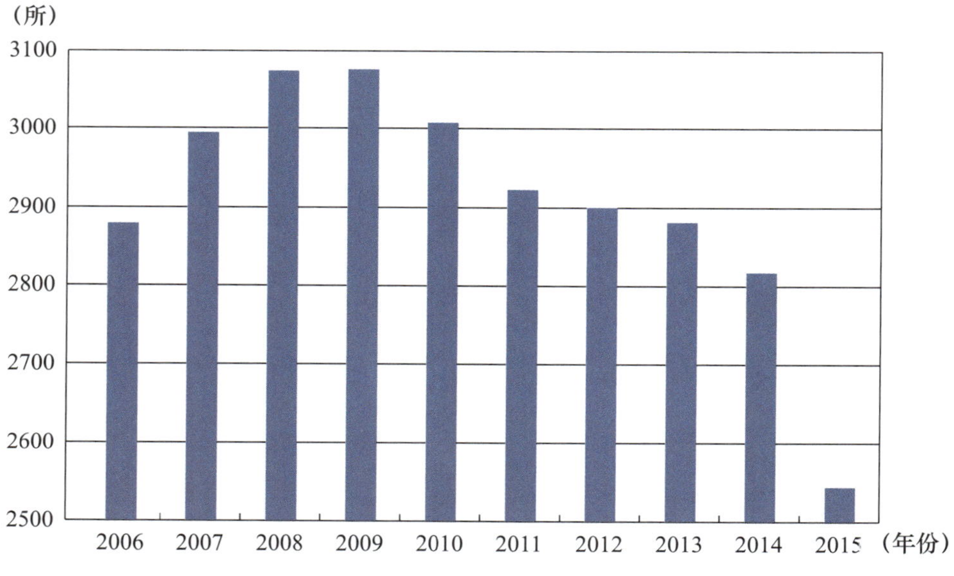

图 2－1　2006～2015 年全国技工学校数

分析以上数据可以看出，2006年以来，技工学校总数呈现出一定程度的浮动，2006～2009年为增长阶段，2009年技工学校数量达到峰值3077所，之后，技工学校数量逐年下降，2015年仅为2545所。

2. 学生情况

2006～2015年，我国技工学校招生数、在校生数及毕业生数如表2－2所示。

表2－2 2006～2015年技工学校学生情况 单位：人

年份	招生数	在校生数	毕业生数
2006	1348000	3208000	864000
2007	1585000	3671000	997000
2008	1614000	3975000	1090000
2009	1563781	4142578	1151633
2010	1586055	4209752	1213353
2011	1635282	4293723	1189161
2012	1567530	4228216	1202123
2013	1334957	3865864	1168809
2014	1244100	3389700	1067900
2015	1214300	3214600	9462000

资料来源：《中国劳动统计年鉴》（2015）、《2016年全国教育事业发展统计公报》。

（1）招生数。招生数量在一定程度上能反映教育的发展水平与规模。如图2－2所示，我国技工院校招生数2006～2008年持续增长，2009年开始出现波动。2011年招生数达到最高值，共计有1635282人。此后招生数逐年下降，2015年降至最低，仅有1214300人。

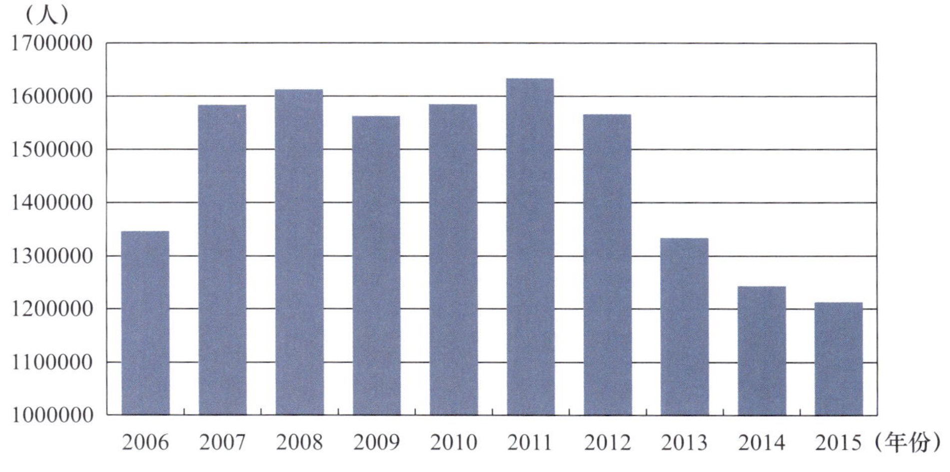

图2－2 2006～2015年全国技工学校招生数

（2）在校生数。如图 2 -3 所示，在校生数 2006 ~2011 年稳步增长，2011 年达到最高，有 429.37 万人。2011 年以后，随着招生数下降，在校生人数也开始下降，2013 ~2015 年下降幅度最大，2015 年降至 321.5 万人。

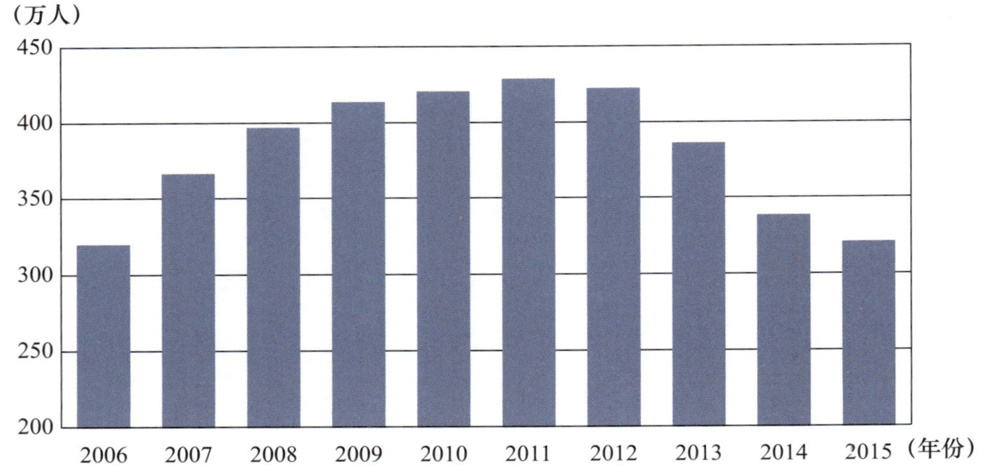

图 2 -3　2006 ~2015 年全国技工学校在校生数

（3）毕业生数。从图 2 -4 可以看出，2006 ~2010 年毕业生人数稳步增长，之后呈下降态势。2010 年全国技工学校毕业生人数最多，共有 1213353 人。2015 年，因招生人数和在校生人数下降幅度较大，毕业生数量下降较多。

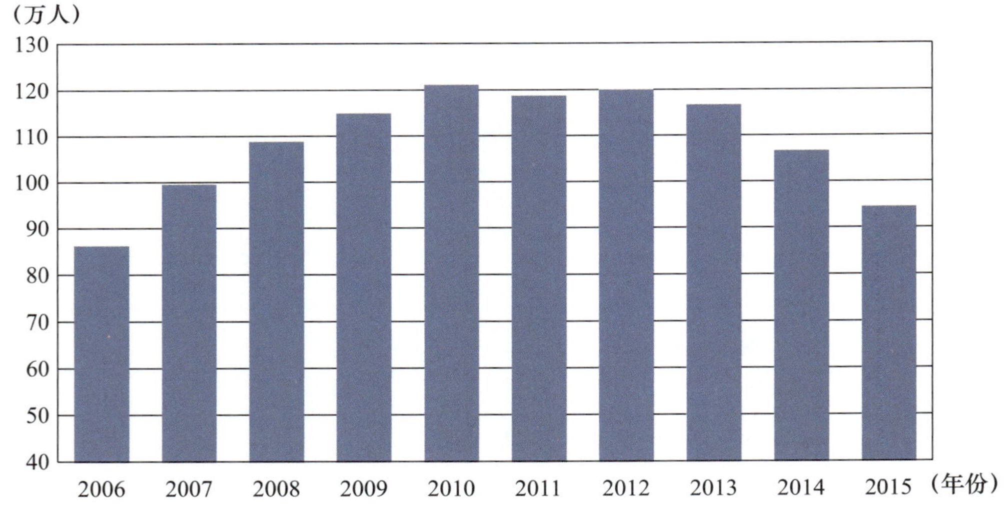

图 2 -4　2006 ~2015 年全国技工学校毕业生数

3. 师资情况

技工学校师资由专任教师和兼职教师组成，2010 ~2015 年技工学校师资规模如表 2 -3 所示。2010 年以来，技工学校专任教师数量占比呈微弱上升趋势，兼职教师占比略微下降，这说明技工学校师资在数量增长的同时，其结构也慢慢趋于合理。

表 2－3　　2010～2015 年技工学校师资规模

类型		专任教师	兼职教师
2015 年	教师数（人）	191639	68680
	所占比例（%）	73.61	26.39
2014 年比例（%）		73.39	26.61
2013 年比例（%）		73.54	26.46
2012 年比例（%）		73.44	26.56
2011 年比例（%）		72.37	27.63
2010 年比例（%）		71.56	28.44

资料来源：根据《国家统计年鉴》相关数据整理。

4. 经费来源

技工学校经费来源包括财政补助收入、事业经费和公司经费，2005～2014 年技工学校经费收入规模如表 2－4 所示。

表 2－4　　2005～2014 年技工学校经费收入规模　　单位：亿元

年份	经费收入	年份	经费收入
2005	123.40	2010	260.42
2006	143.10	2011	271.53
2007	198.20	2012	306.05
2008	204.43	2013	289.69
2009	237.30	2014	228.9

资料来源：《中国劳动统计年鉴》（2015）。

由图 2－5 可知，2005 年以来，技工学校的经费收入一直在稳步增长，2012 年达到最高，为 306.05 亿元，此后逐年下降，这与技工学校数、招生数的逐年减少有直接关系。

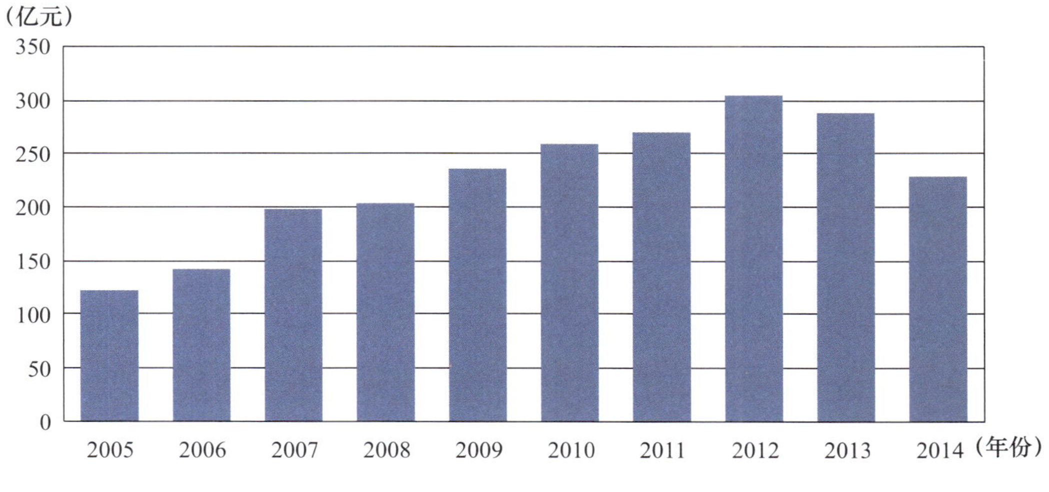

图 2－5　2005～2014 年全国技工学校经费收入

5. 社会培训

（1）培训规模。2008～2014年我国技工学校开展的社会培训情况如表2－5所示。

表2－5　2008～2014年技工学校社会培训规模、结业人数及就业人数

年份	培训规模（人）	结业人数（人）	就业人数（人）
2008	4000000	3898000	1044703
2009	4840846	3829483	1107031
2010	4684099	3712771	1166988
2011	5274538	4161035	1151830
2012	5512989	4415681	1169717
2013	5253073	3970809	1130011
2014	5084877	3722944	1040729

资料来源：《中国劳动统计年鉴》（2015）。

2008～2012年我国技工学校开展的社会培训规模基本呈稳步上升趋势，2012年后呈逐步下降趋势。结业人数和就业人数整体变化趋势与培训规模基本保持一致，但相对培训规模来说，就业人数占培训人数比例较小，2008年占比约26.1%，2014年下降到20.5%。如图2－6所示。

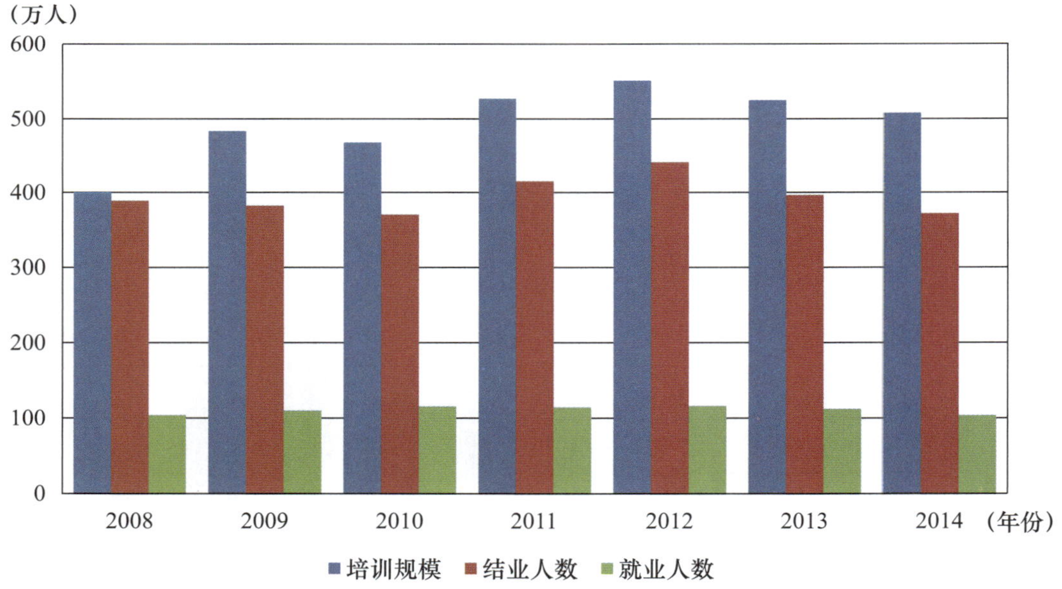

图2－6　2008～2014年全国技工学校社会培训规模统计

（2）培训对象。2008～2014年技工学校所开展培训的人员类型如表2－6所示。

表 2－6　2008～2014 年技工学校社会培训对象及人数

年份	失业人员		劳动预备人员		在职职工		农村劳动者	
	数量（人）	所占比例（%）	数量（人）	所占比例（%）	数量（人）	所占比例（%）	数量（人）	所占比例（%）
2008	510869	13.80	285896	7.73	1737565	46.95	1166359	31.52
2009	513700	11.89	390134	9.03	2092023	48.44	1323319	30.64
2010	469435	10.99	398943	9.34	2125779	49.74	1279196	29.93
2011	578359	12.18	324349	6.83	2485983	52.36	1359526	28.63
2012	467857	9.56	329995	6.74	2751436	56.23	1343955	27.47
2013	401200	8.87	350568	7.75	2685924	59.36	1087300	24.03
2014	364906	8.56	250119	5.87	2710665	63.60	936692	21.98

资料来源：《中国劳动统计年鉴》（2015）。

在技工学校开展的社会培训中，在职职工占比最大，2014 年达到 63.60%。2012 年社会培训中的在职职工数量最多，达到 275.1 万人。此外，农村劳动者也是最主要的培训对象之一，失业人员和劳动预备人员的培训人数相对较少。如图 2－7、图 2－8 所示。

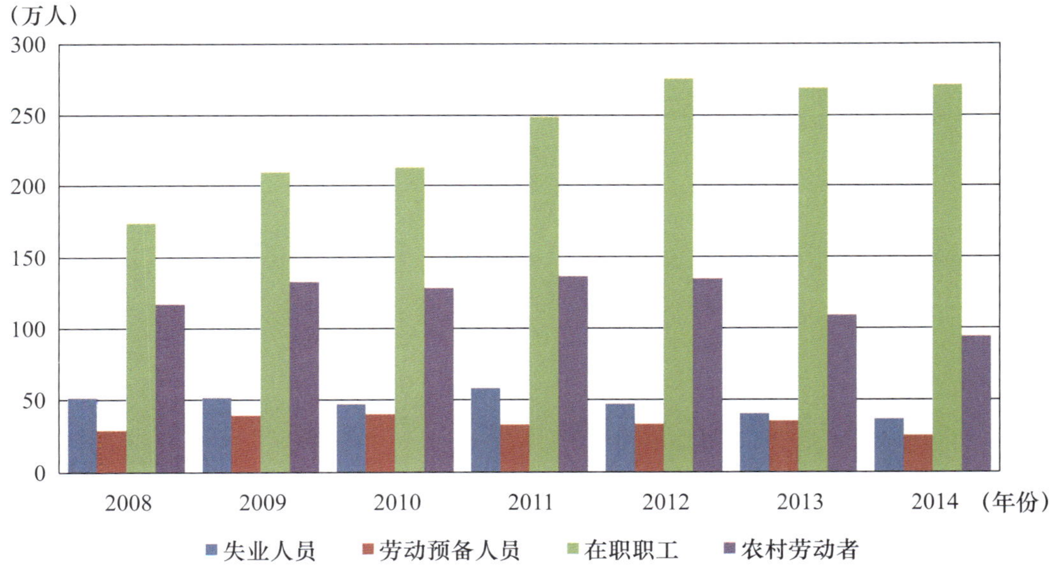

图 2－7　2008～2014 年全国技工学校社会培训对象分类

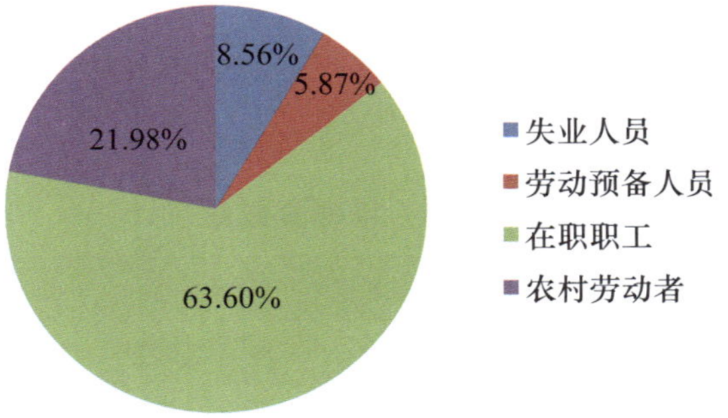

图 2－8　2014 年技工学校社会培训对象分类

二、就业训练中心

就业训练中心是指人社部门为城镇失业人员、农村进城务工人员和其他求职人员培训职业能力、准备就业条件而成立的独立的教学实体，是我国职业技术教育的组成部分。

1. 中心规模

2008~2014年我国就业训练中心规模如表2-7所示。

表2-7　2008~2014年就业训练中心规模　单位：所

年份	2008	2009	2010	2011	2012	2013	2014
数量	3019	3332	3192	4083	3913	3001	2635

资料来源：《中国劳动统计年鉴》（2015）。

从图2-9可以看出，全国就业训练中心规模在2011年之前呈波动增长态势，之后逐步下降，2014年降至最低，仅有2635所，相比2011年就业训练中心减少了1448所。

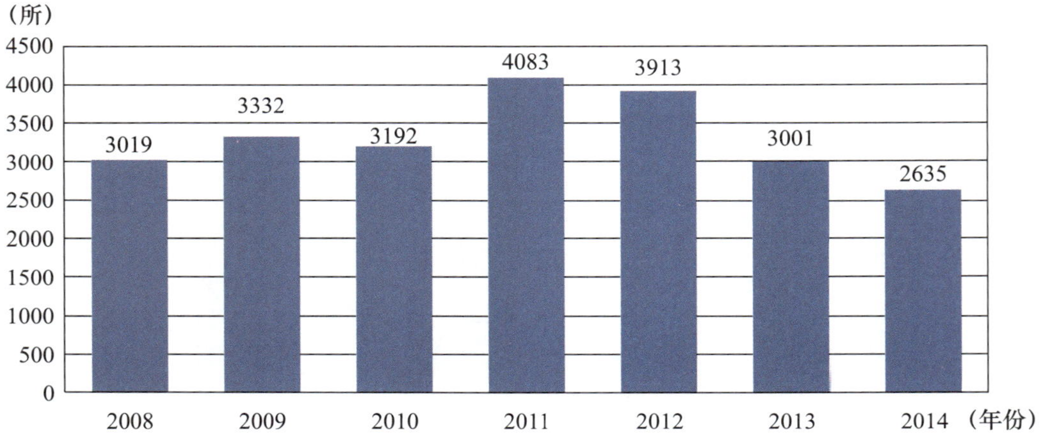

图2-9　2008~2014年全国就业训练中心规模统计

2. 师资数量

就业训练中心的师资由在职教师和兼职教师两部分构成。2008~2014年我国就业训练中心的师资情况如表2-8所示。

表2-8　2008~2014年师资数量统计　单位：人

年份	在职教师	兼职教师
2008	27903	34823
2009	29803	32866
2010	30674	31191

续表

年份	在职教师	兼职教师
2011	40133	66203
2012	40118	58611
2013	30284	27559
2014	37994	23071

资料来源：《中国劳动统计年鉴》(2015)。

如图2－10所示，在职教师数量变化幅度较小，2008～2011年持续增加，2011年达到最大值后开始下降。相对而言，兼职教师数量在2010～2011年和2012～2013年前后两次变化最为明显，前期数量急剧增加35012人，后期急剧减少31052人，其他时期变化不大，同时2011年也是兼职教师数量的巅峰时期，人数高达66203人。另外，2008～2012年在职教师规模明显小于兼职教师，2013年首次超越兼职教师，之后在职教师比例逐渐呈增加趋势。

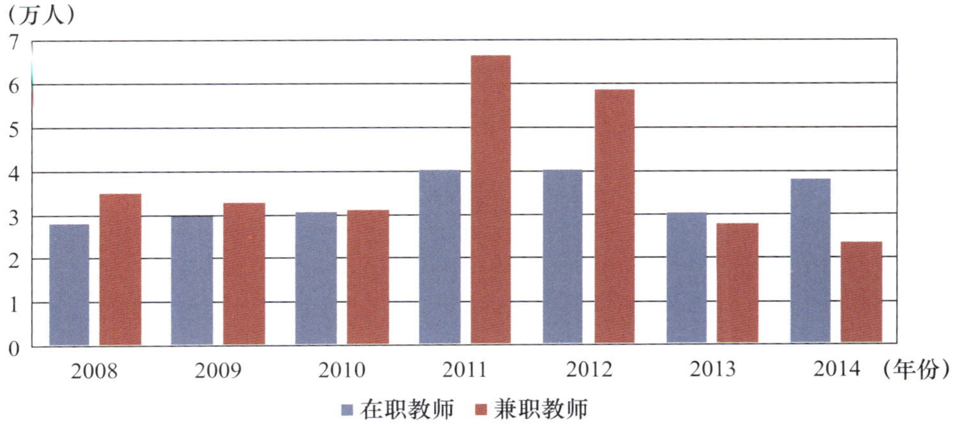

图2－10　2008～2014年就业培训中心教师规模统计

3. 经费来源

就业训练中心经费来源分为三个部分：财政补贴、职业培训补贴及其他。2009～2014年我国就业训练中心经费情况如表2－9所示。

表2－9　2009～2014年我国就业训练中心经费统计　单位：亿元

年份	经费总规模	财政补贴	职业培训补贴	其他
2009	22.3	5.7	13.9	2.6
2010	19.1	5.2	12.0	1.9
2011	22.8	4.6	16.2	2.0
2012	26.8	7.4	17.3	2.1
2013	29.1	4.2	21.5	3.4
2014	17.9	2.8	13.4	1.7

资料来源：《中国劳动统计年鉴》(2015)。

从经费来源构成来看，职业培训补贴是最主要部分，2014年职业培训补贴占比74.9%。其次为财政补贴，最后为其他经费。从规模来看（见图2－11），经费规模在2010年后持续增长，

2013 年规模最大，高达 29.1 亿元，2014 年下降幅度较大。

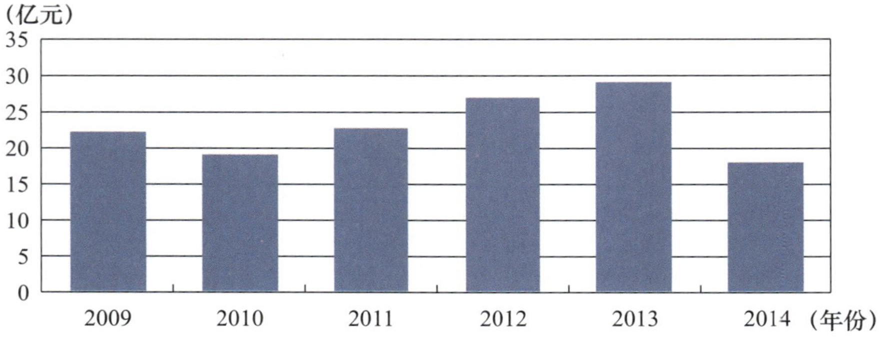

图 2 – 11　2009 ~2014 年就业训练中心经费规模

4. 培训分析

（1）培训人数。2008 ~2014 年我国就业训练中心培训人数如表 2 – 10 所示。

表 2 – 10　2008 ~2014 年我国就业训练中心培训人数　　单位：人

年份	培训人数	结业人数	就业人数
2008	9489569	8632205	7044980
2009	9833527	7710226	6607821
2010	8179266	7257643	5995558
2011	8328494	7441632	5942559
2012	8505094	7558849	6925624
2013	6450222	5840449	4534446
2014	5609363	5023349	3710579

资料来源：《中国劳动统计年鉴》（2015）。

如图 2 – 12 所示，就业训练中心培训人数、结业人数和就业人数从 2008 年开始呈现波动下降趋势，到 2014 年，各项数据均降到了近年来的最低点。

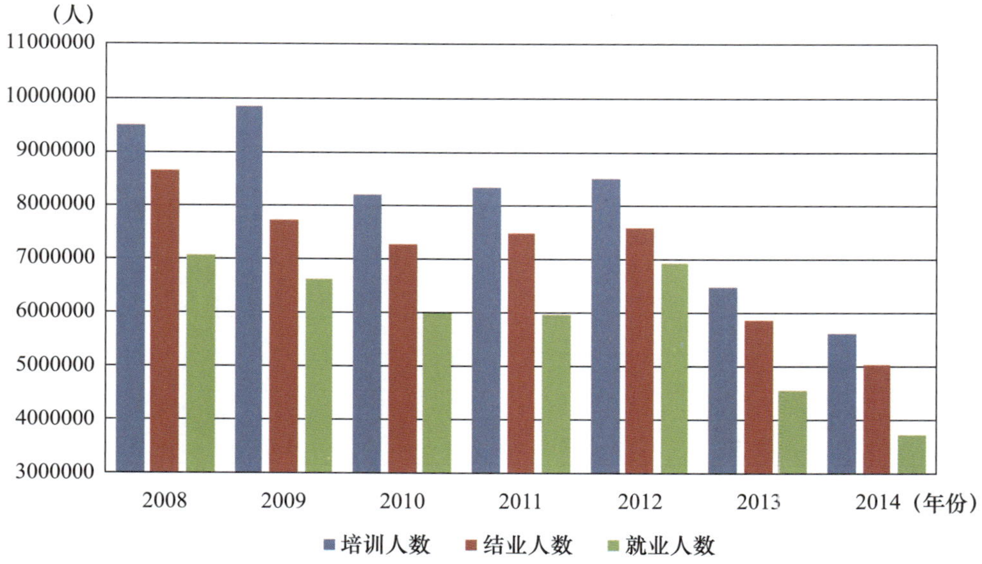

图 2 – 12　2008 ~2014 年我国就业训练中心培训人数

（2）培训对象。就业训练中心的培训对象主要有四类，即劳动预备制学员、失业人员、农村劳动者、在职职工。2008～2014 年就业训练中心培训对象情况如表 2－11、图 2－13 所示。

表 2－11　2008～2014 年就业训练中心培训对象情况　单位：人

年份	劳动预备制学员		失业人员		农村劳动者		在职职工		其他
	数量	所占比例（%）	数量	所占比例（%）	数量	所占比例（%）	数量	所占比例（%）	
2008	652107	7.48	3164755	36.31	4306801	49.41	—	—	592125
2009	1192002	13.76	2926939	33.78	3645721	42.08	—	—	898847
2010	514968	6.39	2532846	31.45	3351752	41.62	1028749	12.77	624911
2011	501947	6.14	2405454	29.45	3216972	39.38	1242473	15.21	801601
2012	407221	4.92	2868924	34.67	2894812	34.98	1109981	13.41	995059
2013	269369	4.26	1773395	28.07	2586998	40.95	948779	15.02	738804
2014	203670	3.70	1403614	25.51	2354587	42.80	902851	16.41	637237

资料来源：《中国劳动统计年鉴》（2015）。

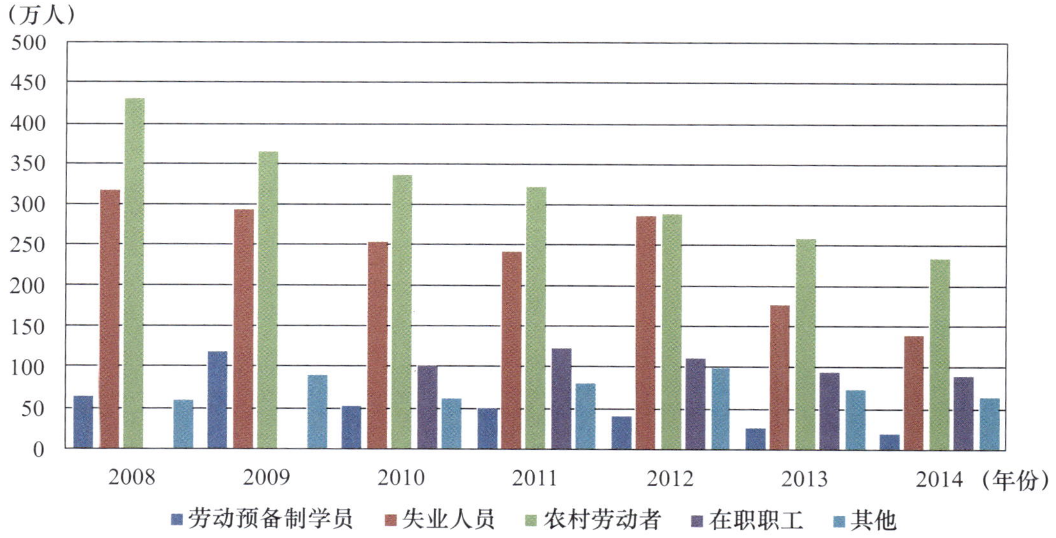

图 2－13　2008～2014 年就业训练中心培训对象及人数

由表 2－11 和图 2－13 可知，在就业训练中心的培训对象中，农村劳动者是培训主体，占比最大，其次是失业人员，这两者之和已超过就业训练中心培训人数总数的一半。2014 年农村劳动者占比为 42.80%，失业人员占比为 25.51%，如图 2－14 所示。

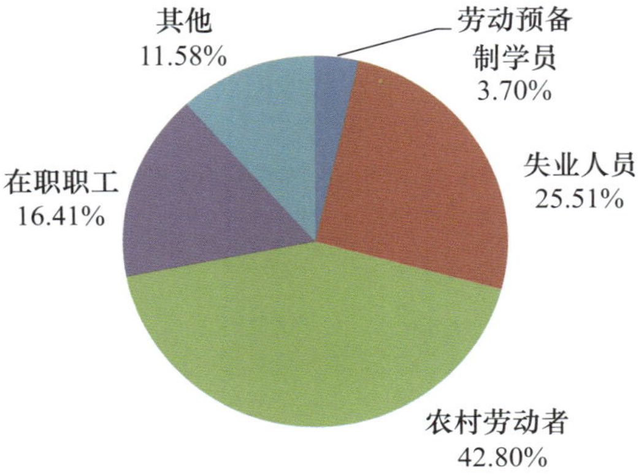

图 2－14　2014 年就业训练中心培训对象

三、民办培训机构

1. 规模分析

（1）数量统计。2008～2014 年我国民办培训机构规模如表 2－12 所示。

表 2－12　2008～2014 年我国民办培训机构规模　单位：所

年份	2008	2009	2010	2011	2012	2013	2014
数量	20988	20854	20144	19287	18897	19008	19136

资料来源：《中国劳动统计年鉴》（2015）。

如图 2－15 所示，民办培训机构数量自 2008 年以来逐年下降，2012 年降到最低点，仅有 18897 所。2013 年后数量略有回升，2014 年达到 19136 所。

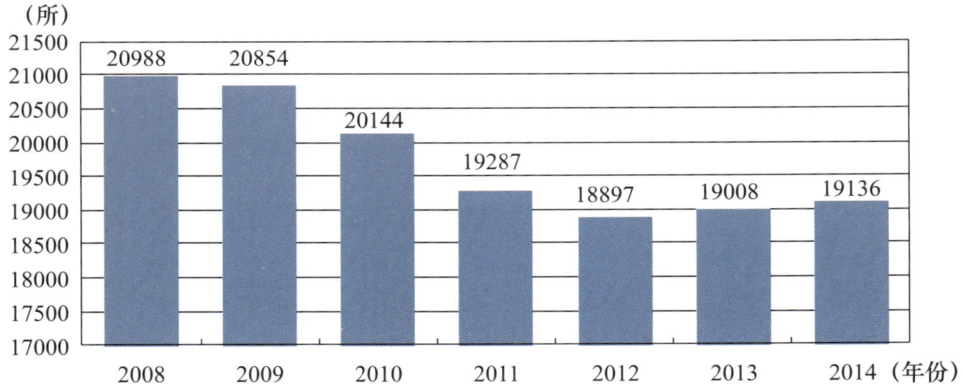

图 2－15　2008～2014 年我国民办培训机构数量

（2）地区分布。民办培训机构的地区分布态势可以反映出我国民办培训事业发展的区域性差异。2014 年我国民办培训机构地区分布如表 2－13 所示。

表 2－13　2014 年我国民办培训机构地区分布

地区	东部	中部	西部
数量（所）	8061	5378	5697
比例（%）	42.12	28.10	29.77

资料来源：根据《中国劳动统计年鉴》（2015）相关数据整理。

就民办培训机构的地区分布来看，2014 年东部地区占比最高，达到 42.12%，这与东部地区经济发达、教育水平较高密切相关；西部地区次之，中部地区最低，如图 2－16 所示。

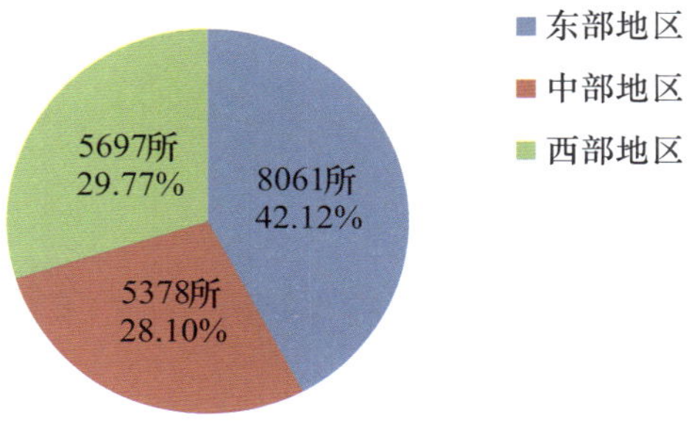

图 2－16　2014 年我国民办培训机构地区分布

2. 师资分析

民办培训机构师资由在职教师和兼职教师构成。2008～2014 年我国民办培训机构的师资情况如表 2－14 所示。

表 2－14　2008～2014 年我国民办培训机构师资情况　单位：人

年份	在职教师	兼职教师
2008	163979	83437
2009	177711	87462
2010	174785	89396
2011	176262	97074
2012	189564	98413
2013	179645	101140
2014	181500	106900

资料来源：《中国劳动统计年鉴》（2015）。

从数量来看，在职教师的规模远超过兼职教师，在职教师数量 2012 年达到最高，有 189564 人。从构成来看，民办培训机构师资以在职教师为主，不过在职教师与兼职教师之间的数量差距正日渐缩小，师资结构逐步优化。如图 2－17 所示。

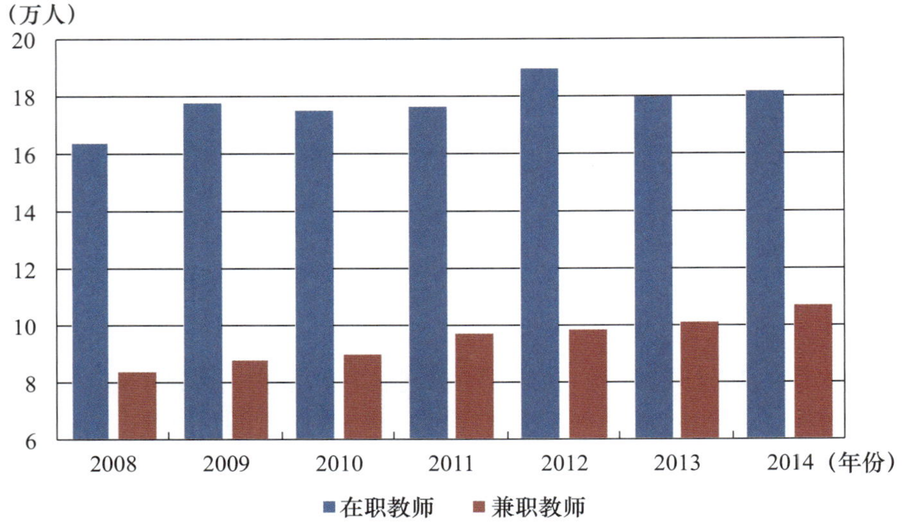

图 2－17　2008～2014 年我国民办培训机构教师规模统计

3. 经费来源

民办培训机构经费来源分为财政补贴、职业培训补贴和有偿培训三部分。2008～2014 年民办培训机构经费规模及来源如表 2－15 所示。

表 2－15　　2008～2014 年我国民办培训机构经费规模及来源　　单位：亿元

年份	经费规模	财政补贴	职业培训补贴	有偿培训
2008	213.3	—	—	118.3
2009	89.26	—	—	46.01
2010	92.0	6.0	42.7	43.3
2011	72.3	4.6	20.8	46.9
2012	81.8	10.9	23.9	47.0
2013	86.7	4.0	32.6	50.1
2014	123	3.6	68.8	50.6

资料来源：《中国劳动统计年鉴》（2015）。

从经费规模来看，除 2008 年外，民办培训机构的经费规模整体上呈平稳上升趋势。从构成来看，除 2014 年外，有偿培训获得的收入是民办培训机构经费来源的主要部分，其次为职业培训补贴、财政补贴。2008～2013 年，有偿培训获得的收入一直最多，2013 年为 50.1 亿元，占比约 58%，但到 2014 年，职业培训补贴首次超过有偿培训，在经费总收入中占比最大，达到 55.9%。2012 年民办培训机构获得的财政补贴最多，高达 10.9 亿元，但 2013 年开始急剧下降，2014 年仅为 3.6 亿元，由此反映出财政对民办培训机构支持力度不大。

4. 培训分析

（1）培训规模。2008～2014 年我国民办培训机构培训规模如表 2－16 所示。

表 2－16　2008～2014 年我国民办培训机构培训规模　单位：人

年份	培训人数	结业人数	就业人数
2008	11041554	10159509	7510151
2009	11047391	9765334	7820818
2010	11556951	10052775	7291335
2011	12537757	10762156	10523200
2012	13538584	11381265	8861012
2013	12443451	10513223	7763259
2014	12140636	10299046	7393261

资料来源：《中国劳动统计年鉴》（2015）。

民办培训机构培训人数、结业人数、就业人数从 2008 年以来整体较为平稳，呈上涨趋势，2012 年达到最大值，之后逐年下降。就业人数与结业人数差距较大，2014 年就业人数占结业人数比例仅为 71.8%，这说明培训的效果还有待提升，如图 2－18 所示。

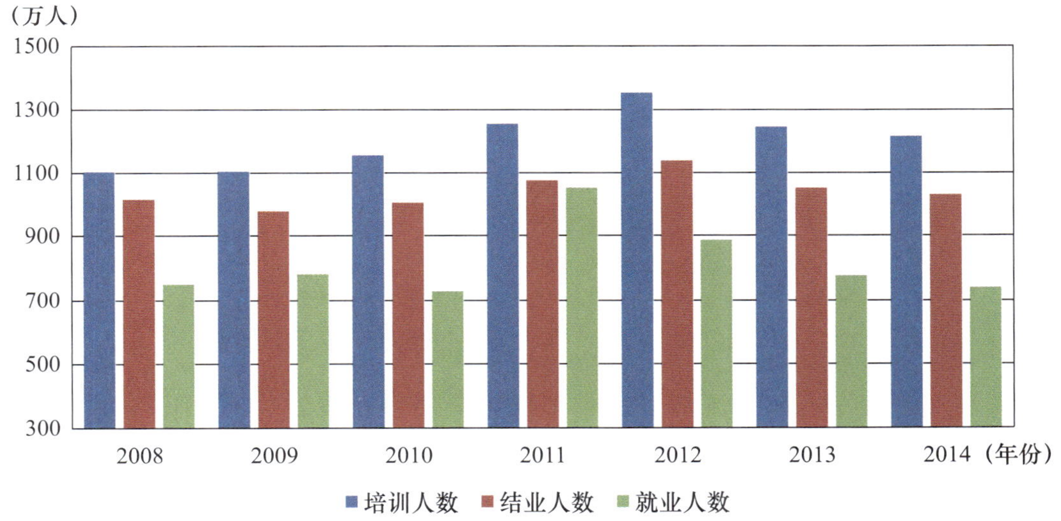

图 2－18　2008～2014 年我国民办培训机构培训规模

（2）培训对象。民办培训机构的培训对象主要有劳动预备制学员、失业人员、农村劳动者、在职职工及其他，其中，农村劳动者是最主要的培训对象。2008～2014 年民办培训机构培训对象及分类如表 2－17 所示。

表 2－17　2008～2014 年民办培训机构培训对象及分类

年份	劳动预备制学员		失业人员		农村劳动者		在职职工		其他
	数量	所占比例（%）	数量	所占比例（%）	数量	所占比例（%）	数量	所占比例（%）	
2008	740677	8. 74	1562666	18. 44	4519187	53. 33	—	—	1650972
2009	759061	8. 89	1444038	16. 91	4767814	55. 83	—	—	1568377
2010	641062	5. 67	1577428	13. 95	4709193	41. 66	2565979	22. 70	1810069
2011	633727	5. 16	1486570	12. 11	4667553	38. 01	3434215	27. 97	2057453
2012	572700	4. 31	1422911	10. 71	4636587	34. 89	4301481	32. 37	2356337
2013	523390	4. 28	1331893	10. 89	4227064	34. 55	3876920	31. 69	2276447
2014	544588	4. 68	1343256	11. 55	3996997	34. 37	3607509	31. 02	2136311

资料来源：《中国劳动统计年鉴》（2015）。

从数量规模来看，劳动预备制学员、失业人员、农村劳动者三类培训对象的培训人次从 2010 年开始逐年减少，在职职工的培训人次呈上升趋势，到 2012 年达到顶峰后逐渐呈下降趋势，如图 2－19 所示。

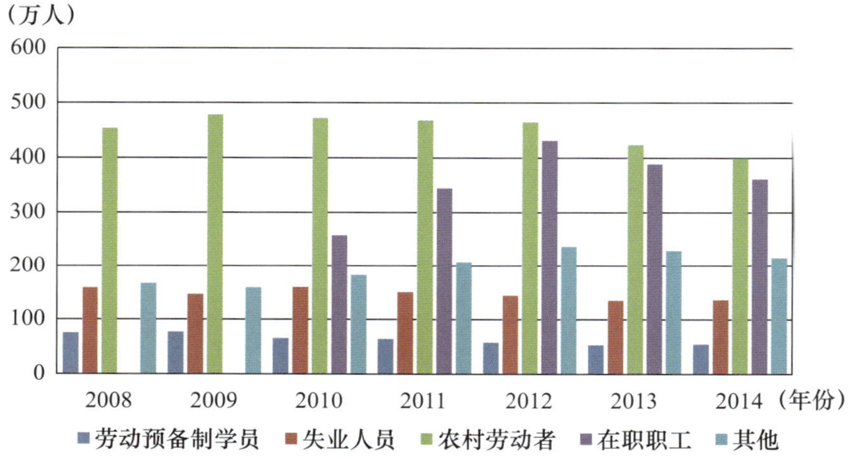

图 2－19　2008～2014 年我国民办培训机构培训规模

从各类培训对象所占比例来看，2014 年农村劳动者和在职职工占比分别为 34.37%、31.02%，两者之和超过 65%，成为培训的主体，如图 2－20 所示。

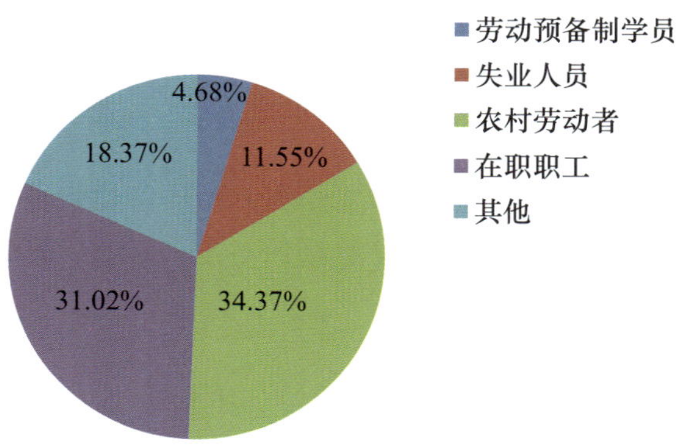

图 2－20　2014 年我国民办培训机构培训对象及类别

四、职业技能鉴定

1. 鉴定机构规模分析

职业技能鉴定机构有鉴定所、鉴定站与工考委和中央企业试点单位三类。其中，鉴定所和鉴定站是我国最主要的职业技能鉴定机构，工考委和中央企业试点单位数量占比最低。2008～2014年职业技能鉴定机构情况如表2－18所示。

表2－18　2008～2014年我国职业技能鉴定机构情况　单位：所

年份 / 机构	2008	2009	2010	2011	2012	2013	2014
鉴定所	4096	4825	4612	5533	5321	5067	4387
鉴定站	4662	4486	5058	4977	5441	4664	4701
工考委和中央企业试点单位	1175	227	133	167	201	134	433
合计	9933	9538	9803	10677	10963	9865	9521

资料来源：《中国劳动统计年鉴》（2015）。

2. 鉴定考核分析

职业技能鉴定机构鉴定考核的等级分为五类：初级、中级、高级、技师及高级技师。从表2－19可以看出，2008年以来，参加初级、中级、高级职业技能鉴定考核的人数稳步增长，参加技师和高级技师鉴定考核的人数稍有波动。

表2－19　2008～2014年我国职业技能鉴定考核人员情况　单位：人

年份		2008	2009	2010	2011	2012	2013	2014
初级	参加考核人数	5104213	6029998	6768836	7254275	7538797	7752500	6934618
	获取证书人数	4492273	5251357	5899097	6533022	6655352	6766044	6094580
中级	参加考核人数	5758542	6110523	6531792	6579593	6611139	6355360	6745021
	获取证书人数	4891989	5134383	5544598	5464700	5604790	5372332	5707155
高级	参加考核人数	2029246	2126028	2722092	3098462	3476563	3514734	3930805
	获取证书人数	1606473	1516357	2097432	2464290	2760639	2728517	3117737
技师	参加考核人数	403738	544210	453762	428247	503134	577770	654415
	获取证书人数	318047	336623	316663	286769	336187	376144	429024
高级技师	参加考核人数	78968	110002	98975	98750	175837	185365	275133
	获取证书人数	63323	81331	71587	71723	130866	123627	194270
总计	参加考核人数	13374707	14920761	16575457	17459327	18305470	18385729	18539992
	获取证书人数	11372105	12320051	13929377	14820504	15487834	15366664	15542766

资料来源：《中国劳动统计年鉴》（2015）。

从各等级技能鉴定考核通过率（见图2－21）来看，历年来初级通过率在五个等级鉴定考核中一直是最高的，呈上升态势，其次是中级技能鉴定考核通过率，技师鉴定考核通过率最低，并且波动幅度最大，而初级和中级技能鉴定通过率变化较为平稳。

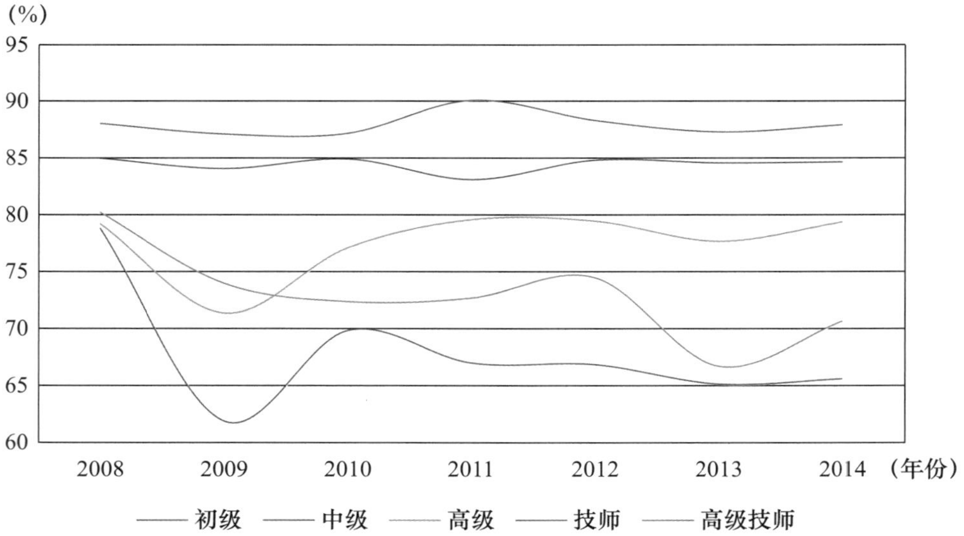

图2－21　2008～2014年各等级技能鉴定考核通过率

第三章　中国职业供求统计分析

现代职业教育的实质是"面向职场需求"的专业教育，掌握职场需求，才能培养出与市场岗位相匹配的人才，才能打破人才供需错配的尴尬局面。本章着重分析当前国内职业供求状况，包括整体规模、区域分布、等级与职称、行业需求等方面，并选取部分省市人才供求数据进行分析，以便更加全面地了解我国职业供求现状，为职业教育人才培养提供方向指引。①

一、全国职业供求概况

（一）供求总体情况

我国2015年以来职业供求总体情况如表3－1所示，整体来看供需双方呈现同步变化趋势。

表3－1　　2015～2016年分季度供求总体情况

时间	需求人数（万人）	求职人数（万人）	岗位空缺与求职人数的比率
2015年第一季度	525.0	469.0	1.12
2015年第二季度	560.0	528.0	1.06
2015年第三季度	505.0	462.0	1.09
2015年第四季度	439.0	400.0	1.10
2016年第一季度	520	487	1.07
2016年第二季度	497	472	1.05
2016年第三季度	475	432	1.10
2016年第四季度	433.5	384.5	1.13

注：岗位空缺与求职人数的比率＝需求人数÷求职人数，表明市场中每个求职者所对应的岗位空缺数。

资料来源：根据人社部就业数据整理。

如图3－1所示，自2015年以来职业供求比始终大于1，这说明岗位需求超过求职人数的现象一直存在。尤其是2016年第四季度，供求比达到最大值1.13，岗位缺口达49万人。

①本章所涉及人力资源供需数据均采用中国人力资源市场信息监测中心发布的季度数据。其中，需求人数表示当季度人力资源市场提供的所有岗位总和；求职人数表示入场求职登记人数总和。岗位空缺与求职人数的比率（下文也称"供求比"）＝需求人数÷求职人数，表明市场中每个求职者所对应的岗位空缺数。

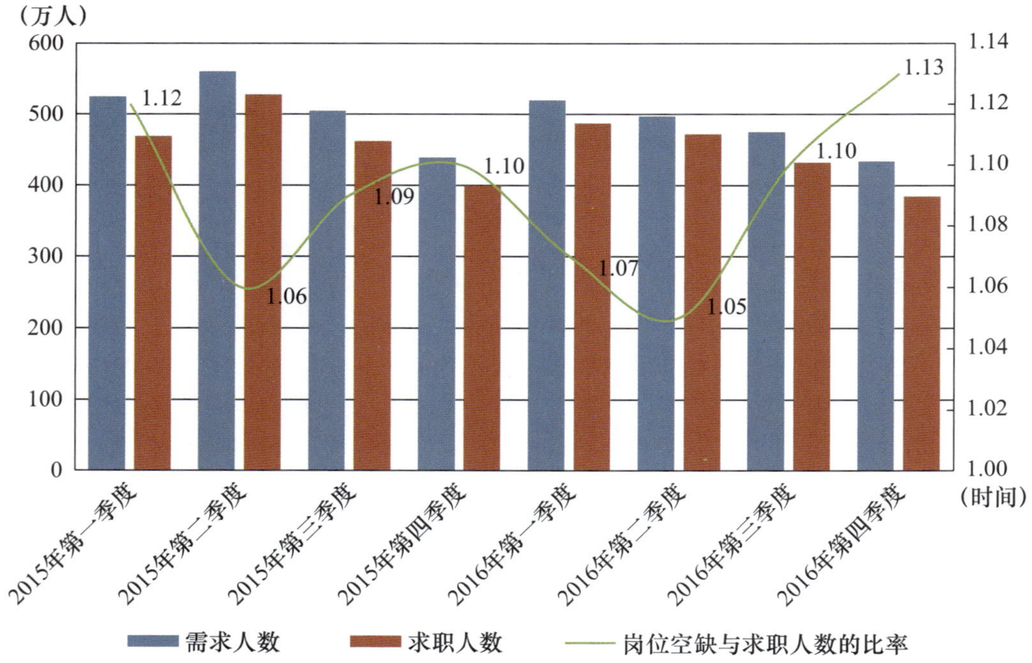

图 3－1　2015～2016 年分季度供求总体情况统计

（二）区域分布分析

由于统计数据的缺乏，本报告只采用供求比一项指标数据来分析职业供需区域性差异情况。2015 年第一季度到 2016 年第四季度东部、中部、西部地区职业供需情况如表 3－2 所示。

表 3－2　2015～2016 年分区域岗位空缺与求职人数的比值

时间	东部地区供求比	中部地区供求比	西部地区供求比
2015 年第一季度	1.09	1.14	1.16
2015 年第二季度	1.03	1.11	1.08
2015 年第三季度	1.08	1.11	1.12
2015 年第四季度	1.08	1.13	1.13
2016 年第一季度	1.02	1.11	1.13
2016 年第二季度	1.02	1.07	1.15
2016 年第三季度	1.09	1.07	1.18
2016 年第四季度	1.09	1.15	1.21

资料来源：根据人社部就业数据整理。

从表 3－2 和图 3－2 可以看出，除 2016 年第三季度外，中西部地区供求比都要稍高于东部地区。虽然中西部相对容易找到工作，但由于东部地区较高的薪资水平和发展空间，求职者更愿意到东部地区求职。

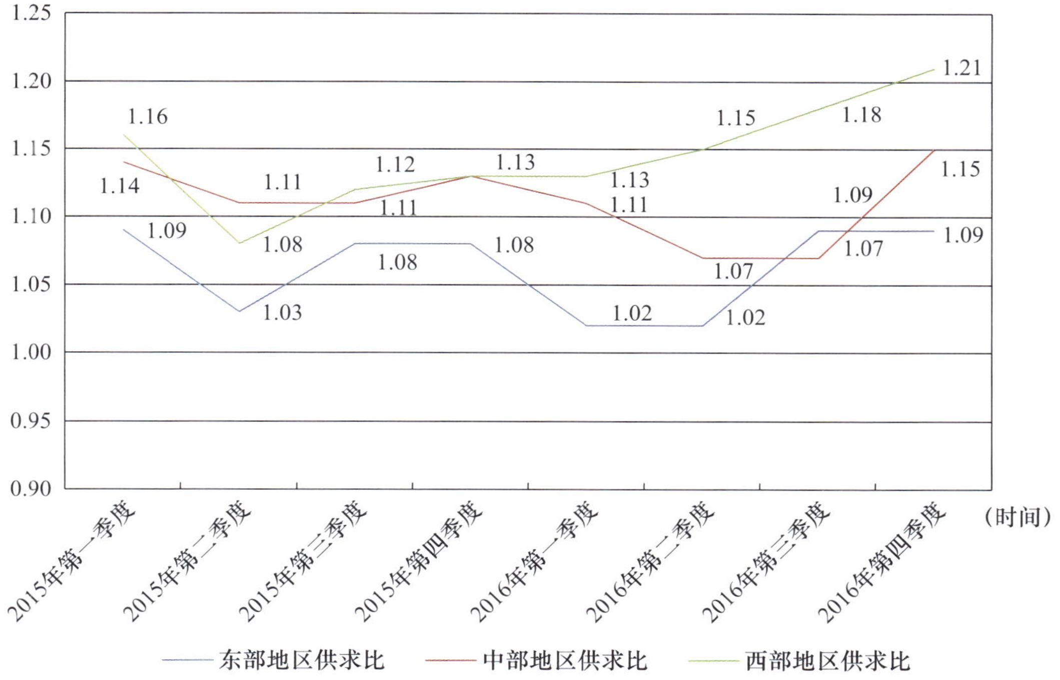

图3－2　2015～2016年分区域供求总体情况

（三）等级与职称分析

根据人力资源检测中心数据分析，人力资源市场岗位供给方对部分岗位设有技术等级要求。尽管人力资源市场整体需求略大于供给，岗位供给方仍然秉持“宁缺毋滥”的原则，对相关岗位提出了一定的技术等级或专业技术职称要求，与此对应，越来越多的求职者拥有技术等级或专业技术职称。

表3－3　2015～2016年专业技术职称供求比例统计　单位：%

时间	2015年第一季度	2015年第二季度	2015年第三季度	2015年第四季度	2016年第一季度	2016年第二季度	2016年第三季度	2016年第四季度
需求	26.5	21.3	21.3	22.0	19.0	20.3	19.8	19.7
供给	19.3	20.4	20.4	21.0	17.9	19.9	18.7	18.3

资料来源：根据人社部就业数据整理。

表3－4　2015～2016年技术等级供求比例统计　单位：%

时间	2015年第一季度	2015年第二季度	2015年第三季度	2015年第四季度	2016年第一季度	2016年第二季度	2016年第三季度	2016年第四季度
需求	33.3	34.7	35.2	35.8	33.8	34.5	34.5	34.5
供给	32.6	34.3	35.0	36.5	32.6	34.6	35.1	35.7

资料来源：根据人社部就业数据整理。

如表3－3和表3－4所示，从需求方看，以2016年第四季度为例，市场中分别有19.7%和34.5%的职位对技术职称和技术等级有明确要求。从求职方看，2016年第四季度市场中具有技术职称的求职者占比18.3%，具有技术等级的求职者占比35.7%。

具体来看，以专业技术职称分析，人力资源市场需求的专业技术职称通常分为三类：初级专业技术职务（技术员）、中级专业技术职务（工程师）和高级专业技术职务（高级工程师），如表3－5和图3－3所示。对专业技术职称有要求的岗位中，技术员的需求量始终最大，其次为工程师、高级工程师。不过从整体趋势看，随着国家制造业转型升级，高级工程师的需求比例呈平稳上升的态势。

表3－5　2015～2016年专业技术职称需求人数　单位：人

时间	初级专业技术职务（技术员）	中级专业技术职务（工程师）	高级专业技术职务（高级工程师）
2015年第一季度	586300	294061	71281
2015年第二季度	670727	324350	80547
2015年第三季度	623777	304240	81707
2015年第四季度	574499	271382	80563
2016年第一季度	560503	266125	67717
2016年第二季度	558821	274641	77265
2016年第三季度	525292	265303	75642
2016年第四季度	474339	236385	64144

资料来源：根据人社部就业数据整理。

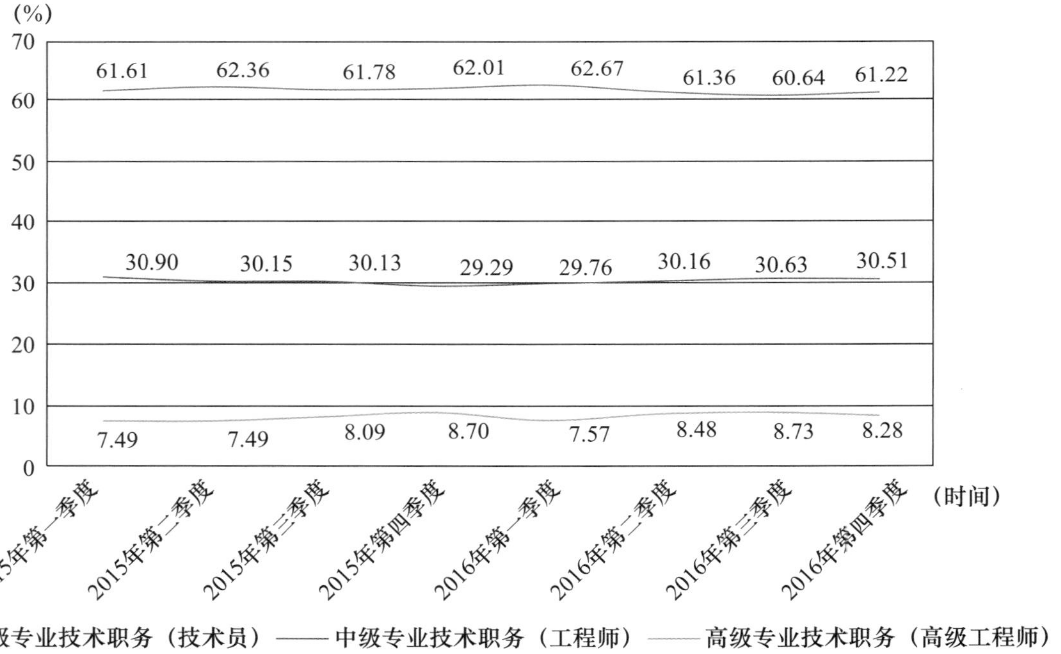

图3－3　2015～2016年专业技术职称需求比例统计

（四）行业需求分析

根据人力资源监察中心数据统计，2016年分行业人才需求比例如表3－6所示。

表 3 - 6 2016 年分行业人才需求比例 单位:%

时间 \ 行业	制造业	批发和零售业	住宿和餐饮业	居民服务和其他服务业	租赁和商务服务业	信息传输、计算机服务和软件业	建筑业
2016 年第一季度	35.5	14.3	11.2	9.4	5.7	3.9	4.2
2016 年第二季度	34.1	13.3	10.7	9.6	4.1	5	4.4
2016 年第三季度	33.6	14.1	10.6	10.1	6.5	4.8	4.1
2016 年第四季度	33.2	13	9.9	9.9	7	4.9	4.2

资料来源：根据人社部就业数据整理。

由表 3 - 6 可以看出，人才需求最多的为制造业，其次为批发和零售业、住宿和餐饮业。以 2016 年第四季度为例，从行业需求看，82.1% 的企业用人需求集中在制造业，批发和零售业，住宿和餐饮业，居民服务和其他服务业，租赁和商务服务业，信息传输、计算机服务和软件业，建筑业。

二、部分省市人才供求分析

本部分从东部、中部和西部三大地区分别选取一个省份作为对象，分别为福建省、江西省和四川省，重点分析其人才供求情况及差异性。

（一）供求总体情况

2016 年福建、江西和四川三省人才供求情况如表 3 - 7 所示。可以看出，2016 年三省的人才市场供求都是需求略大于供给。分季度来看，福建省第三季度人才需求最旺盛，求职人数最多，可能的原因是第三季度是学生毕业季，人力资源市场求职者增多，企业借此机会进行招聘补员。江西省、四川省皆是第一季度人才需求最旺，可能是因为第一季度一般是企业招聘的旺季，也是员工跳槽寻求更好工作机会的高峰期。可见，毕业生的就业区域流向呈现向福建等东部省份集中的现状和趋势，而江西等中部省份和以四川为代表的西部地区并未出现毕业季求职高峰现象。

表 3 - 7 2016 年福建、江西和四川三省人才供求情况 单位：万人

省份	第一季度		第二季度		第三季度		第四季度	
	需求人数	求职人数	需求人数	求职人数	需求人数	求职人数	需求人数	求职人数
福建	95.1	83.0	97.8	89.5	124.2	104.85	124.2	95.0
江西	95.1	82.1	79.5	70.1	80.7	72.2	81.4	73.1
四川	68.1	66.1	57.2	54.8	52.6	48.9	53.9	49.0

资料来源：三省份就业统计数据。

（二）产业人才分析

福建、江西和四川三省2016年第四季度三大产业及代表行业人才需求比例如表3－8所示。从整体来看，福建、江西和四川都是第三产业人才需求比例最高，分别达到56.15%、55.77%和61.21%。从细分行业来看，制造业是大部分地区人才需求最多的行业，尤其是福建省，人才需求高达40.16%，其他人才需求较多的行业有居民服务和其他服务业，信息传输、计算机服务和软件业，批发和零售业，住宿和餐饮业等。随着“中国制造2025”战略的实施，各地对制造业的高端人才需求将进一步增加。

表3－8　2016年福建、江西和四川三省第四季度三大产业及代表行业人才需求比例　单位：%

省份	第一产业	第二产业	第三产业	需求比例位列前五的行业及比例
福建	1.57	42.28	56.15	制造业（40.16）、居民服务和其他服务业（19.17）、住宿和餐饮业（10.04）
江西	4.87	39.36	55.77	制造业（33），信息传输、计算机服务和软件业（18.08），批发和零售业（10.83），住宿和餐饮业（8.85）
四川	3.68	35.11	61.21	制造业（26.88）、批发和零售业（15.69）、住宿和餐饮业（11.79）、居民服务和其他服务业（8.77）、建筑业（5.29）

资料来源：三省份就业统计数据。

（三）职业类别分析

在人才需求大于供给和供给大于需求两种情况下，我们选择位列前五的职业类别数据进行分析。2016年第四季度福建、江西和四川职业类别及供求比如表3－9所示。

表3－9　2016年第四季度福建、江西和四川职业类别（小类）及供求比

	福建		江西		四川	
需求大于供给	服务员	4.90	销售管理	4.52	市场销售管理	5
	电子器件装配	1.84	销售员	3.99	饭店服务	5
	电子器件制造	1.62	设计师	2.60	营业员	4
	裁剪缝纫	1.57	咨询顾问	2.60	家政服务	4
	鞋帽制作	1.57	操作工	2.23	普通操作工	4
供给大于需求	计算机操作	0.34	行政后勤	0.38	机动车驾驶员	0.17
	仓储	0.38	安全保卫	0.39	财务	0.17
	营业员	0.39	消防员	0.39	采购员	0.20
	秘书	0.41	金融/证券	0.58	行政管理	0.20
	行政业务	0.43	期货/投资	0.58	人力资源管理	0.20

资料来源：三省份就业统计数据。

从表3－9可以看出，2016年第四季度三省人才市场上需求大于供给的职业类别稍有差异，主要是一线技术岗位，如服务员、电子器件装配工等流水线工作人员，销售员、销售管理人员等营销类人才等。如前文分析，福建省人才需求最大的是制造业，因此其人才供不应求的职业类别都集中在制造业一线技术人才。同时，三省人才市场上供过于求的职业类别基本类似，主要为行政文员、机动车驾驶员、安全保卫人员等技术含量较低的岗位。

（四）求职人员构成

从求职人员构成来看，所选三个省份中，仅福建省统计了相关数据，具体如表3－10所示。江西省从总体上说明了2016年第四季度求职人员构成主要来自失业（流动）人员，占求职总人数的46.06%，其次是农村人员，占求职总人数的19.82%。四川省并未涉及对此项数据的统计。

表3－10　2016年第四季度按求职人员构成分类统计（福建省）

求职人员类别	福建	
	数量（人）	比例（%）
新成长失业青年①	55223	5.81
其中：应届高校毕业生	36599	66.27
就业转失业人员	74940	7.89
其他失业人员	15847	1.67
在业人员	8871	0.93
下岗职工	36880	3.88
离退休人员	491	0.05
在学人员	5801	0.61
本省农村人员	90782	9.56
外埠人员	661186	69.60
合计②	950021	100

注：①新成长失业青年是指城镇登记失业人员中从未就业的人员；新成长失业青年≥应届高校毕业生。

②合计＝以上各项之和（不包含应届高校毕业生一栏）。

资料来源：福建省就业统计数据。

从表3－10可以看出，福建省的求职主体是外埠人员、本省农村人员、就业转失业人员以及新成长失业青年，他们构成了福建省经济发展的主力军。这是由于福建省为解决本地劳动力供给不足问题，采取各种措施吸引外埠人员及本省农村劳动力就近就地转移就业。另外，新成长失业青年中应届高校毕业生占大多数，这是因为每年第四季度都是高校毕业生求职的高峰期。

（五）招聘要求分析

福建、四川、江西三省的招聘要求如表3－11所示。通过数据可以看出，三省人才市场对人才的年龄、学历、技术技能都有一定要求。其中，福建对人才的学历要求不高，高中及以下学历占比达88.53%。

表 3－11　　2016 年第四季度招聘要求情况

<table>
<tr><th>省份</th><th colspan="2">年龄要求（%）</th><th colspan="2">文化程度要求（%）</th><th>技能等级、专业技术职称要求（%）</th></tr>
<tr><td rowspan="4">福建</td><td>16～24 岁</td><td>52.28</td><td>初中及以下</td><td>47.21</td><td rowspan="4">有 5.65% 的用人需求对求职者的技能有要求，其中需求最高的是职业资格五级（初级技能），占总需求的 1.97%</td></tr>
<tr><td>25～34 岁</td><td>37.56</td><td>高中</td><td>41.32</td></tr>
<tr><td>35～44 岁</td><td>3.90</td><td>大专</td><td>5.13</td></tr>
<tr><td>45 岁以上</td><td>1.72</td><td>大学及以上</td><td>1.07</td></tr>
<tr><td rowspan="5">四川</td><td>16～34 岁</td><td>66.55</td><td>初中及以下</td><td>21.84</td><td rowspan="5">有 23.66% 的岗位对职称或技能等级提出了明确要求，其中，对技能等级有要求的占 12.28%，对职称有要求的占 11.38%</td></tr>
<tr><td rowspan="2">35～44 岁</td><td rowspan="2">22.77</td><td>高中</td><td>26.58</td></tr>
<tr><td>大专</td><td>26.39</td></tr>
<tr><td rowspan="2">45 岁以上</td><td rowspan="2">10.68</td><td>大学</td><td>23.22</td></tr>
<tr><td>研究生及以上</td><td>1.98</td></tr>
<tr><td rowspan="2">江西</td><td>25 岁以下</td><td>44.23</td><td colspan="2" rowspan="2">各学历层次的市场需求均大于求职供应人数，市场整体供不应求。需求、求职与学历呈倒三角状态</td><td rowspan="2">—</td></tr>
<tr><td>26～35 岁</td><td>28.42</td></tr>
</table>

注：高中包括中专、职高、技校等。

资料来源：三省份就业统计数据。

国际篇

第一章　国外现代学徒制研究

建立现代学徒制是职业教育主动服务经济发展的要求，是推进现代职业教育体系建设的战略选择，是深化产教融合、校企合作，推进工学结合、知行合一的有效途径，是全面实施素质教育，使提高职业技能和培养职业精神高度融合，培养学生社会责任感、创新精神、实践能力的重要举措。德国、英国、澳大利亚等发达国家于20世纪90年代开始推行现代学徒制教育，通过新的立法及实施模式等对传统学徒制进行改革创新，使其成为国家职业教育体系的重要组成部分。鉴于现代学徒制对职业教育发展的重要意义，我国于2014年8月出台了《关于开展现代学徒制试点工作的意见》，推动我国现代学徒制迈入实践探索阶段。本章在阐述国外现代学徒制发展概况的基础上，分析德国、英国、澳大利亚、瑞士等发达国家的现代学徒制教育模式，以期为国内现代学徒制建设提供借鉴。

一、国外现代学徒制发展概况

国外现代学徒制起步早，在理念和培养模式方面积累了丰富的经验，显著地提升了职业教育水平和教学质量，为本国经济社会的快速发展提供了强大的人才支撑，从而引起了全球的广泛关注。

（一）现代学徒制发展概述

学徒制（Aapprenticeship）是一种古老的职业培训方法，以“师带徒”和“做中学”为经典模式，学徒在师傅或专家的带领下获得实际工作能力。学徒制教育模式拥有悠久的发展历史，在古埃及、古巴比伦和古代中国都有类似于学徒制的文献，如古巴比伦《汉谟拉比法典》就记录有工匠收纳养子以传授技艺的规定，中国唐代的官营作坊有“艺徒制”的传统。然而，真正被大范围采纳的是中世纪欧洲的“传统学徒制”，在行业组织的监督指导下将从业人员划分为“学徒—工匠—师傅”三个等级，在实践中传承技术技能。到18～19世纪，工业革命带来了生产方式的根本性转变，大规模的工厂生产取代了传统的手工作坊，工厂制的流水线操作不再需要“全能”的学徒工人，取而代之的是“速成”型的工厂操作工，导致原先已经制度化的学徒制崩溃，逐渐退出历史舞台。

在此后的100多年中，学校的职业教育在技术技能型人才培养领域发挥着主导作用，为工厂大规模生产培养了大量的高素质应用型劳动力。但是，学校的职业教育重理论轻实践，与真实工作岗位相脱离，出现职业教育课程“学问化”、学生技能难以得到锻炼和提升等问题，所培养的人才无法满足企业需求。因此，学校的职业教育受到企业界、教育界以及学生的质疑，职业教育改革势在必行。20世纪60年代末，第二次世界大战后的德国为恢复本国经济发展，以法令的形式推进并确立了“双元制”职业教育模式，取得了巨大的成功，推动国家经济高速发展并迅速超越英国和法国，从而引起了世界各国对学徒制的普遍关注和重新思考。

随后，西方各国纷纷开始研究、效仿德国的双元制，期待以学徒制教育促进本国经济发展。20 世纪 80 年代末开始，各国政府纷纷制定相关法律法规以及政策确立本国的学徒制改革方案。例如，英国于 1993 年颁布了《现代学徒制计划》；澳大利亚于 1996 年引进“新学徒制”概念，并于 1998 年初将新学徒制与受训生制进行整合，统称为“新学徒制”。现代学徒制一时间成为职业教育改革的风向标，被称为高技能人才培养的新范式。由此，学徒制在现代西方得到重生，掀起了新一轮研究与实践的高潮。

（二）现代学徒制主要类别

与以往学徒制在各国表现形态高度统一不同，现代学徒制在西方各国呈现出多元化、差异化的发展趋势。2005 年加拿大生活水平研究中心（Centre for the Study of Living Standards，CSLS）对德国、英国、澳大利亚、瑞士等国的学徒制实践进行比较，根据学徒制运行机制的不同，将这些国家的学徒制分为盎格鲁—撒克逊系统（Anglo－Saxon Systems）和北欧系统（Northern European Systems）。

1. 盎格鲁—撒克逊系统

盎格鲁—撒克逊系统可以归纳为供给引导型（Supply－led）的准市场机制（Quasi－market Mechanism）。该系统是低企业合作与高学校整合型，企业培训遵守“自愿自助”原则，具有雇主责任感低、企业培训相对较弱的特点。在这种机制下，企业或雇主参与学徒制的积极性不高，主要依靠政府对企业或雇主的直接经济激励措施使企业提供岗位。同时，政府通过加强学徒制与高等教育之间的联系（即升学），使学徒制与全日制教育结构紧密结合，鼓励学生参与学徒制教育。盎格鲁—撒克逊系统以英国为典型代表，爱尔兰、澳大利亚、加拿大等都属于该学徒制类型。

2. 北欧系统

北欧系统可以概括为需求引导型（Demand－led）的产业共识机制（Industry Consensus Mechanism），即高企业合作与低学校整合型。在这种机制中，学徒制相关法律制度较为完善，法令法规较为规范，雇主参与学徒制的责任感强、热情高，企业培训力度大，与学校的分工明确。同时，学徒制被有效地整合进普通教育中，与普通教育形成贯通的“立交桥”，能够快速满足劳动力市场的技能需求变化，获得企业和学生的高度认可。北欧系统以德国为典型代表，丹麦、奥地利、瑞士等都属于该学徒制类型。

盎格鲁—撒克逊系统与北欧系统学徒制的根本差别在于学徒制的运作机制不同，两者之间的具体区别如表 1－1 所示。

表 1－1　　两类学徒制系统的比较①

特征	盎格鲁—撒克逊系统	北欧系统
普通教育与职业教育在中等教育系统中的平衡	强调普通教育	有力的职业培训系统
中等教育与学徒制之间的联系	弱，与大学之间有更为紧密的联系通道	强，职业咨询与劳动力市场信息咨询充分

①Sharpe，Andrew & James Gibson，*The Apprenticeship in Canada：Trends and Issues*，Ottawa：CSLS，2005：39.

续表

特征	盎格鲁—撒克逊系统	北欧系统
劳动力市场与产业的联系	一般较弱的工会和非规范化的劳动力市场	工会在合作中起着重要作用
学徒制发起者的动因	市场起着重要作用	产业界认同度高
课程	强调模块性，项目被分成过渡性的组织部分	明确的长期课程
进入条件	较不重要	有明确的要求
完成者的就业情况	广泛的就业机会	明确的“好”机会，但范围较小
公司的参与度与义务感	大多在公立和私立学院，公司的义务感较弱	公司的义务感强，多为公司本位的培训
立法力	弱	相对强

二、国外现代学徒制发展分析

第二次世界大战后，以德国“双元制”为典型代表的现代学徒制引起发达国家的高度关注，英国、澳大利亚、瑞士等国家通过推行立法及实施改革，纷纷建立具有特色的现代学徒制培养体系，使其成为本国职业教育体系不可或缺的组成部分。下面以德国、英国、澳大利亚、瑞士为例，详细分析各国现代学徒制教育模式。

（一）德国现代学徒制

德国“双元制”是一种将学校本位教育与工作本位培训紧密结合的新型学徒制形态，被誉为第二次世界大战后德国经济崛起的“秘密武器”，是促使德国快速摆脱第二次世界大战后经济残局的重要保障，推动“二战”后德国经济飞速发展，并在20世纪60年代超越英国和法国。德国职业教育体系因此得到全球的广泛关注与效仿。

1. 德国现代学徒制发展概述

“双元制”是德国学徒制的表现形态，堪称现代学徒制乃至职业教育的典范。然而，在很长的一段时间里，德国双元制中的企业培训与学校教育两大因素都是独立发展的两个系统。20世纪初，学徒制中的企业培训和学校教育两个基本因素形成，但是从制度角度来说，尚未形成统一规范的现代学徒制综合法案和校企合作机制，未能形成适应现代工业生产的教育教学模式，现代学徒制还未真正确立。1969年，德国政府颁布了《职业教育法》，标志着现代学徒制的正式确立，基本形成了由企业职业培训与学校职业教育组成的现代学徒制雏形。从1979年起，德国所有州的非全日制职业学校学生均可获得中等教育阶段Ⅰ的毕业证书，标志着学徒制教育被整合到正规教育系统之中。1981年，联邦议院通过了《职业培训促进法》（BerBiFG），进一步推动现代学徒制的发展，开启现代学徒制改革发展的新阶段。

随着德国经济的快速发展，对既懂理论又能熟练掌握实用技能的高层次人才的需求不断增加，职业教育出现了高移现象，高等专科学校规模不断扩大，以“双元制”为特色的职业教育院校不断出现，成为高等职业教育重要的组成部分，占职业教育体系的半壁江山。

2. 德国现代学徒制分析

经过百余年的发展，德国现代学徒制已经相当成熟，覆盖广泛的培训领域，拥有健全的组织管理体系、基本教学培训框架、培训条例与框架教学计划，学校与企业各司其职地开展教学与培训任务，并有一套与之匹配的考试与资格验证制度。

（1）组织管理体系。依据利益协调原则，德国现代学徒制整合所有利益相关者，由参与主体共同承担学徒制的规划、实施与改善的责任。在联邦层面，主要参与机构是联邦教育与研究部、各经济领域的相关部委以及联邦职业教育研究所；在州层面，主要参与机构是各州的教育与文化事务部、相关经济部门以及联邦各州教育与文化事务部长联席会；在行业和地区层面，行业协会发挥着重大作用；在培训主体层面，职业学校和企业是现代学徒制教学、培训的直接提供者。如表1－2所示。

表1－2　学徒制参与主体及主要职责

层面	主要机构	主要职责
联邦层面	联邦教育与研究部	制定并颁布与职业培训、继续教育以及教师职业能力相关的法律法规；对相关经济部门颁布的培训条例进行审批；主管联邦职业教育研究所；推动职业教育改革；对跨企业培训中心、地区行业协会的培训设施等提供补助；资助职业教育中的优秀学生；开展与欧洲以及世界各国的合作
	各经济领域的相关部委	颁布分管领域中的职业培训条例，但颁布前需通过联邦教育与研究部的审批
	联邦职业教育研究所	向联邦政府提供有关职业教育原则性问题的咨询建议；起草职业培训条例，出版国家承认的培训职业目录；收集分析全国职业教育数据，出版职业教育年度报告；支持跨企业培训中心的规划、建设和继续发展；开展企业内职业教育实践的试验，提供经验；改进职业教育教学技术
州层面	联邦各州教育与文化事务部长联席会	制订和颁布用于指导各州职业学校教学的框架教学计划；协调并处理超越各州自身职业教育的政策和管理问题
	各州的教育与文化事务部	根据框架教学计划，颁布本州职业学校的教学计划；监督与管理职业学校的教学与管理；向职业学校提供经费支持
	各州的相关经济部门	监督本州的行业协会；向职业教育提供经费资助
行业和地区层面	行业协会	注册、修改、解除企业与学徒的培训协议；发布与培训相关的规范（如考试章程）；向培训师和学徒提供建议；审查培训师和培训场所的资质；根据学徒在培训期间习得的知识给予学分；组织和管理学徒的中期与结业考试；任命培训顾问，监督培训的执行
培训主体层面	企业	符合培训条件的企业可以招收双元制学徒，并根据相关的职业培训条例，开展企业培训
	职业学校	根据各州颁布的教学计划，向双元制学徒提供义务的职业教育

（2）双元制课程体系。德国现代学徒制主要由培训企业与职业学校两大教学机构构成，两者分工明确，共同承担技能型人才培养责任。学徒在企业学习实用专业理论和实践操作技能，在职业院校主要学习普通文化课程、专业理论课程和实践知识，在企业培训时间与在学校脱产学习的时间比约为7:3，即2/3的教学课程是职业导向的，1/3的课程是理论讲授的。学生在企业和职业学校所学的课程如图1－1所示。

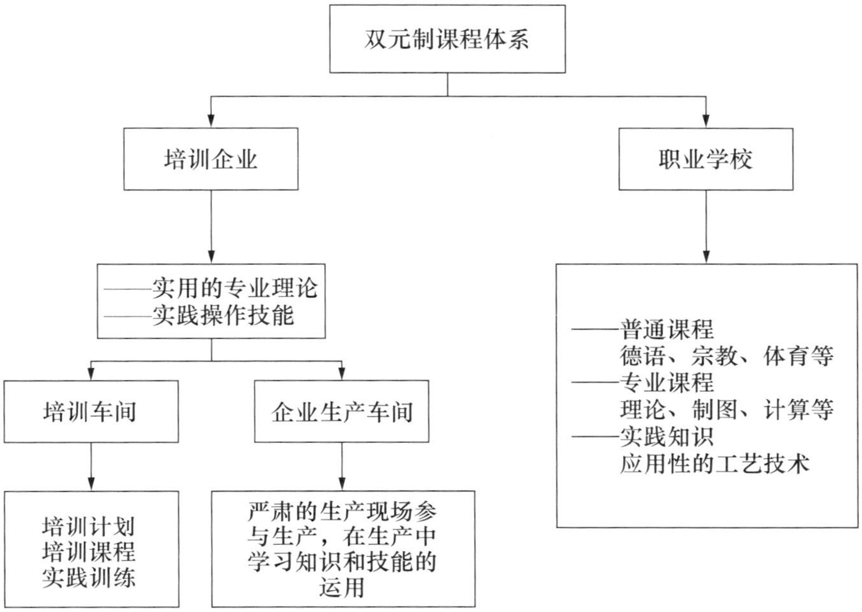

图1－1　双元制课程体系

（3）培训条例与框架教学计划。德国现代学徒制由企业和职业学校共同执行，两个场所的教学内容和教学进度由职业培训条例协调推进。职业培训条例详细地规定了职业培训的名称、实践长度、教授的技能和知识、时间进度安排以及考试要求等。其中，整个职业培训条例中最为核心的内容是“培训框架计划”，主要包括培训的技能知识以及时间进度安排，企业和学校依据此计划进行培训活动和制订教学计划。培训条例与框架教学计划由联邦政府、州政府及企业等利益相关者合作完成，整个框架教学计划的制订过程如图1－2所示。

（4）考试与资格验证制度。在现代学徒制中，学徒要参加由考试委员会统一组织实施和管理的中期考试和结业考试，分别在培训学年的中间和培训结束前的一个月进行。中期考试和结业考试均分为笔试和实际操作两个部分，有特殊需求可增加口试，具体考试要求由培训条例规定。不过，中期考试和结业考试具有较大的差别，中期考试属于诊断性考试，没有及格与不及格之分，其目的是改进和提升后期职业培训的效果；结业考试则是为了检查学徒是否完全掌握职业培训条例所规定的实际技能和理论知识，有通过与不通过的区别，只有考试通过者才可获得由行业协会颁发的全国认可的职业资格证书。

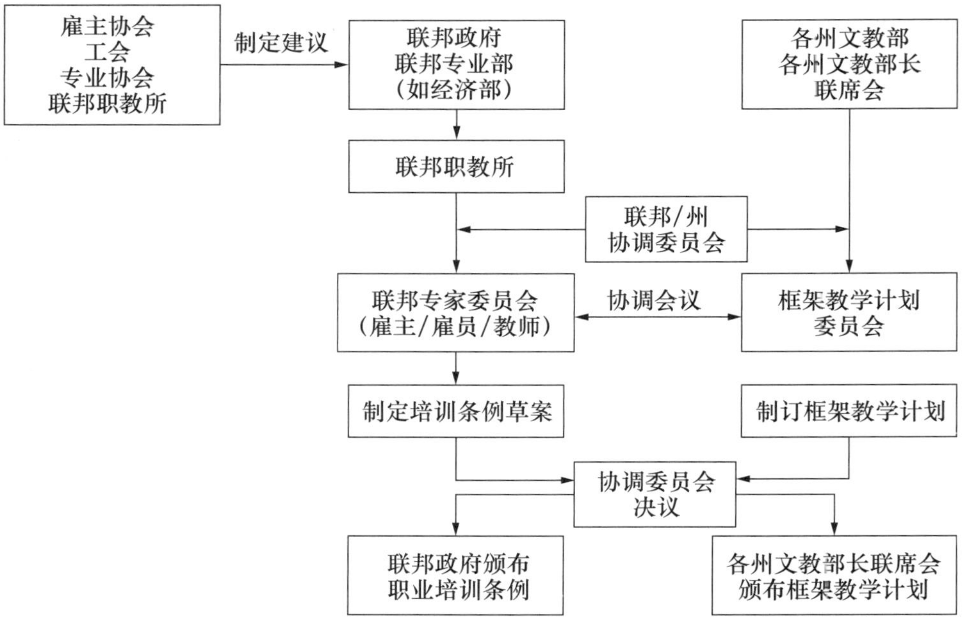

图 1－2　培训条例与框架教学计划的制订与协调过程

3. 德国现代学徒制的特点

在对德国现代学徒制进行较为全面梳理的基础上，对比传统学徒制和职业学校教育，将德国现代学徒制模式特点归纳为以下几点：

（1）建立完整规范的体系。德国现代学徒制已经建立一套完整规范的体系。从宏观层面来看，已建立相对完善的法律体系，1969 年颁布的《职业教育法》把学徒制整合到教育体系中，使职业教育与普通教育并列发展，体现了学徒制教育的高度制度化特征；从中观层面来看，联邦政府、企业等相关利益群体共同制定职业培训条例和框架教学计划，成为学徒制教育的核心文件，使企业培训和职业学校教学有章可循；从微观层面来看，为了推进职业培训条例及州教学计划的顺利实施，建立了较为完善的督导体系，确保各州的现代学徒制顺利开展。

（2）以职业性为首要原则。德国现代学徒制以培养学徒的职业性为首要原则，遵循相应的职业培训条例，关注职业基础知识及其完成一项职业活动所需要的知识技术，而不是针对某个企业所需要的技能。因此，学徒在整个培养过程中获得一套完整的职业能力，而不是零碎、片面的知识点。学徒不仅能在学习过程中提升相应的职业素质，还具备胜任某一职位的能力，能够转化成为一个成熟的“职业人”。另外，学徒制与特定职业资格相联系，德国学徒要获得一份正当的工作，必须经过专门的培训，通过结业考试并获得从业资格才能从事某一职业，德国企业界非常看重从业资格。

（3）利益均衡的合作机制。德国现代学徒制的有效实施依赖于政府、行业协会、工会、学校的共同参与，它们扮演着不同的角色，代表了不同的利益相关者。政府主要从宏观层面考虑社会利益，学校考虑自身利益，行业协会代表雇主的利益，工会代表学徒利益，多方参与共同形成了利益均衡机制，互相协商现代学徒制的各种规范和实施意见。例如，联邦职业教育研究所主要由 11 名雇主代表、11 名工会代表、5 名联邦政府代表以及 5 名州政府代表组成；职业培训委员会主要由 6 名雇主代表、6 名雇员代表以及 6 名职业学校教师组成；考试委员会由数量相等的雇主和工会代表以及至少1名职业学校教师组成。由此可见，在德国现代学徒制的组织管理和咨询机构中，各利益相关者都有代表参与，以此实现利益均衡。

（4）企业主导的教学模式。德国企业一直积极参与职业教育，与职业院校共同形成现代学徒制的两个“元”，是德国学徒制成功的重要因素之一。事实上，企业在学徒制培训中发挥主导（甚至是根本性）作用，主要体现在三个方面：第一，企业参与甚至主导职业培训条例和各州教学计划的制订，指导企业培训和职业院校教学工作。第二，企业是培养学徒的主要场所，发挥人才培养的主导功能，学徒有70%的时间在企业接受实践技能训练，只有30%的时间在学校学习辅助性的专业理论与普通文化知识。第三，企业自愿承担部分现代学徒制的培训成本，包括学徒津贴、实训教师的工资、设备材料、教学资料等，成为德国企业高度参与学徒培养的最突出特征。

（二）英国现代学徒制

第二次世界大战后，由于英国经济社会发展相对迟缓，加之德国现代学徒制的成功，英国开始探索本国学徒制的改革发展。从20世纪六七十年代开始探索现代学徒制，到90年代初期实施崭新的学徒制改革计划，再到21世纪初对现代学徒制进行革新，英国现代学徒制逐步健全和完善，成效显著，最终成为盎格鲁—撒克逊学徒制的典型代表。

1. 英国现代学徒制发展沿革

英国现代学徒制的建立与完善经历了探索、改革和革新三个阶段。探索期起源于20世纪50年代中后期，当时英国的经济明显滞后于其他国家，工业产量的年平均增长率仅为2.5%，为增强经济发展的动力而开始探索学徒制。1964年3月，英国颁布具有划时代意义的《产业培训法》（*Industrial Training Act*），标志着政府开始对学徒制培训进行直接干预。20世纪70年代，英国经济进入长期衰退期，失业率（尤其是青年失业率）居高不下。为此，英国政府将职业教育的主要精力放在企业培训与青年就业项目上，人力服务委员会推行一系列培训计划，如青年机会计划（Youth Opportunity Program）、青年培训计划（Youth Training Scheme）等，为18岁以下未就业的青年提供职业培训和就业机会。英国培训计划的本质是实施现代学徒制。

为解决英国日益严重的技能型人才短缺的问题，20世纪90年代初英国学徒制教育进入改革期。1993年11月，英国政府开启了崭新的学徒制计划——现代学徒制（Modern Apprenticeship，MA）。1994年9月，英国政府首次在14个行业部门开展“现代学徒制”计划的试运行，主要培训对象为16～17岁的中学毕业生。1995年，该计划被推广到54个行业，并实施了面向18～19岁青年的高级现代学徒制（Advanced Modern Apprenticeship，AMA）。1996年4月，现代学徒制与高级现代学徒制合并，仍称“现代学徒制”。1997年9月，英国政府将原来的国家受训生制更名为“基础现代学徒制”（Foundation Modern Apprenticeship，FMA），主要培训对象是16～18岁的青年。2004年，政府再次出台重大改革策略，放开参与学徒制的年龄限制，不设学徒25周岁上限，并启动针对14～16周岁青年的“青年学徒制”（Youth Apprenticeship，YA）项目。

英国现代学徒制存在学徒数量不足、缺乏统一机构规范管理等问题，倒逼其改革创新，进入革新阶段。2008年1月，英国成立国家学徒制服务署（National Apprenticeship Service，NAS），推动现代学徒制计划的实施。2009年2月，英国正式出台《学徒制、技能、儿童与学习法案》，结束了现代学徒制法律管理空白的历史，迎来新立法时代，学徒制发展也进入新的阶段。

2. 英国现代学徒制分析

经过半个世纪的改革发展，英国现代学徒制已覆盖广泛的培训领域，拥有层次分明的基本结构，与国家职业资格制度紧密结合，并由培训机构和企业合作实施。

（1）组织管理架构。英国现代学徒制组织管理架构包括四个层面：第一，创新、大学与技能部及儿童、学校与家庭部同时负责学徒制改革。第二，学习与技能委员会、行业技能开发署及行业技能委员会以及资格与课程署分工负责各学徒制项目的开发与管理。第三，各学习与技能地方委员会及各颁证机构负责学徒制管理与实施。第四，培训机构与企业共同承担教学培训工作。具体的组织管理框架如表 1－3 所示。

表 1－3　　英国现代学徒制的组织管理架构

层面	相关机构	主要职责
总体负责	创新、大学与技能部 儿童、学校与家庭部	共同对英国学徒制改革的政策和进度负有总体开发和评估的责任
项目开发与管理	学习与技能委员会	是受英国创新、大学与技能部和儿童、学校与家庭部联合管理的非部委公共机构，包括国家办公室、国家合同服务机构和 47 个学习与技能地方委员会；负责制定学徒制的政策和执行方针，向青年和企业宣传学徒制，并通过 47 个地方委员会对学徒制进行拨款和管理
	行业技能开发署 行业技能委员会	负责开发国家职业标准（National Occupational Standards，NOS），起草和批准职业的学徒制教学培训框架，并设计技术证书
	资格与课程署	是下属于儿童、学校与家庭部的非部委公共机构；负责资助职业标准的开发，审批 NVQ 证书、技术证书和关键技能证书的颁证机构，确定关键技能要求的内容
实施管理	学习与技能地方委员会	管理学徒制经费，通过招标分配经费
	颁证机构	对学徒制教学培训框架中要求的各种要素进行认证
具体实施	培训机构	包括继续教育学院在内的各公立或私立培训提供机构，它们首先要在学习与技能委员会注册，并获得批准；主要职责是招募提供学徒制的企业和参加学徒制的青年，提供学习帮助和评估
	企业	招募学徒，提供在岗培训和督导并支付工资

（2）资格认证制度。国家职业资格（NVQ）制度建立于 1988 年，用于规范工作中所需的技能和知识，推行终身学习的教育理念，进行能力本位考核，与当前学徒制体系紧密结合，存在对应关系。具体关系如表 1－4 所示。

表 1－4 英国现代学徒制的基本结构说明

学徒制层次	面向对象	基本情况	能力标准	相应职务	NVQ 等级
前学徒制	未能为学徒制做好准备的年轻人	主要指的是“就业入口”（Entry to Employment，E2E）项目	具有一定范围内从事常规的、可预测的工作活动的能力	半熟练工	1 级
学徒制	16 岁以上而不在非全日制教育机构学习的人	替代原来的基础学徒制，包括 NVQ、关键能力和技能证书	具有在较大范围和变化条件下从事一些复杂的、非常规的工作活动的能力；负有一定的责任和自主权，并能与工作中其他的成员进行合作	熟练工	2 级
高级学徒制	获得五个普通中等教育证书（GCSE）C 等或以上成绩者或是学徒制的完成者	替代原来的高级现代学徒制，包括 NVQ、关键能力和技能证书	具有在广泛领域从事各种复杂多变的、非常规的工作活动的能力；负有相当的责任和自主权，经常需要对他人的工作进行监督和指导	技术员、技工、初级管理人员	3 级
高等学徒制	完成高级学徒制或取得相关的高级水平证书的人	一项将学徒制与高等教育联系起来的试点项目，可获得基础学位	具有在广泛领域从事技术复杂、专业性强、条件多变的工作活动的能力，负有很大的个人责任，同时拥有相当的自主权，通常需要对他人的工作和资源的分配负责	工程师、高级技术员/工、中级管理人员	4 级

（3）教学培训框架。每个学徒制项目都有一个教学培训框架。该框架由行业技能委员会与企业根据国家职业标准联合开发、确定，用于规范学徒学习内容和标准。虽然不同行业的学徒制项目的教学培训框架所含内容不同，但都会包含三大要求：一是能力要素，其形式为 NVQ，内容由行业技能委员会、相关行业机构及企业确定，评估方法由行业技能委员会及资格与课程署共同确定；二是知识要素，其形式是技术证书，通常由行业技能委员会和行业机构确定并经职业资格与课程署同意，单独评估，确保学徒获得必要的基础理论知识；三是关键技能，又称核心技能或可迁移技能，主要包括沟通交流、数字应用、信息通信技术、与他人合作、学习及业绩的自我提高和解决问题六类。企业和培训机构必须提供教学培训框架所含的要素才能得到政府的学徒制拨款，而学徒必须达到框架所规定的要求才算完成学习培训。

（4）教学培训实施。对学徒的教学培训由培训机构和企业共同合作实施。培训机构寻找合作企业，并向其派出一名代表人员帮助其开发学徒制培训内容。学徒制岗位确定后，企业或培训机构便可对外发布招聘广告，学徒可以随时申请，但要参加面试甚至考试。学徒在企业的培训由企业负责，跟随有经验的员工学习岗位技能。在学习全过程中，企业通常会安排一位经理帮助学徒。学徒在培训机构会接受普通文化知识和基本理论培训，培训机构为每个学徒安排一位导师，全程跟踪其学习进展并随时解决学习过程中遇到的问题。学徒完成学习培训的时间并不固定，而是取决于其是否达到教学培训框架规定的能力要求，即能否取得相应的认证。一般来说，学徒完成培训的时间为 1 ~4 年。

（5）考试资格评估。英国学徒只能获得学徒框架里所规定的各类认证，主要包括国家职业资格、技术证书和关键技能资格三类，不存在专门的学徒制资格或证书。职业资格证书评估包括内部评估和外部评估，均采用能力本位的考试方式，对学徒采取多元化的方法进行多次评定，并不完全依赖于正规书面考试。其中，外部评估是由认证机构指派专业评估人员进行评估，多采用座谈、任务操作、案例分析等形式；内部评估是由教师对学生进行考核，主要对学生的实习、讨论等学习活动进行评估。此外，为避免重复培训和考评，英国采用“先前学习认可”（Accreditation of Prior Learing，APL）制度，即颁证机构认可学徒先前的学习成果。该制度不仅缩短了学徒获得资格证书的时间，也节约了教育资源。

3. 英国现代学徒制的特点

英国政府非常重视现代学徒制发展，不断对其调整和变革以适应社会发展需要，使其具有明显的特点。

（1）政策法律法规丰富。英国制定了多部关于现代学徒制的法律，支持和保障现代学徒制发展。1964 年 3 月，英国政府颁布《产业培训法》，该法不仅适用于现代学徒教育，也适用于各种企业培训，明确规定了产业培训委员会的建立与作用、产业培训的征税—拨款机制等，改变了企业“自愿自助”的培训惯例，为现代学徒制的发展提供了有效的法律依据和资金保障。1973 年 7 月，英国政府重新颁布《就业与培训法》（*Employment and Training Act*），通过“人力服务委员会”对学徒制教育进行干预，且学徒的身份是企业雇员，在劳资关系上遵守《就业法》或《工会和劳动关系法》等，政府对企业行为进行约束。同时，教育机构主要依据《教育法》、《继续教育和高等教育法》、《教育与技能法案》等，对现代学徒制教育进行管理。因此，英国关于现代学徒制的法律体系完善，既有综合性的法规，如《学徒制、技能、儿童与学习法案》，也有单一法规，如《产业培训法》，全方位保障现代学徒制的顺利实施。

（2）学徒制体系阶梯化。英国学徒制体系呈现出明显的阶梯化特征，主要表现在两个方面：第一，现代学徒制体系包括五个层次，分别为青年学徒制、前学徒制、学徒制、高级学徒制、高等学徒制，使得培训不仅包含中低级的技术技能培训，如 NVQ2 级，也包括高水平的专业培训，如 NVQ4 级的医生职业培训等，技能培训呈现阶梯式上升，满足不同层次知识需求。第二，不同层次学徒制与高等教育之间互相贯通，最高一级的学徒（高等学徒制）可以考取普通高等教育（基础学位），为学徒的继续深造提供了可能性，可以满足学徒个体职业生涯发展的更高需求。现代学徒制的阶梯化特征使得社会逐渐改变对传统学徒制的认识，打破学徒制低层次、无前途的传统印象，吸引更多的人群参与到现代学徒制中。

（3）运作机制准市场化。在英国现代学徒制运行中，政府并未奉行“自由放任主义”的原则，而是采取政府控制与市场自由之间的“中间道路”，即“准市场化”机制，既能减少“市场失灵”现象，又能防止企业“搭便车”行为。政府干预现代学徒制发展表现在两个方面：第一，政府参与制定学徒制标准，防止企业制定标准时仅考虑自身需求，从而维护学徒职业技能需求，满足长期经济发展的需要。第二，政府投入大量资金支持学徒制发展，不仅为学徒的脱产培训支付经费，同时也为学徒在企业的培训支付经费。因此，英国学徒制采用“准市场化”运作模式，政府是学徒制培训的重要参与方，直接参与市场供需方的活动，与企业共同承担技术技能型人才培养责任，发挥宏观调控作用。

（三）澳大利亚新学徒制模式

澳大利亚是一个多元文化的移民国家，其现代学徒制在英国学徒制的基础上逐渐发展、改革、创新，从形式到内容都发生了巨大的变化，形成了自己的职业教育特色。尤其在20世纪90年代末，澳大利亚建立新学徒制，拓展了传统学徒制的行业基础及生源范围，帮助青年人、学校辍学者和失业者重返劳动力市场，为新学徒制的发展开辟了广阔的道路。

1. 澳大利亚学徒制演变历程

由于受到英国职业教育及经济发展的影响，澳大利亚当局意识到除了引进技术移民外，还需要通过其他途径提高本国工艺水平以保证产品质量，从而开始重视学徒制。1894年，澳大利亚制定了第一部学徒制法案——《1894新南威尔士学徒法案》，明确学徒制系统需要监管的内容。随后，该法案又得到扩充和改善，形成《1901新南威尔士学徒法案》，确立了学徒制的基本框架。此后，颁布了《学徒技术教育法》，学徒制进入规范化建设范畴。澳大利亚通过制定一系列法律法规，使学徒制摆脱英国模式，成为行业培训的普遍形式。

20世纪50年代，澳大利亚联邦政府将发展职业教育作为一项持久性政策，并对学徒制开展了一系列调查研究。1954年，联邦/州学徒制调查委员会公布调查报告——《Wright报告》，该报告提出了90余项完善学徒制体系的建议。1959年，澳大利亚产业发展协会高级委员提交《1959年产业培训报告》，提出了100多项改革建议。1969年，由联邦经济部起草的《职业培训法》获得批准，奠定了学徒制的法律地位。20世纪70~80年代，政府实施了“特殊青年就业培训计划”（SYETP），扩展青年就业培训计划，通过津贴的方式为失业青年提供在职培训机会。1990~1998年，澳大利亚建立了国家培训局（ANTA），改革职业培训系统，并建立了质量培训框架。1998年1月1日，澳大利亚正式实施“新学徒培训制”，将原来的传统学徒制和受训生制都纳入其中，弥补这两种制度的不足，将实际操作与层次分明的培训课程有机结合，颁发全国认可的学历资格证书，大大提高了学徒制的吸引力，使得参加学徒制培训的人员逐渐增加。

2. 澳大利亚新学徒制分析

与传统学徒制相比，现在学徒制既继承了“做中学”的特点，又融入了现代学校教育的新形式，已经形成了完善的管理机制、培训包、国家资格框架、运行机制等，学校与企业共同开展新学徒制教育。

（1）管理机制。在澳大利亚联邦政府层面，由教育、就业与工作场所关系部（DEEWR）负责职业教育事务；在州和领地层面，由州/领地培训局（STA）负责职业教育。国家层面建立了由各州、领地及联邦政府负责职业教育与培训部长组成的职业与技术教育部长委员会（MCVTE），主要负责制定职业教育的发展战略和规划，并协调处理跨地区的职业教育问题。州/领地的培训局负责新学徒制的具体管理工作，包括制定学徒制和受训生制的发展战略规划、培训机构的注册管理、审批学徒培训合同、保障培训质量、提供和管理相关经费等。学徒制中心（AAC）是最基层的服务机构，直接面向雇主和学徒/受训生提供相关的服务，包括为学员提供拟从事行业的相关资料、寻找合适的雇主或学徒/受训生、签订培训合同、协调雇主与学徒的关系、申请激励经费等。

（2）新学徒制框架。1996年，澳大利亚政府将学徒制和受训生制合并，统一称为“新学徒制”，并制定了国家资格框架（Australia Quality Framework，AQF）和培训包（Training Packages，TP）。2001年，澳大利亚政府修订了以前的认证框架（Australia Recognition Framework，ARF），形成新的质量培训框架（Australia Quality Training Franework，AQTF）。至此，澳大利亚新学徒制框架形成，包括国家资格框架、培训包和质量培训框架三项。具体的构成情况如图1－3所示。

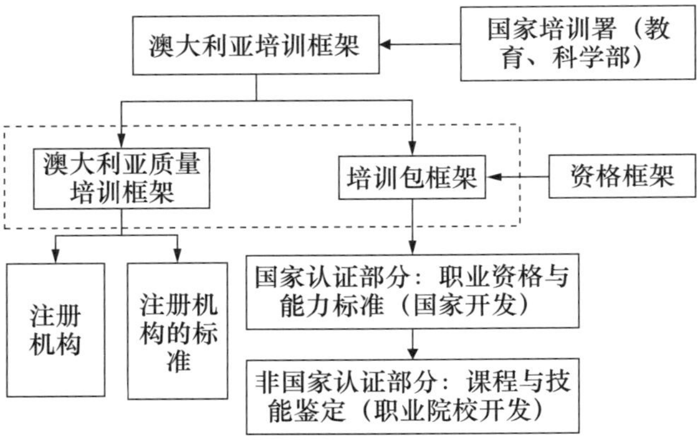

图1－3　澳大利亚现代学徒制框架

1）培训包（TP）。培训包是新学徒制的培训依据及职业技能认证标准，由产业技能委员会开发的官方文件和教学法规，通过不断地修订、更新满足不同行业的培训需求，且各培训机构和TAFE学院都按此标准开设课程。每个培训包都主要包括两方面内容：一是国家认证部分，这是培训的核心内容，涉及能力标准、国家资格和考核评估指南。其中，能力标准规定了各工作岗位应该具有的技术技能、实践能力、职业素养等。二是非国家认证部分，这是培训包的有效补充，包括辅助材料，即方法指导、学习策略、评估材料、职业发展材料等。此外，每个培训包都规定了具体的“能力单元”及其组合规则，将行业能力要求及职业资格相联系，强调“能力本位”，是一种“基于结果”的规范策略，取代了全国性培训课程体系。培训包不限制培训开展和评估的时间、形式、方法等，培训机构可以自行决定如何开展培训活动，实行弹性制学习课程。

2）国家资格框架（AQF）。在澳大利亚国家资格框架体系中，不同的职业资格对应不同的资格证书。同时，职业资格证书、学位、学历和职业要求相互对应，学校和企业采用统一的能力标准和证书体制开展人才培训（见表1－5）。

表1－5　澳大利亚资格证书等级及对应能力要求

资格等级	从事职位	能力要求
一级资格证书	非熟练技术工	从事一般性的技能性工作
二级资格证书	高级操作员 服务工作员	具备操作性的知识技能，能够运用所学知识和技能解决可预见问题；在一定范围内选择性地完成工作任务，多途径获得技能
三级资格证书	技术工人	掌握理论知识和技能，并具备运用所学知识解决具体问题的能力；具有一定的分析判断能力和合作精神
四级资格证书	高级技术工作 监工	掌握广泛而综合的理论知识，能够对不可预见的问题提出解决方案；具备在复杂环境中运用技术技能的能力；利用多种方式分析和评价信息，对自己及他人的工作质量负责

续表

资格等级	从事职位	能力要求
文凭证书	专业辅助员 技术员	具备扎实的综合性理论知识，能够处理和分析一定的技术和管理问题；能够运用分析和评价信息，制订相应的工作计划
高级文凭 资格证书	专业辅助员 管理员	具备某一领域的专业知识，能够分析、诊断、设计等技术和管理问题；具有一定的专业技术及创新能力；具有团队合作精神

（3）运行机制。在澳大利亚，申请参加学徒制培训有三条途径：第一，直接向TAFE中心提出申请，由服务中心为培训机构和学员提供必要的免费服务，如帮助学员找到合适的培训机构、落实学徒工资、福利待遇等。第二，学徒寻找TAFE院校，由职业技术学院联系合适的企业。第三，学徒自己寻找合适企业，再联系TAFE服务中心或职业学校。在鉴定协议之前，TAFE相互了解培训资质、能力、工作要求等，之后三方共同协商培训项目、培训计划、培训方式、培训时间等，再选择最适合的培训模式。学生、企业及TAFE学院三方明确培训内容及各方的责任与义务，TAFE学校负责传授学生理论知识、普通专业知识及简单专业技能；企业负责培训学徒的实践操作技能，两者相互配合，提高学徒职业技能，有效提高新学徒制的培训效果。

（4）考核评估制度。澳大利亚新学徒制的考核以能力评估为主，拥有一套完整、统一的能力鉴定体系，客观评估学徒的真实水平。考评体系包括鉴定的目标、内容、方法、证据形式等要素。能力鉴定由具备资质的评估人根据实际情况进行综合评定，评估流程公开、公正（见图1－4），鉴定结果分为合格与不合格两个等级。学徒完成一个能力单元的学习且通过考核，就可以获得相应的“完成证明”。当学徒获得某一资格认证要求的所有能力单元证明时，才能获得与学历文凭互通的资格证书。

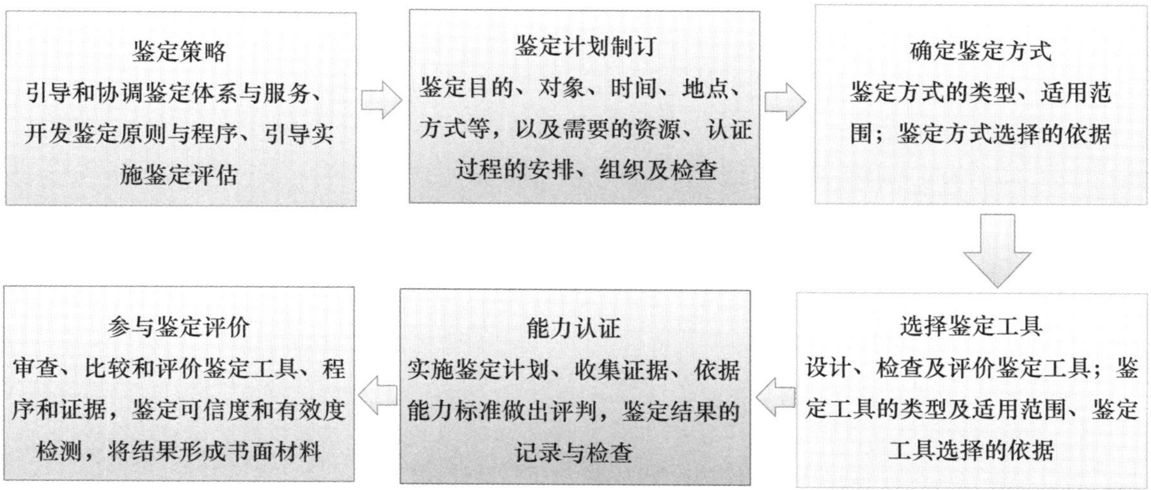

图1－4　澳大利亚能力鉴定体系

与英国现代学徒制相似，澳大利亚新学徒制也遵循“先前学习认可”（RPL）和“当前能力认可”（RCC）的原则，当学徒有证据证明自己先前学习过相关内容或已经具备相应能力时，可以直接获得培训包中相应能力单元的完成证明，无须重复培训。同时，如果学徒学习的课程也被普通院校认可，则可免修相应课程的学分。

3. 澳大利亚新学徒制的特点

澳大利亚新学徒制沿袭了英国的模式，结合自身职业教育发展的需要，在发展和改革的过程中逐步形成自身的特色。

（1）政府鼓励与扶持强有力。澳大利亚传统学徒制的发展、变革以及受训生制的建立都离不开政府的扶持与引导。政府的鼓励和引导是职业教育发展的基本保障。由于澳大利亚的学徒制是从英国移植而来的，没有历史悠久的学徒制传统，导致企业开展学徒培训的意愿非常低。同时，澳大利亚对技术移民政策的依赖使许多企业不愿意参与技术技能人才培养。因此，政府在新学徒制中的作用异常重要，1894 年制定的《1894 新南威尔士学徒法案》奠定了学徒制的框架，新学徒制框架也在此基础上发展起来。后来，政府通过制定《宪法》、《义务教育法》、《职业教育法》、《高等教育法》等法律，规定了新学徒制的管理、资金等问题，加大对新学徒制的支持力度，促使其顺利实施与健康发展。另外，澳大利亚政府加强社会舆论宣传力度，如评选年度最佳雇主、最佳学徒、最佳培训机构，邀请知名企业家和成功学徒担任澳大利亚学徒制形象大使等，改变大众对学徒制的传统印象。

（2）培训目标以能力为核心。澳大利亚新学徒制培训目标以能力为核心，主要体现在三个方面：第一，课程突出能力训练。学徒制所学的课程均由行业和相关部门合作制定，并结合市场实际需求，按照行业要求开发能力本位课程体系，切实为提高学徒职业技能水平服务。第二，培训评估以能力为标准。对学徒的考评均以能力操作为主，且多在工作场所实施考核，是否达到新学徒的考核标准不是以固定学徒期为准，关键在于能否达到能力要求。资格认证标准也是按照相关岗位技能要求确定，充分体现能力本位的教学理念。第三，以能力为主的终身教育理念。澳大利亚新学徒制以终身教育为基础，采取继续教育与技术培训相结合、学历教育与岗位培训相结合的方式，让学徒在任何时期都能规划自己的职业生涯，让学徒有机会接受高等教育，体现了教育的连贯性与衔接性。总之，澳大利亚新学徒制以能力培养为目标，借助“能力本位”的课程体系实现职业技能传授，通过能力认可的考评制度达到能力提升的最终目的。

（3）教学培训实施灵活多样。澳大利亚新学徒制体系庞大，培训模式非常灵活。从培训方式来看，学徒可以自由选择培训时间、培训地点、培训形式，甚至可以选择培训的起点和培训目标等，为学徒提供极大的弹性空间，避免过长的学习时间；从培训课程来看，新学徒制的培训课程均采用小步的、模块化的开发形式，每个模块由多个学习单元组成，不仅使新学徒制的培训更加灵活，也让不同项目中的相同学习单元相互认可，学徒可通过组合获得相应的资格认证，避免重复学习的过程，提高培训的效果；从培训对象来看，新学徒制覆盖面非常广，澳大利亚 15 岁以上的人都可以参加，包括毕业青年、在校生、成人求职者、在职员工等，没有基本条件限制，使得培训范围不断扩大，服务人群不断增加；从覆盖领域来看，既包括传统行业也包括新兴服务业，共有 500 多种职业可以选择，最终形成灵活多样的培训模式。

（四）瑞士现代学徒制

瑞士国土面积狭小、资源匮乏，高等教育机构数量少，与许多国家相比先天不足，但瑞士职业教育非常发达，超过 2/3 的青年在经过九年义务教育后进入职业学校学习。目前，瑞士开展学徒制培训的行业达到 300 多个，严格的培训制度使学徒的培训规模和质量能满足行业需求，有力地推动了社会经济的发展。

1. 瑞士学徒制发展概况

19世纪后期，瑞士商业、工业和手工业协会逐步转向技术工人培训的改革，推动在职培训和全日制职业学校的发展。1884年，瑞士联邦议会决定为职业培训提供经费，并探索在全日制学校与公立培训作坊的基础上建立工厂与职业学校双边培训系统。由此，瑞士政府力量介入职业培训发展。1908年，联邦政府宪法补充法案规定，联邦政府有权制定统一的工业培训规章，为联邦政府统一管理工业技术工人培训提供法律依据。1930年，瑞士第一部《联邦职业教育法》颁布，明确规定职业教育由联邦政府统一管理，学徒有义务去职业学校学习相关课程并参加职业培训考试；承担学徒培训的职业学校必须达到相应的资质标准，而参与学徒培训的工商业、手工业企业必须与学徒签署合法的学徒合同，为现代学徒制的形成提供了法律依据。

2004年，新修订的《联邦职业教育法》颁布实施，对职业教育和培训的各个方面都做了明确规定。该法把之前未包括的社会、教育、卫生、艺术等领域的职业培训纳入联邦政府的管辖范围，并对学徒合同、学习期限、学习方式、接收学徒的企业、学徒的师傅、学徒制参与方的责任、考试的组织与资格证书的颁发、监督与惩罚措施等进行了明文规定，使职业教育更加规范。最终，在政府和各方机构的共同努力下，瑞士的现代学徒制逐渐形成，并发展壮大。

2. 瑞士现代学徒制分析

经过长期的发展，瑞士现代学徒制已形成一个完整、有效的实施体系，对推动经济发展和提高社会就业率有明显作用。以下从运行机制、教学实施、考试认证、未来发展等方面对其进行分析。

（1）分层运行机制。瑞士教育体制深受联邦政体的影响，没有国家级联邦教育部，26个州各设州级教育管理机构，州以下的市镇同样具有教育自治权，联邦政府只有原则的立法权，促使联邦政府、州政府、专业组织三方在相对独立的基础上分工合作。具体管理实施流程如表1－6所示。

表1－6　瑞士联邦政府对学徒制的管理

主要职责	**全面发展规划** 反映联邦政府的职业教育管理使命，即政府不仅需要对当前职业教育的过程与结果负责，还需要从长远与全局角度保证职业教育的可持续性发展
	国家战略统筹 对职业教育发展特色提出要求：整个培养过程既需要做到透明以保证过程的规范与公开，也需要凸显职业教育相对普通教育的可比性与选择价值
执行机构	**联邦教育、研究与革新署** 与州政府、专业组织合作提供数量恰当的学徒岗位，并共同保证职业教育的高质量；修缮法律；采取措施增加可能的学徒岗位；优化职业教育毕业证书含金量；推进新型职业教育项目；促进职业教育跟进国际社会发展等
	联邦职业教育研究所 提供教师与辅导人员的教育与培训服务；为职业教育专业培养方案与培养计划的起草与实施提供建议与智力支持；完成其他部门、机构委托的研究项目，努力推动职业教育的研究发展；推进职教体系的高效管理与改革创新等

1）联邦政府。瑞士职业教育的管理职能是分散的，联邦层面主要负责职业教育体系的整体发展和管理，推进全国职业教育战略发展规划和国家战略统筹，不分担太多的具体管理、执行事宜。其主要职责包括：①负责与确保职业教育质量，推动职业教育体系完善；②规范各行业基础职业教育和培训制度的法律；③增加职业教育的透明度及保证职业教育特色；④鼓励创新和支持公益教育服务。联邦政府工作主要由联邦教育、研究与革新署和联邦职业教育研究所执行。

2）州政府。瑞士各州在教育领域享有较高的自治权，在尊重并遵守联邦基本法令的基础上，各州可以根据本州实际情况与需求自主发展州内职业教育，监督培训的整体实施，协调参与各方之间的活动并为学徒和企业提供指导与帮助。在学徒培训过程中，各州政府的主要职责包括：①经营管理职业学校，包括制定部分课程、组织并监督教学、组织考试；②把关学徒协议的签署与执行；③提供职业、职业教育与职业生涯指导等相关资讯与信息服务；④积极参与完善职业教育体系等。在州政府层面，负责管理职业教育的机构主要有州教育部长联席会议、州职业教育办公室、州职业教育咨询中心以及职业学校等，其主要职能如表 1 – 7 所示。

表 1 – 7　瑞士州政府层面的职业教育管理机构及其职能

主要机构	职能
州教育部长联席会议	致力于推动与完善现有的国家教育体制，并在需要或可能的情况下与联邦政府合作。主要职能有：颁布全国范围内教育体系通用的指数指标（如体系结构、目标等），推进联邦境内教育资源的平衡，以及联邦境内的证书认证
州职业教育办公室	发挥“承上启下”的作用：对下，负责州内学徒培训具体相关事宜；对上，与瑞士联邦职业教育机构保持联系与沟通
州职业教育咨询中心	州政府设立的专业咨询与指导性服务机构，主要职能有：向外公布与展示相关的职教法令政策，为有需求者提供相关的基本职业指导，及时收集企业或行业的学徒岗位需求与要求
职业学校	主要负责提供相关课堂教学服务，并帮助学生通过职业资格考试

3）专业组织。在瑞士现代学徒制中，专业组织主要负责制定职业培训的目标与内容、改革与更新现有职业培训规章、实施非职业学校课程、使用新教育培训方法以推动教育计划的实施与调整等。参与瑞士现代学徒制的专业组织范围较广，包括行业协会、企业、社会合作伙伴以及与企业相关机构等。其中，行业协会为本行业内企业谋求福利与长远发展，具有组织性与集中性特点。企业主要凭借一线生产的优势负责提供学徒岗位以及培训场所、设备、培训导师等资源。

（2）分类教学实施。瑞士学徒的培训时间通常为 2 ~ 4 年，分别在职业学校、企业和行业培训中心三个场所实施，呈现独特的三元教学结构。其中，职业学校和行业培训中心传授普通文化知识和专业知识，企业锻炼实践操作能力，整个学习内容注重培养学徒的动手能力和独立工作能力。

1）企业培训。企业培训是整个学徒培训的重心，学习时间占 70% 左右，培训内容非常广泛，注重对学徒基本技能的训练，通过完成实际生产任务训练操作技能，加深对所学专业理论知识的理解。大企业的职业培训在自己的实训车间进行，如实训实验室、实习厨房、实习商店等。学徒在企业学习、培训期间一般都会有工资，学徒工资一般由培训企业和学徒双方在学徒合同中商定，工资标准没有专门的法律规定。

2）入门培训。随着现代经济的发展，企业对技能的要求越来越高，学徒需要更全面的技能训练，但受能力限制，许多参与学徒培训的中小型企业难以为学徒提供全面的技能培训。因此，跨企业的入门培训就显得尤为必要。入门培训一般由行业协会组织在行业培训中心进行，采用集中授课方式，每周上课4~5天，学习内容根据职业群安排，主要包括从事某一职业所需要的专业基础知识和工作指导。入门培训班和实训车间的教师必须具有师傅考试合格的资格才可任教，这有利于学徒掌握基本技能，提高其就业选择能力和综合职业素养。

3）职业学校学习。学徒签订培训合同后仍需要到职业学校上课。多数职业学校由州或市开办，行业协会也会开办职业学校。职业学校尽量按照行业、年级分班，学徒一般在校学习时间为每周1~2天，学习内容主要是与所学专业相关的理论知识和普通文化知识，对企业实践操作进行有效补充，为进一步学习奠定良好的基础。

（3）公平考试认证。考试工作由州教育局组织、管理，授权考试委员会执行。考试委员会由企业代表、行业代表、职业学校教师及社会人士组成，提前两个月通知学徒考核内容、考试方式和考试规模等。学徒培训期满后便可参加由本地区考试委员会组织的毕业考试，毕业考试至少有两名专家同时监考并写评语，保证其公平性与权威性。考核内容因行业的不同而有所差异，但基本包括普通文化知识、专业知识、实践操作三个部分。考试评分标准分为六个等级，其中第六级为最高级别，要求学徒在规定时间内高质量完成考核内容；第五级要求完成考核内容且质量较好；第四级要求完成考试内容，且质量基本符合要求，考试等级达到四级及以上均为考试合格，可以获得联邦政府颁发的技能证书，也可获得师傅签字的工作证明，获得正式的工作。

（4）多样职业发展。学徒期满且考试合格后拥有多种职业发展选择，一是走职业化发展道路，在工作系统中从一般技术员做起，通过至少5年的实际工作经验积累，掌握普通文化知识和专业技能，考取“师傅”职业资格证，取得“师傅”职业资格证之后报考高等技术院校继续深造，取得“工程师”资格。二是直接考取高等院校，完成学徒培训并取得联邦职业技能证书后，学徒可以进行全日制1年、半日制3个学期的课程学习，经过考试取得相应的专业文凭，免试进入高等专业学校学习。此外，瑞士职业教育系统和普通教育系统相似，具有相当于研究生水平的职业教育，学生在取得高等职业教育毕业文凭后，可继续参加高等职业教育中相当于研究生层次的学习，毕业时只需提交有关专业技术知识的证明就可获得学位。

3. 瑞士现代学徒制的特点

瑞士现代学徒制是由瑞士职业教育与技术办公室和瑞士联邦职业教育与培训协会主管的一种技术型人才培养模式，具有决策管理权责分明、法律保障完善健全等特点。

（1）决策管理权责分明。瑞士现代学徒制教育由联邦政府统一管理，发挥宏观指导和微观服务两种功能。从宏观层面来看，联邦政府制定顶层设计规划和发展项目，推动职业教育与其他教育体系转换，完善职业资格认证体系，提高资格证书的可接受性；从微观层面来看，州、市、镇落实与执行职业教育政策，负责各级各类职业教育实施，加强对青年的学习和就业指导，并对学徒进行考核等，其目标是满足不同主体的需求。同时，非政府、非营利的行业协会组织虽不直接参与职业教育管理，却为政府管理提供专业的建议与咨询，处于学徒制管理的中观层次，依据自身优势制定行业资格标准和课程体系、举行跨企业和行业的入门培训等，成为学徒制成功运行不可或缺的部分。多元主体参与的分工、分级运行机制使各方权责分明，并能够保证决策更加切合实际，兼顾到各参与方的利益，进而有利于决策的有效贯彻与执行。

（2）法律保障完善健全。健全的职业教育法律体系为瑞士现代学徒制顺利实施提供了保障。

每个行业和职业领域的教育都有对应的法律规范，为职业教育的发展提供必要的法律支撑，使其成为教育体系不可或缺的重要组成部分。19 世纪中叶，瑞士联邦宪法明确规定联邦政府具有支持职业教育发展的责任。20 世纪初，联邦宪法补充法案规定，联邦政府有权制定统一的工业培训规章，为瑞士现代学徒制的发展奠定基础。20 世纪 30 年代，《联邦职业教育法》则为现代学徒制形成提供了重要的法律依据，并通过不断修订内容支持职业教育发展。此外，瑞士还有其他法律保障学徒制发展，如《雇佣法》确定了学徒培训合同的法律效力，保障学徒在劳动中应获得的收益，调解学徒在培训过程中产生的各种纠纷；《保险法》能保障学徒在失业时得到就业前的职业培训。由此可见，瑞士现代学徒制法律体系相当完善，通过相关法律法规的规范，瑞士现代学徒制发展不仅有法可依，而且在实践中也做到了依法治教。

（3）职业指导完备有效。为了使十五六岁的青少年能够正确选择受教育类型和未来职业方向，瑞士建立了一套完备有效的职业指导与沟通机制。第一，瑞士从小学 2～3 年级开始开设各种手工课，让学生们初步了解社会中的一些工作，培养其最初的职业兴趣和劳动习惯。初中二年级开始，学校使用专门的教科书并安排专业教师对学生进行系统的职业指导，教科书配有教师参考书和家长手册，教师将采取问卷、测量、亲身体验等多种方式引导学生对自己的兴趣和能力进行测评，然后引导学生了解各类社会职业，并根据前期观察结果，选择 25～30 个职业与学生进行讨论，让其对相关职业有更加深入的了解，为日后职业选择奠定基础。同时，教师还会与地方职业指导局合作，为学生职业发展提供专业的指导与建议。第二，为初三学生安排见习岗位，学生在见习期记录自己感兴趣或困惑的事情。见习结束后，学生与教师之间、学生与学生之间进行充分的讨论，使学生反思自己的职业规划。第三，学生完成义务教育后，若不确定职业发展方向，则可以进入“十年级”进行一年过渡，明确方向后，便可到就近的普通中学或职业中学试读，直到最后做出选择。

三、国外现代学徒制发展经验借鉴

“他山之石，可以攻玉”。在分析德国、英国、澳大利亚和瑞士的现代学徒制教育模式基础上，总结四国现代学徒制发展经验，为我国发展职业教育提供参考，主要的几点启示如下：

（一）国家战略层面的制度管理

现代学徒制被许多发达国家视为重要的发展战略，各国政府为职业教育发展制定相关的法律政策，保障学徒制的顺利实施，还建立了相应的管理和监督机构，从制度上规范学徒制的运行。例如，德国政府于 1969 年颁布了《职业教育法》，通过法律明确规定现代学徒制的重要地位；澳大利亚政府在 20 世纪 30 年代出台了《联邦职业教育法》，从法律层面要求学校开展并重视职业教育，学徒依据自身优势选择职业生涯，保证职业教育与普通教育的平等地位，保障职业教育的顺利实施。同时，发达国家的现代学徒制体系相对完善，管理方面均体现了分权、分级、分块的思路，先由中央分权给地方进行分级管理，再由地方分权给行业实行分块管理。其组织和管理可分为四层：第一层，中央部委负责制定现代学徒制的总体规划和领导管理。第二层，非部委的独立政府机构负责学徒制项目的开发与总体规划。第三层，地方教育管理机构和行业组织负责学徒制的具体管理工作。第四层，企业和职业教育机构实施培训。

（二）统一规范的职业资格体系

目前，国外大多以统一规范的教育培训标准来控制现代学徒制的教育与培训质量，明确规定学徒完成培训应该达到的知识和技能水平，甚至包括教育与培训的内容与方式，形成统一的教育与培训标准，并与国家职业资格证书体系相通，重点考核实践操能技能。如德国的职业培训条例和框架教学计划、英国的学徒制框架、澳大利亚新学徒制框架等，都是由国家部委级单位颁布的，是全国统一实施的学徒制培训标准，不管在什么地方、什么培训机构参与培训，获得的均为全国统一国家职业资格证书，为学徒未来就业提供方便，极大地调动了学徒参与的积极性。另外，统一完善的国家职业资格体系代表全国统一的培训标准与能力要求，学徒在任何地方参与学徒制并无太大差别，能达到同样的知识和技能水平，获得国家认可的职业资格证书，对学徒自身技术技能具有极大的认可性，能够提高学徒的自信心，实现全国范围内职业的流动。

（三）与普通教育体系互相融通

在实施现代学徒制的国家，社会群体并不歧视学徒教育，企业招聘更注重学生的实际操作能力和工作能力。同时，现代学徒教育也并不意味着“学历的终止”，国外现代学徒制的职业教育体系与普通教育体系互相融通，学徒经过一段时间的学习可以考取普通院校，获得普通院校更高层次的学历，拥有走上职业前沿的机会。例如，瑞士学徒经过四年的学习以后，可以通过上工程师学校或接受继续教育获取“高学历”，在职业发展上取得更高的突破。英国的现代学徒制与高等教育之间建立互通桥梁，高级学徒可以考取高等学徒证书，也可以获得普通学位证书，满足不同学徒对教育的需求，提高学徒的社会竞争力。

（四）以企业为主导实施人才培养

企业是现代学徒制教育的核心要素，与学校共同承担培养技能型劳动者的责任，直接参与指导现代学徒制的各个方面，在技术技能型人才培养中发挥主导作用。企业在现代学徒制中的重要作用体现在两方面：第一，企业是职业能力标准的主要制定者。现代学徒制强调职业能力培养，而能力培养标准由企业制定，使得学徒制所培养的人才与企业最大程度地匹配，满足企业岗位需求。例如，英国企业参与制定现代学徒制框架，澳大利亚的新学徒制培训标准、培训包及质量框架的制定需要征求行业技能委员会的意见，说明企业在学徒制培训中具有不可替代的作用。第二，企业是学徒制培训的主要场所。虽然现代学徒制是由学校和企业组成的“双元制”，但职业学校只为学生提供理论基础教育，实践技能的学习主要放在企业进行。一般情况下，学徒有1/2～2/3的时间在企业接受培训，1/3～1/2的时间在学校学习，企业培训时间远大于学校学习时间，如德国学生在企业实践与在校学习的时间比例为7∶3。因此，现代学徒制是一种以企业为主导的职业教育与培训形式。

（五）多元参与的利益均衡机制

学徒制不仅包括企业和学校两大主体，还包括政府、产业指导委员会、工会、师傅/教师、学徒、“第三方”培训机构或中介机构等，已经形成政府、企业、工会和学校四方利益均衡的合作机制，由代表不同利益的群体组成，既能满足企业的需求，又可保证学徒的切实利益。在德国、英国等国家，企业是现代学徒制的主导者，它们参与制定学徒制教学框架，确定技术技能型人才培养标准，是学徒制运作的核心参与者。政府是现代学徒制的关键参与者，通过制定相关政策法规支持学徒制发展，发挥宏观调控的重要作用。例如，德国联邦政府通过法律规范学徒制运作，制定职业教育改革政策，改善学校教育与企业培训之间的关系。另外，“第三方”培训机构或中介机构的作用不断提升，成为学校和学徒的连接桥梁或者直接承担教学培训任务。德国已有学徒与跨企业培训中心签订培训协议，在培训中心接受集中训练以后，再分配到企业的实际岗位进行实践训练。英国现代学徒制培训必须由第三方培训机构与雇主联合提供，企业不能独立提供培训活动。第三方培训机构发挥着越来越重要的作用，学徒制的参与主体也不断多元化。

参 考 文 献

[1] 陈利：《瑞士学徒制职业教育模式研究》，西南大学硕士学位论文，2007 年。

[2] 陈鹏：《美国学徒制的移植、断裂与重塑》，《职教论坛》2011 年第 25 期，第 88 – 91 页。

[3] 邓丽娟、黄日强：《建立中国特色现代学徒制度的路径选择》，《职教论坛》2014 年第 31 期，第 4 – 8 页。

[4] 关晶：《西方学徒制研究——兼论对我国职业教育的借鉴》，华东师范大学博士学位论文，2010 年。

[5] 关晶：《西方学徒制的历史演变及思考》，《华东师范大学学报》（教育科学版）2010 年第 1 期，第 81 – 90 页。

[6] 关晶、石伟平：《西方现代学徒制的特征及启示》，《职业技术教育》2011 年第 31 期，第 77 – 83 页。

[7] 关晶：《当代澳大利亚学徒制述评》，《职教论坛》2015 年第 4 期，第 80 – 84 页。

[8] 李爱燕、王梅：《英国学徒制的发展及其变革》，《职业技术教育》2014 年第 13 期，第 88 – 93 页。

[9] 刘冬、王辉：《高等学徒制——英国学徒制人才培养模式的创新发展》，《中国职业技术教育》2013 年第 36 期，第 46 – 49 页。

[10] 齐红阳：《从英国现代学徒制看我国职业教育改革》，《当代职业教育》2014 年第 1 期，第 109 – 112 页。

[11] 佘松涛、万军梅：《英国现代学徒制实施情况及其对我国的启示》，《职教论坛》2013 年第 15 期，第 91 – 96 页。

[12] 童学敏：《加拿大学徒制的问题、对策选择及启示》，《中国高教研究》2012 年第 4 期，第 93 – 96 页。

[13] 王辉、刘冬：《本硕层次学徒制——英国高层次应用型人才培养的另辟蹊径》，《高等教育研究》2014 年第 1 期，第 91 – 98 页。

[14] 王辉、柳靖、占小梅：《英国高等学徒制教育初兴现象探析》，《职教论坛》2013 年第 16 期，第 85 – 88 页。

[15] 王伟巍：《澳大利亚“新学徒制”改革研究》，辽宁师范大学硕士学位论文，2014 年。

[16] 吴艳红：《英澳现代学徒制比较研究》，东华理工大学硕士学位论文，2013 年。

[17] 熊苹：《走进现代学徒制——英国澳大利亚现代学徒制研究》，华东师范大学硕士学位论文，2004 年。

[18] 薛胜男：《现代学徒制的西方经验与中国现实》，《教育与职业》2014 年第 24 期，第 9 – 11 页。

[19] 杨敏：《简论英国现代学徒制及对我国职业教育的启示》，《中国职业技术教育》2010 年第 18 期，第 16 – 18 页。

[20] 易烨、石伟平：《澳大利亚新学徒制的改革》，《职教论坛》2013 年第 16 期，第 89 – 92 页。

[21] 赵鹏飞、陈秀虎：《现代学徒制的实践与思考》，《中国职业技术教育》2013 年第 12 期，第 38 – 44 页。

[22] 祝伟：《澳大利亚新学徒制研究》，华中师范大学硕士学位论文，2008 年。

第二章　国外创新创业教育模式分析

创业教育最早始于20世纪40年代的美国。1998年，创业教育被联合国教科文组织称为教育的“第三本护照”，与学术教育、职业教育具有同等重要的地位和作用，并且随着硅谷奇迹的出现，创业教育逐渐受到世界各国的关注和重视。如今在经济日益全球化、科技不断进步、国际竞争日趋加剧的背景下，各国的竞争都聚焦在创业与创新水平上。以创业为特征的知识经济时代，创业型人才和人力资源越来越成为推动社会经济发展的首要战略资源。创业教育作为培养创业型人才的重要抓手，迎来发展的黄金时期，成为各国教育改革的重要部分。本章从发展的视角，分析美国、英国、日本、德国等发达国家创新创业模式，以期为国内创新创业教育发展及完善提供借鉴。

一、国外创新创业教育概况

在1991年的东京会议上，联合国教科文组织对创业教育作了广义和狭义的区分，广义的创业教育是指培养具有开创性的个人，它对于拿薪水的人同样重要，因为用人机构或个人除了要求受雇者在事业上有所成就外，也越来越重视受雇者的首创、冒险精神、创业和独立工作能力以及技术、社交、管理技能。狭义的创业教育则是为目标人口，特别是那些贫困和处于不利地位的人口，提供急需的技能、技巧和资源，使他们能够自食其力。两种概念的不同在于创业目标的不一致，即创业教育是为创业而教育（Education “for” Enterprise），还是关于创业的教育（Education “about” Enterprise），或是通过创业而教育（Education “through” Enterprise）。“为创业而教育”的目的是鼓励个体直接考虑创办自己的企业，即创业实践；“关于创业的教育”的目的是给个体提供关于企业特别是小企业特性的一些信息，即创业知识；“通过创业而教育”的目的是培养个体的创业品质，即创业精神和创业能力。

高校的创业教育最早可追溯到20世纪40年代，起源于哈佛大学商学院在1947年开设的创业课程，拉开了创业教育在美国高等教育领域发展的序幕。经过半个多世纪的发展、演变，创业教育受到许多国家的重视，逐渐被纳入整个国民教育体系。目前，大多数欧美国家创业教育体系囊括了创业教育课程、高校创业学专业、创业教育研究机构等，基本建立了一个高校、社区、企业三者之间良性互动发展的创业教育生态系统，营造了浓郁的校园创业文化氛围。此外，在创业教育体系不断完善的背景下，许多欧美高校纷纷设立了“创业教育中心”，帮助大学生开发创业思维、激发创业热情、提升创造力以及培养在瞬息万变的社会中捕捉商机的能力。

二、国外创新创业教育分析

随着国际一体化进程的加快，全球竞争日益加剧，创新创业已成为21世纪经济发展的引擎，是当代科技进步的“助推器”。创业教育最早起源于欧美等发达国家，至今已有60多年的发展历史。在政府和社会各界的高度重视下，很多国家已经建立了一套较为完善的创业教育体系，在实践探索过程中也积累了丰富的经验。以下选取美国、英国、日本、德国的创业教育体系进行详细、深入分析，系统剖析这些国家的创业教育发展情况及特色。

（一）美国创新创业教育模式分析

创业教育是一种主体性教育，是更高层次的素质教育，理论研究和实践最早兴起于美国，经历了从课程教学到专业教学再到学位教学的过程，现已形成了非常完善的教育体系。美国创业课程的设置、大学创业中心的建立、各种商业计划竞赛、创业基金会的保障和支持等，为美国创业活动和创业教育提供了良好的发展环境，极大地推动了美国创业教育的发展。

1. 美国创新创业教育概述

美国创业教育已有60多年的历史，创业精神的倡导及创业教育的实践对美国经济飞速发展起到了举足轻重的作用。纵观美国创业教育的发展进程，总体经过了萌芽、探索、发展和完善四个阶段。

20世纪70年代以前是美国创业教育的萌芽期，由于缺乏创业教育成长的社会环境，对创业教育的需求较弱，高校创业教育并没有得到很好的发展，创业教育课程目标局限于为小企业和创业者创造财富。20世纪70年代进入创业教育的探索期，受中东石油危机的影响，美国经济结构开始转型，大公司大量裁员，失业人口不断增长，使得政府积极寻求机会创造工作岗位，市场对创业知识及技能培训的需求推动了创业教育进入全面探索阶段。同时，风险投资公司在职业领域开始运作，为创业活动提供大量的资金支持，极大地激发了人们的创业热情，促使美国高校开始重视创业教育。到20世纪80～90年代，美国创业教育进入发展阶段，政府通过立法、经济资助、科研投入、颁发指导性文件等一系列措施，推动了创业活动的繁荣和创业教育的发展。这一时期，开设创业课程的院校从1980年的163所增加到1999年的1100所，许多大学还开设了创业学和创业研究专业。

21世纪以来，美国创业教育进入逐步完善和良性循环阶段，政策法律环境与社会支持网络都在日益完善，开设创业课程的大学呈现爆发式增长，开设创业教育课程的院校在2003年初达1600多所，共开设2200多门相关创业教育课程，有227个创业教育捐赠席位、100多个创业教育中心。至2007年，提供2年制和4年制的创业课程已超过5000门，创业教育在美国得到快速的发展[①]。目前，创业教育已成为美国高等教育发展最为迅速的学术领域之一，各高等教育机构已形成了完整且各具特色的教学计划和课程体系。

2. 美国创新创业教育模式分析

美国高校创业教育之所以迅速发展，主要得益于其不断探索与院校发展目标相一致的、行之有效的创业教育模式。美国高校开展创业教育主要遵循两条路径：一是以建设创业学学科为目标的发展路径。教学活动多在商学院和管理学院进行，培养专业化的创业人才，多采用聚集模式（Focused Model）。二是以提升学生创业素养和创业能力为本位的发展路径。教学活动在全校范围内展开，主要培养学生的创业精神和创业意识，为学生从事各种职业打下基础，多采用辐射模式（Radiant－model）。磁石模式（Magnet－model）介于上述两种模式之间。这三种教育模式的

---

①王琼花、张业平、秦风梅、邱玉辉：《美国创业教育体系构成和支撑分析及其对我国的启示》，《重庆师范大学学报》2013年第1期，第117－122页。

区别如表 2 - 1 所示。

表 2 - 1　　美国高校三种创业教育模式比较

类别	聚集模式	磁石模式	辐射模式
管理机构	由隶属于商学院或管理学院的创业教育中心管理	由隶属于商学院或管理学院的创业教育中心管理	在全校范围内成立创业教育委员会，所有参与学院共同管理
资源	商学院或管理学院负责	商学院、管理学院负责	所有参与学院分别负责
师资	商学院或管理学院负责	商学院、管理学院负责	所有参与学院分别负责
学生	只针对商学院或管理学院的学生	针对全校学生	针对全校学生

（1）聚集模式。聚集模式是传统的创业教育模式，将创业学作为一门独立的学科在商学院和管理学院发展，学生经过严格筛选，课程内容呈现出高度系统化和专业化特征，创业教育所需的师资、经费、课程等都由商学院和管理学院负责，学生严格限定在商学院和管理学院。这种纯粹性决定了聚集模式创业教育能够系统地进行创业方面的教学，其毕业生能真正从事创业活动的可能性及比例很高①。哈佛大学商学院的创业教育是该模式的典型代表，并赋予“创业精神”一个新定义：没有机会创造机会、没有资源创造资源的行为。创业不再只是一种经济行为，更多的是一种创新行为。因此，约 40% 的哈佛大学 MBA 毕业生追求创业型职业生涯，如创业者、风险资本家等。

（2）磁石模式。采用磁石模式进行创业教育的高校相信创业行为不仅是商学院学生的专利，商学院以外的学生也能够创业。目前，针对全校学生开展创业教育的院校中采用磁石模式的比例为 58%。该模式的创业教育往往先在商学院和管理学院成立创业教育中心，通过整合所有资源和技术吸引来自全校范围内的、不同专业背景的学生，具有很高的开放性。大部分创业教育课程，如创业计划、新创企业等适应各种专业背景的学生，如果学生对创业感兴趣，则可以修习创业课程，也可以根据自身情况和兴趣辅修创业课程。整个项目的发展依托商学院和管理学院的资金、师资、校友等，创业教育中心负责整个项目的规划和运行，既能整合有限的资源，打造优质创业教育项目，又有利于吸引新教师参与，并促使校友募捐顺利进行②。

磁石模式的典型代表院校是百森商学院，该校因适应全球环境变化的创业文化而闻名世界。百森商学院已经连续 16 年被《美国新闻与世界报道》（*U. S. News & World Report*）评为世界第一，是当之无愧的高校创业教育领导者，引领美国乃至全球创业教育的发展。百森商学院的创业教育主要由阿瑟 · 布兰克创业中心（The Arthur M. Blank Center）承担，该中心通过创新的课程方案和全球合作研究来扩展创业教育形式，激励创业精神和行为。学院在 1967 年开设了全球第一个创业管理研究生课程，1968 年第一次在本科教育中增加了创业方向。经过几十年的发展，百森商学院已经形成了完善的创业教育课程体系，被誉为美国高校创业教育课程化的基本范式。

（3）辐射模式。“辐射模式”是一种全校性的创业教育模式，其发展理念为不仅要创设良好的氛围为非商学专业学生提供创业教育，还应该鼓励不同学院的教师积极参与创业教育过程。在管理体制上，学校成立了创业教育委员会，负责协调和指导全校范围创业教育的开展；所有参与

①②梅伟惠：《美国高校创业教育模式研究》，《比较教育研究》2008 年第 5 期，第 52 - 56 页。

学院要负责实质性的创业教育和活动，根据专业特征筹备资金、师资和课程等。与磁石模式的本质区别是让参与创业教育的学院共同管理创业教育，让不同学院的教师参与到创业教育工作中，根据本专业的特征设置创业课程，使学生能够结合自身的专业背景进行创业。

该模式的典型代表是伊利诺伊大学，其创业教育实施机构由两部分组成：第一是商学院的“创业领导研究所”，为全校教师、学生提供创业计划、创业服务和创业资源，其使命是在全校学生中激发创业意识和创业积极性。第二是工程学院的“技术创业者中心”，隶属于工程学院，主要致力于技术创新及创新技术商业化。伊利诺伊大学的创业教育可以让不同学院的学生互选创业课程，这就打破了学科边界，实现资源共享，让学生结合专业特征学习相关创业教育知识和技能，提高学习效率。

3. 美国创新创业模式的特色

美国是世界上实行创业教育最成功的国家之一，取得了骄人的业绩，培育出大批具有创新创业能力的人才，推动了整个社会经济和高新技术产业发展，其创业教育在课程设置、培养目标等方面具有领导地位。

（1）前瞻性的创业教育理念。在社会本位的高等教育价值观影响下，结合多元化社会文化特点，美国大学根据自身使命和现实社会进行准确定位，形成各具特色的创业教育理念，呈现多元并存的现状。如美国百森商学院的创业教育思想是为了培养学生创业者的素质，特别是创业精神和创业能力，着眼于为未来的几代人设定“创业遗传代码”，以造就“最具革命性的创业一代”。哈佛大学商学院向来被视为美国企业界的“西点军校”，他们认为创业教育教会学生的不仅是“战略和流程”，还是一种“生活方式”与“思考习惯”，要求学生具有创业意识和创业精神，让学生成为改变世界的人物，让他们可以驾驭新思想、创造市场和新的就业机会。尽管美国每所大学创业教育的理念各不相同，但都有明确而长远的创业教育理念，即创业教育不仅教授给学生创业过程所需要的技能与知识，更要培养创业过程中所需要的胆识和能力，创业教育始终坚守“为每个学生的自由发展服务”的承诺，为学生将来的生活选择、职业发展做准备，以适应社会经济和国家发展的需要。

（2）立体性的创业支持环境。美国政府在创业教育中起着重要的推动作用，通过制定和完善法律法规政策，从立法上保证创业教育的实施，从政策上、税收上支持创业活动的开展，从氛围上营造浓厚的创业文化大环境。美国政府相继出台了一系列保护科技成果知识产权、促进中小企业发展、鼓励创业教育的政策、法规，并设立了创业教学基金，为创业教育提供资金和政府支持。如联邦政府出台的大学有权处置政府资助发明成果的法案——《拜杜法案》，以及后期出台的《技术创新法》、《联邦技术转移法》等，意在完善保护知识产权的法律法规以及为创业企业提供更多的资金、技术、管理支持。

除政府政策支持以外，美国创业教育得到社会组织的大力支持，基金会、研究机构和企业等都在创业教育中发挥重要作用。中小企业管理局给准备创业和正在创业中的中小企业提供低收费甚至免费的技术支援；中小企业发展中心通过举办研讨会等各种形式的活动，为准备创业的学生提供咨询服务；由外聘的董事长、总裁等组成的智囊团，定期开会研讨，为创业教育出谋划策；由创业经验丰富的退休人员组成的志愿者咨询团，为创业学生排忧解难；家庭企业研究所负责开设家庭企业讲座，举办家庭企业研讨会，颁发杰出家庭企业奖，帮助家庭企业快速成长等。通过广泛吸纳社会资源，美国建立了多方位、多渠道、多层次的立体式创业教育社会支持体系，形成了政府、学校、社会、企业良性互动的创业教育生态系统，为大学生创业提供了有力保障，大大促进了创业教育的发展[①]。

（3）系统性的创业课程设置。美国教育市场比较开放，没有统一的、由政府规定的创业教育课程设置，每所学校根据各自区域的认证机构的标准开设课程，因而创业教育的课程名称各不相同。但高校创业教育课程紧扣整个创业过程，具有系统性、科学性，有效保证创业教育目标的实现及教育理念的落实。针对不同层次的课程目标，美国高校开设不同类型的课程，包含激发全体学生创业意识的课程、教授创业基本知识的课程和致力于实际创业的专门课程等；针对不同的授课对象，美国高校也开设了针对本科生、研究生和博士生的层次多样的创业课程；针对不同课程内容，开设理论课和实践课，理论课程将创业过程中所涉及的知识进行整合，实践课程中以理论知识为基础，通过撰写商业计划书、参与创业计划大赛等活动，体验创业整个过程。美国高校创业教育通过将各个类型的课程进行系统规划和设置，有利于课程的针对性和实效性，为学生创造了贯穿整个教育过程的全方位立体式创业教育氛围，真正实现“活在创业精神中”[②]。

（4）多功能的创业教育中心。创业教育中心是为开展创业教育而成立的，它提供创业方面的学术课程，开展外延拓展活动及进行创业领域的研究，成为美国高校创业教育的基地。创业教育中心的发展依托传统院系，既保证了稳定的师资、经费和课程等供给，也能有效地跨越传统学术边界，成为高校与外界联系的重要纽带。这些中心在运行过程中打破大学传统的组织结构，跨越人为划分的学科边界，更有效地调动跨学科资源，使学生能更加灵活地适应需求变化。

目前，美国有150多个创业教育中心，具有代表性的是全美创业中心联盟（National Consortium for Entrepreneurship Centers，NCEC），旨在提供信息共享的渠道，开发创业教育合作项目，提升创业中心品质，为美国大学创业中心的发展提供合作的平台。每个院校的创业教育中心都有自己的使命，如麻省理工学院创业中心附属于斯隆管理学院，通过招收具有技术背景的学生来实现商业和技术的结合，该方式使麻省理工学院毕业生创业的公司中有80%能应对市场风险并生存下来；斯坦福创业网络（SEN）帮助各院系及其师生与硅谷的其他创业“社区”保持联系，保证了斯坦福大学22个创业相关项目的交流与合作，同时能与商学院合作，向学生提供跨学科的课程[③]。

（二）英国创新创业教育模式分析

创业教育是启动新一轮经济增长的动力，是学校发展的新型驱动力，是培养人才、提升人才竞争力的推动力。作为老牌教育强国，英国很好地践行了创新创业教育，成为当今世界上创业教育比较成功的国家之一，形成了相对完善的创业教育体系，培养了大批创新创业人才。

1. 英国创新创业教育概述

总体来看，英国创业教育历史发展沿革大致可以分为以下三个时期：20世纪80年代早中期——创业教育的萌芽时期；20世纪80年代末至90年代末——创业教育发展的推进时期；21世纪以来——创业教育发展的成熟时期。

英国萌芽时期的创业教育以高校试点推广的形式展开，通过开设讲座以及个别指导和课堂引导进行初步的创业教育，以职业培训为主要特征，旨在培养一批优秀的企业家，具有较明显的功

①沈茹：《美国大学创业教育的特点及启示》，《中国成人教育》2014年第20期，第125－128页。

②韩琪瑄：《美国高校创业教育课程体系研究——以百森商学院和斯坦福大学为例》，河北大学硕士学位论文，2013年。

③梅伟惠：《美国高校创业教育模式研究》，《比较教育研究》2008年第5期，第52－56页。

利性质，其发展的重要动机是解决就业问题，促进英国市场经济快速发展。之后的20世纪80年代末至90年代末是英国创业教育发展的推进时期，该时期的创业教育旨在提示企业发展的一般规律，传授创业的基本原理和方法，提高创业者的基本素质、创业意识及精神品质，更好地促进经济发展并缓解就业问题，为后来英国创业教育的成熟发展奠定基础。

21世纪以来，英国创业教育进入成熟期，政府提出建设创业文化的目标，大力提倡创业，采取各种措施努力使全社会都形成一种创业文化氛围，人人都有创业精神。在这个时期，创业课程从创意培训类逐渐演变为大学开设的系统的、全面的课程体系，有45%的高校已开设一门创业教育课程，创业教育在创业教育教学、社会参与、资源整合等方面都得到迅速发展。

2. 英国创新创业教育模式分析

创业教育是培养大学生创业意识、创业实践能力的教育，这一点在英国各个大学以及大学内的各个专业中都是一致的。然而，由于各个大学对创业教育的要求并不相同，因而在不同大学、不同专业中，英国的创业教育呈现出不同的模式，主要分为两类：一是传统商学院主导模式，二是互动型教育模式。

（1）传统商学院主导模式。英国创业教育最早是由商学院开设的，并且是在商学院内部进行教学，因此称为传统商学院模式（Traditional Business Model），后来开设的院校扩展到其他学院，而不仅局限于商学院。因此，传统商学院模式是由商学院主导，面向大学所有专业学生，采取传统创业教育“教与学”的模式，通过创业课程和创业教育项目实现培养目标，注重在创业教育过程中教什么，以及在教授过程中如何能受到经济学思维及公司业务的影响。

传统商学院模式在早期创业教育中占据主要地位，其典型代表是赛德商学院（Said Business School，SBS）。该学院创立于1996年，交汇融合新旧精华，是欧洲最年轻、最具创业精神的商学院之一，是世界一流大学牛津大学的重要组成部分。赛德商学院自成立以来一直将“创业”和“创新商业教育”作为教育理念，在创业教育教学中，融入牛津大学经济学、国际关系、心理学等学科的优势，培养新一代商业领袖和企业家，培养学生在商业方面的所有核心能力，其以学术的严谨性和思维的前瞻性，在短短10多年就跻身世界商学院前列，是欧洲发展最快的一所商学院。

（2）互动型教育模式[①]。与传统模式不同，互动模式无法形成于高校创业教育的启动阶段，是在高校创业教育稳定成熟以后才能形成的模式，具有较强的开放性、灵活性与包容性。

互动模式是指在商业环境下运行，强调在全球化引发的复杂和不确定的社会背景下，引导大学积极利用社会资源，将创业角色纳入社会系统加以考虑，培养包括大学生在内的诸多社会成员掌握创业相关知识，学会创业行为和技能。根据互动模式，创业教育组织过程的特点可以分为三种，分别为植入方式、大学领导的中介运行方式和利益相关者推动的外部支持运行方式。

1）植入方式。植入方式是把创业教育植入专业教育当中，是创业学科与专业学科的交叉融合，立足于解决创业教育与专业教育脱节的难题，寻找创业教育与不同学科专业的结合点，探求创业学科与专业学科互相交叉融合的新路径。因此，植入方式不仅需要经验丰富的商学院参与，更需要不同学科专业背景的学院参与，共同推进全校创业教育的发展。因此，植入方式是通过交叉融合实现创业教育的良性发展。

2）大学领导的中介运行方式。大学领导的中介运行方式是以大学的创业资源为基础，带动

①张丽慧：《英国高校创业教育模式研究》，天津师范大学硕士学位论文，2016年。

一定范围内的群体进入大学接受创业教育，同时汲取社会资源参与大学创业教育，属于大学主导的创业教育运行路径，具有典型的"辐射式"创业教育发展特点。在该方式中，大学起主导作用，带动高校与外部之间的联系，学校通过建立一个"专家中心"平台的方式广泛吸引各学院的师生参与创业教育，面向各专业及院系建立创业项目。

该方式的创业教育以创业和创新精神为基础。大学通过知识转化、衍生企业、继续教育、与校友建立关系等手段努力培养创业文化，鼓励学生产生创业动机，倡导独立思考的能力，设立创业奖项，促进大学与经济界等公私部门的沟通合作。可见，大学领导的中介运行方式侧重于广泛吸引校内外创业教育与实践的参与者。

3）利益相关者推动的外部支持运行方式。该方式是由利益相关者主导，而非大学掌控。其中，利益相关者从企业管理的角度来看，被认为是"可以影响或受影响组织目标成就的任何组织或个人"；从高等教育的角度来看，是指"一个个体或整体，对高等教育有着合法兴趣，或者获得合法权利干预的人"。该方式是以"专家中心"为重要依托，为高校师生提供创业教育培训项目，以科技园和技术转化中心为平台打造大学创业者与利益相关者的互动平台，促进大学生创业活动的开展。

3. 英国创新创业教育模式特色

英国高校创业教育之所以开展得如火如荼，与社会各界的大力支持密不可分，尤其是英国政府为鼓励学生创业颁布了一系列优惠政策。在内外环境的共同影响下，创业教育不断发展，并逐渐形成了自身特色，积累了丰富的成功经验，为高校创业教育继续蓬勃发展打下坚实基础。

（1）良好的创业教育政策环境。英国高校创业教育发展的内驱力是政治力量而非社会需求，创业教育发展遵循一条自上而下的发展道路，与政府的大力支持息息相关。首先，政府各项政策措施如科技创新政策、知识产权政策、支持中小企业发展的创业政策、鼓励大学变革和创新的教育政策与新的工业福利政策相互协调和配合，形成了有利于大学生创业的政策环境。其次，与美国创业教育发展主要依靠私人捐赠不同，英国创业教育的大部分资金来自政府，政府为创业教育埋单，为创业教育奠定物质发展基础，如英国政府教育与技能部（DFES）、贸工部（DTI）、财政部（HMT）和首相办公室（ODPM）四个部门不仅为高校创业教育制定相关的法规与政策，而且为创业教育项目提供大部分的资金。最后，英国科学创业中心和全国大学生创业委员会两个全国性组织在英国高校创业教育中发挥着举足轻重的作用。以大学为依托，全国性创业教育组织将大学与外界连接起来，开展创业教育教学，促进智力财产转化，推动英国全国范围的创业教育发展。

（2）完善的高校创业教育体系。在英国政府大力支持发展创业教育的背景下，高校自身也积极将创业教育纳入大学的规划和政策之中，鼓励师生创业并为师生创办企业提供相关智力支持与相应的物质支持，尽量减少创业所带来的风险，为创业教育打造有益的内部环境。

第一，高校将创业教育纳入学校整体战略规划并制定相应明晰的奖励制度。一方面，在创业和创业教育概念上达成共识，满足广泛的利益相关者需求；另一方面，对在创业教育方面做出贡献和成就的教师，包括为大学生创业提供支持和帮助的教师和相关人员，如就业指导中心的成员，给予奖励和学术发展的机会。此外，高校内部成立创业教育中心，为有志于创业的学生提供指导、培训、研讨、诊断等服务，帮助其执行商业计划、组建创业团队、发现客户和开发市场。

第二，创业教育不局限于个别学院，每所大学都有整体性的创业教育方法。如建立一个跨学科的创业研究和教学中心，集聚创业教育各个领域的专家学者、学术人员、创业家和其他具有创业教学经验的培训者，思想相互碰撞，共同开发系统完整的创业课程和创业教育资源，支持科研成果的转化和衍生企业的孵化与创办。

第三，在政府资助下，大学广开创业教育资金渠道。创业教育资金来源主要包括高等教育资金委员会、高等教育机构自身、地区发展局、地方政府、学习与技能委员会、全国大学生创业委员会等。这些资金的提供保证了英国创业教育的顺利开展与持续发展。

（3）整合的创业教育课程结构。在实践与探索中，英国高校的创业教育课程已然形成了一个多元互动体系，呈现出整合性的特征，从课程开发、教学方法、教学师资、创业研究到课外创业实践活动形成了开放性、连接性、系统性的课程结构。

第一，高校创业课程合作开发网络化。英国大学的创业课程开发一般都不是由单个大学独立进行的，而是形成了一个高校之间共同合作、资源共享的课程开发网络。为有利于各地区间高校合作网的建立，大学采取的合作方式主要包括增加创业课程模块的数量、提高学生创办企业数量、与商业支持网络建立联系、促进当地企业家直接与教师和学生合作、建立实体和虚拟孵化器等。其总体目标是建成一个优势互补、有效评估并具有附加价值的国家公共规划、地区组织、大学和一些私立机构之间的关系网络。

第二，大学生创业课程与各种创业援助整合。这些创业援助整合一般包括地区创业事件、就业指导、商业连接、科技转化处、专利办公室、英国贸易与投资、壳牌在线以及与企业家发展等方面的整合。通过创业援助的整合使高校创业教育从课堂走向实践，师生创办的企业就能获得外界实质上、落地性的帮助。

第三，大学生创业课程与创业研究整合。创业已成为一种趋势，与创业教育相关的创业教学模式、创业学习的研究也将成为必然要求。一方面，英国已经形成了一批从事创业学术研究和教学的专门教师群体，包括 Allan Gibb、Andrew Atherton、David Rae 等；另一方面，英国创业教育的学术交流活动异常活跃，高等教育学会和全国大学生创业委员会联合举办很多学术会议并参加欧盟组织的创业教育会议，积极开展创业教育国际交流项目等。

第四，英国高校创业课程与课外课程整合。随着创业课程从商学院渗透到其他学院、课程数量不断增加、课程种类层次不断丰富，创业课外课程也在蓬勃发展，有的大学课外创业活动类型发展到近 30 种，成为创业教育的第二课程。在创业课程与课外课程的双重影响下，大学内部创业文化得到推广，学生创业意识增强，有些学生甚至没有修习创业课程，但是通过参加校内外的创业活动课程获取创业经验，培养创业能力。

（4）共同支持的创业教育氛围。不仅英国联邦政府、地方政府、教育与培训部门支持高校发展创业教育，商业圈、企业、社区团体和媒体等组织也在为大学生创业提供援助，全社会成为英国高校创业教育发展的有力后盾。英国目前有两个有影响、有成效的企业积极支持高校创业项目。第一，安置大学生到中小企业实习的壳牌技术创业项目。它是 1986 年英国壳牌公司发起的一项社会投资项目，作为地方性计划安置大学生到企业实习，作为试点取得成功后在全国范围内推广。第二，壳牌在线支持大学生创业。2000 年 6 月，荷兰皇室和壳牌集团成立的壳牌基金会，主要支持可持续性能源项目、可持续性发展社团项目、青年创业项目，其中青年创业项目是鼓励青少年创办自己的企业和自我雇佣。

在英国，大学生创业不仅可以获得课程教师、导师的帮助，也可以得到银行、律师等专家组织的支持，还可以得到亲人、朋友、校友以及其他成功创业者的支持。全社会支持创业的氛围不仅帮助创业者更好、更快地实现梦想，而且也为创业教育的发展提供不竭动力，有助于创业教育的健康持续发展。

（三）日本创新创业教育模式分析

日本将创业教育称为“企业家教育”。作为一种新的教育理念，日本将创业教育作为培养未来富有挑战性人才的战略，积极部署高等教育及基础教育阶段创业教育实施[①]。经过多年的探索与实践，日本逐渐形成了具有自身特色的创业教育模式，拥有相对齐全的创业教育课程、创业基础设施及广泛的社会支持体系。

1. 日本创新创业教育概述

创业教育的概念来源于美国，用日语表示为“起业家教育”，也有人翻译成“企业家教育”。作为一种崭新的教育理念，日本创业教育本身的历史并不长。20世纪60年代，日本经济的高速发展急需高科技人才和技术娴熟的工人，日本高校重点培养应用型理工科类专业人才，尝试与企业开展产学合作教育。随后，一些高校开始开设创业课程，这个时期的课程层次和范围都非常有限。

20世纪80年代，日本高校的创业教育开始起步，多数高校开设以创业教育为主题的讲座，培养学生创新创业能力。90年代，日本泡沫经济破灭，经济低迷、人口负增长及高失业率严重影响了经济的发展。为了推动经济增长，日本政府调整高校教育理念，把培养能够创造新价值的创业型人才作为重要战略目标。日本高校开始实行“企业见习制度”，在一定程度上培养了学生的职业观念和工作能力。1995年，日本《科学技术基本法》的出台正式拉开了日本大学生创业教育的序幕。

进入21世纪，日本高校以培养学生的创业家精神、生存能力、思维方式、创业技能为重点，面向大学生、研究生和社会人士全面开展创业教育。经过十几年的发展，日本早稻田大学、信州大学、庆应义塾大学、大阪商业大学等200多所高校将创业教育纳入本科生和研究生的选修或必修课程，实行形式和内容各异的创业教育。

2. 日本创新创业教育模式分析

经过多年的探索实践，日本高校的创新创业教育独具特色，极大地提高了青年创业的意识和能力，为日本的经济发展和人才培养起到了推动作用。

（1）创业教育理念和目标明确[②]。日本创业教育以大学风险企业创设作为突破口，通过“创业教育激励计划”（Entrepreneurial Stimulation Project，ESP）平台整顿学校环境，构建一个适合创业家培养的三维体系。该体系由5个相互交叉的部分构成，即学生创业教育、大学校园指定空间、数据库资源和信息网络、社会力量以及提供服务网络。ESP理念非常重视创建创业家培养环境，成为日本众多学校开展创业教育的基本框架。如图2-1所示。

1）学生创业教育。学生创业教育是以大学生和研究者为对象的商业教育计划，该计划主要通过学生必修一定科目的课程，邀请国内外著名企业家到校演讲，到国内外风险企业实习，开展创业计划设计大赛等途径实施。

---

①李晓佳：《日本创业教育的经验与启示》，《科学大众科学教育》2014年第12期，第168页。

②杨洁：《日本大学开展创业教育的实践研究》，《中国科教创新导刊》2011年第14期，第52页。

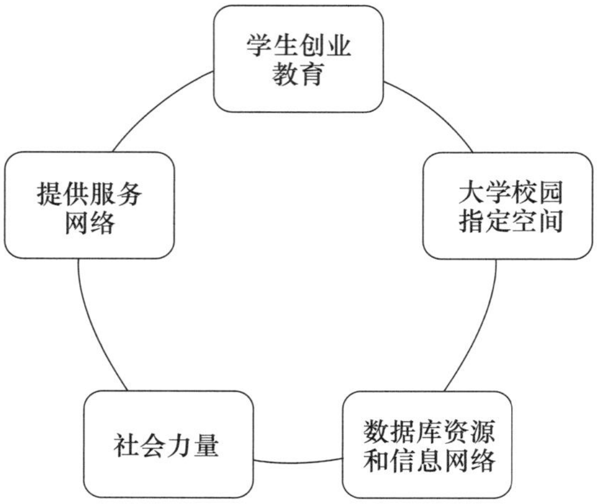

图2－1 日本创业教育理念——ESP理念

2）大学校园指定空间。大学校园指定空间主要指通过开放校园的方式，为研究室、研究者、学生、企业人士提供社交性质的论坛。该空间通过学科交叉、文理互动、交流创业计划等广泛的形式开展活动，实现大学资源的综合利用，在师生之间建立一个广泛的网络，形成一个包括校友在内的创业互助体系。

3）提供服务网络。提供服务网络是为创业者的创业实践构筑服务体系，如通过校内企业孵化设施、创业辅导机构、种子资金服务机构等，为创业者提供咨询、服务，为比较有潜力的创业计划提供种子资金和运营资金。

4）社会力量。利用学校的校友网络、地域性企业支援机构、非营利机构等社会资源，能够实现学校和企业、社会的对接，共同完成学校创业基础设施的完备、创业课程教材的设计、创业风险资金的融资，同时又能积极反馈社会，促进地域经济的发展。

5）数据库资源和信息网络。建立关于创业管理经营的专门数据库，为广大创业者提供创业知识的资源库。与此同时，建立针对风险企业的程序库，把握风险企业的发展动向。

（2）创业教育课程内容多样化。日本创业教育课程内容的开发大多是根据公司能力框架来开设，众多的创业教育机构和相关企业会从不同方面提出创业家应具备的能力要求，形成与此配套的创业课程开发体系①。因此，日本创业教育在实践中已逐步形成内容宽泛、形式多样的课程体系。据统计，日本高校面向本科生和研究生开设多达928门创业课程，且全部被纳入实施创业教育高校的选修或必修课中。其中，列为本科课程的有523门，提供给研究生研修的有405门，极大地满足了日本大学生对创业知识的需求。虽然课程形式多样，但从内容来看，主要可以归为以下两大类②，如表2－2所示。

---

①苏海泉、余岚：《大学创业教育比较——以中国、印度、日本为个案》，《辽宁工程技术大学学报》（社会科学版）2011年第13卷第2期，第193页。

②陈瑞英、顾征：《新世纪日本高校的创业教育：现状与课题》，《高等工程教育研究》2010年第2期，第23页。

表2－2　日本创业教育课程体系

课程分类	开设课程
创业知识类	企业经营管理知识：企业经营、风险投资企业概论、风险投资企业特有的经营秘密等 金融财务知识：金融市场与资本政策、企业会计、筹措资金的实务知识等 市场运作知识：市场机制的相关知识、市场营运的必要性与技巧等 法务知识：有关税务、劳务、法务的实务知识，知识产权及其应用战略等
创业实践训练类	互动课程：企业计划的制作练习、创业企业经验者经验谈、见习指导 商务管理课程：商务礼仪概论、商务谈判技巧等 创业教育讲座

资料来源：根据公开资料整理。

1）创业知识类课程。该类课程主要涉及企业经营管理知识，如企业经营、风险投资企业概论、风险投资企业特有的经营秘密等；金融财务知识，如金融市场与资本政策、企业会计、筹措资金的实务知识等；市场运作知识，如市场机制的相关知识、市场营运的必要性与技巧等；法务知识，如有关税务、劳务、法务的实务知识，知识产权及其应用战略等。

2）创业实践训练类课程。该类课程主要是让学生亲自动手参与的互动课程，如企业计划的制作练习、创业企业经验者经验谈和见习指导等。有的高校还开设了有助于开展商务活动、进行商务沟通、拓展商务渠道方面的课程，如商务礼仪概论和商务谈判技巧等。此外，实施创业教育的日本各高校还普遍开设了定期或不定期的创业教育讲座，聘请有创业经历、实务经验者为学生传授心得和经验。

（3）创业教育师资队伍专业化。日本创业教育十分注重师资队伍的建设。目前，日本高校创业教育的专业化师资都是由既有深厚创业理论基础又有丰富创业实践经验的专职教师和由具有创业背景的成功人士或行业专家组成的兼职教师构成。专职教师主要是理工或文科教师出身，主要从事创业教育科研工作。专兼职教师构成比例合理。据统计，目前在实施了创业教育的日本各高校中，从事经济或经营管理学教学和科研工作的教师约占教师总数的50%以上；拥有创业经验者约占40.3%；理工科出身的教师约占37.1%；文理科教师联手共同授课的约占53.2%。同时，学校的兼职教师主要来自企业，据统计，日本高校中大约30%的学校会从校外聘请一批创业管理专家和企业家兼任授课教师，这些受聘担任兼职教师的，主要是风险投资企业的经营者（有创办企业经历者）、金融机构或基金管理机构的从业者、企业经营顾问、律师、会计师、税务会计师等，如图2－2所示。

（4）创业教育支援体系完善化[①]。在推进创业教育发展的过程中，日本的众多社会机构通过构建创业教育公共信息平台、开展形式多样的创业教育支援活动、挖掘图书馆创业教育资源、创设“一站式”创业社会服务机构等支援措施，构建起服务高校创业教育的良性社会支援环境，推动了高校创业教育的深度拓展。

①李振玉、李志永：《日本高校创业教育的社会支援举措探析》，《外国教育研究》2013年第40卷第5期，第112－117页。

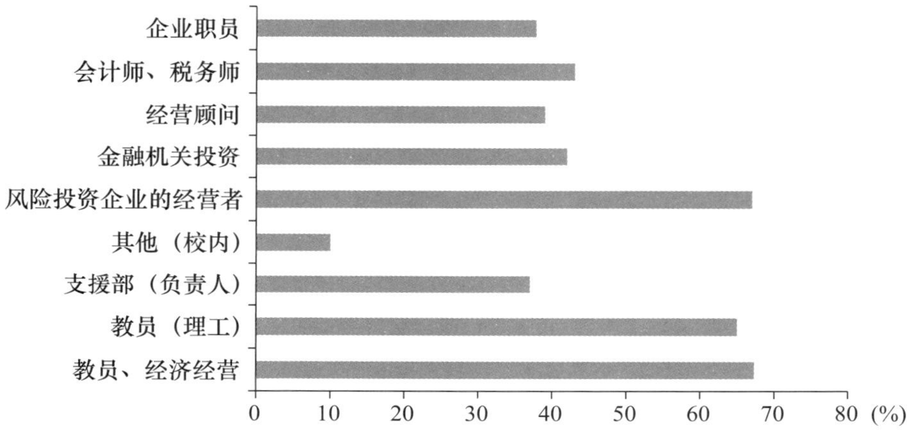

图 2-2　日本实施创业教育的师资构成

资料来源：陈瑞英、顾征：《新世纪日本高校的创业教育：现状与课题》，《高等工程教育研究》2010 年第 2 期。

1）构建创业教育公共信息平台。日本政府非常重视创业教育的公共信息平台建设，逐步形成了“官方主导”和“官民协作”两种创业教育的公共信息平台建设模式。

第一，“官方主导”的 DND 平台模式。2002 年，日本经济产业省设立了支持“高技术创业”的综合信息平台（Digital New Deal，DND），并建立了双向互动的网络，为日本国内所有创业者、潜在创业者、创业支援者、个人风险投资家和风险基金服务机构提供了自由收集信息、交换意见的平台。同时，该网站还收集了大量有关国家和地方政府的支援政策、资助金、补助金、各种创业活动、创业计划竞赛等信息，并配备了可供检索的数据库。创业活动相关者只要上网注册成为会员，便可以享受创业支援服务。

第二，“官民协作”的 3W 平台模式。2009 年 5 月，日本经济产业省依托其委托项目聚集了大量来自大学及企业界与创业教育相关的有识之士，包括从事创业教育及创业技能相关工作的大学教师、风险企业相关人员、风险投资者等，共同创办了“大学与研究生院创业教育促进网”。创业教育促进网下设立一个秘书处和三个工作小组（示范讲座培育 WG、外聘讲师活用 WG、教材与案例 WG），具体负责开展相应部分的工作和日常行政事务。该平台经常发布有关创业政策的信息，举办创业教育专题报告会，为潜在创业者提供网络化创业指导课程，以及其他课外创业活动的相关信息，并致力于构建有利于潜在创业者积极创业的人际关系网络平台，有效引导高校创业教育实践向着更加完善的方向发展。

2）开展多样化的创业教育支援活动。基于创业教育促进网，日本各高校开展了一系列充实教育第一线内容的活动。第一，推广创业教育示范性讲座，包括企业家专门教育型课程讲座、经营技能综合演习型课程讲座、创业技能专业型课程讲座、创业精神涵养型课程讲座等。第二，组织创业教育先进经验交流活动，安排创业教育相关人员去已经形成创业教育独特发展模式、特色课程、先进理念的学校参观、学习，各高校、研究者之间可以通过对先进学校的案例研讨检验自己，达到相互促进的作用。第三，成立校外教师工作小组，该小组负责收集校外讲师基本信息，包括所属企业、经历、授课内容等，制作校外讲师人才数据库，并公布在网络上，各高校可以根据教学需要选择自己所需的外部讲师到学校开办讲座和技术指导，以便解决创业教育实战型师资的缺口问题，提高创业教育的实效性。第四，筹建创业教育讲座数据库，使用者在平台网站上进行检索即可获取学校与创业教育相关的研讨会、创业计划竞赛、创业实习制度、孵化器设施，甚至关于创业教育课程的核心内容等相关信息。第五，举办全国性创业教育交流会、研讨会等。

3）提供“一站式”社会服务。日本非常重视创业教育支援机构的建设。如日本高校系统中的创业实验室支援平台系统，通过为学生提供技术转移、创业培训、模拟实习等方式，有效提高了大学生创业的针对性。此外，各地的创业支援中心提供的窗口服务也在一定程度上解决了创业面临的众多困难，如组建体系化的支援团队，通过完善创业支援机能、建设专业的创业支援人才队伍等方法不断改进社会创业支持水平。但总体而言，受专业知识和人员条件等因素影响，这些机构不可能提供有关创业的所有支援。因此，日本政府围绕地域中心，将所有推动创业的机能和机构进行优化，组建起一个集创业资金支援、创业专业知识支援、专业人才支援、专业项目评估团队等于一体的“一站式”创业支援机构。这个机构被称为“创业支援银行”，不仅可以提供短期的无偿服务为创业大学生解决问题，如创业所需的专业人才（会计、法律）、短期资金借贷、设备低价租借等，还能起到孵化器的作用，同时具有孵化器所不具备的灵活性特点。日本政府认为创业教育是一个庞大的社会系统工程，需要一个开放、互动、循环的支援网络作支撑。

3. 日本创新创业教育模式特色

在日本，创业教育作为一个崭新的教育理念已得到广泛的传播，并形成了独特的发展模式。日本创业教育特色表现在以下几个方面：

（1）注重官、产、学密切协作。近年来，日本创业教育逐渐形成了官—产—学的协同体制。在开展创业教育时充分调动社会各界的资源，形成以政府（经济产业省、地方公共团体、产业振兴团体）、受托或独立进行创业教育的组织（企业和非营利组织）及高校本身的创业教育三者协同互作模式。此种模式既提高了创业教育的效率，又为创业教育的顺利开展提供了必要条件。

在政府方面，日本经济产业省、文部科学省、厚生劳动省相互协作，形成一个顶层宏观体系，将创业教育作为国家发展的重要课题，共同研究、共同思考、共同行动。日本政府出台了一系列的措施来保证创业型企业的成功开设及运作，并在法律、资金和管理等方面都给予充分的支持。

在产业界方面，日本许多大企业和中介机构都以更加主动的姿态活跃在各个大学中，为日本大学创业教育做出了突出贡献。企业从向学校提供人才需求意见，为大学生见习提供实习基地，到为有潜力的创业计划提供风险资金，再到与大学联合开发创业教育教材、课程，设计创业型人才的培养方案和实施方案。中介机构则将技术与企业联系起来，促进大学研究成果专利的转化，为创业者提供全方位的保障。

在高校方面，日本高校在政府和产业的密切配合下，不断改变教育理念，创立全新的办学思路；加强创业孵化器、创业辅导机构等基础设施的建设；在原有管理和经营学课程基础上结合本校特色，开设广泛的创业课程。除此之外，日本高校还引入具有优秀创业家资质和创业经历的“双师”，提升创业教育质量，构建一个从理念到课程、教学、师资培养的完整体系。

（2）重视创业教育体系化。日本在开展创业教育的过程中，很重视学生创业教育的衔接问题。目前，日本创业教育已经形成一个从小学到大学的连贯体系，通过不同形式、不同阶段的创业教育避免了创业技能与创业意识之间的失调，为大学创业教育的顺利开展奠定了基础。在小学阶段，通过手工制作、理财教育等课程，让学生自然而然地掌握自我负责和投资意识，萌发认识创业的想法，从小培养学生的创业心理意识和意志品质。在中学阶段，学校对学生进行简单的理财教育和经营管理教育，让学生参与相关的市场调研，培养学生的社会交往、挑战能力等。在大学阶段，学校实施综合的创业课程教育，加强创业精神教育，开展创业技能培训。这种相互衔接的创业教育体系，从学生一生的创新能力发展出发，为不同教育阶段的学生开展不同形式的创业教育，不仅能够提升学生适应社会的能力，还使学生具有想创业、会创业、能创业的精神和意识。

（3）服务地域经济的发展。为了充分挖掘、利用地域经济资源，日本大学尤其是地方私立大学在开展创业教育时，尤其注重与地域特色产业的对接。许多大学将结合本地域产业优势，振兴地方经济发展作为大学人才培养的目标。例如大阪商业大学的发展目标是“为社会作贡献”，成为一所“扎根地方、学习地方、贡献地方”的大学，每一位学生都有把自己培养成一个对社会有用之人的责任感。在创业实践中，大学生为本地区企业开展市场调查，寻找企业优势，开拓市场空间，利用自身知识为中小企业开展咨询，通过处理具体问题实现企业升级和创新管理。通过这种形式，大学的创业教育对地方经济就能起到实际的推动作用，也就容易获得地方政府的支持和企业的资助。

此外，各地方工商联合团体、金融机构、非营利机构、经营团体、地方大学还设立了创业推进协议会，共同推进创业计划，并且设立创业中心，使有关机构人员、打算创业人士、企业代表在此交流意见，形成促进地域经济发展的共同愿景。同时，创业中心紧密围绕地域经济发展主题，开设企业设立、财务、经营等讲座。日本创业教育与地域经济发展紧密结合，极大地推动了地域经济的发展。

（四）德国创新创业教育模式分析

德国是现代大学模式的发源地，其高校创业教育也一直走在世界前列。德国高校创业教育的目标是培养大学生创新意识，鼓励大学生创业，为推动中小企业蓬勃发展做出贡献。经过几十年发展，德国已基本形成了创业教育政策健全、创业教育课程完善、创业教育管理科学、创业文化浓厚的高校创业教育体系。

1. 德国创新创业教育概述

德国创业教育起源于20世纪50年代设立的“模拟公司”，其主要目的是培养学生实践能力，熟悉全部业务操作过程。20世纪70年代中期，科隆大学（University of Cologne）开展了德国第一个关于创业教育的研究计划和教学课程。早期德国创业教育主要面对职业学校经济类专业的学生，培养目标是丰富学生专业知识和提升实践能力，这是德国创业教育的雏形，真正意义上的大学创业教育尚未形成。

20世纪90年代，受经济衰退、东西德合并等因素的影响，德国大多数公共机构减员增效，大企业纷纷裁员，失业率达到了60年内的最高点，大学毕业生传统就业市场萎缩，国内纷纷指责社会缺乏创业精神，迫切希望政府能提供更好的创业环境以及更多就业岗位[①]。在此背景下，创业教育开始受到政府和大学的重视，政府推出多项政策促进高校创业教育发展。1998年，德国大学校长会议和全德雇主协会联合发起“独立精神”倡议，呼吁在全国范围内创造有利于高校毕业生创业的环境，使高等学校成为“创业者的熔炉”[②]。同年，创业教育学被纳入德国大学

①蒲清平、赖柄根、高微：《中德大学生创业教育比较》，《中国青年研究》2010年第12期，第89－92页。

②常建坤、李时椿：《财经类院校创业教育培养模式与实施方案的研究》，《哈尔滨商业大学学报》（社会科学版）2003年第5期，第113－116页。

课程，成为25所大学的核心课程①。此时，德国高校创业教育已经逐渐形成并获得一定程度发展。

进入21世纪知识经济时代，德国政府更是鼓励高等教育或研究机构与业界的产学合作，为大学生提供创业教育（Education for Entrepreneurs）的课程，帮助他们了解并塑造德国企业的文化。同时，德国政府以及银行还通过提供奖励和扶植创业项目等途径为大学生创业提供直接支持。2001年和2006年，德国联邦教育和研究部分别启动了“EXIST Ⅱ”和“EXIST Ⅲ”计划，进一步加大资金支持力度，将资助网络扩大到20个区域，并希望将创业教育观念根植于大学传统教学文化中。

2. 德国创新创业教育模式分析

经过几十年的发展，德国高校创业教育在培养目标、教学模式、组织模式等方面的建设已颇具成效。

（1）培养目标②。德国教育学界普遍认为大学创业教育是“以大学生的创业实践体验为基本形式，以创业型教学和创业型文化为基本定位，培养大学生从事创业实践活动所必须具备的创业能力、创业精神、创业意识和心理品质的素质教育”。德国大学创业教育的主要目标是培养学生具有创业意识和精神，使大学生能像企业家一样，具备创业所需的知识、能力和特质③，能够及时发现创业机会，并不是让每个大学生毕业后都去创业。因此，德国高校创业教育重点关注学生创业意识和精神的培养，让他们具有企业家的思维方式，具备创办企业所需的潜能和素养，实现大学生自身的价值。这也是目前德国大学创业教育的真正目标。

（2）教学模式④。德国大学创业教育主要采用经典教学模式（Classic Didactics）和创业学习模式（Entrepreneurial Learning）（见表2－3）。其中，以经典教学模式为主，以创业学习模式为辅。经典教学模式是以问题为驱动（Problem Driven）的教学路径，其内容主要涉及教师传授大学生创业教育理论知识；让大学生根据具体情况决定是否自主创业；大学生所学内容都是预先设定的，不允许犯错误和模仿，达成具体的学习目标后授予评价等级等。直至2006年，经典教学模式仍然在德国一些大学和学院盛行。创业学习模式是以对策为驱动（Solution Driven）的研究路径，其内容主要包括：大学生不再作为被动学习者，而成为参与者，参与创业实践活动，学习内容不是预先设定的，没有指定创业教育教科书，而是根据学生在创业实践中发现的问题来选择学习内容。学习环境也比较宽松，没有授予评价等级的压力，并且允许模仿和犯错误，但需要在限定时间内完成学习目标。这种教学模式后来逐渐被一些大学所重视并采纳。

（3）组织模式。德国高校建立了以自主管理为主，社会各界给予充分配合的创业教育组织管理体系。目前，德国大学创业教育有三种组织模式：校本整合模式、校园独立模式以及校本双元模式。其中，校本整合模式是指在大学里既开设一些纯理论的学科，如商业计划、网络、金融等，又提供创业的实践经验。大学全面负责各项事务，组织学术教学，提供实践培训、辅导、咨询等。管理者由大学工作人员和大学委员会担任⑤。

---

①③⑤杨茂庆、袁琳：《基于德国经验的中国大学创业教育思考》，《职业技术教育》2011年第10期，第84－88页。

②牛金成、陆静：《发达国家的创业教育及其启示——基于美、英、德、澳大利亚四国的比较》，《黑龙江高教研究》2013年第1期，第46－49页。

④陈雁、符崖、陈晔、田婧：《国外高校创业教育模式与中国高校创业教育的思考》，《创新与创业教育》2015年第1期，第134－156页。

表 2 - 3　　**德国经典教学模式与创业学习模式比较**

	经典教学模式	创业学习模式
内容比较	教师讲授	教师引导，师生讨论学习
	学生作为被动学习者	学生作为参与者，反复试验和信息反馈
	学习内容是预先设定的，学习是有组织的、有计划的（如时间、地点、条件等）	主要通过引导发现具体问题，根据学生在实践中发现的问题来决定学习内容
	在具体目标达成以及授予评价等级的压力下学习	在非正式、宽松的环境中学习
	学习今后要解决的问题	在目标达成中学习（如对时间限制等）
	不允许模仿、重复	允许模仿
	不允许犯错	允许犯错

校园独立模式是一种分散的创业教育网络。该模式的理念是加强学校内外机构的联系，集合特定的专业素养和资源形成有效联盟。该模式的管理是独立的，主要由一个咨询委员会负责，并非由大学或私人机构主导。创业教育网络的各方通过签约，明确各自的责任与义务，以能力为基础实现专业化的优化。

校本双元模式重视大学学术与创业实践。但是德国大学把所有与创业实践相关的活动进行外包，包括供给与服务，以便与大学子公司分开，减轻大学的管理压力。该模式对学术和实践的支持是以能力为基础划分的，学术内容由大学教师负责，而具有实践取向的知识教学和创业技能则由大学子公司的专业人员承担，大学子公司为大学生提供实习机会。大学子公司的管理相对独立，大学仅选派一些行政官员，在大学子公司成立一个咨询委员会，对其进行有限的管理与指导。该模式在美国一些大学比较受欢迎，在德国大学却很少采用。

3. 德国创新创业教育特色

德国教育学界普遍认为高校创业教育是培养大学生从事创业实践活动所必须具备的能力、精神、意识与心理品质的素质教育①。创业教育已成为德国大学课程体系中的重要组成部分，并形成了鲜明的特征。

（1）完善的创业政策环境。为了推动创业教育和大学生创业实践，德国政府构建了良好的创业教育环境，主要包括经济环境、政治环境和社会文化环境。

在经济环境方面，德国政府实行优惠的投融资政策，如允许创业投资公司注册经营，取消政策交易公开报价的规定，将创业投资机构纳入公司的征税条例适用范围；推出一系列优惠的税收政策，如免征创业投资公司的商税，免征新一轮创业投资股权转让收益税，为新创立企业提供10～20年期限的创业援助贷款、减免新创立企业的部分所得税等。

在政治环境方面，德国政府构筑起比较完善的政策保障体系。首先，德国政府设有联邦卡特尔局和国家托拉斯局，禁止大企业的兼并和中小企业的合并，检查监督大企业是否利用自己的优势地位，采取压价或提价等不正当手段打击限制中小企业。其次，1974年以后，德国各州根据自主立法权相继制定了《中小企业促进法》、《中小企业增加就业法》等，规范了中小企业产业

①陈雁、符崖、陈晔、田婧：《国外高校创业教育模式与中国高校创业教育的思考》，《创新与创业教育》2015年第6卷第1期，第134－136页。

竞争的新秩序，为大学生创业营造良好的发展环境。

在社会文化环境方面，政府做多方面的尝试和努力，包括开展创业培训、创业咨询、创业指导和帮助等，对创业教育和学生创业素质的提升起到了整体引导、塑造和培养的作用。例如，2007 年德国经济部联手 200 所大学和 50 家著名公司推行“生存优势杯”竞赛，由在校大学生独立设计创业思路，高校和相关企业给予全力支持，有效提高在校学生的创业能力。这种营造创业文化氛围的做法极大地激发了大学生的创业热情，对大学生将创业理想付诸实践有很大的促进作用。

（2）健全的创业教育体系[①]。德国一直以来把青年就业项目的实施以及就业前的培训作为一种社会义务，从中小学到大学，再到企业，各个层面均有人传授创业知识，已经形成相对完善的创业教育体系。德国政府要求大学开设与创业培训有关的课程，并提出“高校要成为创业者的熔炉”的理念，其创业教育的目标是每年有 20% ~30% 的毕业生拥有自主创业能力，并尝试创业[②]。同时，政府和金融研究机构联合为学校提供“创业机会”，让学生很早就开始尝试自己开办公司，接触和熟悉企业管理及经营知识。同时，德国经济研究所发起“青年企业家”项目，指导学生创建微型公司，并将这些公司同正规公司一样置于市场环境中运营，优胜劣汰，从而提高学生竞争力[③]。

此外，大量的非政府组织和社会团体加入高校创业教育体系，并逐步形成了纵横交错的青年就业创业社会化服务体系。大多数德国社团都举办各种针对青年的创业指导活动，如提供免费的咨询、建立创业信息网站等，为创业者把握方向提供帮助，通过对大学生的培训和吸纳，能够帮助大学生实现创业计划。

（3）全面的创业课程体系。虽然德国各高校的创业课程不尽相同，但均涵盖了不同创业领域所需的各种知识和技能，如创业意识、创业知识、创业能力、创业实践操作、企业精神等，以慕尼黑技术大学的创业教育课程为例，设计的课程中如企业财政、风险投资、商业发展计划等便是面向全校的通选课，而生物技术与医药产业的筹资与评估、创新企业家等课程则主要为创业者服务。在课程开设上，德国高校联合政府与金融机构共同设计，主要包括企业家精神训练、企业创业管理、创业法律法规、商业计划书、财务管理、市场调研、新产品开发、市场营销战略等课程，涵盖了企业创立、融资和管理等多方面内容；在课程实施上，高校以经典教学为主，以创业学习为辅，前者是以问题为驱动的教学路径，后者是以对策为驱动的研究路径，全面提升学生的创业实践能力。以利默里克大学的创业课程模式为例，学校有机融合多种教学方式，成功向学生传授创业知识、技能和素质，有效培养大学生的创业精神和创业能力。因此可以看出，德国高校已经形成了比较完善且独具特色的创业教育课程体系。

（4）高效的创业实践教学。创业是一项实践性很强的活动，单靠理论课程根本无法达到预期效果。德国大学的创业教育并不要求学生掌握精深的理论知识，而是对学生解决问题的实践工作能力和实际动手能力要求非常高。德国高校非常重视实践教学，项目教学、实验教学、技术实习以及毕业设计等占据德国创业教育的大部分时间。德国高校采取创业教育实践教学的方式主要有三种：第一，举办不同层次的创业比赛。为了促进大学生创业，德国政府和高校举办了不同层

---

①牛金成、陆静：《发达国家的创业教育及其启示——基于美、英、德、澳大利亚四国的比较》，《黑龙江高教研究》2013 年第 1 期，第 46 - 49 页。

②班晓娜：《发达国家大学生创业教育的发展及对我国的启示》，《中国电力教育》2010 年第 34 期，第 4 - 6 页。

③韩道友：《借鉴德国经验完善应用型本科院校创业教育》，《合肥学院学报》2011 年第 2 期，第 62 - 64 页。

次的创业计划比赛。第二，充分利用创业教育研究中心开展实践教育。德国高校的创业教学普遍采用教师协助指导下学生自主实践的方式展开。第三，积极创建大学生创业教育实践平台。高校与当地的政府、企业等机构建立合作关系，整合资源，搭建创业教育实践平台，同时充分利用互联网技术，将高校与政府、企业、创业中心等机构联系起来，建立大学生与社会各界的创业交流与咨询平台，为大学生创业及新创企业提供有力支持。

三、国外创新创业教育发展经验借鉴

通过对美国、英国、日本、德国等发达国家或地区的创业教育分析，可以看出，这些国家或地区创业教育理念先进，实践形式多样，经验丰富，成果丰硕。

（一）完善相关扶持政策

美国、英国、日本和德国等发达国家或地区很早就认识到创业教育的重要性，它们认为创业不仅能改变一国的就业情况，还能促进经济增长，给创新技术带来新的机遇，创业教育得到了政府的高度重视。美国政府通过一系列的政策法律鼓励大众创业，营造出有利于大学生创业的政策环境，如制定《拜杜法案》、《技术创新法》、《联邦技术转移法》等，为创业企业提供技术、管理支持。英国的创业教育政策重在资金支持，共有四个政府部门制定与高校创业相关的政策法规，包括教育与技能部（DFES）、贸工部（DTI）、财政部（HMT）和首相办公室（ODPM），并为创业教育提供资金支持，且通过科技创新政策、知识产权政策等鼓励大学生创业，形成政府驱动的创业教育氛围，有别于美国市场驱动的创业教育。日本政府也相当重视高校创业教育，颁布和修改了《中小企业新事业活动促进法》、《公司法》，支持大学生创新创业活动，且日本经济产业省、文部科学省、厚生劳动省相互协作，形成一个顶层宏观体系，重点推动高校创业教育的顺利开展。德国政府从经济环境、政治环境和社会文化环境三个方面支持创业教育，分别出台不同的大学生创业优惠政策，如减免税收、援助贷款等。

（二）营造良好的社会氛围

发达国家或地区创业教育不仅得到政府的高度扶持，也得到社会各界的广泛支持，已经形成了一定的创业风气和创业意识。美国创业教育得到社会组织的大力支持，基金会、研究机构和企业等都为创业教育做出卓越贡献，中小企业发展中心为创业学生提供咨询服务，中小企业管理局为创业学生提供费用较低的甚至免费的技术支持，建立起全方位的创业教育社会支持体系。在英国，联邦政府、地方政府、商业圈、教育与培训部门、企业、社区组织和媒体为大学生创业提供援助，帮助学生实现创业梦想，社会各界的支持成为英国创业教育发展的有力后盾。同样，日本许多的大企业和中介机构都活跃在高校的创业教育中，它们为有潜力的创业计划提供风险支持，与大学联合开发创业教材、课程，设计创业型人才培养方案和实施策略，为大学生创业提供全方位的保障。在德国，大量的非政府组织和社会团体加入高校创业教育体系，并逐步形成了纵横交错的青年就业创业社会化服务体系，为大学生创业提供指导活动，如提供免费的咨询等，通过多种援助方式，帮助大学生实现创业梦想。因此，国外高校创业教育在政府主导和社会各界的支持下，如火如荼地开展起来。

（三）健全创业课程体系

发达国家或地区创业教育已经形成一套完整、系统、科学的课程体系，具体分为理论和实践两个部分，理论课程是将创业过程所涉及的知识进行整合，实践是以理论为基础，通过各种校内外创业活动和大赛，让学生真实体验创业的全过程，促使理论与实践有机结合。在课程设置过程中注重课程的作用，针对不同的课程目标，开设不同类型的课程，有效地把创业教育融入到各门课程的学习当中，大大地提高了学生分析问题、思考问题和解决问题的能力。根据不同的对象，安排不同的创业教育课程，且采用不同的教学方式，如美国高校采取的案例教学、计算机模拟、实地考察等，既丰富了教学内容，又增强了学生的创业意识，提升了其创业能力。所以，创业教育课程应该是一个系统的课程，经过系统课程教育的学生才能具有系统连贯的创新思维，具备把握全局的能力，使企业可以持续经营下去。因此，创业教育课程与其他课程之间要建立科学的连接，形成创业教育课程体系。

（四）强化师资队伍建设

美国目前的创业师资除了少部分来自院校的教师之外，还有大量的企业家、风险投资家、企业高管、创业者等社会人员，高校的创业师资队伍不断多元化。英国则是建立多功能研究中心，利用互联网这一经济有效的手段将拥有的各种资源整合起来，促进创业群体、学校、企业等多方知识共享和思想交流，全方位利用社会资源、企业资源为创业教育提供师资，如牛津大学赛德商学院的科技企业中心和“创业赛德”。为了搭建更好的师资队伍，日本高校创业教育师资都是由专职教师和兼职教师构成，专职教师既要有创业实践经验又要有深厚的创业理论基础，兼职教师主要来自风险投资企业的经营者、金融机构或基金管理机构的从业者、企业经营顾问等，并在产学合作的机制下，通过“教员企业研修制度”、“社会人讲师派遣制度”等形成了师资培养的长效机制，实行创业教育的“双师制度”，提升高校创业教育水平。与之相似，德国的师资队伍也由专业教师和兼职教师构成，且兼职教师主要由创业经验丰富的企业主或经济学教师担任，成为创业教育师资队伍的主力。

参考文献

［1］班晓娜：《发达国家大学生创业教育的发展及对我国的启示》，《中国电力教育》2010年第34期，第4-6页。

［2］陈雁、符崖、陈晔、田婧：《国外高校创业教育模式与中国高校创业教育的思考》，《创新与创业教育》2015年第1期，第134-156页。

［3］高辉、赵文亮、程文玲：《美国创业教育对我国高职教育的启示》，《昆明冶金高等专科学校学报》2011年第4期，第54-57页。

［4］郭连锋：《美国高校创业教育课程体系与教学模式：特点及启示》，《继续教育研究》2013年第5期，第155-157页。

［5］韩道友：《借鉴德国经验完善应用型本科院校创业教育》，《合肥学院学报》2011年第2期，第62-64页。

［6］胡立强：《英国创业教育的历史沿革探析》，《继续教育研究》2014年第3期，第142-144页。

［7］胡瑞：《英国大学生创业教育实践路径探析》，《复旦教育论坛》2012年第1期，第83-87页。

［8］胡万钦、户可英：《美国日本大学生创业教育比较分析》，《黑龙江高教研究》2015年第5期，第51-

53 页。

［9］黄兆信、曾尔雷、施永川：《美国创业教育中的合作：理念、模式及其启示》，《高等教育研究》2010 年第 4 期，第 105 – 109 页。

［10］季学军：《美国高校创业历史演进与经验借鉴》，《黑龙江高教研究》2007 年第 2 期，第 40 – 42 页。

［11］贾卫东、卢星辰：《日本高校创业教育经典案例分析及启示》，《河北农业大学学报》（农林教育版）2012 年第 6 期，第 115 – 117 页。

［12］金丽：《英国高校创业教育探究》，东北师范大学硕士学位论文，2009 年。

［13］李艳波、Julie Hardy：《英国高校创业教育发展的特点及其启示》，《宁波大学学报》（教育科学版）2013 年第 6 期，第 23 – 27 页。

［14］李志永：《日本大学创业教育的发展与特点》，《比较教育研究》2009 年第 3 期，第 40 – 44 页。

［15］刘碧强：《英国高校创业型人才培养模式及其启示》，《高校教育管理》2014 年第 1 期，第 109 – 115 页。

［16］刘峰：《英国创业教育的历史经验及其启示》，《教育评论》2014 年第 12 期，第 165 – 167 页。

［17］梅伟惠：《美国高校创业教育模式研究》，《比较教育研究》2008 年第 5 期，第 52 – 56 页。

［18］牛长松、訾峰：《创业教育的兴起、内涵及其特征》，《高等农业教育》2007 年第 1 期，第 25 – 29 页。

［19］庞世佳、蒋春洋、高云：《日本高校创新创业教育的剖析与借鉴》，《高教学刊》2015 年第 21 期，第 12 – 13 页。

［20］任路瑶、杨增雄：《创业教育：第三本教育护照——国外创业教育研究综述》，《教育学术月刊》2010 年第 11 期，第 17 – 20 页。

［21］尚洪涛：《借鉴英国经验构建我国高校创业教育模式》，《中国电力教育》2009 年第 12 期，第 208 – 210 页。

［22］沈茹：《美国大学创业教育的特点及启示》，《中国成人教育》2014 年第 20 期，第 125 – 128 页。

［23］施丽红：《美国创业教育支撑体系的特点及启示》，《教育与职业》2010 年第 5 期，第 158 – 160 页。

［24］史堃：《日本高校创业教育思考》，《中国成人教育》2014 年第 16 期，第 116 – 118 页。

［25］汪茧：《美国高校创业教育成功因素探析》，《教育与考试》2010 年第 5 期，第 93 – 96 页。

［26］王琼花、张业平、秦风梅、邱玉辉：《美国创业教育体系构成和支撑分析及其对我国的启示》，《重庆师范大学学报》2013 年第 1 期，第 117 – 122 页。

［27］王森：《德国政府支持大学创业——EXIST 计划概要》，《全球科技经济瞭望》2002 年第 3 期，第 30 页。

［28］夏小华：《国外高校创新创业教育的经验与启示——以美国、德国为例》，《鸡西大学学报》2014 年第 6 期，第 4 – 6 页。

［29］徐琼：《中美大学生创业教育模式比较研究》，中国计量学院硕士学位论文，2013 年。

［30］杨晓慧：《创业教育的价值取向、知识结构与实施策略》，《教育研究》2012 年第 9 期，第 73 – 78 页。

［31］游振声：《美国高等学校创业教育研究》，西南大学博士学位论文，2011 年。

［32］张育广：《美日两国高校创业教育的比较及启示》，《东莞理工学院学报》2010 年第 2 期，第 95 – 98 页。

［33］张丽慧：《英国高校创业教育模式研究》，天津师范大学硕士学位论文，2016 年。

第三章　国外“学分银行”制度研究

21 世纪，在终身教育与终身学习理念为主导的国际化社会改革与发展潮流中，“学分银行”成为衔接各级各类教育类型、推进终身学习的一种重要机制。建设“学分银行”，成为很多国家尤其是发达国家在理论与实践层面关注的焦点。如韩国的学分银行制度、英国的学分累积与转换机制、美国的学分转移制度以及澳大利亚的资格框架和先前学习认定模式等都是其中较为典型的代表。本章在论述国外学分银行发展概况的基础上，分析韩国、英国、美国、澳大利亚等国家的学分银行制度，以期为国内学分银行制度建设提供借鉴。

一、国外“学分银行”制度发展概述

学习成果认证、累积与转换制度通常称为“学分银行”制度。“学分银行”制度是对学习者的各类学习成果进行统一核算的新型教育管理制度，为学习者或学习成果携带者提供获取学历教育证书、职业资格证书和岗位技能培训证书的新渠道，提供自学成才的新途径，提供获得评价和鼓励的新形式[①]。在终身教育的大背景下，建立“学分银行”制度已经成为世界众多国家教育改革和发展的重要趋势，成为推进终身教育体系和人才培养“立交桥”搭建的重要途径，以及推进教育公平的重要手段。

由于各国国情不同，“学分银行”制度的名称、运行模式和特点不尽相同。例如，韩国采用学分银行制度，英国采用学分累积与转换制度，美国采用学分转移制度，澳大利亚采用资格框架和先前学习认定模式，但是其本质都是学习成果的认证、累积与转换制度。目前，国际范围内“学分银行”建设的基本情况如表 3 – 1 所示。

表 3 – 1　　国际范围内“学分银行”建设的基本情况

国家/地区	适用范围	目的	组织架构
欧盟	高等教育和职业教育	促进欧盟地区职业教育与培训、高等教育间的互通，促进终身学习	多部门协调
韩国	高等教育	为所有想借非正规高等教育渠道获得学位的成人增加机会	学分银行事业部
英国	高等教育和职业教育	促进各种教育系统的互通，避免重复学习、促进学生流动	多部门协调
美国	高等教育和职业教育	促进企业大学与普通教育的互通	多部门协调

①鄢小平：《我国学分银行制度的模式选择和架构设计》，《远程教育杂志》2015 年第 1 期，第 30 – 38 页。

续表

国家/地区	适用范围	目的	组织架构
澳大利亚	高等教育和职业教育	为了促进职业教育及培训制度的发展，便于职业教育与高等教育衔接	多部门协调

资料来源：王迎、张润芝、黄荣怀：《国际视野下学分银行建设的实践与分析》，《中国远程教育》2012 年第 6 期，第 47 – 54 页。

总的来说，国外“学分银行”制度主要有三种模式：第一种是基于国家资格框架的制度模式；第二种是基于“协议式”的制度模式；第三种是基于国家立法的“学分银行制”模式。后两种均没有国家资格框架①，如图 3 – 1 所示。

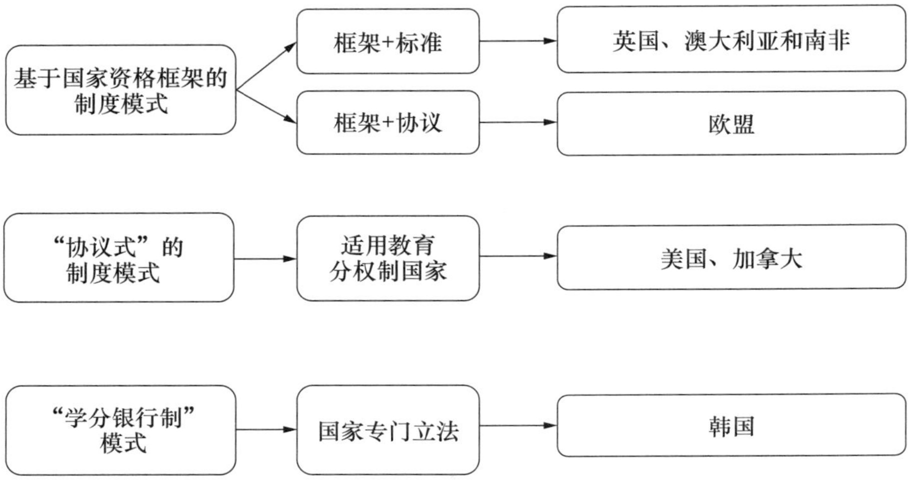

图 3 – 1　国外学分银行制度模式

二、发达国家“学分银行”制度分析

各国的“学分银行”制度虽然各具特色，但是基本上都是沿着学分获取—学分存储—学分认定—学分互认—学分兑换的技术路线不断深化和发展的。发达国家在“学分银行”制度建设方面积累了大量经验，总结分析其成功经验，有助于更深刻地理解“学分银行”制度的内涵与功能，为我国建设“学分银行”制度提供借鉴。下面对韩国、英国、美国和澳大利亚四个国家的“学分银行”制度的发展、运行情况及主要特色作详细分析。

①王立科：《从理念到实践：我国“学分银行”制度建设的模式选择与策略》，《中国高等教育研究》2013 年第 11 期，第 26 – 30 页。

（一）韩国学分银行制度

1. 韩国学分银行制度发展概述

韩国是较早在国家层面建立“学分银行”制度的国家之一，其目的是通过设立一种对不同学习成果进行认证、转化、累积与兑换的系统，促进国民终身学习。

20 世纪 70 年代初期，韩国正式引进终身教育理念。伴随着一系列相关政策法案的出台，韩国学分银行体系快速发展。1995 年 5 月，韩国教育开发院和直属于总统府的教育改革委员会联合向国会提交了《关于促进开放式终身教育社会和教育体系的革新设想》，该报告提议采用学分银行制来“实现非正规教育的价值和功能”，试图通过授权教育机构和学分互认，建立一个连接正规教育和非正规教育的网络体系①。基于该设想，韩国政府成立教育改革委员会研究学分银行体系的相关问题，于 1996 年 2 月提出了“学分银行”制度具体实施方案，并开始试点运营。1997 年 9 月，韩国出台《总统令第 1548 号》政府文件，规定了认证制度和标准化课程，首次提出对教育机构和课程进行评定，进一步严格规范了学分银行制度的操作过程②。1998 年 3 月，韩国颁布《教育部令第 713 号》，标志着学分银行制度全面正式实施。此后，作为韩国振兴终身教育的重要制度之一，“学分银行”制度不断改革与完善，突破传统的专业和学习时段限制，将技能培训与学历教育结合，取得了一系列瞩目的成就。目前，韩国已建立了较为健全的机构体系、形成较完备的课程开发与学分认证系统，培养了大量高等学历人才并取得丰富的理论研究成果，在国际社会产生了较为深刻的影响。

2. 韩国学分银行制度分析

（1）韩国学分银行制度的基本框架。韩国的学分银行制度是学习者通过学习对学分进行累积换取证书的一种管理方式。学生可以通过多种形式的学习获得学分，包括在高中、大学或是社会培训机构学习课程并通过考核完成学习，然后将学习所获得的学分存入系统管理账户，当累积达到一定的要求，可以获取相应学历证书。学分银行制度可以让国民不受时间、地点限制，自愿地接受高等教育。整个制度的基本框架如图 3 - 2 所示。

（2）韩国学分银行制度的管理机制。健全规范的组织管理体制是学分银行得以正常运行的保障与前提。经过十几年的发展，韩国逐步建立了从中央主管机构到地方各类教育培训机构连贯一体的组织管理体系。各级各类组织机构在运行过程中分工明确、权责一致。目前，韩国国家终身教育振兴院（2012 年 4 月至今）是学分银行的中央主管机构，其下设的“学分银行总部”负责学分银行相关政策的制定、实施与业务指导等工作③。韩国学分银行主要由教育科学技术部、国家终身教育振兴院、各省级（市、道）教育办公室等机构负责日常管理工作，如图 3 - 3 所示。

教育科学技术部是学分银行的决策中心，主要负责制定学分银行相关政策法规，发布标准课程体系，颁发学位证书等。

①张雷生：《关于韩国高等教育“学分银行制”的研究》，《高教研究与实践》2015 年第 34 卷第 1 期，第 13 - 19 页。
②［韩］南尚贤：“A study on a Historical Development of the Academic Credit Bank System”，汉阳大学硕士学位论文，2012 年。
③林晓凤、安宽洙：《韩国学分银行十五年：成就、挑战与未来》，《职教论坛》2015 年第 3 期，第 42 - 49 页。

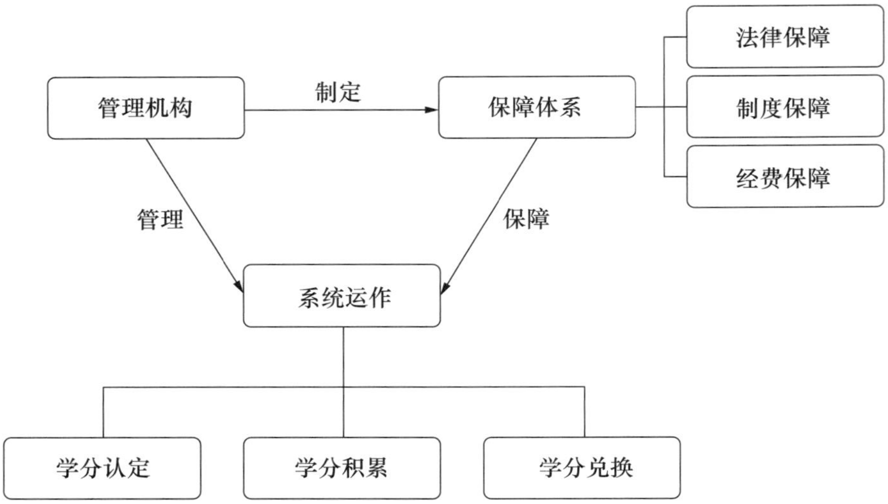

图 3-2　韩国学分银行制度的基本框架

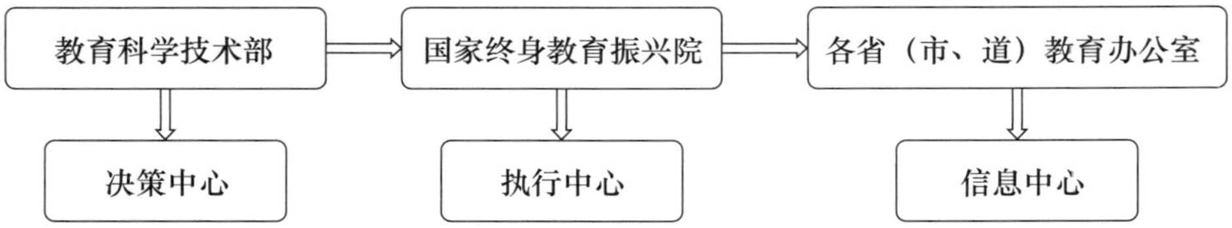

图 3-3　韩国学分银行的管理机构组织

国家终身教育振兴院是学分银行的执行中心，主要负责从注册到获取学位的管理工作。政府将大量开发和管理工作授权给国家终身教育振兴院，其主要职责包括学生注册、学分审查、审核批准学位授予条件以及课程评估等。

各省（市、道）教育办公室是学分银行的信息中心，主要负责对学习者的申请材料进行收集、整理和上报，并给学习者提供指导性建议。

（3）韩国学分银行制度的运作机制。作为一种信息服务系统，韩国学分银行主要由一个信息中心和网络在线服务系统构成，为学校和学生提供必要的信息。根据“学分银行”的功能实现要求，该系统按照学分认定、学分积累到学分兑换的路线运行。学习者申请与注册韩国学分银行系统之后，可自由选择学习方式、学习内容与学习时间，学习结束即参加考核，考核合格后由学分系统给予学分并进行积累。学习者积累到一定的学分数量便可提出学分兑换申请，学分银行系统对申请进行审核，决定是否授予学位或证书。这一过程有着四个关键步骤，即学习者的申请与注册、学习者学分的认证、学习者学分的积累、学习者学分的兑换①。具体流程如图 3-4 所示。

1）申请与注册。具备高中学历的学习者即可注册申请韩国的学分银行系统。申请者首先需要填写学员报名表及学分申请表等有关书面材料，然后通过韩国教育发展协会及地方教育办公室

①朴仁钟、刘音：《终身学习型社会与韩国的学分银行制》，《开放教育研究》2012 年第 18 卷第 1 期，第 16-20 页。

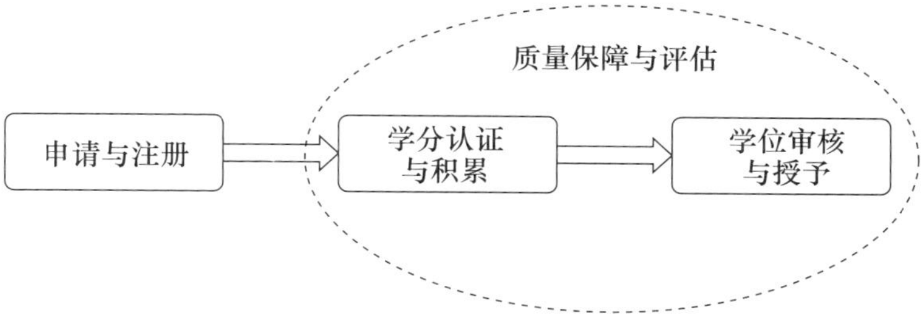

图3－4　韩国学分银行系统的基本环节

进行备案。备案成功后，学习者即可通过各种学习存储、积累学分。最后“零存整取”，在学分积累达到相应的标准后，学习者即可得到韩国教育科学技术部授予的学士学位、三年制或两年制的副学士学位。学分银行系统的管理非常弹性化，无淘汰制度。

2）学分认证与积累。韩国学分银行制度的学分认证方法灵活，途径多样，主要有四条：一是在中央一级评价机构认可的教育培训机构选修教育评价认证课程，正式大学、成人学校或社区学院都包括在内。二是通过教育评价认证的考试获得相应学分，自学考试制度规定，在分阶段学习的考试中取得合格的科目可以获得相应的认证学分。三是通过取得行业资格获得学分，依据《行业资格基本法》规定，取得行业资格的持有者可以根据所持资格在职业能力开发院的评价认证体系申请学分认证，获取相应学分。四是通过完成重要无形文化遗产技能培训和艺术培训转化为学分，根据韩国《文化财产保护法》和《学分认法》的规定，成功地完成重要无形文化遗产技能和艺术类培训，学分银行可以承认其学习成果，并分配相应的学分数。

3）学位审核与授予。根据韩国《高等教育法》和学分认证相关法律的规定，学习者的学分积累达到一定数量与要求时，可向各省级教育办公室或韩国国家终身教育振兴院提出相应学位的认证申请。大学或教育行政部门根据学习者的学习信息，审查其学分的有效性，符合授予条件的学习者均可颁发相应学位。通过学分银行认证的学位级别为高等教育，其认证类型包括普通教育、职业教育、继续教育等正规教育形式，非物质文化遗产等非正规教育形式也包括在内。韩国学位审核与授予机构是韩国通过立法设立的专门机构，管理方式自上而下，分工明确，权限逐层递减。执行机构较其他高等教育、职业教育、成人教育机构更高一级，具有获得其他机构支持的条件，故可将“学分银行”的单向认证和累积的其他类型教育成果转化为国家学位。如图3－5所示。

（4）韩国学分银行制度的保障体系。韩国学分银行制度的有效运作离不开完善的保障体系，其具体体现在法律保障、制度保障以及经费保障三方面，如图3－6所示。

1）法律保障。从韩国学分银行制度建立的起源来看，首先是由强力的法律保障做后盾。在规范学分银行制度方面，1997年韩国颁布的《学分认证法》是最直接的法律，从根本上决定了学分银行制度的建设发展。它具体规定了对学习课程的设立与取消、学历与学分的认证以及学位授予，明确了学分银行建立的目的，为韩国学分银行制度的具体实施和操作提供了规范，更为学分银行制度的顺利实施提供了法律保障。1999年韩国颁布的《终身教育法》，规定通过学分累积系统学习并完成一定学分的学习者应当取得相应的社会待遇，鼓励广大民众积极参与学习。

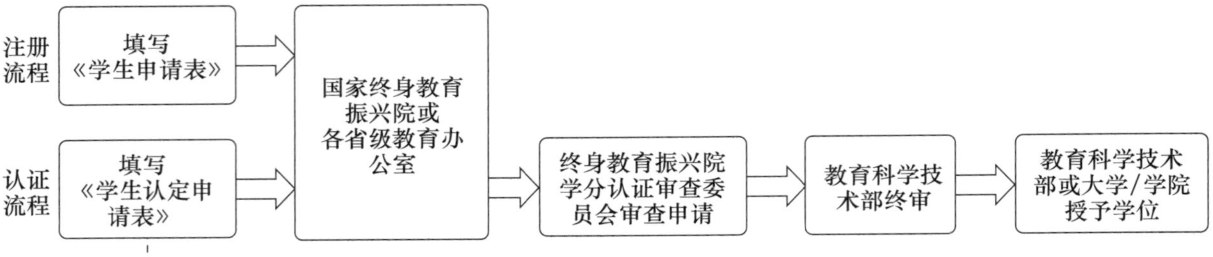

学分银行学位要求

类别	副学士学位		学士学位
	2年	3年	
专业科目	45学分或以上	54学分或以上	60学分或以上
通识科目	15学分或以上	21学分或以上	30学分或以上
选修科目	20学分或以上	45学分或以上	50学分或以上
总学分	80学分或以上	120学分或以上	140学分或以上

图3－5　韩国学分银行申请、认证流程[①]

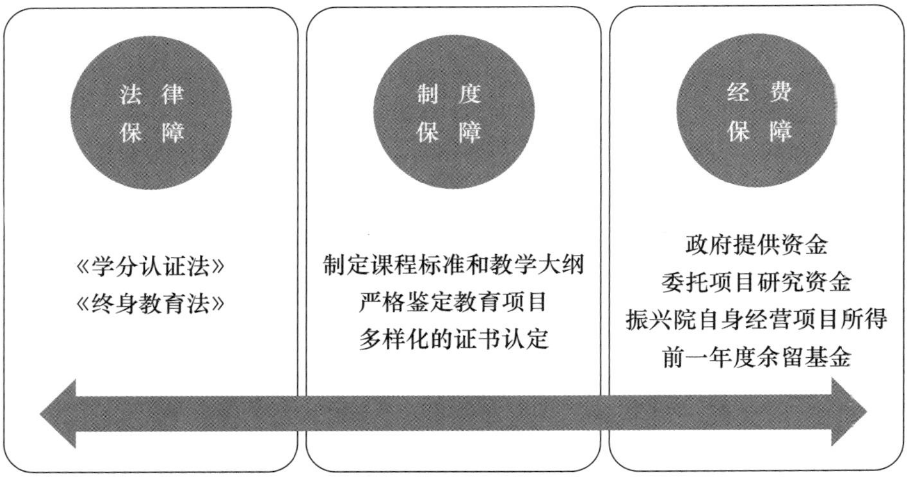

图3－6　韩国学分银行制度的保障体系

2）制度保障。韩国学分银行制度对不同课程之间的衔接、各种证书的认定以及非正规教育机构如何参与学分银行制度都做了明确规定，主要表现在：第一，制定课程标准和教学大纲，保障课程衔接。目前，韩国的课程标准和教学大纲由国家终身教育振兴院与教育科学技术部联合开发，两年修正一次，为不同学科领域的教学工作以及学生学习提供明确的指导，满足教师和学生

①王妍：《浅析韩国学分银行特色管理对中国职教制度改革的启示——以广东轻工职业技术学院为例》，《广东轻工职业技术学院学报》2015年第14卷第3期，第51－54页。

不断变化的要求，保障课程衔接。第二，严格鉴定教育项目，保障非正规教育机构的参与。鉴定是对非正规教育机构及其开设的教学项目所做的正式评估，以便决定它们所提供的教学项目和授课科目是否可以同等地计算为相应的学分。[①] 韩国每年实施两次鉴定计划，具体由教育部与其发展研究所共同制定，其鉴定内容主要包括教师、教学环境、硬件设施等，其中，对专业课程的鉴定最为严格，规定为专业课程必须符合每个科目的课程标准和教学大纲。鉴定机制保障了非正规教育机构的参与权，也拓宽了“学分银行”的平台。第三，多样化的证书认定，保障学生的学分获得及累积。对证书的认证换成学分是对学习者终身学习的肯定，并且可以保障学生所学的知识能够兑换积累。韩国就业劳动部掌管556种国家职业资格证书（NVC），131种其他的国家证书（NC）由另外的部门掌管，学分银行制度认可其中的部分证书，包括368种国家职业资格证书和100余种其他的国家证书。[②]

3）经费保障。在2008年以前，韩国“学分银行”隶属于韩国教育开发院，主要经费来源是国家拨款、学生的报名费以及非正规教育机构缴纳的认证费用，基本上实现经费的自给自足。目前，韩国“学分银行”隶属于国家终身教育振兴院，其经费来源主要有四个：第一，政府提供的资金。第二，中央及地方政府给予的委托项目研究资金。第三，国家终身教育振兴院自身经营项目的所得，主要是学分银行制及自学考试的报名费。第四，前一年度余留的基金。[③] 多样化的经费来源保障了韩国学分银行制度的有效运行。

3. 韩国学分银行制度的特色

韩国学分银行制度与正规教育体系不同的是，它致力于建立一种开放的教育体系，提供多种受教育机会，促进受教育者的终身学习，提高非正规教育水平和地位，进而促进韩国教育的整体发展，保证韩国在全球的综合竞争力。该制度的主要特色如下：

（1）完善的组织机构使学分银行得到有效的管理。韩国学分银行主要由教育科学技术部、国家终身教育振兴院和各省的教育办公室负责管理。其中，韩国教育科学技术部负责颁布有关学分积累制度的相关政策法规，审核教育和培训机构提供的所有教育培训计划和课程，制定课程标准以及颁发学位证书；国家终身教育振兴院负责学生注册、学分审查等学生管理工作，同时还为学生和教育机构提供一套咨询系统和网络在线服务；各省教育办公室作为学分银行制度的信息中心，主要负责收集和传递韩国国家终身教育振兴院制定的注册表格和学分审查申请表格，给学生提供实际可行的信息和建议。

（2）规范的课程标准使学分银行能够有效地运行。课程标准是为各学科领域专门制订的综合教学计划。韩国国家终身教育振兴院与教育科学技术部合作开发课程标准，根据社会发展、科学与技术的发展、教师和学生的要求等因素，课程标准每两年修正一次。课程标准明确规定了教学目标、学科专业、学位毕业要求、评估和质量控制等规定。所有专业课程都分为文学课、主修课和选修课三类，不同等级的学位都有明确的最低学分要求。每个教育机构都可以向韩国国家终身教育振兴院提交新的课程标准。

（3）开放的服务机制使学分银行惠及广大求学者。韩国学分银行的申请门槛很低，所有拿到高中毕业证书或有同等学历背景的人都可以填写学员注册申请表格和学分审查申请表格申请注

---

①杨黎明：《从韩国的“学分累积制度”看我国“学分银行”的构建》，《职教论坛》2005年第3期，第61－64页。

②Park，Injong. “Lifelong Learning Society and Academic Credit Bank System in Korea”，《“终身学习与学分银行建设”联合国教科文组织东亚远程教育教席系列国际研修班主题报告》，2011年。

③奇永花、张蕊、吕文娟：《韩国终身教育的中枢机构——韩国终身教育振兴院》，《终身教育》2010年第6期，第96－98页。

册。学分银行没有导师，但有一个信息中心和网络在线服务，为学校和学生提供所需要的信息。学生可以随时随地登录网上综合信息系统，获取课程信息、学分计算方法、教师和辅导员以及学位申请等相关信息服务。低申请门槛和完善的服务系统让广大求学者可以轻松地享受学分银行系统的服务，获取自己需要的知识以及文凭。

（二）英国学分累积与转换机制

1. 英国学分累积与转换机制发展概述

英国是较早开始探索学分累积和转换的国家之一，其学分累积与转换机制的实质就是“学分银行”。

早在1969年，英国设立开放大学后，率先对模块化课程、学分累积和互认政策进行探索。1977年欧克斯委员会（Oakes Committee）的报告书提出，开放大学实行开放入学政策，实行学分制并允许学分互认。1979年发布的《汤尼报告》（*Toyne Report*）指出避免在继续教育时不必要的重复学习和时间浪费，应最大化地累积教育资本。《汤尼报告》最终促成英国国家学位委员会与开放大学签订了“学分转换协议”，成为英国学分累积与转换机制发展史上重要的里程碑。按照该协议，学习者学习国家学位委员会认可的课程，开放大学必须承认，计入学生的总成绩，作为获得学历证书的依据。

1986年，英国国家学位委员会出台“学分累积与转换方案”，规定了获取证书或文凭应达到的学分数量和标准，作为院校间学分转换的指导框架。该方案获得英国教育界的大力支持与响应，各高等院校纷纷参与，并与国家学位委员会签订了学分累积与转换协议。经过十几年的探索和实践，英国已在全国范围内的继续教育中实行学分累积与转换制度。这一制度使接受继续教育的群体更广泛、时间更灵活，加快了英国建立学习型社会的进程。

2. 英国学分累积与转换机制分析

（1）英国学分累积与转换机制的基本框架。英国建立学分累积和转换机制的核心目的，是实现英国1963年发布的《罗宾斯报告》中有关发展英国高等教育的基本精神。该报告指出，英国“高等教育的课程应该向所有能力和成绩上合格的并希望接受高等教育的人开放”，报告还要求应当“给予学生从一所学校转到另一所学校的机会”①。《罗宾斯报告》虽然没有明确提出要建立学分累积与转换系统，但却指出了未来此系统所应具有的积极作用与美好愿景：学习者可以通过该系统自由地接受高等教育，同时实现高等教育学分的累积与转换②，这一报告确立了英国高等教育学分累积与转换机制的基本框架，如图3-7所示。

（2）英国学分累积与转换机制的运作机构。在学分累积与转换机制从理念走向实践的过程中，英国经历了从少数学校的初步尝试到全面系统的运用过程。在此过程中，各教育机构也逐渐建立了相关组织、管理和协调机构。

在国家层面，英国主要通过成立各种机构以及召开会议的方式来推动学分累积与转换工作。如于1964年成立的国家学位委员会、于1992年成立的高等教育质量委员会和于1997年成立的

---

①瞿保奎：《教育学文集（第22卷）·英国教育改革》，北京：人民教育出版社，1993年。

②Bahram Bekhradnia. “*Credit Accumulation and Transfer, and the Bologna Process: An Overview*”, Higher Education Policy Institute, 2004 (10): 22.

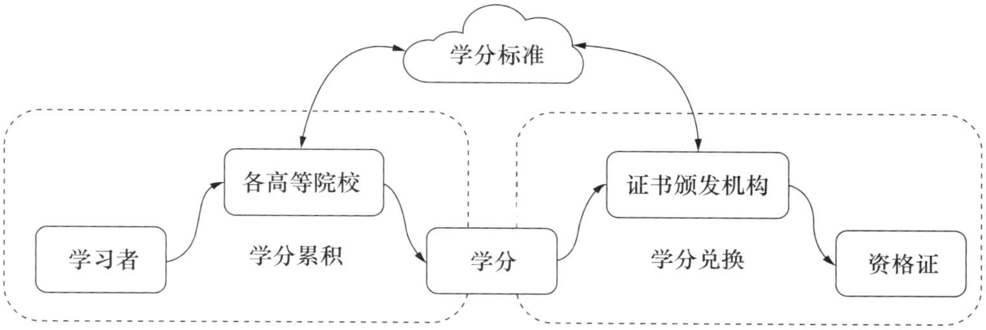

图3-7　英国学分累积与转换机制的基本框架

高等教育质量保障局及资格与课程委员会，这些机构的主要职责是严格监控各高等教育机构的课程质量，保证各院校的办学水平。同时，这些机构还承担关于学分累积与转换的相关研究工作并制定规范。1985年，英国国家学位委员会制定了学分累积与转换方案，1992年，英国高等教育质量委员会召开了“实施学分累积与转换方案”会议，这些活动有力地推动了各院校间学分的互认以及学分累积与转换机制在全英国的发展①。

在地区层面，自1985年起各种和学分累积与转换有关的自治组织相继成立，以协调区域学分累积与转换的具体操作问题，如东南英格兰学分累积与转换制度协会、威尔士高等教育学分协会、北部学分累积与转换制度协会、北爱尔兰学分累积与转换制度学会等。这些组织的主要工作是协商制定学分累积与转换的框架，探讨并解决学分制实施过程中出现的问题，加强与高等教育质量保障局及其他地区学分累积与转换实施机构的合作与交流。这些组织是连接全国性的学分政策和学分累积与转换的桥梁与纽带，一方面全国性的有关政策的制定以这些组织的工作为依据，另一方面各学分累积与转换的实施机构以这些组织提出的建议和方案为指导。在此背景下，为顺利推进学分的累积与转换，各院校也纷纷成立相关部门为学习者提供咨询和学分转换服务，并制定学分累积与转换的详细方案。

（3）英国学分累积与转换机制的基本标准。从图3-7可以看出，英国高等教育的学分累积和转换机制的核心是学分累积与转换的基本标准，即为了向学习者提供自由学习的可能，对各高等院校开设课程的基本标准、资格证书颁发机构和办证机构审核各种证书的标准进行明确规定。具体的举措就是实行学分等值化。

英国高等教育学分累积和转换机制所规定的学分等值化，主要依据英国教育部所指定的《学分和高等教育资格：英格兰、威尔士和北爱尔兰的学分指南》而展开。该指南提供了评估、测量、描述和比较学习者通过学校内或学校外各种途径所获得的学习成就的基本规范，即学分累积的标准。这一个标准大致可以用一个学分计算公式来表示：学分值=概念学习时间/10（即一个学分等于10个概念学习时间）。所谓概念学习时间，是指正常智力水平的学生为了获得某个学习成果所花费的平均时间，既包括上课时间，又包括实践、实验、实习、工作以及自学等课外时间②。为了显示学习所达到的深度及复杂程度，英国还引入了学分等级的概念，即用9个等级

①王冬梅：《英国高等教育学分积累与转换制度实践探析》，《高等农业教育》2006年第4期，第92-95页。

②CQFW，NICATS，NUCCATS，SEEC. *Credit and HE Qualifications：Credit Guidelines for HE Qualifications in England*，Wales and Northern Ireland，http/www. nicats. ac. uk/doc/propGuidelines. pdf，2001.

（Level 0 ~ Level 8）表示学习层次上的差异（见表3－2），其中 Level 3 ~ Level 8 与高等教育阶段相对应。在确立了各学分数值与等级后，该指南又详细规定了要获得各种学位、职业资格证书所需要的学分标准，即学分兑换标准。

表3－2　　英国学分累积与转换机制学分等级划分

学分等级	等值内容
Level 0	在较小的领域内，回顾和表达基本的理解要素，在高度结构化的条件下实践基本技能，以及在密切的监控下进行活动
Level 1	在一定的预测范围和结构化条件中，应用小范围的知识、技能和基本理解能力，包括在直接的监控下和其他人一起工作，但对可能的行为的判断能力却很有限
Level 2	在许多领域中应用知识来加强理解，在许多背景下应用技能，其中有一些可能是没有规律的；在一定程度的自主和一定的时间内采取行动
Level 3	在各种复杂活动中应用知识和技能；独立获得、分析信息并做出合理的判断；在熟悉或不熟悉的环境下做出恰当的选择；以对他人成果负责的前提确定自己的行动
Level 4	形成能够掌握知识的方式；运用一定专业技能分析信息来制定研究策略，并对难以预料的问题做出决策；对所做事情的结果承担责任
Level 5	通过较高的专业能力和对抽象问题的明确反应，在一定抽象水平上分析概念并产生独立的思想；分析评价信息，在较广范围内做出重要判断；承担个人或团队所做事情结果的责任
Level 6	批判性评价，整合、拓展知识的系统体系；利用专业能力进行跨领域学习，批判性评价来自各种资源的新概念和事务，迁移应用创造性能力；在大的背景下做出重要判断，承担个人或团队所做事情结果的责任
Level 7	深入掌握某一专业领域的知识和技能；运用高级能力进行研究或高级技术与专业活动；承担有关因参与管理带来的决策责任
Level 8	具有对专业领域重要、原创性贡献；掌握方法论问题，致力于与同伴的批判性对话；对其成果承担完全责任

资料来源：CQFW，NICATS，NUCCATS，SEEC. *Credit and HE Qualifications*：*Credit Guidelines for HE Qualifications in England*，Wales and Northern Ireland，http/www. nicats. ac. uk/doc/propGuidelines. pdf，2001.

学分兑换标准由四个部分组成：总学分值、学分水平范围、在最高学分水平上的最少学分值以及在最低水平上的最多学分数量。为了完善这一标准，英国学分机构开始了学分等值建设工程，即组织专家对各高校及高等教育机构的模块课程进行评估，依据统一的标准，具体确定各高校及高等教育机构模块课程所处的学分等级和学分数量①。

①何娟：《英国高等教育学分积累与转换系统研究》，福建师范学院硕士学位论文，2007年。

英国高等教育学分积累和转换机制通过确立学分的基本标准，使学习者在进行不同学校或课程之间的转移时，通过“等值”化后的学分和学分水平可以进行准确的比较，学分积累与转换机制的基本框架和标准也同时有了理论依据。

（4）英国学分累积与转换机制的具体运作。英国学分累积与转换系统在实行了学分等值化机制之后，学习者便可以根据自己的学习兴趣与学习需求，开展自主与自由的学习，其所研修的学分可以积累，然后按照一定的分值兑换自己所需要的各种证书。学分累积与兑换就构成了英国学分累积与转换的基本环节，其具体运作流程如图3－8所示。

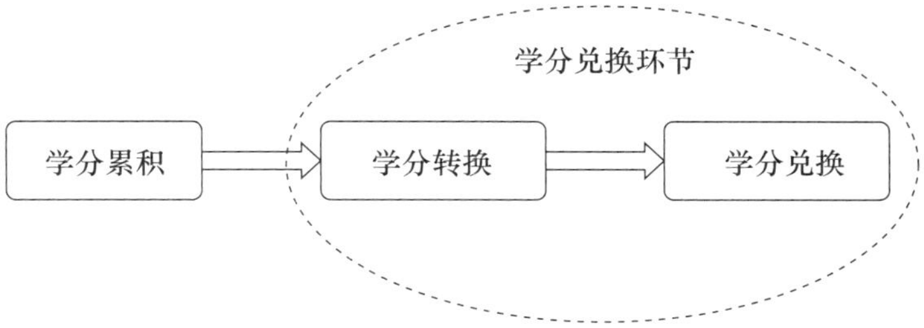

图3－8 英国学分累积与转换机制的运作流程

1）学分累积。在英国的学分累积与转换过程中，学习者的成绩是以单元成绩累积为基础的。单元成绩是以学分和学分水平来表示的。学分等值化项目对单元进行评估，以确定单元所处的学分水平和学分数量。

学分累积的过程，本质是学习者学习的过程，学习内容由若干单元构成，包含若干必修单元和选修单元，当学习者达到单元的学习要求时，就成功修得相应的代表某一水平的学分。当学习者累积的学分总量合格，也就是说学习者的学分数量达到了某种学位资格的标准要求时，就可以申请相关学位证书。

在学分累积与转换系统下，由于单元具有相对的独立性，可以单独考核，因而学分累积的过程具有灵活性。学习者不必像普通在校学生那样一次性完成整个学年或学位的学习，而是可以以课程单元为单位分为若干单元进行。

学习者所修得的学分具有证书的效力，即学习者随时可以选择中断自己的学业，当学习者恢复学习时，先前已修学分仍然有效，而不必重修。学习者如果在学习期间转学或者更换专业，在其提出申请后，接收学校或学院负责对其先前学习的成果进行认定，并承认一定学分，予以免修部分单元，从而继续累积学分。

2）学分兑换环节。学分累积的最终目的是为了兑换，但在兑换前却通常先需要进行学分转换。

①学分转换。学分转换就是将学习者所获得的一般学分（General Credit）转换为具体学分（Specific Credit）的一个过程。一般学分是指学习者成功完成了某一课程或模块的学习所获得的学分，而具体学分则是指经过学分累积与转换以后获得的学分。如果要授予学位资格则需要提交一般学分而非具体学分。学分转换并不会自动发生，其一般受以下两个条件的制约：一是申请者先前的学习与所申请课程的具体学习之间的相关性；二是机构之间对教学质量的互信程度。换言之，学分是否被承认的最终决定权为接收方的学校。但是，建立了学分累积与转换系统以后，学

分的转换过程都变得更加透明和清晰。一言以蔽之，学分转换的本质，就是对先前学习进行鉴定（Accreditation of Prior Learning，APL），其中包括“先前学习证书的鉴定”（Accreditation of Prior Certificated Learning，APCL）和“先前经验性学习的鉴定”（Accreditation of Prior Experiential Learning，APEL）两种①。前者的对象是正规教育，后者的对象是正规教育之外的学习。一般规定申请学习鉴定以五年为限。

②学分兑换。完成学分转换的程序之后，学习者便可以对自己已经被认定的学分进行兑换，图3－9显示了该系统进行学分兑换的基本流程。首先，学习者要确定准备申请学位的课程，一般各学校会为申请者提供该学位课程学分转换的相关规定，以供申请者参考。其次，学习者需要准备一个个人档案袋，包括学业报告（个人的学习经历）、补充介绍（工作、能力及素养等的介绍）和学业证明材料（直接、简介皆可）等。再次，相关课程专家会对学习者的档案进行鉴定。在材料的审查过程中，有时会要求学习者参加一次形式不限的测试，主要在于确认学习者学习状况的真伪。最后，所转换的学分在经过主考官委员会的审批之后，申请者会收到结果通知②。

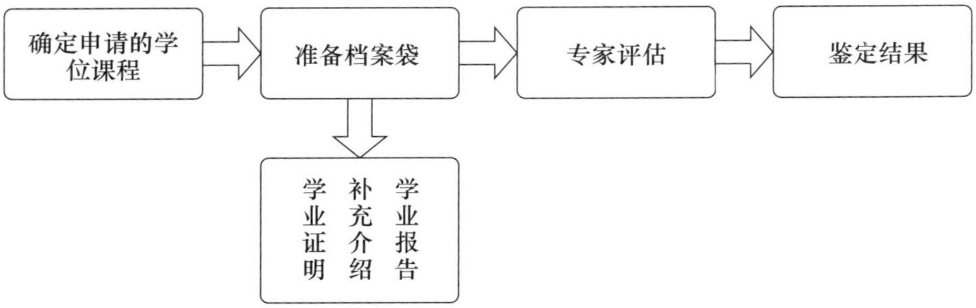

图3－9　英国学分兑换的基本流程

3. 英国学分累积与转换机制的特色

总体来看，英国的学分累积与转换机制因其自主、多样和灵活性而被广为接受。接受继续教育者不拘泥于时间，完全按照自己的兴趣和职业需求，选择教育教程。如此一来，既充分尊重了学习者的自主性，又有利于推进全民教育进程。该机制的主要特色如下：

（1）通兑性。在英国，学习者从同一地区的某高校转到另一高校，先前获得的学分仍然有效。如英格兰地区内的大学，就完全实现了学分互认。另外，在同一院校内，不同专业之间的学分也可以进行累积或者转换。

（2）国际性。英国已经接受并采纳欧洲学分转换体系（European Credit Transfer System），学习者可以在签署协议的国外高等院校内，应用自身以往所获得学分。欧盟也是较早开展学分互认的地区之一，它接受欧洲学分转移系统的相关规定。近年来，已有近30个国家参与这一体系，这无疑给英国学生提供了更为便捷的学习途径。

（3）衔接性。英国继续教育机构推出特有的认可课程（Validated Courses）和衔接课程（Franchising Courses）。认可课程由继续教育机构设置，但教学效果由高等院校进行评定；衔接

①SCQF. *An Introduction to the Scottish Credit and Qualifications Framework*（*2nd EDITION*），http：//wwwsqa. o:g. uklfiles ccc/Introduction to SCQF－2nd Edition. pdf，2003.

②孙冬喆：《中国学分银行制度建设研究》，华东师范大学博士学位论文，2014年。

课程由高等院校推出，在继续教育机构开展。如果学生能够通过这两类的考试，修满学分，将会获得由高等院校颁发的证书。

（4）灵活性。学生可根据自己的业余时间选择上课时间。所修课程可以只局限于某个专业，也可以同时学习多个学科。即使中途提前结束学习，仍然能够取得已完成课程的学分和证明，可转化为日后学习的学分。参加研究班、社会实践均可转化为相应的学分；学生所取得的职业资格证书，也可按照公式转为学分。

（三）美国的学分转移机制

1. 美国学分转移机制发展概述

美国是最早实行学分制的国家，学分转移十分普遍。美国由于学分制度运用得较早，不仅完成了社区学院、文理学院和综合性大学之间的学分转移，也建立了在本科与研究生阶段的学分转移制度，基本已解决了“学分银行”制度必须解决的学分衔接问题。就“学分银行”制度的确立而言，其首先产生于北美[①]，1994 年，美国同加拿大、墨西哥先后举行五次高级会议，通过了北美自由贸易区校际学分转换协议。

19 世纪后半叶，伴随美国中等教育改革的推进，为了解决中学与大学的衔接问题，芝加哥大学校长哈珀（W. R. Harper）于 1892 年率先提出将大学四个学年分为两个阶段来推动的设想，即大学一、二年级为“初级学院”，三、四年级为“高级学院”。受其影响，美国兴起了创办初级学院的运动。1947 年，美国总统高等教育委员会将初级学院定名为社区学院。其主要任务是为了实现继续升学学生和中途停学学生的分流，提供的主要是本科一、二年级的教育，“转学教育”[②] 就成为这一时期社区学院的主要功能。第二次世界大战后，受实用工具主义教育思潮的影响，美国政府大力资助社区学院举办职业教育，同时由于美国经济和劳动力市场的变化与影响，美国社区学院的转学教育开始步入衰落期，地位逐渐被动摇和削弱。直至 20 世纪 80 年代初，社区学院的转学教育功能才重新引起美国政府和教育界的关注和重视。

为了保障社区学院学生通过接受转学教育而升入正规大学，部分州的政府（如加州）甚至还通过立法正式承认转学教育是社区学院的使命之一。由此，美国大学和社区学院之间建立起来的学分转移机制得以确立，这不仅是世界学分认证制度的典范，而且也可视为现代“学分银行”制度的雏形。

2. 美国学分转移机制分析

（1）美国学分转移机制的基本框架。美国高等教育学分转移机制的主要目的，是保证学生从二年制的社区学院毕业以后或学习中途转入四年制大学继续学习之际，可以将获得的学分一同转移，而不必重学相同的课程。换言之，该机制的核心在于，转入学校认可学习者之前所在学校的课程教学与学分结果认定。要实现这一机制的关键是在各高等院校之间签订双

---

①“Credit Systems were First Developed in North America, and Remain Further Advanced and in More Extensive use there than Elsewhere”, Bekhradnia. *Credit Accumulation and Transfer, and the Bologna Process: An Overview*, Higher Education Policy Institute, 2004 (10): 22.

②转学教育，即为那些在学术、经济或心理上未做好到大学学习准备的高中毕业生“提供大学前两个年级的课程教学”，同时选拔其中的优秀者转学到四年制大学高年级学习，即是要实现副学士和学士教育的衔接，为学生获得本科教育提供了一条费用合理、入学方便、确保质量的变通途径。李国仓：《美国社区学院转学教育功能的形成和历史沿革》，《长春工业大学学报》（高教研究版）2010 年第 3 期，第 114－116 页。

方或几方都认可的协议，并建立核心课程编码系统[1]，以实现课程与学分的互认，签订协议的学校学生可以通过这一机制来实现学分的转移。美国学分转移机制的基本框架如图 3 - 10 所示。

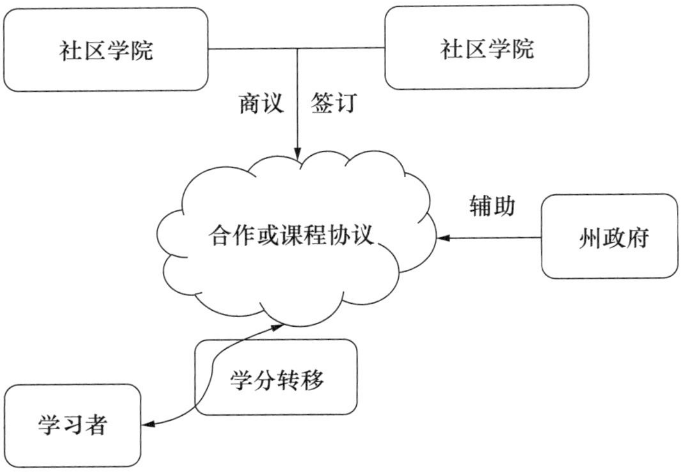

图 3 - 10　美国学分转移机制的基本框架

美国各种不同层次的高校所签订的协议一般称为“转学课程协议”（Transferable Course Agreement，TCA）或“合作协议”（Cooperative Agreement，CA），可以是课程对课程，也可以是系对系或学校对学校的形式，其签约的基本条件是签约学校之间必须实行学分制并且学分所对应的学时数应该大致相同。学分互认协议的签订不仅使两年制的社区学院与四年制的大学有机地衔接在了一起，也使学分转移的可能性得到了实现。

虽然美国社区学院大多提供与四年制大学相兼容的普通教育课程，但是普通教育课程毕竟科目复杂多样、目标变化各异，即使是同一专业课程的对接及学分互认也有一定难度。为了解决这一难题，美国各州通过协商先是从普通课程中选出最基本和最具有代表性的课程作为评价标准，然后详细规定某个领域某门课程的具体学分和等级要求，由此来推动社区学院与普通大学之间的课程对接与学分认定。

为了方便学生转学，社区学院和大学还设立了核心课程的编码系统，即以编码的形式将社区学院与大学的课程通过协议的方式进行详细说明。其核心课程的编码一般采用 6 位数字，由此来对规定的核心课程目录进行统一分类和编码，其中通常包括了该门课程所隶属的专业、方向以及履修的科目等。每所社区学院与四年制大学都有详细说明，将本校课程所对应的核心课程编码在学校网站和招生目录中予以公开，以方便学生掌握。高等教育的核心课程及其编码系统的建立为学分互认的规范化运作提供了重要而基本的条件。

（2）美国学分转移机制的运作机制。“转学课程协议”的签订、核心课程编码系统的建立，只是为美国学分转移机制的实施提供了一项重要的前提条件，机制的具体运作还需要通过多系统的相互协调与共同作用才能实现。多系统的协作保证了美国学分互认机制认证过程的公开透明与

[1]孙冬喆：《中国学分银行制度建设研究》，华东师范大学博士学位论文，2014 年。

简单便利，反映了美国高等教育系统的高效与成熟。

1）转学信息系统（Transfer Information System）。转学信息系统为学生提供各种为了完成学分互认所需要的信息，主要涵盖四年制院校与社区学院在彼此衔接与学分互认方面的政策、规定或实施细则；四年制大学与社区学院签署的协议；核心课程的要求、目录及编码；学生提交相关材料的表格以及为学生提供转学服务的指导手册等信息。这一信息系统的建立，保证了学生可以及时、准确地获得有关学分互认的最新信息，并提前安排自己的学习计划，以期顺利确定转学目标，简化学分转换的程序与手续。

2）转学咨询委员会（Transfer Advisory Committee）。转学咨询委员会，是负责指导、管理和监督学分互认具体执行情况的机构。其根据具体情况的反馈，同时按照一定程序对相关政策或规定做出相应的调整。如调整核心课程编码、更新院校之间的协议等。此外，该委员会还负责接受学生在转学过程中出现的问题的咨询和投诉，极大地保证了学分互认机制的成功运作及效率。

3）转学申诉程序（Grievance Procedure）。转学申诉程序是为了保证学生获得公平与公正的待遇。在转学的任何过程中，比如信息了解、资料递交、课程认定等，如果学生觉得自己受到了歧视或者其他不公正的待遇并影响转学录取，可以按照规定程序在规定时间内向社区学院指定的申诉官员或大学学生学术事务中心等相关机构提出申诉。最终审议结果将由转学咨询委员会决定，若申诉通过，则会更改录取结果，甚至调整相关规定。

（3）美国学分转移机制的认证体系。美国学分转移机制的认证体系十分复杂，主要由法律、组织、标准和操作四个子系统组成，其中法律系统、组织系统和标准系统构成了美国学分转移机制认证体系的基本框架结构，其通过操作系统的驱动，形成系统的运作结构，互相之间又以一种特殊的方式予以相互激励、补充和制约，并共同推进美国高等教育的健全发展。认证体系具体框架如图3-11所示①。

1）法律系统。美国的高等教育法律体系主要由《高等教育法案（1965）》和《高等教育法案修正案（1998）》以及各州的相关教育法律构成，这些法律为高等教育的质量提升提供了基本保障。美国联邦政府在《高等教育法案（1965）》中就高等教育认可（认证）的基本准则、分离性和独立性、认可的周期和期限、认证机构的变换、评估的独立性等15项内容做了详细和明确的规定。

除了联邦政府颁布的法律条款，美国地方各州也制定了一些相应的法规，法规规定只要满足办学基本条件，各州地方当局就会发放办学许可。不过其前提条件是需要在获得许可以后向有关认证机构申请认证资格。目前，美国大多数州都要求从业人员在进入某一个新的行业时，如医学、法律、工程等，需要提交获得认证的证明。

2）组织系统。组织系统主要由政府（国会、教育部、各州政府）、评价机构（认证机构、认可组织）和评价主体（高等教育机构）组成。

①美国高等教育评价机构。美国高等教育评价机构由高等教育认可组织和认证机构组成，前者隶属美国联邦教育部，由美国国会根据法律授权开展工作；后者是专业机构——美国高等教育认证委员会，由全国高等学校的代表选举产生。

---

①鄢小平：《我国学分银行制度的模式选择和架构设计》，《远程教育杂志》2015年第1期，第30-38页。

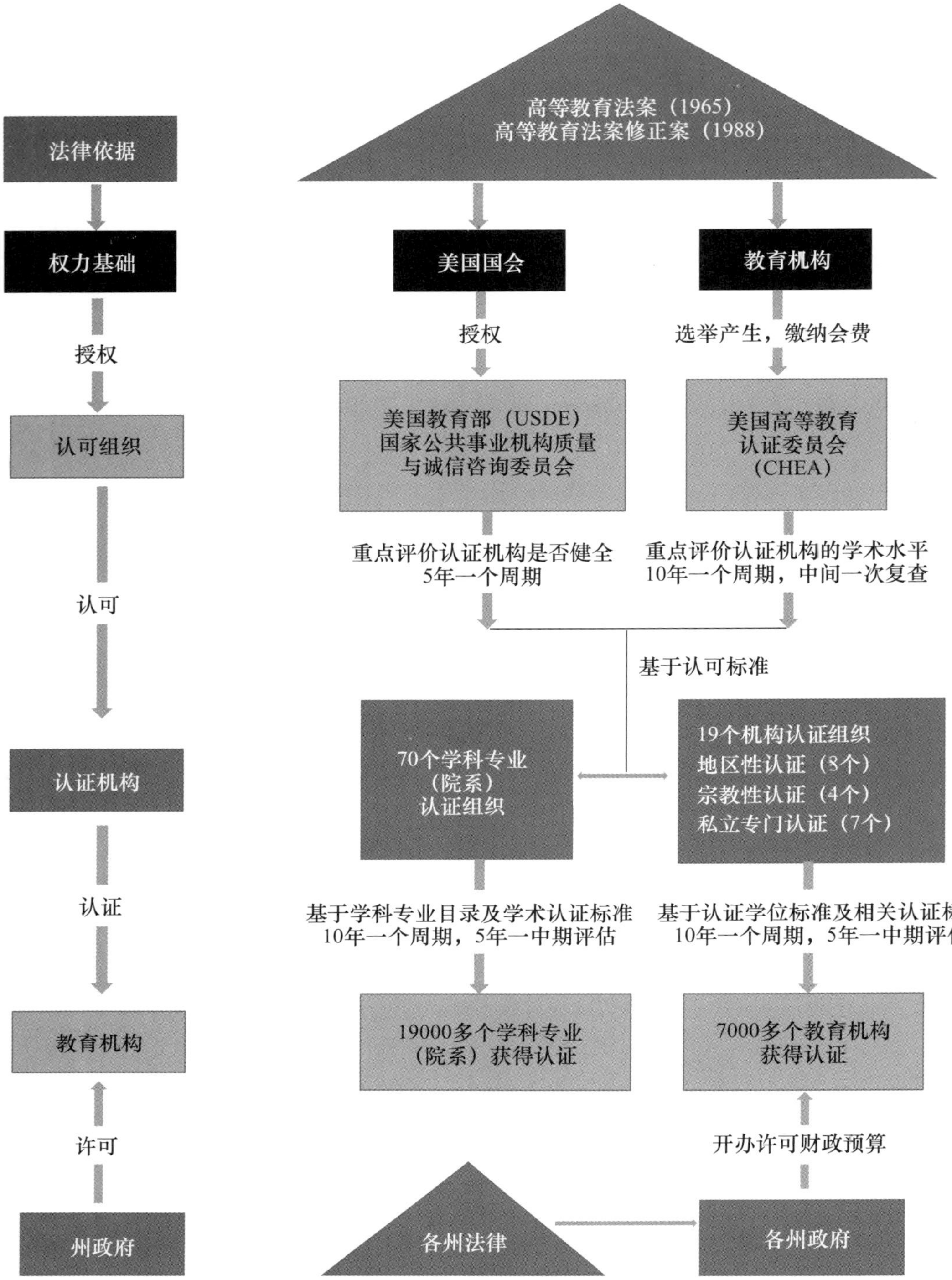

图 3 –11　美国学分转移机制认证体系

②美国高等教育认证机构。美国高等教育的认证机构有两种：一是院校认证机构，二是专业认证机构。院校认证机构是对一所高校的整体办学水平进行全面和综合的评估，其着眼点是高等教育机构的整体性评价，强调作为高等教育实施机构的各高等院校对实现自身整体目标的贡献。专业认证机构是对已经通过了地区性或全国性认证的高等院校提供学科专业认证的教育认证机

构。专业认证机构只对高等教育机构的某一或某些学科专业进行认证，以使这些专业获得一定的专业评价。

3）标准系统。标准系统是为提供统一评价基准而制定的一种框架，由学位授予体系、学科专业体系、认证和认可标准体系等几个部分组成。

①认证的基本标准。美国各州对大学的认证标准大致相同，主要由大学的使用和目标、学科专业建设和教学绩效、学生录取和管理服务、师资队伍、图书馆和信息资源、大学管理、财政资源、基础设施、大学的诚信制度和道德建设以及诚信表现九项内容组成，每一项标准又由正式文件、附件、学校提供的佐证材料三方面形成。

②认证机构的资格认可标准。美国规定，认证机构必须达到资格评估的初始标准和获得认可资格的批准，才能进行认证。其中，初始标准是认证机构接受资格评估的前提，具体分为7个子标准[①]，如表3－3所示。资格认可标准分为五项内容和若干细则，五项内容包括提高学术质量、问责、鼓励高等学校探索办学特色、促进高等教育的多样化和决策程序公正合理，五项内容要求对认证实践进行不断的反思等。

表3－3 美国高等教育认证机构的资格认可初始标准

序号	初始标准
1	认证机构的目标和认证范围要与高等教育质量认证理事会的《机构资格和认可政策》相一致：一是该认证机构是以高等学校为主要评估对象；二是要注重质量认证本身的效率
2	认证机构为民间组织
3	所认证的对象应为具有学位授予权的高等学校
4	认证机构须出具书面材料，以反映其决策过程、主要政策、认证程序和标准及其他认证相关内容
5	认证机构必须有自我评估和专家实地评估或相类似的评估说明
6	认证机构要在认证资格决策过程中保持自主性，保持其决策不受任何机构的干扰
7	认证机构要建立明确而公正的申诉渠道，在申诉没有得到彻底解决之前，不可更改被认证机构的认证资格

4）操作系统。美国学分转移机制认证体系的最后一个组成部分是操作系统，主要由认证和认可两部分操作程序组成。

①认证。在美国，任何一所学校或者学术项目如果要获得认证资格，首先，必须进行自我评估，要提交一份关于办学业绩的书面报告，并附上相关的支撑材料；其次，需要通过认证组织的面试，在此基础上，认证机构会派一个专门组织（委员会）并根据规定的标准来确认是否通过认证申请。如果认证申请获得通过，每隔几年还要为中期检查做好准备。

②认可。美国高等教育认证委员会的认可评议，建立在认证机构自我评估的基础之上。具体流程是：第一，仔细审查提出申请的认证组织是否具有申请资格。第二，由认可小组向执行委员会提出建议，确认或否决关于某个认证组织的认可申请。美国教育部的认可程序包括书面审查与实地访问，其一次批准可以维持10年，但期间会进行中期检查。由此可见，美国对于高等教育

①孙冬喆：《中国学分银行制度建设研究》，华东师范大学博士学位论文，2014年。

机构的认证建立在一种严谨的制度与标准之上，使得认可的过程与结果都具有非常高的权威性。换言之，凡高等院校通过了认证，就代表其办学质量得到了认可；反之，如果未获得通过，其生存就将面临压力。正是认证活动的经常性开展，促进并制约着高等教育的质量管理与监控。

3. 美国学分转移机制的特色

（1）政府政策和法规的支持。联邦政府教育法律体系规定学分转移的指导思想和基本原则，通过直接给学生以奖学金或助学贷款的形式支持或激励学习者提升教育水平。由于美国的教育行政权力分属于各州，每个州可以在全国性的教育法律法规框架下制定自己的法规政策，许多州的教育委员会（教育行政部门）在联邦政府的指导下，制定一系列具体的促进院校间学分转移互认的制度体系，并细化课程衔接的协定。

美国高等教育学分转移是在州层面进行。美国的学分转移政策多种多样，其中州层面的院校合作协议最为流行。这些转移办法通常是院系或者院校之间的约定，且转移过程费时费力。2001年，美国教育委员会（Education Commission of the States，ECS）对50个州的学分转移政策进行了调查，归纳出七类转移政策，如表3－4所示。

表3－4　　美国两年制社区学院和四年制大学之间的学分转移政策

措施	说明	数量
立法	有些州已将学分转移和衔接政策写入法令、法案或决议中	30个州
合作协议	如果没有学分转移和衔接方面的官方政策，州层面的高等教育院校合作协议有时可以代替立法	40个州
数据转移报告	州范围内有相应的学分转移数据报告	33个州
学生激励和学分转移奖励	为了鼓励两年制社区学院和四年制大学之间的学分转移，一些州通过提供财政援助，保证学分能够顺利转移或为转移学生优先录取等措施提供额外的奖励	18个州
州衔接协议	州范围内的衔接指南对具体的转移要求作了描述，并为学生在学分转移过程中可能碰到的问题作了解答	26个州
州公共核心课程	不同院校对学生毕业需要完成的核心课程有不同的要求，公共核心课程消除了学生这一困惑，简化了转移的过程	23个州
公共课程编号系统	公共课程编号系统的存在使社区学院的学生满足相应的学分转移要求	8个州

资料来源：杨晨、顾凤佳：《国外学分银行制度综述》，《中国远程教育》2014年第8期，第29－39页。

（2）标准化的课程体系和完善的学分制。美国学分转移机制的标准化课程体系灵活、便于调整、易于取舍，反映了学习者和教育机构不断变化的教育需求和社会需求。美国设立共同核心课程，开辟了社区学院学生向本科院校转学的“共通”机制。

（3）学分向多样化领域存储和转换。美国社区学院除了开展转学教育，职业教育和社区服务等也是其重要的职能，在社区学院学习的学生修习的学分，并不完全是用于向四年制大学转移，而是根据社区学院开设的课程和提供的服务，自行决定学分向某个领域和教育机构转移。社区学院以居民生活、工商业需求和就业趋势为依据，主动适应社区多行业、多层次人才培养和进修提高的要求，提供涵盖转学教育、职业技术教育、学生发展教育、成人继续教育、社区教育等多种类型的教育，学分转移的对象也逐渐扩展到包括成人教育、退役军人、远程教育等在内的各类型学习者，因而决定了它所提供的学分是多样化的，这些学分也向着多样化领域存储和转换。

（四）澳大利亚资格框架和先前学习认定模式

1. 澳大利亚资格框架和先前学习认定模式发展概述

20 世纪 90 年代中期，在行业和职业结构持续变化以及传统的教育体制难以适应经济发展的历史背景下，澳大利亚联邦及各州、各领地教育部长在阿德雷德召开有关教育、就业、培训及青少年事务的第十次部长会议，与会者基于发展经济及增进个人教育机会的双重考虑，于 1995 年 1 月达成“澳大利亚认证框架协议”，并在全澳大利亚 6 个州及 2 个自治区开始推行。2000 年，该协议修正为“澳大利亚资格框架”（Australian Qualifications Framework，AQF），正式在全国实施，促进本国经济发展和终身学习。

为满足不同层次、不同形式的教育和培训乃至先前学习和工作经验之间相互沟通和衔接，澳大利亚专门建立了先前学习认定模式（Recognition of Prior Learning，RPL），对不同教育机构的功能和任务进行界定。该模式最早起源于澳大利亚维多利亚州的 Kangan Batman 学院。1987 年，Kangan Batman 学院在与福特汽车公司澳大利亚分公司的一个培训合作项目中，被要求认可部分已在工作中获得的技能，以便减少所属培训时间和费用，学院的几位课程经理依据这个要求和思路开发了一套认可能力的模式，首次被应用于福特公司的电工及管理者，认定的内容主要有正式工厂培训、工作经验和生活经验等。[①] 这一模式得到了澳大利亚政府的资助并趋于完善，逐步推广到维多利亚州和全国的 TAFE 学院。在政府、行业、学校和培训机构各方力量的推动下，RPL 覆盖澳大利亚资格框架（AQF）10 个等级的所有资格证书，并涉及高中教育、成人社区教育、职业教育与培训、高等教育四个教育部门。

2. 澳大利亚资格框架和先前学习认定模式分析

（1）资格框架学分转移分析。

1）资格框架学分转移的含义。AQF 由 12 个义务教育后的学历资格等级组成，包括学历资格、资格衔接、资格过渡、认证安排及原则、认证指南及具体信息，用以打破职业教育与普通教育间的壁垒，最大程度地满足学习者，特别是行业企业的学习者对继续教育与培训的需求。

AQF 证书学习能够对工作和学习经历进行认定（如学分转换），有助于人们在不同教育与培训部门开展学习，以及在教育部门与劳动力市场之间更灵活地流动。AQF 将学分转移定义为：以两个相匹配的资格间同等的内容和学习成果为基础，为学习者的某一资格提供部分的学分，该学分受到广泛认可且具有一致性。在 AQF 中，学分是指在不同类型的学习或资格之间，对内容和学习成果的赋值，以对其等价性进行认可。学分可通过学分转移，衔接和承认先前学习或免修，减少获取某一资格所需的学习量。

2）资格框架学分转移的具体过程。学分转移缩短了学习者获取资格的时间。其具体过程包括：①将某一资格的学习成果、学科内容和评估要求与另一资格的学习成果、学科内容和评估要求的等价程度进行映射、比较和评估。②对两个资格的匹配部分进行学分分配。学分转移包括整体学分转移、特定学分转移或者非特定学分转移几种形式。颁证机构负责制定本机构和其他资格提供机构之间的转移细则，AQF 鼓励多个颁证机构之间，以及地方、国家和国际合作伙伴之间

---

①郭姗姗：《澳大利亚职业学校先前学习认定研究》，西南大学硕士学位论文，2008 年。

制定学分转移协议，为符合资格的学生拓宽获取学分的途径。对于任何一个 AQF 资格，颁证机构之间的学分转移协议需要考虑到两者之间的可比性和等价性。这种可比性和等价性包括的要素有学习成果、学习量、学习项目（包括内容）及学习和评估方法。[①]

（2）先前学习认定模式分析。澳大利亚以先前学习认定模式来体现学分的累积与转换，与“学分银行”的本质相似。先前学习认定（RPL），又称为对现有能力的认可（Recognition of Current Competence，RCC），是澳大利亚独具特色的继续教育制度。该认证制度主要包括两个方面：一是承认申请者先前的学习（RPCL）并对其进行认证，学生一旦进入高校就可以获得相应学分；二是承认申请者先前经历性学习（RPEL）所获得的知识和技能，无论是通过工作还是通过生活。

1）RPL 的认证准则[②]。澳大利亚开设有专门负责先前学习认定的培训机构网站。学员先登录网站，在网上注册，再按照相关申请程序按步骤操作，完成认定后就可以获得不同程度的学分或相应资格证书。先前学习认定必须遵循国家质量培训框架（AQF）的标准，而且符合行业的规范，必须在其严密的规则和制度框架下进行。

通常情况下，各学校在对学习者进行先前学习认证时，必须以行业培训包（Training Package）的标准作为参照。行业培训包经行业开发并由国家认定，其中包含国家资格、国家能力标准和评估指南等规定，培训计划必须由行业按照经济社会发展的变化和学习者的需求不断进行修订。但是，行业培训包仅供参考，各学校可根据各自的实际需要对其内容加以适当调整。RPL 的认证需遵循开放性、可靠性、真实性、一致性和公平性原则。

2）RPL 认证程序[③]。一般而言，认证机构申请者的先前学习认证分为五个步骤：

①制定评估标准。在评估之初，制定评估标准，且必须根据培训包的有关能力要求，确定评估内容。评估标准一般是由同行业或企业界人士和雇主共同协商开发的能力指标、评估准则和资格框架。评估者对学习者认定时必须依据评估标准来认定其达到了某一技能水平与否。

②学习者提交申请材料。学习者首先在认证网站或亲自到相关客服中心咨询了解 RPL 所要求的全部认证内容、认证凭据和认证过程，工作人员必须详细报告资格认证所需材料。然后，申请人就准备并提交认证必备的材料，如个人履历、先前成绩单或各种证书、工作经验证明、各种学习或培训证明以及雇主的评价材料等。

③现场认证。现场认证的主要内容是申请人的工作技能、管理技能和应急技能等各种技能。申请人通过现场操作展示自己的技能，评估人员通过观察申请者的现场操作活动、对申请者开放式提问以及与申请者的雇主及同事交流等形式，给出一个直观的现场评价结果。

④评估信息反馈。现场认证结束之后，评估者要对申请者提出明确的建议，指出申请者的能力缺陷所在，并告诉他们如何改进。评估者必须依据相关政策并遵循认证机构的程序详细记录评估过程、评估证据和结果，因为认定评估记录具有法律效力。如果申请者对评估结果不满意，可以对评估提出申诉，获得二次评估与认证机会。

⑤评估过程回顾。上述四个步骤结束只是意味着评估过程的基本完成，认证者尚需对整个认证过程进行回顾与审视，特别是对所用的策略、工具、凭据和过程进行重新回顾，检查认证结果是否能够达到准确无误。认证者如果发现存在疏漏或错误，必须立即向认证机构相关人员说明，

①杨晨、顾凤佳：《国外学分银行制度综述》，《中国远程教育》2014 年第 8 期，第 29－39 页。

②③王红玲：《澳大利亚先前学习认定制度探析》，《河北师范大学学报》（教育科学版）2012 年第 11 期，第 78－83 页。

进行重新评估。如发现程序有误，评估者可向现场工作人员提出改进建议，从而使评估程序不断完善。

3）RPL 评估方式①。目前澳大利亚 RPL 采取灵活多样的评估方式。概括而言，有以下三种：

第一，参加考试（挑战考试）。学习者通过参加某项考试或测验，以检验其知识和能力是否满足目标课程或资格所要求的条件。如果通过考试，即可授予学分。

第二，直接展示某项技能或能力。这是在职业教育和培训领域较为常见的一种评估方式，学习者在面试过程中直接向评估者展示某项技能或能力。

第三，档案袋评价。学习者在相关教师的指导下，将反映学习者努力程度、进步情况、学习成就等一系列学习证明收集起来，它展示了学习者在某一时间、在某一领域能力的发展情况。档案袋包括以下内容：①个人简历。②与目标课程或资格相关的期刊文章或作品集。③学习者在单位、社会、社区或其他情境中的工作表现（相关部门签发的评价书）。④学习者个人学习、技能、能力方面的奖状。⑤反映学习者个人能力的影像资料。⑥其他能反映学习者个人知识和能力的相关资料。

无论采取何种评估方式，评估过程一定要遵循《RPL 国家准则和操作指南》提出的四项基本原则：有效（Valid）、可靠（Reliable）、灵活（Flexible）和公正（Fair）。

4）RPL 实践模式。澳大利亚是一个分权制的国家，RPL 认证同政治、经济、文化等一样，各州做法不一。澳大利亚 RPL 的实践模式主要有昆士兰州的技术优先模式、新南威尔士州的能力导航网上认证模式、西澳大利亚州的认证与结果结合认证模式和塔斯马尼亚州的问题与测试互动多媒体播放软件认证模式等。②

①昆士兰州的技术优先模式。昆士兰州的职业教育培训体系与中小学教育和中学后教育相衔接。为促进该州就业水平的提高，2005 年昆士兰州政府颁发“昆士兰技能解决方案”，为全州民众提供免费的“一站式”培训服务，内容涵盖大学生的就业指导和职业规划、学徒的实习培训、在岗人员的技能认证以及培训选择等。为提高本州职业技术领域先前学习认证的质量和数量，2009 年，州政府进一步推出了技术优先的 RPL 技能认证模式，该模式涵盖零售、食品加工、纺织、酒店服务和社区服务等 21 个行业。

昆士兰州 RPL 认证标准涉及很多培训包，培训包所含能力标准均严格遵循 AQF 认证标准和认证原则。认证方式有实际操作展示、面试评估、雇主的推荐与评价、培训资格证书以及现场操作等。昆士兰州建有专门的教育、培训和技艺开发资源网站，网站评估人员所采用的职业技能认证工具是“技能第一学历认证评估包”，每个评估包都内含行业认证标准和框架，由相关行业和认证培训机构共同制订。申请人只要登记注册，按照网上的认证流程填写认证材料，就会完成技能认定。

②新南威尔士州的能力导航网上认证模式。新南威尔士州较早建立了提供技能认证服务的“技能商店”（Skill Store），其一般建在繁华的商业中心、销售亭以及移动商店等人口密集地区，以便为更多的人提供服务。“技能商店”提供服务的方式与其他商店不同，每一个技能商店都设有能力导航网站，网站设有各种能力认证标准，能力标准来自国家培训包。申请者通过浏览网站，了解自己要认证的能力标准，提前检测自己的能力与国家培训包的能力标准的差距，为将来

①郭翠、周晶晶：《澳大利亚先前学习认定制度述评及对学分银行的启示》，《高等继续教育学报》2013 年第 3 期，第 20－25 页。
②刘素娟：《继续教育人才培养的学分银行机制设计研究》，东北师范大学博士学位论文，2014 年。

的认证做好准备。

鉴于“技能商店”在新南威尔士州所取得的成功，其他各州也纷纷效仿，建立了“技能商店”和能力导航网上认证模式。目前，该模式的能力认证工具数据包已经涵盖 2.3 万个能力标准、72 种培训包和 1700 多种能力。昆士兰州、南澳大利亚州和新南威尔士州等的“技能商店”都运用能力导航工具，新南威尔士州还实现了全州的注册认证。①

③西澳大利亚州的认证与结果结合认证模式。认证与结果结合认证（Assessment and Resulting Interface，ASRI）是由西澳大利亚州的 TAFE 学院开发的一种软件。该软件最初并不专门用于 RPL 认证，RPL 认证只是其中的一项服务。后来随着使用者愈来愈多，ASRI 对 RPL 认证被证明与培训课程认证具有同样的价值，得以在西澳大利亚州推广，逐渐成为全州通用的 RPL 认证模式。其认证程序与培训课程认证程序相似，申请者注册进入 ASRI 网上认证界面并注册登记后，网站自动弹出与 RPL 认证有关的信息、认证流程和活动安排，申请者在管理委员会的帮助下进行认证。

ASRI 提供的课程学习计划与澳大利亚资格框架（AQTF）一致，该认证模式充分利用自己的技术优势，为学习者制订多样化、个性化的学习计划和培养计划，培养计划的制订充分参照学习者的学习计划，以充分满足学习者的需求。ASRI 建有专门的档案管理系统，跟踪记录申请者的认证数据、雇主的培训计划、学习者的培训情况和出勤率、学习者的成绩、所获文凭证据、修业证明等。

④塔斯马尼亚州的问题与测试互动多媒体播放软件认证模式。问题与测试互动多媒体播放软件（Question and Test Interoperability m－player，QTI m－player）是在澳大利亚灵活学习框架机构资助下，塔斯马尼亚州 TAFE 学院与塔斯马尼亚州未来就业研究所、软件技术公司以及其他私人研究机构等共同合作开发的一种 RPL 认证软件。该软件可以为申请者提供测试题目和认证凭据，申请人依据认证说明和认证流程完成测试并记录下测试结果，之后把测试结果输入问题与测试互动 QTI2.0 系统。QTI2.0 系统存有申请表，申请表设有各种类型的题目，如简答题、选择题、论述题等。申请人答题结束，申请表会自动生成“XML”格式的压缩档案，申请人可以把压缩文档及其他证明材料用电子邮件传给认证管理员。

3. 澳大利亚资格框架和先前学习认定模式的特色②

澳大利亚的 RPL 认证制度资格框架和先前学习认定模式实现了学习者对自己现有能力的确认，最大程度地节省了学习时间和学习成本。该制度主要特色如下：

（1）先前学习认定模式依赖于职业教育体系。澳大利亚职业教育体系有着鲜明的特色，其中最主要的就是澳大利亚资格框架（AQF）和行业培训包，它们构成了完整的澳大利亚职业教育体系，并表现出其独特之处。先前学习认定正是依托于这样的职业教育体系，才能够有所发展。

澳大利亚资格框架提供的 12 级资格（职业教育阶段一般为前六级，相当于我国中职和高职）是学生顺利流动的前提。先前学习认定可以申请的六个资格是一级证书、二级证书、三级证书、四级证书、文凭、高级文凭。每个资格都有不同的认定标准。行业培训包计划是澳大利亚职业教育的一大特色。每一个行业都有相应的行业培训包，其发布主体不同，有的是由行业协会

①王红玲：《澳大利亚先前学习认定制度探析》，《河北师范大学学报》（教育科学版）2012 年第 11 期，第 78－83 页。

②郭姗姗：《澳大利亚职业学校先前学习认定研究》，西南大学硕士学位论文，2008 年。

制定，有的是由教育部门制定，其格式和特点大致相同，且都具有极强的操作性，体现了具体工作对学习者的要求。在培训包下面有若干国家资格，如澳大利亚信息技术培训包 ICA99V3.0 包括 34 个国家资格（一级证书至高级文凭等六级资格）。

（2）先前学习认定具有双重功能。先前学习认定具有两种功能，即入学评价功能和学分减免功能。入学评价功能即通过先前学习认定，学习某个资格课程；学分减免是学生在资格课程的学习过程中，可以通过先前学习认定，减免某能力单元的学习，直接获得该单元的学分。从根本上说，先前学习认定是一种评价方法，该方法不同于考试，只考察学生知识的掌握，它着重考察学生对知识的应用能力。通过评价，一方面可以使学生获得入学资格，另一方面如果学生已经符合某能力单元规定的能力标准，就可以授予学生该能力单元的学分，而不必进行重复的学习。

学习者在正规教育系统所修课程可以在 RPL 系统内折算为学分，可以免修继续教育系统的相关学习科目。同时，申请者在职业教育系统所修课程同样可以在 RPL 系统得到认可，以便为学习者获得某种资格证书、毕业证书或学位证书等相关文凭提供方便。

三、国外“学分银行”制度发展经验借鉴

在分析韩国、英国、美国和澳大利亚“学分银行”制度的建立和发展中，发现我国“学分银行”制度在政府政策支持、组织结构体系、学分银行课程标准、学分转换与认证机制和“学分银行”信息服务平台等方面还存在不足，有待进一步完善，为了更好地发挥“学分银行”制度的作用，我们应该借鉴国外“学分银行”制度的发展经验。

（一）提供有效的政策支持

韩国、澳大利亚“学分银行”机制发展表明，政府的参与至关重要。韩国 20 世纪末能及时抓住并善于吸收国外教育改革和革新的新理念，在全国范围内建立起了“学分银行”制度，其中国家意志和政府作用至关重要。1997 年 1 月，韩国颁布《学分认证法》；在运行机制上，韩国教育科学技术部积极出面推动，具体由该部终身学习政策司规范相关政策、批准相关项目、发布标准课程、授予学位。同时，委托国家终身教育研究院负责一系列的研发、学术、管理工作，各地方教育行政当局被要求配合并完成相关任务。没有这一系列的“自上而下”的立法、政府部门的推动和落实，韩国很难成为亚太地区第一个、至今仍然是唯一的一个在全国范围建立并运行“学分银行”制度的国家。

（二）建立完善的组织机构

“学分银行”制度是一个庞大而复杂的系统，涉及大量信息和数据，并提供大量咨询和服务。因此，在建设“学分银行”制度时，发达国家建立了统一、权威的管理机构，负责组织研发和认证国家（或行业）的教育质量标准及运行规则，从韩国的经验看，“学分银行”之所以能够顺利实施，与完善的组织机构密不可分。在韩国，有国家级的负责和实施学分累积制度的机构——韩国教育科学技术部终身学习政策署，有地方级的负责和实施学分累积制度的机构——各省专一的教育办公室，还有专门负责制度设计和具体实施的专业研究所。还有一些发达国家的大学建有专门办公室，负责制定课程认证的标准和办法、学分计算的标准和转换以及教学质量的评估。

（三）制定规范的课程标准

课程标准是实现学分累积、转换及认证的基础。韩国的“学分银行”得以顺利实施，与规范的课程标准密不可分。教育发展研究所与教育科学技术部在相关专家的帮助下，合作开发并制定课程标准，以保证教学目标、主修课程和选修课程、学科专业、学士学位毕业要求、评估和质量控制规范化。又如，澳大利亚和英国也制定了规范的课程标准。课程标准主要包括专业规则、课程认证标准和证书的认证标准。课程标准规定了各级别、各类型、各层次、各专业的专业规则，包括专业层次、课程模块、学分要求和修业年限等。课程认定标准以专业规则为基础，包括课程总学分、学习时间、教学内容、教学要求、考核评估及教学大纲。职业教育与培训证书的认证标准，包括进入认证系统的类型及其培训时数、发证机关、考核内容、考核方式等。

（四）形成健全的学分累积、转换与认证机制

学分累积、转换与认证是“学分银行”制度建设的核心和关键。为解决学历证书与学历证书、学历证书与职业技术资格证书间学分的转换难题，韩国专门设立了国家技术资格证书，将其作为学习者各种学习成果转换的标准。美国大学和社区学院学分转移机制的建立与运作堪称学分认证的典范，既在政策层面体现了一种保证，又在多系统的协作运作过程中保证了认证过程的公开透明与简单便利。澳大利亚专门设置有标准学分，学习者的各种类型学习成果可根据规定换算为标准学分存入“学分银行”，一直累积到专业学位授予的学分标准，学习者个人可以向管理中心分部提出申请，审查合格后再交由管理中心复审，检查合格交由教育职能部门批准，相关高校颁发学位证书。

（五）建设功能齐全的信息服务平台

“学分银行”制度的顺利实施离不开层次合理、功能齐全的信息服务平台建设。韩国、英国、美国以及澳大利亚等“学分银行”制度建设无一不是如此。如韩国 ACBS 信息服务平台，从发布学分政策信息、学习者建立个人学习账户、录入学习成果、下载并提交相关材料、学分的认定、累积和转换一直到申请学位，均是通过平台完成，功能非常强大。信息服务平台还可向学习者提供及时的咨询和指导。信息服务平台建设是信息数据完整、准确的重要保障，一般建有教育职能部门管理制度、教育培训机构管理制度、学习者培训信息、学分信息以及学分录入制度。通过该平台，学习者可随时了解自己的学习情况和学分累积状况。

参考文献

［1］陈涛、赵枝琳：《成人高等教育推行学分银行制度的路径探析——基于韩国学分银行体系的发展与运作》，《成人教育》2011 年第 9 期，第 118 – 120 页。

［2］董存田、潘瑜、李德芳、赵贤德：《“学分银行”制度的发展历程与趋势》，《当代教育论坛》2012 年第 2 期，第 41 – 45 页。

［3］董香君：《韩国学分银行建设的经验及其启示》，《河北大学成人教育学院学报》2016 年第 3 期，第 90 – 94 页。

［4］郭翠、周晶晶：《澳大利亚先前学习认证制度述评及对学分银行的启示》，《高等继续教育学报》2013 年第 3 期，第 20 – 25 页。

［5］郭庆春、窦立群等：《学分银行制度建设研究》，《中国远程教育》2011 年第 8 期，第 33 – 35 页。

［6］郭姗姗：《澳大利亚职业学校先前学习认定研究》，西南大学硕士学位论文，2008 年。

［7］鞠国帅、刘杰秀：《英国继续教育学分互认机制对我国的启示研究》，《长春理工大学学报》2013 年第 3 期，第 98－99 页。

［8］孔磊：《学分银行制度：国际经验与本土探索——“中国远程教育学术论坛”综述》，《中国远程教育》2012 年第 5 期，第 5－20 页。

［9］李杜赢：《关于学分银行制度存在的问题及改进方案研究》，［韩］高丽大学硕士学位论文，2011 年。

［10］李国仓：《美国社区学院转学教育功能的形成和历史沿革》，《长春工业大学学报》（高教研究版）2010 年第 3 期，第 114－116 页。

［11］李红亮、马宏建：《中外成人继续教育“学分银行”的实践运行模式》，《继续教育》2016 年第 5 期，第 138－141 页。

［12］李征宇、化美艳：《各国学分银行制及其对我国学分银行系统设计的启示》，《教育技术》2014 年第 2 期，第 7－8 页。

［13］刘素娟：《继续教育人才培养的学分银行机制设计研究》，东北师范大学博士学位论文，2014 年。

［14］邱萍、刘丹：《美国大学学分转换模式新探——以三所美国公立大学为例》，《比较教育研究》2012 年第 11 期，第 39－43 页。

［15］孙冬喆：《中国学分银行制度建设研究》，华东师范大学博士学位论文，2014 年。

［16］孙冬喆、吴遵民、赵华：《学分银行建设的国际比较与评析》，《继续教育》2013 年第 9 期，第 40－57 页。

［17］王红玲：《澳大利亚先前学习认定制度探析》，《河北师范大学学报》（教育科学版）2012 年第 11 期，第 78－83 页。

［18］韦雄洋：《广西继续教育学分银行构建研究》，广西大学硕士学位论文，2013 年。

［19］杨晨、顾凤佳：《国外学分银行制度综述》，《中国远程教育》2014 年第 8 期，第 29－39 页。

［20］鄢小平：《我国学分银行制度的模式选择和架构设计》，《远程教育杂志》2015 年第 1 期，第 30－38 页。

［21］张秀梅：《美国中等后教育领域学分转移实践机制分析》，《中国远程教育》2009 年第 3 期，第 72－76 页。

［22］周文佳、刘明生：《美国“2＋2”专本衔接学分转换制度述要及其启示》，《当代教育科学》2016 年第 9 期，第 53－57 页。

［23］Bekhradnia. *Credit Accumulation and Transfer, and the Bologna Process: An Overview.* Higher Education Policy Institute, 2004（10）：22.

［24］CQFW, NICATS, NUCCATS, SEEC. *Credit and HE Qualifications: Credit Guidelines for HE Qualifications in England*, Wales and Northern Ireland, http/www. nicats. ac. uk/doc/propGuidelines. pdf, 2001.

［25］Park, Injong. “Lifelong Learning Society and Academic Credit Bank System in Korea”,《“终身学习与学分银行建设”联合国教科文组织东亚远程教育教席系列国际研修班主题报告》，2011 年。

［26］SCQF. *An Introduction to the Scottish Credit and Qualifications Framework*（*2nd EDITION*）, http：//www.sqa. org. uklfiles ccc/Introduction to SCQF－2nd Edition. pdf, 2003.

产业发展与职业教育篇

第一章　文化创意行业与职业教育分析报告

作为文化、科技和经济深度融合的产物，文化创意行业凭借其独特的产业价值链、广泛的产业渗透力而快速成长，贯穿国民经济和社会发展的各个方面，其发展规模和水平已成为衡量一个国家或地区整体竞争力的重要指标之一。在我国实施创新驱动发展战略的大背景下，发展以创新、创造、创意为核心的文化创意产业将为推动我国下一阶段经济持续增长注入强劲动力。

随着文化创意行业的快速发展，对文化创意专业人才的需求，尤其是对中高端复合型文化创意人才的需求不断增加。职业教育应以市场需求为导向，完善文化创意专业人才培养体系，着力培养不同类型不同层次的文化创意专业人才，为文化创意行业发展提供人才支撑。本章在行业发展数据和相关研究成果的基础上，对我国文化创意行业、企业发展及人才需求情况、文化创意专业职业教育现状等进行全面分析，同时借鉴国外文化创意教育的先进经验，为我国文化创意专业建设提供可参考的建议。

一、我国文化创意行业发展概况

2009 年 7 月 22 日，国务院通过了《文化产业振兴规划》，指出“文化产业是市场经济条件下繁荣发展社会主义文化的重要载体，是满足人民群众多样化、多层次、多方面精神文化需求的重要途径，也是推动经济结构调整、转变经济发展方式的重要着力点”。《文化产业振兴规划》的出台标志着我国文化产业进入崭新的发展阶段，意味着发展文化产业已上升到国家战略层面。在国家层面，文化创意产业称为“文化产业”；在地方层面，上海将文化创意产业称为“创意产业”，北京、香港、台湾、浙江将其称为“文化创意产业”，本文中的文化创意产业与文化产业所指相同。

从我国对文化创意产业的分类标准来看，文化创意产业不仅包括传统文化方面的图书馆、文化文物、艺术演出、出版、音像、影视制作等领域，也包括能体现现代创意的信息服务、文体娱乐、知识产权和新媒体等新兴领域。文化创意产业以创意为核心内容，以艺术为表现形式。

（一）行业发展现状

文化创意行业是以文化为基础、以创意为核心、以思想为动力，利用高科技手段对文化资源进行深度整合与提升，借助知识产权的不断开发与广泛运用，生产出高附加值产品和服务的新兴产业。伴随着信息技术的不断进步和知识经济的快速发展，文化创意产业正逐步成为新经济时代的核心产业。

1. 行业呈现快速发展态势

我国文化创意产业呈现快速发展趋势，文化创意产业增加值从 2004 年的 3440 亿元增加到 2015 年的 27235 亿元，增加了 7.9 倍，并高于同期名义 GDP 增长速度。根据智研咨询发布的《2016 ~ 2022 年中国文化创意产业市场研究及投资前景预测报告》，2005 ~ 2014 年中国文化创意产业规模年均复合增长率达到 21.3%，2014 年全国文化及其相关产业增加值 23940 亿元，比 2013 年增长 12.1%，比同期名义 GDP 增速高出 4.73%；2015 年文化创意产业占 GDP 的比重为 3.97%，比 2014 年的 3.76% 增长了 0.21%（见图 1－1）。由此可见，文化创意产业整体发展迅速，在国内经济增长和产业结构调整中发挥越来越重要的作用①。

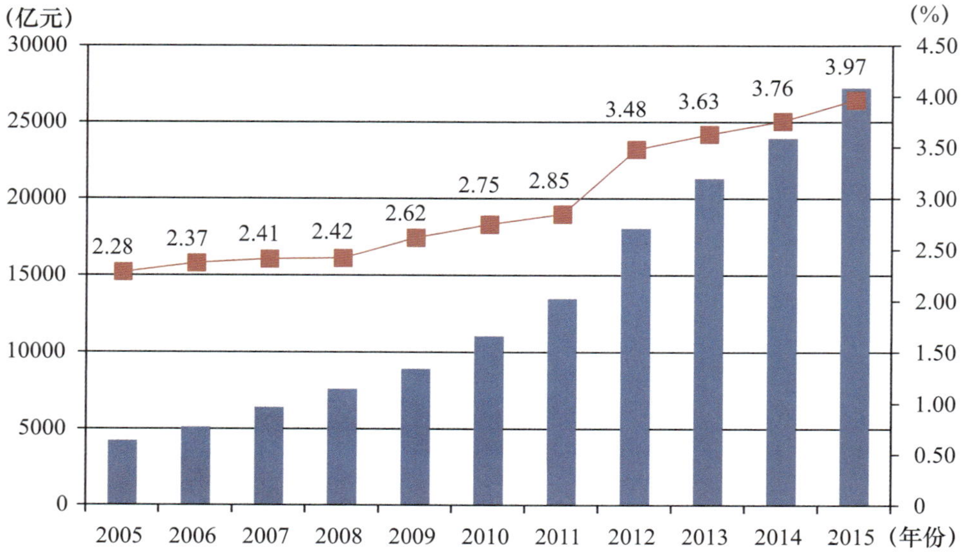

图 1－1　2005～2015 年中国文化及相关产业增加值及其占 GDP 比重

资料来源：中国产业信息网：《2016 年中国文化创意产业发展概况》及统计公报。

文化创意产业主要包括文化产品生产和文化相关产品生产两部分，其中文化产品生产制造的发展速度最快，在 2014 年共创造了 14671 亿元的增加值，占文化产业总增加值的 61.3%；文化相关产品的生产创造的增加值为 9269 亿元，占总增加值的 38.7%②。由此可见，文化产品生产是推动文化创意产业快速发展的重要力量。详细数据如表 1－1 所示。

表 1－1　　2014 年文化及相关产业增加值核算结果

类别名称	绝对额（亿元）	同比增长（%）	所占比重（%）
合计	23940	12.10	100.00
第一部分　文化产品的生产	14671	15.60	61.30
一、新闻出版发行服务	1209	5.20	5.10
二、广播电视电影服务	1059	4.50	4.40
三、文化艺术服务	1127	7.00	4.70
四、文化信息传输服务	2429	36.50	10.10
五、文化创意和设计服务	4107	17.50	17.20

①②中国产业信息网：《2016 年中国文化创意产业发展概况》，http：//www.chyxx.com/industry/201607/431903.html。

续表

类别名称	绝对额（亿元）	同比增长（%）	所占比重（%）
六、文化休闲娱乐服务	1702	11.20	7.10
七、工艺美术品的生产	3037	13.60	12.70
第二部分　文化相关产品的生产	9269	7.10	38.70
八、文化产品生产的辅助生产	2835	12.70	11.80
九、文化用品的生产	5564	6.60	23.20
十、文化专用设备的生产	869		

资料来源：中国产业信息网：《2016 年中国文化创意产业发展概况》。

2. 行业间融合性不断增强

文化创意行业是经济、文化、技术等相互融合的产物，具有高度的融合性、渗透性和辐射力，为其他新兴产业及关联产业发展提供了良好的发展条件。从横向来看，影视、动漫游戏、广告会展、文化传媒、出版等产业交叉渗透发展，共同构成了文化创意行业的增值部分，使其形成以创意为核心的网状产业价值链结构（见图 1－2 和图 1－3）。从纵向来看，文化创意技术研发和应用、产品和服务的运营传播、衍生产品的制作推广等关键环节环环相扣，从产品或服务运作的逻辑过程考察产业的增值过程，形成了具有内在逻辑的线性价值链，推动文化创意行业的有效整合①。

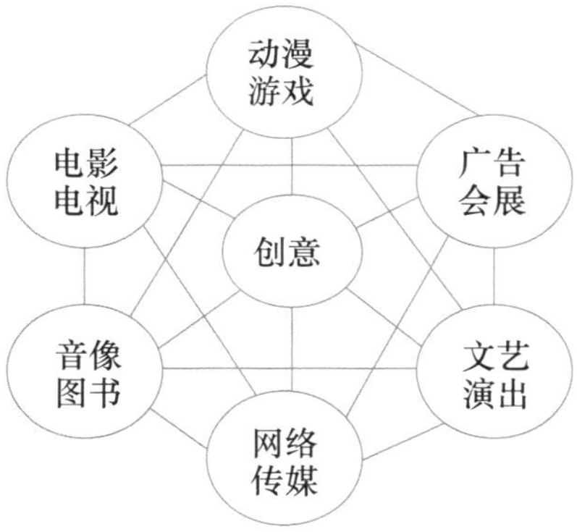

图 1－2　文化创意行业的网状价值链结构

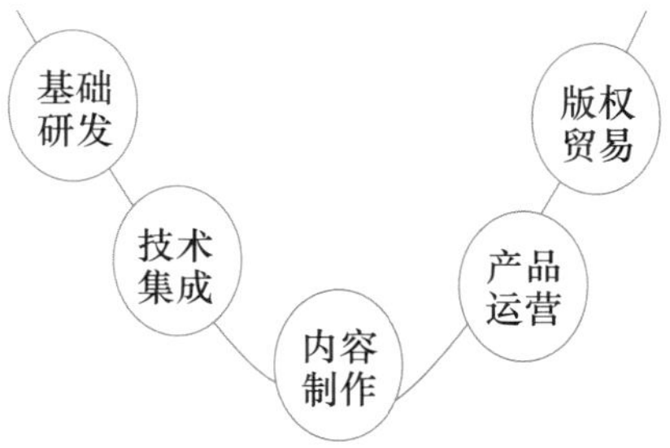

图 1－3　创意产业链的关键环节及整合

文化创意的融合特征使其不仅是一种单纯的产业现象，还是与新时代相适应的新生发展范式，能够提高各产业的知识含量与文化价值，成为地区创新驱动的重要抓手和经济增长引擎。例如，文化创意与制造业的融合中，把之前单一产品形式的工业设计转变为产业链设计，将功能性产品转化为功能与审美结合的产品，实现技术与艺术的统一，使传统产业更加具有新生活力，其典型代表就是苹果公司。它完成了传统制造业与互联网的跨界对接，塑造移动互

①邢华：《文化创意产业价值链整合及其发展路径探析》，《经济管理》2009 年第 2 期，第 37－41 页。

联网产业，利用品牌共生体系获得多元化扩张价值，摆脱电脑制造公司的称谓，成为科技、时尚、独一无二的代名词。苹果公司的成功并非单纯依靠技术突破与产品更新，更是源于创意与“对最完美用户体验和最卓越设计思想的极致追求”，达到创意和制造业技术的完美结合，向消费者推出的不仅是一种电子产品，更是21世纪的文化图标，成为文化创意企业最有力的代表。

3. 科技运用能力不断提高

文化创意行业是创新型智慧产业，科技贯穿了文化产品从创意设计到消费的全过程，正如法国文学家福楼拜所言：“艺术愈来愈科学化，而科学愈来愈艺术化，两者在山麓分手，有朝一日将在山顶重逢。”科技与艺术的重逢造就了文化创意产业，科技为文化艺术创造提供了全新的途径，而文化艺术则赋予科技鲜活的人文内容和精神魅力。

科学技术为文化创意行业发展提供科学支撑，是创意经济的基本生产工具，可推动文化创意行业线性价值链整合及其关键环节发展。科学技术对文化创意行业发展的影响主要体现在两个方面：第一，利用数字化技术手段提升内容制作的水平。创作者不仅可以用电脑、电子画板、麦克风、全息扫描仪等人机交互设备在创意阶段进行创新，利用虚拟现实、动画等方式完成设计内容，也可以利用互联网技术进行复制、存储、传播、生产、采集等操作，改变文化创意产品的生产过程及基本方式，实现技术与内容的有机结合。第二，利用数字和网络多媒体平台推动内容传播，使得文化产品以低成本、高速度的方式送达消费者，大大提高文化创意行业的科技化程度。例如，Google设计的线上虚拟美术馆，利用3D导览技术模拟线下美术馆真实体验，让消费者可以在任何有互联网的地方随时参观多个国家的美术馆，欣赏到数以万计的世界著名艺术品，并有身临其境观赏的真实感。

4. 经济增长推动作用显著

文化创意行业对经济增长有显著的推动作用，主要体现在以下三个方面：

首先，文化创意行业能有效促进国民经济增长。文化创意行业具有高知识性、高附加值、强融合性、环境污染小、资源消耗低的特点，凭借创意衍生品价值链、价值提升模式来推动经济发展方式转变，不断在创意中寻找热点、利润和机会，拉动其他产业的生产与消费，创造和挖掘更广阔的消费市场，积极推动国民经济增长。

其次，文化创意行业能加快地区产业结构调整。文化创意行业是人才密集、技术密集、资本密集型结合的产业集群，与区域产业结构高级化转型方向相一致，并在价值创造过程中具有边际成本递减、边际效益递增的特点，成为推动区域产业结构调整和城市竞争力的重要源泉。根据中国人民大学发布的《中国省市文化产业发展指数》统计，2011年中国文化产业竞争力综合指数排名前三位的省市是北京、上海、广东，其文化产业竞争力综合指数分别为79、76.7、76.5，文化创意产业所占GDP的比重分别为12.30%、9.75%、11.8%，即文化创意产业发展与区域产业发展、城市竞争力综合排名之间存在相互促进关系，一方面文化创意行业的高速发展为区域经济发展提供动力，另一方面经济发展又为文化创意行业发展提供机遇。

最后，以文化产业为代表的第三产业逐步成为拉动消费结构升级和经济增长的新亮点，推动我国经济增长模式由以出口导向、生产制造为核心向内需导向和消费服务转型，加速消费结构由基础物质消费向精神文化消费的转变。由图1-4可知，第三产业占GDP的比重不断提升，由2010年的43.20%上升到2015年的50.50%，第三产业对经济的推动作用越来越强，而文化创意行业是第三产业的重要组成部分。

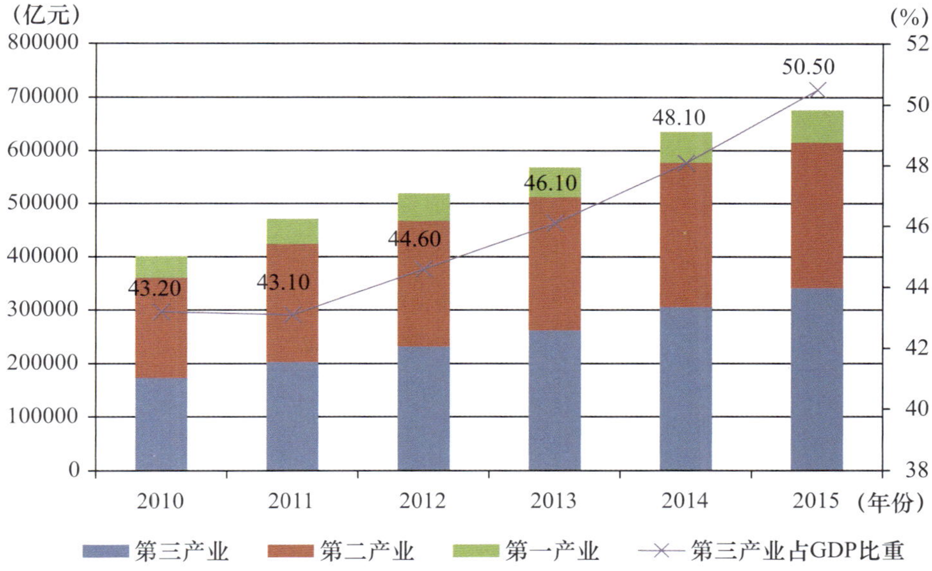

图 1－4　2010～2015 年我国 GDP 及第三产业占比分布

资料来源：国家统计局。

5. 政策法规支持产业发展

在实施创新驱动发展战略的大背景下，文化创意产业成为助推产业转型升级的战略新兴产业，受到我国政府的大力支持。国家和地方都出台了一系列的政策法规支持文化创意产业发展，具体政策法规如表 1－2、表 1－3 所示。

表 1－2　　国家颁布的有关文化创意产业政策法规

名称	颁布时间	颁布单位	目的
《文化产业振兴规划》	2009 年	国务院	首次将文化创意产业提升到国家战略层面，提出增强文化创意产业影响力和带动力，拉动相关服务业和制造业发展
《文化及相关产业分类（2012）》标准修订	2012 年 7 月	国家统计局	反映我国文化产业的发展现状及发展特点，为我国文化体制改革和文化产业发展宏观决策提供基础信息
《关于推进文化创意和设计服务与相关产业融合发展的若干意见》	2014 年 3 月	国务院	明确了文化创意和设计服务与装备制造业、消费品工业、建筑业、信息业、旅游业、农业和体育产业融合发展
《文化部关于贯彻落实〈国务院关于推进文化创意和设计服务与相关产业融合发展的若干意见〉的实施意见》	2014 年 3 月	文化部文化产业司	推动文化创意产业与相关产业融合发展

续表

名称	颁布时间	颁布单位	目的
《2015年扶持成长型小微文化企业工作方案》	2015年5月	文化部办公厅	重点扶持的成长型小微文化企业包括演艺业、娱乐业、动漫业、游戏业、文化旅游业、艺术品业、工艺美术业、文化会展业、创意设计业、网络文化业、数字文化服务业等行业及文博创意企业等
《关于推动文化文物单位文化创意产品开发若干意见》	2016年5月	国务院	推动博物馆、美术馆、图书馆等文化文物单位文化创意产品开发工作

资料来源：中国文化产业政策库，http：//www. ce. cn/culture/zck/。

表1－3　　地方政府颁布的有关文化创意产业政策法规

城市	名称	颁布时间	颁布单位	目的
北京	《北京市文化创意产业发展专项资金项目奖励实施细则（试行）》	2016年2月	北京市国有文化资产管理办公室	对已完成并取得良好社会效益和经济效益的文化创意产业项目进行资金奖励
	《文化创意产业发展专项资金文化创意产业孵化器奖励实施细则（试行）》	2016年2月	北京市国有文化资产管理办公室	促进北京市文化创意产业发展，加快推进“全国文化中心”建设
	《文化创意产业发展专项资金项目贴租实施细则（试行）》	2016年2月	北京市国有文化资产管理办公室	明确贴租的适用范围，规范北京市文化创意产业发展专项资金管理
	《北京市文化创意产业发展专项资金项目补助实施细则（试行）》	2016年2月	北京市国有文化资产管理办公室	规定项目补助的原则和要求，规范北京市文化创意产业发展专项资金的使用和管理
上海	《上海市关于深入推进文化与金融合作的实施意见》	2014年11月	文化部、中国人民银行、财政部	加大金融对文化产业的支持力度，现结合上海实际，就加快推进上海文化与金融合作发展提出意见
	《关于推动文化文物单位文化创意产品开发若干意见》	2016年5月	国务院	对推动博物馆、美术馆、图书馆等文化文物单位文化创意产品开发工作做出部署
广东	《广东省推进文化创意和设计服务与相关产业融合发展行动计划（2015～2020年）》	2016年1月	广东省人民政府	贯彻《国务院关于推进文化创意和设计服务与相关产业融合发展的若干意见》，促进广东省文化创意和设计服务与相关产业融合发展

资料来源：中国文化产业政策库，http：//www. ce. cn/culture/zck/。

（二）行业发展存在的问题

虽然我国文化创意产业自2004年以来均保持15%以上的增长率，但我国文化创意产业发展仍存在增长方式粗放、产业效益单一、企业融资困难等问题，使得我国文化创意行业发展尚处于政策哺育期和成长发展的初级阶段。

1. 行业发展基础薄弱

我国文化创意产业发展基础薄弱，主要体现在三个方面：第一，文化创意行业发展较晚，并且局限于为本企业或行业服务，如工业设计、建筑设计、广告商标等，并未形成独立的行业。之后，在文化产业不断发展的背景下，文化创意行业才逐渐从原有的经济活动中脱离出来，发展成为不同行业提供文化创意服务的独立行业，导致发展速度相对迟缓。第二，文化创意产业对政府的依赖性较强，是政策主导型产业，其产业发展方向、发展模式定位、发展动力等依赖于地方政府政策，发展过程中需要政府投入土地、资金、人才等要素，特别是文化创意园区、街区等集聚区的建设与运营需要政府的扶持，市场化运作程度较低。第三，国内对文化创意行业的研究也较少，缺乏足够的理论支撑。我国文化创意行业研究主要集中在行业的发展现状、存在的问题及对策上，缺乏对文化创意行业的要素构成和运行机制的全面分析，更缺少从理论到实践应用层面的现实转变，使得行业发展理论基础薄弱。

2. 行业创新能力不足

文化创意行业是通过知识产权的开发和运用生产出高附加值产品的行业，而我国文化创意行业的创新创意能力明显不足，主要体现在三个方面：第一，文化创意人才缺乏创新能力。文化创意产业是依靠创意人才的智慧、技能和天赋，借助于高科技对文化资源进行创造与提升，其核心是最大限度地发挥人才的创造力与创新能力。但目前从事该行业人才普遍缺乏创意思维，难以满足产业发展需求。第二，运营模式雷同。文化创意行业发展依赖于创新的盈利模式，能为创意产品提供展示和传播的平台，但各地的文化创意行业整体输出水平较低、盈利模式相似，成为制约文化创意行业发展的瓶颈。第三，文化创意产品“重技术，轻内容”。文化创意行业发展的基础是内容创意与设计，网络等媒介产业生存的根本取决于内容创造。高级的技术集成方案与优质的内容结合才能输出高质量的产品，而我国文化产品的内容创新设计水平较低，限制了文化创意行业的发展。

3. 高端人才非常匮乏

随着文化创意行业的开拓性发展，对文化创意人才需求呈现爆发性增长，而我国文化创意人才在总量、素质等方面远不能满足行业发展需求，成为制约我国文化创意行业发展的瓶颈。文化创意人才缺乏主要表现在两个方面：一方面是高端人才匮乏，受国内教育环境及教育模式的影响，我国难以在短时间内培养出大批量的文化创意高端人才，不仅缺少能够进行原创设计及创意精英策划的内容开发设计人才，也缺乏拥有复合型知识结构和能力结构的管理型精英。另一方面是人才结构不合理，包括年龄结构不合理和职称结构失衡等，其中，年龄结构不合理是指文化创意行业从业人才年龄普遍在20~25岁，从业经验偏少，无法完全适应文化创意行业发展需要；职称结构失衡是指企业主中高级职称数量极少，无职称者居多，使得整体创新能力偏弱。因此，我国文化创意行业企业缺乏能够串联文化创意产业链并策划内容创意和产业进行市场化运作的中高端层次人才，包括高端原创人才、开发设计人才、运营管理人才等。

二、文化创意行业人才需求分析

在知识消费经济的背景下，创意设计已成为各国追求的潮流，文化创意行业已经成为影响经济发展的主要动力资源。随着文化创意行业迅猛发展，对既懂创意设计又懂经营管理的复合型人才需求不断增加，然而我国文化创意人才整体素质不高，无法满足行业企业对文化创意人才的需求。

（一）行业企业发展情况

文化创意行业是低污染、高附加值的知识密集型产业，位于现代产业价值链的下游，遍布于现代经济的各个行业当中，对经济的推动作用越来越强，并出现企业加速并购、产业园区集聚等现象。

1. 文化创意企业加速并购

据不完全统计，2013 年，文化创意行业共发生 96 起并购事件，并购金额达 500 亿元；截至 2014 年 12 月底，文化创意行业共发生并购事件 159 起，并购资金总规模达 1000 亿元；截至 2015 年 12 月底，文化传媒行业共发生并购事件 166 起，数量略高于 2014 年的水平，除 23 起并未透露并购金额外，其他并购资金总规模达到 1499. 04 亿元，同比增长 50%[①]。由此可见，文化创意企业并购加速，且在并购数量持平的情况下并购资金规模增加，使得文化创意行业呈现大企业相互并购的趋势。

2015 年，有超过 2/3 的文化传媒上市公司进行了收购，影视、旅游、传媒和体育行业是并购市场的热点领域。据不完全统计，2015 年影视行业发生 31 起并购事件，除 4 起未披露金额外，并购总额高达 507. 78 亿元，占 2015 年文化传媒行业并购总额的 33. 87%；游戏行业次之，并购总额达到 328. 9 亿元[②]。此外，文化创意上市企业相互合并的态势，在互联网企业参与的背景下，出现一些大型的并购案例，如阿里巴巴以 45 亿美元收购优酷土豆等，整个文化创意企业的并购趋势非常明显，如上海 SMG 两大上市公司百视通和东方明珠的合作。

2. 创意产业园助力企业发展

在政府的引导下，文化创意产业园区已初步形成以国家级文化产业示范园区和基地为龙头，以省市文化产业园区和基地为骨干，以各地特色文化产业群为支点，共同推动文化产业加快发展的格局。国内文化创意产业园呈现爆发式发展，园区数量从 2002 年的 48 个增长到 2014 年的 2570 个，达到顶峰后于 2015 年回落到 2506 个。[③] 详细情况如图 1 - 5 所示。

文化创意产业园在文化产业发展中发挥了不可替代的关键作用。文化创意园区中聚集了许多优秀的文化创意企业，形成了具有核心竞争力的文化品牌，带动了周边文化创意产业发展，培育了区域性创意文化产业链，推动了文化消费升级与文化经济转型。各地的文化创意园区已具有明显的辐射带动作用，其品牌化、标杆化的作用更加凸显，对创意人才的吸引力及就业的吸附性增强，使更多创意企业愿意到知名的产业园区落户。

---

①②《2015 中国文化创意产业并购报告》，http：//sanwen8. cn/p/2417dII. html。

③《2016 年中国文化创意产业发展概况》，http：//www. chyxx. com/industry/201607/431903. html。

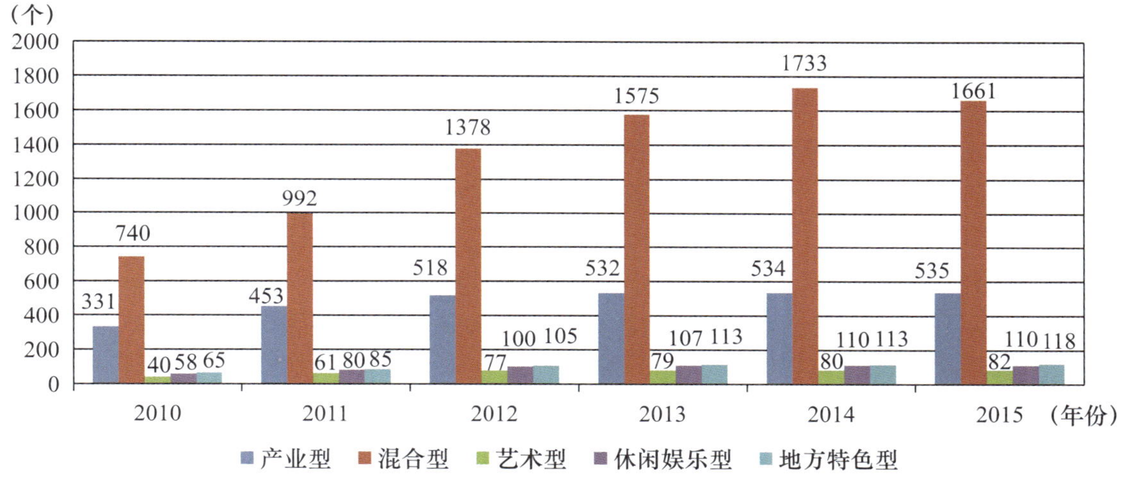

图 1-5　2010～2015 年中国文化创意产业园区数量

资料来源：中国产业信息网：《2016 年中国文化创意产业发展概况》。

产业园区的企业数量从 2010 年的 1234 家增长到 2015 年的 2506 家，在五年内增长了 2 倍。同时，文化创意产业园借助自身的体制机制、政策环境、市场体系、金融服务、人才培养、发展模式方面的创新，大力推动园区内文化创意企业健康发展。如“尚 8”文创园区在 2015 年创建了“尚 8”国际创新园、“尚 8”京环孵化器、“尚 8”天津南开 263 产业园、“尚 8 号”国际青年艺术营等 8 个文化创意产业园，服务国内外 1000 家文化创意企业。

3. 行业企业融资艰难

我国文化创意企业主要以中小企业为主，以文化内容和创意成果为核心价值。文化创意企业具有以知识产权实现和消费为交易特征，是高投入、高风险行业，具有生产周期长、制作成本高、资金回收慢等特点，导致文化创意企业整体融资困难。

我国文化创意企业处于初期发展阶段，企业拥有的固定资产少、财务信息不规范不透明、信用级别较低，缺乏规范的公司治理结构，难以在短期内累积足够的信誉以达到银行信贷评审标准，使得企业间接融资渠道受到一定阻碍。同时，我国资本市场起步晚、发展不成熟，再加上企业上市条件苛刻，中小企业 IPO 申请非常困难，使得文化创意企业在股权融资方面处于劣势。因此，文化创意企业在资本市场获得的资金数量极少，企业融资环境艰难。据统计，2015 年文化创意产业的贷款余额只占全国各产业、各行业贷款余额的 0.2%，并且主要融资途径是民间资本投入，融资渠道手段和金额均非常有限，严重限制文化创意企业的发展。

（二）行业人才需求分析

文化创意行业是以人为本、创意为主的知识密集型产业，是以个人智慧和创新能力为核心的新兴产业，需要大量的创意与创新型人才支撑。随着文化创意行业的快速发展，对内容创意开发人才、生产设计制作人才和营销管理推广人才的需求不断增加。

1. 人才类型分析——基于产业链

文化创意产业链主要包括上游（内容创意开发）、中游（生产设计制作）和下游（营销推广管理）三个部分。内容创意开发是文化创意行业的设计环节，建立在中国文化资源“符号化”

的基础上，将最能表现中国特色、地域精神特质的内容提炼出来，打造出最适合中国发展文化创意行业的创意内容，形成产业链的上游。生产设计制作是创意产品生产环节，是连接产业链上下游产业的枢纽，主要包括传统设计制作和现代设计制作，分别生产实物化创意产品和虚拟化创意产品，位于产业链的中游。营销推广管理是文化创意产业的推广环节，通过渠道开发与整合将创意产品推向市场，实现创意产品创造的价值，同时利用衍生产品实现文化创意产业的价值增值，是产业链的下游。

从整个产业的价值链利润贡献值来看，前端内容创意开发的利润率为45%，中间内容设计制作的利润率为15%，后端营销推广管理的利润率为40%，具有“微笑曲线”的特征，附加值最高的位于两端。具体产业链如图1－6所示。

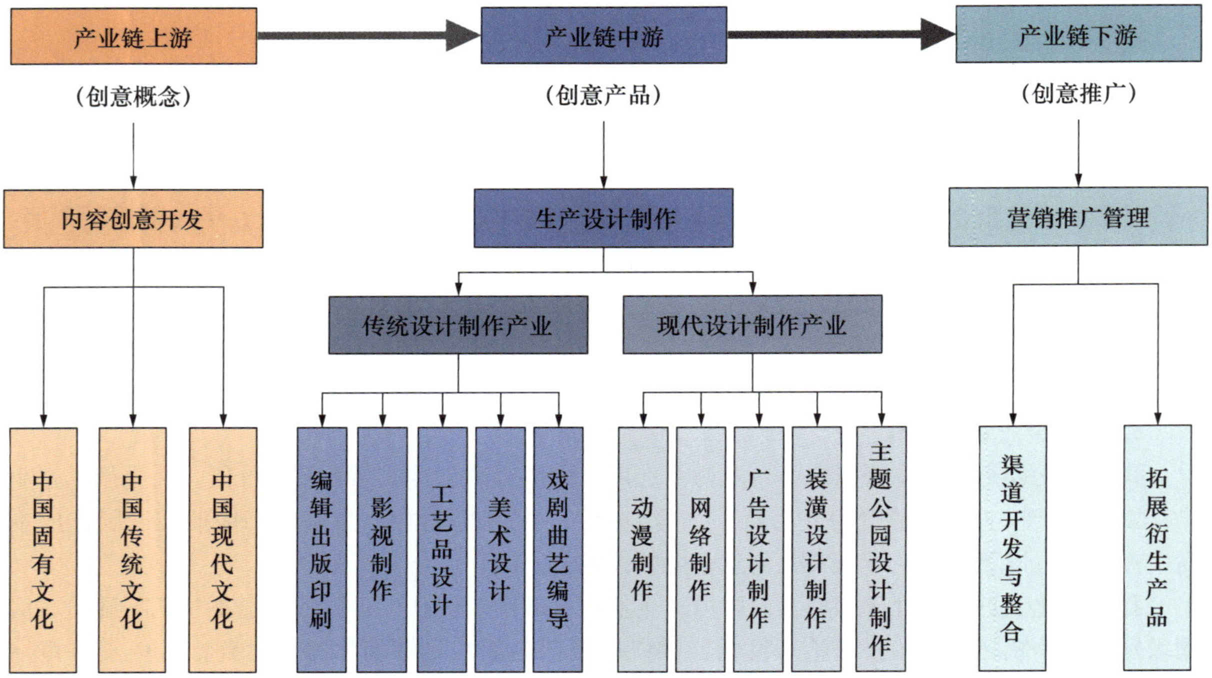

图1－6　文化创意产业链

（1）内容创意开发人才。内容创意开发是以技术介入与产业化方式，通过对中国传统文化资源、核心艺术和现代文化资源的移植、嫁接与改造，转化成具有巨大价值的不同形态的文化产品。该类人才具有开阔的文化视野和杰出的创造力，具备高超的审美能力、持续不断的组织学习能力、较强创造性思维能力、资源整合能力，在文化创意产业发展中占据极为重要的地位，是文化创意产业发展的核心人才。

（2）生产设计制作人才。生产设计制作人才能够将抽象的文化直接转化成具有高度经济价值的文化产品，是文化创意产业发展的关键人才。生产设计类岗位要求从业人员具备丰富的文化艺术素养、策划、设计、新媒体技术、企业经营等各类综合知识，是复合型技术技能人才。生产设计制作类岗位包括电影创作、动漫制作、服装设计、计算机软件开发、文化创意产品设计等。

（3）营销推广管理人才。营销推广管理类人才能够对文化创意产业环境进行科学评估和把握，能站在行业角度审视企业发展趋势，从而制定出企业发展战略，调整经营策略等。同时，该类人才能够对策划、设计、生产、包装、销售等各个环节进行全局规划、统筹和运作，能成功将创意产品"市场化"和"产业化"结合起来，挖掘文化创意产品的市场价值、建立品牌、推动衍生产业发展等。在一定程度上，营销推广管理人才决定着文化创意企业的成败，主要的岗位包括广告宣传策划、网站宣传策划、品牌文案企划、新媒体运营等。

2. 人才需求分析

2006 年是中国"创意经济元年"。国家明确提出将文化创意产业发展为国民经济支柱产业。此后文化创意产业进入黄金发展时代。按实际需求测算，中国城乡实际文化消费将达到 2.95 万亿元，而 2015 年我国文化产业增加值已达到 2.72 万亿元，占 GDP 比重达 3.97%，比上年提高 0.16 个百分点，拥有巨大的市场发展空间①。在文化创意产业快速发展的进程中，创新作为最核心的元素被浇筑到文化的传统底色中，创新人才在文化创意产业的发展中发挥着越来越重要的作用。

文化创意产业是多学科、交叉性产业，综合了文化、艺术、经济、管理、科技等多种因素，具有较强的综合性和专业性。因此，文化创意人才需要具备高水平专业知识，拥有丰富的文化底蕴，具有突出创造力和极强的创新能力，能够运用自己的创作技能和手段把特有的表达内容和信息转化为新产品和服务，并能推动该产品或服务的生产、流通和经营。文化创意产业的高标准、高要求，使得文化创意人才十分匮乏，尤其是中高端文化创意人才极其缺乏。以深圳为例，2015 年深圳文化创意人才缺口达四五万人，其中中高端文化创意人才缺口达二三万人②，特别是既懂文化创意设计和技术又懂得经营管理的复合型人才。

此外，在国外文化产业发达的国家，从事文化创意产业的人员占总就业人口的比例超过 10%，而北京、上海等地的创意产业从业人员占总就业人口的比例还不到 1‰。与国外文化产业发达国家相比，我国文化创意产业存在巨大的人才缺口。

三、我国文化创意专业职业教育分析

高等院校艺术设计教育是我国创意设计产业人才的主要培养基地，是高品质创意人才的重要组成部分，也是文化创意产业和谐发展的动力来源，下面对我国文化创意专业职业教育现状进行详细分析。

（一）专业设置情况

目前，我国还没有形成专门的文化创意学科科目，文化创意相关专业分散在其他专业学院门下，文化创意人才集聚培养不够明显。根据最新修订的《普通高等学校高等职业教育（专科）专业目录（2015 年）》，文化艺术大类可以分为四大类，分别是艺术设计类（6501）、表演艺术

①新快报：《文化创意人才快到碗里来》，http://www.ycwb.com/ePaper/xkb/html/2015-12/21/content_884071.htm。

②南方日报：《文化创意人才缺口四五万人　或成深圳文化创新掣肘》，http://finance.chinanews.com/life/2015/05-14/7275650.shtml。

类（6502）、民族文化类（6503）和文化服务类（6504），每一类都可以细分出多个专业，具体专业名称如表 1－4 所示，并附有中职—高职—本科相互衔接的专业。

表 1－4　　与文化创意相关的文化艺术类专业

专业类	专业名称	衔接中职专业	接续本科专业
艺术设计类（6501）	艺术设计、视觉传播设计与制作、广告设计与制作、数字媒体艺术设计、产品艺术设计、家具艺术设计、皮具艺术设计、服装与服饰设计、室内艺术设计、展示艺术设计、环境艺术设计、公共艺术设计、雕刻艺术设计、包装艺术设计、陶瓷设计与工艺、刺绣设计与工艺、玉器设计与工艺、首饰设计与工艺、工艺美术品设计、动漫设计、游戏设计、人物形象设计、美容美体艺术、摄影与摄像艺术、美术	网页美术设计、数字影像技术、美术设计与制作、美术绘画、皮革制品造型设计、皮鞋工艺、服装设计与工艺、服装展示与礼仪、建筑工程施工、建筑装饰、建筑表现、民族民居装饰、工艺美术、珠宝玉石加工与营销、民族工艺品制作、计算机平面设计、民间传统工艺、民族织绣、民族美术、动漫游戏、美发与形象设计、美容美体	艺术设计学、视觉传达设计、摄影、广告学、产品设计、工业设计、服装与服饰设计、环境设计、建筑学、城乡规划、公共艺术、艺术与科技、工艺美术、数字媒体艺术、戏剧影视美术设计、绘画、雕塑
表演艺术类（6502）	表演艺术、戏剧影视表演、歌舞表演、戏曲表演、曲艺表演、音乐剧表演、舞蹈表演、服装表演、模特与礼仪、现代流行音乐、作曲技术、音乐制作、钢琴伴奏、钢琴调律、舞蹈编导、戏曲导演、舞台艺术设计与制作	民族音乐与舞蹈、戏曲表演、曲艺表演、木偶与皮影表演及制作、戏剧表演、音乐、舞蹈表演、民族音乐与舞蹈、杂技与魔术表演、服装设计与工艺、服装展示与礼仪、美发与形象设计、服装展示与礼仪、公关礼仪、计算机音乐制作、乐器修造、工艺美术、美术设计与制作、美术绘画	表演、戏剧学、戏剧影视导演、音乐学、音乐表演、舞蹈表演、舞蹈编导、舞蹈学、戏剧学、播音与主持艺术、录音艺术、作曲与作曲技术理论、戏剧影视美术、艺术设计学
民族文化类（6503）	民族表演艺术、民族美术、民族服装与服饰、民族民居装饰、民族传统技艺	民族音乐与舞蹈、音乐、舞蹈表演、民族美术、美术绘画、美术设计与制作、民族服装与服饰、服装设计与工艺、民族民居装饰、建筑装饰、民族工艺品制作、民间传统工艺	音乐表演、舞蹈表演、绘画、雕塑、服装与服饰设计、工艺美术、产品设计
文化服务类（6504）	文化创意与策划、文化市场经营管理、公共文化服务与管理	办公室文员、文秘、商务助理、公关礼仪、社会文化艺术、市场营销、电子商务、客户服务	网络与新媒体、文化产业管理、公共艺术、文化产业管理、市场营销、公共事业管理

资料来源：阳光高考信息网。

1. 规模分析

我国文化创意人才培养受到高度重视，中专、高职、本科均开设了与文化创意产业相关专业，着力培养多层次文化创意人才。据阳光高考信息网数据统计，我国高职院校开设艺术设计相关专业的有2126所，其中开设艺术设计类专业的高职院校有1673所，开设表演艺术类专业的高职院校386所，开设文化服务类专业的高职院校67所，文化创意相关专业的高职院校每年毕业生规模达到8万人以上（见表1－5）。

表1－5　开设文化创意相关专业的高职院校统计

专业大类	专业名称	开设院校数量（所）	毕业生规模（人）
艺术设计类	艺术设计	492	26000～28000
	广告设计与制作	446	16000～18000
	环境艺术设计	453	22000～24000
	人物形象设计	123	3000～3500
	室内艺术设计	53	600～700
	美术	34	250～300
	动漫设计	20	200～250
	陶瓷设计与工艺	17	500～600
	游戏设计	17	350～400
	首饰设计与工艺	7	50以下
	皮具艺术设计	6	100～150
	摄影与摄像艺术	4	50以下
	玉器设计与工艺	1	50以下
	合计	1673	69000～88650
表演艺术类	舞蹈表演	150	2500～3000
	表演艺术	100	2500～3000
	戏剧影视表演	67	1000～1500
	服装表演	27	300～350
	舞台艺术设计与制作	11	50～100
	钢琴调律	8	50～100
	音乐剧表演	5	50以下
	模特与礼仪	6	50以下
	歌舞表演	4	50以下
	现代流行音乐	3	50以下
	国际标准舞	2	50以下
	钢琴伴奏	2	未知
	作曲技术	1	未知
	合计	386	6400～8350

续表

专业大类	专业名称	开设院校数量（所）	毕业生规模（人）
文化服务类	文化市场经营管理	60	1000 ~ 1500
	文化创意与策划	7	50 以下

资料来源：阳光高考信息网。

2. 结构分析

阳光高考信息网的数据显示，开设文化创意相关专业的高职院校数量最多的省份是江苏省，共有 157 所学校，其次是河北省，共有 152 所，河南、湖北、广东紧跟其后，具体分布情况如图 1 – 7所示。

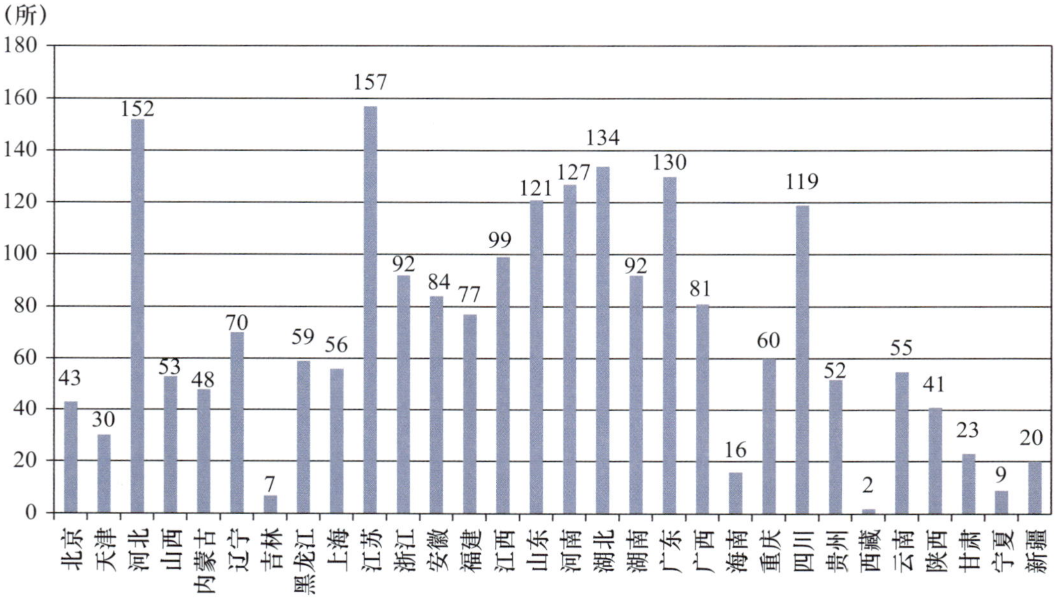

图 1 – 7　全国开设文化创意相关专业院校分布

资料来源：阳光高考信息网。

从区域分布来看，开设文化创意产业的高职院校主要分布在东部地区①，院校数量占总开设量的 44. 76%，比中部地区高出 13. 7 个百分点，比西部地区高出 20. 6 个百分点，开设文化创意相关专业的高职院校明显高于中西部地区（见图 1 – 8）。由此可见，文化创意相关专业的开设情况与区域文化创意产业发展正相关，文化创意产业发达的东部地区开设文化创意相关专业的院校数量也相对较多，如北京、天津、上海等城市的文化创意产业发展速度快于中国其他地区城市，即高职院校为区域文化创意产业发展提供人才支撑。

①东西部区域按照《中国统计年鉴》划分，东部：北京、天津、河北、山东、江苏、上海、浙江、福建、广东、海南、辽宁；中部：山西、河南、湖北、湖南、江西、安徽、黑龙江、吉林；西部：重庆、四川、广西、贵州、云南、陕西、甘肃、内蒙古、宁夏、新疆、青海、西藏。

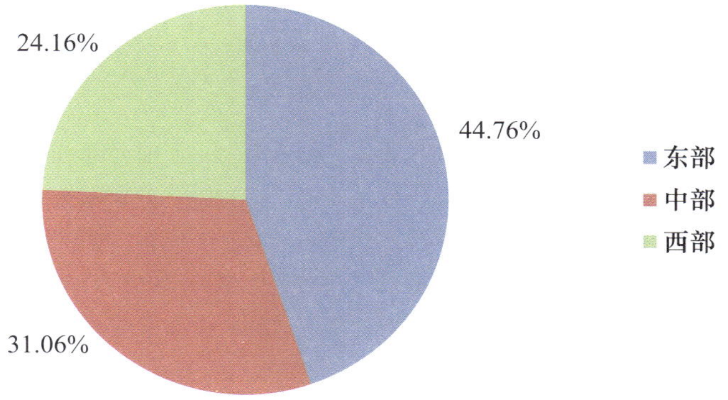

图1－8　专业设置区域分布

资料来源：根据已有资料整理。

（二）人才培养现状

通过梳理高职院校文化创意相关专业人才培养情况，结合相关资料，主要从培养目标、培养模式、课程体系、师资队伍四个方面分析文化创意相关专业人才培养现状。

1. 培养目标

高职院校文化创意相关专业主要培养既具有较强的加工和技术能力，又能在实践中从事多工种、多岗位的复杂劳动，集创意与操作于一体的应用型人才。结合人才需求产业链分析，可知文化创意相关专业主要培养生产策划类人才和经营管理类人才。此外，高职院校也会结合当地产业布局和发展特色，着重培养具有区域优势产业发展所需的文化创意人才。如表1－6所示。

表1－6　部分高职院校文化创意相关专业人才培养目标

院校	专业	人才培养目标
河北科技大学	艺术设计专业	培养具备现代服装设计、生产工艺和管理、服装材料性能、服装美学与心理学、服装市场营销与策划的知识和能力，能够从事服装设计、服装制作、配饰设计、服装理论研究及宣传评论等方面工作的高级专业人才
廊坊师范学院	艺术设计类	培养装潢艺术设计、环境艺术设计、展示艺术设计、家具设计等方向的专业技术人员。教学采用学用结合，理论与实践结合，重视学生专业技能和实践技能的培养，学生毕业后根据选修方向可在广告公司、室内装饰公司、展览展示公司、家具生产企业从事专业设计和一线指导工作
连云港职业技术学院	数字媒体艺术设计	培养面向各类媒体、影视、广告、出版、网络及电子信息等行业中数字媒体方向的高技能应用型人才
山西应用科技学院	数字媒体艺术设计	本专业培养具有较强专业理论知识、电脑图形设计专业技能和市场营销策划能力，掌握电脑图形图像处理制作技术，具有较强美术基础，能把平面视觉设计手段与电脑技术相结合的人才

续表

院校	专业	人才培养目标
深圳职业技术学院	游戏设计	培养游戏美术为主，创意策划、管理营运和脚本程序为辅的游戏设计与制作专业人才。即培养德、智、体、美全面发展，具有良好的专业基础和综合素质，熟悉游戏产品开发制作流程，掌握游戏设计与开发中工具软件操作与应用、游戏设计与制作相关理论知识以及专业技能，适应生产、管理运营第一线需要的复合式创新型高素质高技能人才
广东轻工职业技术学院	广告设计与制作	本专业面向广告行业发展，培养既懂我国广告法规和广告专业理论，又能熟练掌握各种广告设计与制作技能，还能较快适应设计、服务、管理第一线需要的高等技术应用型人才
四川理工学院	环境艺术设计	本专业主要培养具有现代设计理念，掌握艺术设计理论知识与技能，能够独立从事环境艺术设计工作，适应社会主义市场经济发展的设计应用型人才

资料来源：根据各学校官网信息整理。

2. 培养模式

高职院校文化创意人才培养基本形成以实践为主的教学模型。高职院校采取多体验、多实践的培养思路，运用项目教学、工作室教学、订单培养等模式进行文化创意人才培养。

第一，项目教学模式。项目教学主要根据文化创意产业的特点，以学生参与项目的方式进行模拟教学与实践，摒弃传统理论教学模式的缺陷，借助项目运作让学生了解工作流程，培养学生创新精神和意识。此种培养模式强调学生的参与性，教师根据课堂的人数将学生分成若干组，由教师担任项目总顾问，按照学生的能力与期许进行分工，如项目负责人、项目组长等，让学生在教学过程中了解社会需求，丰富社会实践，提高未来就业竞争力，激发学生创新意识。

第二，工作室教学模式。工作室教学的管理运行体制与企业相似，其基础是项目教学方式，通过项目分工与合作让学生感受专业实践氛围，培养合作竞争能力，提高学习主动性。通过工作室教学引发学生对市场和产业发展前景的思考与评估，认识文化创意产业链的样态，提高专业实践技能，并尽快适应未来就业岗位。

第三，订单式培养模式。订单培养是协议式培养模式，其前提是高职院校对文化创意产业发展前景及趋势有深刻的认识，与相关企业共同制订人才培养计划，确定校企联合培养方案，搭建实习基地与实践平台，共同组建订单培养师资。学校负责学生的文化创意理论知识，合作企业为学生提供实习实践机会，并安排经验、技术丰富并有理论修养的员工进行全程指导，使学生熟悉工作流程，了解产业动向。

3. 课程体系

根据文化创意市场对人才需求现状分析，可以将文化创意人才所需具备的能力分为三大类：第一，创意能力，主要包括创新能力、沟通协调能力、解决问题能力、学习转化能力等。第二，创意基础，主要包括专业知识、文化素养、专业技能等。第三，创意人格，主要包括风险承受能力、包容性、质疑精神等。具体的文化创意人才所需具备的能力如图 1 -9 所示。

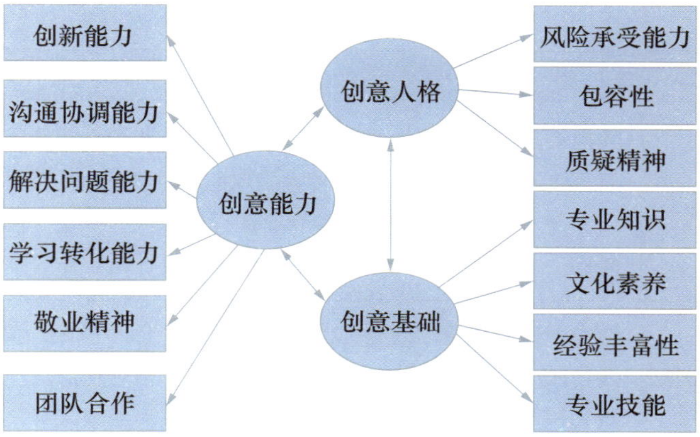

图1－9　文化创意人才能力分析

根据文化创意人才所具有的能力分析，并以“学生能力为中心”、艺术学学科为基准，构建由公共类课程、专业类课程、选修类课程共同组成的课程体系。其中，公共类课程的目标是训练学生的职业道德素养，为学生奠定开阔的文化视野和深厚的文化素养，开设课程主要包括《思想道德修养》、《职业生涯规划》、《跨文化交际》、《世界文化概论》等。专业类课程是加强创造性思维与多方位创意训练，遵循文化创意专业培养目标，穿插创意思维训练的核心课程，如《电脑艺术设计》、《广告文案写作》、《设计基础》、《室内设计》等。选修类课程是由多个相互独立的专业方向模块和任意选修课程群组成，相互独立的专业方向的模块是根据不同学生的个性要求而设置，根据自身兴趣特长和发展方向而选择；任意选修课是技能性课程，以打通专业界限、鼓励不同专业学生沟通交流为目的。文化创意专业的三类课程相互作用、相互支撑，体现了专业培养的特色与创新，为文化创意人才培养提供有力保障。国内部分高职院校文化创意相关专业课程设置如表1－7所示。

表1－7　部分高职院校文化创意相关专业的课程设置

学校名称	专业类别	核心课程
四川师范大学	艺术设计类	绘画基础、图案基础、平面构成、国画基础、标志设计、包装装潢设计、展示设计、广告设计、电脑平面动画设计、绘画技法表达能力训练、视觉传达艺术设计等
南阳师范学院	艺术设计类	基础英语、英语听力、英语口语、英语语法、英汉互译、居室设计、商业设计、设计软件（AutoCAD、3DMAX等）、材料与工艺、人体工程学、建筑制图、设计表现技法、家具设计、陈设设计、园林设计、模型制作、建筑工程预算与合同、房地产经营与管理等
济源职业技术学院	表演艺术类	素质技巧、芭蕾基训、古典身韵、民族民间舞、流行舞、剧目、舞蹈编导、舞蹈史、舞蹈艺术概论、舞蹈作品赏析、乐理视唱、声乐等

续表

学校名称	专业类别	核心课程
泉州海洋职业学院	表演艺术类	普通心理学、教育学原理、发展心理学、儿童心理发展与辅导、人力资源开发与管理、幼儿英语、异常心理学、学前教育学、幼儿园教育活动设计与指导、儿童营养与卫生、家庭教育学等专业课程，以及琴法、声乐、形体训练、音乐基础、舞蹈、表演艺术、儿童画、多媒体课件设计与制作等基本技能课程
武汉城市职业学院	文化服务类	时尚奢侈品概论、商务礼仪、形体训练、色彩搭配、美学导论、消费者心理学、奢侈品品牌营销战略、营销技巧与案例、信息化管理、品牌文化创意与设计、客户关系管理、品牌商业策划、品牌分销及商业模式等
江苏经贸职业技术学院	文化服务类	管理学原理、文化经济学、公共关系学、知识产权与文化法规、音乐赏析、美术赏析、社会调查方法与统计、文化市场项目创意与策划、市场广告宣传与策划、管理案例分析（音乐）、管理案例分析（美术）、节目编排与晚会组织、美术展览策划

资料来源：根据各学校官网信息整理。

4. 师资队伍

教师是专业人才培养的主体，专业建设水平的高低归根结底取决于师资队伍实力，高水平的师资队伍建设对于提高专业质量有十分重要的作用。目前，各高职院校对文化创意专业教师非常关注，首先，聘请的专职教师的门槛都非常高，对学历、职称都有很高的要求，某些院校为了提升师资队伍整体水平，特聘请国内外创意专家来支撑文化创意专业建设。其次，学校鼓励文化创意相关专业的教师出校进修，并为其提供时间、资金等方面的支持，帮助教师提升专业技能。同时聘请校外文化创意专家到校举办讲座、座谈会等，提高文化创意相关专业师资水平，跟上创意产业发展趋势。最后，校园引入文化创意企业或相关项目，由企业技术人员与在职教师共同组成项目团队，承担相关文化创意项目开发与研究，提高师资实践技能。

四、国外文化创意专业职业教育分析

文化创意产业是美国、英国、法国、德国、日本等发达国家的重点支柱产业，产业发展早已趋于成熟。发达国家在文化创意人才培养方面已积累了丰富的经验，拥有丰硕的成果。因此，我们可以学习借鉴国外发达国家高校在文化创意产业人才培养中的成功经验，为我国文化创意人才培养提供参考。

（一）美国的文化创意教育

美国是世界文化创意产业最发达的国家，不仅拥有广播、电视网一体化的全球通信卫星，还拥有互联网域名主服务器以及在业界举足轻重的苹果、微软、谷歌等互联网服务提供商、数码设备生产商。目前，美国共有 20 多所大学开设艺术管理专业，基于美国在管理学理论实践教学的领先地位，高等院校的文化创意学科建设和人才培养实践方式颇有成就。美国高校艺术教育在吸收其他国家先进经验的基础上自主创新，不断改革教育体系、制度和方法，形成以产业链为导向的人才链模式，一方面重点培养“创意核心群”人才，为艺术设计、娱乐产品等领域提供内容创意与设计人才；另一方面培养“创意专业群”人才，为产业发展提供技术管理、资本运作、经营管理等服务人才。

1. 美国高等院校文化创意教育

美国高等院校通过人才链培养机制使高端创意人才与应用型人才相互合作、相辅相成，为文化创意产业发展提供源源不断的人力资本，支持文化创意产业健康发展。以下以美国哥伦比亚大学艺术学院（Columbia University's School of the Arts）、美国罗德岛设计学院（Rhode Island School of Design）为例，介绍美国高校的文化创意人才培养模式。

（1）美国哥伦比亚大学艺术学院①。美国哥伦比亚大学艺术学院的艺术管理系成立于1975年，距今有40多年的发展历史，主要培养具有商务基础、媒介传播和管理质量评价分析三方面的基本能力的管理者和领导者。学校课程体系包括营利性文化艺术企业管理和非营利性文化艺术企业管理两大类。美国哥伦比亚大学艺术学院的艺术管理系下设媒介管理、视觉艺术管理等六大方向，其中视觉艺术管理方向所培养人才以市场需求为导向，涵盖了美国视觉艺术产业所有类型，在强调专业性的同时突出适应性。表1-8为视觉艺术管理专业的核心课程体系。

表1-8 美国哥伦比亚大学艺术学院课程核心体系

类型	课程名称
专业必修课（7门）	管理学导论、艺术营销导论、会计学一、艺术及娱乐业相关法律知识、计算机基础知识与技能、管理者写作实务和金融学
专业选修课（13门）	会计学二、领导技能培养、投资管理、艺术企业管理一、数据分析与统计学、艺术伦理与商务、投资学、艺术劳资关系、人力资源管理、管理经济学、管理科学、组织行为学、战略管理
专业方向课（选修8门）	文化政策学、艺术企业管理二、管理经验研究、艺术营销、艺术决策、视觉艺术管理、设备管理、融资、非营利艺术管理导论、项目策划及策划书写作、跨国艺术管理、个人创作、人力资本管理等

由表1-8可知，美国哥伦比亚大学艺术学院的核心课程体系主要包括专业必修课、专业选修课和专业方向课三大类，培养目标均是训练学生的专业技能，包括营销能力、企业运营管理等，着力培养文化创意产业所需的高级管理人才。

（2）美国罗德岛设计学院②。美国罗德岛设计学院是美国艺术与设计学院的先驱，是世界顶尖设计学院，致力于设计和艺术人才的培养，提高大众艺术教育、商业和产品的水平。学校专业设置突破传统艺术学概念，紧跟产业发展趋势，开设工业设计、平面设计、摄影、建筑等艺术设计专业，为产业发展输送大量人才。

在教学过程中，学校将现代高科技手段应用于设计实际创作中，将设计艺术与计算机技术、数码技术、新材料和新工艺结合，将单一的手工操作与光、电声等多媒体手段结合，提高教学效

①②李晓溪：《高校文化创意产业人才培养研究》，上海大学博士学位论文，2014年。

果和学生的学习兴趣。在课程设置中，学校开设了大量的选修课，让学生有机会接触不同的学科、学派、设计思路等，帮助学生找到适合自己的职业道路。在实践教学中，学校注重高质量的基础技能训练，深度挖掘、培养学生的想象力、创造力，突出创意与基本表现技能的融合，强调课堂理论教学与设计实践活动结合，全面提高学生设计创造能力，培养适应于产业发展的应用型人才。

2. 创新实验室

美国许多著名高校都设有创新实验室，作为开放创新平台，招收本科生、研究生、博士生，如麻省理工学院的数字媒体实验室、哈佛大学的创新实验室、加州大学圣地亚哥分校的阿瑟·C. 克拉克人类想象力中心实验室等。创新实验室以多学科交叉创新研究为主，目的是培养创新创意精英，课程内容是在交叉教育的基础上进行创新、创意设计。

为克服高校学科分化带来的视野变窄问题，改变创意和创新“工匠”缺乏的现状，创新实验室充分尊重学生创新创意能力，鼓励学生奇思妙想，并由专家和教师给予学生咨询指导，为创意产业领军人物提供学习空间和实践机会。如加州大学圣地亚哥分校（UCSD）阿瑟·C. 克拉克人类想象力中心实验室，属于跨学科创新实验室，该实验室没有严格的学科划分，不设置明确的系、室，主要致力于将数字技术与艺术结合，嫁接人工智能与艺术，从神经学、行为学、社会学的层面研究人类想象力的发生，探寻行之有效的方法，将人类的想象力运用于教育与学习当中，并用想象力和创造力来应对人类发展中遭遇的问题。同时，中心实验室既注重技术研究，也注重技术的使用价值和市场价值，提倡在学生已有知识的基础上进行深层次再造，并通过研讨会、主题会帮助学生知识升级。

（二）英国的文化创意教育

英国将文化创意产业称作“创意产业”，它是最早提出“创意产业”概念的国家。为了支持创意产业的发展，英国政府成立了英国文化、传媒和体育部（Department for Culture, Media and Sport, DCMS，简称“文体部”），主管全国文化艺术、新闻广播、电影电视、图书出版、体育和旅游事业，负责制定和监督实施文化政策，管理全国文化经费等，与其他政府部门一起发布文化创意人才报告，客观分析文化创意人才培养方案和提升空间，为英国创意产业发展提供源源不断的人才支持。

英国是世界上最早重视创意教育的国家，政府非常重视基础教育阶段创新技能的实践性和应用性。英国从中学开始创意教育，重视基础阶段文化创意理念灌输，并在高校阶段培养学生创意思维，将中学阶段的文化创意教育与大学的通识教育相结合。英国较多高校开设了文化创意相关专业，如伯明翰大学、伦敦大学、威尔士大学开设了创意专业学科，谢菲尔德大学开设文化创意管理专业、创意艺术大学学院开设创意产业管理的工商管理专业、伦敦艺术大学开设了文化创意及相关专业等，高校注重培养学生的批判思维、创造意识、创新精神，旨在提供高质量的文化创意人才。

1. 英国中学创意教育

20 世纪 50 年代，英国将设计与技术专业纳入中学课程体系，通过对信息、设计、计算机辅助设计等内容传授培养中学生的创意技能和创意意识。政府非常重视中学创意教育，为 14 ~ 19 岁的学生设立“创意媒体文凭”，为其提供展示和证明自己创意才能的机会，让学生认识到创意能力是文化产业和文化工作的基础，塑造重视创意产业发展的社会氛围。

此外，英国许多中学实行跨学科计划，通过问题探索把割裂的学科联系起来，培育中学生跨学科的理解和创新意识。例如，爱丁堡昆斯费里中学在地方文化、历史、环境或政治等领域于每年春季和秋季开始实施该计划，让学生通过参加辩论和表演等方式寻求全球国家和地区问题的解决方案，培养学生创意能力和批判思维。

2. 英国大学创意教育

英国政府非常重视文化创意产业人才培养，文体部和多所大学合作，设立“创意产业高等教育论坛”，定期邀请政府官员、教育机构和创意企业代表进行创意产业与人才培养研讨会，提高文化创意人才培养质量。英国高校非常重视对普通人艺术和创意潜能的开发，在通识教育中培养学生的创新能力，通过改革课程设置提升学生就业能力，实现高等教育与创意产业的有效链接。同时，随着文化创意产业的发展，英国高校将人才培养目标与产业发展需求对接，在专业设置上刻意模糊创意学科设置的边界，尤其体现在计算机和工程领域，旨在提高创意人才的复合型能力。

2008 年金融危机之后，英国政府提出“再工业化”国家战略，对文化创意产业政策进行适度调整，确立创意产业为制造业服务的方向，并高度关注高校艺术教育。以下将以南安普顿大学温彻斯特艺术学院和伦敦艺术大学为例，介绍英国文化创意人才培养模式。

（1）南安普顿大学温彻斯特艺术学院①。南安普顿大学温彻斯特艺术学院（University of Southampton Winchester School of Art）是英国最古老的艺术学院之一。学院采用极其严谨的教学制度，其人才培养目标是让学生具备服务产业转型的能力，主要包括五个方面：第一，自我管理和职业发展能力。第二，想象力、理解能力、独立思考和判断能力。第三，分析和解决问题的能力，灵活运用知识的能力。第四，交流、沟通和协作的能力。第五，搜集、整理信息，并进行多角度思考的能力。为了实现综合培养目标，创意产业学科建设非常重视实践教学，鼓励创设宽松的教学环境及自由的教学方式，激发学生学习兴趣，培养学生的创新能力和创意思维。

温彻斯特艺术学院大多采取项目教学法，以真实或虚拟的课题项目培养学生学习习惯，提高学生发现问题、解决问题的能力。在实践教学的过程中，教师注重学生创作过程，要求学生对自己思维过程进行全程记录，帮助学生形成独立思考习惯和综合研究能力。同时，学校聘请国内外知名设计师、职业艺术家作为学生专业导师，指导学生实践创作，使学生设计活动与文化创意产业紧密联系，提高未来就业能力。此外，为了解决英国制造业外迁带来实习困难的尴尬，温彻斯特艺术学院建立了与企业一致的实训工作室，采用与企业相同甚至高于企业的实训设备，确保实训的真实感与实际效果，提高学生创新创意实践技能。

（2）伦敦艺术大学②。伦敦艺术大学（University of the Arts London）是世界规模最大的艺术、设计和大众传媒中心，由伦敦印刷学院、伦敦时装学院、坎伯韦尔艺术学院、中央圣马丁艺术与设计学院、切尔西艺术与设计学院和和温布尔登艺术学院组成。

在实践教学方面，伦敦艺术大学以学生需求为出发点，开设两年实践教学课程，包括项目运作、工具应用、设计分析、市场调研和创新实践等，全面培养学生的分析能力和创新思维。在人才培养过程中，创意专业导师主要起引导作用，只是提出参考建议，并不参与到学生的创作当中，由学生独立决定做什么、学什么，整个创作过程由学生自主完成。学校注重实践和过程的人才培养模式吸引了众多企业和伦敦艺术大学与学校合作，在产业与师生之间架起沟通桥梁，形成

①②李晓溪：《高校文化创意产业人才培养研究》，上海大学博士学位论文，2014 年。

有效的校企合作模式，既有益于教师、研究人员、学生专业知识和创新思维的培训，了解市场需求及行业发展情况，也能为企业提供知识、专业技术服务与咨询，大大提高双方参与的积极性。

（三）美英文化创意教育的特点分析

虽然美英两国的文化创意人才教育模式不同，但在培养目标、课程设置、实践技能训练等方面表现出一致性。

1. 人才培养目标明确

合理定位人才培养目标对于高校明确办学指导思想，提升核心竞争优势具有重要意义。从两国文化创意专业人才培养模式分析可以看出，美国和英国均有明确的文化创意人才培养目标。在美国，文化创意人才培养与创意产业发展对接，既培养“创意核心群”人才，也培育“创意专业群”人才，为产业发展提供创意设计、技术管理、资本运作等各类人才，满足文化创意产业发展需求。如美国哥伦比亚大学艺术学院的培养目标是培育创意产业的管理者和领导者，美国罗德岛设计学院致力于培养设计和艺术人才等。在英国，高校将文化创意人才培养纳入产业链，积极响应“再工业化”国家战略，明确创意设计为制造业服务的方向，提升高校社会服务能力，如南安普顿大学温彻斯特艺术学院的人才培养目标是服务产业转型升级需求。

2. 课程设置交叉融合

文化创意专业具有多学科交叉的特征，使得美国和英国的专业课程设置均具有跨学科特点。英国高校在专业设置上刻意模糊创意学科的边界，尤其在计算机和工程领域，课程设置具有明显的跨学科特征，涉及广泛的知识面，着重培养复合型技术技能人才。美国文化创意课程设置注重为学生提供宽厚的基础知识，开设大量的通识课程和选修课程，全面提升文化创意人才的综合能力，如美国罗德岛设计学院开设多种选修课，让学生接触不同的学科、学派、设计思路等，提高学生创新能力；美国哥伦比亚大学艺术学院的核心课程体系不仅包括艺术营销导论、艺术企业管理、艺术伦理与商务等课程，还包括会计学、组织行为学、投资管理等，全面培养学生的综合职业素养。

3. 注重实践技能培训

美英两国的文化创意专业教育都非常重视高质量的实践能力训练，开设大量理论与实践类课程，强调理论教学与实践活动相结合，深度挖掘学生的创新思维和创意设计，培养适应用于产业发展的应用型人才。例如，美国 DIGIPEN 理工学院鼓励教师和学生参加各项国际游戏竞赛，通过比赛促进游戏专业的教学工作，锻炼学生的实践技能、项目管理能力。英国文化创意教育不仅重视高等阶段的实践培训，同样重视文化创意基础教育阶段的实践性和应用性。如温彻斯特艺术学院采取项目教学法，借助真实或虚拟课题项目培养学生的独立思考能力，在专业导师的指导下进行实践创作，提升创意实践技能；英国设计委员会为中学生设计了各种实践活动，如“设计师讲学周”，主要培养中学生的创意设计概念。美英两国高校是在让学生掌握理论知识的基础上，借助各种实践措施和平台进行技能训练，提高学生实践操作能力。

4. 鼓励学生自由发挥

美英两国高校的文化创意教育均给予学生足够的自主发挥空间，教师及专业名师在教学中扮演咨询指导角色，帮助学生解决学习实践中出现的各种问题。高校均鼓励学生主动参与教学活动，充分尊重学生创新创意能力，培养其独立思考能力与创意设计技能。学生是课堂教学的核心，决定自己创意专业的学习内容和设计方向，独立自主完成整个创作过程。例如伦敦艺术大学的教学活动以学生需求为出发点，专业导师引导学生创意设计，教师仅提供参考建议而不参与学生创作，尊重学生创作意愿，为创意人才培养提供自由发挥的空间。

五、我国文化创意专业职业教育服务产业发展分析及建议

我国文化创意专业教育还处于初级阶段，尚未形成一套完善的适应产业发展的人才培养体系，存在专业设置与产业发展不匹配、人才培养质量不高等问题。应借鉴国外发达国家文化创意教育先进经验，提升我国文化创意人才培养水平，为文化创意产业发展提供源源不断的人才资源。

（一）文化创意专业职业教育服务产业发展分析

虽然我国高校培养了大量的文化创意人才，但人才培养与社会需求并未完全对接，许多高校囿于传统人才培养理念，所培育的文化创意人才在质量、结构、创新能力等方面仍然存在不足，无法满足文化创意产业发展需求。

1. 人才培养类型与产业结构不匹配

文化创意行业是经过高科技与智力加工生产出来的高附加值产品，涉及十几个不同的行业领域，具有明显的“跨学科”特征，其产业发展不仅需要顶尖文化内容开发、创意设计类人才，也需要文化创意制作、文化创意管理类人才。然而，国内高校受传统教育理念和模式的制约，对如何培养符合文化创意产业发展需求的高质量人才处于研究阶段，对文化创意产业人才培养模式处于摸索阶段，完整的人才培养理念和富有特质的人才培养模式还未真正形成，所培养的文化创意人才滞后于文化创意产业发展。此外，文化创意专业所培养的人才类型与产业结构发展不匹配，高端原创型人才极其缺乏，文化推广管理类人才严重不足，导致真正的创意原创作品很少，能够将创意产品“市场化”和“产业化”的营销人才匮乏，无法跟上文化创意产业快速发展的步伐。

2. 人才培养质量无法满足岗位要求

文化创意产业链的灵魂是来源于人类智慧的创意，不仅要求人才具有文化创意产业的专业素养，即影视、动漫等专业技能，还要具备运用数字技术及互联网技术实现文化产品制作的科技技能，同时兼备营销学、传播学等推广技术，能够将文化创作产品进行市场推广。然而，在现在教育体制下，高校在培养目标、课程设置、实践教学等方面存在诸多问题，导致所培养的人才质量不能满足岗位需求。

（1）专业建设不完善。高职院校暂时没有开设创意类专业，而是散布于各二级学院的诸多专业之中，专业建设缺乏宏观统筹，分类模糊，学科没有明确的界定和区分，很难形成准确的人才培养定位，不能从总体上适应文化创意产业发展需求。同时，高校在学科建设思路、课程设置等方面也存在较大差异，缺乏统一的设置标准，课程体系简单叠加现象严重，没有及时跟上国家政策调整和产业迅猛发展的步伐，还未建立起与文化创意产业市场发展相适应的人才培养体系，存在与其他专业趋同的问题，导致培养的人才和市场需求脱节，没有从根本上解决文化创意产业人才缺乏的现状。

（2）培养目标不清晰。文化创意行业要求人才具有多学科的综合素质和较强的实践能力。尽管目前我国高校在人才培养目标设计时都表明按照文化创意产业链需求培养学生职业素养，但

在实际操作中人才培养定位并不明确，或者人才培养目标仅局限于书面表述，实践流于形式。导致这种结果的原因有两个：一方面，学校对文化创意人才培养目标理解不透彻。很多高校在制定人才培养目标时并未提前进行市场调研和人才需求分析，存在闭门造车的现象，导致高校人才培养定位模糊，与文化产业发展需求相脱节。另一方面，教师对创意人才培养目标定位不清。不少高校教师常常把课堂教学目标定位为完成课程知识传授，并不关注学生自身的主体意识，加上传统的填鸭式教学方法，束缚了学生创意思维和能力的发展，无法在学生的主观创意性形成中发挥引导作用，导致文化创意人才培养目标不明确。因此，高校文化创意人才培养目标不明确，所培养的大批创意人才因不能服务产业发展而造成资源浪费，使得文化创意人才培养受到限制。

（3）课程设置不合理。文化创意是一门具有交叉性质的学科，包含了艺术、技术和科学各个领域的知识，具有非常强的实用性、理论性和实践性。但是我国高校设计人才培养的课程体系设置不够合理，主要体现在三个方面：第一，课程体系建设多以市场需求为导向，对以拓展知识面、优化知识结构为目的的素质教育、通识教育关注较少，导致学生知识面不够广阔。第二，交叉选修类课程开设不足，且不同专业方向所开设相同的公共课程同质化现象严重，使得高校设计人才培养缺乏自身的特征和个性，设计产品缺少独特感。第三，课程设置重理论轻实践，无法做到不同课程之间理论与实践的融会贯通，以致高校设计人才实践技能得不到提升。

（4）实习实践不充分。在文化创意行业发展的背景下，艺术设计专业要求学生具备较高的创意思维与创新才能，不仅要求学生掌握理论知识，更要具有创意设计实践技能，需要高校在人才培养的过程中开展各类创意实践活动。然而，我国高校尚未脱离传统应试教育和学历本位的窠臼，人才培养模式仍然重理论轻实践，重书本知识积累、轻动手操作，实践性教学环节设计不足，设计人才培养实践力度不强，校企合作环节薄弱。对于创意产品的设计价值性、功能性、市场性、材料的掌控性等把握不到位，造成高校设计专业人才在实践能力和解决问题能力上不能与时俱进，导致高校所培养的人才与创意产业的实际需求不匹配，难以满足文化创意产业发展需求。

（5）师资力量较薄弱。师资是文化创意人才培养计划和课程设计实施的重要环节，是知识的“传授者”、“灌输者”。没有跨学科的，融会贯通创意、艺术、经营和管理等各方面知识的教师，再完善的人才培养计划和课程设置都难以达到预期效果。鉴于文化创意产业学科归属问题长期未明确，使得高校专业教师储备不足，尚未形成拥有文化创意专业系统知识结构的师资队伍。此外，文化创意产业属于新兴产业，一些新兴产业如数字媒体、网络游戏等专业教师非常匮乏，相当一部分师资是从哲学、文艺学、经济学等专业转过来的，学科背景与文化创意相关，但没有系统的知识积累，再加上对文化创意产业缺乏深入的了解，应用技术和实际动手能力不强，难免出现“外行”教课的尴尬场面，使得高校文化创意专业整体师资力量不强。

（二）对我国文化创意专业职业教育发展的建议

通过分析我国文化创意专业建设中存在的问题，结合我国实际情况，借鉴国外文化创意专业人才培养先进经验，文化创意人才培养可以从政府引导支持、专业设置、课程体系、实践教学等方面进行优化提升。

1. 加强政府引导，支持高校建设

我国文化创意专业的职业教育发展滞后，在高职专业目录中没有明确的文化创意专业设置，文化创意人才培养分布在其他专业方向中，缺乏政府尤其是教育部门的统筹管理。因此，政府应

该加强对文化创意专业的引导支持作用，促使教育主管部门对文化创意专业进行总体部署和规划，为文化创意专业发展保驾护航。首先，教育主管部门要严格把控开设文化创意专业的院校数量和人才培养规模，防止出现学校贪大求全、专业设置雷同、学生培养过剩等问题，避免出现教育资源浪费的现象。其次，为了适应文化创意产业发展，教育部门应适时调整中高职文化创意专业目录，推动文化创意专业链与产业链相对接，加快文化创意产业发展。鉴于文化创意产业发展的独特性，教育主管部门应给予职业院校一定自主权，使其根据实际情况调整文化创意专业设置与培养方向，满足区域文化创意产业发展需求。最后，政府鼓励企业参与人才培养过程，逐步形成政府引领、市场主导的“产学研”相结合的人才培养模式，通过优惠政策鼓励企业参与文化创意人才培养，推动企业与学校共同制订人才培养方案，力求学生所学知识与技能满足文化创意产业发展的需求。

2. 对接产业发展，完善专业设置

高职院校应发挥其优势进行资源整合，以市场需求为导向，专业设置与文化创意产业发展相对接，完善高职院校专业设置，并通过教学理念创新、教学内容创新等方式培养大批符合社会需求的创新创意人才。

第一，以文化创意市场需求为导向进行专业设置。专业设置是连接教育与经济发展的纽带，我国文化创意产业发展已初具规模，但高校培养的人才与产业需求匹配度不高。因此，学校在制定专业培养目标之前需要先进行市场调研，全面了解文化创意产业人才需求类型、人才需求数量、岗位职业技能要求等相关信息，以此确定人才培养方案的侧重点，避免大量创意人才学用不能匹配的现象，减少教学资源的浪费。

第二，依据学校自身实力进行专业方向定位。高职院校是培养技术技能型人才，大力服务与支持区域经济发展的重要机构。高职院校应依据区域文化创意产业结构发展方向，立足高职院校自身实际情况，确定文化创意专业的开设方向及人才培养目标，全方位设计创意设计人才、创意实施人才、创意管理人才等各类人才培养方案，为文化创意产业发展输送更多实用型、创新型、复合型人才，满足区域产业结构调整要求及文化创意产业发展需求。

3. 紧扣行业需求，优化课程体系

课程体系是学校让学生掌握知识、增强能力、提高素质的关键手段，是学校教学活动赖以进行的重要媒介。为提高文化创意专业人才培养质量，体现专业方向和特色，需要重新构建科学合理的课程体系。

首先，搭建宽厚的基础课程体系。文化创意产业是多学科、多行业整合的产业，文化创意人才需要学习较多类型的基础课程，如计算机、经济学、管理学等，为学生提供宽口径的发展途径，全面提升学生的文化素养。

其次，专业课程体系与职业岗位能力对接。以服务文化创意产业发展为目标，课程设置尤其是主干课程设置，要以文化创意产业的岗位需求为前提，以岗位群、岗位工作流程、岗位工艺等为基准，建立与职业岗位能力相匹配的专业课程体系，使学生专业技能符合企业岗位需求，能适应文化创意产业发展趋势。

再次，技术实践课程直接与企业实际需求对接。鉴于高等职业教育较高的职业性要求及人才培养目标，其课程体系既要进行理论知识教学，又要进行实践能力训练；既重视培养学生创新思维、创意能力，又注重培养学生的实用技能及实践动手能力，还需具备从事一线业务的实践操作能力，满足企业实际工作需求。

最后，学生技能培训应与职业资格挂钩，研究把握文化创意行业企业和职业岗位所需要的基本职业资格证书和技能操作证书，将职业标准转化为课程内容与教学目标，引进行业企业和人力部门考核，使毕业生同时拥有毕业证与相应的职业资格证书，达到学生持“双证书”毕业的目标。

4. 专注教学质量，提升师资力量

教师是教育的第一资源，是教育的核心要素，是教育事业发展最根本的依靠力量。师资队伍建设是提高技能型人才培养质量、完善现代职业教育体系的关键性因素，是推动职业教育科学发展的重要力量。文化创意相关专业具有典型的学科交叉性，并与高新技术不断融合，对师资队伍有更高的要求与标准。因此，在创意人才培养的过程中，高职院校应根据学科专业、市场需求和文化创意产业发展的实际，培育一支高素质、专业化的文化创意人才队伍。

第一，加快文化创意高层次人才引进。高职院校应实施多模式多渠道招揽人才，进一步优化文化创意教师结构与学员结构，使文化创意人才层次、类型等分布更加合理。同时，加大高层次文化创意人才引进与培养工作，大力引进学术水平高、专业能力强的文化创意专业领军人才和技术精湛的高级技术技能型人才。

第二，加强“双师型”教师队伍建设。根据文化创意专业建设需要，院校应鼓励一线教师到文化创意企业挂职、学习和调研，提升一线教师的专业知识和实践操作技能，培养一批“双师型”师资队伍；鼓励骨干教师参加知名机构举办的各级各类专业培训、中短期进修、访学项目、学历继续深造等，提高骨干教师的教学水平和专业技能。

第三，大力引进企业专业人才。高职院校应构建专业教师与兼职教师引进机制，聘请具有创新实践经验的企业家、科技人才和企业一线专业技术人才及企业的能工巧匠来校兼职，对学校文化创意专业发展提供专业建议，积极参与技术技能型人才培养，促进校内师资水平得到整体提升，为文化创意人才的培养打下坚实的基础。

参考文献

[1] 乔巍:《我国文化创意产业发展现状分析》,《现代商贸工业》2016 年第 7 期，第 6 – 7 页。

[2] 岳文立:《河北省高校文化创意人才培养策略探析》,《高教学刊》2016 年第 4 期，第 223 – 224 页。

[3] 潘陆益、钟燕芬:《高校文化创意产业人才培养思路探析》,《商企管理》2015 年第 8 期，第 71 – 73 页。

[4] 徐耀东、邵晓峰:《创意人才培养是文化创意产业的关键——以高校艺术设计教育为例》,《福建论坛》(人文社会科学版) 2015 年第 6 期，第 123 – 133 页。

[5] 王大为、魏亚平:《文化创意产业企业融资困境及对策》,《东南大学学报》2015 年第 17 期，第 25 – 26 页。

[6] 姚正海、王珊珊:《我国文化创意产业融资困境与对策研究》,《经济论坛》2015 年第 2 期，第 81 – 83 页。

[7] 付瑞红、霍云龙:《英国创意教育和文化产业人才培养模式探析》,《教学研究》2015 年第 6 期，第 38 – 42 页。

[8] 蒋丽华:《我国创意产业发展与高职人才培养对策研究——基于文化软实力的视角》,《浙江纺织服装职业技术学院学报》2015 年第 1 期，第 87 – 90 页。

[9] 花建:《文化创意产业与相关产业融合发展的四大路径》,《上海财经大学学报》2014 年第 4 期，第 26 – 35 页。

[10] 张爱中:《文化创意产业设计人才的培养与就业之思考》,《东疆学刊》2014 年第 1 期，第 58 – 62 页。

［11］李晓溪：《高校文化创意产业人才培养研究》，上海大学博士学位论文，2014 年。

［12］周建松：《高等职业教育人才培养目标下的课程体系建设》，《教育研究》2014 年第 10 期，第 103 - 105 页。

［13］殷婕：《文化创意产业背景下高校“创意型”师资的建设》，《河北北方学院学报》2014 年第 1 期，第 111 - 113 页。

［14］熊花：《创新创业教育融入高职院校文化创意人才培养体系的困境与出路》，《职教论坛》2014 年第 5 期，第 52 - 54 页。

［15］刘艳：《文化创意产业人才的特征》，《湖南城市学院学报》2014 年第 5 期，第 57 - 60 页。

［16］张蔷：《中国城市文化创意产业现状、布局及发展对策》，《地理科学进展》2013 年第 8 期，第 1227 - 1236 页。

［17］朱自强、张树武：《文化创意产业概念及形态辨析》，《东北师范大学学报》2012 年第 1 期，第 117 - 121 页。

［18］渠彩霞：《高校文化创意产业人才的培养》，《衡水学院学报》2012 年第 6 期，第 115 - 117 页。

［19］邢华：《文化创意产业价值链整合及其发展路径探析》，《经济管理》2009 年第 2 期，第 37 - 41 页。

［20］张振鹏、王玲：《我国文化创意产业的定义及发展问题探讨》，《科技管理研究》2009 年第 6 期，第 564 - 566 页。

［21］邓芳芳：《论英国创意人才培养战略对我国的启示》，《艺术探索》2009 年第 6 期，第 49 - 54 页。

［22］中国产业信息网：《2016 年中国文化创意产业发展概况》，http：//www. chyxx. com/industry/201607/431903. html。

［23］《2015 中国文化创意产业并购报告》，http：//sanwen8. cn/p/2417dII. html。

［24］新快报：《文化创意人才快到碗里来》，http：//www. ycwb. com/ePaper/xkb/html/2015 - 12/21/content_ 884071. htm。

［25］南方日报：《文化创意人才缺口四五万人　或成深圳文化创新掣肘》，http：//finance. chinanews. com/life/2015/05 - 14/7275650. shtml。

［26］新华日报：《发展指数全国第三　江苏文化产业释放发展新动能》，http：//www. gov. cn/xinwen/2016 - 11/14/content_ 5132388. htm。

［27］大连新闻网：《人才需求分析》，http：//news. hexun. com/2015 - 03 - 19/174185095. html。

第二章　城市轨道交通行业与职业教育分析报告

随着城市化进程的加快，全球城市规模不断扩大、特大城市数量不断增多，城市交通拥堵成为各国城市化进程中遇到的共同问题。城市轨道交通（以下简称“城轨交通”）凭借其载客量大、速度快、准点率高、节能环保及对其他城市交通干扰少等优点，成为现代城市公共交通体系的重要组成部分，被称为“城市交通的主动脉”，在全球得到广泛发展。截至2015年底，全球已有203个城市开通了地铁线路，伦敦、纽约、东京、巴黎等国际都市的地铁均已形成网络化和规模化。随着我国城镇化、“一带一路”、“中国制造2025”等战略的相继实施，未来我国城轨交通行业将迎来井喷式发展。行业的快速发展需要强有力的人才支撑，尤其是技术技能人才，这既为我国城轨交通职业教育的发展带来机遇，也对人才培养和培训提出了更高的挑战和要求。

本章在大量引用相关研究成果和产业发展数据的基础上，系统、全面地梳理了我国城轨交通行业发展现状、人才需求现状、人才培养与培训情况，并通过借鉴日本、英国两国城轨交通职业教育发展经验，对我国城轨交通职业教育发展提出相关建议。

一、我国城轨交通行业发展概况

住房和城乡建设部2007年批准发布的《城市公共交通分类标准》（CJJ/T 114－2007）将城轨交通定义为：采用轨道结构进行承重和导向的车辆运输系统，依据城市交通总体规划要求，设置全封闭或者半封闭的专用轨道线路，以列车或单车形式，运送相当规模客流量的公共交通方式。在类型上包括地铁系统、轻轨系统、单轨系统、有轨电车系统、磁悬浮系统、自动导向轨道系统、市域快速轨道系统等①。受经济实力和技术水平等条件限制，我国城轨交通起步较晚，第一条城轨交通即北京地铁1号线于1971年建成通车。经过40多年的发展，我国城轨交通在发展速度、规模和技术水平等方面发生了巨大的变化，为国民经济发展做出了重要贡献。

（一）城轨交通行业发展现状

21世纪以来，在《关于城市轨道交通设备国产化的实施意见》实施、城轨交通审批门槛降低、城镇化进程加快等因素的影响下，我国城轨交通行业进入迅速发展时期，运力与运能呈几何式增长，以城轨车辆装备为代表的自主研发能力快速提升，国际竞争力显著增强，逐渐形成以规划设计、建设施工、装备制造、运营管理为主要内容的城轨交通产业体系。

1. 行业发展速度加快

我国城轨交通行业经历了初期高潮—整顿调整—蓬勃发展三个发展阶段。20世纪90年代中期以前，在北京、上海开通地铁的影响下，许多城市不顾地方经济承受能力，开始修建地铁。当

①中华人民共和国建设部：《城市公共交通分类标准》，2007年10月1日。

时，地铁每公里造价高达1亿美元，车辆和设备全靠进口。为了保证城轨交通行业健康发展，1995年国务院办公厅出台60号文件，暂停所有地铁项目审批，并要求做好城轨交通国产化工作。自此，我国城轨交通行业开始调整整顿。进入21世纪，在经济发展速度增快、积极财政政策和技术进步等多重因素的影响下，越来越多的二三线城市也开始建设城轨交通。"十二五"期间，全国城轨交通新投运线路2019公里，年均增长16%，完成投资1.2万亿元，平均每天投资超过6亿元①。住房和城乡建设部公布的《2015年城乡建设统计公报》显示，截至2015年末，中国大陆地区共有39个城市的轨道交通规划获批，24个城市已开通城轨交通运营；已建成线路长度3069公里，比2014年增长13%，是2010年的2.14倍；在建线路总长度为3994公里，比2014年增长32.9%。如图2－1所示。

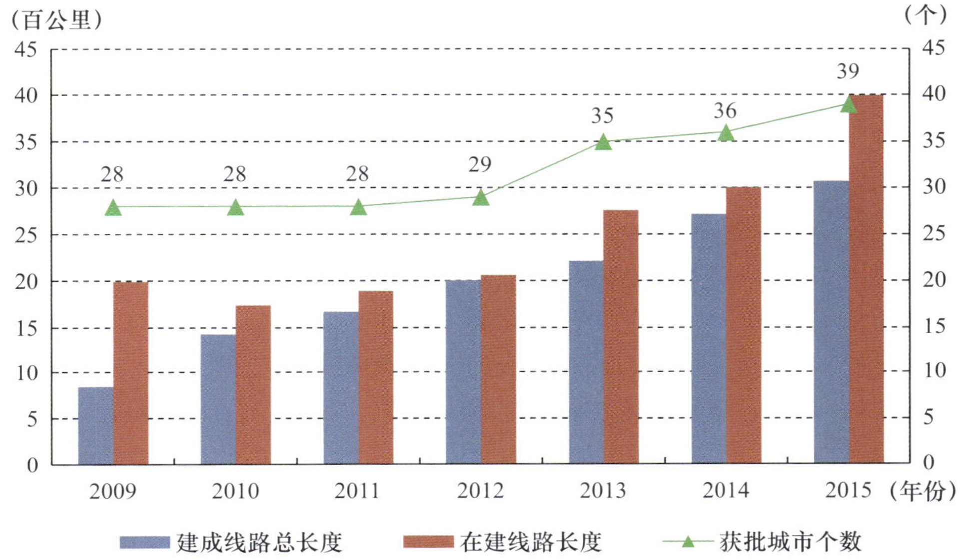

图2－1　2009～2015年城轨交通建设情况

资料来源：住房和城乡建设部年度统计公报。

2. 产业体系逐渐形成

作为综合性产业，城轨交通的产业链长、涉及行业广，包含了线网咨询规划、勘察设计、工程施工、车辆制造、运营维护、综合监控、安全防护、环保控制等内容。随着我国城市化进程的加快，轨道交通行业在全国飞速发展，中国已成为世界上最大的城轨交通市场，形成了包括上游咨询设计、中游工程建设和装备制造、下游运营管理三个环节相对庞大又完整的城轨交通产业体系，城轨交通产业全产业链格局初步形成。在整个产业链中，新材料、智能化系统、节能环保技术贯穿于产业链的全过程，对城轨交通有重要影响，如图2－2所示。

①中国城市轨道交通协会：《城市轨道交通2015年度统计和分析报告》，http://mp.weixin.qq.com/s?__biz=MzI3NzMwODY3OQ==&mid=100000100&idx=1&sn=6f089f36dc56a6f4864f31b5db191c32&scene=23&srcid=0810AqoCzzK9F0cf6bfduK9D#rd，2016－10－31。

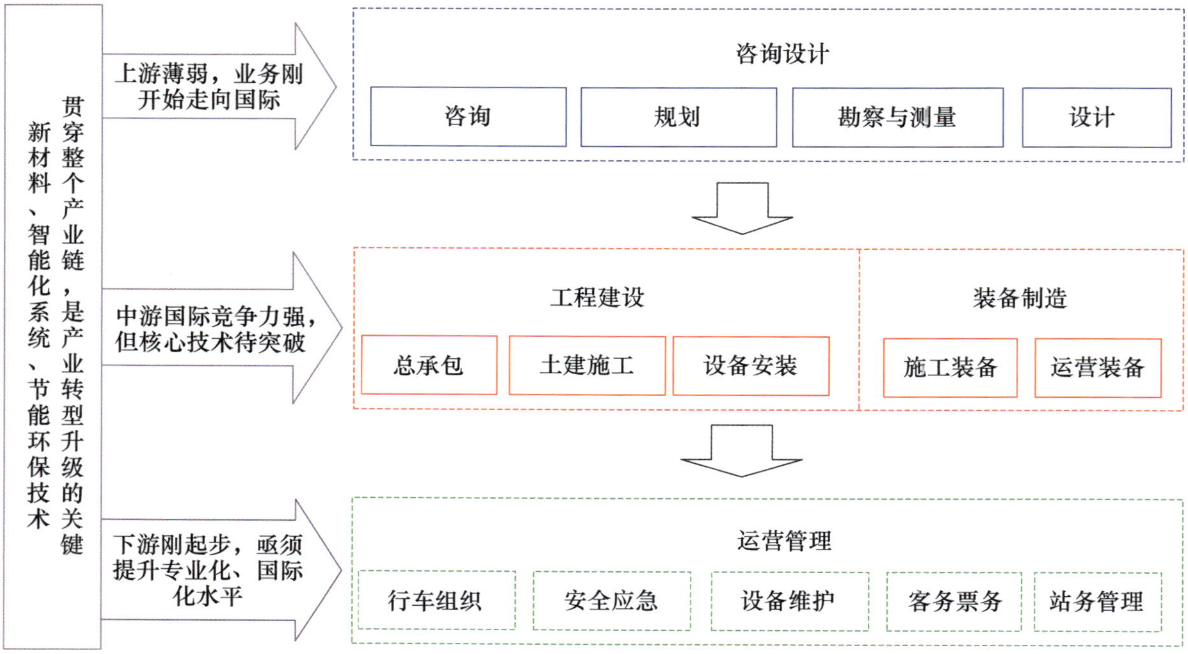

图 2-2　城轨交通产业链体系

我国城轨交通产业链中产值比重最高的是处于产业链中游的工程建设和装备制造，分别占到45% ~50%和30% ~35%，是产业链中发展最成熟和最具国际竞争力的环节。工程建设包括工程建设总承包、土建施工和设备安装三个方面，市场竞争充分，市场化程度较高，以中国中铁、中国铁建为代表的土建施工企业业务范围已覆盖全球，在国际上享有较高知名度；装备制造包括施工装备和运营装备两大类，其中施工装备主要包括隧道施工机具和桥梁大型构件的架桥机和铺轨机等，运营装备包括车辆设备、牵引供电设备、通信信号设备、环控设备、给排水设备、消防设备、自动售检票设备等。城轨交通装备制造业具有技术含量高、关联度高、吸纳就业能力强等特点，是典型的技术资金密集产业，已被纳入战略性新兴产业领域，成为国家重点支持的产业。

处于产业链上游的城轨交通咨询设计包括咨询、规划、勘察与测量、设计四个方面，是以提供知识为主要内容的服务业，具有知识密集、附加值高、环境友好等特点，对整个行业具有重要的引导作用。处于产业链下游的城轨交通运营管理包括车站客运组织与站务管理、乘务管理、安全管理、车辆调度、行车组织、安全应急、设备维护等方面。与工程建设和装备制造相比，我国城轨交通产业的咨询设计与运营管理发展相对薄弱，产值分别为5% ~10%和10% ~20%，业务范围主要集中在国内市场，缺乏国际竞争力。积极延伸城轨交通上游和下游产业链，提升产业附加值，是今后城轨交通行业发展的方向与重点。①

3. 自主研发能力提升

1999 年，原国家计划委员会出台《关于城市轨道交通设备国产化的实施意见》，明确要求确

①魏运、冯爱军、丁德云、王亚红：《我国城市轨道交通产业链及其发展方向探讨》，《都市快轨交通》2013 年第 3 期，第 58－60 页。

保城轨交通车辆和机电设备平均国产率不低于70%。在该政策的影响下，我国加快发展城轨交通高端研发制造、现代生产性服务业以及关键技术创新，形成了较完整的研发、制造和服务体系。通过引进、消化、吸收和再创新，地铁B型车基本实现100%国产化，A型车实现70%国产化①，并形成世界上最完整的技术创新体系，成为我国高端装备制造业领域自主创新程度最高、国际创新竞争力最强、产业带动效应最明显的行业之一②。随着“制造强国”和“一带一路”战略的实施，我国城轨交通装备制造产品已出口到俄罗斯、澳大利亚、巴西、印度、阿根廷、土耳其、伊朗、马来西亚等国家和地区，国际领先地位已经凸显。但是，在核心技术产品如牵引、制动、信号等方面，我国与世界发达国家仍有较大差距。

4. 行业发展前景巨大

近年来，我国开始实施城镇化战略、“一带一路”战略，建设一系列重大交通基础设施工程，为城轨交通发展带来良好的发展机遇。从国内市场看，与发达国家相比，我国城轨交通线路拥有量、单位面积土地轨道交通线路拥有量均偏低，轨道交通线路密度仍有较大提升空间。随着城市化进程的加快，特别是在《国家新型城镇化规划（2014～2020年）》和《交通基础设施重大工程建设三年行动计划（2016～2018年）》两个政策的刺激下，城市对多层次、一体化的城轨交通网络的需求更加迫切。从国际市场看，随着“一带一路”战略的推进，我国城轨交通在非洲、东南亚等地取得了重要突破，开拓了全新的国际发展空间。在国内城市建设需求强烈和国际发展环境改善的双重作用下，我国城轨交通行业将有巨大的发展前景。据预测，到2020年，我国拥有城轨交通的城市将达到50个，运营总里程有望达到6000公里，③ 新增里程2500公里，投资额有望超过2万亿元，年投资额将达3000亿～3500亿元，甚至有望超过4000亿元④。

5. 政策环境持续优化

21世纪以来，国家将轨道交通建设提到拉动国家经济持续发展的战略高度，出台了涵盖技术创新、建设管理、安全管理等多角度、多层次的政策法规，规范和支持城轨交通行业发展，如表2－1所示。在技术创新方面，“国产化政策”、《“十二五”国家战略性新兴产业发展规划》等政策的出台与实施，有力地促进了城轨交通自主创新能力的提高；在建设管理方面，《国务院办公厅关于加强城市快速轨道交通建设管理的通知》、《城市公共交通“十二五”发展规划纲要》等政策的出台与实施，有效地规范了城轨交通建设的申报和建设；在安全管理方面，《地铁运营安全评价标准（GB/T 50438－2007）》、《国家城轨交通运营突发事件应急预案》、《城轨交通运营安全管理规定（征求意见稿）》等政策的出台与实施，全面加强了城轨交通安全问题的处理。与国家层面相比，各地方政府在规划建设、运营管理、安全应急、投融资等方面出台了较为齐全、操作性较强的政策法规。总体而言，我国城轨交通政策体系不断完善。

---

①按照国际标准，城轨交通列车分为A、B、C三种车型，分别对应3米、2.8米、2.6米的列车宽度，其中A型车、B型车为地铁，采用5～8节编组列车，C型车为轻轨，采用2～4节编组列车。不同列车的车型和编组决定了车轴重量和站台长度，也有不同的技术要求。

②工信部装备工业司：《〈中国制造2025〉解读之：推动先进轨道交通装备发展》，http://www.miit.gov.cn/n11293472/n11293877/n16553775/n16553822/16633922.html，2015－05－22。

③交通运输部：《我国城市轨道交通在建线路总长超4400公里》，http://www.mot.gov.cn/guowuyuanxinxi/201606/t20160614_2043745.html，2016－10－10。

④兴业证券：《城市轨道交通建设迎“黄金五年”》，http://www.docin.com/p－1568903187.html，http://www.3mbang.com/p－94079.html，2016－10－11。

表 2 – 1　城轨交通行业相关政策列举

发布时间	发布机构	文件名	主要内容
1999 年 3 月	原国家计划委员会	关于城市轨道交通设备国产化的实施意见	被称为“国产化政策”，明确规定全部轨道车辆和机电设备的平均国产化率要确保不低于 70%
2003 年 9 月	国务院办公厅	关于加强城市快速轨道交通建设管理的通知	对申报地铁城市的经济水平、申报程序、建设标准、经营管理体制作出明确要求，其中还规定对国产化低于 70% 的项目不予审批，坚持国产化政策
2005 年 6 月	原建设部	城轨交通运营管理办法	全面对城轨交通的运营管理、安全管理、应急管理做详细规定
2005 年 10 月	发展和改革委员会	城市轨道交通建设项目机电设备采购规则的通知	明确城轨交通建设项目机电设备采购核定的范围、组织、程序、标准和相关责任
2006 年 2 月	国务院	关于加快振兴装备制造业的若干意见	对包括城轨交通在内的装备制造业的发展目标、原则、主要任务、主要措施和政策等方面提出指导性意见
2007 年 10 月	原建设部	地铁运营安全评价标准（GB/T 50438 – 2007）	对我国地铁系统的安全管理、运营组织与管理、车辆系统、供电系统、消防系统等运营安全现状评价内容、体系、程序、方法等作出详细规定，是我国现行的地铁系统运营安全评价标准
2010 年 7 月	交通运输部	城市公共交通“十二五”发展规划纲要（征求意见稿）	明确了“十二五”时期我国城轨建设目标和主要措施
2012 年 5 月	工业和信息化部	高端装备制造业“十二五”发展规划（征求意见稿）	明确了“十二五”时期包括轨道交通装备产业在内的高端装备制造业的发展目标和原则，对发展重点和方向、重大工程和区域发展重点以及具体措施做出详细规定。同时，还发布了《轨道交通装备产业“十二五”发展规划》子规划，对“十二五”时期我国城轨交通发展重点、产业布局、主要任务等做出详细说明
2012 年 7 月	国务院	关于印发“十二五”国家战略性新兴产业发展规划的通知	发布轨道交通装备产业发展路线图，提出我国轨道交通装备要全面达到世界先进水平，重点推动关键技术开发与产业化、创新能力建设
2014 年 3 月	国务院办公厅	国家新型城镇化规划（2014 ~ 2020 年）	强化综合交通运输网络支撑作用，加强城轨交通等多种交通方式衔接，科学有序推进城轨交通建设
2015 年 1 月	发展和改革委员会	关于加强城市轨道交通规划建设管理的通知	明确了城轨交通规划、建设和安全管理规定
2015 年 4 月	国务院办公厅	国家城轨交通运营突发事件应急预案	明确规定了各地区城轨交通应急预案的主要内容和要求

续表

发布时间	发布机构	文件名	主要内容
2016年3月	发展和改革委员会	交通基础设施重大工程建设三年行动计划	重点推动103个城轨交通项目前期工程，推进国家已批复规划的城轨交通项目实施，完善北京、上海、广州等超大城市城轨交通网络，加快特大城市和大城市中心城区轨道交通建设，构建多层次、多模式一体化的城轨交通系统
2016年8月	发展和改革委员会	关于切实做好传统基础设施领域政府和社会资本合作有关工作的通知	在城轨交通等传统基础设施领域推广PPP模式
2016年10月	交通运输部	城轨交通运营安全管理规定（征求意见稿）	对运营安全前期防控、应急处理、保障措施、运营服务、法律责任等方面作了详细规定
2016年10月	交通运输部、教育部	关于加快发展现代交通运输职业教育的若干意见	加快发展现代交通运输职业教育，全面提高技术技能人才培养质量

资料来源：根据政府门户网站资料整理。

（二）城轨交通行业特点

1. 项目投资大，政府投资为主

城轨交通是典型的资本和技术密集型产业。当前，我国城轨交通每公里建设成本约7亿元，北京等一线城市甚至高达10亿元，且随着拆迁成本和人力、原材料成本的提高，其建设成本还将继续上升。同时，城轨交通项目建设周期长，盈利水平低、资金回报慢，难以吸引社会资本投资。因此，我国城轨交通一般是以政府投资为主甚至完全由政府投资建设。

2. 提高就业率，拉动GDP增长

城轨交通行业产业链长，涉及企业面广，原材料、工程建设、装备制造、运营公司等企业都会受益，能带动城市土地、房地产的增值，促进信息化、通信技术的进步，并创造施工、制造等数千余就业岗位。有研究表明，每投资1亿元的城轨交通项目，能拉动2亿元的GDP增长，并提供8000多个就业机会。因此，在经济低迷时期，投资城轨交通成为政府刺激消费、拉动经济增长的重要举措。例如，受全球金融危机的影响，2008年第四季度GDP增长下滑至6.6%，国务院立即通过了2万亿元的铁路投资计划；2012年第三季度GDP增长再次出现快速下滑，发展和改革委员会密集通过了25个城轨交通规划。

3. 安全问题是重中之重

轨道交通作为公共交通工具，具有客流量大的特点，安全必然成为首要考虑的问题。随着城轨交通网络的形成，线路交叉、设备系统共享越来越多，一旦某个站点发生突发事件，将影响整条路网的安全。近年来，随着国内外重大地铁事故的接连上演，如东京地铁毒气事件、伦敦爆炸事件、北京地铁扶手电梯事故、上海地铁追尾事故等，城轨交通安全成为城轨交通行业的重中之重，引起了国家高度重视。为推动轨道交通行业的健康发展，政府出台了相关政策予以规范，如2016年10月发布的《城轨交通运营安全管理规定（征求意见稿）》，对城轨交通安全问题进行了详

细的规定。随着城轨交通在越来越多的城市首次开通，由于专业技术人员的运营经验不足而导致的操作失误、管理不当等问题将成为城市面临的最重要的安全风险。

（三）行业发展存在的问题

1. 融资方式较为单一

当前，我国城轨交通投资主体主要是地方政府，资金来源所占比重从高到低分别为贷款、资本金和出让土地金，其他形式的资金来源所占比例较小。其中，资本金基本为市区两级财政资金。这种融资模式虽然刺激了城轨交通建设的快速发展，但是巨额投资和债务加大了政府和企业的负担，导致我国城轨交通高负债运营，不利于运营服务质量和效率提高，制约了城市轨道交通的建设和发展。在我国，城轨项目建设企业资本结构中股权资金和债务资金比例一般为4:6，如上海地铁1号线北延伸项目资产负债率达到60%以上。

2. 政策法规尚待完善

由于我国城轨交通行业起步晚，政策法规尚不完善。从法律体系看，其他交通行业都是以基本法为基础进行行业管理，如《中华人民共和国公路法》、《中华人民共和国铁路法》等，而城轨交通行业缺乏综合性的法律或行政法规，现行的城轨交通法规主要以法规性文件形式出现，部门规章仅有《城轨交通运营管理办法》（2005），相关配套也极度缺乏。从政策内容看，现行的城轨交通政策法规主要集中在运营管理、规划建设、安全管理、投融资等方面，标准体系、土地开发、环保节能等方面的法规尚处于空缺状态，出现问题只能参考上位法或者借鉴其他相关领域法律，无法可依的问题突出。

3. 整体经营观念缺失

由于城轨交通涉及产业面广、项目投资大、技术要求高，我国城轨交通虽经过几十年的快速发展，但仍处于起步阶段，特别是经营管理方面，项目投资、建设、运营等业务分开进行，分属于不同的企业和机构。这种分散的经营观念不利于资源优化整合，导致资金利用率低、管理成本高，沿线的资源及物业开发重视程度不够，最终导致了城轨交通建成后亏损运营的局面。

4. 核心技术研发薄弱

虽然在国有化政策的影响下，我国城轨交通自主研发能力大幅提升，但是在核心技术研发方面与发达国家还存在差距。如总体设计与系统集成、信号系统、通信系统、牵引控制、自动售检票系统、车钩缓冲系统等智能化系统的某些关键技术仍然掌握在国外供货商手中；核心零部件和新材料国外依存度仍然很高，没有进入产业链高端，国产料件利用率不高，如城轨交通铝型材市场规模每年在5万~6万吨，50%以上依赖进口①；有些技术虽然实现了关键技术突破，但是基础实验平台配套不能满足需求，实验成果得不到实践检验，也制约了新技术、新产品的投产。核心技术研发不足成为我国城轨交通发展的重要阻碍，城轨交通的国产化仍然任重道远。

5. 集群效应尚待加强

城轨交通产业的生产过程是将原材料加工成零件，由零件组装成部件，部件组装成系统，最终总装成产品，其生产过程始终伴随着物料空间的转移，涉及企业和人员众多，集群化生产有利于不同研制主体间的合作。如我国城轨交通行业已经形成了常州、株洲、柳州、成都等产业集聚区。但是由于我国城轨交通产业结构长期封闭，国内上下游企业难以与中游企业形成联动，而外

---

①李彬：《城市轨道交通现状、发展与对策研究》，西南财经大学硕士学位论文，2012年。

商投资企业也经常利用优惠政策在国内建立加工基地，对国内其他产业带动作用弱，导致我国城轨交通产业集群效果较差，产业集群效果尚待加强。[①]

二、城轨交通行业人才需求分析

经过40余年的发展，我国城轨交通行业逐渐成熟，城轨交通企业逐渐壮大，涌现出一批具有国际竞争力的大型企业集团。随着产业规模的壮大、全球竞争的加剧，我国城轨交通行业面临人才数量和质量的双重挑战。

（一）城轨交通企业发展概况

随着我国城轨交通建设的加快，发展规模和速度都进入世界前列，促成了一批城轨交通企业的诞生。根据企业业务类型，将城轨交通企业分为三类：第一类为规划设计、工程建设类企业，主要从事城轨交通路网与线路设计、轨道基础设计、站场设计及建筑施工等方面的业务，属于第二产业企业；第二类为地铁公司，主要从事列车行驶、行车组织及车辆检修等业务，属于服务业企业；第三类是高端装备制造业企业，主要从事机车制造、智能化设备制造等业务。

1. 市场集中度高，国有企业占主导

受资源、技术和资金门槛的约束，城轨交通行业的市场集中度相对较高。在设计领域，北京城建设计发展集团股份有限公司、上海市隧道工程轨道交通设计研究院、广州地铁设计研究院有限公司等均具有较强的设计能力，并在地方或区域具有一定优势；在工程建设领域，地方国企居多，大型国企占主导地位，其中中国中建设计集团有限公司和中国铁建股份有限公司形成双寡头格局，市占率分别达到50%和35%，其余参与者主要有中国建筑工程总公司、中国交通建设股份有限公司等；在装备制造领域，中国中车股份有限公司占绝对霸主地位；在其他细分领域，由于行业技术壁垒较高，基本都有各领域的龙头公司，如北京鼎汉技术股份有限公司（电力电气系统领域）、河南辉煌科技股份有限公司（信号与通信系统领域）、深圳市赛为智能股份有限公司（智能交通系统领域）等[②]，如表2－2所示。

表2－2　城轨交通行业产业链代表企业举例

产业链	所属行业	代表企业	简介
上游	设计咨询	北京城建集团	主编或参编了多项国家和行业的城轨交通技术规格标准，国内城轨交通线路设计总包服务运营总里程排名第一，是国内城轨交通咨询总体设计市场份额最大、最具综合实力的单位。业务遍及国内50多个城市及安哥拉、越南、朝鲜、蒙古等多个海外市场

①邱鹏：《城市轨道交通产业集群研究》，《硅谷》2014年第21期，第5页。

②中国产业信息网：《2016年中国城市轨道交通行业市场规模及发展前景分析》，http：//www.chyxx.com/industry/201607/432403.html，2016－10－21。

续表

产业链	所属行业	代表企业	简介
中游	工程建设	中国中铁股份有限公司	全球最大建筑工程承包商之一，集勘察设计、施工安装、工业制造、房地产开发、资源矿产、金融投资等业务于一体，已连续11年进入世界企业500强，2016年《财富》“世界500强企业”排名第57位，在“中国企业500强”中列第7位
		中国铁建股份有限公司	中国乃至全球最具实力、最具规模的特大型综合建设集团之一，业务涵盖工程承包、勘察设计咨询、工业制造、房地产开发、物流与物资贸易及其他业务，2016年《财富》“世界500强企业”排名第62位、2016年“中国企业500强”排名第10位，2015年度“全球250家最大承包商”排名第3位
	装备制造	北京鼎汉技术股份有限公司	为城轨交通供电系统（属于城轨交通智能化系统）提供开发、生产、行销与技术支持服务，拥有完全自主知识产权的城轨交通电源产品，是城轨交通电源系统领域龙头企业
		中国中车股份有限公司	是中国唯一、国际上最具综合竞争力的动车组整车生产制造商之一，业务范围涉及动车组车辆、城轨交通车辆、工程机械、机电设备、电子设备、环保设备等产品的研发、设计、制造，信息咨询、投融资等业务，是全球规模最大、品种最全、技术领先的轨道交通装备供应商
下游	运营管理	上海申通地铁股份有限公司	是集轨道交通投资、建设、运营管理、资源开发和专业咨询于一体的大型企业集团，是我国境内第一家从事轨道交通投资经营的上市公司，是上海城市轨道交通运营责任主体

资料来源：根据各企业官网资料整理。

2. 业务范围广，集团化运作成方向

随着产业发展速度的加快，城轨交通企业业务范围迅速扩大至城轨交通规划设计、施工建设、设备研发与制造、运营管理全产业链，同时，由于城轨交通项目投资规模大、施工周期长、运营管理复杂，对城轨交通企业资本、技术、人才提出更高要求。为优化资源配置，更好更快地顺应行业变动，集团化运作成为越来越多企业的发展方向。特别是工程建设和装备制造，成为孕育大中型企业集团的重要领域。如中国中车股份有限公司、中国中铁股份有限公司、中国铁建股份有限公司等，都是全国甚至全球知名的特大型综合企业集团。

3. 国际业务增多，积极布局海外市场

当前，国际城市化进程加快，各国大力推进轨道交通等基础设施建设，为中国城轨交通企业提供了重要发展机遇。据调查，全球约有150个超大型城市还没有任何制式的城轨交通系统，[①]其中有相当一部分位于亚、非、中东等“一带一路”沿线国家和地区，是未来我国城轨交通产业发展的潜力地区。近年来，我国城轨交通企业积极推进境外重大城轨交通合作项目，“城轨交通走出去”取得积极进展。如2016年，中国铁路物资股份有限公司成功中标了巴基斯坦拉合尔轨道交通橙线项目；中国中铁六局总承包的越南河内首条城铁基础设施部分全部完成；中国交建

①梗枢馨、马玉波：《我国城轨交通产业走出去面临的形势分析研究》，《铁路技术创新》2015年第4期，第105页。

中标了澳大利亚堪培拉地铁项目，实现了中资企业在大洋洲交通基础设施领域“零突破”；中国中车先后中标美国波士顿284辆地铁车辆、芝加哥846辆地铁车辆，实现我国轨道交通整车产品首次登陆美国市场。随着我国“一带一路”战略的深入实施，我国城轨交通企业的国际品牌逐渐建立，影响力逐步提升。

（二）城轨交通行业人才需求

城轨交通是一个庞大复杂的系统工程，需要咨询设计、建设施工、装备制造和运营管理等各类人才。随着我国城轨交通的快速发展和技术更新，行业企业对人才数量、专业技术提出更高的要求，但是目前我国城轨交通产业整体人才数量供不应求、人才结构性矛盾突出，不能满足行业对人才的需求。

1. 岗位类型分析

由于我国城轨交通行业尚处于发展初期，行业工种岗位标准体系尚未建立，各城轨交通企业的工种岗位划分有较大差距。根据北京交通大学的调研结果，现行的城轨交通企业岗位工种设计不一，最少的有12个，最多的有25个。[①] 为了使分析更加清楚，下面根据城轨交通人才在产业链中的位置和工作内容，把城轨交通行业人才分为咨询设计人才、装备制造人才、工程建设人才和运营管理人才，如表2－3所示。其中，咨询设计人才和装备制造人才中的研发、设计岗位一般需要本科甚至研究生学历，主要由普通高等院校培养；制造、施工、安装、检修、运营管理等为技能型人才，主要由职业院校培养。

表2－3　城轨交通产业人才类型及岗位要求

人才类型	对应人才	岗位举例	岗位要求
咨询设计	路网咨询、线路规划、勘察测绘、站场设计等人才	路网设计师、勘察技术员、测量工程师、站场设计等岗位	具备专业的设计知识，有良好的设计理念和创新精神，能够解决与本专业相关的设计和施工问题
装备制造	城轨交通系统与设备的研发、设计、制造、安装、检修等人才	包括车辆工艺设计师、转向架设计师、电气设计师、轮轴装修工、电焊工等岗位	专业知识牢固，能够快速适应最新技术发展动态；熟悉本专业各项规范、规程
工程建设	土建施工与维护、工程管理与监督、环境与安全等方面人才	包括结构工程师、土建工程师、施工员、安全员等岗位	掌握较强专业知识和技能，具有较强理解力，能够准确理解设计图纸，并按照图纸要求施工；掌握并熟悉国家相关工程验收标准规范
运营管理	主要包括客运管理、行车管理、站务管理等方面人才	乘务岗位群：票务员、列车长、站务员等 行车岗位群：行车值班员、行车调度员等 车辆检修岗位群：钳工、电工、接触网工等	具有较强沟通协调能力和综合管理能力；具备较强反应能力和突发事件判断及解决能力

①肖仲平：《城轨行业培训教材统编工作的思考》，《城市轨道交通》2015年第3期，第39页。

总体来说，上述各类人才都包括了管理岗位、技能岗位和生产岗位。其中，管理人员是企业的核心力量。各类城轨交通企业均需要管理人才，尤其是真正建设还未正式运营的地铁运营公司，各类管理人才供不应求。技能人才是企业的中坚力量，是连接企业管理人员和基层人员的桥梁，是保证城轨交通顺利进行、保障地铁安全的重要力量。生产人才一般指技师、技工等城轨交通建设运营一线的工人，数量最多，是城轨交通产业的基础力量。从人才比例看，我国城轨交通企业的管理人才、技能人才和生产人才的结构比例分别为6%、9%、85%。其中，管理人才、技能人才占比较少，生产人员占比较多。以北京、上海和广州三市地铁技能岗位和生产岗位从业人员为例，三市技师及以上高级技术人员仅占全部从业人员的2.4%①。

2. 人才需求分析

从需求规模看，随着我国城轨交通行业的快速发展，对城轨交通人才需求越来越多，根据国际城轨交通人才每公里线路一般需要60名管理和技术人员的人才配备标准。按照我国到2020年新建城轨交通2500公里的计划计算，未来五年，我国对城轨交通各类人才的需求量将超过15万人，每年人才需求量在3万人以上。在人才市场需求中，城轨交通企业对行业相关人才需求也年年上涨，据建筑英才网招聘数据显示，2016年9月初，轨道交通行业相关人才招聘需求较上年同期上涨12%，而运营与管理人才市场需求最多，占各类招聘岗位的95%以上。

从区域分布来看，二三线城市需求增速远超一线城市，如河北、湖北和浙江的招聘需求较2015年分别同期上涨22%、18.2%、13%，北京、上海和广东的招聘需求较2015年均同期上涨10%左右。② 另外，一线城市城轨交通网络基本形成，对运营与管理类人才需求较多。二线城市由于刚开始布局城轨交通网络，对建设施工类、咨询设计类人才需求较多。二三线城市设计岗位需求比一线城市高出15%左右。

三、我国城轨交通专业职业教育分析

“十三五”时期是我国城轨交通快速发展时期，需要大量高质量人才支撑。为了扩大人才培养规模、提高人才培养质量，政府、行业企业、学校等各单位从不同层面加强城轨交通人才队伍建设，我国城轨交通职业教育取得重要成果。但是，总体来看，城轨交通行业职业教育体系尚不完善、人才培养质量不高、职业培训缺口较大等问题仍较突出，人才问题已经成为制约我国城轨交通行业健康发展的瓶颈。

（一）轨道交通专业人才培养情况

目前，全国许多院校已经开设了城轨交通类专业，但轨道交通专业建设不够成熟，人才培养不能满足行业和企业发展需要。

1. 专业设置情况

根据《普通高等学校高等职业教育（专科）专业目录（2015年）》可知，资源环境与安全大类下安全类（5209）、铁道装备类（560401），交通运输大类下铁道运输类（6001）等专业也

①韩宝明：《我国城市轨道交通人才培训体系建设的思考》，《城市轨道交通》2015年第3期，第35－36页。

②建筑英才网：《二三线城市地铁开建在即　站场设计岗位招聘上涨近两成》，http：//news. buildhr. com/1473382171/166588/1/0. html，2016－10－31。

涉及城轨交通人才培养，但这些专业涉及面广，不在本章研究范围内。以下仅针对城轨交通类专业开展分析。

（1）专业设置。在中等职业教育层次，城轨交通类专业有城轨交通运营管理（080700）、城轨交通车辆运用与检修（080800）、城轨交通供电（080900）三个专业，属于交通运输类。由于中职主要培养一线操作技能型人才，甚至有很多岗位仅通过培训即可上岗，对专业要求不高，人才可替代性强，故不作为重点分析对象。

在高等职业教育层次，专业设置基本覆盖了城轨交通产业发展的全产业链，主要包括城轨交通车辆技术、城轨交通机电技术、城轨交通通信信号技术、城轨交通供配电技术、城轨交通工程技术、城轨交通运营管理六个专业①，均属于交通运输大类下设的城轨交通类（6006）。从专业人才培养的服务面向上分析，城轨交通工程技术专业主要面向产业链的中游工程建设环节，机电技术、通信信号、供配电技术、通信信号技术四个专业在产业链中游和下游均有需求，运营管理专业主要面向产业链下游的运营管理环节，如表2－4所示。

表2－4　普通高等学校高等职业教育（专科）城轨交通类专业表

专业代码	专业名称	专业方向举例	衔接中职专业举例	接续本科专业举例
600601	城轨交通车辆技术	车辆驾驶、车辆检修	城轨交通车辆运用与检修	车辆工程、交通运输
600602	城轨交通机电技术	综合机电运行与维修、电梯运行与维修	机电设备安装与维修、制冷和空调设备运行与维修	电气工程及其自动化、机械电子工程
600603	城轨交通通信信号技术	信号技术	通信技术、城轨交通信号	通信工程、电子信息工程、轨道交通信号与控制
600604	城轨交通供配电技术	变电站供电运行与检修、接触网（轨）施工与检修	城轨交通供电	电气工程及其自动化
600605	城轨交通工程技术	线路工程桥隧检测、土建设施维护、城轨交通工程施工技术	铁道施工与养护、建筑工程施工、建筑装饰	土木工程、城市地下空间工程
600606	城轨交通运营管理	客运管理 行车管理	城轨交通运营管理	交通运输

（2）院校分布。阳光高考网数据显示，2016年全国共有199所高职院校（包括本科院校的高职层次）开设城轨交通类专业。在开设院校数量方面河南省居全国第一，共有23所院校开设城轨交通类专业；然后是河北省和四川省，各有17所和15所，除海南、西藏、宁夏外，我国（不包括港澳台地区）其他省、自治区、直辖市均有相关院校分布，如图2－3所示。

①下文分别简称车辆技术、机电技术、通信信号技术、供配电技术、工程技术、运营管理。

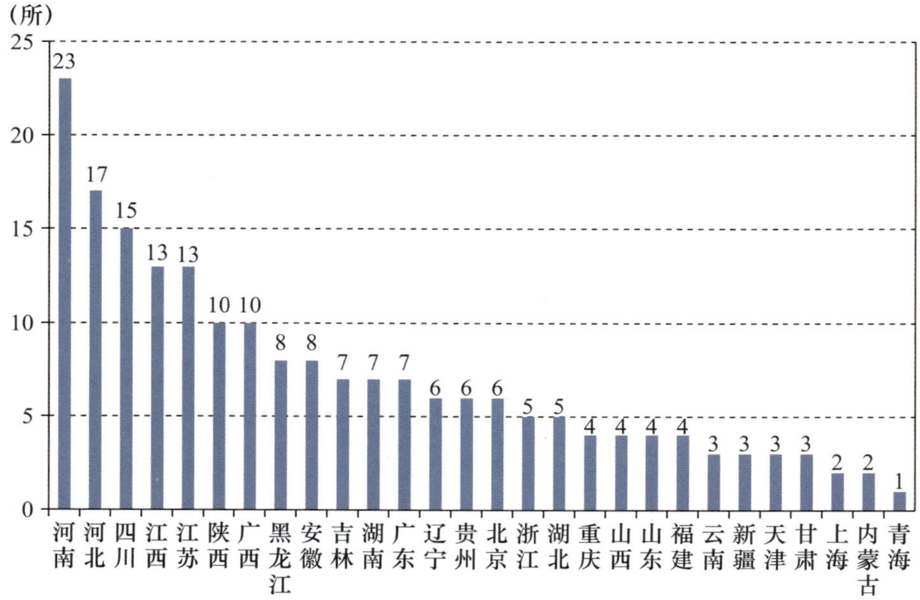

图2－3　全国城轨交通类专业院校分布

从区域分布看，东部地区共有82所，占开设城轨交通类高职院校的41%，中部和西部地区院校数量相对较少，分别为60所和57所，分别占30%和29%；从城市布局看，北京、上海、广州、深圳等地铁开通较早的城市及广西柳州、江苏常州、湖南株洲等城轨交通产业集聚区，均有2所以上相关院校分布。总体来看，院校分布与区域产业发展基本匹配。

从学校类型看，开设城轨交通专业的高职院校中，共有51所交通运输类职业院校，占27%。如郑州铁路职业技术学院、天津铁道职业技术学院、陕西交通职业技术学院、西安铁路职业技术学院、柳州铁道职业技术学院等。城轨交通的土建施工、信号控制、牵引供电、机电一体化（如电梯、屏蔽门等）与其他交通有很多相似和共通之处，尤其是与铁路交通有许多共性，因此交通类职业院校在开设城轨交通专业时，具有师资、课程、实训设备等优势。

（3）专业分布。在2016年招生的199所院校中，开设运营管理专业的院校最多，达158所，占79%；其次是机电技术和工程技术专业，各有61所，分别占31%；开设通信信号技术和供配电技术专业的院校数量较少，尤其是供配电技术专业，全国仅有17所院校开设，占比不足9%（见图2－4）。由此可见，我国高职院校城轨交通类专业设置雷同、特色不突出，不能完全适应产业发展需求，尤其是通信信号技术、供配电技术专业更需要加强。

从学校开设专业数量来看（见图2－5），在全部199所院校中，开设5～6个城轨交通专业的院校仅13所；开设2～4个专业的院校共69所，约占院校总数的1/3；仅开设1个专业的学校有117所，其中运营管理专业占71%。由此可见，我国高职院校城轨交通类专业设置同质化严重，所设专业主要集中于运营管理，与产业发展需求不匹配。此外，同一所院校开设城轨交通专业数偏少，完整系统的专业群尚未形成，而城轨交通实训设备投入巨大，专业性强，仅开设一两个专业，既不利于实训设备充分利用，又不利于师资团队的建设。因此，扩大办学规模、优化专业布局成为当务之急。

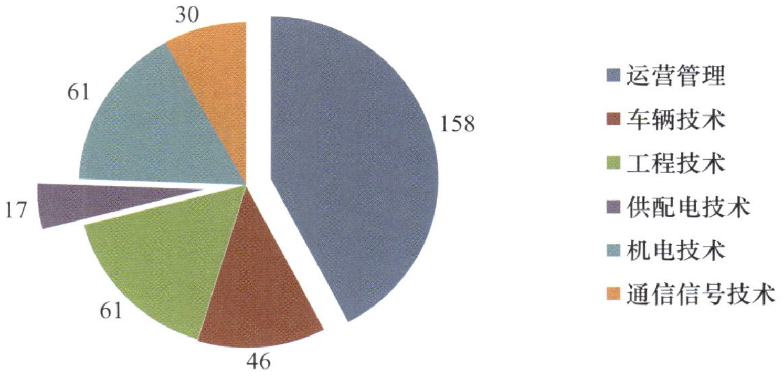

图2－4　全国城轨交通类专业分布

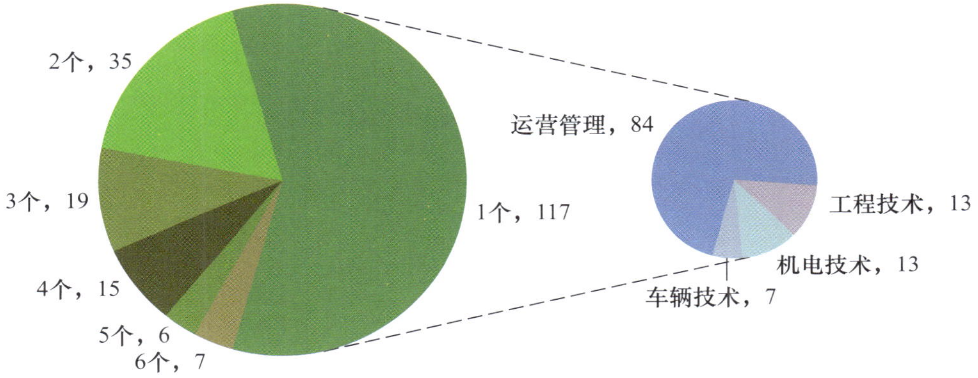

图2－5　学校开设城轨交通类专业数

（4）招生规模。阳光高考网站数据显示，2015年全国城轨交通高职院校计划招生22374人。总体来说，西部地区是城轨交通高职的主要生源地，运营管理专业招生最多，其中陕西省是生源数和招生数最多的省份，而西藏地区暂时还没有城轨交通类专业和生源。

从地区分布来看，西部地区的生源最多，共8736人，占全国总计划招生数的40%，东部和中部地区分别占全国总计划招生数的38%和22%。其中，陕西、河南、四川、北京四省市是生源大省，生源数量均超过1400人，占全国总生源的40%以上，宁夏、青海、海南、上海四省（市、区）的生源最少，均低于100人，仅占全国总生源的1%。从学校所在地看，陕西、河北、江苏、北京、河南五省市招生数均超过1500人，占全国总计划招生数的48%，甘肃、山西招生低于100人，而海南、宁夏、青海则没有招生（见图2－6）。

从专业招生情况来看，运营管理专业招生最多，计划招生超过1万人，占总招生数的47%，其中，东部和西部招生人数相当，均在3900人左右。另外，面向产业链中游工程建设环节人才培养的工程技术专业主要招生对象是西部地区，占本专业招生总数的43%；车辆技术、机电技术、通信信号技术、供配电技术专业主要招生对象是东部地区，共招生3555人，占44%（见图2－7）。

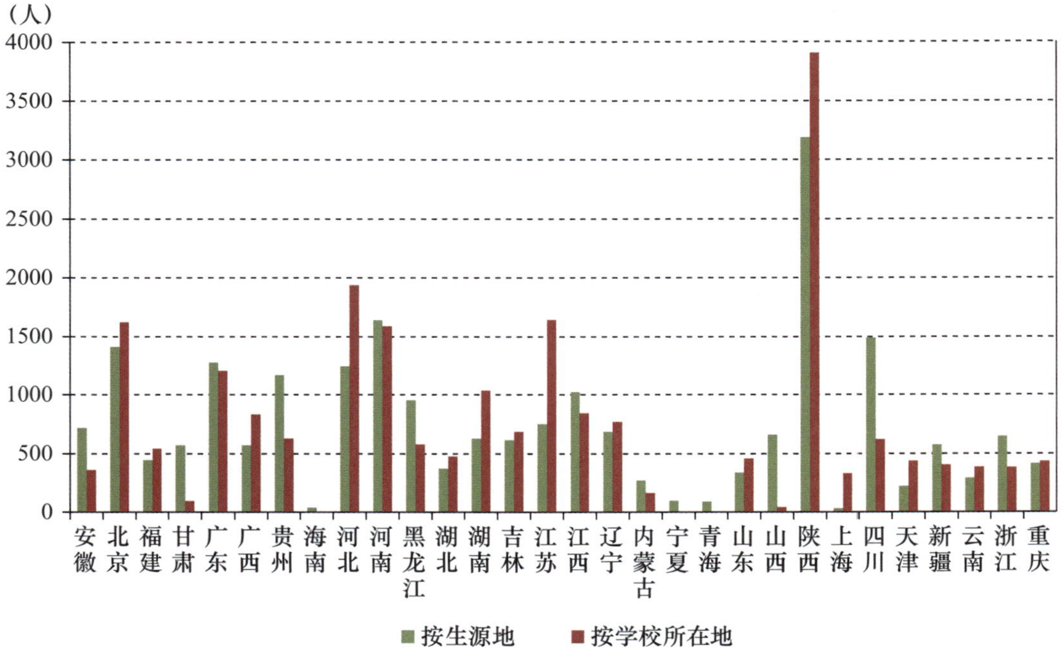

图 2-6　2015 年全国城轨交通类专业分省市招生情况

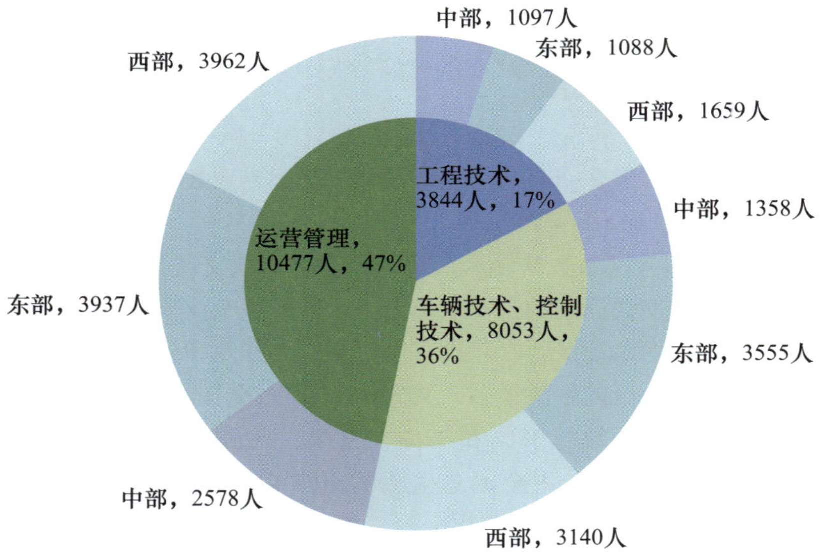

图 2-7　2015 年全国城轨交通类专业生源地分布情况

注：控制技术专业包括机电技术、通信信号技术、供配电技术。

2. 人才培养分析

（1）培养目标。城轨交通类专业职业教育主要面向城轨交通车辆制造、运营与维护企业生产、服务与管理第一线，培养各类高技能人才。为适应城轨交通行业不同的专业领域，各院校设置了不同的人才培养目标，如表 2-5 所示。

表2-5　城轨交通类专业人才培养目标

类型	专业名称	人才培养目标	代表学校
高等职业教育	车辆技术	培养掌握城轨交通车辆驾驶、设备检修、维护保养、总装与调试、调度与管理等基础理论知识和基本技能的高素质技术技能人才	柳州铁道职业技术学院、安徽职业技术学院、广东交通职业技术学院、湖南铁路职业技术学院
	机电技术	培养掌握自动售票系统、电梯和自动扶梯、暖通和环控、给排水、消防安全、屏蔽门技术等机电设备的专业技术理论知识，具备机电设备的安装管理、组织调试、维护检修能力的高素质技术技能人才	北京城市学院、河北轨道运输职业技术学院、湖南铁路科技职业技术学院、石家庄铁路职业技术学院
	通信信号技术	培养掌握轨道交通信号、通信设备、自动控制设备的安装调试、运行管理、维修养护、故障处理和技术改造等基本理论知识和技能的高素质技术技能人才	郑州铁路职业技术学院、柳州铁道职业技术学院、陕西交通职业技术学院、包头铁道职业技术学院、安徽交通职业技术学院
	工程技术	培养具有城轨交通工程和地下轨道工程施工、建立、养护和管理等岗位职业能力，掌握城轨交通工程勘测、质量检测、施工监理、施工组织管理知识和技能的高素质技术技能人才	上海交通职业技术学院、包头铁道职业技术学院、贵州交通职业技术学院、柳州铁道职业技术学院、甘肃交通职业技术学院
	运营管理	培养掌握城轨交通运营企业的行车组织、客运组织、站务管理、票务组织等方面的专业知识，能熟练运用城轨交通运营设备设施，具备运营组织能力，从事站务员、行车值班员、客运值班员、值班站长、行车调度员、票卡管理员等工作的高素质技术技能人才	北京交通职业技术学院、广东交通职业技术学院、包头铁道职业技术学院、天津铁道职业技术学院、浙江交通职业技术学院
	供配电技术	培养掌握城轨交通接触网设备、变配电设备等供配电系统及设备基本结构、工作原理、技术条件、维护标准等专业理论知识，能胜任供配电系统运营、维护、检修工作的高素质技术技能人才	郑州铁路职业技术学院、湖南铁路科技职业技术学院、包头铁道职业技术学院、新疆铁道职业技术学院
中等职业教育	车辆运用与检修	培养掌握城轨交通车辆驾驶与检修专业知识，具备城轨交通车辆操纵、维护、保养和车辆检修能力的操作技能型人才	广州市交通运输职业学校、合肥求实职业学校、成都航空高铁学校、郑州城轨交通中等专业学校
	运营管理	培养具有城轨交通客运服务、站务管理、行车指挥等能力的操作技能型人才	重庆铁路运输技师学校、石家庄铁路职业技术学院
	供电	培养掌握城轨交通变电站供电运行与检修、接触网（轨）施工与检修能力的操作技能型人才	河南科技专修学院、广州铁路机械学校、北京铁路电气化学校

资料来源：根据各学校官网信息整理。

从人才培养的类型看，城轨交通中高职院校基本能够按照不同层次和侧重点培养人才：中职学校注重人才操作技能的培养，高职院校则主要面向技术应用领域，人才培养的规格以掌握系统基本工作原理、技术条件等理论知识为基础，不仅要具有专业技术能力，能熟练操作设备、处理故障，还要具备专业相关的技术创新能力和管理能力，而“具备管理能力”是大部分高职院校对人才培养的普遍要求。如上海交通职业技术学院将“具有职业生涯发展基础的应用性高技能并具有一定创新能力的人才”写入其城轨交通工程技术专业人才培养目标定位中。郑州铁路职业技术学院、贵州交通职业技术学院等都将“创新能力”纳入人才培养目标。

从培养目标的服务面向看，职业教育是为适应地方经济建设发展而形成的，地域性是其重要内涵，因此轨道交通专业人才培养目标也要体现地方性、区域性。但据调查，仅柳州铁道职业技术学校、北京交通职业技术学校等少数院校明确地将服务面向定位写入人才培养目标，大部分院校人才培养目标中并未出现服务“区域、地方”等相关字眼，这在一定程度上影响了职业教育服务区域经济社会发展功能的发挥。

（2）课程体系。职业教育的课程体系需满足职业岗位知识、能力和素质要求。从整体看，我国城轨交通类专业课程主要由公共基础课、专业理论课、专业技能课和素质教育课四部分构成。公共基础课一般包括思想政治理论、法律基础、大学英语、计算机应用基础、体育、职业指导等公共基础必修课程，以及以知识拓展、培养人文素养和兴趣爱好为内容的自然科学和人文科学类的公共选修课，一般由学校的基础教学部门、思政部、招生就业部门承担；专业理论课和专业技能课是以传授职业知识与技术能力为核心的课程，因专业和专业方向的不同各具特色，主要由各教学单位或合作企业共同承担；素质教育课是以提高人才的综合素质、职业精神为目的的课程，主要包括国防教育、思想政治与道德素养、社会实践等第二课堂、第三课堂活动。

专业理论课和专业技能课统称为专业课，主要从岗位和岗位群需求以及学生技术应用能力需求出发设定，可以体现学校的办学特色和办学实力。以高职院校车辆技术专业为例，该专业对应列车司机和车辆检修两大岗位群，要求岗位人员必须具备车辆机械与电子基础、车辆结构与车辆附属设备、车辆运行与维修等专业知识；具备力学、材料、机械零部件、机械制图等机械工程应用能力，电工电子、PLC、单片机等电气电子技术应用能力，以及车辆结构、运行与维修等专业能力。据此，各校车辆技术专业理论课可以概括为机械设计类课程、机械控制类课程和城轨车辆专业特定课程三个类别，专业技能课包括钳工实训、金工实习、机械加工、制图等行业通用技能课和车辆构造与检修实习、城轨电力牵引实习、毕业设计等职业特定技能课程（见表2－6）。

表2－6　**部分高职院校车辆技术专业专业课设置情况**

学院	专业理论课	专业技能课
贵阳职业技术学院	机械控制类：电气控制等 专业特定类：城轨交通概论、城轨交通车辆总体、城轨交通车辆牵引电机、城轨交通车辆电器、城轨交通车辆控制技术、城轨交通车辆制动技术、城轨交通运用与规章、城轨交通车辆牵引操纵、城轨交通车辆驾驶技术等	职业特定技能：城轨交通车辆电器检修实训、城轨交通车辆检查与维修实训、城轨交通车辆驾驶实训、顶岗实习、毕业设计、资格证书等

续表

学院	专业理论课	专业技能课
广东交通职业技术学院	机械设计类：基于单机片的机器人设计与制作、机械制图与 CAD、机械基础等 机械控制类：电工技术及应用、电子技术及应用、电气控制与 PLC 技术、牵引供电技术等 专业特定类：轨道交通信号系统运行、城轨车辆电气装置及维修、城轨车辆制动装置、城轨车站机电设备运行与维修、轨道交通信息检测技术、城轨交通牵引供电技术、城轨交通系统行车组织、城轨交通运营管理等	行业通用技能：金工实习、PLC 应用实训、电工电子实训、CAD 考证实训、电子产品设计与制作实训 职业特定技能：车辆制动综合实训、机车电器综合实训、毕业生产定岗实习、毕业设计、就业见习、特色课程实训、生产见习实习等
北京交通职业技术学院	机械控制类：PLC 技术及应用 专业特定类：城轨交通车辆构造，城轨交通车辆电气，城轨交通车辆安全管理，城轨交通车辆检修工艺、城轨交通列车运行控制，城轨交通设备等	行业通用技能：机械基础及工艺训练，电工基础及工艺训练，电子基础及工艺训练 职业特定技能：车辆模拟驾驶实训、城轨交通车辆检维修实训、认识实习、客运组织实训、行车组织实训、设备控制实训、城轨交通运营管理综合实习、顶岗实习等
河北轨道运输职业技术学院	机械设计类：单片机原理及应用、制图与 CAD、机械设计基础 机械控制类：电工基础、电子技术基础、工程力学 专业特定类：城轨交通概论、城轨交通车辆辅助系统、城轨交通车辆电器、城轨交通车辆控制、城轨交通车辆构造、城轨交通管理规程与车辆运用、城轨交通车辆检修、城轨交通车辆故障分析、城轨交通车辆制动、城轨交通车辆构造、城轨交通车辆检修、城轨交通车辆制动等	职业特定技能：机械钳工技能实训、电工电子技能综合实训、城轨车辆检修设备技能实训、电机技能实训、电器及电气控制技能实训、检测技术技能实训、城轨车辆构造与检修技能实训、城轨车辆检查与模拟驾驶、专业顶岗实习
重庆交通职业学院	机械设计类：机械基础等 机械控制类：电工电子技术等 专业特定类：机车车辆电机、城轨车辆总体、城轨车辆电力牵引与控制、城轨车辆制动技术、城轨信号与通信、城轨运用与规章、城轨车辆故障及应急处理、城轨电动列车驾驶技术等	职业特定技能：列车模拟驾驶实训、顶岗实习、毕业设计
上海交通职业技术学院	机械设计类：机械制图与 CAD 等 机械控制类：检测与传感技术、液压和气动技术、电力电子技术、电力牵引与传动等 专业特定类：城轨交通车辆、城轨交通车辆电机电器、城轨交通车辆机械检修、城轨交通车辆电气检修、电力机车运用与规章、列车制动装置、列车故障分析与处理、列车检修等	行业通用技能：钳工实训、电工实训等

资料来源：根据各学校官网信息整理。

由以上分析得出，城轨交通类专业职业教育课程体系设置比较合理，能够突出知识、能力、素质的培养目标；从专业课程设置看，各校基本能够从岗位和岗位群需求出发设置课程，但仍存在专业理论课中专业基础理论知识开设不足、专业技能课比例偏低的问题。如在车辆技术专业，掌握一定的机械设计和机械控制类知识是培养技术技能人才创新能力、技术能力的重要基础，但是学校开设此类课程普遍较少。另外，高职院校专业技能课比例偏低，尚未覆盖技术活动的全过程，不利于学生动手能力和对岗位整体感知能力的培养。

（3）专任教师。城轨交通类专业最初从铁道交通专业分离出来，专任教师主要来自两大部分：一部分来自铁道交通、机电设备、机械制造等相近专业的教师，基础理论知识素养较高，教学中重视轨道交通技术技能原理、列车机车构造等基础理论知识的讲解，但是缺少城轨交通相关企业一线实践经验，对城轨交通技术技能了解不够；另一部分来自城轨交通企业熟练的技师、工匠，拥有熟练的技术技能，但缺少城轨交通系统理论知识，规范教学能力不足。随着城轨交通类专业教育的发展，新一代年轻教师逐渐加入，他们知识面广、理论知识扎实，注重教学观念和教学方法的创新，但是大多数是从校门到校门的学院派，企业工作经验缺失、实践经验不足。虽然各校实施了诸如企业挂职实践、学历提升等提高师资教学质量的措施，但是政策不配套、监管不到位、实践深度不够、实践时间难以保证等原因，给教师提高理论、实践能力带来困难，最终导致城轨交通类专业整体师资水平不高，难以满足专业教学的要求。

（4）实验实训。实践教学对学生职业技能培养非常重要，是理论联系实际、提高学生动手能力、培养学生创新能力的重要平台。职业院校学生实验实训主要通过学校实验室、实训室实现。由于城轨交通类专业实训设备投资大，给职业院校实验室和实训室建设带来很大挑战。高职院校的城轨交通实训室建设差距较大，如郑州铁路职业技术学院、陕西交通职业技术学院、柳州铁道职业技术学院、天津铁道职业技术学院等办学实力较强院校的实训室功能齐全、设备先进，不仅能满足学校人才培养需要，还承担社会培训任务。然而，部分办学实力较弱的高职院校及大部分中职学校实训室建设尚不能满足实践教学需求，甚至部分中职学校尚未设立专业实训室，学生实验实训主要是金工实训、钳工实训等基本技能实训（见表2－7）。

表2－7　　部分院校实验实训场地建设情况

层次	院校名称	专业	管理机构	实验实训场地
高职院校	郑州铁路职业技术学院	车辆技术	学院实践教学中心（与校企合作办公室合署办公）	建有中央财政支持的城市轨道交通车辆综合实训基地，具有国内一流水平，其中车辆综合仿真训练一期工程的模拟仿真驾驶系统和二期工程的教师监视控制系统及交互式学员仿真驾驶训练系统均已投入使用 与铁路企业合作建立了10多个“段中校”和顶岗实习基地
	河北轨道运输职业技术学院	车辆专业	学院实验实训中心	设有机车电机电器检修实训场、机车机械装置检修实训场、内燃机车电传动装置检查实训场、电力机车牵引控制检查实训场、内燃机车制动机检查实训场、电力机车制动机检查实训场、内燃机车模拟驾驶实训室、电力机车模拟驾驶实训室、机车整备作业实训场等校内实训场

续表

层次	院校名称	专业	管理机构	实验实训场地
高职院校	石家庄铁路职业技术学院	通信信号技术	教务处	建有城市轨道交通控制实训中心，为国家级实训基地，建于 2013 年 8 月。实训中心功能包括轨道交通的列车集中调度、信号系统监控、列车运营、车站设备的综合运营管理、通信传输、牵引供电、综合电力自动化、车辆结构原理等教研和实验实训
	陕西电子科技职业学院	运营与管理	教务处	城市轨道交通运营综合实训系统，建于 2009 年，实训系统由地铁沙盘模型、车站系统、控制中心三部分组成，能满足本专业在计算机联锁条件下的接发列车作业、行车调度的模拟演练、LOW 工作站的操作演练、TYJL－Ⅱ型计算机联锁操作演示、列车运行图编辑等实训项目
中职学校	新乡职业技术学院	车辆运用与检修	学院实训与设备管理处	已建有金工实训室、机械装调与控制实训室、液压传动演示实训室、机械 CAD/CAM 实训室等数个基础实训室和城市轨道交通实训室；PLC 实训室、轨道车辆检修实训室、轨道车辆电气控制实训室正在筹建中
	郑州城轨交通中等专业学校	车辆运用与检修	学校实训中心	电工技术、模拟电子、数字电子、电子焊接、电气安装、电子装配与调试、汽车电子 7 个基础实训室；城轨交通车辆检修、城轨交通信号道岔、城轨交通牵引供电、城轨交通运营管理、地铁车辆实操场地等 5 个专业实训室

资料来源：根据各学校官网信息整理。

从组织管理看，职业院校城轨交通类专业实训课程一般由各教学单位安排，教务处负责组织实施，统一管理。但近年来，随着学校实践教学比重的提升和实训设备的增加，设立独立的实训中心、实训管理中心、实践教学中心等教学辅助机构成为职业院校实践教学组织管理的趋势。独立设置管理机构主要负责全校实践教学管理、实训师资队伍建设和实训室管理，与教务处统一协调实施教学。如广州铁路职业技术学院实训中心主要负责全院基本实践教学、实训车间建设与管理、实训师资队伍建设与管理等工作，实训中心下设电工教学组、钳工教学组、机械加工教学组，分别实施不同类型的实践教学。独立的机构设置和明确的职责分工既有利于提高实训设备的使用效率，规范实习实训管理，又有利于加强实训师资队伍建设。

（5）校企合作。由于国内城轨交通行业标准规范缺失，各地城轨交通建设标准、企业岗位工种划分不尽相同，给人才培养带来一定的困难，使得校企合作的培养模式更为重要。职业院校的城轨交通类专业校企合作模式主要包括“订单班”培养、现代学徒制培养、共建校内实训基地、提供实习实践岗位、聘请企业员工作为教师、为企业提供人才培训服务等。其中，“订单班”是城轨交通类专业校企合作的重要模式，企业直接参与学校的人才培养过程，与学校共同制订人才培养方案、设置专业课程等。此外，2015 年教育部将北京交通运输职业学院与陕西交通职业技术学院纳入现代学徒制试点名单，两校分别与北京地铁公司和陕西磐恒轨道交通运维服务有限公司签订了试点协议，在城轨交通类专业开始试点工作，成为校企合作的新模式（见表 2－8）。

表2－8　部分高职院校城轨交通类专业校企合作情况

学校	专业	校企合作内容
北京交通运输职业学院	运营与管理	教育部首批现代学徒制试点学校，与北京地铁公司签订现代学徒制人才培养合作协议
陕西交通职业技术学院	车辆技术	教育部首批现代学徒制试点学校，与陕西磐恒轨道交通运维服务有限公司签订现代学徒制人才培养合作协议
天津铁道职业技术学院	车辆技术	与石家庄地铁公司、太原市轨道交通发展有限公司、合肥地铁、天津轨道交通集团、徐州市城市轨道交通有限责任公司等签订17个订单班
广东交通职业技术学院	—	广州市地下铁道总公司、中铁港航局集团有限公司、深圳市地铁集团有限公司、中铁二十五局集团、南车集团公司等轨道龙头企业建立21个校外实习就业基地，仅2010～2013年就通过订单班培养1400余人
河北轨道运输职业技术学院	车辆专业	石家庄电力机务段、朔黄铁路机辆分公司、京铁运输公司、石家庄车辆厂、神华货车公司神木北车辆段5个校外实习基地
福州职业技术学院	车辆技术	与福州市青口投资区、福清融侨经济技术开发区、东南（福建）汽车工业有限公司、福州城市地铁有限责任公司、厦门轨道交通集团有限公司等相关20多家行业企业签订了产学研、政校企合作协议
吉林交通职业技术学院	—	与中铁九局、中交隧道局、中铁二十二局、吉林省吉涯工程咨询有限公司、长春市政集团公司、长春润德西站交通换乘运营管理有限公司、长春市城市建设咨询有限公司、长春城市建设股份有限公司等建立30多个稳定的校外实训基地

资料来源：根据各学校官网信息整理。

此外，大部分学校还成立了校企合作办公室、校企合作中心等专门机构负责校企合作工作。为充分利用办学资源，扩大合作范围，合署办公成为许多学校的选择，如郑州铁路职业技术学院校企合作办公室与学院实践教学中心合署办公、湖南高速铁路职业技术学院校企合作处与校友会合署办公。

（二）轨道交通职业技能培训情况分析

随着城轨交通行业的快速发展，新工艺、新技术、新设备不断投入使用，人性化、个性化、多样化的服务要求逐渐提高，城轨交通企业对人才数量和质量提出更高的要求。为了提高人才质量、提高服务质量、促进企业成长，职业技能培训成为行业人才发展的重要内容。

1. 培训体系

（1）管理机构。随着我国政府职能转变，职业技能培训工作逐渐由政府主导变为行业协会主导。中国城轨交通行业协会负责城轨交通人才培训的统筹协调和基础服务工作。该协会是国家一级协会，由国家发展和改革委员会主管，同时接受住房和城乡建设部、交通运输部指导。协会下设信息培训部专门负责行业培训工作，并联合全国城市轨道交通资质认证办公室负责全国城市轨道交通资质认证的具体工作。

（2）培训主体。我国城轨交通职业技能培训采用所在城市负责的属地监督管理制，由地方政府、行业协会或者企业主导和实施。城轨交通企业、具有培训资质的独立法人培训机构以及各级各类学校是我国城轨交通人才培训的主体。由于师资、设备、技术、资金等优势，城轨交通企业是我国城轨交通职业技能培训的主要力量。如上海申通地铁集团、广州地铁集团有限公司、北京市地铁运营有限公司等单位，承担着我国城轨交通人才职业技能培训的重要任务。具有培训资质的独立法人培训机构和高校，由于培训师资、培训设备、职业资格认证等方面的限制，培训能力和水平有限，是我国城轨交通职业技能培训的重要补充和潜在力量。

2. 培训类型

依据培训目的、岗位类型和企业类型不同的分类标准，对城轨交通职业技能培训作如下分类：根据企业员工的培训目的，分为上岗培训、转岗培训、岗位稳固培训和技能提升培训，其中，岗位稳固培训是指加强在职人员对公司规章制度、工作技能等掌握程度的培训，技能提升培训主要是指在职员工以提高职业素质和技能为目的的培训。根据培训人员岗位类别，分为管理培训、专业技术培训和操作施工培训。根据企业业务范围，培训内容也有较大差别，如产业链中上游企业需要前沿技术、国家标准、工程造价、施工技术、项目管理等方面的培训，运营管理企业需求更侧重于运营操作、设备维护、应急预案等内容的培训（见表2－9）。

表2－9　　我国城轨交通职业技能培训类型与主要内容①

分类依据	培训类型	培训对象	主要培训内容
培训目的	上岗培训	新员工	企业文化、职业发展、岗位特点和所需具体的知识等内容
	转岗培训	在职转岗员工	专业技术培训、资格认证
	岗位稳固培训	在职员工	公司规章、岗位职责、工作流程、关键知识等内容
	技能提升培训	在职员工	专业知识和技术技能培训
岗位类型	管理培训	企业经理层	国家政策、产业规划、风险管理、科技创新等
		项目管理人员	行业规范、施工技术、问题处理、应急预案
	专业技术培训	供电、通信、信号、轨道等专业技术人员	关键技术、专业操作、安全教育、文明施工、资质认证等
	操作施工培训	焊工、电工、架子工等	专业操作、施工安全、文明施工资质认证等
企业类型	—	咨询设计企业	前沿技术、规范解读
		工程建设企业	项目管理、法律法规、工程造价、风向控制、施工技术、应急预案等
		装备制造企业	前沿技术、国家标准、项目管理等
		运营管理企业	运营操作、设备维护、应急预案等

3. 培训规模与需求

从培训规模看，根据中国城市轨道交通协会研究数据（2012年），2013～2020年企业内部和独立法人职业培训供给能力约47.55万人，年供给量为5.94万人。其中，2013～2015年总供给能力约13.76万人，平均年供给量为4.59万人，2016～2020年职业培训供给能力约为33.79

①田茂、赵泽平、周岩：《城市轨道交通人才培训特征分析及课程开发研究》，《经济研究导刊》2016年第33期，第148页；韩宝明：《我国城市轨道交通人才培训体系建设的思考》，《城市轨道交通》2015年第3期，第36页。

万人，平均每年供给能力为 6.76 万人。为适应行业快速发展需要，创新人才培训模式成为行业培训重要内容。为提高职业技能培训的专业性和规范性，2010 年 11 月，广州、重庆、宁波等 8 家地铁公司采用“企企联合”形式成立了广州城市轨道交通培训学院，先后为国内 50 余家城轨交通企业和学校提供培训服务，培训总数达 15000 人，成为行业职业技能培训的重要力量。

随着城轨交通行业的快速发展，职业技能培训需求不断上升。2013～2015 年职业需求约为 17.57 万人，随着“十三五”城轨交通建设高峰的到来，行业将面临更大的培训需求。据估算，五年职业技能培训需求总量约为 52.71 万人。与培训供给能力相比，城轨交通行业培训供需矛盾突出，培训能力严重不足。①

四、国外城轨交通专业职业教育分析

国际上并没有将城轨交通从轨道交通系统中划分出来，地铁、高铁、轻轨列车、有轨电车、铁路等不同制式轨道交通在教育上没有清晰的界定。城市轨道交通在人才培养上属于工科范畴，在人才培训上属于铁路系统培训。日本城轨交通凭借其人性化的服务和遍布全国的路网系统闻名全球，英国则是世界上最早建设铁路和地铁的国家，两国拥有成熟且丰富的城轨交通职业教育经验，对我国城市轨道交通行业职业教育有重要的参考和借鉴意义。

（一）日本城轨交通职业教育分析

日本是以工业为支柱的国家，工业人才是日本经济发展的基石。第二次世界大战后，日本高度重视科学技术教育，将工业教育振兴作为国策，大力推进工程教育。日本城轨交通类专业人才培养属于典型的工程人才培养范畴，在人才培养上具有丰富的经验。

1. 培养体系

为了适应国家经济发展需要，日本加快教育改革，建立了从小学到大学完整的工程人才培养体系。

（1）义务教育及中等教育。义务教育阶段（小学 6 年、初中 3 年）的工程职业教育主要体现在课程和课外活动中，其目的是培养学生的劳动观和职业观；在中等职业教育层次，工业高中是工程人才的培养主体，其目标是培养熟练工人和初级技术人员，主要进行少量的语数外基础教育和大量的工业职业课程教育（见表 2－10）。但是，随着高等教育入学率的上升和工业高中传授的技术知识不能与时俱进，工业高中毕业生的企业认可度不断下滑，虽然尝试了一系列改革，但在校生缩减的局面仍难以扭转。据调查，职业高中在校生比例从 20 世纪 70 年代的 40% 下降到 2011 年的 20%。

（2）高等职业教育。在高等职业教育层次，工程职业教育主要由专门学校（工业领域）、高等专门学校、工业技术大学、大学院大学等承担，各类学校有明确的社会定位、培养目标和完善的升学体系（见表 2－10）。此外，日本还有专门从事职业培训的“各种学校”，承担了部分工程职业教育的任务。

①韩宝明：《我国城市轨道交通人才培训体系建设的思考》，《城市轨道交通》2015 年第 3 期，第 36 页。

表2－10　　日本工程人才培养主要机构简介

层次	培养机构	招生与学制	培养目标
中等职业教育	工业高中	招收初中毕业生或同等学历者，学制3年	培养学生具有一种必须完成社会使命的觉悟，使之能够根据自己的个性决定将来的道路，提高一般教养水平，掌握专门技能①
高等职业教育	高等专门学校	招收初中毕业生，学制5年	面向工业领域，培养掌握专业知识和技能、具有问题解决能力的实践型“中坚技术者”
	专门学校（工业领域）	招收高中毕业生，学制2年	以职业资格为导向，进行实用性的职业技术教育，培养工业领域所必需的技能型人才
	技术科学大学	招收高等专门学校和工业高中毕业生，学制4年以上	以传授技术为使命，培养具有新学问和工程应用能力的、富有实践性和创造力的、能够为人类社会的繁荣做出贡献的指导性技术人才
	技术科学院大学	招收本科毕业生，学制3年以上	培养能够从事应用性技术开发的研究型技术人才

高等专门学校是日本工程人才重要的培养机构。20世纪60年代，日本高等学校培养的工程人才无法满足工业发展需要，文部省设立了高等专门学校，培养高级工科应用型人才，为产业界和地方培养“中坚技术者”，其工科专业数占总专业数的98.5%（2016年）②。高等专门学校招收初中毕业生进行5年一贯制的职业教育，毕业可获得准学士学位。高等专门学校将职业教育贯穿于人才培养的始终，并能够根据产业变化积极快速调整专业和课程设置，以实践教育为基础，兼顾理论知识讲授，得到企业的青睐，毕业生就业率基本100％。

在本科及以上职业教育层次，主要工程人才培养机构为技术科学大学和技术科学大学院大学。两者区别主要是大学院大学仅培养研究生层次的工程人才，而大学则既培养研究生也培养本科生。日本目前有5所技术科学大学，③ 主要招收两类学生：一类是高等专门学校毕业生，这类学生插班进入三年级接受2年制的本科教育；另一类为普通高中毕业生，进入技术科学大学接受4年本科教育。技术科学大学以传授技学为使命，培养既通晓高深专业知识又掌握精湛操作技能的工程管理与技术人才，是日本工程学士、工程硕士和工程博士培养的典范。

日本工程人才培养机构间衔接顺畅。如高等专门学校主要接收初中毕业生，也接收工业高中毕业生或普通高中毕业生插班进入第四学年继续学习；高等专门学校学生在完成五年教育后可获得准学士学位直接毕业，也可以进入专攻科（日本高等专门学校内部普遍设置了学制2年、可授学士学位的专攻科）继续学习，专攻科毕业后可以获得学士学位，还可以参加大学三年编入考试，插班进入普通大学工学系或者技术科学大学第三学年继续深造，毕业后可以获得该大学的学士学位。技术科学大学打通了与各层次职业教育的联系，促进工程职业人才培养体系的形成。

①焦燕星：《日本中等职业教育的研究》，辽宁师范大学硕士学位论文，2010年，第14页。

②文部科学省ホームページ：《学校基本调查》，http：//www. e－stat. go. jp/SG1/estat/List. do？ bid＝000001079881&cycode＝0，2017。

③王宁宁、吴涛：《日本技术科学大学人才培养：经验与启示》，《教育探索》2015年第7期，第155页。

2. 专业设置

与我国按照专业培养人才不同，日本工程职业教育按照学科大类培养人才，专业覆盖面更广。如在高专层次，我国高职高专有近500个工程类专业、数千个专业方向，但日本的高等专门学校仅设置机械工程、电气工程、电子工学、土木建筑、计算机等76个专业。宽泛的专业划分更利于扩大学生的知识面、增加学生继续学习和深造的机会，有利于学生未来发展。

与其他综合类学校不同，日本工程类职业院校属于专修学校，仅设工科一种学科，且开设专业数量不多，这种单一且集中的设置方式可以最大程度地提高学校师资、课程、实习实训设备等资源利用率。如长冈工业高等专门学校仅有机械工程、电子制造、城市环境工程、电子电气工程、物质工程五个专业，丰桥技术科学大学仅开设机械工程、电气电子工程、信息与智能工程、环境生命工程、城市建筑工程五个专业。

3. 课程设置

（1）通识课与专业课。日本工程高职课程主要由一般科目和专门科目组成。一般科目即通识课程，目的是培养学生具备技术人员所需的基础知识、开阔的视野、丰富的人格和健康的体魄，由人文科学、社会科学、自然科学、体育、艺术、外语六部分组成。专门科目是针对各专业开设的专业课程。学校按照学生接受能力安排课程，通识课逐年减少，专业课逐年增加。在高等专门学校，通识课主要集中在前3年开设，专业课从第3学年开始逐渐增多，且专业选修课一般从第4和第5学年开始开设。根据日本《高等专门学校设置基准》要求，高等专门学校在五年内学习通识课学分不低于75，学时不低于2905；专业课学分要达到82，学时不低于3640；[①] 在技术科学大学，通识课贯穿于本科阶段各学年，专业课程由专业基础课和专业核心课组成，学生需要在前两个学年修习完成专业基础课。

日本工程职业教育非常重视专业基础课程。一方面，专业基础课的授课时间长。学校希望通过充足的授课时间和较长的学习过程确保学生基础知识的消化和吸收，以帮助其在以后实践中更好地掌握技术，也使技术创新成为可能。如国立明石工业高等专门学校机械工程专业，分别在第3、第4、第5学年开设了材料力学Ⅰ、Ⅱ、Ⅲ三门课程（见表2-11）。另一方面，自然科学基础课在专业课程中占比较高，成为专业课程的重要内容。这是因为具备工程问题解决能力是工程人才必备的技能，而扎实的数理化基础知识是培养问题解决能力的基础。如长冈技术科学大学专业基础课设置了自然基础课程选修课模块，仅数学课就有8门，包括了数学Ⅰ、数学实验Ⅰ、机械数学等必修课和数学Ⅱ、数学实验Ⅱ、工业基础数学Ⅰ、工业基础数学Ⅱ、线性代数等必修课。

（2）必修课与选修课。在高等专门学校，必修课数量远远大于选修课，必修课学分一般在70分左右，选修课仅为30分左右。选修课通常从第4学年开始开设，第5学年除了毕业实习以外，以选修课为主。这种课程安排主要考虑高等专门学校以初中毕业生为主，新生年龄较小，职业方向与兴趣爱好思考不成熟，大量必修课可以保证学习质量，随着学习的深入，就业领域逐渐明确，再提供大量选修课更利于学生发展。如国立明石工业高等专门学校机械工程专业的通识课程略多于专业课程，选修课主要集中在第5学年，且该校在同一门课之下还设置了A、B两个级别，供不同基础的学生选择。

①沈雁霞：《日本高等专门学校发展史及对我国高等职业教育的启示》，《经济师》2007年第8期，第147页。

表 2－11　　日本国立明石工业高等专门学校机械工程专业课程设置

课程类型	学年	通识课程	专业课程
必修课	第 1 学年	国语Ⅰ、地理、数学ⅠA、数学ⅠB、科学Ⅰ、体育Ⅰ、英语ⅠA、英语ⅠB	消防素质、信息基础、设计制图Ⅰ、工作实习Ⅰ、机械工程实习Ⅰ
	第 2 学年	国语Ⅱ、政治经济学、世界史、数学ⅡA、数学ⅡB、科学ⅡA、科学ⅡB、体育Ⅱ、英语ⅡA、英语ⅡB、自主学习入门、全球研究入门、共同合作Ⅰ	编程基础、设计制图Ⅱ、工作实习Ⅱ、机械工程实习Ⅱ、机械加工学Ⅱ
	第 3 学年	国语Ⅲ、日本史、数学Ⅲ A、数学ⅢB、科学ⅢA、科学ⅢB、体育Ⅲ、英语Ⅲ、英语会话Ⅰ、共同协作Ⅱ、数学ⅡB、日本语	设计制图Ⅲ、工作实习Ⅲ、机械工程实验Ⅰ、机构学、工程力学、材料学、设计工学Ⅰ、材料力学Ⅰ、机械实验
	第 4 学年	国语Ⅳ、体育Ⅳ、英语Ⅳ A、英语ⅣB、英语会话Ⅱ	Co + workⅢ、应用数学、应用物理、编程应用Ⅱ、设计制图Ⅳ、工作实习Ⅳ、机械工程实验Ⅱ、设计工学Ⅱ、材料力学Ⅱ、热力学Ⅰ、流体力学Ⅰ、机械力学、力学实验、电器电子工学Ⅰ、机械工学讲堂
	第 5 学年	英语Ⅴ	设计制图Ⅲ、材料学Ⅲ、自动控制、毕业实习
选修课	第 1 学年	音乐、美术	无
	第 2 学年	无	无
	第 3 学年	海外研修Ⅰ	无
	第 4 学年	汉语、德语、法语、海外研修Ⅱ	机械实习
	第 5 学年	国语概论，法学概论，哲学概论，数学概论，生物物理化学，科学技术环境，体育科学实习Ⅰ，体育科学实习Ⅱ，托业Ⅰ、Ⅱ、Ⅲ，海外研修Ⅲ	生产管理工学、机械环境工学、热统计力学、材料力学Ⅲ、流体力学Ⅱ、电气电子工学Ⅱ、传统热工学、机器人工程学、测量工程、生产工程、机械工程实验Ⅲ

资料来源：根据日本国立明石工业高等专门学校官网信息整理。

在技术科学大学，选修课通常多于必修课，专业课是选修课的主体。学校通过丰富的选修课程和完善的选课制度，不仅满足学生兴趣爱好，也保障了学习质量。如日本长冈技术科学大学，选修课包括了基础自然科学选修课、工学基础选修课、机械工程基础选修课、主要选修课、一般选修课、综合选修课六大模块，每个模块都有翔实的选修前提和学分要求。学生必修课要达到 28 学分，主要选修课、综合选修课和普通选修课达到 18 学分才能毕业（综合选修课需达到 4 学分）（见图 2－8）。

多层次、综合化是日本工程职业教育课程设置的重要特点。在多层次方面，由于日本工程职业教育体系完善，学生可以从各个年级插入学习，存在知识层次差异。为使得学生在毕业前达到培养目标，学校设置了不同级别的课程，即使是同一级别的课程还分 A、B、C 不同层次，满足学生多层次需求。在综合化方面，为了满足企业对工程人才综合能力的要求，学校往往不按照传

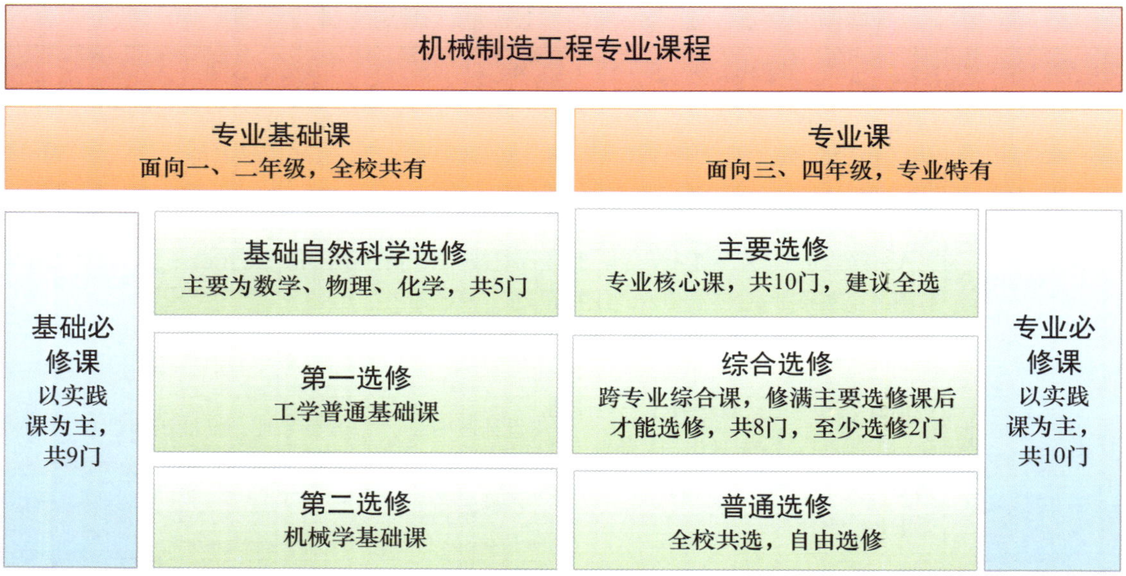

图2-8　日本长冈技术科学大学机械制造工程专业课程设置①

统的、国家规定的标准化课程体系设置课程，而是突破专业和学科界限，将多学科知识综合、交叉，重新构建，然后以研究课题或讲座的形式实施。如长冈技术科学大学机械制造工程专业第3学年开设的计算力学基础、机械设计、热工程学、应用材料学、动态系统分析与控制等综合选修课，以及在第4学年开设的机械工程特别讲座、安全工学基础等普通选修，均是两门或两门以上课程的综合。在阿南工业高等专门学校设置的材料工程学讲座，将科学技术与纳米材料工程等知识深度融合，该讲座课程从2007年开设，受到师生的高度评价。②

（3）实习实践课。日本各类工程职业院校重视实习实践，主要表现在三个方面：实践课程比例高、与理论课程融合度高、时间安排合理。

第一，实践课程比例高、课时长。学校的专业实践与理论课比例一般能达到1∶1，实践课时数一般占总课时数的1/3以上，专业理论课中还包括大量的实践教学环节。如长冈工业高等专门学校电器电子工程专业和长冈技术科学大学机械制造工程专业的专业必修课中，实践课均占45%以上。相比高等专门学校，本科层次的工程教育实习时间更长，通常要求企业实习时间两个月以上，长冈技术科学大学实习时间更长达5个月，充足的实习时间使学生能深入体验企业工作，为毕业后更快适应工作岗位奠定基础。

第二，实习实践课安排合理，实践课程与理论课程融合度高。一方面，学校将理论课程与实践课程交互安排，保证每学年均有实践课程。如长冈工业高等专门学校机械制造工程专业每学年均设有实践课程，五年间的实践课学分比为3.5∶3∶4∶7.5∶10。另一方面，还要求所有专业理论课都要设置实践教学环节，通过理论与实践的交叉学习使学生更加灵活地掌握理论知识，提高实践能力。

①长冈技术科学大学：《机械创造工学专攻·课程》，http://mcweb.nagaokaut.ac.jp/j/about/about_06，2016-12-30。

②阿南工业高等专门学校：《材料工学（日亚化学）讲座》，http://www.anan-nct.ac.jp/cgi-bin/material/wiki/wiki.cgi/eng，2017-01-18。

第三，实践课时间安排合理。实践时间尽量与学校上课时间错开，不占学校正常上课时间，不影响学校课程安排。如鹿儿岛工业高等专门学校将工厂实习安排在第2学年的暑期、国立明石工业高等专门学校要求学生利用第4学年的课余时间深入企业实习10天或者80小时以上。

4. 校企合作

日本工程职业院校的校企合作主要包括开展区域合作研究、开设公开讲座、入企实习等形式。区域合作研究是指通过企业投入研究基金、企业技术研究人员与学校共同开展区域社会经济发展问题研究，研究成果归双方所有。学校普遍成立了区域合作研究中心，负责联系当地企业，并制定了完善的人员管理、研究经费、知识产权、责任与权益等制度，保证合作研究的开展；公开讲座一般是在企业赞助的条件下，学校为当地中小学和社区居民提供免费或者收取少量费用的科普讲座，是日本包括工程职业院校在内的各级各类学校重要的社会服务内容；[①] 入企实习是校企合作最直接的形式，日本工程职业院校普遍设置了企业实习课程，建立了完善的入企实习制度。如在长冈技术科学大学设置了校系两级实务训练委员会，校级实务训练委员会通过与学校学务部对接统一管理全校实习工作；各系实习工作由各系实务训练委员会对接各系课程主任，负责具体实习工作。此外，各系还设立实务训练指导教师，负责监督学生实习。

（二）英国城轨交通职业技能培训分析

英国的城市轨道交通和铁路交通同属于国家运输部管辖，在技术标准、所属公司、人才培养、职业技能培训等方面有很多交叉和共同之处，属于同一系统。作为世界最早建设铁路和地铁的国家，英国拥有发达的技术和完善的人才培训体系，值得学习借鉴。

1. 培训体系

英国早在1928年就开通了世界上第一条铁路，19世纪80年代英国全国铁路网已经形成。通过一系列铁路管运分离和私有化改革，目前，英国铁路行业主要由1个路网公司（Network Rail）、24家客运公司、6家货运公司和3家机车车辆租赁公司组成[②]，并由国家运输部及下设的铁路署负责管理。经过多年的发展，英国已经形成由政府、行业协会、企业、学校和各类社会培训机构共同推动的铁路行业人才培训体系。

（1）管理机构。在管理体制上，英国行业培训主要由英国政府和行业协会共同监管，两者通过不同的方式和角度支持、保障行业培训。

英国政府的角色主要体现在提供培训资金、制定与出台政策标准等方面。在资金投入方面，通过教育部下设的技能资助处（Skills Funding Agency）向大学、培训机构和雇主提供培训资金补贴。据悉，每年该机构通过继续教育基金直接投入的培训补助费用高达3.2亿英镑。[③] 资金投入是英国政府支持铁路行业职业技能培训最直接和最具影响力的方式，降低了各培训主体的培训费用，尤其是大大降低了企业对培训投入太大和雇员辞职带来损失的担忧，有力地推动了行业培训的开展。在国家职业资格标准制定方面，由英国铁路技能中心（CFRS，即原铁路行业培训委员会）联合相关铁路行业协会，共同制定铁路部门国家职业资格认证标准，提供培训和职业资格认证服务。统一的国家职业资格认证便于公司区别不同员工技能水平和培训需求，方便人才选

---

①独立行政法人国立高等专门学校机构，http：//www. kosen - k. go. jp/mono_ sangaku_ kyodo. html，2017 - 01 - 18。

②李娜、李凤玲：《英国铁路行政管理体制的变迁及发展现状》，《经济视角》2013年第3期，第109页。

③GOV. UK. “Skills - funding - agency”，http：//www. gov. uk/government/organisations/skills - funding - agency/about，2017 - 01 - 16.

拔和提高培训效率。此外，为了加快铁路行业人才培养与培训，英国政府从 20 世纪末开始大力推行“现代学徒制”，通过给予企业资金补偿来鼓励企业提前参与人才培养。

英国不同行业的职业培训由各培训企业协会负责，铁路培训机构协会（The Association of Railway Training Providers Ltd.，ARTP）负责铁路行业职业技能培训。ARTP 成立于 1997 年，由政府、铁路企业、铁路培训机构和培训专家组成，目前在全国有 30 家会员培训机构。ARTP 每年与政府培训部门签订培训合同，并根据不同培训项目与有资格的会员培训机构签订分包合同，对行业培训机构进行监督与管理。①

（2）培训主体。在培训机构上，铁路企业、私人培训机构和大学是英国铁路行业职业技能培训的主体。由于英国铁路行业的私有化性质，企业间竞争激烈，各铁路运营公司高度重视员工培训。各铁路运营公司通过建设培训基地、培训学院，建立一系列完善、多元化的内部培训体系，是铁路行业人才培训的主要力量。另外，私人培训机构和大学为行业提供大量的咨询和培训服务，是英国铁路行业培训的重要组成部分。

2. 案例——英国路网公司职业技能培训

英国铁路最初实施国有制，但随着铁路逐渐在运输业中失去垄断地位，且铁路财政补贴给政府带来巨大的财政压力，英国政府决定实行以铁路基础设施建设与管理和铁路客货经营分开为特点的私有化改革。在此背景下，英国于 1994 年成立了路网公司作为全国基础设施运营商，成为连接私有制客货铁路运营企业和国家公有制的桥梁，其主要业务是为全英国的铁路基础设施提供维护、更新和加固服务，以及制定全国铁路时刻表。路网公司虽然是私有化公司，但不以盈利为目的，其运营模式是向铁路运营商收取线路使用费，盈利收入则全部用于铁路网维护。②

（1）岗位培训项目。路网公司深谙提高员工职业技能是提高公司业绩、降低铁路事故率的重要保障，因此制定了针对不同工种的多元化培训项目。针对铁路基础设施维修岗位提供铁路维修培训，在全国建立了 11 个维修培训中心，建设了 100 余位拥有丰富实践经验的培训师师资团队；针对信号员，设置了信号培训课程，并建立了两个专门培训基地，每一位信号员上岗前都要接受为期 9 周的培训课程；针对不同级别、不同管理岗位提供各种领导与管理技能培训，并于 2005 年建立了西木发展中心，与华威大学的华威商学院和华威制造集团合作，提供全方位的培训课程。③

（2）大学生培训项目。拥有较好教育背景、掌握一定专业技能的大学生是铁路公司最重要的人才来源。为了吸引更多的毕业生，路网公司通过实施毕业生计划、提前介入计划等举措，提高公司在已毕业大学生或在校大学生中的认可度。

毕业生计划。毕业生计划主要针对公司新入职大学生（刚毕业或已经毕业有工作经验的大学生）而设立。该计划对不同兴趣爱好和发展方向的毕业生提供工程和工商管理两个系列、各为期 2 年的培训和发展课程。其中，工程系列课程主要针对具有工程背景或爱好高科技、新发明的大学毕业生，为其提供土木工程、电气和电子工程、机械工程三种不同提升方案；工商管理系列课程则提供包括金融、综合管理、安全与环境、人力资源、项目管理、房地产管理等一系列的提升方案。④ 此外，为提高新入职大学生职业成长速度，路网公司对每一个新招聘的大学毕业生

①Association of Railway Training Providers Ltd.，http：//www. artp. co. uk/，2017 - 01 - 16.

②呼志刚：《英国铁路路网公司的运营与管理》，《铁路运输与经济》2006 年第 12 期，第 56 页。

③Network Rai，http：//www. networkrail. co. uk/careers/training - and - development/，2017 - 01 - 16.

④Network Rail，http：//www. networkrail. co. uk/careers/graduates/，2017 - 01 - 17.

均配备一个导师，并提供1.5~2年包括人际关系、专业技术、多岗位定点实习等入职培训。①

提前介入计划。为了吸引更多学生进入铁路行业，提前介入参与人才培养成为英国众多企业的选择。如路网公司面向一年后毕业的大学生提供夏季或一年定点实习机会，学生仅需通过校方出具一份证明其定点实习可以计入学分且不打断学生实习的证明信，就可以有机会申请包括金融、综合管理（铁路货运）、工程、环境和可持续发展、IT和商务服务等不同方向的实习计划。实习期间学生可以在公司真实的运营环境中，熟悉公司业务、掌握实战技能。如果实习生表现好，还可获得公司提前录用的通知。简单的申请条件、丰富的实习内容和可能的就业机会，每年都吸引大量的在校生进入公司实习，为公司争取了大量的潜在的高水平员工。

高级学徒计划。英国从1988年开始推行“现代学徒制”，也是各铁路公司提前介入计划的重要组成部分。路网公司从2005年开始实施高级学徒计划，目前已经接收了2000名学徒，为公司提供了高质量的专业技术人才。该计划主要针对18岁以上在校生开展企业学习，学徒通过3年的企业实践，可以获得专业实践技能和相应资格证书。为了保障学徒制的顺利推进，路网公司制定了资金、食宿、保险、里程贴现等一系列保障措施（见表2－12）。②

表2－12　英国路网公司高级学徒计划简介

	前20周	剩余时间
学习地点	西木发展中心（Westwood Development Centre）	离家较近的火车站
学习内容	基础技术能力、领导管理能力	轨道、接触网、信号等专业知识和技能
师资	专业培训导师	路网公司员工
所获证书	工程操作国家二级职业资格证书（NVQ） 英国商业与技术教育委员会（BTEC）工程证书 领导管理协会二级证书	铁路工程国家三级职业资格证书 领导管理协会三级证书
保障条件	8618英镑工资，学习结束后可获1150英镑补助 免费提供食宿	第二年和第三年分别获得12055英镑和14364英镑补助
	享受每周一天半及其他法定节假日 免费提供工作服、个人安全设备、养老保险、火车里程贴现 路网公司录用机会	

（3）培训基地建设。为了保障铁路员工培训质量、降低员工培训成本，充分发挥企业内部培训师资力量，建立专门的培训中心和培训学院成为近年来各铁路公司的重要内容。据悉，英国路网公司在全英建立了26个培训中心，为全公司包括一线维修员工、客服人员和管理人员等所有岗位提供培训服务。此外，还投资2.3亿英镑建立四个人力发展中心，可以满足100个一线工程和维修人员同时培训。其中，建于2005年的西木发展中心是路网公司毕业生培训计划、高级学徒计划的培训基地，也是该公司领导会议中心。③

①金建兴、叶仁荪：《英国铁路职业培训机制及其启示》，《铁道运输与经济》2007年第12期，第14页。

②Network Rail，http：//www.networkrail.co.uk/careers/apprenticeships/，2017－01－17.

③Network Rail，http：//www.networkrail.co.uk/careers/training－and－development/our－training－facilities/，2017－01－17.

（三）日英两国城轨交通职业教育特点分析

1. 教育计划严谨，教育体系完善

严谨的教育计划是教育内容获得较高实施效果的重要保障，也是培养高素质人才的重要前提。在日本工程教育领域，从国家教育体系设置到学校专业设置、课程设置等都体现出严谨的计划安排。如日本文部省设置了高等专门学校培养工程人才，后续又设立了技术科学大学保证人才培养持续性和高层次，最终形成了从义务教育到高等教育不同阶段、多种教育机构互通的、完善的工程教育体系；在专业设置上，学校的每个专业均有明确的培养目标，并将培养目标分解至每学年、每门课，同时通过课程路线图或结构图的形式将课程完整地展示给学生，以让学生对所学知识的相关性、课程进度有明确认识，为专业选择提供帮助；在课程设置上，学校通过设置不同模块的选修课和详细完善的选修制度，保证学生开阔的知识视野。英国铁路交通行业职业技能培训则构建了由企业、社会培训机构、学校为主体，政府和行业协会共同参与的有机、完整的培训体系，培训对象覆盖了大学生、在职员工等各类人才。由于全阶段培养和全方位参与，保证了人才的多层次性，并使终身学习成为可能，为日英两国轨道交通高速发展奠定坚实基础。

2. 学习内容丰富，宽基础重实践

城轨交通作为典型的工程领域，对从业人员知识技能的交叉性、复合性有较高要求，日英两国通过丰富的教育内容满足人才对综合知识与技能的需求。如日本丰桥技术科学大学机械工程专业选修课涵盖了物理、化学、生物、数学等基础自然科学以及电子电气、计算机、材料、量子力学、社会学、环境工程等各个领域，同时设置了多门高度综合与交叉的研究课题和讲座课程，拓宽学生的知识面。英国职业教育培训则通过多元的培训项目，提供人际关系、管理能力、专业技能等多方面知识与技能的培训。

工程人才需要具备较强的问题解决能力和创新能力，扎实的专业基础知识和注重实习实践是提高问题解决能力、创造力的前提。在日本，宽基础不仅体现在课程基础课比例高、授课时间长上，更体现在专业设置上，无论是高等专门学校还是技术科学大学，学生都可以不受轨道交通信号、供电、车辆等具体细分专业限制，按照学科大类接受教育培养。同时，实践课程比例高、实习时间安排合理、企业积极参与实践过程，最大程度地提高了实践质量。英国也不例外，学生通过现代学徒制实现长周期的实习，在企业做学徒的过程中提升实践技能，最终实现理论知识与实践能力双提高。

3. 政府高度重视，企业充分参与

无论是日本工程职业教育还是英国轨道交通人才培训，均具有政府高度重视、企业深度参与的特点。在日本，为实施科技立国战略，政府高度重视工业人才培育，设立了国立高等专门学校和技术科学大学，专门培养工程人才。在私有学校占绝对优势的教育背景下，工程职业教育独树一帜，成为日本教育体系中国有化水平最高的办学类型。根据文部省统计（2016 年），在现有的 57 所高等专门学校中仅有 3 所私立学校。在英国，政府通过制定统一的职业资格标准、提供大量的培训补贴，直接有力地推动人才培训。虽然英国有大量规范的私人培训机构，但英国铁路行业的职业培训主体仍然是铁路企业，企业在享受人力资源使用权利的同时，主动承担人才培养的义务，通过现代学徒制、建设培训基地等形式为在校学生、在企员工提供全方位的培训机会，并通过完善、详细的资金补贴和福利吸引、鼓励人才参与培训。

五、我国城轨交通职业教育服务产业发展分析及建议

虽然我国城轨交通行业快速发展，但是城轨交通职业教育刚刚起步，普遍存在教育规模不足、教育质量不高、教育体系不完善、教育目标不清晰等问题。随着城镇化进程的加快和“一带一路”战略的实施，城轨交通将面临巨大的发展前景，为了突破城轨交通人才发展瓶颈，改革与创新势在必行，需要政府、行业企业、学校共同努力。

（一）城轨交通职业教育服务产业发展分析

1. 人才结构矛盾突出，技能培训规模不足

在人才培养方面，我国约有200所高职（高专）院校开设城轨交通类专业，2015年招生2万余人，加上中职和普通本科、研究生等各类学校培养的人才，每年基本可以培养3万多名城轨交通类人才，与每年需要的人才数量基本匹配。但是，由于学校专业设置雷同、教育特色不突出，如在专业分布上，运营管理专业占79%，通信信号和供配电技术专业不足24%，特别是供配电技术专业仅有17所院校开设，而这两个专业专业性强，短期的职业培训不能满足系统理论知识和扎实的技术能力要求，人才可替代性弱，最终导致人才培养与产业布局有所偏差，人才结构性矛盾问题凸显，影响职业教育服务产业效果。在人才培训方面，2013～2015年行业培训缺口3.81万人，年均缺口1.27万人，预计“十三五”期间培训总需求约52.71万人，但供给能力仅33.79万人，缺口18.92万人，年均缺口达3.78万人①。随着城轨交通产业的快速发展，技能培训规模不足问题将越来越明显。总体来说，我国城轨交通职业教育规模偏小，结构性矛盾突出，难以满足产业快速发展对人才的大规模需求。

2. 人才质量整体不高，难以满足岗位需求

随着新技术、新工艺、新设备不断投入使用和公共交通共建的高安全要求，城轨交通行业对人才的解决问题能力和创新能力提出更高要求。但是，由于我国城轨交通职业教育普遍存在基础理论不扎实、实践动手能力较弱等问题，人才质量整体不高。在理论知识方面，扎实的基础理论知识是问题解决能力和创新能力的必要前提，缺乏理论指导谈不上解决问题与实践创新。与日本相比，我国城轨交通职业教育理论教学特别是自然科学基础课教学明显不足。以高职院校为例，有的车辆技术、通信信号等专业甚至没有开设数学、物理、化学等自然科学基础课程，加之生源质量和师资力量固有不足，理论知识掌握更难以保证。在实践能力方面，较强实践动手能力是解决问题和实现创新的必然要求。但是我国城轨交通职业院校实训室建设校际差距大、实践技能课开设不足、实习实践指导不够等问题普遍存在。以实训室建设为例，少数传统铁路或交通职业院校实训条件较好，但大部分学校尤其是中职学校实训条件较差，甚至没有建设专业实训室，牵制了学校开展实践教学。在职业技能培训领域也不例外，由于我国城轨交通技能培训长期处于无统一监管状态，培训基础性工作薄弱、全国职业培训标准缺失、培训机构和培训师资格认证标准缺失、培训机构协同合作不够、培训资金不足等问题普遍存在，人才培训质量难以保证。

---

①韩宝明：《我国城市轨道交通人才培训体系建设的思考》，《城市轨道交通》2015年第3期，第36页。

3. 教育体系尚不完善，难以满足企业需求

与日本、英国相比，我国城轨交通类职业教育体系尚不完善。在高等职业教育专科层次，城轨交通职业教育虽然初具规模，但培养质量良莠不齐；本科及以上层次人才培养主体是北京交通大学、西南交通大学、同济大学、西安交通大学等“211 工程”院校，其人才培养偏向理论型、研究型，以培养应用型、技能型人才为主的地方普通本科高校较少，导致高层次创新应用型技术技能人才供不应求。在职业技能培训方面，培训主体主要集中在城轨交通企业和部分具有培训资格的高等院校，独立法人培训机构培训力量弱，培训体系不完善、培训规模小、师资力量弱、实训设备差、培训质量参差不齐等问题凸显。总体来说，我国城轨交通职业教育刚刚起步，教育体系尚待完善。

4. 区域分布不够合理，与产业布局不契合

服务区域产业发展是职业教育的重要特征，城轨交通人才数量分布与专业布局应符合地方产业规划和布局。从人才数量分布看，中东部是未来城轨交通主要布局区，那么中东部地区应该是主要生源地。但在当前人才培养中，主要生源地是西部（占全国 40%），中部地区仅占 22%；从人才专业布局看，北京、上海、广州等一线城市已经形成城轨交通网络的城市需要大量运营管理人才，安徽、河北、湖北等正处在城轨交通建设高峰的省份，需要更多工程建设、设备安装人才，因此，东部省市特别是一线城市需要招收更多运营管理、车辆技术专业的学生，中西部地区需要更多工程技术、供配电技术等专业的学生。但实际上，东部地区生源主要集中在车辆技术、控制专业（占全国 44%），西部地区生源主要集中在运营管理专业（占全国 38%），中部地区需要大量工程技术人才，但该专业学生数仅占全国的 29%，人才供给结构与区域产业布局矛盾较为突出。

5. 培养目标缺乏特色，校企合作不够深入

整体来说，各城轨交通院校具有较清晰的培养目标，能够按照学校层次和企业对人才素质、知识、能力要求设定培养目标，有相当一部分学校已经将具有创新精神、创新能力、管理能力等写入培养方案，但大部分城轨交通类专业人才培养目标未融入当地城轨交通产业特色和产业发展规划，未融入当地重点企业发展规划和用人需求，使得学校人才培养目标缺乏特色，最终导致学校培养的人才与就业市场契合度不高。

校企合作培养人才是凸显学校办学特色、实现特色培养的基本途径。但在当前，我国城轨交通职业教育校企合作思想观念陈旧、合作层次不深等问题普遍存在。一方面，企业“只用人，不育人”的观念根深蒂固，缺少行业发展的战略思考，参与职业教育的意愿不强，不愿意投入成本进行人才培养与培训；另一方面，合作内容较少涉及人力资源需求分析、培养方案制定、教学内容确定、教材编写、师资建设等方面。以订单班为例，校企合作往往停留于提供实习实践机会、接收毕业生，企业实习与学校教学交互较少、理论学习与实践教学分离，使得企业教育角色缺失状况没有根本改变。

（二）对我国城轨交通类职业教育发展的建议

1. 加强政府引导力度

首先，加快制定和出台相关法律法规。近年来，政府的职业教育角色逐渐转变，《交通运输部教育部关于加快发展现代交通运输职业教育的若干意见》规定，我国交通运输职业教育坚持“政府主导、行业指导、企业参与”。但是在具体行业领域，由于缺少明确的法律依据，政府、

行业协会、企业和院校等教育机构角色定位不清，不利于职业教育开展。此外，要充分发挥政府引导职能，通过税收减免、资金补偿、政策支持等途径引导行业企业参与人才培养与培训，提高职业教育质量。

其次，建立与完善城轨交通职业教育体系。由于城轨交通行业人力资源市场对人才多元化、多层次要求，完善职业教育体系是当前及今后相当长时间内城轨交通职业教育的重要任务。根据《交通运输部教育部关于加快发展现代交通运输职业教育的若干意见》要求，到2020年，我国交通运输职业教育要实现中等职业教育与高等职业教育的有机衔接，职业教育与普通教育、继续教育相互沟通，体现终身教育理念。为实现这一目标，城轨交通职业教育要加强初等教育阶段职业意识教育，提高中高等职业教育质量，加快应用技术型本科和专业学位研究生层次职业教育的建立与完善。同时，要建立各级各类教育机构间衔接机制，尤其要完善职业教育培训体系，尽快建立并完善政府、企业和第三方服务机构共同参与的培训认证体系，实现政府宏观指导和依法监督、第三方机构提供技术支持和服务、企业规范运营的有机互动，形成各责任主体各就其位、各司其职的局面，促进城轨交通职业技能培训力量的壮大①。

最后，加强城轨交通职业教育监管。我国城轨交通职业技能培训采取所在城市负责的属地监督管理体制，由于专业性强、技术支持不足，导致地方政府对职业技能培训监管困难。因此，国家相关部门如人力资源和社会保障部、安监局等部门需要加强合作，尽快出台政策文件和评价标准，加强对培训机构的监管。

2. 发挥行业企业作用

根据《国务院关于加快发展现代职业教育的决定》，要求充分发挥行业企业办学活力，加强行业指导、评价和服务能力，履行好发布行业人才需求、推进校企合作、参与指导教育教学、开展质量评价等职责。因此充分发挥行业企业作用是提高城轨交通职业教育的重要措施。

首先，加快制定和落实标准规范。行业标准缺失、不规范问题是城轨交通职业教育最突出和最紧要的问题。由于全国性行业标准、人才培养标准、人才培训标准缺失，学校和培训机构只能依据地方和企业标准制定教育方案、确定教育内容、编制教材，导致教育目标、教学内容、教材良莠不齐，影响全国人才培养和培训的规模化、规范化、标准化发展。行业协会作为行业职业教育的主导机构，要加快职业标准、培训标准和资格认证标准的制定与出台，加快课程标准、教材标准的研究与制定。如针对我国城轨交通企业岗位工种设置不一、技能要求不明确等问题，要加快启动研究与制定工作，为确定教育目标、编制教材、人才评价等提供依据。

其次，深化产教融合。随着城轨交通行业的快速发展，市场对人才规模和质量提出更高要求。为适应市场变化，行业企业要主动承担责任，积极参与人才培养与培训。一方面，企业要主动改变观念，从行业长期发展的高度看待人才培养与培训，加快角色转变，积极、深入参与教育目标、方案、内容、教材、师资、教学等全过程建设，创新合作模式。另一方面，加快搭建教育机构与企业市场之间的信息沟通平台，建立人才信息定时发布机制，及时发布城轨交通行业人力资源需求预测和就业需求状况。同时，积极成立城轨交通职业教育集团，推动集团化办学，促进教育链与产业链融合，实现技术科技和教育资源跨区域合作与共享，提升职业教育集团服务能力。

①韩宝明：《我国城市轨道交通人才培训体系建设》，《城市轨道交通》2015年第3期，第37页。

3. 合理规划专业布局

一方面，专业设置要以产业布局为出发点。不同地区城轨交通产业布局、发展制式、建设标准等存在较大差异，对人才类型、规模要求也不同，如在已经基本形成城轨交通网络的一线城市，对运营管理人才、车辆技术、信号技术等专业人才需求较多；在正在规划或建设城轨交通的二三线城市，对工程技术、供配电技术、机电技术等专业人才要求较多。因此，学校在开设专业之前要深入开展市场调研，准确把握区域乃至全国城轨交通产业现状和未来布局，准确判断现在和未来行业企业发展需求、困难和对技术技能人才具体要求和特殊需求，合理规划专业布局、科学定位专业培养方向、准确确定培养规模。同时，随着区域产业结构调整和企业转型升级，学校建立完善专业动态调整机制，及时调整专业布局，使学校专业布局始终与产业市场、就业市场相契合。另一方面，专业设置要以学校发展实际为前提。学校在开设专业之前要充分了解自身基本办学条件，从学校整体办学实力和长期专业规划出发，确定是否开设新专业、如何凸显专业特色、如何规划学校专业布局。

4. 科学构建课程体系

课程体系是人才培养质量的关键因素，提高教育质量的重要保障。

第一，准确把握职业教育课程设置逻辑起点。与普通本科以知识内部逻辑体系为起点设计课程不同，职业教育以岗位和岗位群需求、技术应用能力及技术活动全过程需求的“双需求”为逻辑起点，[①] 开展系统全面的市场调研、专业职业能力分析，明确岗位和岗位群职业知识、技能、素质需求，按照专业课、实训课、公共课为主要模块系统设置课程体系，实现人才培养与企业需求对接。同时，在准确掌握职业标准、职业资格标准的前提下，实现课程标准与岗位职业标准的紧密对接。

第二，合理安排理论课程与实践课程。一方面，准确把握理论知识“够用”维度。由于城轨交通属于典型的工程领域，对从业人员理论知识的“量”提出更多要求。在总课程时数不变的前提下，重点做好理论知识筛选和组合是学校理论课程设置的重要方向，借鉴日本职业教育交叉、综合、模块化的课程设置理念，科学设置理论课程。另一方面，切实提高实践教学水平。在加强校企合作、提高实践指导、合理设置实践课程之外，探索成立专门实训管理机构、建立校际合作共享机制、充分利用校友资源，提高实训设备利用率。

5. 加快师资队伍建设

教师在职业教育中起重要的主导作用，是教育的第一资源，建设一支数量充足、质量优异、实践力强的师资队伍，既是提高职业教育水平和人才培养质量的主要保障，又是可持续发展的必要前提。

第一，加快用人制度改革，建立更加灵活、可操作、校企人力资源互通互用的用人机制，即学校加强对行业企业优秀技能人才的聘用，企业和第三方培训机构加强对学校理论教师的聘用。当前，在专任教师数量和实践经验不足的情况下，加强兼职教师队伍建设，是弥补师资力量薄弱的重要举措。城轨交通产业聚集区也是城轨交通职业院校的聚集区，这为建立企业兼职教师库和专家库提供了可能，充分发挥政府、行业协会、职业教育集团在人力资源配置中的作用，探索建立技术能力强、教学水平高的兼职教师人才库，以推动区域乃至全国城轨交通职业教育教师队伍

①俞仲文：《云物大智时代专业建设的新思路新格局》，中国职业技术教育学会民办职业技术教育分会暨民办高职院校专业建设与特色发展研讨会，2016 年。

建设。

第二，加快建立完善的教师培训、提升制度。一方面，职业院校尽快制定并完善教师到企业实践的制度，充分发挥评价考核的指挥棒作用和激励作用，保证教师到城轨交通企业实践的时间和质量，提高职业院校教师前沿技术的掌握和应用能力，进而提高教师的“双师”素质；另一方面，行业企业要加强对城轨交通培训师的培训，建立系统完善的培训师培训制度，规范培训管理，保证城轨交通培训师能及时了解新技术、新工艺，拓宽培训师的业务知识面，提高培训师的培训能力。

参考文献

[1] 豆丁网：《城市公共交通分类标准》，http：//www. docin. com/p－1656079943. html，2016－09－20。

[2] 中国城市轨道交通协会：《城市轨道交通 2015 年度统计和分析报告》，http：//mp. weixin. qq. com/s?__biz＝MzI3NzMwODY3OQ＝＝&mid＝100000100&idx＝1&sn＝6f089f36dc56a6f4864f31b5db191c32&scene＝23&srcid＝0810AqoCzzK9F0cf6bfduK9D#rd，2016－10－31。

[3] 魏运、冯爱军、丁德云、王亚红：《我国城市轨道交通产业链及其发展方向探讨》，《都市快轨交通》2013 年第 3 期，第 58－60 页。

[4] 搜狐网：《〈中国制造 2025〉解读之：推动先进轨道交通装备发展》，http：//mt. sohu. com/20160517/n449805574. shtml，2016－09－22。

[5] 交通运输部：《我国城市轨道交通在建线路总长超 4400 公里》，http：//www. mot. gov. cn/guowuyuanxinxi/201606/t20160614_ 2043745. html，2016－10－10。

[6] 豆丁网：《兴业证券研究报告——城市轨道交通建设迎“黄金五年”》，http：//www. docin. com/p－1568903187. html，http：//www. 3mbang. com/p－94079. html，2016－10－11。

[7] 中国产业信息网：《2016 年中国城市轨道交通行业发展现状、规模预测、投资前景预测分析》，http：//www. chyxx. com/industry/201606/422065. html，2016－10－10。

[8] 中国交通技术网：《轨道交通装备产业“十二五”发展规划》，http：//www. tranbbs. com/Advisory/DPlan/planning_ 125/Advisory_ 125935. shtml，2016－10－12。

[9] 李彬：《城市轨道交通现状、发展与对策研究》，西南财经大学硕士学位论文，2012 年。

[10] 邱鹏：《城市轨道交通产业集群研究》，《硅谷》2014 年第 21 期，第 5 页。

[11] 中国产业信息网：《2016 年中国城市轨道交通行业市场规模及发展前景分析》，http：//www. chyxx. com/industry/201607/432403. html，2016－10－21。

[12] 梗枢馨、马玉波：《我国城轨交通产业走出去面临的形势分析研究》，《铁路技术创新》2015 年第 4 期，第 105 页。

[13] 肖仲平：《城轨行业培训教材统编工作的思考》，《城市轨道交通》2015 年第 3 期，第 39 页。

[14] 应届毕业生网：《基于人才需求分析的城市轨道交通车辆专业教学改革的探索与实践、城市轨道交通运营管理专业就业方向有哪些》，http：//www. yjbys. com/ask/666474. html，2016－10－31。

[15] 滕勇、连义平、张先琳等：《陕西轨道交通人才需求趋势与高职教育发展策略研究》，《中国职业技术教育》2010 年第 19 期，第 46－47 页。

[16] 韩宝明：《我国城市轨道交通人才培训体系建设的思考》，《城市轨道交通》2015 年第 3 期，第 35－36 页。

[17] 建筑英才网：《二三线城市地铁开建在即　站场设计岗位招聘上涨近两成》，http：//news. buildhr. com/1473382171/166588/1/0. html，2016－10－31。

[18] 田茂、赵泽平、周岩：《城市轨道交通人才培训特征分析及课程开发研究》，《经济研究导刊》2016 年第 33 期。

［19］焦燕星：《日本中等职业教育的研究》，辽宁师范大学硕士学位论文，2010 年。

［20］文部科学省ホームページ：《学校基本调查》，http：//www. e - stat. go. jp/SG1/estat/List. do? bid = 000001079881&cycode = 0，2017 - 01 - 20。

［21］王宁宁、吴涛：《日本技术科学大学人才培养：经验与启示》，《教育探索》2015 年第 7 期，第 155 页。

［22］沈雁霞：《日本高等专门学校发展史及对我国高等职业教育的启示》，《经济师》2007 年第 8 期，第 147 页。

［23］长冈技术科学大学：《机械创造工学专攻 · 课程》，http：//mcweb. nagaokaut. ac. jp/j/about/about_ 06，2016 - 12 - 30。

［24］阿南工业高等专门学校：《材料工学（日亚化学）讲座》，http：//www. anan - nct. ac. jp/cgi - bin/material/wiki/wiki. cgi/eng，2017 - 01 - 18。

［25］独立行政法人国立高等专门学校机构，http：//www. kosen - k. go. jp/mono_ sangaku_ kyodo. html，2017 - 01 - 18。

［26］李娜、李凤玲：《英国铁路行政管理体制的变迁及发展现状》，《经济视角》2013 年第 3 期，第 109 页。

［27］GOV. UK. "Skills - funding - agency"，http：//www. gov. uk/government/organisations/skills - funding - agency/about，2017 - 01 - 16.

［28］Association of Railway Training Providers Ltd. ，http：//www. artp. co. uk/，2017 - 01 - 16.

［29］呼志刚：《英国铁路路网公司的运营与管理》，《铁路运输与经济》2006 年第 12 期，第 56 页。

［30］Network Rail，http：//www. networkrail. co. uk/careers/training - and - development/，2017 - 01 - 16.

［31］Network Rail，http：//www. networkrail. co. uk/careers/graduates/，2017 - 01 - 17.

［32］金建兴、叶仁荪：《英国铁路职业培训机制及其启示》，《铁道运输与经济》2007 年第 12 期，第 14 页。

［33］Network Rail，http：//www. networkrail. co. uk/careers/training - and - development/our - training - facilities/，2017 - 01 - 17.

［34］韩宝明：《我国城市轨道交通人才培训体系建设的思考》，《城市轨道交通》2015 年第 3 期，第 36 - 37 页。

［35］俞仲文：《云物大智时代专业建设的新思路新格局》，中国职业技术教育学会民办职业技术教育分会暨民办高职院校专业建设与特色发展研讨会，2016 年。

第三章　虚拟现实行业与职业教育分析报告

虚拟现实是融合三维显示技术、三维建模技术、传感测量技术和人机交互技术等多种前沿技术的综合技术，又被称为“下一代互联网”和“下一代移动计算平台”。它能够与众多行业领域深度融合，并给人类认识世界、改造世界的方式方法带来颠覆式变革，被认为是21世纪重要的发展学科以及影响人们生活的重要技术之一，因此受到全球各国政府的高度重视。我国在《“十三五”国家科技创新规划》、《“十三五”国家信息化规划》、《“互联网+”人工智能三年行动实施方案》、《智能硬件产业创新发展专项行动（2016～2018年）》等政策中也明确提出，鼓励和支持虚拟现实行业发展。习近平在2016年20国集团工商峰会开幕式的主旨演讲中指出：“以互联网为核心的新一轮科技和产业革命蓄势待发，人工智能、虚拟现实等新技术日新月异，虚拟经济与实体经济的结合，将给人们的生产方式和生活方式带来革命性变化。”我国虚拟现实产业迎来发展的重要战略窗口期。据预测，到2020年，我国虚拟现实市场将达85亿美元，有望成为全球虚拟现实市场增长中心。

行业的快速发展亟须高质量的专业人才支撑，但目前我国虚拟现实行业正面临人才荒，技术人才匮乏已经成为制约产业提速发展的瓶颈之一，亟须培养大量高素质的虚拟现实行业专业技术人才。本章在大量引用相关研究成果和产业发展数据的基础上，对我国虚拟现实行业、企业及其人才需求、我国虚拟现实专业职业教育等方面进行较为全面的分析，最后为我国虚拟现实专业职业教育的发展提出些许建议。

一、我国虚拟现实行业发展概况

虚拟现实技术在20世纪60年代被首次提出，是一种计算机仿真系统，通过对三维世界的模拟创造出一种崭新的交互系统。它利用计算机生成一种模拟环境，一种多源信息融合的交互式三维动态视景和实体行为系统仿真，并使用户沉浸到该环境中，其核心特征是沉浸感、交互性和想象性。虚拟现实最初在军事、航天、深海作业等专业领域有较多应用，2015年以来广受关注，目前所涉及的研究应用领域包括军事、医学、心理学、教育、科研、商业、影视、娱乐、制造业、工程训练等。

（一）行业发展现状

从20世纪90年代起，我国开始重视VR技术的研究和应用，由于技术和成本的限制，主要应用对象为军用和高档商用。近年来，随着芯片、显示、人机交互技术的发展，适用于普通消费者的VR产品逐步进入市场。

1. 行业发展处于起步阶段

产业界将虚拟现实定义为三类技术应用方式：虚拟现实（Virtual Reality，VR）、增强现实（Augmented Reality，AR）和混合现实（Mixed Reality，MR）。由于AR和MR技术研发难度大，软硬件性能要求高，资本投入大，在当前商业化条件不成熟的情况下，主要应用于军事等特定领域。VR 技术各方面的要求相对较低，应用范围广，商业化条件成熟，因而更受资本投资和创业团队的青睐，成为我国 VR 企业主要关注方向。但当前，VR 行业不论是在国内还是在国外，均处于起步阶段。从企业发展和产品看，我国大部分 VR 项目仍处于初创阶段。据速途研究院统计，2015 年我国仅有 58.6% 的 VR 项目完成天使轮融资，产品以 VR 眼镜为主。从用户和消费看，虚拟现实产品属于高端消费且应用范围小，主要集中在影音游戏领域，用户普及度低且规模小。中国 VR 产业发展研究报告课题组的调查显示，2015 年购买虚拟现实产品的用户仅有 96 万人，且大部分倾向于购买 VR 眼镜。

2. 市场规模迎来爆发式增长

2015 年以来，随着消费级产品的不断推出，VR 成为广受关注的发展热点，我国 VR 行业迎来发展的重要战略窗口期，市场规模将呈爆发式增长。艾媒咨询数据显示，2015 年我国 VR 行业市场规模为 15.14 亿元，预计 2020 年市场规模将超过 550 亿元①。尽管国内 VR 产业还处于发展起步期，但自 2015 年以来，VR 行业的相关企业数量大幅增加。在资本的推动下，越来越多的企业涉足 VR 领域，大量头戴眼镜盒子、外接式头戴显示器等 VR 设备将进一步向消费级市场拓展。据预测，2020 年我国 VR 设备出货量将达到 820 万台，用户数量超过 2500 万人（见表 3－1）。

表 3－1　　2017～2020 年我国 VR 市场规模、设备出货量、用户规模预测

项目 年份	VR 市场规模		VR 设备出货量		VR 用户规模	
	市场规模（亿元）	增长率（%）	移动 VR（万台）	电脑端 VR 及一体机（万台）	移动 VR（万人）	电脑端 VR 及一体机（万人）
2017	133.8	136.4	6	240	25.5	315
2018	261.6	95.6	26	400	103.5	630
2019	398.4	52.3	79	580	340.5	1098
2020	556.3	39.6	170	750	850.5	1683

资料来源：赛迪智库。

3. 行业应用前景广阔

VR 系统因其深度的交互性和丰富的扩展性，应用前景十分广阔，在军事、工业、文化、设计、医疗、教育等领域具有非常广阔的应用空间（见表 3－2）。在军事领域，VR 将深入应用于成本最小化的军事模拟训练。在工业领域，VR 将改变生产制造流程，完善产品生命周期管理，推动实现智能制造。同时，VR 技术还将广泛应用于游戏影视、医疗手术模拟、3D 工业设计、互动式教学、旅游场景再现、三维广告投放、电商在线展示等众多方面，带动相关行业创新升级。根据高盛的《下一个通用计算平台》报告，2025 年全球军事领域 VR/AR 市场规模将达 15 亿美元；医疗、教育、零售领域 VR/AR 市场规模将分别达到 51 亿美元、7 亿美元和 16 亿美元；游戏、视频娱乐、直播领域 VR/AR 市场规模将分别达到 116 亿美元、32

①艾媒咨询：《2015 年中国虚拟现实行业研究报告》。

亿美元和 41 亿美元。

表 3－2　VR 技术在部分行业的应用分析

行业领域	应用分析
工业制造	能够贯穿整个生产制造环节，包括初期的市场研究、造型开发、工程开发以及市场开发阶段。造型开发阶段是虚拟现实主要的应用阶段之一，可以进行产品造型评审、产品造型多方案评估、产品配色方案等。在市场开发阶段，虚拟现实及相关技术主要用于产品投产前数字化产品的市场推广
医疗行业	应用于医疗保健培训和教育领域；针对临床医疗保健虚拟现实技术研发的其他领域包括管理假肢痛、脑损伤评估和康复、针对青年孤独症患者的社会认知训练、对焦虑症和抑郁症的治疗、中风康复、对儿童多动症（ADHD）、诊断学和成像可视化的管理等
航天军工行业	航空领域的虚拟化仿真实现主要包括飞行器虚拟化、航空器制造虚拟化、飞行过程虚拟化和飞行体验虚拟化四个方面
房地产行业	核心是房地产销售，同时在房地产开发中的其他重要环节包括申报、审批、设计、宣传等方面都有着非常迫切的需求
教育行业	在线教育新的教育模式已经成为未来发展的关键方向，具有广阔的市场，其中虚拟现实作为新的技术和教学手段必定会在在线教育中发挥着更为重要的作用
城市规划	虚拟现实技术可以广泛应用在城市规划的各方面，例如展现规划方案虚拟现实系统不但能够给用户带来强烈、逼真的感官冲击，获得身临其境的体验，还可以通过其数据接口在实时的虚拟环境中获取项目的数据资料，方便大型复杂工程项目的规划、设计、投标、报批、管理，有利于设计与管理人员对各种规划设计方案进行辅助设计与方案评审
社交通信	未来社交软件界面风格可能 3D 化，VR 是可能的技术升级方向。游戏平台社交化亦是方向之一。游戏社交的模式将进一步升级到 VR 游戏社交、VR 电影社交（例如豆瓣）、VR 旅游社交（例如蚂蜂窝）等
电子商务	采用 VR/AR 技术进行产品的虚拟化展示可以兼具网购与实体店购物两者的特色优势并创造出一种极富竞争力的新兴购物模式。Nike、Northface、沃尔沃、红牛等都已开始尝试 VR 广告

4. 政策环境持续优化

《国民经济和社会发展第十三个五年规划纲要》明确提出要大力支持虚拟现实（VR）等新兴前沿领域创新和产业化，形成一批新增长点。2016 年 4 月，工信部发布《虚拟现实产业发展白皮书》，呼吁国家尽快启动虚拟现实研究，建立标准体系，规范行业发展。同年 8 月，国务院正式印发《“十三五”国家科技创新规划》，强调培育虚拟现实与增强现实产业。同年 12 月，《“十三五”国家信息化规划》再次明确要强化战略性技术超前布局，将 VR 产业作为国家重点工程放在超前发展的战略位置。除此之外，《“十三五”国家战略性新兴产业发展规划》、《信息化和工业化融合发展规划（2016～2020）》、《“互联网＋”人工智能三年行动实施方案》、《智能硬件产业创新发展专项行动（2016～2018 年）》等多项规划和政策出台（见表 3－3），明确提出鼓励和支持 VR 产业发展。VR 产业发展的政策环境日益完善。

表 3 – 3　　与虚拟现实产业相关的规划、政策（部分）

时间	政策名称	要点
2016 年 3 月	《国民经济和社会发展第十三个五年规划纲要》	支持新一代信息技术、新能源汽车、生物技术、绿色低碳、高端装备与材料、数字创意等领域的产业发展壮大。大力推进先进半导体、机器人、增材制造、智能系统、新一代航空装备、空间技术综合服务系统、智能交通、精准医疗、高效储能与分布式能源系统、智能材料、高效节能环保、虚拟现实与互动影视等新兴前沿领域创新和产业化，形成一批新增长点
2016 年 8 月	《“十三五”国家科技创新规划》	对人工智能、虚拟现实等诸多前沿科技做出明确规划。强调要突破虚实融合渲染、真三维呈现、实时定位注册等一批关键技术，在工业、医疗、文化、娱乐等行业实现专业化和大众化的示范应用，培育虚拟现实与增强现实产业
2016 年 8 月	《国家发展和改革委员会办公厅关于请组织申报“互联网 +”领域创新能力建设专项的通知》	组织实施“互联网 +”领域创新能力建设专项，并将 AR/VR 技术纳入专项建设内容
2016 年 9 月	《智能硬件产业创新发展专项行动（2016 ~ 2018 年）》	在虚拟现实、智能人机交互等关键技术环节取得明显突破，培育一批行业领军上市企业；加快智能手表、虚拟现实等穿戴设备的研发和产业化
2016 年 11 月	《“十三五”国家战略性新兴产业发展规划》	加快虚拟现实、增强现实、全息成像、裸眼三维图形显示（裸眼 3D）、交互娱乐引擎开发、文化资源数字化处理、互动影视等核心技术创新发展
2016 年 12 月	《“十三五”国家信息化规划》	加强量子通信、未来网络、类脑计算、人工智能、全息显示、虚拟现实、大数据认知分析、新型非易失性存储、无人驾驶交通工具、区块链、基因编辑等新技术基础研发和前沿布局
2017 年 1 月	《关于促进移动互联网健康有序发展的意见》	要求加紧 AI/VR/AR 等关键技术布局，尽快实现部分前沿技术、颠覆性技术在全球率先取得突破

5. 地方产业基地不断涌现

虚拟现实产业逐渐成为地方经济发展新的增长点。在国家推动虚拟现实产业发展的大背景下，各地为促进虚拟现实产业的发展，纷纷建立 VR 产业基地。目前，我国已形成以南昌、福州、成都等地为中心的产业生态圈（见表 3 – 4），助力虚拟现实产业项目落地。中国 · 南昌虚拟现实 VR 产业基地 2016 年 11 月底正式启用，现有约 50 家企业签约入驻。中国 · 福建 VR 产业基地拟打造一个新的千亿级产业，以围绕 VR 产业生态系统培养各类技术、营销及管理人才。各地政府将 VR 产业基地、VR 小镇、VR 孵化器等的规划建设作为助推本地经济增长的潜力股，不仅提供政策支持，还投入大量资金。

表 3－4　地方虚拟现实产业基地概况

产业基地	发展概况
中国·南昌虚拟现实（VR）产业基地	重点发展 VR/AR 硬件、VR/AR 内容制作、VR/AR 跨界服务，建设一批 VR/AR 产业相关的数据中心、渲染中心、超算中心和应用分发平台，强化硬件设计与制造、芯片与算法研发、素材支撑平台开发、素材资源库建设、行业应用开发与推广、产业合作、人才培养等配套服务功能，形成全产业链的产品和服务供应体系 建成约 9 万平方米 VR 产业园、约 3000 平方米的 VR 创新孵化中心。出台相关政策，并设立 10 亿元创投基金、100 亿元产业投资基金，拟引进 1000 家以上 VR 企业，对 VR/AR 企业配套服务、创新融资服务、开拓市场服务等方面予以大力支持，形成千亿级产业链，成为国内领先的 VR 产业集群
中国·福建 VR 产业基地	支持各类机构构建科技企业孵化器、创办 VR 企业、鼓励 VR 产业集聚发展，给予相关企业 10 万～100 万元不等的一次性补贴支持，并承诺三年内免费提供办公场所。设立不少于 1 亿元 VR 产业专项扶持资金、设立 3 亿元 VR 产业风险投资基金、成立 30 亿元 VR 及创新产业母基金，已经建成 2 万多平方米的 VR 体验中心 VR 产业人才（团队）纳入福州市人才工作重点和全市急需紧缺人才引进目录，引进高层次人才，提供 25 万～200 万元不等的一次性安家补助
中国西部 VR 产业园	以政府扶持、引导为依托，企业为主体、市场化运作，通过 VR 和 AR 技术，致力于打通 VR/AR 文教（文化旅游、教育医疗）、娱乐（游戏动漫、娱乐仿真）、制造（虚拟制造、产品设计）六个板块三个领域的软硬件产业链条，凝聚全球文化创意、动漫游戏、虚拟现实、增强现实、虚拟制造和产品设计的创业人才，享受国家产业扶持政策和辅导基金，接受产业孵化。产业园分为三个区域：A 区为龙潭水乡虚拟现实主题商业区、B 区为总部办公区、C 区为庭院式企业孵化区

（二）行业发展存在的问题

尽管 VR 行业迎来爆发式发展，行业规模急剧扩张，但行业痛点依然存在，行业发展依然面临诸多问题和挑战。

1. 产品用户体验有待提升

VR 产业目前处于发展初期，使用体验和工艺品质尚难以满足用户需求。产品交互能力弱、屏幕分辨率不理想、刷新率偏低、可视范围小、设备重量大、产品工艺水平偏低等问题仍较为突出，长时间佩戴易出现眩晕等不适感，很大程度上影响产品的用户体验，使产品难以顺利进入消费级市场，不利于产业的可持续发展。这些问题急需 VR 设备厂商，以及元配件企业重视并加快解决。提高 VR 设备使用的舒适度、愉悦性、安全性是增加 VR 市场用户的最直接跳板。

2. 产业链体系不够完善

VR 产业链包括零部件、设备、应用、内容，涉及服务核心技术供应商、零部件供应商、整机制造商和内容服务提供商（见图 3－1）。VR 的核心技术主要集中在传感器、芯片等零部件中。国外 VR 产业的发展条件比国内成熟，掌握较多核心技术专利，产业链构筑较为完整。我国大部分 VR 企业多集中在终端设备、内容开发等产业链中下游环节，主要开发生产终端硬件设备和消费内容，尤其是显示设备领域，国内企业以暴风魔镜为代表，生产出售 VR 眼镜等显示设备；在内容开发上，集中在游戏和影视娱乐方面。少数企业涉及核心环节开发，但投入低、规模小，与国外企业相比，竞争力不足。产业链体系不完善，容易导致我国 VR 产业失去国际竞争力和产业话语权。

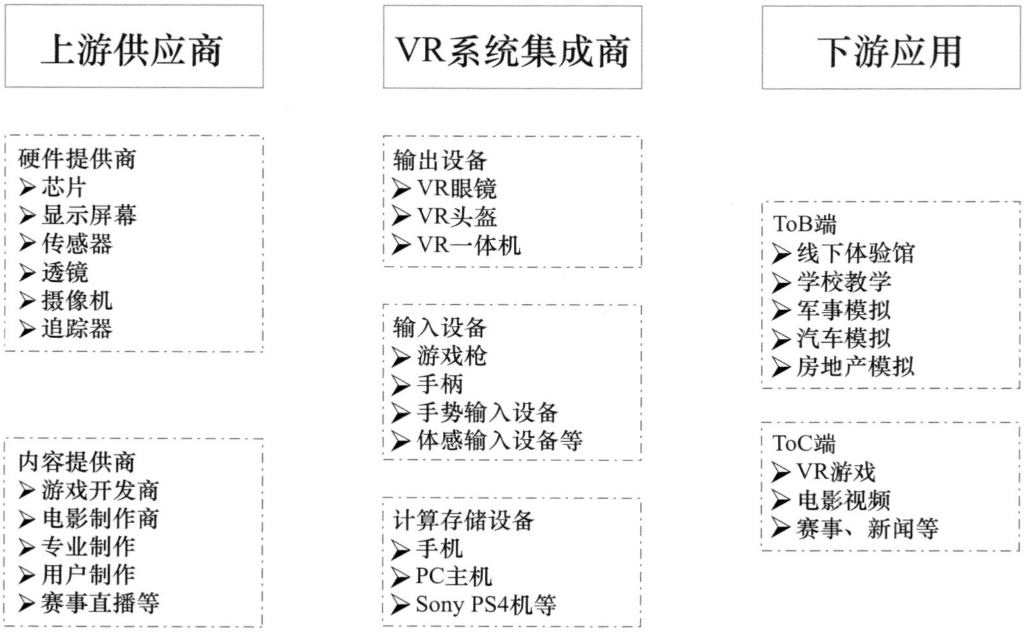

图 3－1　VR 产业链

2016 年 9 月，由工信部牵头，HTC、歌尔声学、中国电子信息产业研究院、北航虚拟现实重点研究室等企业和研究机构共同发起成立虚拟现实产业联盟。该联盟包含了从终端、上游部件及加工、下游应用以及研究机构，辅以产业基金、人才培训和产业基地，将加速我国 VR 产业链的构建和完善。

3. 产品低端化、同质化

VR 技术是前沿高新技术，开发研究历史并不长，从 20 世纪 60 年代至今只有 50 多年。当前，国内 VR 产品多集中于结构简单、无须复杂电子元器件、成本低廉的眼镜、头盔类设备，相对于传统智能终端技术提升不明显，个性化、差异化应用缺乏。随着越来越多互联网企业的加入，VR 市场极易重蹈类似智能手机“低价竞争”的覆辙。避免产业出现“一哄而上”和“高端产业低端化”将是 VR 产业发展初期需要深刻思考的问题。

此外，我国知识产权保护方面普法力度不够、民众法律意识不强和执法机关执法不严等问题，致使内容创造者的权益得不到有效保障。知识产权拥有者难以通过法律保障自己的合法权益，导致某一个内容项目流行起来后，大量抄袭模仿的内容项目涌现，产品出现同质化，严重影响产业的创新发展。同时，创业者不愿意将资源投放于内容开发，倾向于做应用平台和设备生产，容易引起产业结构畸形发展。优秀内容服务的缺乏，难以激活和满足消费者的需求，不利于 VR 产业的良性发展①。

①李子文、李青：《我国虚拟现实产业发展的现状与建议》，《中国国情国力》2016 年第 283 期，第 54－56 页。

4. 行业壁垒亟待突破[①]

一是技术层面，当前VR产品数据接口标准不统一，底层软硬件平台不一致，应用内容提供商开发意愿不强，难以提供优质的应用内容。VR行业还处于发展起步期，行业内环境还没有形成一个稳定的状态。行业标准缺失，设备多种多样，存在操作系统、版本分裂发展等问题，进一步加大游戏、影视、直播等内容以及平台的适配难度。

二是应用层面，VR技术的应用涉及军事、工业、医疗、教育等不同行业领域。现有体制下传统模式与VR技术推广形成矛盾，如何打通VR设备在不同行业推广的“绿色通道”成为亟待解决的问题。

除此之外，国内VR行业还面临着其他挑战，包括缺乏专业人才，缺乏核心技术专利，自主知识产权体系尚未形成，对国外高技术企业依赖程度高，内容较匮乏，且品质难以保证等问题。

二、虚拟现实行业人才需求分析

2016年被称为“VR元年”，虚拟现实技术也被称为互联网的下一个风口。但我国虚拟现实产业还处于起步阶段，行业所需要的高质量专业人才储备严重不足。据不完全统计，目前我国虚拟现实技术人才储备只占世界总量的2%，但我国对于此类人才的需求量却排在世界第二位，现有的人才规模难以满足行业企业对技术技能人才的需求。

（一）行业企业发展情况

1. 行业巨头抢滩布局

2014年，随着Facebook以20亿美元收购虚拟现实公司Oculus，大量的创业者和风险资金投入到虚拟现实产业。从国内外VR企业布局来看，Facebook、微软、苹果等巨头纷纷加入VR市场争夺战。Facebook投入400多人研发Oculus虚拟现实头盔，微软宣布推出HoloLens开发版，苹果收购虚拟现实技术开发公司Flyby Media，并已组建百人规模团队，打造其虚拟现实头戴产品原型。被称为VR三巨头的HTC、索尼和Oculus相继加速推进VR零售产品的市场推广。

从国内企业来看，抢滩VR市场的企业既有BAT三大互联网企业巨头，也有新兴互联网企业如乐视网、暴风科技。就A股上市公司而言，暴风科技是VR的典型，其旗下的暴风魔镜专门自营VR虚拟现实设备，已推出暴风魔镜（1代、2代、3代）、小魔镜、魔眼、手工版魔镜等产品。2016年1月，暴风魔镜获得第二轮2.3亿元融资，其估值升至14.3亿元，居国内行业首位。暴风科技、华谊兄弟、天音控股、爱施德等上市公司均为暴风魔镜的参股方，未来都有望受益于VR行业的发展。同时，乐视网等主流视频网站也积极布局VR，例如乐视网旗下拥有“超级头盔”的VR眼镜盒，能实现1000寸巨幕、15米的观影体验。

2. 企业数量逐年增加

按业务内容，我国现有VR企业可以分为五类，具体如表3-5所示。

①李扬、温晓君：《虚拟现实产业迎来战略窗口期　国内低端同质化趋向已现端倪》，《中国战略新兴产业》2016年第6期，第82-83页。

表 3－5　我国虚拟现实行业企业分类

公司分类	业务内容	代表企业
VR 硬件公司	依靠出售硬件和制订内容标准盈利，我国的硬件公司以头戴式手机盒子为主	暴风魔镜、灵镜 VR、海鲸、蚁视科技、大朋 VR
VR 行业应用公司	基于旅游、装修等具体领域的 VR 辅助系统	曼恒数字、指挥家 VR、赛四达
VR 渠道分发公司	分为线上渠道和线下渠道两种，线上渠道指依靠平台公司，如基于 VR 的应用、浏览器、APP 和平台等；线下渠道包括线下体验店、VR 网吧、主题公园、主题影院	87870、橙子 VR、百度 VR、身临其境、圣威特、GTGA VR ZONE
VR 内容制作公司	游戏、教育、影视、旅游等内容制作公司	兰亭数字、热播科技
VR 技术研发公司	对可视化技术、手势识别技术、影像技术、空间交互技术等底层技术进行研发	完美幻境、盛开互动

我国 VR 企业不仅种类丰富，而且规模逐年递增。根据易观智库数据，2013 年我国新成立的 VR 企业 38 家，2016 年突破 100 家，新成立 VR 企业 105 家，预测 2017 年成立 142 家（见图 3－2）。整体来看，VR 企业数量涨幅从 2011 年开始增加，到 2015 年真正爆发，2016 年下半年投资环境回归理性后，公司数量将一直处于稳定增长的状态。

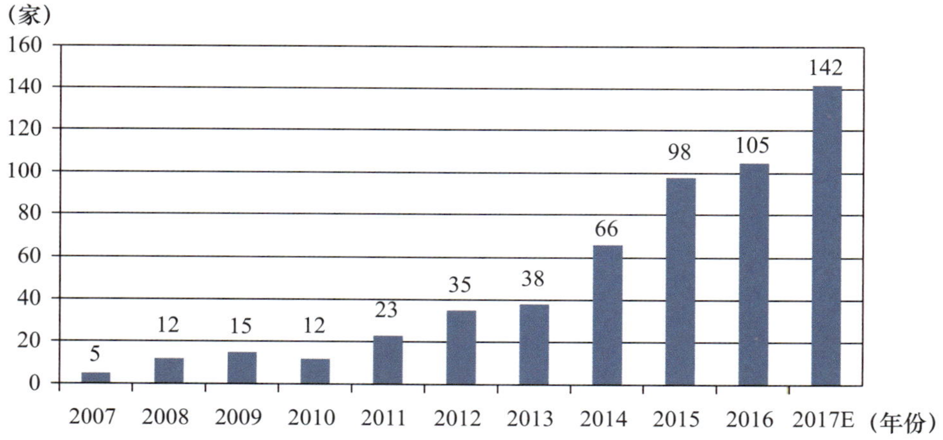

图 3－2　2007～2017 年我国新成立的 VR 企业

资料来源：易观智库《中国虚拟现实行业白皮书 2016》。

3. 企业受资本市场热捧

随着创新驱动战略的实施，更多创新领域的新技术、新概念成为资本新宠，VR 作为全球科技圈最热门的新技术、新领域，VR 企业自然受到各方资本的热捧。据投中研究院不完全统计，截至2016年7月，VR行业投资案例达117起，其中58起为硬件设备类投资，43起为内容制作类投资，其余16起为分发平台类投资，总投资规模已超过40亿元。其中2015年投资案例为57起，投资规模为24亿元。2015年，从投资案例来看，硬件设备方面投资占比为53%，内容制作为36%，分发平台为11%。2016年上半年，硬件设备方面投资占比已降至29%，内容制作和分发平台分别上升至50%和21%。从投资规模来看，硬件设备方面投资占比从71%减少到50%，内容制作投资占比从16%上升至37%，分发平台变化不大①，具体如表3-6所示。

表3-6　部分VR企业投融资概况

类型	VR企业	融资金额	币种	融资时间
硬件设备	斧子科技	6000万	美元	2015年8月31日
	蚁视科技	3亿元	人民币	2015年10月24日
	暴风魔镜	2.3亿元	人民币	2016年1月21日
	uSens凌感科技	数千万	美元	2016年1月6日
	大朋VR	3000万	美元	2015年12月25日
	GID曼恒数字	1.54亿元	人民币	2016年5月6日
	NOitom诺亦腾	2000万	美元	2015年11月15日
	灵镜VR	1000万	美元	2015年12月28日
	易瞳科技	数千万元	人民币	2016年5月10日
内容制作	Insta360-V直播	数亿元	人民币	2016年4月13日
	央数文化	1.2亿元	人民币	2015年11月24日
	赞那度	8000万元	人民币	2015年12月25日
	七维科技	4000万元	人民币	2016年3月19日
	无忧我房	500万	美元	2015年7月8日
分发平台	87870虚拟现实	3000万	美元	2015年7月21日
	睿悦信息	8000万	人民币	2015年12月25日
	乐客VR	数千万元	人民币	2016年1月24日

（二）行业人才需求分析

VR正成为全球最炙手可热的“金矿产业”，大量的金融资本和行业巨头纷纷抢滩布局VR领域，相关人才也随之成为“稀缺物”。全球职场社交平台领英（LinkedIn）发布的数据显示，全球VR从业者主要集中在欧美以及印度等以IT高科技为主导的创新性国家。我国VR产业发展较快，单以绝对数来看，并不缺乏VR从业者，但高质量、专业的VR人才的储备不完善。

①中商情报网：2016年中国VR行业投融资现状分析，http：//www.askci.com/news/finance/20160726/15451246785.shtml，2016-07-26。

1. 人才需求类型

基于前文分析，可知 VR 产业链上游指硬件的设计、开发，中游是软件开发、内容生产，下游是内容分发平台，产业链所对应的人才需求类型如表 3 – 7 所示。

表 3 – 7　VR 人才需求类型分析

虚拟现实产业链	人才需求类型	相关专业
上游——硬件的设计、开发	从事 VR 硬件设计、开发工作，包括电子工程师、光学工程师、传感器设计师、ID/MD 工程师、底层工程师、应用层工程师、图形学工程师、机械工程师等	计算机、光学、电子、生物学、机械
中游——软件开发、内容生产	能够从事开发 VR 游戏、VR CG 动画、VR 实拍、VR 场景应用、VR 内容平台等工作，包括游戏策划、游戏程序、交互工程师、前端工程师、后台工程师等	VR 游戏：游戏策划、原画美工、3D 建模与渲染、场景开发、UI 设计与制作 VR 影视：戏剧影视文学专业、戏剧影视美术设计（美术、人物、特技、虚拟空间等方向）、影视摄影与制作、视觉传达艺术（数字媒体方向）
下游——内容分发平台	能够从事硬/软件发行、平台运营、周边产品销售等职业	专业性要求并不强，市场营销、工商管理等专业

从表 3 – 7 可以看出，VR 产业上游主要需要能够从事硬件设计、开发的人才，例如电子工程师、光学工程师、传感器设计师、ID/MD 工程师等；中游需要能够开发 VR 软件以及 VR 内容的高素质人才，例如交互工程师、前端工程师等；下游偏向于需要从事硬件软件发行、平台运营的人才，并且对专业性要求不强，主要为市场营销、工商管理、新闻学等专业。

2. 人才需求规模

VR 的核心技术主要涉足图形图像、输入算法、交互、光学等尖端领域，对于人才的要求近乎严苛。在这一复合度极高的领域，能专攻某一领域的专业人才本身就很少，能综合性地扎根 VR 就更加凤毛麟角。现阶段的 VR 开发人员大多是从游戏、动漫、3D 仿真、模型等行业转型而来，由于行业间技术的差异性，从业人员很难快速融入 VR 领域。LinkedIn 发布的 2016 年全球 VR 人才供需报告显示，当前全球 VR 从业者主要分布在美国、英国、加拿大、德国、印度等以 IT 高科技为主导的创新型国家和地区。在全球 VR 人才的三大梯队中，美国、英国、中国的 VR 人才占比分别为 40%、8% 和 2%。从 LinkedIn 发布的 VR 职位需求量来看，美国独占近半，中国约占 18% 紧随其后。预计到 2020 年，我国 VR 人才缺口至少 80 万人。从行业分布来看，我国对 VR 人才需求量较大的行业是建筑与规划、互联网和电子产品等领域。国内很多大型 IT 企业向 VR 人才抛出高薪的橄榄枝，但由于与国外先进技术的差距等核心因素，企业依然难觅专业的、复合型 VR 人才，只能从其他软硬件开发部门借调人员，临时跟风拼凑起 VR 业务部门。

三、我国虚拟现实专业职业教育分析

我国VR行业迎来发展的战略窗口期，发展迅猛，专业人才需求旺盛，而与之对应的却是专业人才供给不足，人才缺口巨大。当前，我国VR专业人才培养尚处于探索阶段，缺乏科学合理的虚拟现实人才培养体系。

（一）专业设置情况

VR技术涉及众多学科，整合了诸多专业的相关技术，不是单一专业。其中硬件层面与VR相关的专业有计算机、光学、电子、生物学、机械等方向，软件层面与之相关的专业有软件工程、计算机应用技术、应用设计、数字图像处理、多媒体信息处理技术等。目前国内大部分院校只是将VR技术应用到教学中，个别院校在部分专业增设虚拟现实方向。例如，北京航空航天大学建有虚拟现实国家重点实验室，南昌工学院开设了数字媒体技术专业（VR方向），贵州盛华职业学院将设计开发出适用于现有专业学科的虚拟现实教育基础实训室和专业实训室，成立“VIVE虚拟现实产业发展学院”，并于2017年开始招收VR技术开发、VR内容制作方向专业新生。从2017年开始中职教育也加入了虚拟现实类的课程，如2017年初北京市新增了23所中职校和33个专业，其中新增的专业技能方向就包括虚拟现实技术。除学历教育之外，我国还有不少教育培训机构开展VR专业技术培训。

（二）人才培养现状

1. 高等院校的VR人才培养——以南昌工学院为例

虚拟现实是一门综合性的技术，涉及多门学科和专业，这些学科通常已经是教学系统中的一级或者二级学科。因此一些大学会将虚拟现实课程和自己专业的课程建设需要结合起来，作为专业课或者专业选修课程来进行教学，且多为研究生和博士生课程。比如北京航空航天大学在1996年就开始了“虚拟现实技术”这门课程，至今已有20多年历史；哈尔滨工业大学计算机学院也在研究生课程中设置了“虚拟现实及应用技术”的研究方向。目前，国内多所重点大学、科研机构都设置了虚拟现实研究实验室，这其中不乏中科院、清华大学、北京大学、浙江大学等知名教学科研机构。

重点大学、科研机构的VR人才培养偏向于科研型，且集中于研究生层次。VR领域的应用型技能人才则主要由应用型本科高校或高等职业院校培养。以下以南昌工学院为例，介绍VR应用型人才的培养。

南昌工学院数字媒体专业重点发展VR方向，面向VR行业，培养掌握互动媒体设计方法、VR技术等基本理论、基本知识，具备计算机多媒体技术、数字化图形图像处理技能，理论到位、技术技能系统实在的高素质应用型人才①。

学校课程体系采用矩阵式的结构，其特色是以专业课程群为知识结构单元，组织形式层次分明。在课程体系结构上分为思想政治课程群、身心健康课程群、技术技能课程群（见表3-8）、

①徐赛华：《数字媒体技术专业VR虚拟现实方向人才培养模式的研究》，《电脑知识与技术》2016年第28期，第153-154页。

综合实践课程群、素质拓展课程群几个模块，培养学生的专业基础知识和技术技能。课程体系注重宽厚的专业基础知识培养。

表 3 – 8　　技术技能课程

课程模块	课程名称	岗位	技术技能
VR 虚拟技术数字内容设计制作	动画素描造型基础 动画色彩表现 构成基础 数字图形图像处理 数字三维动画技术 计算机多媒体技术	数字动画制作员、数字视频合成师	（1）具有一定的美术修养，良好的三维空间想象力及动画运动规律理解能力 （2）熟练使用 Photoshop、3DMax 等相关软件制作卡通人物造型、场景设计及机械模型 （3）掌握剪辑软件、完成对动画及广告的剪辑合成的制作 （4）掌握 VR 3D 视觉设计技术技能
VR 虚拟现实交互与集成	数据库原理及应用 面向对象程序设计 游戏程序开发 基础人机交互技术与开发 新媒体交互界面技术 互动媒体系统 设计商业媒体制作	多媒体应用设计师	（1）拥有良好的数学和计算机图形学基础，有良好的计算机原理认知 （2）掌握 C#或 JavaScript 语言及面向对象编程，有良好的面向对象编码思想，严谨的逻辑思维能力、分析能力和规范的编程风格，熟悉数据结构和算法 （3）有 3D 渲染相关技术基础、掌握 Unity3D 项目技术技能 （4）独立完成产品界面、功能、流程设计 （5）监控产品数据，并进行分析和统计

在多种类型课程之间，学校设计了双维方式课程：《数字动画基本原理》、《影视编导基础》、《新媒体交互界面技术》、《虚拟现实与流媒体技术》。根据人才培养目标要求培养技术技能人才，学校开设典型工作任务课程：《构成基础》、《数字图形图像处理》、《数字音视频非线性编辑》、《三维造型与建模》、《数字三维动画技术》、《新媒体交互界面技术》、《计算机多媒体技术》、《虚拟现实与流媒体技术》、《影视特效与合成》、《商业多媒体制作》。校企联盟课程有《数字图形图像处理》、《数字音视频非线性编辑》、《三维造型与建模》、《新媒体交互界面技术》、《虚拟现实与流媒体技术》、《商业多媒体制作》等。在课程体系结构上，学校设置以 VR 数字内容创建技术、VR 技术交互与集成为专业方向的循序渐进的课程群模块。学生在学习专业基础课程和专业核心技术技能课程之后，过渡到专业方向课程，从而兼顾人才培养的共性和个性，实现“技术技能实在”的人才培养目标。

2. 教育培训机构的 VR 人才培养

对国内 VR 人才短缺现象反应最快的是教育培训机构。目前市场上较为大型的 VR 人才培训机构有 VRStar、龙图教育、黑晶科技、灵镜学院等，许多主攻游戏制作培训的机构也搭上 VR 这趟快车，纷纷推出 VR 游戏开发课程。

由于 VR 游戏、VR 房产、VR 家装等行业火热，VRStar、龙图教育等培训机构都选择将课程重心放在这几个领域。例如，VRStar 的网站上目前可以看到有游戏特效设计、3D 模型设计、游戏原画设计、VR 室内设计等课程，它也和行业内知名企业开展合作，让行业一线的开发者为学生上课，同时也为这些企业输送人才。

龙图教育在主攻 Unity 和 UE 4 课程的同时，也对移动端、PC 端、HTC Vive 这三个技术方向做了大的细分方向。龙图教育认为每个方向不同的知识点在许多 VR 领域完全可以通用，因而其并没有开设过多的课程品类。除了社会招生之外，龙图教育还和国内许多高等院校达成了合作，从学校的课程就开始入手调整，为学生日后 VR 课程的学习做好准备。目前，龙图教育一个班中的学生几乎都是大专以上学历，这表明行业发展越来越好之后对学历的要求会越来越高。

灵镜学院隶属于北京维阿时代科技有限公司，是旗下 VR 人才培养教育机构。北京维阿时代科技有限公司是中国最早加入 VR 行业的企业，先后获得联众游戏、乐视控股集团战略入资，并以龙头企业身份受邀参与国家工信部 VR 产业标准研讨，以及北京、上海、福建、南昌等多地政府的 VR 产业园创立研讨。2016 年，公司响应国家大力发展 VR 产业号召，成立“灵镜 VR 教育”品牌，为国家朝阳产业培养精英人才。

灵镜学院主要培养 VR 场景设计专业和 VR 游戏开发专业人才。VR 场景设计专业是基于 VR 场景制作中美工制作部分所设置的课程，课程内容包括模型、材质和灯光的制作规范与流程，从模型小品设计到大型场景设计，以及从小场景气氛渲染到大型游戏与建筑场景气氛渲染的学习。VR 游戏开发专业是针对 VR 行业中游戏场景中交互部分的程序代码编写的专业课程，从 C#语言的学习到 Unity3D 引擎的学习主要围绕当前最热门的 VR 游戏编程部分的学习。

灵镜学院实行小班教学，拥有一支优秀的核心师资团队，其师资成员基本都有丰富的相关行业经验和项目工作经验，擅长室内外场景表现、虚拟仿真项目制作、VR 场景搭建等核心技能。

3. 教育企业开发 VR 人才培养方案

教育科技企业也认识到了 VR 人才短缺所带来的发展机遇，开发 VR 人才培养方案。例如，2016 年 5 月，慧科教育集团携手暴风魔镜共同发布覆盖硕士、本科、专科三个层次的 VR 人才培养解决方案。该解决方案以 VR 企业急缺岗位所需技能为切入点打造 VR 人才能力图谱，面向 VR 产品内容制作、硬件设备研制及软件平台开发，通过由浅入深的基础课程、核心课程、限选课程及项目实践课程等多层面课程设计，采用产学研用相结合的创新人才培养模式，构建工程硕士、应用型本科、技能型专科立体式 VR 人才培养体系。

同时，为解决人才短缺问题，有些 VR 企业开始自己培养人才。例如，2016 年 9 月，HTC Vive 宣布与在线教育平台优达学城合作，面向新一代 VR 内容开发者提供课程培训及认证服务，这也是业界首个经过认证的线上培训项目。参加培训项目的学员每月支付一定的学费即可获取针对多个领域的内容开发技巧，包括移动 VR、PC 端 VR 以及 HTC Vive 的高端沉浸式空间定位 VR。该项目还可为学员提供一对一的导师辅导和就业指导服务。

四、我国虚拟现实专业职业教育服务产业发展分析及建议

我国 VR 产业发展迅速，人才需求量较大，但是人才供给却严重滞后。未来，我国需要加大 VR 人才培养力度，着力构建科学合理的多层次 VR 人才培养体系，为 VR 产业发展提供有效的人才支撑。

（一）虚拟现实专业职业教育服务产业发展分析

1. 多层次人才培养不足

VR 行业作为新兴行业，其发展不仅需要高层次研究型人才，也需要从事于生产和服务第一线的技术技能人才。应用型本科主要培养具有创新思维和实践技能的高级应用型人才，高等职

业教育主要用于培养高素质的技术技能人才，中等职业教育则主要培养操作技能人才，三种层次合理存在，才能建立起多层次的人才培养体系。但目前国内 VR 行业人才培养层次主要集中在本科生和研究生阶段，且人才培养规模小。开设 VR 专业或在相关专业开设 VR 技能方向的职业院校更是少之又少，无法满足 VR 行业对不同层次人才的需求。因此，我国要优化专业设置，鼓励应用型本科、高职院校开设 VR 相关专业或者增设 VR 方向，构建完整的多层次人才培养体系。

2. 人才培养规模过小

LinkedIn 的报告显示，我国 VR 行业人才缺口达到 80 万人。但是，当前 VR 专业人才的培养规模太小，根本满足不了 VR 行业发展对应用型技术技能人才的大量需求。与 VR 相关的专业有计算机、光学、电子、生物学、机械、游戏策划、原画美工、3D 建模与渲染、场景开发、UI 设计与制作、戏剧影视文学专业、戏剧影视美术设计（美术、人物、特技、虚拟空间等方向）、影视摄影与制作、视觉传达艺术（数字媒体方向）等，这些专业人才培养规模不小，但是鲜有毕业生具备从事 VR 行业相关工作的技术技能。因此，我国需要逐步增加开设 VR 相关专业的院校数量，扩大 VR 相关专业职业教育的人才培养规模。

3. 师资队伍力量薄弱

VR 行业对人才的技术技能要求高，需要掌握计算机、光学、电子信息、游戏策划等多种学科知识，这就必然对教师能力提出更高要求。但是，目前职业院校中从事 VR 专业课程教学的教师，多是从事与 VR 相关专业的教学，基本没有接受过为期较长的 VR 专业知识学习和技能的培训，也缺乏企业实践经验。普通高等院校培养的专业人才是职业院校师资的主要来源。但是，我国开设 VR 专业的普通高等院校较少，专业开设的时间并不长，人才培养规模偏小，导致职业院校 VR 专业师资的来源有限。专业教师数量和质量均达不到人才培养的要求，这就导致培养出的人才无法满足行业企业要求。

4. 人才培养经验匮乏

VR 行业属于前沿科技领域，对专业人才的技术技能要求高。符合企业岗位技能要求的技术应用人才不但需要有理论支撑，还需要有实践经验。这就对人才培养涉及的诸多要素提出了较高的要求。但我国目前尚未建立起完整的 VR 行业人才培养体系，VR 行业人才培养经验严重不足。大部分院校未开设 VR 相关专业或专业方向，更谈不上形成特色的人才培养模式。课程体系建设、师资队伍建设、教学方式、实践教学等诸多方面都极度缺乏经验，这些都会直接导致学校难以培养出企业所需的合格技术应用人才。我国还需不断探索 VR 专业职业教育，提高人才培养水平。

（二）对我国虚拟现实专业职业教育发展的建议

1. 加强政府引导支持

目前，无论是普通高等教育领域还是职业教育领域，VR 专业人才培养都处于起步、探索阶段。要实现 VR 专业人才培养的快速、健康发展，政府应该发挥统筹规划作用，加强宏观引导与支持。为了满足产业发展对人才的大量需求，我国亟须增加开设 VR 相关专业或专业方向的院校数量，扩大人才培养规模。但是，数量的增加、规模的扩大需是逐步的、适当的，因而，教育主管部门应该从严、慎重地审核、审批职业院校学校 VR 专业的开设，更需要有总体的部署和规划，既要从整体布局上规划好专业分布和方向，也要控制好总的数量和规模，避免出现一哄而上、贪大求全、培养过剩、培养质量差、生源缺乏、设备资源浪费严重的不良局面。教育主管部门、教育工作者、业内人士应互相加强沟通，在何时开设相关专业、培养怎样的人才方面取得共识，避免管、教、用脱节的现象发生。

VR 实验室建设费用以及高质量 VR 硬件设备、软件平台、相关产品内容的采购、使用、维护保养等费用均较高，许多学校难以承受。政府可考虑设立专项资金，联合行业企业、科研机构、普通高等院校、职业院校，共同建立区域性 VR 协同创新中心，集 VR 硬件设备研发、软件平台开发、产品内容制作、专业人才培养、师资培训、社会培训等多项功能于一体，实现区域资源共享。

2. 科学合理开设专业

职业院校的专业设置必然要对接产业，才能实现学校与企业“无缝对接”。因此，在新设专业或专业方向前，职业院校要开展广泛而深入的调研，根据地区实际情况科学、合理设置专业。为此，职业院校需要了解当地 VR 行业的主要领域及发展趋势，以确定具体发展方向；了解各个应用岗位所需要的职业要求和技能特点，以确定专业课程和教学内容；了解当前和预测未来企业对该专业高技能人才的需求，以确定本专业办学规模和发展方向。同时，学校也要理性分析自身的实际办学条件和实力，根据两者的综合分析确定是否要设置相关专业或者设置哪一类专业。此外，某些条件不足的学校，也可以尝试先在其他专业增加部分相关课程，如 Unity3D 的 VR 游戏制作方向，为学生提供 VR 方向的选择，在这个过程中积累经验，为今后正式开设 VR 专业做好准备。

3. 提高人才培养质量

已开展或即将开展 VR 专业人才培养的院校需创新人才培养模式，完善课程设置，推进教材开发，改进教学组织形式与实施方式，强化实训实习，加强教育信息化建设，进而提高人才培养质量。

（1）制订合理的人才培养方案。人才培养方案是一个专业能否可持续发展的先决条件，是院校人才培养的顶层设计方案，是专业教学实践的指导思想。因此，职业院校应当根据区域产业发展的具体需求，紧跟 VR 行业发展及应用情况，明确 VR 相关专业人才培养方向与目标，再结合院校自身发展特色，制订出有针对性的、合理的人才培养方案。在此基础上，职业院校根据企业人才需求类型，融入行业发展要求，细化出人才培养规格与标准，提高学校人才培养与区域行业人才需求的匹配度，为行业发展提供坚实的人才支撑，推动区域经济快速发展。

（2）构建完善的课程体系。课程设置是实现教学目标的重要纽带，是实现人才培养目标的关键因素。VR 行业涉及众多学科，课程设置应该注重理论教学与实践教学相结合。理论教学可以为学生提供基本知识和发展脉络，为学生以后的发展奠定基础；实践教学可以锻炼学生的动手能力，进一步提升学生的技能水平。

（3）改革教学方式方法。职业院校要创新 VR 相关专业教学活动的组织形式与实施方式，缩短学生的理论学习与实践操作之间的时空差，实现两者的紧密对接；适应 VR 行业多学科交叉融合的特点，促进各相关技术教学之间相融通；进一步探索考核评价体系建设，采用多样方式、从多个维度对学生进行考核评价；加强教学的互动性，不仅强调师生互动，还应注重学生之间的互动，以活跃教学氛围，激发学生的学习兴趣和创造性思维。

（4）加强职业教育信息化建设。当前我国已经进入信息化和工业化深度融合的发展时期。教育信息化水平已成为衡量一个地区教育发展水平的重要标志。VR 行业与信息化密切相关，要想发展好 VR 相关专业职业教育，就必然要加强职业院校信息化建设。加强基础设施建设，建设区域职业教育信息化公共服务体系和公共服务平台网络；加强数字化教学资源建设，开发相关专业综合实训课程数字化辅导教学资源，打造数字化优质教学资源库，建立系列虚拟仿真实训室等。以信息技术促进教育与产业、学校与企业、专业与岗位的深度融合，提高学生实习实训等方面的信息化水平，从而整体提高人才培养质量。

4. 打造高水平师资队伍

教师是职业院校发展的第一资源，师资队伍的结构和质量是职业学校的核心竞争力之一。要培养高素质的 VR 行业技术技能人才，关键在于建设一支高素质、高水平的教师队伍。一是加强“双师型”教师建设。教育主管部门及相关院校需要对 VR 相关专业或相近专业的教师开展全面、系统的专业知识、专业技能培训；制定和实施专业教师进企业挂职锻炼制度，严格落实专业教师下企业挂职锻炼制度，并实现常态化，从而提升教师的实践教学能力。二是加强相关科研队伍建设。VR 属于前沿科技领域，对教师科研能力要求较高。职业院校要重视教师科研能力的提升，鼓励教师开展科研项目，打造一支高水平的科研团队。三是提升教师的信息化教学水平。建立教师信息化教学水平提升机制，组织开发教师线上培训资源，加大校级、省市级等培训力度，全面提高相关专业教师的信息技术应用能力。同时将信息化技术能力和信息化教学能力纳入专业教师的考核评审体系，从而不断提升教师运用信息技术的能力。四是建立 VR 师资培训中心。职业院校可以依托学校 VR 开发与实训中心区域 VR 协同创新中心开展师资培训，提升教师的教学能力。五是大力引进行业企业的专业人才。相关院校亟须从 VR 企业引进一批优秀的专业人才或技术骨干，建立兼职教师队伍，提升学校整个教师队伍的实践教学能力。

参考文献

［1］侯长海：《2015 年虚拟现实产业发展状况分析》，《互联网天地》2014 年第 4 期，第 51 – 54 页。

［2］李扬、温晓君：《虚拟现实产业迎来战略窗口期　国内低端同质化趋向已现端倪》，《中国战略新兴产业》2016 年第 6 期，第 82 – 83 页。

［3］中商情报网：2016 年中国 VR 行业投融资现状分析，http：//www.askci.com/news/finance/20160726/15451246785.shtml，2016 – 07 – 26。

［4］艾媒咨询：《2015 年中国虚拟现实行业研究报告》。

［5］徐赛华：《数字媒体技术专业 VR 虚拟现实方向人才培养模式的研究》，《电脑知识与技术》2016 年第 28 期，第 153 – 154 页。

［6］陈超良：《刍议 VR 虚拟现实技术》，《电子技术与软件工程》2016 年第 16 期。

［7］李子文、李青：《我国虚拟现实产业发展的现状与建议》，《中国国情国力》2016 年第 283 期，第 54 – 56 页。

［8］张拯：《基于虚拟现实技术和智能机器人的变电站巡检功能研究》，《电脑编程技巧与维护》2016 年第 16 期，第 16 – 25 页。

［9］郭晓红：《将虚拟现实技术用于微机原理实验教学》，《山西电子技术》2016 年第 16 期，第 19 – 23 页。

［10］2016 年《计算机科学》“Web 智能与虚拟现实技术”专辑征文，《计算机科学》2016 年第 8 期。

［11］王江林：《基于虚拟现实技术的机械设计问题探讨》，《科技传播》2016 年第 16 期，第 17 – 19 页。

［12］冯英霖：《浅述虚拟现实技术在船舶吊装作业中的应用》，《建材与装饰》2016 年第 31 期，第 24 – 26 页。

［13］许红云：《VR 技术在虚拟旅游的应用研究》，《电脑与电信》2016 年第 7 期，第 16 – 18 页。

[14] 王芸：《打破现实的规则——制造业中的虚拟现实技术》，《上海质量》2016 年第 8 期，第 15－19 页。

[15] 搜狐：中国 VR 正面临人才荒，http：//mt. sohu. com/20160613/n454181838. shtml，2016－06－13。

[16] 腾讯：中国虚拟现实行业报告：2015 年市场规模达 15.4 亿元，http：//games. qq. com/a/20160111/024273. htm，2016－01－11。

第四章　普惠金融行业与职业教育分析报告

发展普惠金融可以使广大公民享受到较为平等的金融服务，满足中小微企业的金融需求，有助于缩小贫富差距、改善民生、促进社会和谐，有助于为新常态下的中国经济注入新的活力，对促进“大众创业、万众创新”，推动社会和谐发展具有重大意义。近年来，党中央、国务院高度重视普惠金融发展。党的十八届三中全会通过的《中共中央关于全面深化改革若干重大问题的决定》正式提出“发展普惠金融，鼓励金融创新，丰富金融市场层次和产品”。

普惠金融的快速发展对普惠金融人才提出了强烈的需求，职业教育应不断深化供给侧改革，构建完善的普惠金融专业人才培养体系，培养不同层次的普惠金融专业人才，为行业规范发展提供强有力的智力支持。本章在相关研究成果和行业发展数据的基础上，对国内普惠金融行业、企业发展及人才需求情况、国内普惠金融专业职业教育现状等进行较全面的分析，并介绍了国外发达国家或地区金融专业教育的先进经验，最后为国内普惠金融专业职业教育提出些许建议。

一、我国普惠金融行业发展概况

普惠金融也称“金融包容”或“包容性金融”，最早由联合国在 2005 年提出。所谓普惠金融，就是能够有效地、全方位地为社会所有阶层和群体提供服务的金融体系，主要任务就是让列于正规金融体系之外的中小微企业、城市中低收入群体以及农户，能够及时、有效地获取价格合理、便捷安全的金融服务[①]。

20 世纪 90 年代以来，普惠金融在国际上逐渐受到普遍关注，先后成立了普惠金融联盟（AFI）、二十国集团普惠金融专家组（FIEG）、全球普惠金融合作伙伴组织（GPFI）等机构，助力推动普惠金融发展[②]。我国引入普惠金融概念虽相对较晚，但中国人民银行、银监会、证监会、保监会注重民生金融，积极推进普惠金融发展，取得了突出的工作成效。据世界银行调查，我国普惠金融状况明显优于发展中国家平均水平，部分领域甚至优于中高收入国家平均水平[③]。如账户普及率高于中高收入国家平均水平 6.7 个百分点，高于发展中国家平均水平 23 个百分点。

（一）普惠金融行业发展现状

20 世纪 90 年代至今，我国普惠金融实践已经从最初的公益性小额信贷逐步扩展为支付、信贷等多业务的综合金融服务，并随着网络和移动等技术的广泛应用而得到长足发展。焦瑾璞、黄亭亭等（2015）参照国际经验、相关研究成果以及中国经济发展的特点，将中国普惠金融实践的历程归纳总结为公益性小额信贷、发展性微型金融、综合性普惠金融和创新性互联网金融四个

①中信证券研究部报告：《新三板市场金融行业 2015 年下半年投资策略：普惠金融提供商大有可为》，2015 年 5 月 7 日。

②焦瑾璞：《普惠金融惠民生——我国普惠金融现状及未来发展》，《金融电子化》2014 年第 11 期，第 14－17 页。

③证券日报网：《“互联网＋”助力普惠金融国际金融展凸显创新》，http：//www. ccstock. cn/finance/hangyedongtai/2015－10－15/A1444851511447. html，2015－10－15。

阶段，如表4－1所示。

表4－1　**中国普惠金融的主要发展阶段**

发展阶段	标志性事件	主要特征
公益性小额信贷（20世纪90年代）	1993年，中国社会科学院农村发展研究所在河北省易县建立了首家小额信贷机构——扶贫经济合作社，以改善贫困户的经济状况和社会地位	小额信贷的主要资金来源是个人或国际机构的捐助以及软贷款，致力于改善农村地区的贫困状况，体现普惠金融的基本理念
发展性微型金融（2000～2004年）	中国人民银行提出采取“一次核定、随用随贷、余额控制、周转使用”的管理办法，开展基于农户信誉，无须抵押或担保的贷款，并建立农户贷款档案，农户小额信贷得以全面开展	正规的金融机构开始全面介入小额信贷业务，形成了较有规模的微型金融体系，为促进就业和改善居民生活做出了贡献
综合性普惠金融（2005～2010年）	2005年中央“一号文件”明确提出“有条件的地方，可以探索建立更加贴近农民和农村需要、由自然人或企业发起的小额信贷组织”	小额信贷组织和村镇银行迅速兴起；银行金融服务体系逐步将小微企业纳入服务范围；普惠金融服务体系提供包括支付、汇款、借贷、典当等综合金融服务，并有网络化、移动化发展趋势
创新性互联网金融（2011年至今）	余额宝等新型互联网金融产品为广大群众提供了互联网支付、互联网借贷以及互联网理财等丰富多样的金融服务	互联网金融得到迅速发展，形成了“以第三方支付、移动支付替代传统支付，以P2P信贷代替传统存贷款业务，以众筹融资代替传统证券业务”的三大趋势

资料来源：焦瑾璞、黄亭亭、汪天都、张韶华、王瑱：《中国普惠金融发展进程及实证研究》，中国人民银行工作论文，2015年。

向被传统金融体系忽视的群体提供金融服务是促进小康社会建设的重要举措。随着以互联网和移动技术为代表的数字技术快速发展和广泛应用，金融服务成本大幅度降低，居民金融服务的可得性明显提升，我国普惠金融已经成为推动全球普惠金融服务发展的重要力量。

1. 行业呈现快速发展

近年来，随着互联网、物联网、大数据等信息技术的发展，普惠金融的支付清算、融通资金、股权细化、资源转移、风险管理和信息提供等功能在不同程度上都得到了提升。普惠金融迎来了历史性的发展机遇。普惠金融服务对象如表4－2所示。

表4－2　**普惠金融服务对象**

主体		主要信贷需求	满足信贷需求的主要方式
农户	贫困农户	生活开支、小规模种养业贷款需求	民间小额贷款、小额贷款、政府扶贫资金、政策金融
	普通农户	小规模种养业贷款需求，专业化、规模化生产和工商业贷款需求，生活开支	自有资金、民间小额贷款、合作金融机构小额信用贷款、少量商业贷款、合作金融

续表

主体		主要信贷需求	满足信贷需求的主要方式
企业	微型小型企业	启动市场、扩大规模	自有资金、民间金融、风险投资、商业信贷、政策金融、小额信贷
	有一定规模的中型企业	面向市场的资源利用型生产贷款需求	自有资金、商业性信贷、政策金融、小额信贷
	发育初期的龙头企业	专业化技能型生产规模扩张贷款需求	自有资金、商业信贷、政策金融、小额信贷、风险投资、政府资金
城市中低收入群体	城市中低收入人口	生活开支、小规模种植或养殖生产贷款需求	政府救济和补贴、民间小额贷款、小额信贷、政策金融、合作金融
	城市创业人群	生活开支、创业资金贷款需求	政府创业补贴、民间小额贷款、商业性小额贷款、政策金融、合作金融

资料来源：中信证券研究部整理。

随着我国互联网及移动互联网的普及，在相关技术、政策、市场的共同促进下，普惠金融成为我国普惠金融行业的发展趋势。据北京大学互联网金融研究中心发布的课题报告《数字科技推动普惠金融》显示，我国省级数字普惠金融指数从2011年的40提高到2015年的220，年均增长率达53%。中国数字金融的业态比较丰富，从大类看，目前最活跃的是互联网支付、网络借贷、数字保险和互联网财富管理①。如图4－1所示。

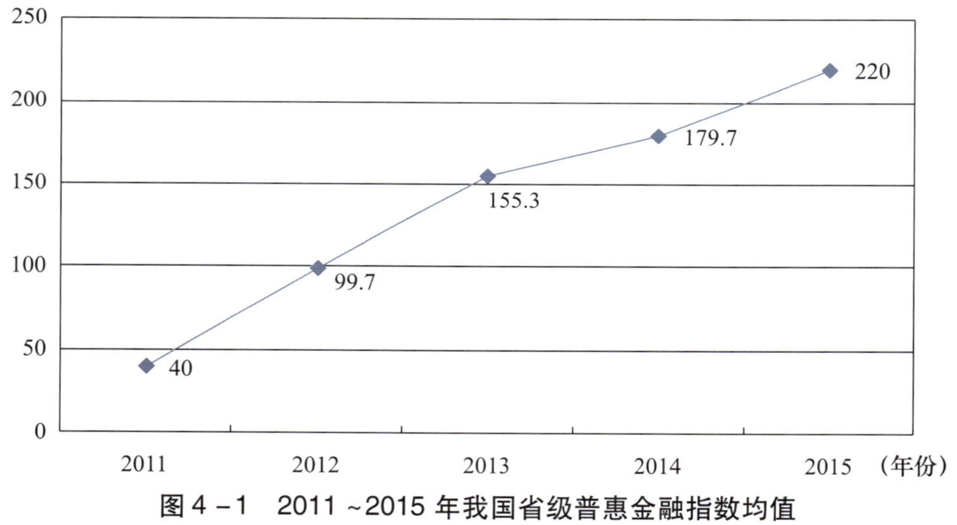

图4－1　2011～2015年我国省级普惠金融指数均值

2. 地区间发展差距缩小

随着时间的推移，数字普惠金融形成了更广泛的普惠金融覆盖度，使得我国普惠金融在各省

①中国金融新闻网：《北京大学互联网金融研究中心发布三份报告“探路”中国数字普惠金融》，http：//www. financial-news. com. cn/if/if/201611/t20161114_ 107716. html，2016－11－14。

市的发展差距逐渐缩小。根据《北京大学数字普惠金融指数（2011～2015年）》报告，2011～2015年，通过数字普惠技术，地区间的发展差异在逐渐缩小。2011年上海市数字普惠金融发展水平是西藏自治区的4.9倍，而这一差距到2013年缩小到1.9倍，低于传统金融，到2015年，这一数字更是缩小到1.5倍[①]。如图4－2所示。

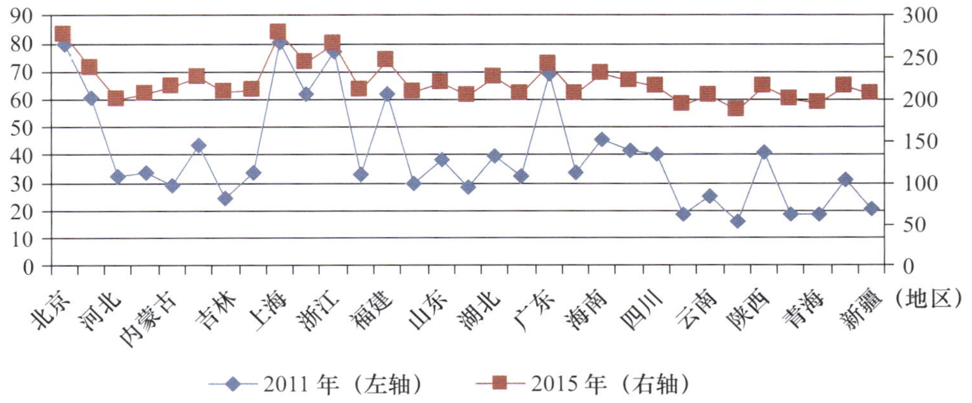

图4－2　2011年和2015年省级数字普惠金融指数

资料来源：北京大学数字普惠金融指数。

相对于传统的普惠金融，数字普惠金融整体覆盖面较广且具有良好的触达能力，已经大大缩减了不同地区享受金融服务的差距。北京大学互联网金融研究中心根据蚂蚁金服支付宝用户数的覆盖情况，不同地区用户的支付、信贷、理财、保险、征信使用频次和参与状况，从互联网金融服务的覆盖广度、使用深度和数字支持服务三个维度展现不同地区支付宝用户享受普惠金融服务的整体情况，最终得出，数字普惠金融经过5年的发展，中西部地区和东部发达省份之间的普惠金融水平差异逐渐缩小。如图4－3所示。

3. 基础设施建设逐步完善

首先，金融服务覆盖面不断扩大。2015年4月世界银行发布的《2014年全球普惠金融相关调查报告》显示，中国的账户普及率在2011～2014年有显著增长，由64%上升至79%，拥有账户的成年人增加了1.8亿[②]。中国账户普及率平均上升了15个百分点，但不同群体之间存在显著差异，在最贫穷的40%成年人中，账户普及率上升了26个百分点，而在最富裕的60%成年人中仅上升了8个百分点。农村地区的上升程度高于城镇地区，男性和女性之间则没有显著差异。

其次，新型金融机构发展迅速。《中国村镇银行发展报告2016》显示，截至2016年6月末，全国共组建村镇银行1412家，资产总额10810亿元，覆盖全国65.9%的县市[③]。数据显示，截至2015年底，农村资金互助社48家，贷款公司14家，如图4－4所示。

①北京大学互联网金融研究中心：《北京大学数字普惠金融指数（2011～2015年）》，http://iif.pku.edu.cn//uploads/soft/160730/1_1510508281.pdf，2016－07－30。

②曾繁荣：《世界银行〈2014年全球普惠金融调查报告〉编译》，《金融会计》2015年第7期，总第260期，第54－60页。

③网易新闻：《中国村镇银行发展报告出炉　村镇银行已覆盖全国65.9%县市》，http://news.163.com/16/1217/12/C8G5UC7I00018AOQ.html，2016－12－17。

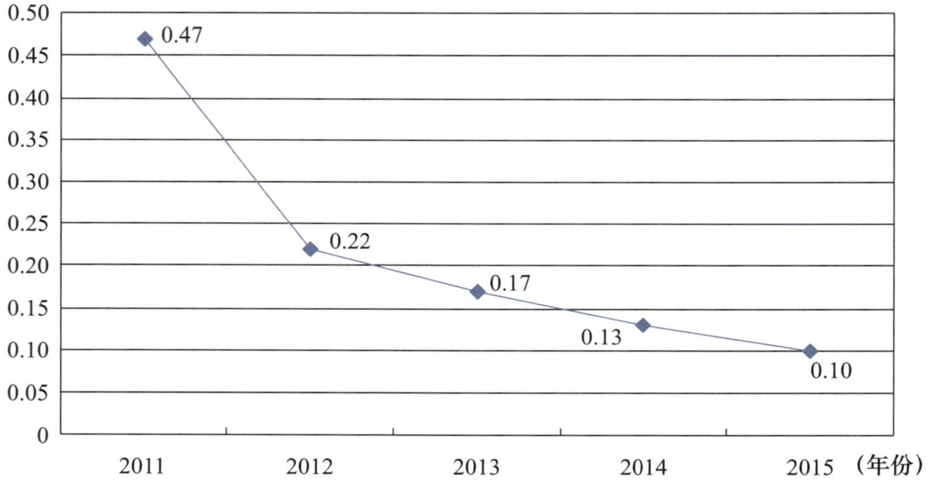

图 4-3　2011～2015 年省级数字普惠金融水平之间差异值①

资料来源：和讯网。

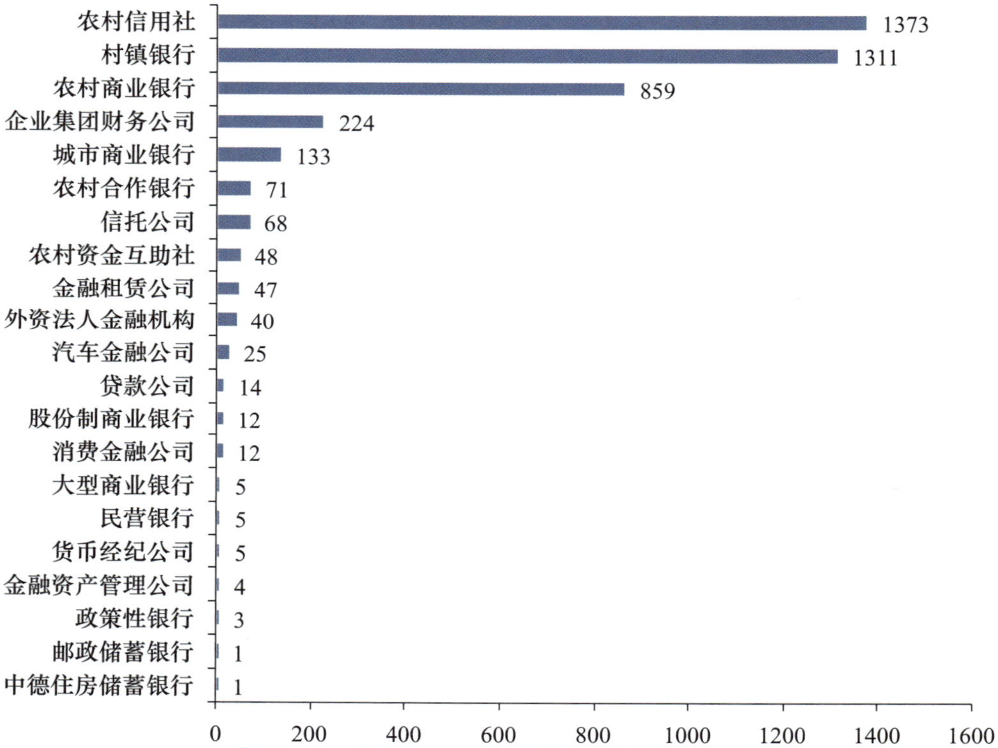

图 4-4　2015 年我国银行业金融机构情况

资料来源：根据网络资料整理。

最后，支付体系日益完善。2013 年，中国人民银行第二代支付系统上线，提高了支付效率和安全性。同时，大力发展非现金支付工具、电子支付工具的推广运用。截至 2015 年底，全国

①和讯网：《北大首出数字普惠金融指数　地区贫富差距逐年缩小》，http：//news. hexun. com/2016 - 07 - 31/185249515. html，2016 - 07 - 31。

银行卡累计发卡量56.1亿张，人均拥有银行卡4.09张[①]。近年来，自助机具、网络银行（手机银行）、网络保险（电话保险）等服务渠道的建设也取得进展，个人账户、银行卡以及网银等金融服务使用率提升迅速，在农村地区尤为明显。截至2015年末，农村地区金融机构开立的个人银行结算账户33.04亿户，人均结算账户3.55户，人均持卡2.39张，基本实现了人人有卡、家家有账户、补贴能到户[②]。全国农村地区共设置银行卡助农取款服务点99.75万个，农民工银行卡特色服务覆盖了全国主要的务工人员输出省份。

4. 征信体系建设逐渐规范

信用基础设施奠定了普惠金融发展的基础。企业和个人征信系统为小微型金融机构，包括村镇银行、小额贷款公司、融资性担保公司、贷款公司、汽车金融公司、消费金融公司等提供系统接入和查询服务，为普惠金融过程中的风险管理提供便利。经过十年的努力，征信系统接入机构数量逐年增加，建立了100多个信用信息系统或服务平台，央行数据库覆盖面逐渐扩大，实现了小微企业、农户信用信息的共享，为地方政府履职、金融机构信贷管理提供了信息支持，促进了普惠金融发展。企业和个人征信系统基本覆盖全国信贷市场。人民银行数据显示，截至2015年底，个人征信系统收录自然人数达8.8亿人，其中，有信贷记录的达3.8亿人，全年日均查询173万次；企业征信系统收录企业及其他组织2120万户，其中，有信贷记录达577万户，全年日均查询24万次。如图4－5、图4－6所示。

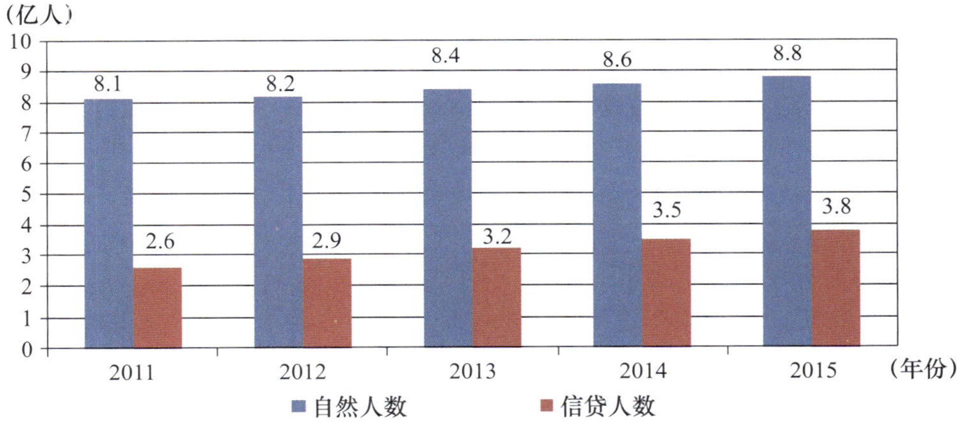

图4－5　2011～2015年个人征信系统收录自然人数及信贷人数

资料来源：根据《征信系统建设运行报告》、中国人民银行公布数据及网络数据整理。

同时，近年来中国人民银行持续推进中小企业和农村信用体系建设，以信用信息征集、信用评价和应用为主线，完善征信服务和金融服务，对提高中小企业、农户的融资可获得性和便利性，支持中小企业、农户融资发展发挥了重要作用，取得了明显成效。截至2016年6月底，全国共为约261万户小微企业和1.7亿农户建立了信用档案，其中46万户中小企业和9165万农户

①中国银行业协会：《中国银行卡产业发展蓝皮书（2016）》，2016－07－28。

②中央政府门户网站：《2015年农村地区支付业务发展总体情况》，http：//www.gov.cn/xinwen/2016－03/28/content_5058979.htm，2016－03－28。

获得了信贷支持①。

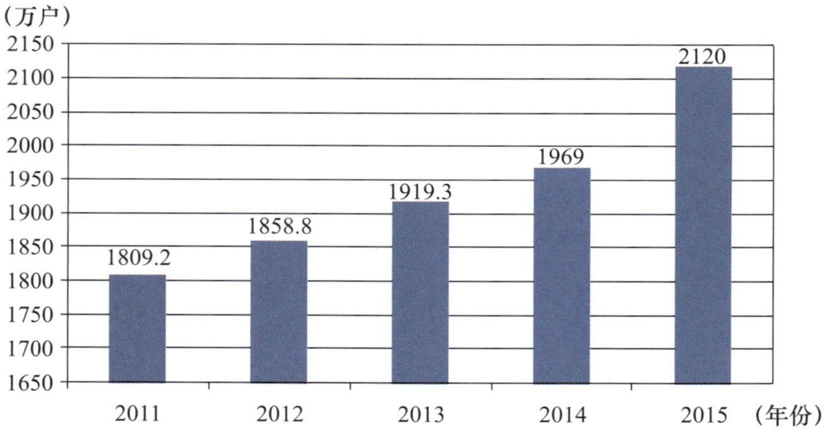

图 4－6　2011～2015 年企业征信系统收录企业及其他组织数

资料来源：根据中国人民银行公布数据及网络数据整理。

5. 政策扶持力度日益加大

当前，我国经济发展处于新常态阶段，经济转型升级压力巨大，在这样的背景下发展普惠金融，使现代金融服务具有更多的包容性和覆盖面，惠及弱势群体和薄弱环节，对我国目前实现稳增长、保就业、调结构、促改革的整体任务和促进社会公平正义的总体目标具有重要的促进作用。为加快推进普惠金融从概念到落地，实现"最后一公里"的真正突破，中央在《中国国民经济和社会发展"十三五"规划纲要》、《关于打赢脱贫攻坚战的决定》等重要文件中都强调了发展普惠金融的决心，国务院还研究制定了《推进普惠金融发展规划（2016～2020 年）》，为立足发展实际，提出了明确的政策导向。如表 4－3 所示。

表 4－3　　普惠金融政策部分文件

时间	发布机构	文件或政策名称	要点
2013 年 11 月	党的十八届三中全会	《中共中央关于全面深化改革若干重大问题的决定》	正式提出"发展普惠金融，鼓励金融创新，丰富金融市场层次和产品"
2014 年 1 月	中共中央、国务院	《关于全面深化农村改革　加快推进农业现代化的若干意见》	加快农村金融制度创新，强化金融机构服务"三农"职责，发展新型农村合作金融组织
2014 年 3 月	国务院	《2014 年政府工作报告》	稳步推进由民间资本发起设立中小型银行等金融机构；发展普惠金融，促进互联网金融健康发展，完善金融监管协调机制

①中国金融新闻网：《以新理念引领普惠金融新发展》，http://www.financialnews.com.cn/zgjrj/201611/t20161104_107215.html，2016－11－04。

续表

时间	发布机构	文件或政策名称	要点
2015 年 3 月	国务院	《2015 年政府工作报告》	将普惠金融概念准确定义，提出要大力发展普惠金融，让所有市场主体都能分享金融服务的雨露甘霖
2016 年 1 月	中共中央、国务院	《推进普惠金融发展规划（2016～2020 年）》	提出普惠金融服务和保障体系的总体目标；拓宽贫困地区企业融资渠道，支持金融机构在贫困地区设立分支机构
2016 年 3 月	中国人民银行、国家发展和改革委员会、财政部、国务院、扶贫开发领导小组办公室等七部门	《关于金融助推脱贫攻坚的实施意见》	提出了金融助推脱贫攻坚的细化落实措施；对不良贷款比率实行差异化考核，适当提高贫困地区不良贷款容忍度
2016 年 8 月	中国银监会、工业和信息化部、公安部、国家互联网信息办公室	《网络借贷信息中介机构业务活动管理暂行办法》	提出的“鼓励创新、防范风险、趋利避害、健康发展”总体要求，为网贷机构提供充足的发展和创新空间，进一步释放市场活力，引导其回归信息中介、小额分散、服务实体以及普惠金融的本质
2016 年 9 月	G20 第十一次峰会	《G20 数字普惠金融高级原则》、《G20 普惠金融指标体系》升级版及《G20 中小企业融资行动计划落实框架》	数字普惠金融被列为重要议题之一。其中《G20 数字普惠金融高级原则》是国际社会首次在该领域推出高级别的指引性文件，是全球普惠金融发展的重要里程碑

资料来源：中国政府网等网站资料整理。

同时，为了积极探索可复制推广的经验，突出示范带动，中国人民银行积极在浙江省宁波市、河南省兰考县、陕西省宜君县和青海省探索，试点建立与全面建成小康社会相适应的、多层次、广覆盖、有差异、可持续发展的普惠金融服务和保障体系，基本建成与普惠金融发展相协调的财政等配套政策体系，农村各类产权要素有效盘活，金融生态环境持续优化，金融服务覆盖率、可得性和满意度稳步提高，金融服务县域经济和“三农”、小微企业、贫困人群等社会发展薄弱环节的水平显著提升。

（二）普惠金融行业发展存在的问题

近年来，金融改革取得积极成效，多层次、竞争性金融组织体系基本形成，金融服务覆盖面和渗透率不断扩大。今后一段时间，发展普惠金融，让金融改革与发展的成果更多更好地惠及所有人群、所有地区，是我国金融改革的一项重要任务。提高金融服务的覆盖率、可得性和满意度是加快金融业供给侧改革的重要举措，也是落实中央“坚持共享发展”理念的具体体现。然而，我国普惠金融行业仍然存在着概念内涵模糊、可持续发展路径不清晰、风险控制体系不健全等问题。

1. 对普惠金融理论研究有待深入

普惠金融概念提出的时间尚短，国内外相关研究和实践相对较少，对于普惠金融的理论基础、内涵、如何评价等还需要进一步研究。当前，国内外有关普惠金融的提法缺乏完备的理论基础和分析框架，更多是一种理念和倡议。政府与金融机构在普惠金融理念认知、发展方向和制度创新等方面缺少步调一致的共识。一些政府部门和金融机构将普惠金融与商业性思维混为一谈，以普惠金融的社会责任作为商业宣传的亮点或绑架商业性资本。

从发展看，普惠金融是一个不断扩充的概念。随着普惠金融的发展，普惠金融的关注点也从最初的信贷可获得性向宽内涵、多维度发展，逐渐涵盖所有金融产品和服务、金融基础设施、金融改革发展与结构调整等内容。但是，现实中，很多地区金融机构局限于以小额信贷、微型金融、扶贫金融和政策金融的思路发展普惠金融。另外，普惠金融强调获得金融服务的平等机会，但一些基层地区将普惠金融视为必须给每个人都提供金融服务，造成“强迫性”金融服务。

从统计评价看，普惠金融服务基础数据和信息缺失。当前我国尚未发布或建立普惠金融调查统计相关规章制度。虽然部分地区结合普惠金融指数测算和地区发展实践，在普惠金融评估指标体系建设方面进行了探索，但整体上缺乏统一的标准和规定，不具有代表性、广泛性和准确性。同时，我国长期的金融抑制形成了较多矛盾，造成金融机构出于利益考量容易采取各种措施向导向性政策靠拢。在政策鼓励引导的背景下，一些金融机构滥用普惠金融概念，将与普惠无关的业务全部归为普惠金融业务，造成统计数据失真。

2. 金融体系的整体普惠程度不足

在新技术、政府放松管制、金融机构创新活力增强等多重因素的推动下，近年来我国基于互联网的金融机构和业务呈现快速发展态势，普惠金融发展呈现出“多点开花”的繁荣景象。但从整体来看，我国普惠金融体系在扩大金融服务的覆盖率和渗透率方面仍有很大的提升空间，金融体系的普惠程度仍不够。中国普惠金融研究院2016年发布的《中国普惠金融发展报告（2016）》显示，在全国贷款总额中，服务于“三农”和小微企业的贷款只占到8%左右，大多数有信贷需求的家庭只能通过民间借贷来满足需求，3/4的农村家庭借贷更是依赖于非正规民间渠道①。由此可见，我国农村金融发展的深度和广度存在明显不足。央行2015年第四季度《中国货币政策执行报告》显示，截至2015年底，占企业数量9成以上的小微企业获得的贷款仅占各项贷款总额的26.4%，尚不足30%②，如图4-7所示。

3. 普惠金融风险防控体系不健全

近年来，金融创新快速发展，普惠金融的新模式也层出不穷。普惠金融作为一种低门槛的制度安排，在提高弱势群体金融服务可获得性的同时，也加大了金融机构风险管理压力。《2014中国普惠金融实践报告》认为普惠金融的发展对于信用风险、市场风险、操作风险等全方位的风险管理的方式和手段都提出了新的挑战。《金融蓝皮书：中国互联网金融行业分析与评估

①东方财富网：《数字普惠金融助力精准扶贫　互联网金融抢滩农村新蓝海》，http：//finance.eastmoney.com/news/1371，20170111701724924.html，2017-01-11。

②中国人民银行：《中国货币政策执行报告（2015年第四季度）》，http：//www.pbc.gov.cn/zhengcehuobisi/125207/125227/125957/2161441/3016811/2016020614180047455.pdf，2016-02-06。

（2016～2017）》显示，2016年，我国互联网金融（网贷）问题平台累计达2838家（见图4-8）。其中，“跑路”、停业类型的问题平台数量占比分别为55%和15%。大多数网络借贷平台的贷款利率超过了“可负担”的水平，部分投资平台的管理很不规范，甚至有不少诈骗行为，问题平台的兑付都不太顺利。

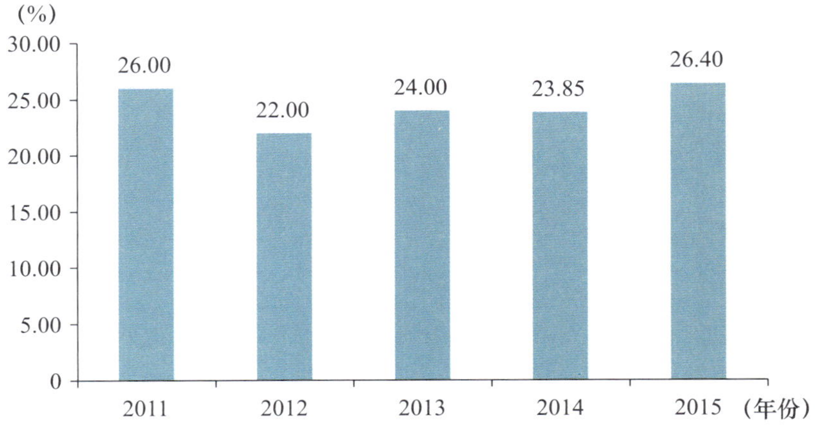

图4-7　2011～2015年小微企业贷款余额占比

资料来源：根据中国人民银行公布数据及网络数据整理。

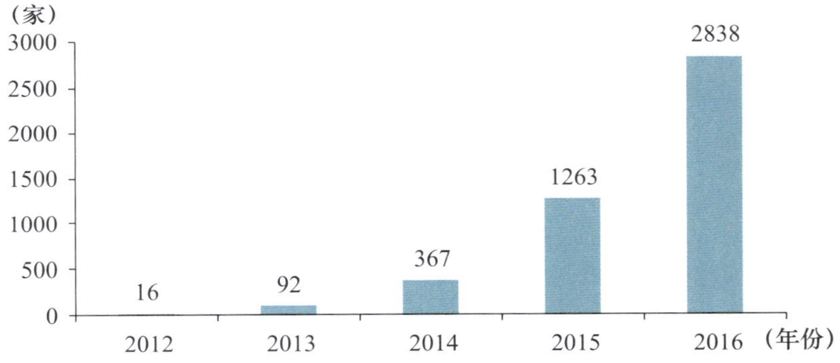

图4-8　2012～2016年互联网金融（网贷）累计问题平台变化趋势

资料来源：根据网贷之家及网络数据整理。

从风险类别看，普惠金融具有与传统金融截然不同的风险特征，信用违约风险更为突出，风险甄别、监测、防控难度和成本更大，如表4-4所示。依托互联网发展的普惠金融给客户信息安全带来一定风险，可能引发市场风险失控及投资者保护缺失等。另外，在普惠金融成为国家战略的背景下地方政府热衷于鼓励金融机构加大对弱势群体的服务力度，鼓励发放无抵押信用贷款等高风险金融产品，但对潜在风险关注较少。

从风险管理方面看，多数金融机构尚未建立独立的普惠金融风险防范体系，普惠金融风险防范意识与工具缺失，国家层面针对普惠金融业务的专项监管法规仍是空白。在缺乏制度环境保障的情况下，普惠金融有可能引发市场风险失控或投资者保护缺失。如何加强监管亟待研究探索。

表 4－4　数字技术下普惠金融的风险类型一览表①

风险类别 / 业务模式	信用风险	信息风险	系统风险	其他监管风险
互联网支付	恶意套现风险	数据安全与个人信息保护风险	“大而不倒”的系统性风险；削弱了货币供给的可控性	洗钱风险
网络借贷	资金安全风险	数据安全与个人信息保护风险	“大而不倒”的系统性风险；信贷规模的控制程度	造成诸如“裸条”类社会风险
网络众筹	项目审核风险、领头陷阱、资金安全	数据安全与个人信息保护风险	—	—
互联网征信	—	数据安全与个人信息保护风险	—	—

4. 金融意识和金融知识普遍欠缺

一方面，有限的金融知识是影响金融需求的一个重要因素。金融知识的匮乏导致部分家庭对某些金融产品的排斥，或者可能导致消费者在选择金融产品时做出错误的或非理性的金融决策。据统计，我国72%左右的成年人缺乏基本的金融知识，不能正确理解风险分散、通货膨胀和复利等重要金融概念，没有足够的风险防范意识和风险承受能力。我国农村居民和城市低收入人群掌握金融知识普遍偏少，特别是偏远地区的农村居民平时很少接触电子设备，大多不懂如何操作ATM、POS机。这使得他们不仅难以享受到便捷的金融服务，更容易受到销售误导和欺诈等侵害。

另一方面，普惠金融从业者的技术技能知识欠缺。如中小微企业众多且分散，为这类客户群体提供金融业务需要深入到客户所在区域，根据不同类型中小微企业调整风险评审与控制措施，并且定期跟踪走访，这就需要普惠金融企业拥有一定数量具有专业性、灵活性的专业团队。然而，在短时间内培养一支训练有素且分布在不同区域的队伍难度较大。同时，由于业务素质和创新能力不足、工作理念和方式落后等因素，基层金融服务提供者无法提供满足普惠金融需求的金融产品和服务，在一定程度上制约着普惠金融产品服务的普及推广应用。全面、科学、专业地加强民众的普惠金融知识教育和创新型金融人才的培养，是实现普惠金融发展规划目标的重要任务。

5. 普惠金融的可持续性有待提升

普惠金融的核心问题是能否可持续发展。普惠金融面对着更广泛的贫困和低收入群体，意味着更大的风险、更低的收益和更低的效率。从商业角度看，金融机构可持续发展的基础是收益对成本的覆盖，这就要求普惠金融提供机构必须大幅度提高贷款利率，一方面不停地从高质量客户获取超额利润以弥补无盈利能力客户带来的损失，另一方面对普惠金融服务对象确定远超大中型企业的贷款利率，这不符合发展普惠金融的宗旨。显然，如果缺乏来自外界的推动，弱势群体的

①北京大学互联网金融研究中心：《数字科技推动普惠金融》，http：//chuansong. me/n/1112917443302，2016－11－16。

金融信贷生态圈内部无法兑现普惠，成本与收益的不对称必然制约普惠金融长效发展。

普惠金融需要面对更多低收入人群及农村居民，呈现信贷需求总量大、单笔金额小、业务笔数多等特点，无形中增加了普惠金融业务的运营成本。尽管技术革新可以一定程度上提升经营效率，降低业务成本，但普惠金融在进入信息数据不健全的广大农村地区时，仍需要投入大量的资金和人力。此外，为了吸引社会闲散资金，普惠金融机构需要承担更高的利息成本，以增加对资金的吸引力。

当前，我国主要采取政策扶持、财政资金补贴等方式弥补普惠金融的部分成本。普惠金融模糊于政策性和商业性之间，长远发展的责任主体和运行主导主体并不明确，政府与市场的定位与长效合作机制尚未建立。短期内受政策利好刺激，小微贷款、涉农贷款、创新创业贷款、惠农金融服务点、便民支付等普惠金融业务发展较快，但由于这些普惠金融产品受政策影响较大，商业模式尚不清晰，市场在其中发挥的作用非常有限，这可能导致我国普惠金融呈现急功近利的“运动式”发展，缺乏系统、整体和长远考虑，无法形成可持续发展能力。

二、普惠金融行业人才需求分析

市场、客户、服务是普惠金融发展过程中从业者关注的三大关键要素。作为服务的载体，专业化的人才缺失是当前制约普惠金融发展的一大难题。近年来，金融业创新与互联网技术等新技术的融合，使金融人才培养与管理面临新的问题与挑战。普惠金融人才缺口不断扩大。

（一）普惠金融企业发展状况

普惠金融企业借助全国协同服务网络，通过大数据金融云、物联网和金融科技创新，为小微企业主、农户及有创业梦想的高成长性人群提供建立信用、筹措资金、能力建设等普惠金融服务。随着移动互联网、大数据、云计算、人工智能等技术的快速发展，阿里巴巴、京东、百度等互联网巨头纷纷布局普惠金融领域。

1. 企业发展规模持续扩大

经过多年的发展，我国普惠金融企业在行业发展中扮演着越来越重要的角色。多家互联网金融机构也瞄准了普惠金融这一巨大市场，纷纷发力，企业数量逐渐增多，市场竞争力不断增强。央行数据显示，2016 年 1 ~6 月，银行业金融机构处理网上支付业务 214. 70 亿笔，金额 1131. 88 万亿元，非银行支付机构处理网络支付业务 671. 14 亿笔，金额 41. 93 万亿元，如表 4 –5 所示。盈灿咨询综合测算，2016 年我国数字普惠金融市场空间在百万亿级以上。

表 4 –5　　部分数字普惠金融服务主体企业发展现状

金融机构	机构数量	发展现状
银行	22. 4 万个营业网点（截至 2015 年末）	截至 2016 年 6 月末，银行业金融机构涉农贷款（不含票据融资）余额 27. 3 万亿元，同比增长 8. 7%；用于小微企业的贷款余额 25 万亿元，同比增长 13. 2%
第三方支付	267 家（截至 2016 年 10 月）	2016 年 1 ~6 月，非银行支付机构处理网络支付业务 671. 14 亿笔，金额 41. 93 万亿元

续表

金融机构	机构数量	发展现状
P2P 网贷平台	2202 家（截至 2016 年 9 月）	截至 2016 年 9 月，P2P 网贷行业历史累计成交量为 27762.26 亿元，贷款余额增至 7130.42 亿元
众筹平台	415 家（截至 2016 年 9 月）	2016 年 9 月，众筹行业成功项目 6445 个，成功筹资 12.89 亿元，其中，奖励众筹资金为 10.23 亿元，非公开股权融资为 2.28 亿元，占比为 17.69%，公益众筹金额为 0.38 亿元

资料来源：银监会、中国人民银行、盈灿咨询、网贷之家。

2. 骨干领军企业不断崛起

近年来，随着国家“互联网+”以及小微金融扶持政策落地，我国普惠金融企业呈现井喷式发展，创新模式层出不穷，涌现了一批行业中的领军典范企业，如京东金融、苏宁金融、绿地金服、开鑫贷、惠民益贷等，如表 4－6 所示。以获得“2016 中国普惠金融创新企业奖”的储信资产为例，储信资产以信用体系开发为基础，围绕“风险、流动、成本”三大主题，对银行级贷款模型进行优化及创新，基于移动互联大数据的个人信用风险评估与管理的综合性金融信息服务平台，在不断实践中形成一套适用于广大用户的高效安全借贷服务体系，为工薪阶层、小微企业主、学生、农户等群体带来安全、优质、便利的金融咨询服务，真正实现大众群体“信用价值化”、“机会平等化”、“利益共享化”。

表 4－6　2016 年中国第二届“金蜂奖”普惠金融企业获奖名单

奖项设置	企业数（个）	企业名称
领军企业奖	6	京东金融、苏宁金融、绿地金服、首创金服、利得金融、开鑫贷
平台服务奖	5	点融网、微贷网、诺亚易捷、91 金融、金银猫
创新企业奖	4	壹财富、生菜金融、东方银谷、储信资产
新锐企业奖	4	惠民益贷、钱升钱、钱香金融、米缸金融

资料来源：根据网络资料整理。

3. 大小金融机构合作共赢

当前，普惠金融企业的客户群体定位准确以及区域性深耕的特征较为明显，在各自行业内与大型金融机构在业务上形成很好的互补。传统大型金融机构长期以来执行统一的标准和流程为大企业或净值较高的客户提供金融服务，面对数量众多且特点不一的中小微企业、农业以及城市中低收入群体的金融业务，因地制宜调整业务标准需要大量的时间与人工成本。相比较而言，大型金融机构更愿意选择与以各自区域为中心开展业务的一般普惠金融企业合作，共同攫取普惠金融业务蓝海。

4. 新型市场主体不断出现

我国正处于经济转型的关键期，金融领域的改革不断深化，利率市场化步伐明显加快，移动金融、网络金融等新经营业态不断涌现。普惠金融最初的基本形态是小额信贷和微型金融。近年来，适应金融服务需求特色化、差异化需要，普惠金融行业逐步培育发展了融资性担保公司、汽车金融公司、农业保险公司、小额贷款公司、货币经纪公司、农村资金互助社、贷款公司、村镇银行、消费金融公司等新型市场主体，已基本涵盖了储蓄、支付、保险、理财和信贷等金融产品和服务。此外，随着互联网技术的深入普及，通过互联网渠道和电子化手段开展金融业务的互联网金融发展迅猛，众筹融资、网络销售金融产品、手机银行、移动支付等互联网金融业态也在快速涌现，部分互联网金融组织还在支持实体经济领域开展了有益的探索，初步构建了多元化的金融服务供给体系，如图4－9所示。

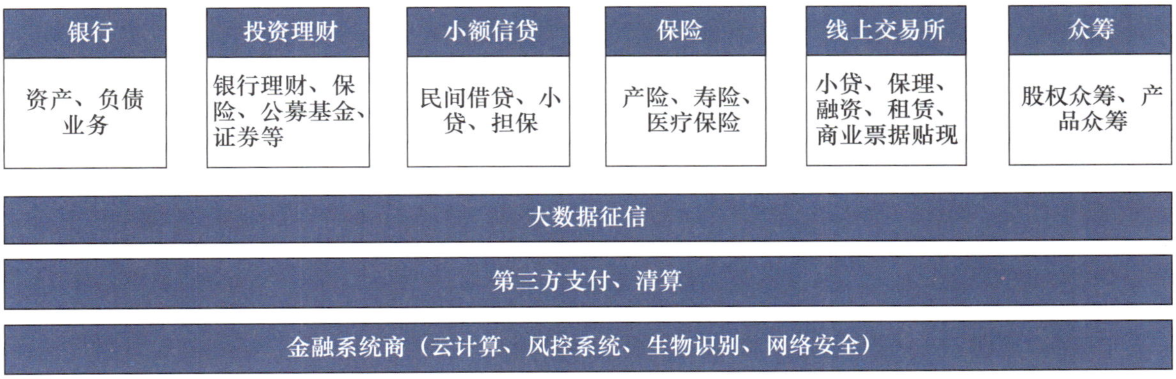

图4－9　多元化的金融业务模式①

资料来源：根据易观智库资料整理。

（二）普惠金融行业人才需求分析

普惠金融汇聚了多种学科知识，对从业者知识层面的宽度与广度要求很高。随着“大众创业、万众创新”的推进，日益扩大的创业群体，以及我国几千万小微企业主和众多农户，都迫切需要普惠金融服务。市场对普惠金融技术技能人才需求进一步增加。

1. 人才需求类型

普惠金融产业链主要由前端支持、普惠金融服务及后端保障组成。其中，前端支持主要包括金融基础设施建设（包括支付结算环境建设、通信网络环境建设等）、征信体系建设、政策法规跟进、监管等；后端保障主要包括担保、不良资产处置、保险等；普惠金融服务主要包括传统普惠金融和创新互联网普惠金融，如图4－10所示。

从普惠金融产业链可以看出，普惠金融涉及多种行业。对应不同行业，普惠金融涉及的业务不相同，相应对人才的需求层次也不相同，如表4－7所示。

随着金融业的快速发展与转型，市场对普惠金融人才的需求日益高涨，人才需求类型呈现出复合型、专业化和综合化三大趋势。对应不同人才类型的人才需求情况及人才类型技能要求如表4－8所示。

①易观智库：《中国普惠金融专题研究报告2016》，http：//www.analysys.cn。

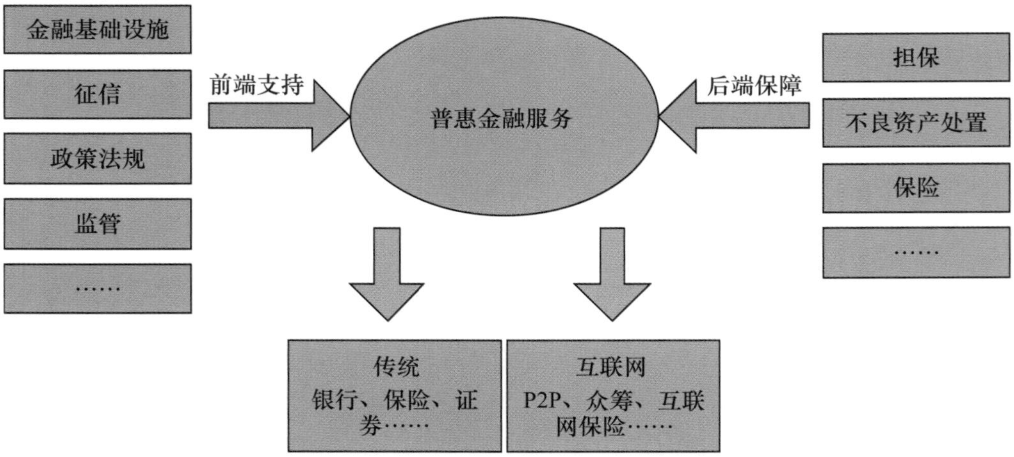

图 4－10　普惠金融产业链①

资料来源：中信建投证券研究发展部。

表 4－7　普惠金融涉及业务及对应的人才需求层次

涉及行业类型	涉及业务服务	对应人才需求层次
银行业	小微金融服务、农业贷款、涉农存款、融资服务	本科及以上
保险行业	农业保险、农业设备保险、农业财产保险、涉农人身保险	专科高职及以上
小微信贷业	城市居民无抵押贷款、全民创业助力贷、双创菁英贷	专科高职及以上
典当行业	房产典当、汽车典当、民品典当、绝当品销售	专科高职及以上
网络理财	互联网公司、P2P 平台、基金公司、银行现金管理	专科高职及以上
网络借贷	城市居民个人信用贷、房车抵押贷、股权质押贷	专科高职及以上
网络众筹	农产品众筹、科技众筹、创意众筹	专科高职及以上

资料来源：根据网络资料整理。

表 4－8　普惠金融业人才需求类型及技能要求

人才类型	需求情况	技能要求
复合型人才	互联网的高速发展对“互联网＋金融”的复合型人才提出了更高的要求。随着混业经营的推进，传统金融机构对复合型人才的需求将日益增长	具备“三农”文化知识背景、金融学背景、互联网金融学背景，辅助以基本的数理统计分析能力、基本的信息技术操作技能
专业化人才	行业进一步细分、各类机构专业化能力加强，对于特定领域专业化人才的需求增加；专业资格证书、相关的海外机构从业经验等将成为人才招聘的重要考量	具有较强的普惠金融产品创新和设计能力
创新型人才	传统机构的转型升级需要引入更多的创新型人才；互联网金融等创新业态及企业快速发展	突出金融信息综合分析、金融业务综合解决能力

资料来源：根据网络资料整理。

①中信建设证券：《“银行新兴业务”系列报告之 16：普惠金融，不仅有情怀》，http：//www. hibor. com. cn/docdetail_1790482. html，2016－03－26。

2. 人才需求规模

随着金融业持续快速发展，金融从业人员数量也在不断增长。虽然2012年、2013年金融从业人员增速有所放缓，分别降至4.45%和1.91%。但在政策利好和金融创新刺激下，2014年增速迅速回升至5.28%，金融从业人员达到566.3万人，如图4－11所示。预计未来几年，金融从业人员队伍仍将不断壮大①。

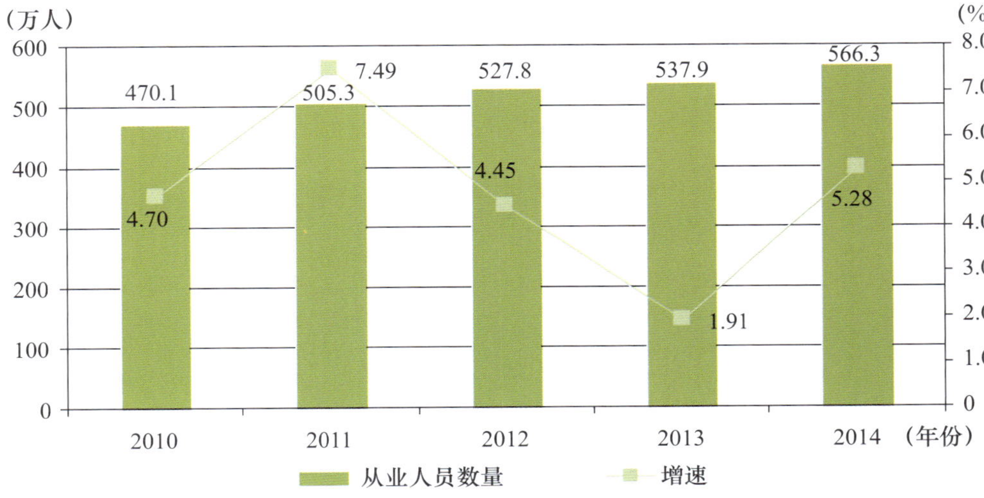

图4－11　2010～2014年金融业从业人员数量

资料来源：国家统计局。

据统计，当前我国从事普惠金融服务的人数约几十万。然而，普惠金融的特殊性导致人们对其理解和认知与社会经济发展对普惠金融的实际需求并不匹配，不同类型的金融机构发展普惠金融对人才的需求情况并不相同，如表4－9所示，人才缺口不断扩大。另外，随着普惠金融需求的增长，专业化人才储备不足问题日益凸显，行业中拥有金融背景、财务背景的专业化人才缺口很大。以中和农信为例，中和农信总部很多员工是半路转型，只有20%～30%的员工拥有专业背景。

表4－9　不同类型金融机构发展普惠金融对人才的需求情况

金融机构类型	金融机构代表	人才需求情况
传统金融机构	如银行、证券、基金等	需要大量普惠金融产品经理、市场研究及行业分析岗位人员；有一定金融人才储备，缺乏既懂金融知识、具备跨学科的眼界和思维又懂普惠金融运营的技术人才

①199IT中文互联网数据资讯中心：《CFA&罗兰贝格：2016年中国金融行业人才发展报告》，http：//www.199it.com/archives/494394.html，2016－07－12。

续表

金融机构类型	金融机构代表	人才需求情况
新型金融机构	以阿里巴巴、腾讯和京东为代表的互联网金融公司，如阿里小贷、金融白条等	在贷款审核、金融分析、技术架构等方面缺少相关技术人才
	以人人贷为代表的 P2P 网贷公司	缺乏普惠金融产品经理及风险分析员、营销人员等岗位人才
	大数据公司	在征信、网络贷款、保险和证券投资等方面，缺乏数据分析岗位人才

资料来源：根据网络资料整理。

同时，普惠金融企业对风险管理和金融工程这两类人才的需求也在不断上升。这两类既需要具备专业金融知识，又要深谙金融模型设计的高级复合型人才，能够帮助企业鉴别各种金融产品及识别这些产品的风险。

三、我国普惠金融专业职业教育分析

普惠金融的发展在国际上已经有几十年的历史，形成了一套相对成熟的系统。随着普惠金融的快速发展，普惠金融专业人才需求急剧增加。但是，我国普惠金融专业人才培养尚处于探索阶段，快速培养一批高质量的普惠金融人才已成为职业院校亟待解决的问题。

（一）普惠金融专业职业教育情况

全面、科学、专业地加强民众的普惠金融知识教育和创新型金融人才的培养是实现普惠金融发展规划目标的重要任务。目前，国内一些研究性大学刚刚开始探索普惠金融专业人才培养，基本上没有开设普惠金融专业或方向的院校（包括职业院校）。普惠金融专业或方向的职业教育空白亟待填补。

1. 专业设置情况

依据 2015 年 10 月 26 日教育部印发的《普通高等学校高等职业教育（专科）专业目录（2015 年）》，高等职业院校开设的与普惠金融相关的专业主要包括金融管理、国际金融、证券与期货、信托与租赁、保险、投资与理财、信用管理、农村金融、互联网金融等，其中，金融管理（630201）、互联网金融（630209）、农村金融（630208）与普惠金融专业关系较为紧密。根据高等职业学校拟招生专业设置备案结果数据检索得出，近三年开设与普惠金融相关专业的高等职业院校数量情况如表 4 – 10 所示。另外，依据 2010 年教育部印发的《中等职业学校专业目录（2010 年修订）》，中等职业院校开设金融类专业主要有金融事务、保险实务、信托事务，没有开设普惠金融专业或方向。

从表 4 – 10 可以看出，高等职业院校中，近两年新设的金融类专业有互联网金融专业、农村金融专业，开设的院校在逐渐增多。

表 4－10　2015～2017 年开设与普惠金融相关专业的高等职业院校数量情况

专业名称	专业代码	院校数量（所）		
		2015 年	2016 年	2017 年
互联网金融	630209	—	67	111
农村金融	630208	—	13	14
金融管理	630201	192	262	302
国际金融	630202	57	61	58
证券与期货	630203	12	139	130
信托与租赁	630204	—	—	—
保险	630205	201	245	141
投资与理财	630206	219	232	223
信用管理	630207	7	6	5

资料来源：根据高等职业教育专业设置备案结果整理，http：//www. zjchina. org/mspMajorIndexAction. fo。

2. 人才培养分析

以高职院校开设的互联网金融、农村金融、金融管理三个专业为例，从人才培养目标、人才培养模式、课程体系、师资队伍等方面进行分析。

（1）人才培养目标。一直以来，金融类专业主要关注银行、保险、证券等传统的金融机构，人才培养的目标主要定位于银行柜台人员、证券经纪人、保险代理人、基金销售等传统就业岗位。然而，互联网的飞速发展，催生了大量新型的普惠金融、互联网金融企业和工作岗位。为了提高金融类专业人才培养的针对性，我国高职院校针对细分领域确定了不同的培养目标（见表 4－11）。例如，高职阶段的农村金融专业是基于普惠金融体系建设和县域金融、小微金融发展对一线岗位金融职业人才的广泛需求而开设的，培养具有扎实的经济金融理论和业务知识，具备较好金融职业素养、较高金融职业技能和较强岗位胜任能力，能从事综合柜员、小微信贷客户经理、大堂经理等客户服务和业务营销等岗位工作的高素质金融职业人才。

表 4－11　我国高等职业院校普惠金融相关专业的人才培养目标情况

专业名称	人才培养目标	就业方向
农村金融	培养对农村经济特征有一定了解、具有一定金融理论基础、熟练掌握金融业务知识和财务知识、具备较强金融业务技能和会计核算技能、具有吃苦耐劳和敬业精神以及创新意识，能够胜任各类与农村金融业务相关一线工作岗位的高水平技术技能金融职业人才	主要面向农村信用社、农村合作银行、农村商业银行、村镇银行、中国邮政储蓄银行、各类商业银行的县域支行、小额贷款公司等县域金融机构从事综合柜员、小微贷客户经理、大堂经理等岗位的客户服务和业务营销工作

续表

专业名称	人才培养目标	就业方向
互联网金融	培养能够运用金融专业知识，掌握在互联网金融行业、金融机构等企事业单位从事互联网金融运营、移动产品经营、金融网站策划、网贷产品运营、互联网金融数据分析、风险控制等职业岗位的基本理论与技能，适应金融、互联网专业领域服务和管理第一线需要的高素质技术技能人才	在互联网金融企业、传统金融机构、电子商务企业等企事业单位从事互联网金融运营管理、互联网金融数据分析、互联网金融产品设计与营销、金融风险控制等相关工作
金融管理	培养具有合作、敬业、创新创业等职业素养，具备金融机构一线业务处理、产品营销、客户理财等专业技能，熟练掌握从事证券投资调研、证券发行业务、证券经纪业务、客户管理服务等职业岗位的基本知识和技能，适应金融、证券专业领域服务和管理第一线需要高素质技术技能人才	在各类国有商业银行、股份制商业银行、农村合作金融机构、村镇银行、民营银行、社区银行、小额贷款公司、第三方支付公司、金融服务外包公司等各类金融与类金融机构从事储蓄业务岗、现金出纳岗、会计核算岗、客户经理岗、互联网金融产品营销岗等工作岗位

资料来源：根据网络公开资料整理。

（2）人才培养模式。总结普惠金融相关专业人才培养模式情况，我国高职普惠金融相关专业主要采用“校企共育、能力递进”的人才培养模式①。

“校企共育”是指人才培养由学校和企业共同承担，充分发挥校外实训基地和校内实训基地、专任教师和企业指导教师的优势；“能力递进”主要是遵循学生职业能力成长规律，逐步培养学生的人文素养和专业基础能力、岗位核心能力和综合职业能力，三层能力培养逐步递进。“校企共育、能力递进”的人才培养模式的实施过程如图 4－12 所示。

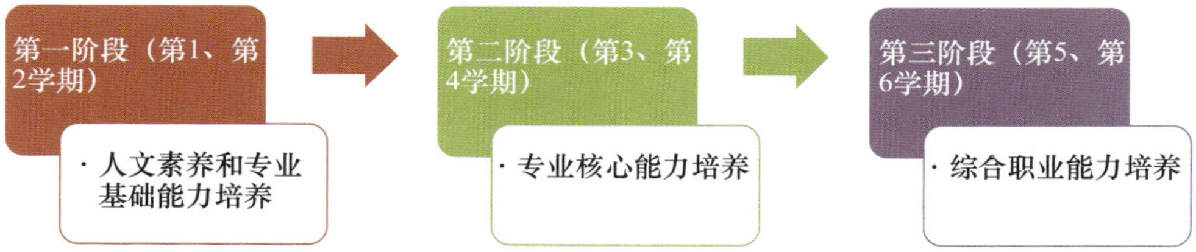

图 4－12　“校企共育、能力递进”的人才培养模式的实施示意图

第一阶段（第 1、第 2 学期）主要培养人文素养和专业基础能力。学校利用校内理实一体化教室，通过开设综合素质课、品德实践课，培养学生的人文素养；通过开设金融基本技能、基础会计、微观经济学等课程，培养学生专业基础能力。第二阶段（第 3、第 4 学期）培养专业核心能力。学校利用理实一体化实训室，通过开设专业核心能力课程，培养学生熟练操作柜面服务、信贷服务、金融营销服务等岗位业务的专业核心能力。第三阶段（第 5、第 6 学期）培养综合职

①张清亮：《高职农村合作金融专业人才培养研究》，《合作经济与科技》2016 年第 3 期，第 124－125 页。

业能力。在第5学期，学校利用理实一体化教室、校内实训室，重点学习专业拓展课，并开展金融业务综合实训；在第6学期，学校利用校内生产性实训室和校外实训基地，重点开展校内校外“轮岗”实习，培养学生的综合职业能力。

（3）课程体系。课程和教学内容设计得是否恰当合理，是学生就业是否顺利，用人单位是否满意的关键所在，同时也是高职教学改革的重点和难点。通过我国部分高职院校金融类专业课程设置情况（见表4－12）可以看出，我国高职院校金融专业的课程设置不再是单一的以金融专业知识为主，而是全方位的叠加计算机等多学科的知识，不再只是针对传统金融机构的业务知识、业务技能，而是增加了基于互联网思维、普惠性思维的金融变革的相关课程，有效地将互联网、大数据等与金融课程知识相互融合，让学生在掌握金融业务知识和技能的基础上，掌握互联网思维、创新思维的能力。以重庆商务职业学院为例，互联网金融专业的主干课程包括金融学基础、互联网金融、电子商务、金融企业会计、小额信贷实务、互联网金融支付、互联网金融平台、互联网金融风险管理、互联网金融产品设计、互联网信息技术、互联网金融数据分析、投资与理财、互联网金融营销。

表4－12　我国高职院校普惠金融相关专业课程设置情况

专业名称	专业核心课程
农村金融	小额信贷实务、商业银行综合柜台业务、银行会计实务、金融职业技能、金融服务营销、金融服务礼仪、证券投资实务、个人理财、基础会计、财务会计、现代金融概论、农村金融基础、三农经济、农村合作金融会计、农村金融风险管理等
互联网金融	金融学基础、P2P网络信贷、众筹融资、第三方支付、证券投资实训、网络金融、网络小额信贷、互联网金融、信息化金融机构、电子商务、金融企业会计、公司金融、互联网金融法律法规、互联网金融风险管理、金融数据分析、互联网金融营销等
金融管理	银行会计实务、商业银行综合柜台业务、金融服务营销、金融服务礼仪、银行产品、商业银行授信业务、商业银行网点经营管理、西方经济学、金融学概论、证券交易、证券投资分析、证券投资基金、期货投资实务、网络金融等

资料来源：根据网络公开资料整理。

（4）师资队伍。教师队伍的素质直接决定人才培养质量的优劣，高水平人才的培养离不开一流的教师。我国高职院校互联网金融、农村金融等专业多设在经济管理学院、金融管理学院、会计学院下，师资也多为金融学、国际金融、金融管理与实务等专业的教师。然而，这些相关专业的教师自身的专业技能与互联网金融、农村金融专业并不匹配，不熟悉相应的运作模式，不了解相应市场对人才的需求，更没有相应的实践操作经验，根本无法培养出符合社会和产业发展需求的应用型人才。

同时，随着金融类专业课程的授课班级规模越来越大，师资力量严重不足，“双师型”教师严重缺乏，并且教师年龄普遍偏高，在很大程度上制约了教师群体的工作能力和创造能力的发挥。教师可支配的教学和科研经费不足，教学管理水平差，教学效果有所下降，部分教师因为工作量过重而无暇精心指导学生，进而影响了教育教学的质量。

（二）普惠金融技能人才培训情况

目前，国内高校刚刚开始探索普惠金融专业人才培养，尚未形成明确的人才培养体系。一些市场培训机构由于市场敏感度高、企业资源丰富等优势，已经开始实施普惠金融的相关培训，构建起符合市场需求的人才培养体系，值得学校借鉴。

1. 全国高校普惠金融人才成长计划

为了响应“大众创业、万众创新”号召，2016 年 4 月 29 日，在团中央学校部、清华大学五道口金融学院的指导和支持下，清华控股旗下家财网与金融界爱投顾联合主办“高校普惠金融人才成长计划暨全国高校金融证券人才直通车”（以下简称“金融人才计划”），对大学生认识金融行业、提升个人金融素质有很好的指导作用。

“金融人才计划”主要通过线上课程、线下沙龙等形式，对有志从事金融行业的优秀人才进行就业、创业指导，为其对接适当的实习单位等，让高校学生和企业进行有效的对接，促进青年学生创新创业。

（1）培养目标。“金融人才计划”覆盖 15 个省市 80 所高校，旨在让广大高校学生了解金融行业知识，熟悉金融行业发展，全面增强学生的个人金融素质。让青年学子更早更多地了解金融行业，帮助其树立正确的人生观、财富观和价值观。同时，推动全国高校普惠金融人才的培养和选拔，为有能力和志向从事普惠金融行业的优秀学子提供从业于国内顶级金融机构的机会。

（2）活动内容。“金融人才计划”通过讲座 + 赛事 + 推荐实习的模式，逐步将金融知识普及教育推向全国，引导更多青年学子参与普惠金融实践活动，推动全国高校金融人才的培养和选拔。其具体活动内容涵盖了进入金融行业就职所需的必要素质，包括启蒙讲座（知识普及）、金融比赛（活动交流）、企业实习（金融体验）等模块，采用定点课堂与开放体验交互式进行模式[①]，如表 4 – 13 所示。其中，金融比赛环节由金融界爱投顾为同学们提供模拟炒股大赛实战的平台，在校大学生可报名参加每个赛季的高校杯赛，不仅提供丰厚的奖金奖励，还为优秀学子提供直接高薪入职国内顶级券商、金融机构及上市公司就业和实习的机会。

表 4 – 13　　全国高校普惠金融人才成长计划活动内容

活动模块	具体内容
启蒙讲座	通过线上课程、线下沙龙等形式，帮助大学生认识自我、扫清金融知识盲点，为进入职场做基础准备。同时依托清华五道口金融学院线下资源，联合各知名金融机构，多维度、高频率展开干货讲座、参与行业会议，让更多学生参与其中，深入了解行业并积累经验
金融比赛	通过金融投资创新大赛将在校大学生的专业知识培养与创新创业教育相结合，通过创新性、创造性和实用型竞赛活动，树立金融行业新人科学投资理念，培养金融创新精神，提高综合实践能力

①新华网：《“全国高校普惠金融人才成长计划”正式启动》，http：//news. xinhuanet. com/finance/2016 – 04/29/c_128945886. htm，2016 – 04 – 29。

续表

活动模块	具体内容
企业实习	联合各知名金融机构，开展企业开放日、高管面对面、金融行业 HR 沙龙等主题体验活动，让更多学生、职场新人真实感受金融机构运营节奏和工作氛围，积累金融择业认知。通过每期金融体验促进金融实习、金融机构和学校联合培养机制，形成并优化有效实习对接通道

资料来源：根据网络资料整理。

2. 普惠金融人才成长集训营

普惠金融人才成长集训营（以下简称“集训营”）是由中国金融博物馆主办，面向所有金融人才的成长培训计划。集训营对象是全国地区的高校学生，每期 50 名学生，采用公开招募、院校推荐或蓝筹推荐，筛选后即可入营。集训营一般为每月一期。每期集训营均以金融为主题，但因维度、地区不同有所差异，具体以《开营招募通知》为准。部分地区普惠金融人才成长集训营开展情况如表 4－14 所示。

表 4－14　部分地区普惠金融人才成长集训营开展情况

地区	主题	合作参访企业	开营时间
上海站	金融论坛、职业发展讲座、“从上海到纽约不眠夜——金融人才成长轨迹”	参观金融博物馆、德邦证券、点融网、上海黄金交易所、彭博	2016 年 7 月 28 日至 8 月 4 日
北京站二期	“小企业，大梦想”论坛、金融讲座	参观金融博物馆、民生银行北京分行、中国中小企业投融资交易会、国际会展中心展会、永安、中国耀盛	2016 年 7 月 18～22 日
广东站	“CFA 金融分析师专题培训”——中博诚通、“无悔人生”讲座	九州证券、沙包在线、红岭创投	2016 年 8 月 29 日至 9 月 2 日
沈阳站	产业金融博物馆开馆志愿者培训	一心、京东、九州证券	2016 年 4 月 20～24 日

资料来源：根据网络资料整理。

（1）培养目的。集训营主要通过培养学生的金融知识，专注金融人才成长，引入金融启蒙，辅以多维度金融体验培养金融人才，进而推荐金融实习，且与高校、金融机构、教育机构建立合作，共同打造金融人才成长新生态。

（2）课程内容。集训营课程内容涵盖了进入金融行业就职所需的必要素质，包括启蒙课程、金融体验、企业实习交流、高管交流等模块，采用开放体验与定点课堂交互式进行。具体内容如下：

1）启蒙课程。通过潜质测评、线上辅导、线下沙龙讲座等形式，帮助学生认识自我、扫清盲点，为进入职场做准备。

2）金融讲座。邀请金融名企高管开展讲座，针对当前大学生普遍存在的对未来迷茫困惑的心理状态，开展金融事务与职业规划等主题讲座，帮助学生探索兴趣爱好，定位职业取向，树立正确的职场规划观念。

3）企业开放日。通过多种形式最直接地了解金融机构，如表4－15所示。

表4－15　企业开放日开展内容

开展形式	具体内容
走进企业	联合各金融名企，帮助学生走进机构工作环境、近距离体验业务场景、真实感受运营节奏和工作氛围，积累金融择业认知
产品体验	参访学生直接体验公司金融产品或服务，建立与未来员工或者顾客的真诚沟通
高管面对面	参访金融名企时，邀请高管开展干货讲座，分享成长经历，深入了解创业精神和企业精神
HR 沙龙	直面名企用人需求、校招计划，已发布岗位可直接通过蓝筹申请

资料来源：根据网络资料整理。

4）企业实习。通过每期金融体验、企业开放日，促进互联网金融博物馆、蓝筹金融实习、金融机构与高校联合培养机制，形成并优化有效实习对接、内推通道。

5）集训认证。独立第三方认证机构对集训营学员进行认证，该认证鉴定由中国留学人才发展基金会下属留学人才服务中心发放。

3.“互联网＋”时代的普惠金融领袖人才培养计划

为了更好地推动中国普惠金融的发展，中国互联网金融和普惠金融的领军企业——宜信公司联手金融城联合主办国内首个紧密围绕前沿实践的普惠金融高级管理人才的学习和交流平台——“‘互联网＋’时代的普惠金融领袖人才培养计划”，通过邀请“一行三会”等监管层领导及宜信公司等为代表的普惠金融行业领袖，解读最新的政策趋势，讲解最前沿的互联网金融技术，分享最富创新性的互联网金融实践。其中，“金融城——宜信普惠金融教育发展基金”提供支持，中国金融40人论坛和上海金融研究院提供学术指导。

（1）主要目标。该人才培养计划专注于普惠金融领域，旨在引导商业银行、农信社、小贷公司等小微金融服务机构与新兴互联网金融加强对话交流，重新思考如何通过模式创新、技术创新、产品创新来增强自身的竞争力。

（2）课程设置。课程模块包含“互联网＋”时代的小微金融模式、技术创新与普惠金融政策解读，“互联网＋”时代的小微金融产品设计与业务创新，P2P银行托管与大数据征信，“互联网＋”时代的小微金融营销模式、服务创新与团队建设，小微信贷的风险管理与大数据应用，农村金融新模式、新技术与实践分享等，突出了高端、前沿、务实三大特色，如图4－13所示。

图4－13　“互联网＋”时代的普惠金融领袖人才培养计划课程特色

（3）面向对象。该人才培养计划的主要对象：一是股份制银行、城市（农村）商业银行、邮储银行、村镇银行、农信社等传统金融机构负责人及小微企业贷款分管领导；二是P2P、小贷、融资租赁等互联网金融机构的高级管理层；三是央行、银监会、地方金融办等各级金融监管机构主管干部。

四、发达国家普惠金融专业职业教育分析

金融企业不论是业务能力的提升，还是创新能力的改善，或者是机构设置的改进，都离不开人才的支持。金融业竞争激烈，英国、美国、新加坡等发达国家和地区能够成功突围，成为重要的国际金融中心，除了其拥有良好的法治制度、开放的金融体系、先进的金融基础设施之外，还拥有大量精通金融业务和监管规则的金融人才。分析美国、英国、新加坡等发达国家的金融人才培养情况，总结其特点，以期为我国普惠金融人才培养提供有益的借鉴和参考。

（一）发达国家金融专业职业教育概况

国外金融学的研究主要包括四个层面：一是公司财务和公司治理；二是投资者行为；三是金融资产的价格行为和金融市场的微观结构设计；四是商业银行、投资银行及投资基金等金融中介机构的运作①。拥有较为成熟金融市场的发达国家只是将微型金融、普惠金融视为扩大金融服务边界的工具，旨在为那些因信用评级低而无法获得正规金融机构服务的少数人口提供金融服务。因此，一些发达国家没有专门提出针对普惠金融专业的人才培养。下面详细介绍国外金融专业人才培养概况。

1. 英国金融人才培养概况

英国是现代金融体制的发源地，其金融业已有300多年的发展历史。优秀的教育、良好的经济环境和世界金融中心的地位，使得英国的商学院，特别是金融专业享誉世界。

（1）专业设置。英国的金融专业设置较为实用，多与财会、经济或投资相结合。除表4－16中所列的一些金融类专业方向外，还包括金融与私人股权、金融数学、风险管理与金融工程、投

①宋琳：《金融学教育应该注重培养CFO人才》，《金融教学与研究》2009年第2期。

资与资产管理、金融与行为科学、金融与信息技术、金融与风险管理、金融管理等专业方向。

表 4 – 16　　英国院校金融类专业的专业方向

专业方向	专业介绍	代表院校
国际会计与金融 (International Accounting & Finance)	涉及会计学与国际经济、财务风险分析等学科，主要掌握会计知识、金融专业知识、投资和风险管理的知识，实习单位多是风险投资银行等	巴斯大学、华威大学、爱丁堡大学
国际银行与金融 (International Banking & Finance)	以国际银行为主线，研究与银行相关的金融业，主要开设课程涉及金融市场和银行业的关系以及其他金融产品的知识	斯特拉斯克莱德大学、巴斯大学、格拉斯哥大学
公司金融 (Corporate Finance)	主要掌握关于公司财务运作知识，如投资、资本预算、股息分配、风险管控等重要知识	雷丁大学、杜伦大学
金融经济 (Financeand Economics)	主要探讨与金融和经济各方面有关的知识，该专业更注重学术方面的探讨和金融与经济学的深入研究	杜伦大学、华威大学、伦敦政治经济大学
金融与投资 (Finance & Investment)	涉及风险管理、证券管理、全球金融系统、计量经济学等学科，课程涵盖了大部分的金融产品和衍生品	埃克赛特大学、爱丁堡大学、伯明翰大学

资料来源：根据网络资料整理。

（2）课程设置。作为传统的国际金融中心，英国对金融的研究和教育非常重视，金融课程开设比较灵活和实用，能够帮助学生奠定坚实的商业知识基础。同时，根据所选择的课程方向，能够把所学的知识应用到当前的商业环境中。

英国的金融课程一般是本科三年，研究生一年，所学内容大致包括公司金融、国际金融市场和投资，且各个学校的侧重点不同，或偏重于公司金融，或侧重于投资。英国院校开设金融类不同专业的课程设置情况如表 4 – 17 所示，从该表可以看出，数学或统计学是英国金融专业中最重要的课程。

表 4 – 17　　英国院校开设金融类不同专业的课程设置情况

专业名称	课程设置情况
金融学	必修课：会计与金融学方法导论、金融学精要、衍生证券、金融计量经济学、高级实证金融学、公司金融 选修课：证券投资、国际宏观经济学与全球资本市场、金融学基础、国际金融、财务报表分析、公司金融中的实物期权、关于企业并购的经济金融思考、毕业论文
公司金融	必修课：证券与期权、期货、固定收益与股权投资、数量金融、财务分析、公司金融 选修课：公司治理、企业价值评估、企业并购、战略规划与预算、风险投资

续表

专业名称	课程设置情况
金融与投资	必修课：金融建模和预测技术、投资者财务报表分析、外汇与国际货币市场、投资数学和统计、投资组合理论和投资分析、风险管理、安全分析和评估、交易技术
国际金融	必修课：金融数量方法、公司金融、国际商务金融、应用金融、金融衍生品、国际投资学、国际银行与金融 选修课：公司治理、管理会计、信息与组织设计、风险与保险、证券投资分析、证券风险管理
银行与金融	必修课：当代银行与金融学、中央银行与货币政策、国际公司金融、金融市场、证券和衍生品 选修课：国际银行与金融市场、国际资本市场、国际金融管理、国际金融分析、国际金融会计、发展中国家的金融机构和市场、国际金融与货币、全球化贸易与经济发展、国际货币基金组织、世界银行与经济发展、计量经济学、金融建模和市场预测、项目规划评估与补充、财政部门的稳定和发展、外来直接投资与发展、国际宏观经济学与政策
金融与管理	必修课：会计与金融管理、公司金融介绍、人力资源管理、市场营销管理、企业与经销商融资、商务分析、市场效率与投资、公司金融 选修课：企业资源规划、小企业创业管理、跨文化管理、国际商务环境、广告与消费者行为学、零售管理、商务预期、战略管理、当前金融问题、金融衍生工具
会计与金融	必修课：高级管理会计、企业财务信息分析、财务理论基础、金融统计、金融学研究方法、高级国际会计或资产评估 选修课：高级企业财务论、高级财务理论、金融衍生工具、金融道德学、投资管理、公共机构的财务管理
风险管理	必修课：银行理论与运行、企业财务策略、研究方法导论、管理经济学、定量研究方法、企业风险、风险管理与保险规则、定量分析研究、银行模型与技术分析 选修课程：企业管制、企业战略、金融计量经济学、财务报表、产业经济学、国际金融、国际战略、管理信息系统、期权与金融衍生品、计量风险管理、金融机构的风险管理、风险投资、企业重建与创业
金融与经济	必修课：微观经济学、金融经济学、金融计量经济学 选修课：实用公司金融、公司金融理论、财务风险分析、固定收益市场、金融时间序列预期、全球金融系统、国际金融、证券管理、金融风险定量分析
金融工程	必修课：金融数学基本工具、资产定价与 C++模型、金融衍生品、数值方法 A、概率与随机过程、利率模型与连续时间金融 选修课：数值方法 B、实证金融、行为金融学、金融工程与结构性金融产品、金融时间序列、金融风险管理、固定收入与贷款风险、投资管理

资料来源：根据网络资料整理。

2. **美国金融人才培养概况**

美国是当前世界上经济、金融最发达的科技强国和教育强国。探讨美国著名商学院金融人才培养模式，既可以发现美国金融专业人才培养的规律，又可以反映出金融学科的发展规律和趋势，以期为我国金融人才培养模式的改革提供一些启示。

（1）培养目标。美国优秀的商学院几乎都有明确的使命和愿景陈述[①]，在对金融人才培养目标设置方面通常强调以培养商业领导者为主体，更注重对学生商业领导才能的培养，但各学校的侧重点又有所不同。如表 4－18 所示。

表 4－18　　美国金融学专业人才培养目标情况（列举）

学院名称	人才培养目标
纽约大学斯特恩商学院	培养思想活跃的全球商业领导者，不仅强调领导才能的培养，还强调思维能力的锻炼
宾夕法尼亚大学沃顿商学院	培养具有与金融相关的专业技能可以推动世界经济和金融业发展的金融界领导
麻省理工学院斯隆管理学院	培养学生在市场营销、运筹决策、金融管理和技术革新等背景下如何在资本市场投资和融资以及影响企业价值的管理决策所应具备的综合能力，为科技密集型的商业时代培养最优秀的金融人才

资料来源：根据网络资料整理。

（2）课程设置。在课程设置方面，美国金融教育通常是在必修核心课程的基础上，设置多个种类的专业选修课程，以满足学生的不同学习兴趣。此外，美国的金融专业比较注重微观金融方面的课程，以及大量管理和财会方面的课程，强调经济与管理的结合，这也与其培养商业领导者的目标相辅相成。如表 4－19 所示。

表 4－19　　美国金融专业课程设置情况（列举）

学院名称	课程类型	专业课程设置情况
宾夕法尼亚大学沃顿商学院	基础课程	微观经济学、宏观经济学、微积分、会计原理（上、下）、统计学基础（上、下）、管理学基础、市场营销学基础、计算机基础、公司金融、金融学与全球经济等
	专业课程	投资管理、金融衍生工具、公司价值评估、房地产投资、国际金融市场、国际银行、基金投资学、行为金融学等
纽约大学斯特恩商学院	核心课程	金融市场概论和公司金融等
	专业课程	高级公司金融、金融机构的风险管理、新兴金融市场、投资学、投资银行学、财务管理等
麻省理工学院斯隆管理学院	必修课程	金融理论Ⅰ和金融理论Ⅱ等
	选修课程	公司金融、投资学、高级公司金融、期权和期货市场、金融分析、税收和商务战略等

资料来源：根据网络资料整理。

①郑长娟、陈林兴：《美国优秀商学院本科管理教育的特色分析》，《浙江万里学院学报》2004 年第 3 期，第 109－112 页。

（3）培养方式。人才培养方式是一所院校教育思想观念的集中体现，也是教育教学改革的重点和难点。美国各商学院由于人才培养目标不同，其金融专业人才培养方式也有所不同。如沃顿商学院采用以集体协作为主的教学模式，注重“团队”与“合作”，教学重点是人际关系能力的培养，且许多课程教学采取“团队合作项目”的形式，充分利用有利的资源优势提供各种实践的机会。纽约大学斯特恩商学院根据市场对金融人才知识结构的要求制订专业人才培养计划，创新性、新颖性与务实性、严格性与灵活性相结合，课程教学多样化，除了讲授与讨论外，还开设“多种训练”的课程。重视学生的实践，强调课堂教育与实践相结合。麻省理工学院斯隆管理学院金融学专业课堂教学形式多样化，还十分重视第二课堂和实践教学①。

3. 新加坡金融人才培养概况

新加坡是亚洲的发达国家，被誉为“亚洲四小龙”之一，根据2014年全球金融中心指数（GFCI）排名报告，新加坡是继纽约、伦敦、中国香港之后的第四大国际金融中心，拥有先进的金融期货市场。金融服务行业是新加坡经济的重要支柱之一，包括银行、信托公司、信用社、人寿保险公司、财产保险公司、证券公司和投资代理等，相关的工作种类繁多。

（1）专业设置。新加坡以长期可持续发展的视角制订人才培养方案，重视金融人才的长远规划。对于掌握复合型知识的高端国际金融人才进行重点预测，提前培养，开展针对性、目的性的培训。新加坡院校设置金融相关专业的情况如表4－20所示。

表4－20　新加坡院校金融相关专业开设情况（列举）

学校名称	专业名称	人才培养目标
新加坡楷博高等教育学院	金融管理专业	让学生从基础系统掌握金融、财会、经济学、管理学等专业知识，培养具有创新意识、创新能力和实际工作技能、适应社会主义市场经济需要的金融、财务方面应用型、复合型的中高层管理专业人才
新加坡ERC学院	银行与金融专业	让学生掌握现代银行存在的基本原理、银行职能及其监管规则等专业知识，培养能够胜任现代社会一系列支付、储蓄、投资和风险管理等工作的应用型金融人才
新加坡亚太管理学院	金融专业	利用新加坡中西方文化完美结合的环境，培养掌握现代金融理论、熟悉证券市场、与国际接轨、外汇市场与企业融资运作，掌握金融创新工具的高级应用型人才。由在国外获得知名大学经济学和金融学博士学位的教授亲自授课，以期培养国际金融界最优秀、最能掌握业界脉动的高级应用型金融人才

资料来源：根据网络资料整理。

（2）课程设置。课程设置上，为了了解金融中介人与相关机构在银行业和金融业的操作，新加坡专业技术学院的课程设置主要侧重两个方向：一是金融管理；二是银行与金融。其中，银行与金融专业还为学生提供了解金融市场结构与功能的机会，其课程内容涉及金融资产的定价、企业各种不同资产的分配方案等，学生毕业后在会计、咨询、金融或投资银行、国际贸易额销售、风险管理等行业就业，如表4－21所示。同时，新加坡各院校的金融相关专业建设以职业

①蒋盛楠：《美国商学院本科人才培养模式的个案研究及其启示》，《北京教育》（高教版）2006年第7期，第109－111页。

性、应用型和国际性为课程特色，从而更有针对性地培养所需要的各类金融专业人才。

表 4－21　　新加坡不同侧重方向金融专业课程设置情况

专业方向	课程设置情况
金融管理	策略与政策、经济政策与全球环境、管理变革、跨文化管理、商业策略、项目管理、组织管理、管理研究项目、财务管理、管理会计、投资安全分析和投资组合管理、财政和风险管理等
银行与金融	国际商务、企业财务管理、当代营销问题、当代物流管理问题、国际发展与金融经济学、小型企业发展、度假村与酒店管理、专业会计与活动管理、投资与财务管理策略、职业生涯管理等

资料来源：根据网络资料整理。

（3）培训体制。新加坡政府提倡“终身教育”，即重视每个阶段的教育，不仅表现在学校的正规教育层面，还非常重视在职教育，尤其是技能的提升培训。新加坡政府每年对教育投入大量财政经费，同时提倡人才培养教育与市场需求紧密结合。以教育体制为支撑，加上金融人才培训网络的逐渐完善，新加坡已经能够为面向金融从业者提供各种培训。

为了保证培训效果，新加坡对不同层次、不同岗位的员工制订差异的培训计划。在培训内容的选择上，用于学习专业技能的课时占到七成以上，剩下的三成或更少的时间用于理论学习；在培训方法的选择上，因人因需求不同而差异化制定，如对不同岗位人员采取送到国外进修，利用导师制或者是岗位轮换等方式①。

（二）发达国家金融专业教育特点

发达国家金融类应用型人才培养模式尽管表现形式不尽相同，但在金融人才培养的教学计划与课程设置方面具有共同的特点，具体表现为以下四个方面②：

1. 通识教育与专业教育相结合

发达国家学校的金融专业教学都非常重视通识教育，认为学生不仅应该谙熟和掌握本专业的知识，还应该积累深厚的文化素养，培养广泛的兴趣爱好。如美国大学金融专业的课程体系一般由通识课程、公共核心课程、金融专业核心课程和综合选修课程构成。金融专业的学生在大一、大二学年根据兴趣跨学科选修社会科学和自然科学等各领域课程，且此类课程学分比重高达20%～30%。与广泛的选修课程相比，其金融学专业核心课程则显得少而精，一般不超过总课时的1/3。另外，金融学专业的选修课程也并非随意设置，内容主要包括大量关注金融学研究前沿、反映金融市场变化、贴近金融类岗位需求特征、培养学生研究兴趣和实践能力等供学生自己选择，拓宽金融专业学生专业视野，激发创新思维，适应市场节奏。

2. 更注重微观领域和实践能力

发达国家金融学专业学生一般是从大三开始学习系统的专业领域知识，课程设置主要以微观金融为主，并且大多开设金融市场、公司金融、投资学、金融工程、金融衍生工具等课程，相对应的货币银行、国际金融等宏观金融课程并不占主流。如宾夕法尼亚大学沃顿商学院为了培养投资领域

①王宏：《云南省金融人才培养问题研究》，云南大学硕士学位论文，2014 年。

②王森、李婷、周远：《国际化、复合型、创新型金融人才培养的国际经验与借鉴》，《教育教学论坛》2015 年第 34 期，第 9－10 页。

的实务类人才，专门开设了风险资本、证券投资基金、资本运作等课程；美国普林斯顿大学开设的特色专业课程包括日本金融系统、证券市场交易、固定收入模型与方法、投资心理学、风险评估与管理等；美国麻省理工学院（MIT）为了加强金融学本科学生实践能力的培养，专门开设了金融管理案例课程；美国哥伦比亚大学商学院开设了诸如金融市场实践、东亚商务等金融实验课程。

3. 重视经济金融方法论的研究

发达国家的院校认为金融学更偏重于应用学科，在目前流行定性分析与定量分析相结合的趋势下，对于经济金融方法论的掌握和研究尤为重要。因此，发达国家院校金融学专业教学更注重经济金融方法论方面的研究，也比较注重理论联系实际，以理论解决现实问题。如密歇根大学为了让金融专业学生更全面地了解经济金融现象产生的背景和原因，开设了金融实证方法课程，用实证模型发现和解决金融领域的实际问题，让学生从根本上理解现实情况对模型修正的意义和作用，达到对经济金融现象更好的解释效果。

4. 专业课程设置调整灵活多样

20 世纪 80 年代初期，由于西方发达国家放开高校课程设置权限，高校可以灵活地根据社会需求适时迅速地进行教学课程改革，设置金融学专业课程。高等教育主管部门仅根据学科的教育目标设置一系列必修课程，对学生毕业所要修满的最低学分做统一规定，在这些规定的制度框架之外，高校可以根据自身特点和社会需求制定本校的课程体系，并可以随时灵活调整。

同时，发达国家院校金融学专业课程体系一般会比较全面地覆盖金融学理论知识点，有利于学生积累完整的金融学知识结构，掌握扎实的理论功底，但是，对不同专业知识点的深入程度是不同的。如有些学校开设金融学前沿理论课程，其理论课程甚至超过一些主干课程；有些学校开设的课程则以拓宽学生视野为主要目的，更注重实践能力。发达国家高校开设金融专业课程所涉及的知识点的深度会根据社会需求及其他实际情况进行适当调整，体现其层次化、灵活性的特征。

五、我国普惠金融专业职业教育服务产业发展分析及建议

2016 年初，国务院印发了《推进普惠金融发展规划（2016～2020 年）》，首次从国家层面确立普惠金融的实施战略。政策的鼓励将助力普惠金融在中国得到快速发展。金融机构和金融院校以及社会专业培训机构，应顺应时代的变迁，发挥各自的优势，整合社会各方力量，兼顾“学历教育、在职教育、社会教育”三个方面，为普惠金融行业培养更多高素质的人才。然而，我国普惠金融专业建设仍处于起步阶段，人才培养目标、规模和质量均存在一定的问题，缺乏一套较完善的适应市场需求的人才培养体系。我国普惠金融专业职业教育应充分借鉴发达国家金融人才培养的经验，提升普惠金融专业人才的培养水平，以满足我国大规模的普惠金融专业人才需求。

（一）普惠金融专业教育服务产业发展分析

金融人才是金融事业发展的第一资源，只有构建好人才培养机制，才能真正做到践行普惠金融，助力企业发展[①]。目前，我国金融机构及社会专业培训机构联合金融类院校通过创新人才培养机制，已经培养了一批专业扎实、服务理念先进的普惠金融人才，但仍然不能满足日益扩大的

①光明网：《培养金融人才　发展普惠金融》，http：//edu. gmw. cn/newspaper/2014－10/18/content_ 101512462. htm，2014－10－18。

普惠金融市场需求。

1. 人才培养规模难以满足产业发展需求

国家统计局官方公布的数据显示，2015年我国社会消费品零售总额超过30万亿元，消费对国民经济的贡献率超过了66%，成为拉动经济增长的第一大动力①。然而，2015年全国信用卡数量只有4.32亿张，至少还有超过10万亿元的消费信贷缺口尚未得到满足。另外，据国家税务总局2015年3月公布数据，我国中小微企业数量已经突破6500万家，解决了我国1.5亿人口的就业问题。然而，目前小微企业的发展却遇到融资难的问题，只有10%的小微企业可以从银行获得贷款。消费增长和中小微企业对实体经济的贡献是巨大的。因此，解决它们的痛点就是解决实体经济的痛点，这对于普惠金融的从业者来说既是责任也是机会。

当前，从事普惠金融服务的人数约几十万，而随着普惠金融行业的发展，对拥有金融背景、财务背景的专业化人才的需求不断增长，专业化人才储备不足问题日益凸显。目前，我国国内尚没有开设普惠金融专业的院校，普惠金融专业人才培养仅停留在金融机构、专业培训机构等开展的普惠金融研修班、普惠金融集训营等活动上，输出的普惠金融人才数量有限，远远不能满足市场对普惠金融人才的需求。

2. 人才培养层次与人才需求结构不匹配

普惠金融的发展不仅需要高素质的普惠金融产品研发人才，还需要大量从事一线基础实践业务操作的技能型人才。然而，目前我国普惠金融专业人才培养尚处于探索起步阶段，只有少数本科院校联合金融机构和专业培训机构开展的一些普惠金融人才成长计划、普惠金融行业高级人才研修班等，所培养的大多为普惠金融行业研究类高级人才，能够从事基础实践业务操作的技能型人才培养不足，难以满足普惠金融行业不同层次人才的需求。

3. 人才培养质量难以满足岗位技能要求

用户的需求是多元的，不仅是支付或者借贷，还涉及生活的方方面面，包括消费、借贷、支付、理财等。与传统的金融专业相比，普惠金融是汇聚了各种学科知识的领域，因此对从业者知识层面的宽度与广度提出了更高的要求。普惠金融行业发展要求学生不仅要懂得普惠金融专业的基础理论知识，更应具有企业岗位所需要的业务操作和组织能力，从而服务于普惠金融发展需求。普惠金融需要的是专业理论够用、业务操作能力和组织能力强的高素质复合型、技能型、创新型人才。但是，目前我国高职院校培养的金融类专业人才尚不具备这些能力，造成这种现象的原因主要表现在以下几个方面：

（1）专业人才培养目标模糊。培养目标的确定决定着人才培养中教学内容和课程体系的设置，也决定着人才培养的基本规格和努力方向。当前，许多高校对金融学专业的培养目标进行了适当调整，各层次的培养目标基本合理。但从总体上看，本、硕、博等层次的培养目标的差异性没有明确界定。同时，各层次的人才培养中仍然存在应试教育的问题，学生综合素质培养环节相对薄弱，通识教育和专业教育的比重不尽合理，对学生的创新素质、实践能力和国际视野培养重视不够，学生在边学习边动手金融实践的同时进行科研方面几乎是一片空白。

（2）专业课程设置有待完善。我国部分院校具体开设的金融类专业课程设置不合理，主要表现在：第一，不同培养层次的金融专业课程之间缺乏必要的衔接性，递进关系不明显。第二，

①兰印：《"中国消费"为世界做贡献（开放谈）》，《人民日报》（海外版），http：//paper. people. com. cn/rmrbhwb/html/2016-11/29/content_ 1731612. htm，2016-11-29。

专业课程教学内容陈旧，重点不突出，与实践课程不能有机结合。第三，课程设置与人才培养目标脱节，教材缺乏针对性和适应性。此外，大多数金融专业知识相对枯燥，院校在开展金融专业的教学过程中，仍然采用以往的方式，教师作为课堂中的主导，学生只是被动地接受。这样的状况不利于学生知识的学习，更不利于现代金融领域的发展①。

（3）教学手段方法有待更新。科学合理的教学方法和手段是教学质量的保证和前提，但我国职业院校普惠金融相关专业大多采用传统教学方法，在课堂教学中大部分教师教学手段较为单一，除了以PPT等多媒体手段辅助教学外，其他教学手段在教学中使用不多。单一的教学方法使得学生学习积极性下降，而且对于经济、金融的最新发展情况缺乏必要深入的分析。有的老师上课时为了信息化而信息化，看起来教学手段多样化，实质上并没有发生根本变化，不利于应用型、复合型普惠金融人才的培养。

（二）对普惠金融专业职业教育发展的建议

普惠金融是我国深化、完善多层次金融体系的全新事业与蔚蓝深海，需要一批专业的新金融家群体共同开创，而其多元、全新的业界生态，迫切需要为行业从业者建立规范、专业的职业规划与成长发展路径，让更多有志于从事普惠金融事业的人士获得更加体系化的专业成长与职业发展道路。分析我国普惠金融专业职业教育在服务产业发展方面存在的问题，借鉴国外金融人才培养的成功经验，对我国普惠金融专业职业教育发展提出以下几点建议，以期满足金融行业、社会各界对普惠金融人才质和量的需求。

1. 政府引导加快人才培养

一是要落实好G20普惠金融同等学习计划，重视普惠金融专业人才的培养，加大对普惠金融教育科研的投入，尝试建立普惠金融人才培养机制和国家层次的专业研究机构，与科研机构和高校联合培养普惠金融专业人才，提升金融机构的普惠金融服务能力和层次。同时，加强与相关国际组织及普惠金融发展比较成功地区的交流，通过考察、举办普惠金融专业国际论坛等形式学习国外先进经验。二是要积极倡导和宣传普惠金融文化，进一步加强公民金融法律知识的宣传和培训，在农村及偏远地区广泛普及金融知识，开展差异化、特色化的宣传活动，引导全社会加深对普惠金融的认识，提高低收入人群理性获取金融服务的能力，增强他们的风险防范意识和金融维权意识。

2. 注重培养普惠金融意识

职业院校应将金融基础知识的相关课程作为全校大多数学生的通识课程，以此促进学生形成正确的金融观，帮助其具备初级的投资理财能力、保险规划能力以及处理互联网金融业务的能力②。此外，职业院校应根据区域金融特色开展相关课外活动，增强学生对普惠金融行业的感知与体验，如带领学生去参观钱币博物馆、举办一些金融竞赛等，以此提高学生学习金融知识的兴趣。

3. 课程设置体现时代特征

首先，金融课程的设置既要考虑宏观方面又要兼顾微观方面，既要考虑金融理论又要考虑金

---

①刘香、王玉忠、吴治成等：《新建地方本科院校金融应用型人才培养与金融教学改革》，《世纪桥》2014年第4期，第68－69页。

②洪宇、朱实华：《普惠金融人才培养机制》，《金融时报》（专题版），http://www.financialnews.com.cn/llqy/201601/t20160125_91417.html，2016－01－25。

融实践。在了解国际的最新金融信息后，职业院校应加强同政府和金融机构的信息交流和沟通，进行实时的金融业人才市场需求调研，从而在微观金融方面进一步细分课程，避免每门课程的交叉重复，同时使每门课程设置能够应对实际金融工作中的每一部分任务，形成一个完整的课程体系。

其次，金融课程的教材在引进西方经典的金融理念与文化理念的基础上，应融入大量符合我国国情和时代特征的经典金融案例，引发学生思考与讨论，同时使学生充分理解普惠金融，并在实际情况中加以应用。

最后，伴随着普惠金融的发展，普惠金融行业融合了金融、通信、征信和网络等方面的知识和技能。职业院校应根据自身实际情况考虑在普惠金融专业开设互联网金融课程，侧重数字普惠金融与贷款模式、数字普惠金融与筹资模式、大数据与普惠金融等方面的教育，以期培养具有金融业务操作能力、战略规划能力以及基于互联网发展对金融业进行创新能力的高端人才。

4. 教学方法注重与时俱进

时代的进步也为教学方法带来了更新与进步。职业院校教师应改变传统的输入输出式教学法，充分利用先进的多媒体技术和网络技术，采取“慕课”、“翻转课堂”等先进的教学方法，如表4－22所示。教师可以将枯燥的理论制作成生动的教学课件，或者根据所要授课内容提前到相应的金融机构录制视频，在课堂上向学生播放，给学生直观的视觉、听觉刺激，同时也逐步使学生进入将理论应用于实践的案例讨论中，充分调动学生的学习兴趣。如作为新兴业态出现的互联网金融课程的授课过程，由于其具有尚待完善的理论框架及难以把握的未来发展脉络等特点，就要求教师和学生采用以学生自主学习为中心的研究性教与学模式，以此来激发学生探寻未知问题的能力以及培养学生解决未知问题的创新思维。

表4－22　　创新型教学方法

教学方法	具体内容
慕课	通过“慕课”教学过程中的视频，学生可以更多地接触到国内其他大学甚至国外高校以及金融业人士的独到观点。同时，“慕课”中教学视频的选择要注重体现当今国际金融理论与实务的最新发展动态，并力求内容与时代变迁接轨
翻转课堂	高校教师应从重视传授理论知识向金融理论和实务知识并重转变。在“翻转课堂”的教学过程中，高校应在校内建设各种金融实验室（如互联网金融实验室、模拟银行实验室）来帮助学生将理论知识上升为感性认识，同时应加强和金融机构的合作，直接将鲜活的案例引入教学，使金融教学更贴近实际，训练和提高学生的独立思考能力、分析判断能力及对金融实务的操作能力

资料来源：根据网络资料整理。

此外，职业院校教师应积极鼓励学生开展大学生创业项目，在校内组织模拟金融机构的业务处理课程及鼓励学生进行相关理论的创业活动，引导学生体验金融产品和金融服务，加强学生对金融知识的运用，使学生能够对金融市场、衍生金融工具市场有初步的认知。

5. 注重专业师资队伍建设

教师是教学的主体。国内职业院校金融相关专业师资队伍在规模和质量等方面近年来都有了长足的进步，但是同国际先进金融教育师资相比还是有一定差距，主要体现在：学术研究不够高端和前沿以及欠缺实践经验。以投资银行学课程为例，大多数教师并没有在投资银行工作和培训的经历，导致教师授课内容没有针对性和现实性。基于此，为了适应我国金融学科建设发展的需要，改善高校金融教学内容缺乏系统性和连贯性以及教育形式单一的问题，各高校应实施“走出去”和“请进来”的战略来建设普惠金融人才培养的师资队伍①，即鼓励教师走出校园，将先进的金融人才、金融理论引入校园，如表4-23所示。这既是普及学生金融知识工作的一部分，又是师资队伍建设的延伸。如请各行业专家来学校就最新发展动态进行讲座，与世界名校合作，为教师提供定期培训的机会，以此完善教师的综合知识体系，同时保证与最新知识结构的连接。

表4-23　　“走出去”和“请进来”的战略具体措施

战略	具体措施	
“走出去”战略	学术方面	通过选派专业教师到国外深造或者参加国内外前沿的金融研讨会等方式，深化教师的理论研究能力
	实践方面	通过选派专业教师到不同区域的金融机构去接受培训，以切身体会现实金融问题的复杂性与解决途径
“请进来”战略	一方面指从国内外引进一批具有国际金融视野或者国内金融实务工作背景的人才作为教师，以迅速提高师资队伍的实力；另一方面指定期邀请知名学者和业界精英进行热点专题的讲座	

资料来源：根据网络资料整理。

参考文献

［1］焦瑾璞：《普惠金融惠民生——我国普惠金融现状及未来发展》，《金融电子化》2014年第11期，第14-17页。

［2］焦瑾璞、黄亭亭、汪天都、张韶华、王瑱：《中国普惠金融发展进程及实证研究》，中国人民银行工作论文，2015年。

［3］证券日报网：《“互联网+”助力普惠金融国际金融展凸显创新》，http://www.ccstock.cn/finance/hangyedongtai/2015-10-15/A1444851511447.html，2015-10-15。

［4］中信证券研究部报告：《新三板市场金融行业2015年下半年投资策略：普惠金融提供商大有可为》，2015-05-07。

［5］中国金融新闻网：《北京大学互联网金融研究中心发布三份报告“探路”中国数字普惠金融》，http://www.financialnews.com.cn/if/if/201611/t20161114_107716.html，2016-11-14。

［6］北京大学互联网金融研究中心：《北京大学数字普惠金融指数（2011~2015年）》，http://iif.pku.edu.cn//uploads/soft/160730/1_1510508281.pdf，2016-07-30。

［7］中商情报网：《2016中国数字普惠金融发展现状分析、数量分布一览》，http://www.askci.com/news/finance/20161031/12055173589.shtml，2016-10-31。

［8］曾繁荣：《世界银行〈2014年全球普惠金融调查报告〉编译》，《金融会计》2015年第7期，总第260期，第54-60页。

［9］网易新闻：《中国村镇银行发展报告出炉　村镇银行已覆盖全国65.9%县市》，http://news.163.com/16/1217/12/C8G5UC7I00018AOQ.html，2016-12-17。

①王卓：《基于普惠金融背景的金融教育研究》，《黑龙江金融》2015年第7期，第51-52页。

[10] 中国银行业协会：《中国银行卡产业发展蓝皮书（2016）》，2016－07－28。

[11] 中央政府门户网站：《2015 年农村地区支付业务发展总体情况》，http：//www. gov. cn/xinwen/2016－03/28/content_ 5058979. htm，2016－03－28。

[12] 中国金融新闻网：《以新理念引领普惠金融新发展》，http：//www. financialnews. com. cn/zgjrj/201611/t20161104_ 107215. html、2016－11－04。

[13] 东方财富网：《数字普惠金融助力精准扶贫　互联网金融抢滩农村新蓝海》，http：//finance. eastmoney. com/news/1371，20170111701724924. html，2017－01－11。

[14] 中国人民银行：《中国货币政策执行报告（2015 年第四季度）》，http：//www. pbc. gov. cn/zhengcehuobisi/125207/125227/125957/2161441/3016811/2016020614180047455. pdf，2016－02－06。

[15] 今日头条：《普惠金融迟迟难普惠，破解之道在何方?》，http：//www. toutiao. com/i6259211381090812418/，2016－03－07。

[16] 北京大学互联网金融研究中心：《数字科技推动普惠金融》，http：//chuansong. me/n/1112917443302，2016－11－16。

[17] 中信建设证券：《“银行新兴业务”系列报告之 16：普惠金融，不仅有情怀》，http：//www. hibor. com. cn/docdetail_ 1790482. html，2016－03－26。

[18] 199IT 中文互联网数据资讯中心：《CFA& 罗兰贝格：2016 年中国金融行业人才发展报告》，http：//www. 199it. com/archives/494394. html，2016－07－12。

[19] 易观智库：《中国普惠金融专题研究报告 2016》，http：//www. analysys. cn。

[20] 宋琳：《金融学教育应该注重培养 CFO 人才》，《金融教学与研究》2009 年第 2 期。

[21] 郑长娟、陈林兴：《美国优秀商学院本科管理教育的特色分析》，《浙江万里学院学报》2004 年第 3 期，第 109－112 页。

[22] 蒋盛楠：《美国商学院本科人才培养模式的个案研究及其启示》，《北京教育》（高教版）2006 年第 7 期，第 109－111 页。

[23] 王宏：《云南省金融人才培养问题研究》，云南大学硕士学位论文，2014 年。

[24] 王淼、李婷、周远：《国际化、复合型、创新型金融人才培养的国际经验与借鉴》，《教育教学论坛》2015 年第 34 期，第 9－10 页。

[25] 光明网：《培养金融人才　发展普惠金融》，http：//edu. gmw. cn/newspaper/2014－10/18/content_ 101512462. htm，2014－10－18。

[26] 兰印：《“中国消费”为世界做贡献（开放谈）》，《人民日报》（海外版），http：//paper. people. com. cn/rmrbhwb/html/2016－11/29/content_ 1731612. htm，2016－11－29。

[27] 刘香、王玉忠、吴治成等：《新建地方本科院校金融应用型人才培养与金融教学改革》，《世纪桥》2014 年第 4 期，第 68－69 页。

[28] 洪宇、朱实华：《普惠金融人才培养机制》，《金融时报》（专题版），http：//www. financialnews. com. cn/llqy/201601/t20160125_ 91417. html，2016－01－25。

[29] 王卓：《基于普惠金融背景的金融教育研究》，《黑龙江金融》2015 年第 7 期，第 51－52 页。

第五章 云计算行业与职业教育分析报告

21世纪以来，云计算同智慧地球、物联网等概念一样，成为各界关注的焦点。云计算被视为信息技术（IT）产业的未来发展方向和革命性变革之一，也是近几年IT产业界最火热的技术之一。云计算的应用使用户不再需要耗资建设自己的数据中心，也不用大量购买价格昂贵的软件，而是直接通过网络获得各类资源，并按使用量付费，大大提高了资源利用效率，促进了信息高度共享。我国政府高度重视云计算行业的发展，制定、出台了一系列相关政策，如《关于做好云计算服务创新发展试点示范工作的通知》、《国务院关于促进云计算创新发展培育信息产业新业态的意见》、《国务院关于积极推进"互联网+"行动的指导意见》、《促进大数据发展行动纲要》等，云计算产业发展、行业推广、应用基础、安全管理等重要环节的宏观政策环境已经基本形成。

随着云计算产业发展迎来黄金期，云计算专业人才的需求旺盛，而现有人才培养相对滞后，促使云计算专业技术技能人才缺口不断增大，成为我国制约云计算产业发展的瓶颈。本章在总结相关研究成果和产业发展数据的基础上，对我国云计算行业、企业及其人才需求，我国云计算专业职业教育等方面进行了较为全面的分析，并结合国外发达国家云计算教育的发展经验，为我国云计算专业职业教育的发展提出一些建议。

一、我国云计算行业发展概况

云计算是未来IT业的基石，云计算技术的应用与推广有利于企业降低成本、提高资源利用率。目前云计算行业已度过成长关键期，云计算市场已进入成长阶段，产业规模将会高速增长，开始进入较成熟的发展阶段。

（一）行业发展现状

我国云计算产业主要经历了两个阶段：2006～2010年处于培育阶段，主要是技术储备和概念推广，用户对云计算认知度仍然较低，成功案例较少，初期以政府公共云建设为主；2010年至今处于发展阶段，产业生态环境建设和商业模式逐渐成熟。2012年国务院发布《"十二五"国家战略性新兴产业发展规划》，将云计算工程列为规划中的"重大工程"，自此，我国云计算产业步入了快速发展的轨道，公共云、私有云、混合云建设齐头并进。

1. 产业规模迅速扩张

经过近10年的发展，我国云计算产业发展已初具规模，云计算业务逐渐成熟，商业模式逐渐清晰，用户信任和认知程度逐渐加强，国内云计算市场将会成为充满活力且规模迅速扩张的新兴市场，产业规模进一步扩大。国际数据公司IDC研究显示，2015～2018年，全球云计算服务市场复合增长率平均每年将增长26%，而中国将以接近45%的年复合增长率增长。据赛迪顾问预测，2018年我国云计算市场规模将达7823.2亿元，年均复合增长率达56.8%。

据中国信通院数据统计，2015 年我国云计算整体市场规模达 378 亿元，整体增速 31.7%。其中专有云市场规模 275.6 亿元，同比增长 27.1%。2016 年国内专有云市场规模达到 345.8 亿元，同比增长 25.5%。具体情况如图 5－1 所示。

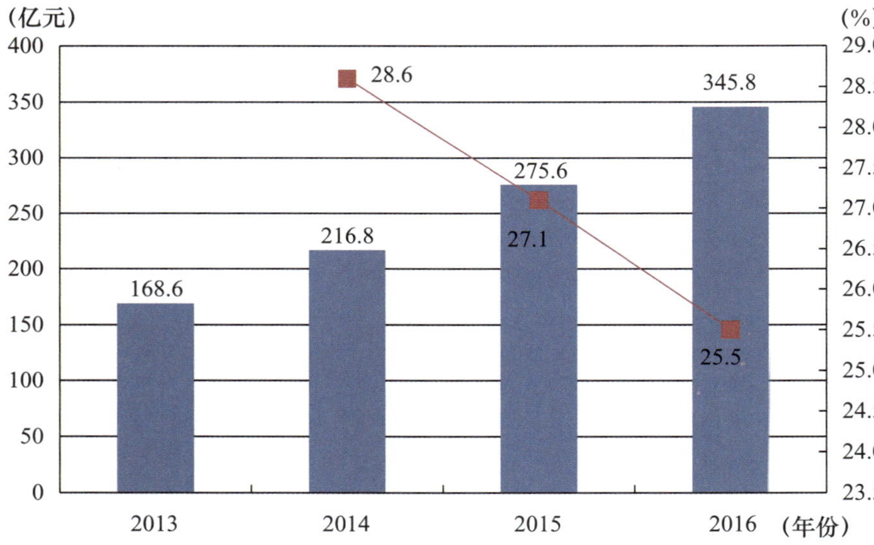

图 5－1　我国专有云市场规模及增速

资料来源：中国信通院。

2015 年国内公有云市场规模达到 102.4 亿元，同比增长 45.8%，增速略有下滑。2016 年国内公有云市场规模达到 147.6 亿元，同比增长 44.2%。具体情况如图 5－2 所示。

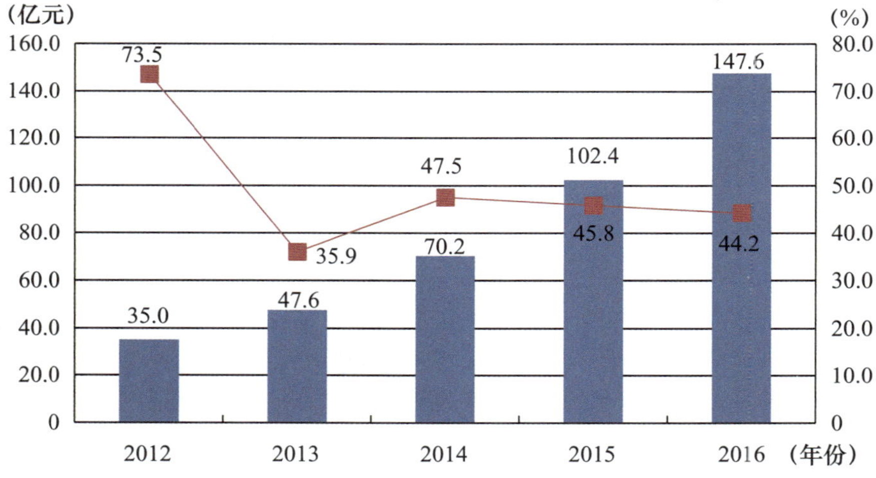

图 5－2　我国公有云市场规模及增速

资料来源：中国信通院。

随着云计算“十三五”规划的落地及云计算和云存储技术的日益成熟，越来越多的企业将会把信息技术系统建在云端。信息设备国产化步伐的进一步加快，有望使云计算行业实现爆发式增长。

2. 政策环境持续优化

2016年3月，国务院总理李克强在政府工作报告中提出，在“十三五”期间要促进大数据、云计算、物联网广泛应用。2015年，国务院先后出台了三项有关云计算的政策，即《国务院关于促进云计算创新发展培育信息产业新业态的意见》（国发［2015］5号）、《关于加强党政部门云计算服务网络安全管理的意见》（中央网信办发文［2015］14号）、《国务院关于积极推进“互联网+”行动的指导意见》（国发［2015］40号），指出到2017年要深化云计算在重点领域的应用，健全云计算产业链；到2020年，云计算应用基本普及，服务能力达到国际先进水平。中央网信办也发布了关于党政部门云计算安全管理的文件。云计算产业发展、行业推广、应用基础、安全管理等重要环节的宏观政策环境已经基本形成。

地方政府发展云计算热情不减。我国累计已有30多个省市发布了云计算战略规划、行动方案或实施工程。例如，广东省制定发布《广东省云计算发展规划（2013～2020年）》；厦门市印发《闽台云计算产业示范区总体规划（2013～2020年）》；天津在国民经济和社会发展计划中提出重点发展“六云”（云感知、云计算、云存储、云安全、云方案、云灾备）产业；北京、上海、深圳、杭州等率先开展云计算城市建设，经过三年的前期探索，云计算产业在技术、产品、基础设施建设方面取得一定成果，进入产业攻坚阶段，加速关键技术突破，推进云计算应用在各行业、各领域广泛展开。此外，一批二三线城市也启动云计算发展计划，开展基础设施建设与行业应用。

3. 产业体系日益完善

近年来在政府规范引导、企业积极参与及用户应用需求快速爆发的形势下，我国云计算产业全景布局已初步形成，构成了以基础设施层、平台与软件层、运行支撑层为基础，应用服务层为价值提升的产业发展格局（见图5－3）。

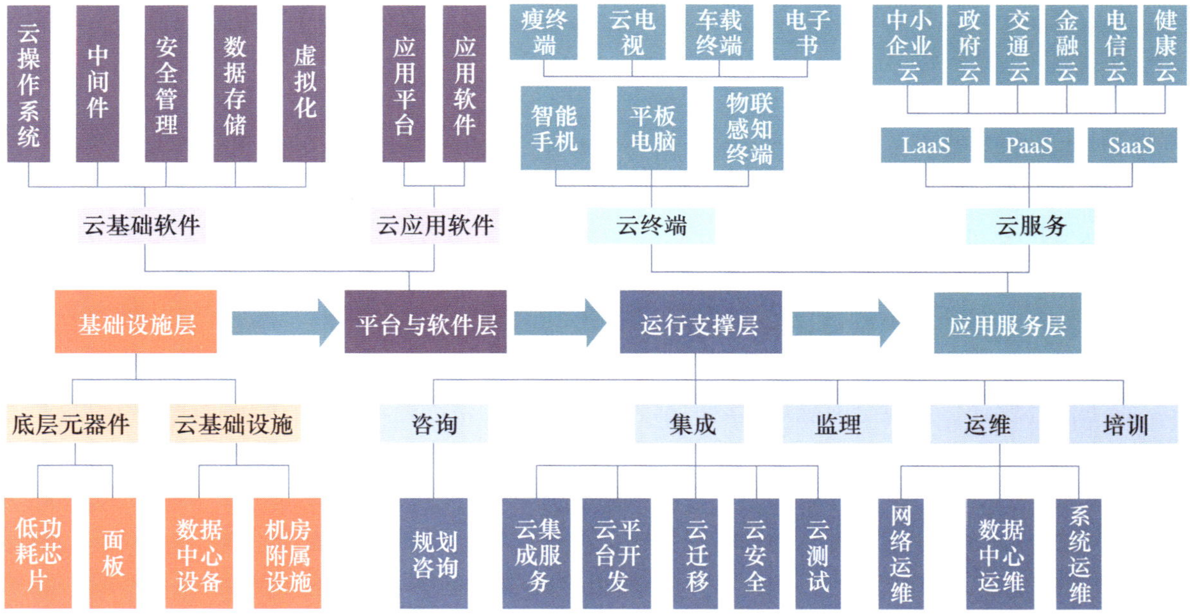

图5－3　我国云计算产业链全景

资料来源：赛迪顾问。

其中，基础设施层与平台与软件层均处于云计算产业链的上游环节，为云计算服务体系建设与运行提供基础的硬件设施资源与基础工具软件、应用开发软件及平台等。运行支撑层处于产业链中游，是发展最为活跃、发展速度最快的产业环节之一，包括规划咨询、云集成服务、云平台开发、云安全等。应用服务层主要包括云终端和云服务两个方面，处于产业链的下游环节，是云计算产业获得持续发展的动力所在。在云终端领域，随着智能手机、平板电脑、车载终端、电子书及物联感知终端产品的快速增长，相关服务应用需求也在不断提升；在云服务领域，云计算的三种服务模式分别是 IaaS（基础设施即服务）、PaaS（平台即服务）、SaaS（软件即服务）①。目前进军公共云服务领域的云计算企业数量进一步增多，服务种类进一步丰富，面向中小企业的 IaaS 服务和 SaaS 服务，以及地理、交通、金融等领域的个人应用都取得了快速发展，PaaS 服务也具有较大的发展空间，云计算产业链日益完善。

4. 应用领域逐步拓展

随着云计算产品服务不断创新和应用加速落地，我国云计算应用范围呈不断扩大态势。一是部分发达地区也已经开始将电子政务和社会信息化系统向云计算模式迁移，探索云计算在城市管理、电子政务、园区服务以及医疗卫生、互联网、教育、金融等领域的创新应用；二是私有云已成为大型企业信息化建设的实施重点，电信、能源、电力、医药等行业的大型企业都在企业内部信息化建设过程中开始实践云计算；三是中小企业和个人用户实现了迅猛增长，百度、腾讯、奇虎等企业的云服务平台聚集用户均已超过 1 亿，阿里和金蝶云服务支持的中小企业数量超过 70 万家。同时，随着移动互联网和互联网金融的发展，人们日常生活、工作、娱乐等方面个人云应用也在快速增长。

（二）行业发展存在的问题

总体上，我国云计算产业已经走过了产业培育期，进入了一个规模快速扩张的繁荣发展时期，但从目前云计算核心技术水平、产业布局、推进策略、产业环境等方面仍然存在许多不完善的地方。

1. 核心技术有待进一步突破

我国在基础软件、高端存储设备等领域的技术和产品仍很薄弱，基础架构软件和数据中心整体设计水平偏低，且虚拟化软件、云操作系统等关键软件产品性能同国外相比有相当大的差距，云计算标准建设和国际标准话语权表现较弱。在虚拟化、SDN、SDS 等深层次核心技术方面，我国与国际先进水平还存在较大差距，整体创新能力较弱，影响了整体性、成体系的企业云计算解决方案研发和产品的持续性发展。

2. 低水平重复建设已现苗头

据工信部统计，目前全国规划建设大型数据中心的省市已经超过 28 个，数据中心数量超过 255 个，设计容量超过 728 万台，但实际到位的只有 5 万台，仅占设计规模的 7.8%。这在一定程度上反映出部分地方存在忽视需求、盲目招商引资、建设数据中心的现象，导致数据中心低水平重复，难以吸引用户，资源利用率不高，难以体现云计算的效益。尽管 2013 年工信部发布了《关于数据中心建设布局的指导意见》，力图规范全国的数据中心建设，特别是大型数据中心的合理布局，但各地区建设大型数据中心的热情不减。按目前在建项目和规划统计，数据中心可能

---

①国科数据中心：《云计算的三种服务模式：IaaS、PaaS 和 SaaS》，http：//www.wtoutiao.com/p/187NibT.html，2016－05－16。

会成为我国又一个严重产能过剩的行业。

3. 信息安全问题存在隐忧

云计算模式使大量数据集中在一起，数据的集聚提高了数据泄露的风险，对保持数据的完整性和可用性带来了挑战，也对服务的稳定性提出更高要求。2016 年，国外的微软、苹果、Dropbox，国内的腾讯、阿里云，均出现了信息泄露、数据丢失、服务器宕机等信息安全事件，使得用户对云服务的信息安全、隐私保护、服务稳定性等问题普遍存在担忧。如何规范行业管理、提高云计算安全保障能力，云计算提供商如何提供高可靠和可用的服务，保护用户的信息安全和隐私权益，依然是云计算产业亟待解决的问题。

4. 云计算发展环境较为薄弱

一是信息基础设施有待加强，集中表现在带宽成本高、网速慢、IP 地址匮乏、网络互联互通不畅、电信运营商定价差异大等。二是产业标准滞后。目前软件企业、系统集成商、传统互联网数据中心（IDC）企业、互联网企业以及电信运营商等都在积极向云服务商转型，各自的技术架构、数据接口和应用模式存在差异，许多领域的技术和服务标准缺位，带来未来多“云”之间的协同和整合困难。三是信息安全保障亟待加强。当前，我国信息安全、数据保护等方面的法律体系尚不完善，社会信用体系建设滞后，云服务商与用户之间的权利义务关系缺少必要的法律保障，且有不少直接或间接为政府、企业、个人提供云服务的国外企业将数据中心放在境外，一旦泄露或失窃，将会给国家、企业和个人安全带来威胁。

5. 体制机制障碍比较突出

一是信息化建设中“肥水不流外人田”的意识根深蒂固，政府购买外包服务的做法和制度尚未被广泛认可，在推动云计算应用时往往造成重复建设和资源浪费，阻碍了云服务规模化发展。二是信息化建设中纵横割据的管理体制，使得信息资源难以整合，云计算价值难以发挥。三是信息化建设中已存的既得利益关系，使得云计算应用难以推进。应用云计算可以大大降低信息化成本和减少运维人员，这势必造成信息化建设预算和信息中心人员大量减少，对当前信息化建设中已存既得利益关系产生巨大冲击，从而阻碍云计算应用的推进。从应用实践也可以看出，目前云应用落地大多是信息化基础薄弱、信息化建设中既得利益未形成的地区或行业。

二、云计算行业人才需求分析

随着云计算产业在全球范围内的快速发展，国内互联网行业和 IT 行业的领军企业纷纷进军云计算行业。

（一）云计算企业发展情况

随着云服务从业者逐渐增多，云计算生态链日益完善，越来越多的企业开始走向并深入云计算，公有云服务竞争更加激烈，私有云服务市场需求不断增大，混合云逐渐成为云计算的主流模式。

1. 国内外企业同台竞技

随着国内公有云服务开始进入落地阶段，中国已成为全球竞争最为激烈的云计算市场之一。国内企业新进参与者层出不穷，国外企业通过与国内企业合作等方式，进入国内云计算市场呈加速态势。

2013 年，亚马逊、IBM、微软等跨国企业的公有云服务纷纷入华，加速抢夺我国市场。微软云服务 Azure 在上线半个月内就获得金蝶软件、观致汽车、人人网、PPTV 和蓝汛通信等本土客户，观致汽车将其 QorosQloud 业务除移动客户端以外的所有开发、测试工作都放在 WindowsAzure 云端完成。国内百度、阿里、腾讯、盛大、新浪等互联网服务企业，华为、中兴、神州数码、浪潮、曙光等硬件企业，用友、金蝶等软件企业，中国移动、中国联通、中国电信三大运营商等通信企业等，相继加入国内云计算市场竞争行列，构成了中国云计算服务国内团队的主力阵营，同时还有一些其他云服务提供商也在云计算领域开疆拓土，使国内云计算市场呈现出白热化①。的程度 2014 年云计算企业全国布局情况如表 5－1 所示。

表 5－1　　2014 年云计算企业全国布局情况

企业	地点	布局
中国移动	呼和浩特、北京、广州、苏州、哈尔滨、贵州、南宁	已经在全国部署超过 15000 台服务器和 50000 个虚拟机，位于北京、广州的云计算基地已经陆续投入运行，哈尔滨、贵州、苏州等地的项目也进入规划建设阶段
中国联通	呼和浩特、哈尔滨、重庆、廊坊、东莞、中国香港	在全国部署了十大云数据中心，十大数据中心总机架数超过 20 万架，总带宽超过 20T，网络骨干节点小于 5 毫米，端到端的网络时延小于 5 豪秒，所有数据中心的 PUE 都小于 1.5
中国电信	呼和浩特、贵州、北京、上海、广州、成都、西咸新区	中国电信以全网“4＋2”的方式在全国进行布局，云计算数据中心布局的北方核心在内蒙古，南方核心则在贵州，除此之外，还有北京、上海、广州、成都四个云资源池
浪潮	山东、浙江、江苏、安徽、甘肃、内蒙古、黑龙江、海南、山西、贵州、云南	浪潮目前已与全国 34 个地方和行业签订了云计算战略合作协议，覆盖山东、浙江、江苏、安徽、甘肃、内蒙古、黑龙江、海南、山西、贵州、云南等省（自治区），涉及卫生、广电、政务、水利、电力、公安等行业
联想	贵州、中国香港	联想将在中国兴建 50 个云计算中心，培训超过 1000 个云计算基础架构专家。云计算中心将采用企业与地方政府合作共建的模式，目前首个已在贵州建成。同时联想计划招募 100 个以云计算方案为业务重心的方案型渠道，并通过多种方式支持现有渠道转型
阿里巴巴	海南、浙江、贵州、广西、宁夏、新疆、甘肃、陕西、广东、吉林	阿里巴巴同海南、浙江、贵州、广西、河南、河北、宁夏、新疆、甘肃、广东、吉林、天津 12 个省（市、自治区）达成战略合作，利用阿里云“飞天”云计算核心自主技术，搭建政务、民生、公共服务领域的数字化服务平台，推动政府公共服务的电商化、无线化和智慧化

资料来源：赛迪智库，2015 年。

①中国行业研究网：《2014 年我国云计算产业低端产能过剩隐现》，http：//www.chinairn.com/news/20140325/133847451.html，2014－03－25。

2. 国内企业开拓细分市场

从市场规模看，2015 年 SaaS 市场规模达 55.3 亿元，远超过 IaaS 和 PaaS 市场的总和，增长率为 37.6%；IaaS 市场成为游戏、视频、移动互联网等领域中小企业 IT 资源建设的首选，与 2014 年相比增长 60.3%。2016 年，IaaS 市场继续保持较高的增速，达到 74 亿元左右（见图 5 –4）。由于低成本、快速、灵活的特点，并为开发者提供丰富的 API 接口，PaaS 平台成为互联网创业者的首选，并以开发者大赛、开发者沙龙、孵化器等线上线下相结合的方式不断扩大市场[①]。

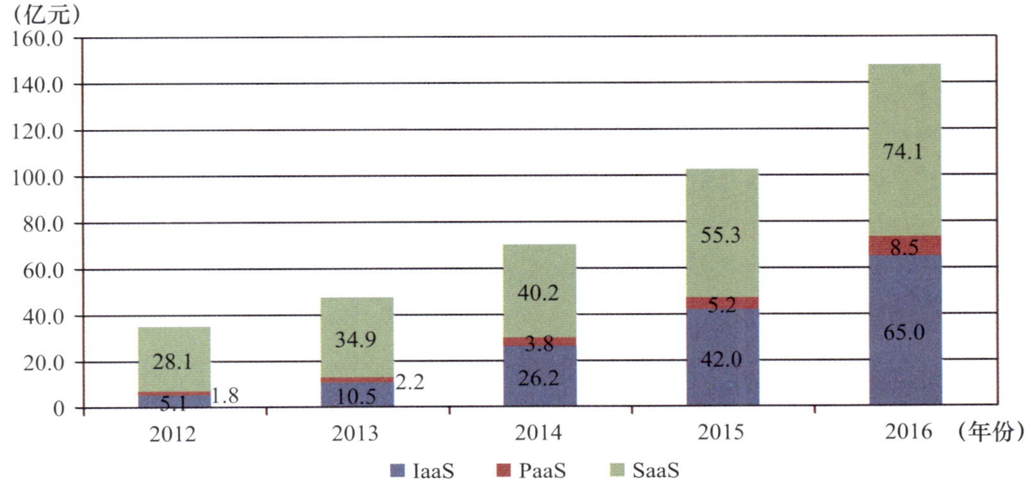

图 5 –4　云细分市场规模

资料来源：中国信通院。

云计算各细分市场参与主体日益丰富，商业模式日臻成熟。其中，阿里巴巴、盛大和腾讯等企业主要提供云主机、云存储、开放数据库等 IaaS 服务；百度、新浪、360 等公司则推出了面向企业和开发者的 PaaS 云平台，通过分成方式与开发者实现了共赢；华为、浪潮、曙光等硬件制造商在云计算专用服务器、存储设备以及企业私有云解决方案等领域取得了不错的市场成绩；电信运营商和 IDC 企业依托数据中心开始向 IaaS 服务商转型，中国电信和中国联通正式推出名为“天翼云” 和 “沃云” 的云计算品牌，推出云存储等面向用户的全系列产品[②]。

3. 国内企业国际化发展

随着中国企业国际化发展的不断加快，尤其是互联网领域，国内云计算厂商纷纷提供海外服务，实现云计算业务全球化，并积极拓展海外企业客户，加速国际化发展。2014 年国内创业型公司 UCloud 在北美部署数据中心，2015 年开始在全球 37 个数据节点提供加速方案，逐步拓展海外市场。阿里云 2015 年集中启用了三个海外数据中心，其中 2 个位于美国，1 个位于新加坡，海外业务量随之增长了 4 倍以上，未来还计划在日本、欧洲、中东等地设立新的数据中心，完善阿里云的全球化布局。继 2014 年在香港部署云数据中心之后，2015 年腾讯启用了位于加拿大多

①中国信息通信研究院：《云计算白皮书（2016 年）》，http：//www.catr.cn/kxyj/qwfb/bps/201608/t20160831_ 2177147.htm，2016 –09。

②吴李知：《IT 观察：神州处处彩“云”飞》，电子信息产业网，http：//yjs.cena.com.cn/a/2013 –01 –04/135726508179855.shtml，2013 –01 –04。

伦多的北美数据中心，提供超过 10 项云服务①。

4. 构建良性生态系统

伴随着云计算应用逐渐从互联网、游戏行业向传统行业延伸，国内云服务商开始构建云生态系统，与设备商、系统集成商、独立软件开发商等联合为企业、政府提供一站式服务。例如，阿里云继 2014 年发布"云合计划"（三年内招募 1 万家云服务商）之后，2015 年 7 月携手 200 余家大型合作伙伴推出了 50 多个行业解决方案，2015 年 10 月召开的云栖大会吸引了全球超过 20000 个开发者参加，200 多家云上企业展示了量子计算、人工智能等前沿科技，阿里云生态系统正在加速形成；2015 年 UCloud 获得近 1 亿美元的 C 轮融资，启动 UEP 企业成长计划持续扶持创业者，以上海为试点布局 UCloud 孵化器，并在全国开展与投资及创业服务机构的深入合作，标志着 UCloud 已由单纯的第三方服务商向完善的游戏行业生态平台拓展；国内电信运营商也逐步构建合作伙伴生态系统，2015 年 6 月中国电信天翼云发起亿元资金扶持创业的计划，首站定位医疗移动行业，创业者只要通过认证均能获得天翼云提供的资金和技术支持；联通沃云联合华为部署 SDN 联合创新战略，与 CDN 服务商 Akamai 建立战略合作关系，利用其 CDN 技术部署高度可扩展、完全交钥匙的内容分发网络（turnkeyCDN）产品②。2014 年云计算产业链各环节企业生态圈布局情况如表 5－2 所示。

表 5－2　　2014 年产业链各环节企业生态圈布局情况

合作企业	合作事件	描述及影响
高德、新浪	在位置服务领域达成战略合作	新浪 SAE 用户和开发者可使用高德 LBS 开放平台的地图搜索、路径规划等 5 种功能服务。新浪 SAE 与高德 LBS 的合作，将促进 LBS 应用生态链及商业模式的深度探索，从位置数据存储、计算到应用推广、变现形成一个完备的 LBS 云生态圈
阿里云、东软	在全球范围内就政府与公共事业、企业、IT 运营等领域展开合作	东软旗下 SaCa、UniEAP 系列家族产品将支持基于阿里云平台的部署与运维，成为阿里云重点推荐的云应用支撑服务；阿里云将成为东软面向云业务领域的重点合作伙伴。东软与阿里云将共同推进与合作领域相关的产品认证培训、生态系统建设、市场联合营销与拓展等工作
华为、中国电信	在云计算相关产品开发、技术创新、集成服务、运营管理、新商业模式探索、业务应用创新等重点领域开展广泛合作	基于华为的研发能力及高质量的云计算产品解决方案，结合中国电信在网络、云 IDC 领域资源优势及丰富运营服务经验，携手打造云产品和应用，为客户提供高品质的云服务

①中国信息通信研究院：《云计算白皮书（2016 年）》，http：//www. catr. cn/kxyj/qwfb/bps/201608/t20160831_ 2177147. htm，2016－09。

②中商产业研究院：《2016 年中国云计算行业发展情况分析》，http：//www. askci. com/news/dxf/20160402/1350224143. shtml，2016－04－02。

续表

合作企业	合作事件	描述及影响
阿里云、新奥特、华通云	联手打造中国最大的全媒体云计算平台	阿里云将为全国广播电视媒体提供超级计算、高速存储和网络连接能力，满足其海量视频内容的处理和传播需求。合作伙伴新奥特则负责开发基于云平台的全媒体播控系统
阿里云、易华录	达成战略合作，共同推进智慧城市建设	双方将在智慧城市、政府、企业等领域进行全方位合作，共同发展业务
阿里云	启动“云合计划”	阿里云启动“云合计划”，拟招募1万家云服务商，基于阿里云计算平台，为企业和政府等客户提供云服务。目前，东软、中软、浪潮、东华软件等国内主流的大型IT服务商相继成为阿里云合作伙伴
浪潮、金蝶	联手拓展云计算市场，将在产品研发、方案融合、市场、营销等领域开展全面合作	双方将联手促成浪潮政务云、国产关键主机系统与金蝶中间件Apusic系列产品的技术融合与市场协作，从而实现合作共赢
联想、微软、英特尔、思杰、阿里云	联想将与微软、英特尔、思杰、阿里云等厂商开展一系列合作	合作包括共建大规模数据中心，开拓云服务市场、垂直行业市场解决方案、技术人才培养和技术交流等，帮助联想正式开拓云计算市场
腾讯、IBM	联手进军云计算	双方将共同研发基于云技术的产品，并由腾讯提供给银行、零售和医疗等行业，包括管理工具和分析等服务
小米、金山、世纪互联	小米金山向世纪互联注资，三家达成合作	世纪互联获得金山软件和小米的2.32亿美元投资，三家在云计算领域达成合作，小米云负责应用层，金山云负责中间层，而世纪互联负责基础设施运营

资料来源：赛迪智库，2015年。

5. 未来向专有云迁移

据中国信息通信研究院调查统计，2015年专有云市场中硬件市场约200亿元，占比72.6%，软件市场约41.6亿元，服务市场约33.9亿元。70%的企业采用硬件、软件整体解决方案部署专有云，少数企业单独采购和部署虚拟化软件，硬件厂商仍是私有云市场的主要服务者，其中国内设备厂商已经占据半壁江山。从用户角度来看，企业选择专有云的首要原因是可控性强，安全性好，但大多数企业并没有把核心业务系统运行在专有云上，企业管理系统是专有云承载的主要应用。在使用专有云的企业中，70%以上的企业将企业管理系统承载在专有云上，只有约1/4的企业选择将核心业务系统承载在专有云上，未来企业应用将加速向专有云迁移，如图5-5所示。

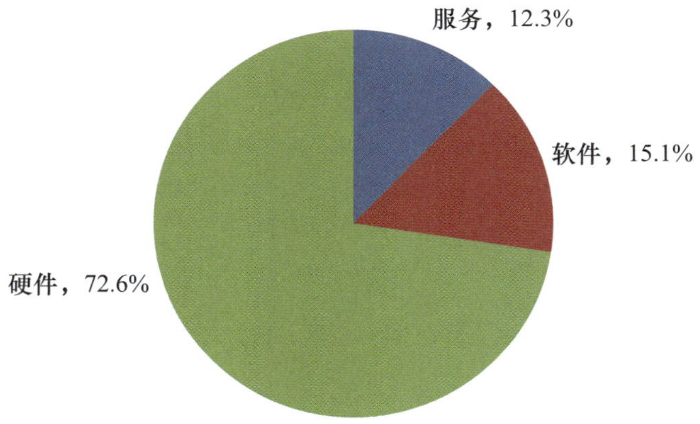

图 5 -5　我国专有云市场构成

资料来源：中国信通院。

（二）行业人才需求分析

国内外云计算行业处于快速增长时期，根据 IDC 预测，自 2016 年起的未来 5 年内，全球用于云计算服务的支出将增长 3 倍，云计算行业的整体增长速度将是传统 IT 行业增长率的 6 倍。

1. 人才需求规模

我国云计算市场即将进入产业规模高速增长阶段，届时对满足产业发展的人才需求将呈现空前增长态势，尤其是对优质产业人才的需求将不断扩大。根据 compTIA 在《云计算发展趋势研究报告》的预测，90% 的企业已经使用或计划使用云计算，使得云计算的工作岗位缺口为 170 万人。据工信部统计预测，未来 3 年将是我国云计算产业人才需求相对集中的时期，对于云计算产业人才的需求每年将呈现数十万的产业人才缺口。各机构的预测均为百万级别。目前能从事云计算行业的人才相当稀缺，尤其是云计算平台的搭建与管理及云计算数据中心的日常运维人才紧缺，而本科教育和研究生教育对这部分人才的培养规模较小，在此背景下，高职院校培养的云计算产业人才拥有极好的就业方向和机会。2015 ~ 2020 年云计算产业人才资源总量发展趋势如图 5 -6 所示。

2. 人才需求类型

（1）产业链各环节人才需求类型。在云计算产业链的平台与应用层，云安全技术人才和数据存储技术人才较为紧缺，云计算应用平台开发人才缺口越来越被行业重视；在运行支撑层，云集成技术人才、云运营人才与云服务人才构成了该产业环节三大急缺主体人才；在产业链的末端，急缺的主要有消费领域的终端应用人才以及教育、医疗、金融、电信、交通等行业类应用人才。云计算产业链人才整体需求状况如图 5 -7 所示。

在产业链终端领域，云计算产业应用型复合人才的培养与使用越来越成为行业发展的支撑重点，其中尤以移动云计算类人才最为突出，这一趋势也越来越得到国内高校和相关培训机构的认可与重视。但现实情况是，在产业链终端既懂得移动设备又能将云技术熟练运用的复合型人才极为紧缺，这类人才也日益成为各企业争相“抢夺”的重点对象。

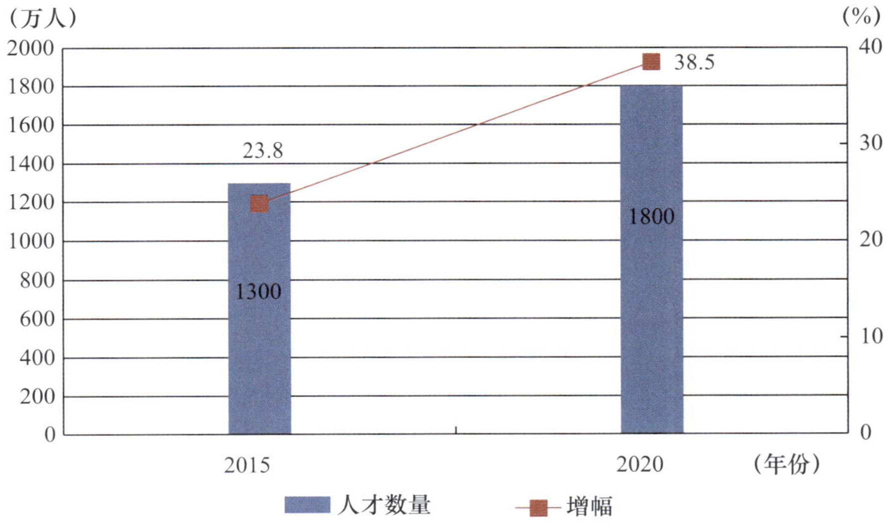

图 5-6　云计算产业人才资源总量发展趋势

资料来源：中国信通院。

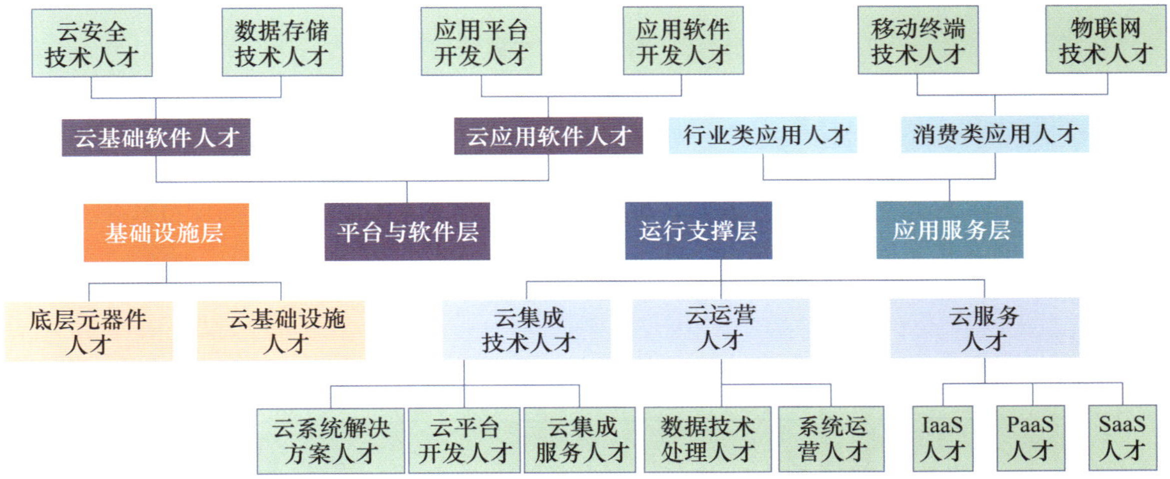

图 5-7　云计算产业链人才整体需求状况

资料来源：赛迪顾问。

（2）专业人才的需求分布情况。从人才的需求分布来看，云计算产业所需人才的分布呈现“金字塔”结构（见图 5-8）。监测结果显示，云计算产业发展所需的人才结构主要分布于产业链的中下游。一方面为位于产业链中游的软件开发、设计、分析的中高级人员，约占云计算产业人才需求总体数量的 2～3 成；另一方面为位于产业链下游的技能型、应用型的信息技术人才，约占总体需求的 6～7 成。但云计算人才的供给多集中于产业链的中上游，下游产业链人才的供给则相对偏弱。

下游人才需求主要集中在操作类岗位，主要是技能型岗位，从事维护、服务类工作，以虚拟化工程师为主。根据智联招聘网站数据统计，云计算领域人才需求量 51% 为大专以上，与金字塔结构对应。以 2016 年 2 月智联招聘网站公布的苏州市云计算相关岗位人才需求为例，云计算

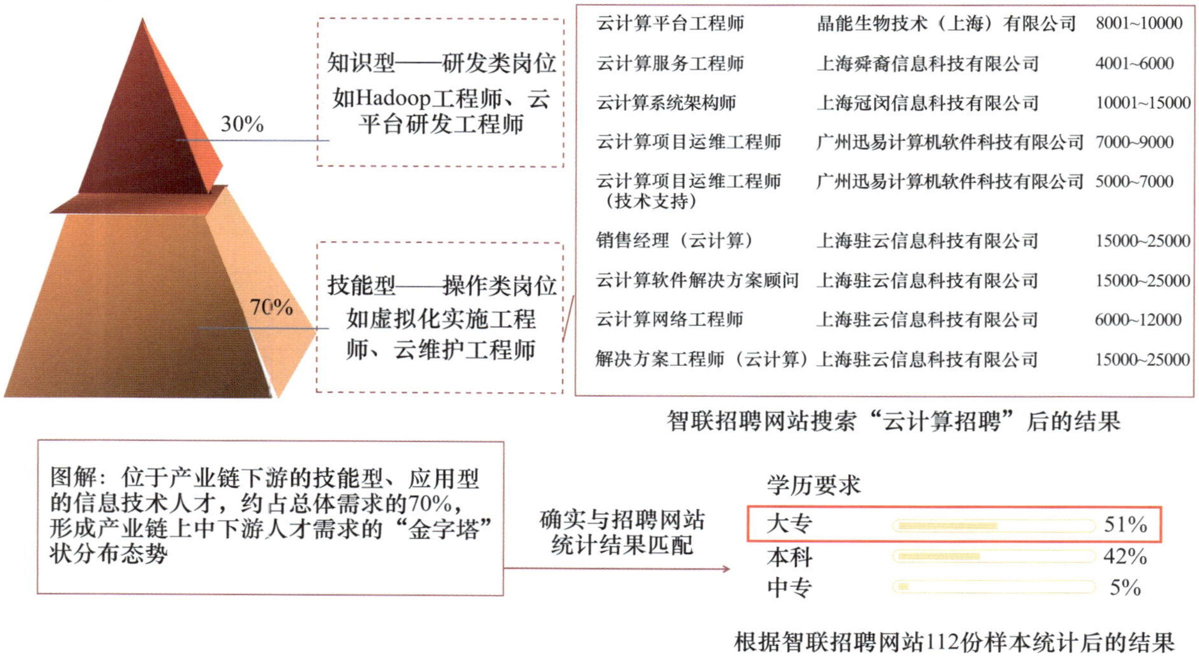

图 5－8 云计算人才需求结构

资料来源：根据智联招聘网站和高职院校网站相关资料整理。

产业相关岗位大致可以分为三大类：开发和测试类，运维与技术支持类，销售、咨询及客户经理类。这三大类的人才需求学历主要是大专及以上学历，其中适合大专学历的岗位总体占 56%。苏州市云计算岗位需求学历比例如图 5－9 所示。

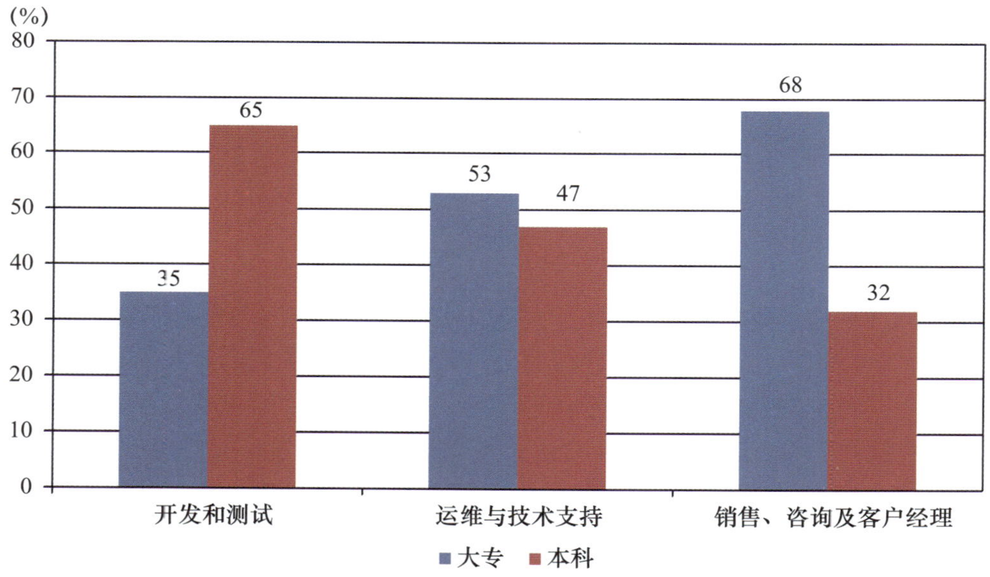

图 5－9 2016 年苏州市云计算岗位需求学历比例

资料来源：根据智联招聘数据整理。

除了开发岗位或资深运维经理等岗位的学历要求以本科及以上为主，云计算运维、技术支持、销售、客户经理等岗位的学历要求一般为大专、高职，所对应的具体岗位典型职责如表5－3所示。

表5－3　云计算人才岗位典型职责

岗位	目标企业	岗位职责
云实施工程师	云计算解决方案集成商；云服务提供商	（1）分析客户需求，确定软硬件选型并设计解决方案 （2）制订工作规划，并与客户确定服务内容 （3）根据工作规划，协调项目现场实施和调试 （4）为客户提供使用培训
云运维工程师	大型企业IT维护部门；云服务提供商；IT运维外包服务商	（1）对IDC监控状况进行日常巡检 （2）根据需求，制订云计算解决方案 （3）对IDC进行日常管理，协调技术支持人员进行优化和维护 （4）对IDC的告警进行响应，及时排除异常事件和故障
云安全工程师	大型企业IT维护部门；云服务提供商	（1）负责定期渗透测试，端口扫描，服务漏洞扫描，程序漏洞分析 （2）安全分析和安全审计 （3）响应应急安全事件，跟踪并分析最新的安全漏洞 （4）平台安全策略设计
Hadoop工程师	大型企业信息中心；大数据解决方案提供商	（1）协助维护和管理Hadoop集群 （2）负责Hadoop、HBASE、HIVE性能评测和优化 （3）Hadoop平台容量规划和集群性能优化 （4）设计开发支撑大数据的自动化软件
云平台开发工程师	虚拟化研发厂商；大型虚拟化解决方案集成商；云服务提供商	（1）负责虚拟核心技术的解决和优化 （2）完成功能模块的开发、测试、部署 （3）根据分布式系统所需，进行组件的设计和研发 （4）基于Openstack的IaaS产品研发

资料来源：重庆航天职业技术学院网站。

三、我国云计算专业职业教育分析

随着云计算行业的蓬勃发展，以及各级地方政府的重视，相关企业加大了对核心技术研发的投入，提高对客户端的服务水平。因此，无论是技术层面、运营商层面还是集成与服务供应层面，未来数年对云计算人才的需求都将呈现爆发式增长，既包括高层次的专业技术研发人才，也包括高技能人才和熟练技工等技术应用人才。技术应用型人才的培养则主要依托职业教育。电子科技大学成都学院率先开设云计算科学与技术专业，是我国第一个建立云计算专业的应用型本科高校。2013年，汕尾职业技术学院开设计算机应用技术（云计算）专业，是我国第一个设置云计算专业的职业院校。据统计，我国的高职院校已经有近50所开设了云计算和大数据相关专业。

（一）专业设置情况

教育部在《普通高等学校高等职业教育（专科）专业目录（2015年）》的计算机类中首次

列入“云计算技术与应用”专业，专业代码为610213，标志着云计算专业已进入正式建设阶段。该目录下还列举了与高职层次云计算技术与应用专业相衔接的中职专业（计算机应用、计算机网络技术等）和相接续的本科专业（计算机科学与技术、软件工程、网络工程等）。

1. 高职层次

“全国职业院校专业设置管理与公共信息服务平台”中的“高等职业学校专业设置备案结果”显示，2016年我国已有48所高职（高专）院校设云计算技术与应用专业①。根据阳光高考网及各相关院校的招生计划信息，其中46所院校在2016年有较为详细的招生计划可查。据不完全统计，这46所院校的2016年招生计划总数约为1960人。具体情况如表5－4所示。

表5－4　2016年国内高职院校云计算技术与应用专业开设情况

区域		序号	高职（高专）院校	所属院系	招生计划（人）
东部	河北	1	河北化工医药职业技术学院	信息工程系	50
	山东	2	山东商业职业技术学院	电子信息学院	80
	江苏	3	常州信息职业技术学院	网络与通信工程学院	40
		4	无锡科技职业学院	物联网与软件技术学院	50
		5	常州工程职业技术学院	智能装备与信息工程学院	21
		6	南京信息职业技术学院	计算机与软件学院	不详
	福建	7	厦门软件职业技术学院	—	无计划
	广东	8	广东科学技术职业学院	计算机工程技术学院	30
		9	汕尾职业技术学院	信息工程系	不详
		10	广州科技贸易职业学院	信息工程学院	40
		11	深圳职业技术学院	计算机工程学院	42
中部	山西	12	山西信息职业技术学院	信息工程系	40
		13	山西经贸职业学院	电子信息工程系	35
	河南	14	河南财政税务高等专科学校	—	无计划
		15	三门峡职业技术学院	信息传媒学院	不详
		16	洛阳师范学院	软件职业技术学院	60
	湖北	17	黄冈职业技术学院	电子信息学院	55
	湖南	18	湖南工业职业技术学院	信息工程系	47
		19	湖南大众传媒职业技术学院	新媒体技术学院	30
		20	湖南科技职业学院	软件学院	不详
		21	湖南财经工业职业技术学院	电子信息系	40
	安徽	22	安徽商贸职业技术学院	电子信息工程系	135
		23	安徽工业经济职业技术学院	计算机科学技术系	50
	黑龙江	24	哈尔滨信息工程学院	软件学院	16

①全国职业院校专业设置管理与公共信息服务平台：《高等职业学校专业设置备案结果》，http：//www.zjchina.org/mspMajorIndexAction.fo，2016。

续表

区域		序号	高职（高专）院校	所属院系	招生计划（人）
西部	重庆	25	重庆航天职业技术学院	计算机工程系	17
		26	重庆三峡职业学院	信息科技系	65
		27	重庆电子工程职业学院	计算机学院	90
		28	重庆信息技术职业学院	软件与艺术学院	50
		29	重庆工程职业技术学院	信息工程学院	53
		30	重庆工商职业学院	电子信息工程学院	75
	四川	31	四川交通职业技术学院	信息工程系	不详
		32	电子科技大学成都学院	云计算科学与技术系	140
		33	四川信息职业技术学院	信息工程系	55
		34	四川大学锦城学院	计算机科学与软件工程系	不详
		35	四川长江职业学院	电子信息系	105
	广西	36	南宁职业技术学院	信息工程学院	55
		37	柳州铁道职业技术学院	信息技术学院	20
		38	广西职业技术学院	计算机与电子信息系	35
	贵州	39	贵州交通职业技术学院	信息工程系	不详
		40	六盘水职业技术学院	信息工程系	不详
		41	贵州电子信息职业技术学院	电子信息工程系	50
	陕西	42	陕西国防工业职业技术学院	电子信息学院	40
		43	陕西电子科技职业学院	电子工程学院	7
	甘肃	44	甘肃交通职业技术学院	信息工程系	30
	内蒙古	45	内蒙古电子信息职业技术学院	软件工程系	98
		46	兴安职业技术学院	计算机系	20
		47	内蒙古化工职业学院	计算机与信息工程系	39
	新疆	48	新疆天山职业技术学院	信息技术学院	55
计划招生数总计（不完全统计）					1960

资料来源：根据相关院校官方网站的资料整理。

此外，一些高职（高专）院校开设了云计算方向的软件技术等专业，如内蒙古电子信息职业技术学院开设了软件技术专业（云计算方向）、软件技术专业（云测试方向）等；一些云计算专业建设较早、较强的应用型本科层次的职业教育建立了云计算相关的二级学院，如电子科技大学成都学院建立的云计算科学与技术系。

2. 中职层次

在2010年新修订的《中等职业学校专业目录》中，没有以云计算命名的专业。与高职层次云计算技术与应用专业相衔接的计算机应用、计算机网络技术等专业开设较为普遍，招生规模也较大。

（二）人才培养分析

通过梳理2016年云计算技术与应用专业的46所高职（高专）院校的人才培养现状，结合其他相关资料，以下主要从培养目标、课程体系、实践教学、师资队伍等方面对我国高职（高专）层次云计算技术与应用专业的人才培养现状进行分析。

1. 培养目标

高职（高专）院校云计算技术与应用专业主要是面向行业用人需求，培养从事云计算技术的管理、维护、服务等一线岗位工作的高素质技术技能型人才。全国各所院校根据云计算的不同涉众群体对云计算中的相关领域具有不同程度的关注和培训需求，其培养目标设定也有所不同（见表5－5）。

表5－5　部分高职院校云计算技术与应用专业人才培养目标

院校	人才培养目标
河北化工医药职业技术学院	本专业旨在培养德、智、体、美、劳全面发展，掌握信息工程、计算机科学技术的基础理论和知识，熟练使用Linux操作系统，具备部署分布计算、存储系统的能力，具备完成云平台搭建、管理、安全维护的能力，具备使用面向对象开发技术完成网站、APP等应用程序开发的能力，具备良好团队意识和合作精神的高素质技术技能型人才
山东商业职业技术学院	本专业立足行业的用人需求，结合行业企业对人才的标准共同进行学生培养。面向云计算规划建设、云计算系统运维、云计算技术应用三个岗位，全面培养德、智、体、美、劳综合素质，并让学生掌握云计算相关的专业知识，有较强的计算机操作和应用能力，具备良好的职业素质和职业技能，最终成为能够从事云计算等相关工作，并能满足全球化企业需求的高素质技术技能型专门人才
常州信息职业技术学院	本专业培养能在生产、管理及服务第一线从事云计算的系统建设、运行维护、测试评估、安全配置、迁移服务等工作的，具备良好职业素质的高素质技能型应用人才
广东科学技术职业学院	校企共同培养能够掌握计算机系统和软件技术的基本知识、技能和方法，具有使用主流软件开发工具与技术进行项目开发的能力，具备良好职业素养、自主学习能力和项目实践经验，能从事基于Web和移动互联网的软件开发、软件界面设计、软件测试与维护等相关工作岗位的软件行业高素质技术技能型人才
湖南财经工业职业技术学院	本专业以服务衡阳市、湖南省及周边省市经济社会发展为宗旨，面向云计算行业，培养了解云计算产生的背景，熟练掌握云计算技术的相关概念和基本理论，熟悉典型的云计算平台应用，掌握云计算的典型架构与功能组成；了解云计算服务的开发平台和软件开发方法，深入掌握IaaS、PaaS和SaaS等不同服务层次的云计算平台构建、部署、运维、监管等核心技术，确保云计算平台的业务连续性，能够提供云计算服务的技术支持。能在信息产业各部门、运营商、商业、金融、政府机关等企事业单位，从事云计算技术的管理、维护、服务等一线岗位工作的高素质技术技能型人才
安徽商贸职业技术学院	本专业培养具有计算机网络通信、信息处理等基础知识，具备云计算部署及应用开发，云计算产品推广和技术支持，具有一定的创新精神，具备良好职业素养的高素质技能人才

续表

院校	人才培养目标
重庆航天职业技术学院	本专业主要面向云计算相关产业，培养具备良好的职业综合素质，具有从事云计算平台的搭建、部署、应用与维护、售前售后技术服务、云平台服务软件开发等方面的知识和能力的高端技能型专门人才
四川信息职业技术学院	本专业与联想、华为、中国电科、浪潮等企业合作共建，培养云系统设计、云系统运维等岗位工程师

资料来源：根据相关院校官方网站的资料整理。

2. 课程体系

从专业人才培养目标出发，高职（高专）院校云计算技术与应用专业培养的人才除了具有持续发展的素质以外，还应具有职业通识能力、职业岗位能力、职业拓展能力（见表5-6）。

表5-6　云计算技术与应用专业能力与素质要求

能力素质项目		能力素质要素
持续发展素质		确立社会主义核心价值观；遵纪守法，诚实、守信、爱心、责任和奉献精神；爱岗敬业的职业态度，敢于竞争的职业意识，勇于开拓创新的职业精神；团队合作精神和终身学习意识、方法、手段；在挫折和逆境中的心理承受能力
职业通识能力	计算机基础操作能力	Windows7 操作系统使用能力，Office 应用能力，计算机基本软件应用能力
	计算机网络知识理解能力	理解网络的原理及基本组成，掌握如何构建简单的网络，学会分析网络地址，了解现实生活中使用的网络设备
	基础程序语言设计能力	能掌握 C 语言的基本语法，理解基本的程序算法
	云计算基础能力	能够搭建云计算平台，基于云平台搭建应用开发环境
职业岗位能力	数据库管理能力	掌握 SQL Server 数据库的设计和管理能力；能了解 Oracle 大型数据库的基本操作
	云计算管理和应用能力	掌握企业云数据中心的组建、规划、设计、实施、故障诊断与优化技能，掌握云计算数据中心的相关系统、存储、网络、虚拟化、安全等实用技能
	面向对象编程能力	掌握 Java 程序设计的基本语法、Java 面向对象编程思想、Java 高级编程思想
	Java Web 程序设计	利用 Java 作为后台，基于 Java Web 云系统开发
	顶岗实习毕业设计	根据顶岗实习具体情况选择课题，设计出有实际社会效应的计算机作品

续表

能力素质项目		能力素质要素
职业拓展能力	转岗适应能力	本专业领域新技术，本专业的外延
	自我发展能力	企业管理能力、文学修养、心理素质、就业能力

对标能力培养要求，根据云计算职业岗位信息化、层次化、细分化的需求状况，任职要求和学生可持续发展的需要，突出信息化的时代特点，参照职业资格标准以及企业、行业对云计算从业人员职业知识、技能、态度评价标准，对专业岗位能力进行分析，按岗位能力形成与拓展的需要，构建符合学生个性发展、终身发展的"递进式"课程体系。高职院校的云计算技术与应用课程体系大都由"通识课程"、"核心课程"、"拓展课程"三部分构成，形成以体现职业文化素养要求的素质提升为先导，以体现专业核心职业能力需求的专业课程为核心，以体现专业拓展能力的素质拓展课程为补充，既相对独立又相互承接，具有对接职业资格考证鲜明特色的"模块"课程体系（见表5－7）。

表5－7　　部分高职院校云计算技术与应用专业课程体系

院校	课程		
	通识课程	核心课程	拓展课程
南京信息职业技术学院	人文素质课程＋专业基础能力课程：思想政治理论、高等数学、体育、艺术、计算机应用基础等人文素质选修课，计算机组装与维护、C语言程序设计、计算机网络技术、网页设计与制作等专业基础能力课程等	Java程序设计、Oracle数据库技术、数据结构与算法设计、软件工程与UML、虚拟化与计算技术、自动化运维技术、NoSQL数据库技术、OpenStack配置与管理、信息安全技术等	编译原理、云计算与分布式系统、数据库系统应用设计、算法设计与分析、云计算与大数据技术、典型云计算解决方案（Google云计算技术、Amazon云计算技术、新一代云存储技术）、云平台搭建综合实训、云平台应用综合实训、创新思维与创造力开发等
广州科技贸易职业学院		面向对象程序设计、网页特效制作、移动网站技术、Web开发应用、网络操作系统（Windows Server和Linux）、交换与路由技术、虚拟化技术、OpenStack系统基础、Hadoop系统基础等	
汕尾职业技术学院		Linux服务器管理、云平台部署、Hadoop管理与应用、Java Web开发、大数据技术与应用、企业云部署与应用等	
湖南工业职业技术学院		Windows系统、Linux系统、VMWare平台、桌面虚拟化、存储虚拟化、数据库导论、SQL数据库、容灾与备份等	
安徽商贸职业技术学院		Linux操作系统应用、数据库基础、云计算基础架构平台技术、云计算数据中心建设、云计算开发服务平台技术、云计算应用开发、大数据应用技术等	
重庆航天职业技术学院		Linux操作系统应用、Java语言程序设计、大型数据库应用、云操作系统应用、虚拟化技术、高级存储技术、云安全技术与应用、云平台建设与维护、云服务部署及应用等	
四川长江职业学院		云计算技术应用、云计算的大数据和网络技术（Oracle数据库应用）、移动云计算应用与开发、虚拟化技术应用与实践、分布式系统架构与实践、Android系统基础开发、网络数据标识与传输Ajax－xml/json等	

资料来源：根据相关院校官方网站的资料整理。

3. 实践教学

云计算是一门实践性较强的学科，其培养方案亦注重强化实践教学环节，加强云实验室建设，升级改造实训条件，开发云实验和实训资源，组织云知识竞赛，培养学生的实践能力。全国各职业院校对云计算专业实训设施建设都比较重视，例如，南京信息职业技术学院以“南信软件园”为平台，以“江苏省无线网络软件工程研发中心”和“江苏软件实用人才培养基地”为依托，不断完善实践教学条件，建有云计算实训室、信息安全实训室、企业网实训室和若干校外实训基地；广州科技贸易职业学院、贵州电子信息职业技术学院建有云课堂实训室、先电云计算实训室、尚强云智慧实训室等多个校内外实训基地；南宁职业技术学院与行业龙头企业共建云计算创新中心，并计划在“十三五”前期建设云计算技术应用中心，打造广西最大最先进的云计算技术人才培育基地；山东商业职业技术学院与中国电科集团第五十五所共建云计算实训室，打造山东省教育信息化云计算平台，促进人才培养和开展技术服务，将企业元素更好地融入到学校氛围中，给学生更多的项目实战机会和实践锻炼机会。

部分职业院校要求学生进入实习企业（云计算领域内的校企合作企业）进行顶岗实习，实训体系建设对接生产环境，基于实训环境搭建云平台，架构与企业真实私有云一致的实训体系。例如，湖南工业职业技术学院有多家实习单位，如杭州华三通信技术有限公司、南京五十五所技术开发有限公司、湖南创智软件科技有限公司、湖南天银信息产业有限公司等；广东科学技术职业学院的合作企业有思科网络技术学院、广州恒电电气科技有限公司等。

在云计算架构下，实践教学还必须强调学生的团队协作思维的培养和协作能力的锻炼。在全国职业院校技能大赛中设有云计算技术与应用、计算机网络等相关比赛项目，各院校均鼓励学生积极参与专业各种层次的技能竞赛，在与其他院校同台竞技的同时不断提升自己。

4. 师资队伍

我国云计算技术与应用专业教师队伍十分匮乏。目前，我国职业院校的云计算技术与应用专业教师多是从相近的计算机类专业转变而来，虽然他们在所学专业里有所建树，但是缺乏较系统、全面的云计算专业知识与实践技能。因此，要积极建立起一支爱岗敬业、师德高尚、专业水平高、具备一定的教科研能力和实际工作经历、专兼结合的“双师”素质的教学团队。

四、我国云计算专业职业教育服务产业发展分析及建议

未来，互联网将步入万物联网时代，而云计算则是支撑起万物联网的基石，云计算应用将更加丰富，更多的传感设备、移动终端接入网络。“云时代”悄然而至，云服务的种类日趋完善、多样，越来越多的政府、企业、个人等把数据中心、业务系统、内存、处理器等迁移到云平台上。在此背景下，我国的云计算人才需求缺口将不断增大。然而我国云计算专业建设尚处于起步阶段，云计算专业课程设置、人才培养规模、质量均有待进一步提高。在分析我国云计算专业职业教育现状，梳理我国云计算专业发展不足的基础上，本章提出适合我国云计算专业职业教育发展的建议，以推动我国云计算产业不断发展壮大。

（一）云计算专业职业教育服务产业发展分析

1. 人才培养规模不能满足产业需求

随着我国云计算产业规模的高速增长，对满足产业发展的云计算专业人才的需求将呈现空前

增长的态势，尤其是对优质产业人才的需求将不断扩大。据工信部统计预测，未来3年将是我国云计算产业人才需求相对集中的时期，每年将呈现数十万的云计算产业人才缺口。然而，面对巨大的产业人才发展需求，我国云计算产业人才的培养却明显滞后。2016年我国云计算技术与应用专业仅有46所高职（高专）院校设立了云计算技术与应用专业，可查询的计划招生总人数约1960人，总体招生规模应该不超过3000人，其余众多高校的云计算相关专业还未开设，或者尚在筹备之中，使得云计算对口的专业人才培养暂不能满足当前和未来产业发展的需要，产业发展的后备人才亟待培养与储备①。

2. 专业结构与产业结构匹配度不高

随着云计算产业的发展逐步成熟，产业对人才的需求急剧增长，教育部于2015年公布了2016年高职院校专业目录，首次将“云计算技术与应用”专业列入，标志着云计算专业已进入正式建设阶段。然而，在人才培养规格上，除专业共性外，人才培养的目标还必须符合地区产业发展的现状和特点。但是，从目前专业开设现状来看，人才培养目标过于单一、笼统，专业方向落后于区域经济发展，不能完全匹配当地经济发展水平，导致培养的人才难以适应企业需求，不利于当地经济发展。

3. 人才培养模式难以满足企业需求

云计算专业人才培养模式较为单一。目前，我国职业院校云计算相关专业人才培养主要采用理论加实践的形式，但由于职业院校实践周期短、缺乏对口实践基地，使得职业院校培养的云计算后备专业人才缺乏实际操作能力，难以满足企业的用人需要。再者，目前职业院校云计算相关专业人才培养质量参差不齐，使得云计算相关专业毕业生工作难寻，与云计算企业急需的人才一将难求的局面共存。

4. 师资力量相对薄弱仍是主要问题

云计算技术的发展要求教师在具备网络技术与软件技术的前提下，仍需掌握云计算运维、虚拟化、云计算存储等技术，但目前我国职业院校教师资源相对匮乏，多数专任教师前期教授传统的计算机类课程，后转入云计算方向，缺乏系统的专业技能训练，优秀教师更是极度缺乏。另外，目前我国职业院校老师课程讲授的内容相对落后于时代与经济的发展，职业院校云计算技术与应用专业普遍面临着教师职业技能不足的问题。

5. 实训投入相对不足难以满足实训需求

云计算专业不同于普通的计算机软件开发，它只能在云平台上应用，如果职业院校没有云平台，就无法对学生进行有效的培养。因此，对实训设备的投入以及建设云计算人才培养基地显得尤为重要。然而，真正实用的云计算中心投资巨大。目前，我国职业院校实训投入稍显不足，无论是采用政府、企业联合共建云计算人才培养基地的形式，还是采用企业、科研机构共建实验室的形式，或是其他形式的云计算产业人才培养模式，均未形成明确的产业人才培养投资主体，产业人才培养投资所带来的人才价值收益分配机制也尚未确立。

（二）对我国云计算专业职业教育发展的建议

1. 加强政校企合作办学

云计算产业是一种跨学科、跨行业的新型产业，投入后产出不能立见成效，需要较多的人

①全国职业院校专业设置管理与公共信息服务平台：《高等职业学校专业设置备案结果》，http：//www. zjchina. org/mspMajorIndexAction. fo，2016。

力、物力、财力支撑，并且需要经过较长的时间才能有所收益，因此需要政府的政策引导才能推广应用，而且云计算产业的最新技术、最新设备、最专业的人才都掌握在企业手里。所以，职业院校云计算技术及应用专业的建设只能走校企合作、校政合作的办学之路。合作企业可以是IBM、阿里巴巴、百度、中科院、中国电信、中国移动、微软等，也可以与当地政府合作共建智慧城市或云计算中心，从而获得更多资源和实战机会。

2. 科学定位人才培养目标

《国务院关于加快发展现代职业教育的决定》（国发［2014］19号）指出职业院校专业建设的原则是——“服务需求、就业导向”，务必实现“五个对接”，即专业设置与产业需求对接、课程内容与职业标准对接、教学过程与生产过程对接、毕业证书与职业资格证书对接、职业教育与终身学习对接。这对云计算技术及应用专业提出较高的要求，因为云计算技术及应用专业的职业标准、职业证书仍是空白领域，生产过程更是无章可循。北京航空航天大学、厦门大学等少量本科大学设立有移动云计算工程硕士研究方向，众多的本科大学尚处于探索阶段，可以说，建设该专业挑战大于机遇。

云计算技术是个跨专业、跨领域的综合性专业，它包括网络、软件、感测、通信、信息安全等技术领域（一个领域就是一个专业），对计算机硬件、自动控制、物联网等技术领域也有所涉及。云计算的产业链是由云计算服务提供商、软硬件与网络基础设施服务商、云计算业务集成服务商、终端设备厂商等构成，是一个完整的产业生态链。它面对政府、企业和个人，业务覆盖电子政务、电子商务、医药医疗、制造、教育科研、电信、旅游、国防等广大领域。高职院校培养的是以就业为导向的服务型人才，而云计算的服务层次包括基础设施即服务（IaaS）、平台即服务（PaaS）和软件即服务（SaaS），各服务方向技能如下：

（1）云计算产业的基础设备运维方向，主要从事构建Internet与用户之间的网络连接、帮助用户规划存储空间、平衡各个用户的网络资源、保障用户信息安全等工作。

（2）云平台软件运行维护方向，主要从事云操作系统、编程语言运行环境、数据库，Web服务器系统的安装、配置、保护等工作，以及智慧城市、智慧教育、智慧旅游、智慧交通、智慧快递、智慧商务等云平台系统的需求调研、部署、测试、用户培训、售后服务等工作。

（3）用户各种应用软件运维方向，主要从事用户应用软件的咨询、营销、部署、初始化，以及数据存储备份、灾难恢复、用户培训等工作，保证用户不购买软件而能很好地使用软件。

因此，我国高职院校应针对生源的知识基础、学习能力、学制等客观情况，定位于应用型、服务型岗位人才（而不是研发型）的培养，即培养有一定信息技术背景知识、有某一就业岗位的娴熟技能、有较高的职业素养的销售、部署、维护人才。

3. 合理设置专业课程体系

高职院校云计算技术及应用专业的课程应该与毕业生各就业岗位要求的技能相匹配，与生源状况、学制长短匹配，制定合理的课程体系和课程内容，进而按职业教育的规律实施教学与人才培养。根据我国职业院校的校情和学情，高职院校云计算技术及应用专业的课程体系建议采用“平台+方向”的思路建设。其中，“平台课”让学生掌握IT行业的基础知识和技能，这是学生职业发展的基础；“专业课”让学生掌握某一个就业岗位所需要的核心技能，这是学生毕业后的生存技能。

根据这一思路，提出高职院校云计算技术及应用的课程建议，主要内容如表5-8所示。课程教学方式主要采用理论实践一体化教学，通过专项实训掌握技能，这就要求70%左右的技能课程在实训室完成，并要反复操练，直至熟练掌握。

表5-8　高职院校云计算技术及应用专业的课程建议

模块	序号	课程名称	主要内容	参考学时
技术基础模块	1	计算机网络技术	计算机网络概念，网络四层结构与协议，网络设备与网络操作系统，局域网组网方法，互联网法律法规	64
	2	Linux及服务器配置实训	Linux系统安装、环境配置，Linux系统管理，Linux网络管理	32
	3	Windows服务器配置实训	Windows服务器系统安装，Windows网络配置与维护，Windows安全部署	32
	4	C语言	顺序、分支、循环三种程序结构与常用算法，数组，自定义函数	48
	5	数据库设计与应用（Oracle或SQL Server）	系统安装与环境配置，数据库设计与增、删、改、查常见操作，存储过程，数据库备份与恢复	48
	6	Web程序开发	利用HTML+PHP+MySQL开发简单的Web应用系统，Web应用系统发布	80
	7	信息安全基础	信息安全法律法规，信息安全概论，简单的加密算法，信息安全产品与使用，Linux或Windows系统常用的安全设置方法	48
	8	数据存储与备份实训	Linux网络系统与Windows网络系统安装与升级维护，用户现有数据的备份，对用户专门应用系统（如财务、国资）的部署、维护、迁移	32
	9	IT服务工程师职业素养	商务礼仪、服务规范、团队精神、项目管理能力、IT产品营销与服务，客户关系与维护	32
核心技能模块	1	云计算导论	云计算介绍、主要技术、发展趋势，云计算典型应用领域及其系统功能分析：智慧城市管理、智慧交通、智慧教育、智慧旅游、智慧金融、智慧医疗，分布式系统技术概述、虚拟化技术概述（vmware、xen与KVM），大规模数据处理技术介绍（Hadoop、HDFS等）；云计算代表性系统（amazon AWS）	48
	2	云计算平台管理（OpenStack）	云计算平台基础，Linux集群技术，OpenStack基础架构，OpenStack存储技术，Horizon管理系统，Neutron虚拟网络管理	64
	3	云计算平台研发（OpenStack）	Python语言基础、OpenStack组件概述，组建API介绍，django开发框架，Horizon组建开发	64

续表

模块	序号	课程名称	主要内容	参考学时
核心技能模块	4	大数据分析与开发（Hadoop）	大数据概述、大数据的产生和应用、大数据作用，大数据关键技术、大数据处理流程、大数据处理模型，Hadoop 体系结构、Hadoop 与分布式开发、Hadoop 应用案例，HDFS 存储原理、通信协议、应用案例	64
	5	大数据系统应用	大数据主流系统介绍；Zookeeper Zookeeper 简介（系统架构、设计目的和特点），Zookeeper 的工作原理，Hive，Hbase，流计算概述、流计算处理流程、流计算应用、流计算框架	64
	6	云专项实训 1	个人私有云存储实训：Hadoop 的 HDFS 云存储环境搭建，通过 Web 注册并登录云存储系统，上传、下载、查询、删除文件 桌面云实训：Linux 环境搭建，虚拟 10 个桌面系统，桌面云管理	48
	7	云专项实训 2	图书云实训：搭建云图书管理系统 hadoopHDFSMap/Reduce 添加图书系统（书名、ISBN 号、作者、出版社、出版日期等），完成删除、查找、浏览、借阅、归还、统计等操作 云快递实训：云计算、云存储与物联网整合，Hadoop 与 API 高级应用，自动搜索，添加快递员信息，利用云计算把快递分发给最近距离的快递员，显示快递状态	80
	8	云专项实训 3	……	96

4. 打造强有力的师资队伍

教学团队是专业建设的重要影响因素。由于云计算技术既基于网络与软件等现有技术，又有新专业独特的、还在持续发展的新技术，所以对师资的要求较高。目前，我国云计算技术人才十分匮乏，高校教师队伍中更是如此。建议从以下三个方面解决：一是先在计算机网络技术、软件技术等专业适量开设云计算的一些课程（或专业方向），提升教师专业知识水平；二是派遣有基础的教师到合作企业或科研院所参加半年时间以上的工程实践锻炼，熟悉产品，积累项目经验和教学素材，了解学生以后的就业岗位；三是聘请合作企业的工程师承担本专业的实践性课程的教学任务，企业兼职教师授课占专业课比例 50% 左右为宜。

5. 构建良好的实习实训环境

云实训环境包括校内、校外两部分。真正实用的云计算中心投资巨大，通常可以满足某一行业的整体需求或政府管辖的某一社会服务功能，这种云计算中心可作为校外云实训环境，为学生提供岗位见习实训、部分课程实训和专项实训，以及为学生、教师提供工程实践锻炼等，让学生、教师真实了解实际工作场景和职业要求。

校内云实训环境一般是指在云计算实训室完成的实训课程，比如表 5－8 中的“核心技能模块”课程，一般来说适用于校内云实训环境。校内云计算实训室与传统的实验室建设不同，除了用于搭建云平台需要的服务器硬件外，更重要的是正版 Linux 系统和各种云教学资源包等软件资源，有实际意义的云教学资源包（如云气象、云快递、云商务等）是高职院校自身不能构建的，一般需要学校购买。

6. 引导学生参加相关资格考证

为提高人才的市场认可度，职业教育与社会需求紧密对接，引导学生在不同领域拥有多项认证。云计算技术及应用专业目前最受欢迎的认证有：①VMWare 虚拟化专家认证；②思科（Cisco）设计专家认证；③ZapThink 架构师认证；④开放群组（Opengroup）IT 架构师认证；⑤信息系统安全专家认证；⑥至少获得一项 Cloud School. com 网站上的云计算服务认证。高职院校在实施课程改革的同时，应鼓励学生参加云计算认证考试，引导学生在校期间多考取相关权威认证证书，让学生所学知识与企业岗位需求相结合，以利于毕业后的就业。

7. 建设匹配的教学运行制度

云计算技术及应用专业人才培养模式走校企合作、工学交替的道路，企业兼职教师将承担相当数量的课程教学任务，这就要求院校排课灵活、资金充裕、教学场地充分、学分认定形式多样（如以证代课、以工代课、以项目代课等），包括对老师授课质量的评估也要与传统方式有异。在学业评定上，项目开发和工程实施是检验教学能力和教学效果的最好方法，必须充分利用基于云计算的项目开发和工程实施来引导学生理解和应用云技术。学生通过搭建私有云计算平台或借助公有云计算平台参与项目和工程，在团队中分别承担设计、开发、部署与发布等不同的工作，全面提高学生综合能力。在人才评价上，注重云素质、突出云技能、考量云素养、完善云知识。在教育教学研究上，要基于云平台、利用云资源、开展云研究、促进云创新。

8. 搭建职业教育云平台

云计算的发展必将给职业教育本身带来革命性的变革。“云”的思想和理念改变传统职业教育管理模式以及教学与学习方式，云计算技术在职业教育领域的应用则有力促进了教育资源的整合。把云计算的优势与职业教育的特征充分融合，搭建职业教育云平台，有利于为职业教育的改革发展提供全方位、立体式支撑。

（1）将云计算应用于职教管理中，建立职业教育管理平台，构建云服务化的管理模式。在云计算环境下，深化教育体制改革和教育模式革新，让学生掌握适应信息时代的网络化教育和主动学习方式，应用大数据等新技术进行智能化教育资源整合和教育多媒体数据库构建，建立可流动、可获取、可应用的大规模数据库和多媒体教育信息资源库，提升教育决策、评估的合理性和可靠性。另外，云计算技术的引入，人才市场的信息会更全面、更畅通，职业院校可根据行业、企业的人才需求类型和数量适时调整专业（方向）、制订招生计划，根据企业对人才的技术技能要求制订培养计划，从而保证职业院校的人才培养不脱离社会经济的发展需求，最大限度地保证学生就业。

（2）将云计算应用于学生学习中，建立一个基于云技术的职业教育学习平台。云平台广泛收集职校学生的学习数据，并分析学习数据，测评学生课前预习情况，深化学情分析，有助于整合校内教学资源，创新教育实践模式，改革课程教学方式，实现个性化的学习支持。同时，在云计算环境下，部署智慧课堂的信息技术平台——智慧教室，逐步构建了一个开放的、动态的学习环境，使职业院校的校园信息化朝多元化的方向迈进。

（3）将云计算应用于教师教学中，构建信息化、智能化的课堂教学模式，通过云教学平台将教师与学生进行有效的联系。在云计算环境下，“翻转课堂”、MOOC 等新型教学模式，一方面加强教师与学生之间的沟通，另一方面教师可利用云教学平台中的资源库设计更加适合学生的教学内容，也可借鉴其他优秀的教学课件与教学案例改进教学方式等，从而提高教师课堂教学与课外辅导的有效性。云教学平台突破了以传统职教课程体系为核心的教学模式，构建个性化的学习方式和人才培养模式，真正实现以学生为中心的个性化教学服务，借助云端实现“数据驱动学校，分析变革教育”的人才培养新模式和新路径。

参考文献

[1] 李佳峰：《关于云计算产业发展方向及“数据特区”模式的思考》，《汕头科技》2011 年第 4 期，第 16 - 24 页。

[2] 思科：《云计算必将重构 IT 设备形态和产业链》，《通讯世界》2010 年第 10 期，第 49 - 50 页。

[3] 郭春梅、毕学尧、杨帆：《云计算安全技术研究与趋势》，《信息网络安全》2010 年第 4 期，第 16 - 17 页。

[4] 赵克林、朱龙：《高职院校云计算技术及应用专业建设的建议》，《南京工业职业技术学院学报》2015 年第 1 期，第 79 - 81 页。

[5] 刘甫迎、刘亚飞、刘焱等：《移动云计算专业建设的探究》，《成都工业学院学报》2015 年第 3 期，第 113 - 115 页。

[6] 田杰棠：《我国云计算产业发展趋势及政策建议》，《经济纵横》2011 年第 8 期，第 31 - 35 页。

[7] 赵云平、冯玉龙：《云计算报告三：我国云计算产业发展现状、推进策略及存在问题》，《北方经济》2016 年第 2 期，第 45 - 48 页。

[8] 胡艳丽、赵翔、唐九阳：《国内外云计算大规模数据处理课程比较研究》，《科教文汇》2014 年 11 月(上)，第 1 - 2 页。

[9] 中国信息通信研究院：《云计算白皮书（2016 年）》，http：//iot. ofweek. com/2016 - 09/ART - 132214 - 8120 - 30033948. html，2016 - 12 - 30。

[10] 蒋建锋、刘源：《苏州高职院校云计算专业建设探索》，《苏州市职业大学学报》2016 年第 3 期，第85 - 88 页。

[11] 房俊民：《云计算平台典型开源软件项目对比研究》，《信息技术与信息化》2014 年第 3 期。

[12] 李桂林：《VMware vSphere 在云平台系统搭建中的应用》，《电子技术与软件工程》2014 年第 3 期。

[13] 杨燕云：《计算技术发展现状及应用探讨》，《硅谷》2015 年第 1 期。

[14] 李敏：《浅谈云计算技术发展现状》，《电子制作》2014 年第 17 期。

[15] 黄薇：《关于对云计算技术的研究与应用》，《佳木斯职业学院学报》2015 年第 4 期。

[16] 张宪文：《云计算技术应用与发展研究》，《山东纺织经济》2015 年第 8 期。

[17] 王先超：《信息与计算科学专业人才培养模式探索》，《计算机教育》2015 年第 10 期。

[18] 周倩：《云计算：中小企业的助推器》，华东师范大学硕士学位论文，2010 年。

[19] Chuanji Wu，Deyi Li. Cloud Computing Technology Development Report，2013：103 - 106.

[20] 马晓华、王琳：《“疯长”的云计算》，《第一财经日报》2013 年 1 月 23 日（A08 版）。

[21] 李德毅：《智慧城市》，http：//news. china. com. cn/2015 - 05/15/content_ 35576114. htm，2016 - 12 - 25。

[22] 高工物联网产业研究院：《国内云计算企业地区分布现状》，http：//soft. chinabyte. com/256/13050256/shtml，2016 - 12 - 18。

[23] 高工物联网产业研究院：《国内已提供云服务　企业仅 339 家》，http：//www. gg - ii. com/gg/cygc/qita/20121205/262. html，2016 - 12 - 05。

[24] 蔡鹏飞：《中国云计算产业发展研究》，《经济研究导刊》2013 年第 17 期，第 66 - 70 页。

［25］梁柳云、王宁：《云计算产业发展现状与策略研究》，《科技与经济》2012 年第 4 期，第 86 – 91 页。

［26］中国电子信息产业发展研究院、赛迪顾问股份有限公司：《中国云计算产业发展及应用实践》，北京：电子工业出版社，2012 年。

［27］蒋永生、彭俊杰、张武：《云计算及云计算实施标准：综述与探索》，《上海大学学报》（自然科学版）2013 年第 19 期，第 5 – 13 页。

［28］周文、井明洋、吴辰康：《中国云计算产业结构和商业模式》，《上海大学学报》（自然科学版）2013 年第 1 期，第 26 – 31 页。

［29］科锐福克斯：《2014 年 IT 企业招聘趋势调研报告》，http：//www. 199it. com/archives/210627. html，2017 – 01 – 03。

［30］徐国庆：《面向云计算的创新人才培养实践》，《吉林省教育学院学报》（下旬）2013 年第 3 期，第 12 – 13 页。

［31］严霄凤、张德馨：《大数据研究》，《计算机技术与发展》2013 年第 4 期，第 4 – 7 页。

［32］黄志球：《云计算环境下隐私需求的描述与检测方法》，《计算机研究与发展》2015 年第 4 期，第 879 – 888 页。

［33］CS345A：Data Mining，Winter 2010，http：//snap. stanford. edu/class/cs345a – 2010/，2016 – 10 – 03.

［34］CS246：Mining Massive Data Sets Winter 2016，http：//web. stanford. edu/class/cs246/，2016 – 10 – 03.

［35］CS246H：Mining Massive Data Sets：Hadoop Labs Winter 2016，http：//web. stanford. edu/class/cs246h/，2016 – 11 – 08.

［36］Google 校企共建实用课程项目，http：//www. google. cn/university/curriculum/elite. html，2016 – 12 – 30。

［37］黄少荣：《云计算时代技术技能型 IT 人才培养模式研究》，《计算机教育》2015 年第 6 期，第 12 – 15 页。

［38］曾宪文、李宪武：《云计算与高等教育的前瞻性云应对》，《当代教育科学》2013 年第 3 期，第 47 – 50 页。

［39］黄务兰：《云计算时代高校 IT 人才培养模式的创新》，《计算机时代》2012 年第 3 期，第 59 – 61 页。

［40］曾文英、吴积军、曾文权等：《基于云计算的 IT 课程体系改革》，《计算机教育》2014 年第 17 期，第 40 – 44 页。

［41］王颖、杜朝晖：《云计算时代高职院校 IT 人才培养模式的研究》，《教育信息技术》2013 年第 5 期，第 22 – 24 页。

［42］安晖：《我国云计算产业实际状况与或然性趋势》，《重庆社会科学》2012 年第 5 期，第 10 – 15 页。

第六章　珠宝首饰行业与职业教育分析报告

在我国，珠宝首饰行业具有悠久的历史，其技术工艺一度领先于世界。但在过去很长一段时间，受政治和经济的影响，珠宝首饰行业基本处于停滞状态。20世纪80年代初，我国珠宝首饰行业再次起步，经过近40年的发展，获得了长足的进步，产业链日趋完善，行业集中度不断加强，消费市场日渐成熟，行业发展逐步规范，从业队伍日益扩大，人员素质不断提高，为今后珠宝首饰行业的继续发展奠定了基础。但是珠宝首饰行业仍面临一系列的问题，专业技术技能人才不足就是其中之一。而职业教育肩负着培养技术技能人才的重要任务。

本章在大量引用相关研究成果和产业发展数据的基础上，对我国珠宝首饰行业的发展现状、人才需求情况、珠宝首饰专业职业教育现状等进行较为全面的分析，深入剖析珠宝首饰专业职业教育服务产业发展的现状，同时借鉴发达国家珠宝首饰专业教育的成功经验，为我国珠宝首饰专业职业教育的发展提供参考。

一、我国珠宝首饰行业发展概况

珠宝首饰及有关物品的制造是指以金、银、铂等贵金属及其合金以及钻石、宝石、玉石、翡翠、珍珠等为原料，经金属加工和连接组合、镶嵌等工艺加工制作各种图案的装饰品的制作活动①。根据国家统计局制定的《国民经济行业分类与代码》，珠宝首饰及有关物品的制造被归入工艺品及其他制造业（国统局代码C24）中的工艺美术品制造中，其统计4级码为C2438。根据国内外一般商业习惯，珠宝首饰产品分为宝石饰品、贵金属饰品、珍珠饰品、半宝石饰品、人造珠宝五大类（见表6－1）。其中前三类为贵重珠宝②。

表6－1　　珠宝首饰产品分类

类别	内容
宝石饰品	钻石、红宝石、蓝宝石、祖母绿等
贵金属饰品	黄金、白金、银等
珍珠饰品	海水珍珠、淡水珍珠、大溪珍珠、南洋珠等
半宝石饰品	蛋白石、紫水晶、黄玉、翡翠、玉、电气石（碧玺）、拓榴石、黑宝石、猫眼石、珊瑚、虎眼石、亚历山大石等
人造珠宝	贝壳、珐琅、景泰蓝、合成宝石（如合成钻石、人造红宝、人造蓝宝、人造祖母绿、人造翡翠等）、平价金属（如铜、镀金、铜组合金、其他各种金饰品）等

资料来源：渠道网。

①前瞻产业研究院：《珠宝首饰》，http://baike.qianzhan.com/detail/bk_d7fb7387.html，2014－04－03。

②渠道网：《珠宝首饰行业概况及行业竞争情况分析》，http://shipin.qudao.com/news/4103319.shtml，2017－03－02。

现代珠宝首饰行业以高度市场化、国际化、人文化、科技化、个性化的鲜明时代特征，成为美化生活、推动经济发展不可或缺的重要力量。

（一）行业发展现状

珠宝首饰行业属于我国传统行业，已有数千年的历史，其技术工艺一度处于世界领先地位。但改革开放以前，珠宝首饰在我国仅属于上层社会的享用品，行业发展缓慢。在改革开放的影响下，我国珠宝首饰行业从新中国成立后的停滞状态进入快速发展阶段。经过多年的发展，我国珠宝首饰行业正进入一个全面发展的新阶段，珠宝首饰加工能力日趋完善，产业规模迅速壮大。目前，我国已经成为世界第二大钻石消费国、最大的玉石和翡翠消费市场以及最大的铂金消费国。

1. 政策环境不断改善

为鼓励和发展珠宝玉石首饰行业，我国政府先后出台了不少有力的政策措施。1985 年，中国人民银行批准黄金首饰上市流通，开启了我国黄金珠宝首饰市场的新时代。2003 年 3 月，中国人民银行停止执行包括黄金制品生产、加工、批发、零售业务在内的 26 项行政审批项目，标志着黄金、白银等贵金属及其制品从管理体制上实现了市场的全面开放。

为努力培育和规范珠宝玉石首饰市场，我国于 2008 年启动了珠宝企业信用评价工作，并成立了全国珠宝玉石标准化技术委员会、全国珠宝玉石首饰类产品质量检验技术专家委员会等；紧接着又出台了一系列国家标准和规定，如《珠宝玉石名称》、《珠宝玉石鉴定》、《钻石分级》、《珍珠分级》、《金银饰品标识管理规定》、《首饰贵金属纯度的规定及命名方法》等。各省市也制定了多项办法、标准，如作为国内最大黄金珠宝首饰产业加工制造基地的广东省，2011 年出台了《广东省黄金及其他贵金属珠宝产业“十二五”发展规划》。这些政策措施对提高我国珠宝首饰行业的整体发展水平、促进行业持续健康发展、参与国际竞争起到了积极的作用（见表 6－2）。

表 6－2　　珠宝首饰行业主要法律法规

时间	主要政策、措施
2010 年 7 月	中国人民银行、国家发展和改革委员会、工业和信息化部、财政部、税务总局、证监会联合发布《关于促进黄金市场发展的若干意见》
2011 年 9 月	中国商业联合会征集《珠宝首饰行业服务规范》起草单位，行业服务要求有望规范
2012 年 11 月	我国首个珠宝首饰行业服务地方标准《贵金属及珠宝玉石饰品经营服务规范》在天津正式实施，对贵金属及珠宝玉石饰品经营销售服务环节进行了明确规定
2012 年 11 月	工业和信息化部发布《促进黄金行业持续健康发展的指导意见》，指出目前国内黄金供需不平衡
2013 年 12 月	GB/T 18043－2013《首饰贵金属含量的测定 X 射线荧光光谱法》国家标准宣贯会议在成都召开。该标准进一步明确了 GB/T 18043 方法为筛选检验方法，提高了对仪器设备的精度要求，规范了检测操作流程，增加了检测结果不确定评价要求
2014 年	2014 年，上海黄金交易所国际板正式开市，标志着我国黄金市场对外开放迈出实质性一步
2015 年	“黄金沪港通”正式启动，实现内地与香港黄金市场的双向开放；中国银行、中国建设银行先后获准参与“伦敦金”基准定价

资料来源：根据前瞻产业研究院公开资料整理。

2. 市场规模快速增长

产研智库发布的《2016～2020 年中国珠宝首饰行业投资分析及前景预测报告》数据显示，最近十年我国珠宝首饰市场经历了三个发展阶段：2005～2009 年，市场规模稳定增长，复合增速为 12.9%；2010～2012 年，受黄金价格上涨等因素影响，珠宝首饰市场迎来高速增长期，市场规模由 2010 年的 2920 亿元增长至 2012 年的 4540 亿元，复合增速达 15.3%；2013～2015 年，受珠宝渠道客流下降等因素影响，珠宝首饰市场规模增速呈下降趋势，但至 2014 年市场销售规模已达 5990 亿元，至 2015 年，我国珠宝首饰市场规模达 6080 亿元，比 2014 年增长 1.5%（见图 6－1）。

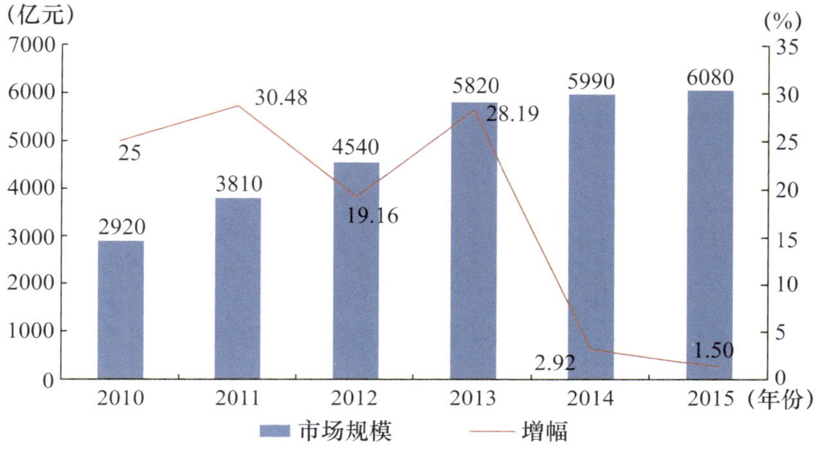

图 6－1 2010～2015 年中国珠宝首饰市场规模及其增速

资料来源：产研智库。

从市场结构来看，黄金首饰类、K 金与钻石镶嵌类、翡翠玉石类珠宝首饰消费占比分别约为 50%、17%、15%，其余 18% 为铂金、彩宝、珍珠等其他珠宝饰品（见图 6－2）。

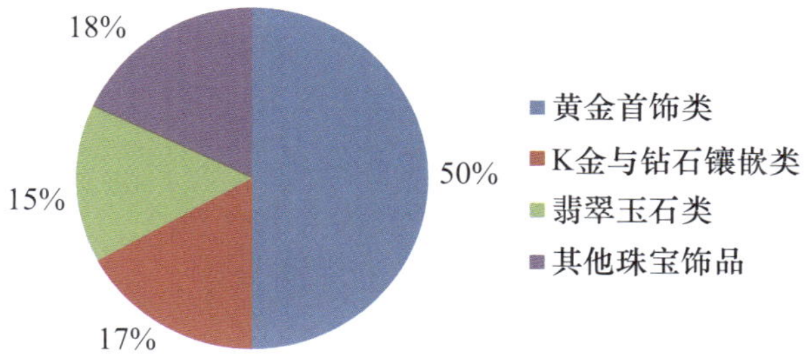

图 6－2 2010～2015 年中国珠宝首饰市场份额

资料来源：产研智库。

从市场规模增速来看，除 2014 年、2015 年外，其他年份均高于国内生产总值及城镇居民人均可支配收入增幅，行业总体呈稳定上升趋势（见图 6－3）。预计“十三五”时期，我国珠宝首饰市场会持续平稳发展，复合增长率将达到 10%～15%。至 2020 年，我国将成为全球最具竞争力的珠宝首饰加工和消费中心，成为世界最大的珠宝首饰市场①。

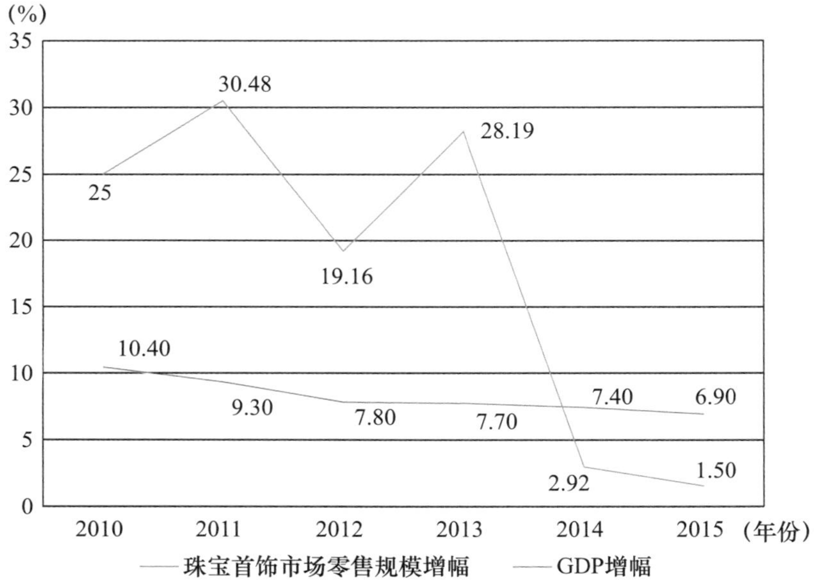

图6－3　2010～2015年GDP增幅与珠宝首饰市场零售规模增幅

资料来源：产研智库、中国产业发展研究网。

3. 发展水平稳步提高

随着珠宝首饰市场的扩大、行业的发展，我国珠宝首饰行业开始了从数量扩张、粗放经营向注重质量发展的转变。主要表现在珠宝品牌建设能力和珠宝科学技术水平两方面。

（1）品牌建设成果显著。随着海外奢侈珠宝品牌的涌入以及消费者需求品质的提高，我国珠宝首饰行业开始意识到品牌效应。1991年，中国珠宝玉石首饰行业协会成立，并从2001年开始启动“中国珠宝首饰业驰名品牌”、“中国珠宝玉石首饰业放心示范店”等行动，积极推进珠宝首饰行业的品牌建设，并取得了可喜的业绩。上海的老庙黄金、老凤祥、亚一金店、东华美钻，中国香港的周大福、周生生、六福珠宝、谢瑞麟，深圳的艾尚、爱迪尔、百泰、翠绿、帝爵等一大批企业成为中国珠宝首饰行业的驰名品牌，成了行业发展的中坚力量（见表6－3）。品牌的建设不仅能够提升我国珠宝首饰产品在行业中的知名度和信任度，提升员工的自豪感和成就感，也增强了中国与发达国家间珠宝首饰产品的交流与合作。

（2）科学技术水平提高。随着珠宝首饰行业的不断发展，相关的教育、科研、培训机构不断涌现。比较知名的教育机构有中国地质大学（北京）珠宝学院、中国地质大学（武汉）珠宝学院、上海同济大学宝石教育中心等；比较活跃的珠宝首饰科研所有国家珠宝玉石质量监督中心、广西宝石研究所和中国地质科学院等；代表性的培训机构有国检珠宝培训中心（NGTC）和中国地质大学（武汉）珠宝学院（GIC），其中NGTC承担着人力资源和社会保障部、财政部全国注册珠宝玉石质检师（CGC）和注册（珠宝）资产评估师（CPVG）执业资格的培训，以及人

①中国产研智库：《国内外珠宝首饰行业规模及行业特点分析》，http：//www. irinbank. com/analyst/110/11209. shtml，2016－05－23。

表6－3　中国珠宝品牌分类

地区	品牌	主要业务模式	主导产品	主要覆盖区域
上海品牌	老庙黄金	经销、加盟、自营	黄金首饰	二、三线城市
	老凤祥	经销、加盟、自营	黄金首饰	
	亚一金店	经销、加盟	黄金首饰	
	东华美钻	经销、加盟	钻石首饰	
香港品牌	周大福	自营、加盟	黄金首饰	一、二线城市
	周生生	自营	黄金首饰	
	六福珠宝	自营、加盟	黄金首饰	
	谢瑞麟	自营	钻石首饰	
深圳品牌	艾尚	自营、加盟、经销	黄金首饰	二、三线城市
	爱迪尔	自营、加盟	钻石首饰	
	百泰	自营、加盟	黄金首饰	
	翠绿	加盟、自营、经销	黄金首饰	
	帝爵	自营	钻石、彩宝首饰	

资料来源：根据公开资料整理。

力资源和社会保障部钻石检验员、宝玉石检验员、珠宝首饰营业员和贵金属首饰手工制作工等职业资格的培训工作。此外，我国还通过成人教育和网络教育方式培养珠宝首饰专业学生，构成了多层次的珠宝玉石教育体系。这些教育和科研机构为我国珠宝首饰行业培养了大批教育、研究、质量检测、商贸等珠宝玉石领域专业人才，推进我国珠宝首饰行业向前发展。据国家知识产权局相关数据显示，我国珠宝首饰行业成品加工的中国专利拥有量在2014年和2015年分别为4630件和6909件，其中外观设计专利占比分别达89.09%和86.21%，行业专利申请质量稳步提升，结构更加合理，企业的专利拥有量不断增加，专利的保护范围也更加趋于合理。

4. 行业集群效应显现

产业集群化发展现已成为我国珠宝首饰产业提高综合竞争力、促进区域珠宝首饰特色产业链延伸与升级的重要措施。目前，我国已形成20个左右具有特色的珠宝玉石首饰产地或基地。按照资源优势和特色划分，一是以深圳罗湖、广州番禺等为代表的贵金属首饰镶嵌加工、钻石切磨以及配套产品集聚地的珠宝特色产业基地；二是以内蒙古赤峰、辽宁阜新、辽宁岫岩、浙江青田、福州晋安、山东昌乐、江苏东海等为代表的玉石雕刻加工和贸易基地；三是以云南瑞丽、云南腾冲、福建莆田为代表的珠宝旅游特色产业基地；四是以浙江诸暨、苏州相城为代表的淡水珍珠养殖和加工基地；五是以广西梧州为代表的人工宝石特色产业基地；六是以青岛城阳为代表的流行饰品加工贸易特色产业基地（见表6－4）。

表6－4　中国特色珠宝玉石首饰产地或基地

地区	特色划分
深圳罗湖、广州番禺	贵金属首饰镶嵌加工、钻石切磨以及配套产品集聚地
内蒙古赤峰、辽宁阜新、辽宁岫岩、浙江青田、福州晋安、山东昌乐、江苏东海	玉石雕刻加工和贸易基地

续表

地区	特色划分
云南瑞丽、云南腾冲、福建莆田	珠宝旅游特色产业基地
浙江诸暨、苏州相城	淡水珍珠养殖、加工基地
广西梧州	人工宝石特色产业基地
青岛城阳	流行饰品加工贸易特色产业基地

资料来源：根据公开资料整理。

从资产总额来看，2014 年珠宝首饰行业中，资产总额占比前三的省市分别是广东省、浙江省和上海市，所占比重分别为 67.79%、12.01% 和 5.97%，前十个省市的资产总额占全行业的 96.98%①（见图 6－4）。广东省依然是我国珠宝产业最发达的地区，这主要是由于 20 世纪 80 年代国家产业政策调整，大量的香港珠宝首饰加工制造企业遂东移迁至深圳、番禺等地，为广东省带来了现代化的企业管理经验、先进的设备和工艺技术以及高级管理人才与高级技师，使广东省珠宝产业一开始便领先其他地区。

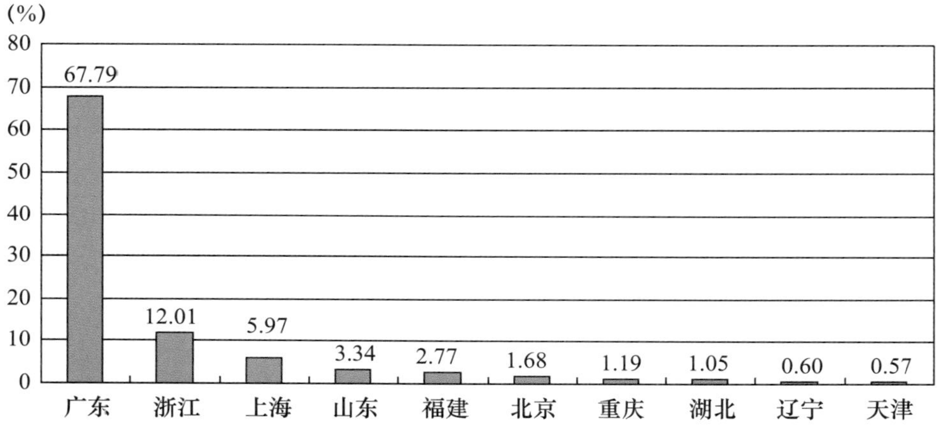

图 6－4　2014 年我国珠宝首饰行业资产总额排前十的省市

资料来源：根据中国珠宝玉石首饰行业协会、中国产业信息网整理。

5. 互联网销售逐渐兴起

随着互联网技术的发展，网络对珠宝首饰行业的重塑性将不可阻挡，“互联网＋珠宝首饰”的新型发展模式将不断影响未来珠宝首饰行业的发展潮流。“互联网＋”与传统珠宝首饰店面相结合的销售模式，可提供给珠宝商户结合“云平台”营销的解决方案：网络购物平台销售、移动营销、目标客户推广等，在传统珠宝首饰店面业务模式上做了移动互联网的营销优化，另外“互联网＋”打通供应链金融服务，结合珠宝商户的交易数据做金融借贷服务，推动了珠宝首饰行业的互联网化升级。

①中国珠宝行业网：《2016 年中国珠宝首饰市场现状分析及行业发展趋势》，http：//www.chinajeweler.com/zhubaohangye/hangyezixun/guonei/detail_2016_12/05/4803741_0.shtml，2016－12－05。

在国外，网络销售珠宝首饰模式已存在25年，但由于我国互联网起步较晚，因此珠宝首饰互联网销售的总体经营模式和市场规则还远不及传统珠宝首饰市场成熟，还处于一个以改变消费者的消费习惯为主的适应性阶段。据统计，国内珠宝首饰网络销售的营业额保持每年200%～500%的增长速度。周大福2010年打造了国内首家电商平台，并开设天猫店和京东店，每天吸引访客12.2万人次；周生生也于同年进入电子商务领域，并采用“全国统一价”的销售策略，迅速打开局面，电商销售额破亿元①。

（二）行业发展存在的问题

我国珠宝首饰行业近年发展较快，已具有了一定的规模，但在经济全球化背景下，优势并不明显，且许多方面还处于相对落后状态。如何把握经济全球化带来的发展机遇，应对各种挑战，追赶国际先进水平，是我国珠宝首饰行业迫切需要解决的问题。

1. 产能过剩问题突出

近年来，国内珠宝首饰消费需求较大，珠宝首饰产品出口额增长较快，但当前我国珠宝首饰行业存在珠宝首饰产能相对过剩、价格波动加大的经营性风险，同时，珠宝文化对产业的贡献力也亟待提高。2014年，中国珠宝玉石首饰行业协会对全国珠宝首饰市场进行调研。结果显示，具有一定规模的珠宝首饰市场超过300家，其中，20多个珠宝特色产业基地的大中型专业市场近百余个。京东、淘宝以及珠宝首饰行业专业的电子商务销售平台、电视购物、微信营销及直销等，不需要店面的销售比例越来越大。就淘宝网而言，天猫商城的店铺有3000多家，淘宝集市珠宝类卖家30万户。我国珠宝首饰行业已经出现产能过剩、专业市场过剩、销售网络体系过剩的问题，但没有引起珠宝首饰行业足够的重视。

2. 国际竞争压力增大

近些年来，泰国、印度等周边国家和地区珠宝首饰产业发展迅速，对我国珠宝首饰产业造成了巨大的冲击。印度以丰富的原材料和完善的珠宝产业链著称，其珠宝出口居全国商品出口第一位；泰国的珠宝工艺世界闻名，是世界有色宝石加工贸易中心之一；缅甸的翡翠产量世界第一，占世界玉石开采总量的95%以上。由于其他国家加工技术的提高和产业链的迅猛发展，出口中国的玉石毛料正在逐年减少，特别是高端毛料，常常被其他国家抢购。国内珠宝首饰行业，特别是云南省，面临原料危机。

3. 产品同质化严重

多年来，中国珠宝玉石首饰行业协会一直致力于推动珠宝首饰行业的规范化发展，但是，我国珠宝首饰行业仍然存在着一些需要尽快妥善解决的问题，突出表现为注重规模扩张，而忽视产品设计创新。黄金珠宝首饰产品需经过原材料购买、品牌商设计、加工商生产制作、加盟商分销等环节后进入消费者手中。品牌商作为核心企业，对产业链有着较强的控制力，业务广泛涉及研发、加工、生产、销售等多方面。在过去10年的行业爆发增长期，企业对渠道扩张、规模增长的战略优先级远高于产品提升，不仅将上游设计、制造环节大比例外包，而且下游渠道扩张模式以加盟、经销为主，借助财务杠杆实现快速扩张，由此导致珠宝首饰行业的产品同质化问题严重，品牌附加值低，企业间常打价格战。这不仅损害了珠宝首饰行业的整体形象，更影响了珠宝首饰行业的健康发展。

---

①陈姚朵：《大数据在珠宝企业的应用现状》，《宝石和宝石学杂志》2016年第4期，第60－65页。

4. 产业基地缺乏配套支撑

在各级政府的大力扶持、行业组织的积极推动和珠宝企业的不懈努力下，我国已形成了20个特色珠宝玉石首饰产业基地。这些基地形成的基础各不相同，存在的问题各有区别，发展的优势各有差异，但是都面临同样的抉择，就是如何促进各自的产业升级。就众多的特色产业基地而言，圈地扩大规模是重要的发展手段，而软性的配套支撑体系建设相对滞后。地方政府部门应积极整合资源，扩大招商引资力度，支持建设珠宝产业园区。在产业基地发展的规划中，要特别重视公共支撑服务体系的建设。例如，深圳罗湖、广州番禺等珠宝特色产业基地集聚优势较为明显，在当地政府的大力支持下，积极探索和践行物流服务、信息服务、技术服务等配套支撑体系，极大地增强了综合竞争能力。

5. 专业人才培养滞后

近年来，我国涌现出了一批优秀的首饰设计师和玉石雕刻大师，珠宝首饰的设计水平有了长足提高。但就整个珠宝首饰行业来说，我国珠宝首饰设计队伍仍较薄弱，出类拔萃的设计师比较匮乏，管理队伍整体素质还需要提高。就珠宝首饰行业企业来说，我国大部分珠宝企业缺乏现代企业管理的理念与制度，不利于企业长远发展，而一些规模较大的企业发展面临良好机遇，却缺少高级管理人才。就珠宝教育机构来说，目前，我国除珠宝首饰专业类高校、研究所外，一些大专院校也陆续开设了珠宝首饰专业，国家珠宝玉石首饰培训中心和中国珠宝玉石首饰行业协会每年也组织一些培训和学习班，广州番禺、深圳罗湖珠宝特色产业基地正在筹建珠宝专科院校。总的来说，目前我国珠宝首饰行业人才培养的速度仍然跟不上市场吸纳的速度，从管理人员到技术工人，从珠宝设计师到市场营销员，各个环节的人才都十分匮乏。

二、珠宝首饰行业人才需求分析

我国珠宝首饰行业虽起步较晚，但随着改革开放后我国经济的迅猛发展，珠宝首饰行业及时把握发展机遇，融入新的产业政策环境，销售额快速跻身于消费市场的前列。根据中国珠宝玉石首饰行业协会初步统计，2016年我国珠宝首饰行业终端市场销售保持在5000亿元人民币以上，依然是全球最大、最重要的珠宝市场之一，多个珠宝品类消费居世界前列。其中，黄金、白银、铂金、玉石、珍珠等产品销售均居世界首位，钻石消费居世界第二位，彩色宝石、半宝石等消费也处于世界领先水平①。在此发展环境下，我国珠宝首饰行业人才需求量不断增大，复合型人才紧缺。

（一）行业企业发展情况

1. 民营家族企业成中坚

由于我国珠宝首饰行业起步时间晚，产业和区域集聚效应强（黄金加工量和钻石使用量80%集中在深圳），导致珠宝企业带有传统家族企业的浓厚色彩。2012年，根据金银珠宝商会“上规模珠宝企业调查”显示，民营珠宝企业数量占珠宝首饰行业总量的80%，其中72%为家族企业，包括广东的翠绿、浙江的日月以及中国香港的周大福、谢瑞麟等著名企业。随着珠宝首

①南方日报：《我国去年珠宝业终端销售超5000亿元》，http：//epaper. southcn. com/nfdaily/html/2017 - 02/27/content_7620704. htm，2017 - 02 - 27。

饰行业市场发展和产业升级，越来越多的民营企业纷纷进行产业链一体化、品牌化、规模化经营，这将进一步推动民营珠宝首饰企业的大规模发展。预计到2020年，民营珠宝首饰企业将占到珠宝首饰行业企业数量的90%左右。但是，民营家族企业存在着管理机制不规范、激励机制不明确等弊端，与现代企业管理要求仍有差距。

2. 企业竞争格局已成型

目前我国珠宝首饰市场已形成了境内品牌、香港品牌、国外品牌珠宝企业三足鼎立的市场格局。其中，高端市场（奢侈品市场）主要被国际珠宝巨头垄断，如卡地亚（Cartier）、蒂芙尼（Tiffany）、宝格丽（Bulgari）等，这些品牌以国内一线城市为主要销售市场，主要面向高端人群，与港资及内资品牌正面竞争较少。国内品牌（包括香港品牌）的定位多数集中在占据国内市场主要份额的中高端层次，市场竞争渐趋激烈，集中度较低，主要竞争品牌有传统港资品牌周大福、周生生、谢瑞麟、六福珠宝和境内品牌周大生、老凤祥、明牌珠宝、潮宏基、爱迪尔、千禧之星、金伯利等。行业内不具有品牌知名度、定价较低的低端珠宝加工企业数量众多，销售规模普遍较小[①]。据统计，2014年，国内品牌（包括香港品牌）珠宝企业中，周大福、老凤祥、周大生及豫园商城占据国内市场前四强，销售额占比达38.72%[②]。

据不完全统计，2015年我国境内珠宝首饰行业企业总数为1500家，主要集中在华东、华北和西南地区。2015年珠宝首饰行业各区域企业数量如表6－5所示。

表6－5　　2015年珠宝首饰行业各区域企业数量

区域	省份	企业数量（家）	占比（%）
华北地区	北京市	50	3
	天津市	50	3
	河北省	50	3
	山西省	50	3
	内蒙古自治区	50	3
	合计	250	17
东北地区	辽宁省	50	3
	吉林省	50	3
	黑龙江省	50	3
	合计	150	10
华东地区	上海市	50	3
	江苏省	50	3
	浙江省	50	3
	安徽省	50	3
	福建省	50	3

①《中国珠宝首饰市场行业分析和数据报告》，《行业研究报告》，https：//www.ishuo.cn/doc/woytmiqf.html，2016－11－16。

②吴斯博：《2013～2014年中国珠宝行业发展概况》，http：//tech.163.com/14/1201/22/ACDNJS3P00094ODQ.html，2014－12－01。

续表

区域	省份	企业数量（家）	占比（%）
华东地区	江西省	50	3
	山东省	50	3
	合计	350	23
华中地区	河南省	50	3
	湖北省	50	3
	湖南省	50	3
	合计	150	10
华南地区	广东省	50	3
	广西壮族自治区	50	3
	海南省	50	3
	合计	150	10
西南地区	重庆市	50	3
	四川省	50	3
	贵州省	50	3
	云南省	50	3
	西藏自治区	50	3
	合计	250	17
西北地区	陕西省	40	3
	甘肃省	40	3
	青海省	40	3
	宁夏回族自治区	40	3
	新疆维吾尔自治区	40	3
	合计	200	13
总计		1500	100

资料来源：根据中国产业网、各地区政府官网公开资料整理。

3. 经营模式以加盟为主

我国珠宝零售商主要采用自营、经销以及加盟三种连锁模式。与周大福、周生生、谢瑞麟等香港品牌商相比，境内珠宝品牌企业多采用加盟扩张模式，如老凤祥、豫园商城。主要原因是，与自营和经销的模式相比，加盟模式有利于抢占优质渠道资源，实现全国范围内门店快速扩展，是渠道、规模突围的捷径。据国金证券研究所统计数据显示，2014 年，老凤祥自营店 172 家，而加盟达 1229 家。豫园商城自营店 214 家，加盟有 1602 家（见图 6－5）。然而，我国国内珠宝首饰品牌企业对加盟商和产品的管控力度要求不严格，一般仅要求加盟商缴纳品牌服务费并在指定加工批发商采购产品，在产品检验、标签管理、品牌文化传导、人员培训等方面缺乏支持，对终端动销、库存数据、客户信息缺乏了解，从而导致珠宝企业管理缺乏规范的经营管理模式，产品精细化程度不够。

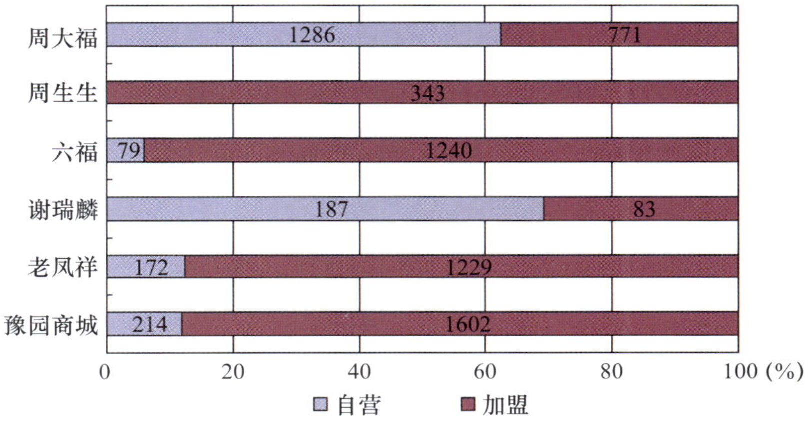

图 6－5 2014 年上市珠宝企业门店数量及门店类型占比

资料来源：根据国金证券研究所公开资料整理。

（二）行业人才需求分析

1. 从业人员现状

就目前我国珠宝首饰行业从业人员现状来看，无论是从人才数量还是质量上都无法满足当前市场的需求。珠宝首饰行业人才的专业化水平参差不齐、人员流动率大、缺乏系统的管理和培训等，管理、设计、鉴别、工艺等人才不足。据不完全统计，目前我国珠宝首饰行业从业人员有 300 多万人，但除了当前最炙手可热的策划文案、店长等岗位，从技术师傅到高级管理者，从终端导购员到品牌策划人员，再到珠宝首饰企业的初级、中级和高级技能岗位，几乎每个环节人才都十分匮乏，未来几年珠宝首饰行业人才缺口预计有 100 多万①。

（1）从业人员专业程度偏低。总的来看，我国接受过正规专业教育的珠宝首饰行业从业人员占比非常低，专业人才资源非常贫乏，很多企业只好通过“兼收并蓄”的途径来发展建立人才团队。对于毕业生来说，由于没有经验，通常只能成为企业的储备人员，经过一段时间的工作与培训之后才能成为正式员工。

（2）人员流失大。珠宝企业中，珠宝首饰加工的一线工人年龄多在 18～30 岁，以青年为主，大多初中毕业后就到工厂实习工作，因为多种原因，能经过 3～4 年的技术培养成为熟练师傅的人非常少，人员流动性大。以潮宏基为例，其一个月的员工流动率大概在 2.83%。人员流动大、缺乏高水平技工是整个珠宝首饰行业面临的共性问题。

（3）复合型人才需求量大。根据调研，市场紧缺的专业人才有珠宝首饰设计、珠宝首饰加工、生产管理、珠宝首饰营销、电子商务等专业人才，珠宝企业对兼具珠宝设计和生产制作工艺的复合型人才需求尤其显著。然而，我国珠宝类职业院校只有 30 余所，每年毕业生不足 2000

①骆绍勇、张皙：《珠宝产业人才需求状况与中国珠宝院校教育教学现状》，《中国市场》2016 年第 31 期，第 200－201 页。

人，无异于杯水车薪。近年来，很多院校已经意识到市场需求，纷纷开设珠宝专业，但是由于缺乏相应的资源和标准，人才培养质量良莠不齐。从业人员专业技能不足、素质不高，已成为行业进一步发展的阻力。

2. 人才需求类型

随着珠宝首饰行业的发展和成熟，珠宝首饰行业产业链也不断完善，涉及从矿石开采、加工冶炼（上游）到珠宝首饰设计、加工、鉴定（中游）和销售（下游）的全过程。对应于每个产业链环节，不同的珠宝首饰专业人才“术业有专攻”，需求类型不断细分和明晰，主要包括珠宝首饰先期的鉴别、设计制作、品牌策划及后期的销售、评估等专业人才（见图6－6）。

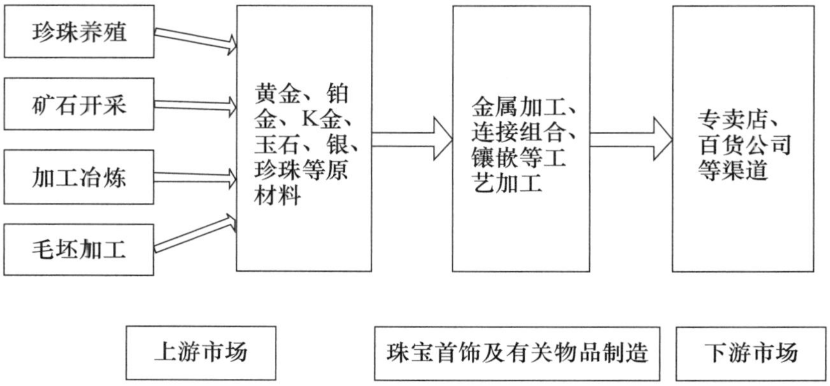

图6－6 珠宝首饰产业链示意图

（1）矿石开采——采矿类、冶炼类人才。采矿类、冶炼类人才是珠宝首饰产业的基础性人才，对应的职位有选矿技术员、化验员、沉淀技师、分离师等，需要掌握冶金生产第一线主要工序的实际操作技能，从矿石粗加工、磨成石粉到进入重力分选机筛选、分离，都需要对各工序产品质量鉴定、组织与性能检测和分析的能力。

（2）珠宝首饰设计、加工——技术/研发类人才、生产管理类人才。这类人才需要掌握宝石鉴定的基本技能，具有宝石鉴定和检测的初步能力；掌握宝石款式设计的基本原理和基本方法，并具有宝石切磨加工的初步能力；掌握首饰制作工艺的基本原理和方法，具有首饰制作的初步能力。这类技工人才需求较大，包括配石员、镶石员、执模员、珠宝设计师等，技工岗位包括电脑起版、压模、倒模、珠宝首饰设计、珠宝首饰加工等。

（3）珠宝销售——经营管理类、营销类人才。珠宝首饰销售人才需要掌握珠宝基础理论、珠宝实验室鉴定知识、珠宝首饰评价欣赏、市场营销理论、珠宝首饰市场价格评估以及珠宝首饰综合营销管理等基本珠宝首饰专业及营销方面相关知识。

3. 人才的岗位需求

根据对国内具有代表性的珠宝首饰企业进行的相关岗位设置、人才需求和职业能力要求的专项调查结果显示，高职类珠宝首饰专业毕业生所对应的岗位主要有首饰设计、首饰生产工艺及管理、首饰产品鉴定与检验、珠宝首饰商贸等，涉及珠宝首饰产业链中设计、生产、鉴定和商贸四个职业岗位群（见图6－7）。

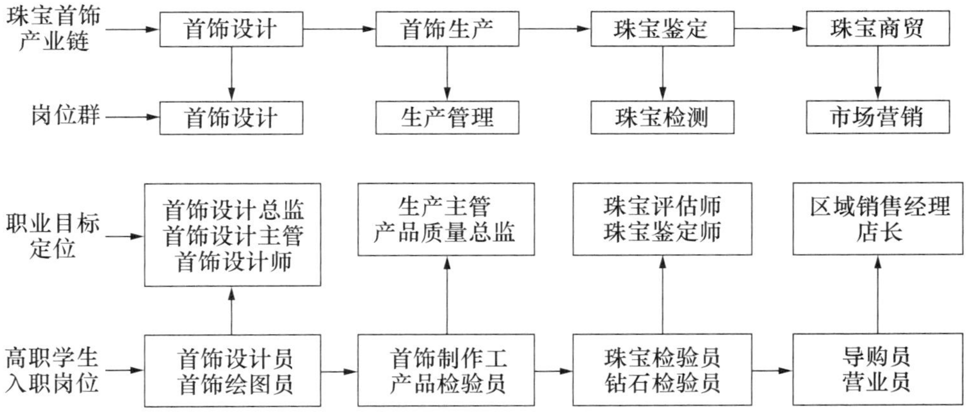

图6－7　珠宝首饰工艺及鉴定专业职业目标定位

尽管不同的企业情况有所差别，但总的来说珠宝企业的组织架构可以通过图6－8来描述。各部门中，除了财务部、行政后勤部、信息技术部与珠宝首饰专业没有直接的联系外，其余部门都与珠宝首饰专业有着直接或间接的联系，特别是生产部，需要具有扎实的专业技术能力。

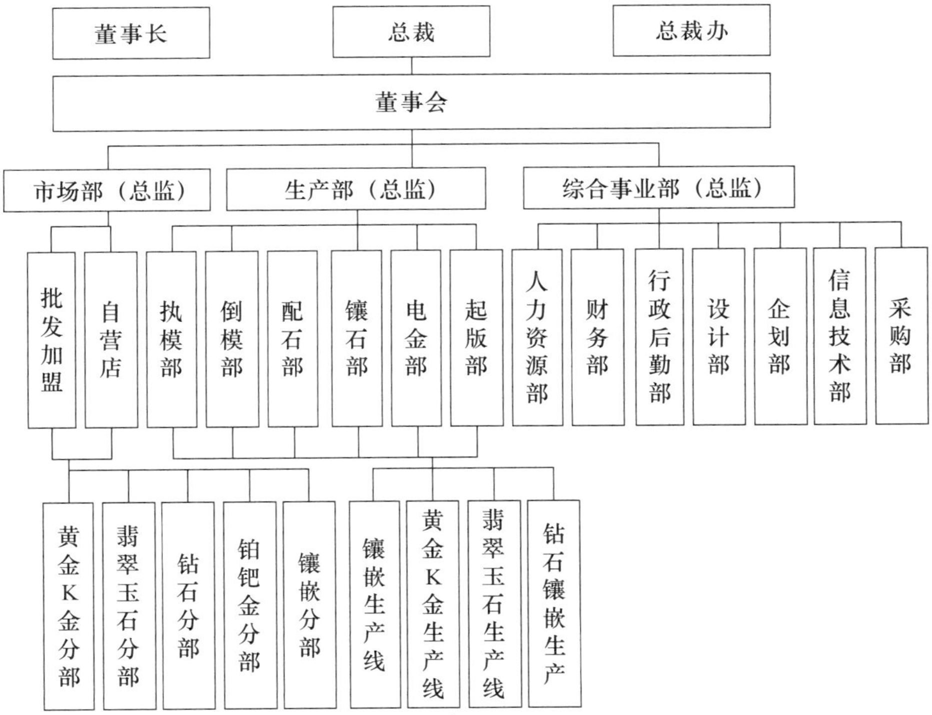

图6－8　某珠宝企业的组织架构

针对各岗位类型，典型的工作任务及工作过程如表6－6所示。

表6－6　　典型的工作任务及工作过程

典型工作任务	工作过程
首饰设计	接受设计任务，进行市场调研，首饰概念设计、首饰设计草图绘制、首饰效果图绘制、首饰设计产品推广策划设计
首饰产品制作与生产管理	组织首饰制作生产并进行过程质量监控和人员管理，首饰产品质量监控，产品检验与收发
钻石检验	区别钻石与仿钻，判别钻石大小，识别钻石加工工艺、颜色色级，检验钻石质量并进行质量归类划分，进行价值评估、市场价值定位
宝玉石检验	识别宝玉石加工工艺、宝玉石质量检验与品质分级、价值评估、市场价值定位
珠宝首饰市场管理	珠宝首饰市场调研，客户管理，品牌策划与推广，加盟连锁经营管理
珠宝首饰营销	顾客接待，顾客交流，珠宝首饰产品质量和文化特征介绍，产品销售，产品包装，产品管理

资料来源：根据网络资料整理。

三、我国珠宝首饰专业职业教育分析

目前，我国珠宝首饰专业职业教育已形成涵盖宝石原料鉴定、宝石切磨加工、贵金属材料检测、宝石钻石鉴定和分级、珠宝首饰加工、首饰设计、珠宝营销、珠宝企业管理和策划等贯穿整个珠宝首饰行业产业链的完整教育体系。但珠宝首饰行业的不断发展从数量和质量两个方面对行业从业人员提出了更高的要求。职业教育应顺应珠宝首饰行业的发展趋势和新的要求，积极探索珠宝首饰行业人才培养模式，为珠宝首饰行业培养大批满足市场需求的专业技能型人才。

（一）专业设置分析

珠宝首饰专业是集珠宝材料、矿产开采、加工、镶嵌、鉴定、分级、评价、合成优化、商业贸易及珠宝文化等多个相关分支专业于一体、交叉性强、文理兼容的专业。

从专业设置看，在高等职业教育层次，根据《普通高等学校高等职业教育（专科）专业目录（2015年）》，珠宝首饰类专业主要分为资源勘查专业类、艺术设计类两大类；在中等职业教育层次，珠宝首饰类专业主要分为资源环境类、加工制造类和文化艺术类三大类。珠宝首饰相关专业设置基本涵盖珠宝首饰设计、加工、制作、营销、鉴定、文化等产业发展的各环节（见表6－7）。

表6－7　　珠宝首饰类相关专业

教育层次	专业类	专业
高职	资源环境与安全大类（资源勘查专业类）	宝玉石鉴定与加工
	文化艺术大类（艺术设计类）	玉器设计与工艺
		首饰设计与工艺
		雕刻艺术设计
		玉器设计与工艺

续表

教育层次	专业类	专业
中职	资源环境类	采矿技术
	加工制造类	金属压力加工
		有色金属冶炼
		选矿技术
	文化艺术类	珠宝玉石加工与营销

从院校分布看，截至2014年，我国共有86所珠宝学历教育学校，分布在全国25个省、自治区、直辖市，在校生达到2.5万人[1]。其中，开设珠宝首饰相关专业的高职院校有北京经济管理职业学院、广州番禺职业技术学院、上海新侨职业技术学院、深圳职业技术学院、深圳技师学院、广西梧州学院、陕西国际商贸学院、云南国土资源职业学院等；中职学校有北京市商业学校、上海信息技术学校、广州南华工贸技工学校、深圳市博伦职业技术学校、武汉财贸学校等。

从专业分布看，部分职业院校根据各自所在区域产业发展特点及市场需求开设不同的专业方向，例如，辽宁、云南靠近珠宝原料产地，宝石开采、鉴定、加工是当地的重要产业，宝石开采、鉴定、加工、设计、制作等人才需求旺盛，辽宁地质工程职业学院、云南国土资源职业学院根据市场需求设置了宝玉石鉴定与加工、首饰设计与工艺、雕刻艺术与工艺、石材开发与应用等专业；广东省、云南省是我国重要的珠宝玉石市场，珠宝首饰专业门类齐全，一些院校将珠宝玉石作为独立院系设置，支撑珠宝首饰专业群的发展，如云南国土资源职业学院、深圳市博伦职业技术学校、广州番禺职业技术学院（见表6-8）。

表6-8　2016年我国部分职业院校珠宝首饰相关专业开设情况

区域[2]		院校名称	专业名称	计划招生数	所属院系
东北	辽宁	辽宁地质工程职业学院	宝玉石鉴定与加工、首饰设计与工艺	不详	资源系
东部	北京	北京经济管理职业学院	宝玉石鉴定与加工	30	工程技术学院
	上海	上海工艺美术职业学院	玉器设计与工艺、首饰设计与工艺	5	时尚与工艺学院
		上海工艺美术学校（中职）	艺术设计专业（珠宝首饰工艺及鉴定方向）	30	—
		上海信息技术学校（中职）	珠宝玉石加工与经营	不详	化工系
		上海工商职业技术学院	首饰设计与工艺、宝玉石鉴定与加工	不详	珠宝系

[1]孟琳（中宝行业发展部）：《中国珠宝教育现状调研报告》，http：//www. chinajeweler. com/zhubaohangye/hangyezixun/guonei/detail_ 2015_ 01/12/3414831_ 0. shtml，2015-01-12。

[2]东部地区包括10个省级行政区：北京市、天津市、河北省、山东省、江苏省、上海市、浙江省、福建省、广东省、海南省；中部地区包括6个省级行政区：山西省、河南省、湖北省、湖南省、江西省、安徽省；西部地区包括12个省级行政区：重庆市、四川省、广西壮族自治区、贵州省、云南省、陕西省、甘肃省、内蒙古自治区、宁夏回族自治区、新疆维吾尔自治区、青海省、西藏自治区；东北地区包括3个省级行政区：黑龙江省、吉林省、辽宁省。

续表

区域		院校名称	专业名称	计划招生数	所属院系
东部	江苏	江苏经贸职业技术学院	珠宝首饰工艺及鉴定	35	艺术设计学院
		扬州江海职业技术学院	珠宝首饰工艺及鉴定	24	应用艺术系
	广东	广州番禺职业技术学院	首饰设计、珠宝鉴定与营销、珠宝首饰工艺及鉴定	69	珠宝学院
		深圳市博伦职业技术学校（中职）	宝玉石鉴定与商贸、珠宝玉石加工与营销	不详	珠宝部
		深圳职业技术学院	珠宝首饰工艺及鉴定	120	艺术设计学院
	海南	海南职业技术学院	首饰工艺与鉴定	100	艺术学院
中部	山西	山西旅游职业学院	宝玉石鉴定与营销	50	旅游文化与艺术系
	安徽	安徽工业经济职业技术学院	宝玉石鉴定与加工技术	80	地质学院
	云南	云南国土资源职业学院	珠宝玉石加工与营销、首饰设计与工艺、雕刻艺术与工艺、石材开发与应用	67	珠宝玉石学院
计划招生总数（不完全统计）（人）				610	

资料来源：根据职业院校官网整理。

（二）专业人才培养分析

下面通过梳理10所职业院校（含中职和高职）培养目标、培养模式、课程设置、实训室建设等方面的情况，分析我国珠宝首饰职业教育人才的培养现状。

1. 培养目标

珠宝首饰行业要求从业者具有较强的实践能力，因此职业院校的珠宝首饰类专业十分注重培养学生的实践操作能力。通过梳理10所职业院校的珠宝类专业人才培养目标（见表6-9），可以看出不同细分专业方向人才培养的目标侧重点有所不同。其中，宝玉石鉴定与营销专业侧重培养系统的具有宝玉石鉴定技能、珠宝首饰营销技能、首饰初步设计技能的实用人才；珠宝首饰工艺及鉴定专业培养目标几乎覆盖珠宝首饰生产产品链，即能适应产品生产链的不同工作岗位的生产技术人员，从设计制造、生产管理、鉴定评估、营销策划到经营管理所需要的复合式创新型高素质高技能人才。另外，因地方产业发展重点不同，细分专业方向与培养目标有所差别。例如，云南珠宝玉石产业市场庞大，初步形成了生产、加工、营销一体化的市场网络，云南国土资源职业学院开设了珠宝玉石加工与营销和首饰设计与工艺两个专业；上海工艺美术职业学院借助于地方玉雕工艺、工艺品营销和管理的发展成熟，设置了玉器设计与工艺专业、首饰设计与工艺专业。

表6-9　部分院校珠宝首饰相关专业人才培养目标

学校类别	院校	专业名称	人才培养目标
高职	广州番禺职业技术学院	宝玉石鉴定与加工	培养适应珠宝玉石鉴定、珠宝首饰营销等行业企业第一线需要，具有良好的职业道德，掌握系统珠宝玉石鉴定、珠宝首饰评估、珠宝首饰营销的专业知识，具有珠宝玉石鉴定、珠宝首饰营销、珠宝首饰企业管理等相关专业技能，具备“一技之长+综合素质”的高技术技能型珠宝鉴定、评估、珠宝导购、珠宝营销策划及管理人才
		首饰设计与工艺	培养适应珠宝首饰、流行饰品和工艺品等领域第一线需要，具有良好的职业道德，掌握首饰设计、流行饰品设计、工艺品设计等方面专业知识，具有首饰设计、饰品设计、工艺品设计技能，具备“一技之长+综合素质”的德、智、体、美等方面全面发展的高技术技能型人才
		珠宝首饰技术与管理	培养适应珠宝首饰生产、珠宝首饰鉴定等领域第一线需要，具有良好的职业道德，掌握首饰贵金属材料、首饰制作工艺、首饰企业管理、珠宝首饰鉴定的专业理论知识，具有珠宝首饰加工制作能力、珠宝首饰企业生产组织管理能力、珠宝首饰企业物资管理能力、珠宝首饰质量控制能力、珠宝首饰鉴定等相关专业技能，具备“一技之长+综合素质”的高技术技能型珠宝首饰生产、管理及鉴定人才
	上海工艺美术职业学院	首饰设计与工艺专业	本专业主要面向珠宝首饰行业，培养具有良好的敬业精神和职业态度，能够将传统与现代、经典与时尚的设计理念有机结合，将创意设计转换成产品，具备首饰设计、贵金属首饰制作、首饰营销以及宝玉石鉴定、能够适应首饰行业发展和岗位需要的高素质、高技能型人才
		玉器设计与工艺	本专业培养具有良好的职业道德和美术修养，掌握中外工艺美术史知识、艺术设计概论知识、工艺美术基本材料与技法知识，具备玉雕工艺设计基础知识和实践操作能力，能从事玉雕工艺品设计与制作、玉雕工艺品修复、工艺礼品开发、工艺品营销和管理、工艺品开发项目工作的高素质技术技能型人才
	江苏经贸职业技术学院	首饰设计与工艺	首饰设计专业培养具有珠宝首饰设计、服装配饰设计、流行饰品设计、珠宝广告设计、首饰展示策划设计等方面的专业知识和设计技能，具备与首饰行业相关的珠宝鉴定、首饰营销、首饰制作工艺等能力，适应珠宝首饰行业的发展方向，满足相关工艺品和服饰品行业的一线需求的高素质技能型人才

续表

学校类别	院校	专业名称	人才培养目标
高职	深圳职业技术学院	珠宝首饰工艺及鉴定	培养具有良好综合素质，具备珠宝首饰设计、加工、鉴定和营销的理论知识及基本技能，适应珠宝首饰产品的设计开发、生产管理、鉴定评估、营销策划、经营管理所需要的复合式创新型高素质高技能人才
	山西旅游职业学院	宝玉石鉴定与营销	培养具有系统的宝玉石鉴定技能、珠宝首饰营销技能、首饰初步设计技能的实用人才
	安徽工业经济职业技术学院	宝玉石鉴定与加工技术专业	主要培养具有宝玉石鉴定加工、珠宝企业管理和市场营销能力的复合型人才
	云南国土资源职业学院	珠宝玉石加工与营销 首饰设计与工艺	培养熟悉宝玉石鉴定与营销基础理论知识，具有较强的外语与计算机应用能力，掌握宝玉石鉴定与营销两项核心专业技能，熟悉我国珠宝玉石首饰产业相关方针、政策和法规，能够从事珠宝玉石首饰鉴定检测及营销管理相关工作的德、智、体、美全面发展的高素质技能型人才
	扬州江海职业技术学院	珠宝首饰工艺及鉴定	培养珠宝首饰市场经济需要，德、智、体、美全面发展，具有较强实践能力，能从事珠宝首饰设计、制作、营销、鉴定等的高等技术应用型人才，即培养会设计、懂工艺、善经营、能鉴定的珠宝首饰行业特色应用型人才
中职	上海市工艺美术学校	艺术设计专业（珠宝首饰工艺及鉴定方向）	培养具备珠宝首饰设计、贵金属和蜡雕手工制作、珠宝首饰鉴定与销售等综合首饰专业能力并具备自主创业能力的高级技能型人才
	深圳市博伦职业技术学校	宝玉石鉴定与商贸	主要培养实用型宝玉石鉴定、珠宝商贸、首饰设计制作、宝玉石加工制作方面的中高级技术人才

资料来源：根据职业院校官网整理。

2. 培养模式

校企合作、工学结合是珠宝首饰专业职业教育人才培养的主要模式。职业院校典型珠宝首饰专业人才培养模式如表6－10所示，各院校结合本校特色，培养模式有所差异，但都强调企业与职业院校间的协同合作，加强课程教学与珠宝企业之间的联系。如深圳职业技术学院、辽宁地质工程职业学院等职业院校与多家企业单位建立紧密的产学研“订单式”培养合作关系，采用“冠名班”形式订单培养。学校提供教学管理服务、教学场地和专业教师，企业提供部分教学设备、专业技术、实习实训基地、具有丰富操作经验的兼职教师和就业岗位。

表 6－10　典型珠宝首饰专业职业院校人才培养模式

职业院校	培养模式	简要介绍	合作单位
上海工艺美术职业学院	项目任务引领、工作室教学、职业岗位对接的人才培养模式	在以传播时尚品牌文化与设计作品的同时，推动工艺美术的传承、发展和创新，校企合作、社会真题的承接、项目化教学以及多元化的教学模式不断培养出具备当代艺术修养及社会需求的高素质专业人才	中国黄金集团、上海老凤祥集团、上海首饰研究所、上海老庙黄金集团、上海东华美钻、上海城隍珠宝、上海钻石小鸟
广州番禺职业技术学院	校企合作、工学结合	学校和企业人员共同成立专业建设指导委员会和珠宝学院理事会，共建校内和校外实训基地，实施“订单式”人才培养，共同设置专业方向、确定课程内容	广州番禺云光首饰有限公司、亚洲博闻有限公司、六福集团、皇庭珠宝集团、香港卓尔原创珠宝有限公司
云南国土资源职业学院	现代学徒制	“现代学徒制”是由企业和学校共同推进的一项育人模式，其教育对象既可以是学生，也可以是企业员工。对他们而言，就学即就业，一部分时间在企业生产，一部分时间又在学校学习	云南宏昆矿业有限公司、怡泰祥珠宝、丽江圣源珠宝等多家珠宝公司
深圳职业技术学院	“订单式”、“工作室制”、“项目引导式”等多元化人才培养模式	“工作室制”人才培养模式是一种积极的探索，不仅优化了学生的学习环境，提高了人才培养质量，提高了学生的就业率，还使得学校的人才培养目标与企业的岗位要求更趋一致，学生毕业后能迅速融入职场环境，适应岗位的工作要求，为学生顺利就业提供了一条极好的途径，免除先培训后上岗的麻烦	周大生珠宝有限公司、广州亿钻珠宝有限公司
辽宁地质工程职业学院	校企合作、工学结合的“订单式”人才培养模式	“订单式”人才培养，就是由学校提供教学管理、教学服务、教学场地和专业教师，企业提供部分教学设备、专业技术、实习实训基地、具有丰富操作经验的兼职教师和就业岗位，这样培养出来的学生对学校、企业和学生自身来说都是有益的 每年组织大二学生利用暑假时间，根据用人单位岗位需求，将学生分到不同的工作岗位，并派师傅带领指导。开学后再返回学校继续学习，通过岗位技能实训和专业顶岗实习阶段再进入企业，并由该企业提供实际的就业岗位，供学生们选择	爱丽丝珠宝香港有限公司、沈阳萃华金店金银制品有限公司、宁波宝艺金珠宝有限公司、上海大溪珠宝有限公司、山东赛菲尔珠宝首饰有限公司

续表

职业院校	培养模式	简要介绍	合作单位
上海工商职业技术学院	校企合作	在专业设置、培养目标、专业培养方案方面的合作、在理论和实践课程教学方面的合作：一方面，长期聘请数位企业专家和高技能专业技术人员担任兼职教师；聘请企业专家和高技能专业技术人员担任毕业实习和毕业设计指导教师。另一方面，学院定期选派教师到企业学习	上海世玉文化传播有限公司、周大福珠宝金行（苏州）有限公司、六福珠宝（上海）有限公司华东公司、HIERSUN（恒信）上海公司、上海青莲阁拍卖有限责任公司、上海玉成天赐珠宝有限公司、广东省珠宝玉石及贵金属检测中心

资料来源：根据相关研究成果及相关院校官方网站的资料整理。

3. 课程设置

珠宝首饰专业课程设置以地质学、结晶学与矿物学、晶体光学、设计学和设计美学、市场营销等学科为基础，各学历层次及专业方向的课程设置具有一定的针对性，如表6－11所示。

表6－11　部分高等职业院校珠宝首饰专业课程设置

院校	专业名称	核心课程	专业技能课程
上海工艺美术职业学院	玉器设计与工艺专业	造型设计、工艺品开发、玉雕工艺、综合雕刻工艺、计算机辅助设计	玉雕、雕塑、白描、立体造型、工艺雕刻等工艺技法的实训
	首饰设计与工艺专业	计算机软件、图案装饰、首饰设计、首饰工艺制作、首饰营销、宝玉石鉴定、设计表现、时装配饰设计	—
广州番禺职业技术学院	宝玉石鉴定与加工	结晶学与矿物学基础、珠宝玉石鉴定、珠宝首饰营销、珠宝首饰评估、宝玉石加工	珠宝市场调研实习、珠宝玉石鉴定实习、钻石分级实习、宝玉石加工工艺实习
	首饰设计与工艺	首饰设计、综合表现技法、首饰雕蜡、首饰CAD、流行饰品设计及制作等	首饰CAD实习、首饰制作工艺实习、首饰雕蜡实习、商业首饰设计实习
	珠宝首饰技术与管理	贵金属首饰材料、首饰制作工艺、首饰CAD、首饰生产质量检验及缺陷分析、首饰企业管理、宝玉石加工、珠宝玉石鉴定等	首饰制作与质量检验实训、首饰企业生产与管理综合实训、首饰电脑起版实训等

续表

院校	专业名称	核心课程	专业技能课程
扬州江海职业技术学院	珠宝首饰设计工艺及鉴定	设计素描、设计色彩、构成基础、造型基础、工笔线描、中国玉文化、首饰效果图表现技法、首饰设计、首饰工艺学、首饰制作工艺、宝玉石琢形及加工工艺、广告设计、珠宝首饰摄影、宝石合成与改善、宝玉石鉴定、珠宝评估、宝玉石营销、企业管理概论、PHOTO-SHOP、Jewel CAD	首饰制作工艺实训、珠宝鉴定实训、玉器雕刻工艺实训、珠宝模拟营销实训、珠宝摄影实训等
江苏经贸职业技术学院	首饰设计与工艺	素描、色彩、图案、宝石学基础、珠宝鉴定、首饰设计表现、首饰设计基础、电脑首饰设计、首饰制作工艺学、首饰镶嵌与制作、展示设计、珠宝市场营销学、珠宝经营管理等	首饰设计与工艺专业实训
深圳市博伦职业技术学校	宝玉石鉴定与商贸	珠宝首饰基础、珠宝首饰鉴定、钻石分级、首饰设计、宝玉石加工工艺、首饰制作工艺、珠宝首饰商贸、宝玉石鉴赏、宝玉石优化处理方法、计算机技术、珠宝专业英语	专业实习主要是参观深圳珠宝展览，赴广州、四会、平洲、揭阳等地进行认知实习，赴云南、缅甸等地进行综合实习等
深圳职业技术学院	珠宝首饰工艺及鉴定	宝石学基础、珠宝首饰鉴定、钻石分级、首饰制作工艺、首饰镶嵌工艺、首饰设计表现技法、首饰设计、首饰创意设计、首饰 CAD、珠宝首饰商贸、珠宝首饰评估等	—
云南国土资源职业学院	宝玉石鉴定与营销	宝石矿物肉眼鉴定、宝石矿物偏光显微镜鉴定、岩石识别、首饰贵金属检验、宝玉石鉴定、钻石鉴定与分级、翡翠鉴定与评价、珠宝首饰营销、珠宝商务礼仪、珠宝电子商务、珠宝首饰评估等	职业与专业认知、宝玉石边境贸易考察、校内仿真实训（宝玉石鉴定综合实训、珠宝首饰加工综合实训、珠宝首饰营销综合实训）
	首饰设计与工艺	设计素描、平面构成、立体构成、色彩构成、Jewel CAD 软件应用、贵金属首饰设计、镶嵌类首饰设计、宝石款式设计与加工、玉石设计与雕刻、首饰制作、珠宝首饰鉴定、首饰绘图、设计概论、中外首饰发展史、中国玉文化	—

续表

院校	专业名称	核心课程	专业技能课程
云南国土资源职业学院	雕刻艺术与工艺（玉雕）	宝玉石材料鉴别、玉石挂件制作、玉佩制作、玉雕动物制作、玉雕花鸟制作、玉雕人物制作、玉器摆件制作、玉石器皿制作、玉器抛光、玉石电脑设计与雕刻等	—
	石材开发与应用	石材矿物岩石肉眼鉴定、石材材料分析、石材矿山开采、建筑石材加工、石材产品计算机辅助设计、石材养护、石材检验检测、石材市场营销、装饰石材设计与加工等	建筑石材设计与加工综合实训、装饰石材设计与加工综合实训、石材产品计算机辅助设计综合实训、石材检验检测综合实训
海南职业技术学院	珠宝首饰技术与管理（原珠宝首饰工艺与鉴定专业）	宝石学、玉石鉴赏、珠宝鉴定、珠宝文化、结晶矿物学、首饰设计与制作、首饰加工技术、人工宝石学、有机宝石学、珠宝评估、钻石分级、钻石及有色宝石珠宝鉴定师课程、珠宝企业管理与营销等	—
辽宁地质工程职业学院	宝玉石鉴定与加工	地质学、矿物学、Jewel CAD 应用、宝石商贸、宝石鉴定、款式设计及加工、珠宝首饰设计、玉雕工艺	—
	首饰设计与工艺	普通地质学、结晶学、矿物学、晶体光学、手绘首饰设计、珠宝营销、计算机首饰设计、宝石鉴定、宝石加工、首饰设计、贵金属首饰加工与镶嵌、玉雕加工、专业英语、玉文化	—

资料来源：根据各职业院校官网资料整理。

由表6－11可以看出，部分院校注重首饰设计与工艺、首饰鉴定，部分院校注重珠宝玉石加工与营销、宝玉石商贸类课程。除珠宝类基础课程外，部分院校还开设了实训类等实践性课程，如云南国土资源职业学院开设了宝玉石鉴定综合实训、珠宝首饰加工综合实训、珠宝首饰营销综合实训等校内实训课程。然而，就10所职业院校整体情况而言，实践类珠宝实训课程较少，只有少数学校有所涉及，重设计理论轻动手能力的现象较为显著。

4. 实训室建设

实训设施是培养技术型人才的硬件支撑，是职业教育的重要组成部分。目前我国大部分开设珠宝首饰类专业的职业院校均建设有校内实训室，或与企业合作建设校外实训基地等，为珠宝首饰专业人才培养提供了实践的场地和实习的机会。然而，由于实训室建设软硬件成本等原因，实训设备陈旧、未及时更新的问题较为突出，甚至仍有部分学校没有建设校内实训室或校外实训基地。我国部分职业院校珠宝首饰专业实训室建设情况如表6－12所示。

表6－12　我国部分职业院校珠宝首饰相关专业实训室建设情况

院校	实训基地/实训室建设情况
广州番禺职业技术学院	首饰设计专业：有首饰创意设计实训基地，该基地包括首饰创意设计中心、首饰CAD实训室、珠宝首饰陈列中心三个实训室 珠宝鉴定与营销专业：有以珠宝玉石鉴定、钻石分级、疑难宝石鉴定和宝玉石加工实训室为主体的宝石鉴定及加工校内实训基地 珠宝首饰工艺及鉴定专业：12个实训室组成的首饰制作工艺校内实训基地
上海工艺美术职业学院	校内工作室具备完善的教学、实训、产品设计开发与制作等设备设施，有漆艺工作室、玉雕工作室、皮艺工作室、手工鞋品工作室、首饰工作室、版画工作室、玻璃工作室、陶瓷工作室、雕塑工作室、景泰蓝工作室、玻陶窑房、景泰蓝炉房、雕塑翻模石膏房等
上海市工艺美术学校	建成首饰制作、漆艺制作、玉石雕刻制作、模型制作、陶艺制作、版画制作、雕塑制作、电脑设计制作、玻璃制作等实训室
云南国土资源职业学院	宝玉石鉴定及加工校内实训基地：包括宝石鉴定、标准钻石分级、珠宝营销实训室（场）
辽宁地质工程职业学院	设有宝石加工实训室、首饰工艺实训室、钻石分级实训室和宝石鉴定实训室
北京经济管理职业学院	设有宝石加工实验室、宝石鉴定实验室、岩矿实验室、钻石分级实验室

资料来源：根据各职业院校官网资料整理。

四、发达国家珠宝首饰专业职业教育分析

发达国家珠宝首饰行业发展较早，注重培养珠宝首饰行业专业性人才，珠宝首饰专业教育发展处于领先地位。研究分析美国、英国和意大利的人才培养模式、课程设置等特点，能够为我国珠宝首饰人才培养提供经验借鉴。

（一）发达国家珠宝首饰专业教育概况

发达国家的经济繁荣时期带来了珠宝首饰行业的飞速发展，在通货膨胀时期，珠宝也因其保值增值功能受到人们的青睐。随着行业的发展，一些发达国家逐渐建立了较为完善的珠宝首饰人才培养体系，为珠宝首饰行业输送了大量的人才。

1. 美国

由于发展较早，目前美国的珠宝教育、科研系统比较发达。美国宝石学院（GIA）是世界上第一个专门研究宝石的高等学院，主要为业界提供鉴定、分级、评价方面的知识以及权威的市场分析，并且开展宝石教育和科研，为业界培养专业型人才。①

①刘艳艳：《云南珠宝玉石业发展模式研究》，昆明理工大学硕士学位论文，2007年。

美国的珠宝教育采取学历教育和非学历教育相结合的方式。在学历教育领域，著名院校都开设了珠宝首饰相关专业，其中以珠宝设计专业为主。由于美国的珠宝设计对学生理论知识和实践能力要求较高，因此，其学历教育主要集中在本科和研究生教育层次。如罗德岛设计学院（Rhode Island School of Design）、普瑞特艺术学院（Pratt Institute）、加州艺术学院（California College of the Arts）等。

（1）培养模式。美国珠宝首饰文化偏向商业化，设计风格与商业模式紧密相连，导致了美国首饰设计教育模式更加偏向商业化。相关院校十分看重校企联系，定期邀请著名品牌首饰设计师到学院交流，同时也会把自己的学生送到珠宝加工厂实习，学习经验。如罗德岛设计学院学生可以到谢非尔德化验室学习贵重金属例如黄金、铂金的加工锻造技术，加州艺术学院的珠宝和金属艺术专业为学生提供从专业实践课程到湾区实习和本地画廊等机会。美国学校的设计教育为设计与营销同步进行，以保证学生与市场紧密联系。①

珠宝首饰专业的学生通过2～3年的专业学习后，开始准备自己的作品集，展出的作品通常是学生在课外或者独立学习课程中较成熟的作品。在本科阶段，学生会获得较丰富的经验，也为他们去研究生院继续深造打下良好的基础。

（2）课程设置。美国珠宝首饰相关专业在课程设置上注重系统性、科学性，遵循知识和技术掌握的规律，部分院校珠宝首饰类课程设置如表6－13所示，一般按照如下顺序设置课程：①珠宝设计基础概念和实用技巧。以设计练习为代表，还涉及绘画和模型制造、艺术史、珠宝和时装以及珠宝首饰与纺织品之间的联系。②学习设计流程，开始接触更多设计中的实际问题。③在项目中综合应用，参与实习实践。

表6－13　美国部分院校珠宝首饰类课程设置

院校名称	专业名称	课程设置
罗德岛设计学院（Rhode Island School of Design）	金属和珠宝设计	金属与珠宝设计硕士课程建立在传统手动制作的基础上，同时拓展新的科技
普瑞特艺术学院（Pratt Institute）	珠宝	设计、创意、制造和珠宝社会责任的相关课程
加州艺术学院（California College of the Arts）	珠宝/金属艺术	将传统和当代艺术做法融合，提供金属艺术课程，鼓励制造从时装到雕塑一系列精致的金属作品。多样化的珠宝/金属艺术课程强调技能精湛的工艺、金属艺术历史、概念的严谨性和工艺理论
天普大学（Temple University）	金属/珠宝/CAD－CAM	这一学科教授学生传统技术同时鼓励高级课程中新技术的使用，因涉及三维形式实现，所以还需要学习计算机辅助设计、计算机辅助制造和3D印刷技术
罗切斯特理工大学（Rochester Institute of Technology）	金属和珠宝设计	着重塑造金属制造和设计技能的学习环境，在此课程中，学生将有机会了解凹形器皿、珠宝首饰、家具、雕塑等金属类制品，还将提高绘图和绘制的设计思想和艺术技能

资料来源：根据公开网络资料整理。

①董茜：《西方首饰教育模式及理念》，中国地质大学硕士学位论文，2015年。

美国珠宝首饰相关专业课程内容非常丰富广泛，注重学科的交融渗透。本科（BFA）学位和硕士学位（MA、MFA 学位）的一般开设课程情况如表 6－14 所示。课程内容深度和广度因学位不同而有所区别，硕士阶段的课程为高级阶段专业课程，在此阶段，学生被鼓励追求创新、发展自己独特的设计风格。

表 6－14　美国不同层次珠宝首饰专业开设课程情况

学位类型	一般开设课程
BFA 学位	绘图、设计、色彩学、3D 设计、雕塑概论、西方艺术探讨、20 世纪艺术、艺术史、计算机辅助产品设计、金属和珠宝史、金属和珠宝制造、金属和珠宝设计与制造、金属和珠宝表现形式和巧思、金属和珠宝设计程序、金属铸造、金属和珠宝生产程序、金属和珠宝实习
MA 学位	当代艺术、金属和珠宝史、金属和珠宝设计研讨、金属和珠宝设计、金属和珠宝发展、金属和珠宝毕业制作
MFA 学位	当代艺术、艺术评论、金属和珠宝史、金属和珠宝设计研讨、金属和珠宝设计、金属和珠宝发展、金属和珠宝应用理论和实作、金属和珠宝 MFA 学位论文

资料来源：根据网络资料整理。

综合上述分析可以看出，美国珠宝首饰设计专业人才培养具有以下特点：①注重培养大胆、创新性的设计风格。②与商业结合紧密，积极培养学生成为职业的珠宝设计师，着重学生的职业规划。

2. 英国

英国的珠宝首饰文化体现出珠宝艺术的独特魅力，这与英国重视艺术的传统有关，其珠宝首饰教育也体现这一特点。英国高校的珠宝首饰教育同时注重本科和研究生阶段的培养，但是更加注重研究生阶段的深造。每所著名的院校注重发挥各自的特色优势，如谢菲尔德大学的金属、银器和餐具设计方面具有独特的风格，闻名于世，学校不仅为学生提供传统的工艺和技术，如珠宝镶嵌，同时还鼓励学生把新材料运用在首饰设计中。

（1）培养目标。英国珠宝首饰设计专业本科阶段属于专业或行业的基础教育阶段，主要目的是培养学生的审美情趣、思考能力和洞察力，同时还注重培养学生熟练掌握常规的珠宝设计技能。研究生阶段，珠宝首饰设计专业主要培养学生独立的思考、设计和创新能力。

（2）专业和课程设置。英国高校开设珠宝首饰类专业的学校主要有英国皇家艺术学院、伯明翰城市大学、伯明翰艺术设计学院、谢菲尔德哈勒姆大学、格拉斯哥艺术学院和创意艺术大学等，主要开设珠宝及金银、相关产品制作和珠宝设计两类专业（见表 6－15）。

表 6－15　英国院校珠宝相关专业的情况

院校名称	专业名称	所属院系
英国皇家艺术学院（Royal College of Art）	金银器与首饰设计专业	材料学院
伯明翰城市大学（Birmingham City University）	珠宝设计	珠宝首饰学院
伯明翰艺术设计学院（Birmingham Institute of Art & Design）	珠宝及银器制作与相关产品	—

续表

院校名称	专业名称	所属院系
谢菲尔德哈勒姆大学（Sheffield Hallam University）	金属与珠宝设计	艺术与人文学院
格拉斯哥艺术学院（The Glasgow School of Art）	银饰和珠宝制作	设计学院
创意艺术大学（University for the Creative Arts）	现代珠宝首饰设计 金饰银饰珠宝制作	设计学院

资料来源：根据网络资料整理。

英国高校珠宝教育相关专业形成了全社会参与大学生实践教学环节的氛围，并且把课程设置与职业发展、就业紧密结合，重视学生实践能力的培养（见表6-16）。实践课时占总课时的30%以上，理论与实践联系紧密，高校重视发展学生专业知识、经验和技能，加强与企业的联系，学生毕业后能立即上岗独立承担工作。

表6-16　　英国院校珠宝教育课程设置情况

院校名称	课程设置
英国皇家艺术学院（RCA）	第一年： 理论课程：设计方法学科、新兴技术学科、参观访问学科、评论与美术工艺史、批判与历史研究等 实践课程：珠宝首饰展览，在地方的民家手工艺、首饰加工场等安排学生实践 第二年： 学生们开始着手个人项目。着手拟定个人作品集、论文及学术报告，也可以选择去实习工作
中央圣马丁艺术与设计学院（CSM）	第一年： 理论课程：设计、绘画和模型制造 实践课程：工艺作坊实践等 第二年： 学生需要通过对珠宝作品进行全面的研究，得出具体的设计解决方案 第三年： 学生可以根据自己的设计特点，完成作品集
伯明翰城市大学（BCU）	珠宝首饰和贵金属首饰（行业方向）、珠宝首饰和贵金属首饰、钟表学

资料来源：根据网络资料整理。

以谢菲尔德哈勒姆大学和中央圣马丁艺术与设计学院为例，谢菲尔德哈勒姆大学提供的金属与珠宝设计专业注重理论与设计相结合的特点，课程除了要求学生掌握专业知识和职业技能，如设计程序、制作方法等外，还涉及相关的设计历史、商业、时尚、雕塑、纯艺术、画廊展厅和珠宝工业等方面的知识，帮助学生了解金属与珠宝首饰产业知识。作为英国设计专业的代表学校，中央圣马丁艺术与设计学院主要培养学生的绘画表现技能、理念发展、实践反思和意识发展四大能力。通过让学生参加一些具有挑战性的项目和文化研究等综合性比较强的课题提高学生的综合实力。学院的首饰设计课程设置如表6－17所示。

表6－17 中央圣马丁艺术与设计学院首饰设计课程设置

	课程设置	课程设置达到预期目的
第一阶段	实用技巧和珠宝设计最基础概念的学习	为研究提供大量信息，信息储备
第二阶段	承担实际珠宝设计工作	将所学理论知识用于实践，提高实际操作能力
第三阶段	着手准备自己的作品	展现个人设计思想

资料来源：根据网络资料整理。

（3）教学模式[①]。英国设计类高校注重启发式教学，重视学生职业技能的培养，包括演讲能力、沟通能力、解决问题的能力等。因此在不同阶段采取的教学模式有一定的差异。

第一年以互动式教学模式为主。通过教师在课程中抛砖引玉提出问题，引发学生思考、讨论。

第二年以探索式教学模式为主。学生需要进行相关调查研究，确保作品的原创性，并记录从作品设计之初到作品展示的全部制作过程。

第三年以工作室教学模式为主。工作室教学模式引入课题实践与课外导师，是本身具备一定的研究、设计、开发实力的综合性功能的教学模式。珠宝设计类专业的特点决定了某些课程的教学必须在配有专业设备的工作室中开展，以培养学生的实践能力。工作室既是教学场所，又是实践基地，将课堂教学和实践有机结合起来。工作室教学模式具有实践性、开放性和专业化等特征。

3. 意大利

意大利悠久的历史造就了其丰富的文化内涵。意大利独特的雕刻艺术、珠宝设计以及精湛的制作工艺，造就了很多世界顶级品牌。意大利首饰加工机械行业门类齐全，产品开发创新能力强，包括熔化、压延、拉丝、压印、成链、焊接、精加工等每道工序在内的各种先进的加工机械有400多个品种。同时，在微量熔化、金属件的精加工、金属的检验、贵重材料的修复等方面，意大利处于遥遥领先的地位。[②]

在意大利，珠宝首饰行业属于基础行业，涉及经济和生产的诸多方面，有严格的运作体系和方式，而珠宝设计是其中的重要环节，其艺术设计集创意和商业可行性于一体，品质保证享誉全球。以米兰为代表，米兰有悠久的专业设计实践传统，该传统成长于20世纪初伦巴第的手艺和工业物质文化，第二次世界大战后得到快速发展，到20世纪50年代有了原创性和权威性。

（1）院校概况。意大利的欧洲设计学院、欧纳菲珠宝设计学院（又称佛罗伦萨珠宝设计学院）、米兰大学、米兰理工大学等均开设珠宝设计等相关专业。下面以欧纳菲珠宝设计学院、欧洲设计学院为代表对意大利珠宝教育进行介绍（见表6－18）。

①罗理婷、郭杰：《英国首饰设计本科教育启示》，《艺术教育》2013年第7期，第170页。
②刘艳艳：《云南珠宝玉石业发展模式研究》，昆明理工大学硕士学位论文，2007年。

表 6 – 18　部分开设珠宝设计专业的意大利院校专业设置

院校名称	院校简介	专业名称	学位	所在学院
欧纳菲珠宝设计学院（Le Arti Orafe Jewelry School & Academy）	欧纳菲珠宝设计学院于 1985 年创建，专注于金银、珠宝设计与制作、首饰工艺、镶嵌和镂刻，以独特新颖的概念，结合了工艺培训、艺术研究和现代化设计	珠宝设计与制作、珠宝制作、珠宝设计、宝石镶嵌、金银及珠宝镂雕	M	—
欧洲设计学院（米兰校区）（Istituto Europeo di Design）	欧洲设计学院于 1966 年成立，学院致力于设计、时尚、视觉艺术、管理和传播领域的教育和研究	珠宝首饰设计	M/B	时尚学院

资料来源：根据网络资料整理。

（2）课程设置。意大利设计类院校课程设置（见表 6 – 19）强调手工操作和多种设计方法的混合使用，重视传统手工和最新技术的结合，以欧纳菲珠宝设计学院为突出代表，该校所有的课程根据学生的需要来安排，包括传统与现代化工艺研究和加工课程，学生也可以根据自己的学习目标和时间来自主选择课程。该校结合工艺的培训、艺术的研究和现代化的设计，强调培养学生有独创的设计风格。①

表 6 – 19　欧纳菲珠宝设计学院珠宝设计相关专业课程设置

院校名称	专业名称	主要课程列举
欧纳菲珠宝设计学院（又称佛罗伦萨珠宝设计学院）（Le Arti Orafe Jewelry School & Academy）	珠宝设计与制作	（珠宝设计/宝石镶嵌方向） 课程：珠宝制作、珠宝设计、宝石镶嵌
	珠宝制作	珠宝制作讲习和设计、珠宝学、珠宝史、珠宝体验课程
	珠宝设计	工艺设计、效果图制作、珠宝史、设计动向、CAD、Rhino 3D 高级造型软件、珠宝趋势设计
	宝石镶嵌	宝石镶嵌讲习、珠宝学
	金银及珠宝镂雕	手工镂雕讲习

资料来源：根据网络资料整理。

（3）师资情况。意大利设计类院校人才培养强调传统手艺的实际操作和对珠宝史等基本理论知识的掌握，相应地对高校师资队伍的知识与能力结构提出较高要求。例如，欧纳菲珠宝设计学院许多课程由资深的教师任教（手工艺家、艺术家、设计师、专业者）。另外，为了部分研讨和专业性学术理论知识，学校从意大利和国外特聘著名设计师和创作家任教。

此外，意大利设计类院校师资力量雄厚，以米兰理工学院为例，在米兰和科莫两个校区有超过 400 名教职工，近 400 名的教研助理，该学院因其学生人数和教职工人数，在产品培训和创意

①尚禾：《终生学习，终生创意——专访意大利欧纳菲高级珠宝学校校长吉奥·卡邦》，《中国广告》2015 年第 12 期，第 46 – 47 页。

设计方面已成了最大的国际大学。

（二）发达国家珠宝设计专业教育特点分析

人才培养如何适应社会需求是人才培养中的难点。尽管美国、英国和意大利三个国家珠宝首饰专业教育模式各异，但是仔细分析可以看出，发达国家珠宝首饰专业人才培养呈现以下特点：

1. 培养层次以硕士为主

发达国家认为珠宝首饰专业的学习应该建立在足够的科研能力和实践能力之上。因此，珠宝首饰专业教育主要集中在研究生阶段，学制为 1 年或 2 年，本科阶段主要介绍珠宝设计的基础类课程，涉及领域较多，少数院校只招收研究生，如英国皇家艺术学院只招收来自本地的研究生。

2. 课程设置针对性强

发达国家学校会根据培养目标不同而设置具有针对性的课程。这样的课程设计，培养目标明确，课程目标清晰，课程针对性、应用性强，其培养的人才能够明确自己将来从事的职业。如美国罗德岛设计学院办学理念是："致力于设计和艺术人才的培养。提升大众艺术教育、商业头脑和产品设计水平。"学院开设的专业偏向商业性，由知名度较高的教师或艺术家作为顶尖的师资力量共同开发了珠宝首饰专业相关的课程。其开设的金属与珠宝设计硕士课程建立在传统手工制作的基础上，同时拓展新的科技以提高金属珠宝艺术的水平，满足市场的需求。

3. 教学模式侧重实践

发达国家的教学侧重实践，重视学生实践能力的培养，教学期间教师经常带领学生到与学校合作的画廊、工作室、展厅等进行实践学习。如欧洲设计学院开设的科研中心，是一个观察、实验、教学、实习工作的结合体，该中心重视新材料研究和新产品开发，学院的教学宗旨是强调知识和实践有机结合。教学内容随欧洲市场的变化而随时调整，以适应市场需求。同时，有些学院的珠宝首饰专业课程设置带薪实习环节，可以为专属客户制作设计作品。

4. 校企合作紧密

随着社会经济的发展和技术的进步，珠宝首饰专业教育与工业企业联系愈加紧密。美国、英国和意大利珠宝首饰专业教育人才培养模式的共同点之一就是校企合作关系密切。如美国定期邀请著名品牌设计师到高校与学生进行互动、交流，学生也定期到珠宝企业工厂进行实习和锻炼，将理论课堂和实训课堂与实习内容进行融合，学习经验。校企合作有多种方式，如共建实验室、科研中心、校外实习基地等。校企合作机制能极大提高珠宝类专业人才的实践能力，使美国、英国和意大利技术人才的培养质量在国际艺术教育领域享有盛名。

五、我国珠宝首饰专业职业教育服务产业发展分析及建议

随着社会经济的快速发展和国民生活质量的不断提高，我国珠宝首饰产业呈现持续、稳步、快速发展的良好态势。然而，我国珠宝企业的初级、中级和高级技能岗位，几乎每个环节的人才都十分匮乏，人才缺口巨大。在服务产业发展方面，我国珠宝首饰专业职业教育依然存在教育与人才需求脱节、人才培养质量亟待提升、培养目标不明确、培养模式尚待完善等诸多弊端，未能与企业发展过程形成良性对接，远远无法满足正处于快速发展和转型升级中的珠宝企业对人才的急剧需求。我国珠宝首饰专业职业教育应该充分借鉴发达国家珠宝人才培养的成功经验，不断完善珠宝首饰职业教育体系，以满足珠宝首饰行业大规模的人才需求。

（一）珠宝首饰专业职业教育服务产业发展分析

1. 教育与人才需求脱节

从发展的基本形势看，我国珠宝教育已经逐渐走上正轨，能够为珠宝首饰行业提供大批高素质人才，助力产业不断发展。实际上，从珠宝评估师、设计人员、高级技工，到加工人员，我国珠宝人才缺口逐渐扩大，高层次人才和复合型人才稀缺。同时，随着我国珠宝首饰行业的发展，港、澳地区珠宝企业在珠三角投资频繁，珠宝首饰加工业对人才的需求剧增。专业人才匮乏，已经成为制约珠宝首饰行业发展的一大瓶颈。与此对应的是各类培训机构培养的专业人才却无法找到合适的岗位，中职学校、高职院校甚至是普通高等院校毕业生都做相同的工作，如销售或导购等。珠宝学历教育和人才需求脱节，与我国办学形式多样，盲目开设珠宝首饰类专业，却不注重教师质量和教学条件有直接关系。

2. 培养目标不明确

我国职业院校还没有找到与珠宝首饰产业发展相适应的专业建设方向，人才培养目标尚不明确，珠宝首饰专业将来的就业方向和就业岗位界定不清晰。近十年来，我国珠宝首饰市场迅猛发展，对珠宝首饰设计、加工、营销、策划等环节的初、中、高级各层次专业人才需求量大幅提升，职业院校珠宝首饰专业毕业生拥有一定的理论基础，但实践能力差，没有岗位经验和技能，大多数无法直接上岗，只能从储备人员做起。简言之，珠宝首饰专业还没有形成以培养职业能力为导向的人才培养目标。

3. 教学质量亟待提升

我国珠宝教育起步较晚，绝大部分珠宝首饰教育工作者是从地质类专业分化出来的，教学观念改变较困难，教学模式仍以课堂讲授为主。目前，我国职业院校珠宝首饰专业教师多数没有经营珠宝首饰的经历，珠宝经营管理的课程讲解脱离实际，以致珠宝首饰设计专业学生不懂制作，有创新的想法，却不了解制作工艺，理论脱离了实际操作。教育培训机构方面，由于经费等原因，宝玉石标本和鉴定仪器、加工和制作仪器等珠宝首饰专业的教学硬件使用率不高，培训环境受到限制，在很大程度上影响了学生能力的提升。总之，受教育观念和客观情况等因素的影响，我国珠宝首饰教育教学质量不高，职业院校及培训机构珠宝首饰专业培养的人才缺少实际操作能力，不符合珠宝厂商多元化能力结合的实际需要。

4. 培养模式尚待完善

我国部分职业院校陆续开展了“校企合作、工学结合”人才培养模式的探索，但未取得实质性、跨越式进展。“订单培养”虽然能够满足部分企业现阶段的用人需求，却不能满足行业发展对人才的总体需求。总体来说，我国职业院校珠宝专业还没有形成建立在严谨、客观的产业调研基础上的人才培养模式，校企合作没有明确的指导纲领，课程设置不以企业的实际运作为依据，科学的人才培养模式有待构建。

（二）对我国珠宝首饰专业职业教育发展的建议

1. 设置合理的培养目标和体系①

珠宝首饰类专业职业教育层次不明确，导致学生的职业适应性受到影响。由于教育层次的不

①肖滢、吕福德、俞丹燕：《我国珠宝类专业职业技术教育现状与发展方向》，Proceedings of the 2011 International Conference on Education Science and Management Engineering（part 4），第 1888 – 1890 页。

同，中等职业教育与高等职业教育有各自的特点，学生教育基础、面向岗位不同，教育的深度和广度也有所区分。所以高等职业院校和中等职业学校应该明确珠宝首饰类专业教育层次的定位，分别设置相应的培养目标和要求，编制科学合理的人才培养方案。

珠宝首饰类职业教育的培养方向很多，包括宝石加工、钻石加工、首饰设计与制作、玉雕设计与加工、珠宝首饰鉴定、珠宝首饰营销等，高等职业院校和中等职业学校应根据自身的学科特色、师资队伍、实训条件等办学资源优势，所处地区的产业集群特点，确定珠宝首饰类专业职业技能培养的方向，构建具有特色的培养体系，培养具有技术特长的职业技能人才。

2. 构建完善的课程体系

完善、合理的课程体系是职业院校实现人才培养目标的前提。由于学生知识结构、面向岗位不同，高等职业院校和中等职业学校课程体系的建构有所差异。

高职教育的珠宝首饰专业具有很强的市场针对性，因此应该根据区域产业布局和规划，科学设置专业，坚持以“技术应用”为教育目标来构建教学内容，扩大实践性课程的比例，在应用性和实践性的原则下不断更新教学内容和手段。教学内容要凸显出基础理论知识的掌握以及实践动手能力的培养。高职教育的专业理论教学，应该在充分调研的基础上，依据相应的职业岗位对技能水平的要求，在专业基础、专业方向、大类专业基础以及公共文化基础四个方面进行科学的构建，将原先的“知识本位”课程模式转变为“能力本位”，着重体现综合职业素质的培养。实践教学要根据学生所需掌握的专业能力和技能，构建相应的能力模块，使之与企业生产实际密切结合；将技能训练与职业资格证书相结合、传统技术应用能力与现代先进技术应用能力相结合，使学生具有较强的解决生产实际问题的能力。

中等职业学校珠宝首饰专业基础理论课程较多，根据不同专业方向，如珠宝加工、珠宝设计、珠宝营销、珠宝鉴定等的侧重点不同，培养的学生水平不同，所开展的基础理论课程也要随着大的方向而变化。中职学生文化水平较为薄弱，课堂理论知识较难引起学生的兴趣，建议根据珠宝专业的特征和特色，在课程设计和教学过程中进行创新，同时增加丰富的选修类课程。核心课程建设力求做到“三融合”：专业核心课程设置与职业岗位典型工作任务相融合、教学内容与现行的职业资格标准相融合、教学过程与实际工作过程相融合①。

3. 建设“双师型”师资队伍

职业院校必须要有一支具有高水准、高素质，既拥有较高专业知识水平又具备较强技术能力的“双师型”师资队伍，才能培养出符合产业发展需要的技术技能型人才。

（1）多渠道引进师资，优化师资队伍结构。职业院校可以积极采取相关措施加大兼职教师的比例，聘请国内外专家或者学者来学校兼职任教和讲学，积极吸收社会各界优秀人士加入教师队伍。通过多种渠道加大“双师型”师资队伍的比例，不断促进教育教学改革，强化实习实训等教学环节；通过专职、兼职教师之间的学习与交流，保证教师队伍各项素质的稳步提升。

（2）加大在职教师继续教育和培训的力度。鼓励在职珠宝专业教师提高学历、参与短期培训、深入企业第一线挂职锻炼、参加校内外教学培训。“双师型”实训课教师在抓好学生实践动手能力的时候，也要注重加强理论学习，不断提高自身的学历水平以及理论深度。通过提高理论知识水平和加强实践技能使在职教师及时了解行业发展的前沿知识和技术，提高其综合素质。

---

①刘殿正：《“多元化立体发展”的珠宝人才培养模式的建设与成效》，《科教文汇》2014 年第 15 期，第 113－114 页。

4. 加强校企合作育人机制

职业教育的根本职责是为区域及行业发展提供持续的人才动力，校企合作是实现这一职责最直接、最有效的途径。校企双方携手共同培养人才，才可能将职业教育独特的人才培养优势、智力优势转化为当地区域经济的发展优势。基于此，珠宝首饰类职业院校在发展的过程中要充分与企业合作，提高职业院校服务的针对性和有效性。

一方面，珠宝首饰类职业院校可以定期邀请企业代表参与各相关专业人才培养方案及目标的制定，有选择性地选派优秀技术人员走进学校并且参与日常教学活动，通过设立企业冠名班、企业奖助学金、联合培养、“订单”培养等多种形式促进学校的教育教学改革。通过企业充分参与学校人才培养的全过程，包括共同制定人才培养方案、共同开发课程，企业提供实践指导教师、为学生提供企业实习实践机会等，保证专业结构的合理性、课程设置的科学性、教学内容的同步性以及企业需求的一致性，从而保证人才培养的产业适应性。

另一方面，珠宝首饰类职业院校应该加强与行业企业之间的联系，共建产学研基地，并且定期组织教师深入校企合作基地开展珠宝首饰专业相关知识的学习与实践，不断加强学习和更新珠宝专业知识，熟悉并了解企业和社会对本专业的人才需求状况；多渠道收集相关教学信息，改革和更新教学内容。加强和深化校企合作和产学研结合不仅有利于教师由知识型向技术型转变，而且也有利于专业设置的良性发展和教学的深层次改革。

参 考 文 献

［1］中国产业发展研究网：《2016 年中国珠宝首饰市场现状分析及行业发展趋势》，http：//www. chinaidr. com/tradenews/2016 -04/95420. html，2016 -04 -27。

［2］黄盛：《珠宝行业：尊重知识产权　闪耀夺目光彩》，《中国知识产权报》2016 年 4 月 8 日第 3 版，http：//www. cipnews. com. cn/zgzscqb/images/2016 -04/08/03/zgzscqb2016040803. pdf。

［3］全球品牌网：《中国珠宝行业人才需求及现状分析》，http：//www. globrand. com/2010/454123. shtml，2010 -06 -29。

［4］MBA 智库百科：《黄金珠宝行业专题报告》，http：//doc. mbalib. com/view/f8d225e7c61ce99ed62de83c622d6fa2. html，2016 -05 -31。

［5］天拓咨询：《珠宝电商市场发展前景分析研究报告》，http：//www. tianinfo. com/jcbg/n18100500. html，2015 -09 -28。

［6］左超：《高职院校专业设置与区域经济协调发展研究》，广东技术师范学院硕士学位论文，2012 年。

［7］骆绍勇、张晢：《珠宝产业人才需求状况与中国珠宝院校教育教学现状》，《中国市场》2016 年第 31 期，第 200 -201 页。

［8］孙宏旭、王鸿轶、谷亚男：《浅谈珠宝行业销售人员的素质对珠宝销售的影响》，《轻工科技》（经济与管理版）2015 年第 9 期，第 122 -123 页。

［9］庄文胜：《浅析今年经济下行压力下珠宝行业发展方向》，《品牌》（品牌营销版）2015 年第 14 期，第 61 -63 页。

［10］周永哲、丘志力等：《我国黄金珠宝首饰典当行业的现状及其影响因素分析》，《宝石和宝石学杂志》2012 年第 1 期，第 56 -62 页。

［11］刘斯明、汤承荫等：《我国中小型珠宝企业的发展现状及其对策》，《企业导报》2013 年第 1 期，第 119 页。

［12］蒋亮智、喻学慧：《我国珠宝行业发展现状与展望》，《资源与产业》2013 年第 4 期，第 87 -91 页。

［13］俞健业、丘志力等：《中国三大珠宝产业集群（区）的竞争力分析》，《宝石和宝石学杂志》2011 年第 2

期，第 48 – 55 页。
[14] 刘杰、薛金玲等：《中国珠宝行业的 SWOT 分析及未来发展趋势研究》，《中国市场》2011 年第 48 期，第 9 – 10 页。
[15] 郭锐、梁言等：《大数据时代的珠宝品牌构建》，《宝石和宝石学杂志》2015 年第 2 期，第 42 – 46 页。
[16] 吴亮：《我国珠宝首饰设计现状初探》，《探索带》2013 年第 9 期，第 249 – 250 页。
[17] 史洪岳：《析行业现状　议品牌发展》，《中国宝玉石》2015 年第 1 期，第 60 – 65 页。
[18] 姚超：《珠宝企业经营管理探讨》，《现代商贸工业》2008 年第 8 期，第 65 – 66 页。
[19] 刘殿正：《"多元化立体发展"的珠宝人才培养模式的建设与成效》，《科教文汇》2014 年第 15 期，第 113 – 114 页。
[20] 肖滢：《宝石及材料工艺学专业人才培养的研究与实践》，《中国人才》2010 年第 22 期，第 233 – 234 页。
[21] 蔡峰：《宝玉石鉴定与加工技术专业　现代学徒制人才培养模式探索——以湄洲湾职业技术学院为例》，《美术教育研究》2015 年第 6 期，第 154 – 156 页。
[22] 卢远：《高职宝玉石鉴定与加工技术专业人才培养模式的探索与实践——以广西建设职业技术学院为例》，《广西职业技术学院学报》2013 年第 2 期，第 13 – 15 页。
[23] 吴卉菊：《高职宝玉石专业人才培养模式的探讨与实施》，《价值工程》2015 年第 4 期，第 244 – 245 页。
[24] 罗理婷、郭杰：《国内珠宝设计高等教育存在的误区》，《艺术教育》2013 年第 9 期，第 183 页。
[25] 张国印、罗慧敏：《基于校企合作的珠宝首饰工艺及鉴定专业人才培养模式实证分析——以河北科技大学唐山分院珠宝首饰工艺及鉴定专业建设为例》，《艺术品鉴》2016 年第 6 期，第 274 – 275 页。
[26] 张新蓉、张淑波：《浅析珠宝鉴定师的培养》，《青年文学家》2009 年第 17 期，第 200 – 201 页。
[27] 周志强：《深圳珠宝行业人才用人指导》，《产业经济》2014 年第 2 期，第 278 页。
[28] 方泽：《天津商学院珠宝鉴定及营销专业人才培养模式的探讨》，《中国宝玉石》2007 年第 2 期，第 114 – 117 页。
[29] 方泽、李国忠：《现代珠宝特色人才培养与实践》，《中国宝玉石》2013 年第 3 期，第 90 – 95 页。
[30] 王昶、袁军平、申柯娅：《校企合作工学结合人才培养模式的探索——以广州番禺职院珠宝首饰工艺及鉴定专业为例》，《番禺职业技术学院学报》2008 年第 4 期，第 35 – 38 页。
[31] 李保俊：《校企合作引领机制创新　产学互促实现发展共赢——"双元三段式"人才培养模式实践研究》，《职业》2013 年第 5 期，第 22 – 23 页。
[32] 王雅玫、杨春：《营造和谐的育人环境　培养高素质珠宝人才》，《宝石和宝石学杂志》2008 年第 3 期，第 45 – 48 页。
[33] 周玉阶：《中职学校珠宝专业"双元三段式"人才培养模式的实践与探索》，《职业》2013 年第 26 期，第 126 – 127 页。
[34] 王晓慧、黄邵勇、刘妮：《珠宝专业首饰设计课程的教学改革初探——以云南旅游职业学院宝石鉴定与加工技术专业为例》，《中国市场》2016 年第 10 期，第 178 – 179 页。
[35] 宋宝安：《中国珠宝首饰行业发展现状分析及企业竞争策略研究》，东南大学硕士学位论文，2012 年。
[36] 区穗玲：《高职艺术设计专业课程设置研究——以广东 5 所高职院校艺术设计专业为例》，广州大学硕士学位论文，2011 年。
[37] 吴瑞华：《国外宝石教育和宝石学专业人才的培养——介绍几个国外知名宝石教育组织》，《中国地质教育》1996 年第 3 期，第 71 – 73 页。
[38] 董茜：《西方首饰教育模式及理念》，中国地质大学硕士学位论文，2015 年。
[39] 洪露：《云南边境地区珠宝玉石产业发展研究》，中央民族大学硕士学位论文，2010 年。
[40] 丁文杰：《德宏州珠宝玉石产业发展新探索》，《时代金融》2012 年第 4 期，第 194 – 195 页。
[41] 刘艳艳：《云南珠宝玉石业发展模式研究》，昆明理工大学硕士学位论文，2007 年。

第七章　无人机行业与职业教育分析报告

无人机最早出现于20世纪20年代。随着一系列高新技术应用于无人机的研发、制造，无人机产业已成为一个新兴的高科技产业。与载人飞机相比，无人机具有体积小、方便灵活、环境要求低、制作成本低等特点，已被广泛应用于社会生产、生活的许多方面。世界各国都已意识到无人机在军用和民用领域所具备的巨大应用潜力和广阔应用前景，对无人机产业发展给予广泛重视和大力扶持。我国政府也出台了一系列政策，支持无人机产业的发展。进入21世纪以来，我国无人机行业进入高质量快速发展时期。无人机相关企业犹如雨后春笋迅速崛起，以深圳大疆为典型代表的无人机企业更是领先于国际水平。

随着国家政策支持力度的不断加大以及无人机与其他行业的不断融合，我国无人机产业将呈现出新一轮井喷式发展态势，行业企业对无人机相关专业技术人才的大量需求也必将成为关注焦点。本章在大量引用相关研究成果和产业发展数据的基础上，对我国无人机行业、企业及人才需求，我国无人机专业职业教育等方面进行了较全面的分析，最后为我国无人机专业职业教育的发展提出建议。①

一、我国无人机行业发展概况

无人机是利用无线电遥控设备和自主程序控制装置操作的不载人飞机，与载人飞机相比，无人机具有体积小、方便灵活、应用范围广、环境要求低、制作成本低等特点。我国无人机研究起步于20世纪50年代，最初主要用于军事，后来逐渐扩展到灾害救援、地理测绘等领域。21世纪以来，全球无人机市场持续升温，我国无人机产业也进入了快速发展期。随着技术的成熟和成本的降低，特别是自2010年以来，我国民用无人机在航拍、物流、农林、气象、安防、商业等领域快速发展，已经成为我国高技术产业的重要代表。

（一）无人机行业发展现状

与西方发达国家相比，我国无人机系统的研究虽然起步较晚，但却实现了“异军突起”。时至今日，我国已成为世界主要民用无人机研发和生产国。据不完全统计，目前我国从事无人机研发、生产和销售的单位已经达到400余家，我国民用无人机，尤其是消费级无人机已走在世界前列。“民用无人机看中国，中国无人机看深圳”，充分说明我国无人机发展的强劲势头。

1. 产业链逐渐形成

无人机属于高科技产品，产业链复杂。按照产品的生命周期，可以将无人机产业分为上游零部件研发与制造、周边设备制造、无人机机体研发，中游整机制造与组装，下游无人机销售与服务（见图7－1）。随着技术的不断进步和我国无人机政策环境的不断改善，我国民用无人机产业

①本报告主要针对民用无人机行业发展及人才培养现状等方面开展相关研究，军用无人机不在本报告研究范围之内。

链逐渐完善，涌现出一批在国际上有竞争力的整机制造企业，如大疆创新科技有限公司、零度智控（北京）智能科技有限公司等。

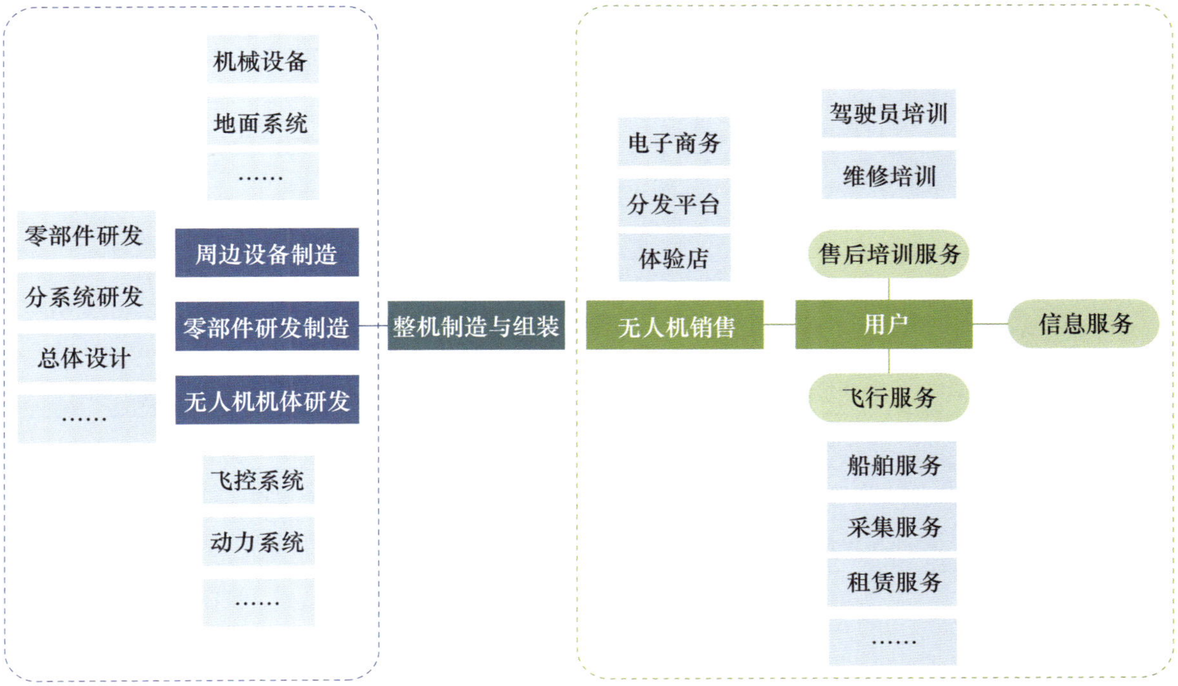

图7－1　民用无人机产业链体系

资料来源：中国产业信息网。

2. 政策环境持续优化

随着无人机行业的快速发展，国家出台了一系列政策，为无人机行业的有序健康发展提供强有力的支撑（见表7－1）。2010年1月，中国民用航空局出台了《关于加快通用航空发展的措施》，明确了促进我国通用航空发展的十五条具体措施，有力促进了包括无人机在内的民用航空的发展。2010年8月，国务院中央军委《关于深化我国低空空域管理改革的意见》出台，对未来5～10年低空空域管理改革做系统部署，提出在全国部分区域先行试点。该政策被认为是通用航空爆发式发展的起点，极大地刺激了我国无人机行业的发展。从2010年开始，我国无人机行业进入井喷式发展阶段。

为促进战略新兴产业发展，国家陆续出台了《关于加快培育和发展战略性新兴产业的决定》、《国家中长期科学和技术发展规划纲要（2006～2020年）》、《国务院关于加快振兴装备制造业的若干意见》等政策，提出加大培育高端装备制造业等战略性新兴产业发展，并将航空装备、智能制造装备列为高端装备制造产业的重点方向，对推动无人机研发制造起到重要的推动作用。2014年由国务院、中央军委空中交通管制委员会组织召开了全国低空空域管理改革工作会议，对海南、长春、广州等部分区域1000米以下空域管理改革试点的尝试表示肯定，并力争到2015年在全国推行1000米以下空域改革。此次会议是新中国成立以来最高级别的低空改革会议，为无人机行业带来了全新的发展机遇。随着行业的快速发展，国家出台了《轻小无人机运行规定（试行）》、《民用无人机驾驶员管理规定》等政策，为规范无人机管理、保障行业健康有序发展提供了依据。

表 7－1　2010～2016 年与无人机相关的政策法规

时间	发布机构	政策名称
2010 年 1 月	中国民用航空局	关于加快通用航空发展的措施
2010 年 8 月	国务院、中央军委	关于深化我国低空空域管理改革的意见
2010 年 10 月	国务院	关于加快培育和发展战略性新兴产业的决定
2010 年 11 月	空管委	关于深化中国低空空域管理改革的意见
2011 年 4 月	中国民用航空局	民航发展第十二个五年规划
2012 年 5 月	工业和信息化部	高端设备制造业“十二五”发展规划
2012 年 7 月	国务院	关于促进民航业发展的若干意见
2013 年 5 月	工业和信息化部	国家民用航空工业中长期发展规划（2013～2020 年）
2013 年 11 月	中国民用航空局	民用无人驾驶航空器系统驾驶员管理暂行规定
2015 年 12 月	中国民用航空局	轻小无人机运行规定（试行）
2016 年 5 月	国务院	关于促进通用航空业发展的指导意见
2016 年 7 月	中国民用航空局	民用无人机驾驶员管理规定

资料来源：根据中央人民政府、中国民用航空局、工业和信息化部等网站资料整理。

3. 行业技术不断成熟

政策环境的优化为无人机行业的发展创造了机遇，而无人机技术的不断进步则为行业发展注入了原动力。与西方发达国家相比，虽然我国无人机研究起步晚，但是经过几十年的发展，我国已经建立较完整的研制体系，已经具备了自主设计研发低中高端无人机的能力，基本形成了配套齐全的研发、制造、销售和服务体系，在无人机机种上形成了种类齐全、功能多样的较为完备的系列，[①] 在小型、中近程、中高空长航时无人机方面接近国际先进技术水平。

专利申请状况是反映技术水平的重要指标。我国无人机专利申请始于 1986 年，进入 21 世纪以后，无人机专利申请呈逐年上升趋势。据统计，2002 年到 2015 年 7 月，国内无人机相关的专利申请达 15245 件，其中，发明型技术专利占比 57.39%，新型专利占比 37.48%，外观专利占比 5.13%[②]。

4. 应用领域不断拓展

根据无人机的应用范围，可以将民用无人机分为工业级无人机和消费级无人机。工业级无人机指的是针对企业、政府公共服务的无人机，根据行业需求功能各有不同。消费级无人机主要指

①中国科技网：《中国无人机发展面临四大挑战　技术比美国落后 10 年》，http：//h. wokeji. com/military/jsyw/2014 06/t20140604_ 743083. shtml，2017－04－01。

②环球网：《核心解读：无人机阵营异变，谁在主宰六大市场?》，http：//finance. huanqiu. com/xiaofeil/xiaofei/2016－10/9586033. html，2016－10－22。

的是针对个人或者家庭使用的无人机，一般具有拍摄功能，主要用于休闲娱乐。2010 年以前，国内民用无人机主要指运用于灾难救援、地理测绘等领域的工业级无人机。近两年，随着制造成本的降低和低空管制的逐步放开，消费级无人机逐渐成为无人机行业的重要发展领域。

随着导航、通信、VR、成像等技术的不断进步，更多的专业设备与无人机的结合，无人机应用领域逐步扩大，在安防监控、灾难救援、智能交通、航拍摄影、农业生产、环境监测、快递物流、生物保护等领域得到广泛应用（见图 7－2）。在安防监控领域，与传统监控相比，安防无人机具有可移动、高效率、立体化等特点，让视频监控的范围更加广阔；在智能交通领域，无人机凭借快速、便捷、覆盖面积广等特点，既能从宏观上监测城市交通规划的落实情况，又能从微观上对道路交通状况进行实时监控，为交管部门调控车流、解决交通拥堵和处理重大交通事故提供帮助；在灾难救援领域，无人机具有对作业环境要求低、反应速度快、成像条件好等特点，为确定灾害发生地点、评估灾情、分配救援力量、选择救援线路等提供有价值的参考，成为无人机重要的应用领域。[①] 未来，随着更多专业设备的加入和市场需求的扩大，无人机的应用领域将不断拓展。

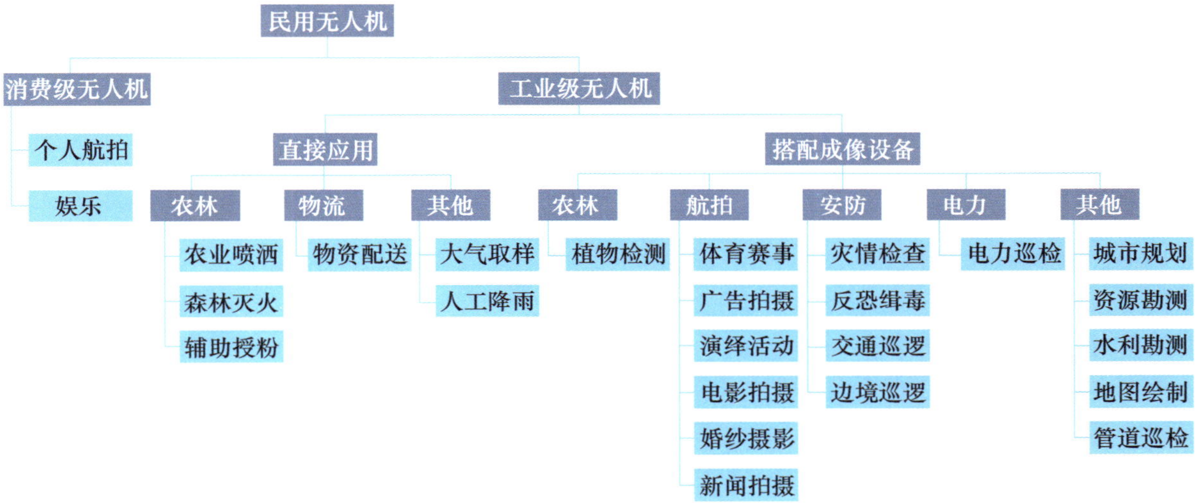

图 7－2　民用无人机应用领域

资料来源：中国产业信息网。

5. 市场发展前景广阔

由于无人机具有运行成本低、无人员伤亡风险、机动性能好、可进行超视距飞行、使用方便高效等特点，越来越多的行业正希望用无人机取代传统的工作方式，并且随着政策的不断完善和技术的日益改进，越来越多企业投入民用无人机市场。需求和供给同时发力，市场规模快速扩大。据统计，2015 年仅消费级无人机市场就达 8 亿元。预计到 2018 年，整个民用无人机市场规模将达到 110.9 亿元；到 2025 年，国内无人机航拍市场规模约为 300 亿元，农林植保约为 200 亿元，安防市场约为 150 亿元，电力巡检约为 50 亿元，总规模将达 750 亿元[②]。以深圳市为

①石磊：《无人机在行业的应用前景》，《科技论坛》2016 年第 5 期，第 52 页。

②环球网：《核心解读：无人机阵营异变，谁在主宰六大市场?》，http：//finance. huanqiu. com/xiaofeil/xiaofei/2016－10/9586033. html，2016－10－22。

例（见图7－3），从2014年第二季度开始，该市消费级无人机出口额几乎成倍增长，成为我国无人机行业发展的典型代表。未来，随着无人机产业链的逐步完善，我国无人机市场发展前景广阔。

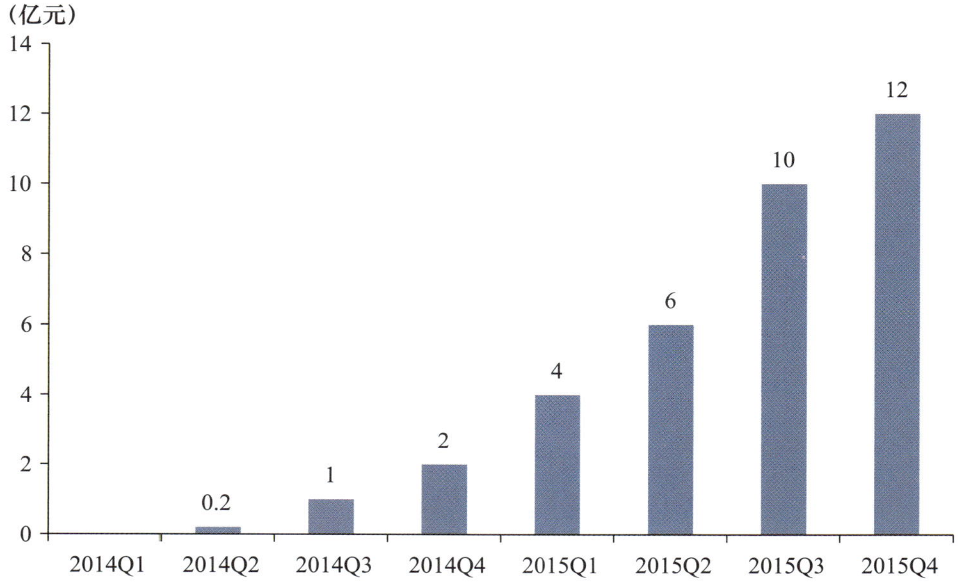

图7－3　2014～2015年深圳消费级无人机出口额

资料来源：中国产业信息网。

6. 行业竞争形成格局

近年来，随着市场对无人机需求的不断提升，吸引众多投资者和创业者涌入无人机市场，促使产业竞争更加激烈。但总体来看，消费级和工业级无人机面临不同的竞争格局。在消费级无人机领域，行业产品和服务类型丰富，形成了以大疆创新科技有限公司为龙头、小米和腾讯等跨界巨头占重要份额、众多创业企业参与的竞争格局。在工业级无人机领域，由于工业级无人机对集成度、精确度、性能稳定度等有较高要求，行业进入门槛高，总体竞争不如消费级无人机激烈。整体来说，无人机行业竞争的显著特征是：竞争由技术比拼和专利打压转向被产业巨头深入渗透和影响的情境关系。在这样的趋势下，围绕某个巨头公司的无人机企业，逐渐形成了迥异的风格，并天然继承了这些巨头公司的产业特质。简单而言，无人机的竞争已经变成了几大产业的“无人机＋”竞争①。

（二）无人机行业发展存在的问题

随着无人机行业技术的成熟，无人机在民用领域拥有的市场价值也逐步凸显，引起资本市场的关注，被视为未来的蓝海行业。近年来，国内涌现出很多从事无人机整机制造的企业，助推了整个行业的迅速发展。但是在快速发展的同时，无人机行业也存在诸多问题。

①环球网：《核心解读：无人机阵营异变，谁在主宰六大市场?》，http：//finance. huanqiu. com/xiaofeil/xiaofei/2016－10/9586033. html，2016－10－22。

1. 核心技术掌控乏力

技术是无人机的核心。随着应用领域的拓宽，潜在应用场景增多，无人机面对的环境愈加复杂，对技术水平要求也更加严苛。例如，航拍无人机需要将飞控算法、传感器、电子调控器到云台技术、图传技术、相机技术、GPS导航等技术集成在一架无人机上，技术要求高，合成复杂。然而，当前国内无人机制造企业的核心技术与国外差距明显，大多数技术被美国、日本、欧洲等国家和地区掌握。例如，无人机中的传感器技术大多来自美国，国内尚无研究该项技术的机构；无人机高端机芯片对未来无人机智能化发展起决定性作用，但是在高端机芯片制造方面，主要集中于英特尔、高通等国外企业；GPS定位技术无法满足无人机智能化发展对精确定位的需求，亟须改革升级；无人机图传、图传清晰度、超声壁障、视觉壁障等诸多技术瓶颈，都有待国内企业一一攻破。[①]

2. 行业政策标准缺位

自2003年5月1日我国开始实施《通用航空飞行管制条例》起，陆续颁布了无人机行业的相关政策和法规。在相关法规政策的推动下，无人机行业以“异军突起”之势，快速在全球无人机领域占领重要的席位。当前，虽然我国已经出台了《关于民用无人机管理有关问题的暂行规定》、《民用无人机空中交通管理办法》、《民用无人驾驶航空器系统驾驶员管理暂行规定》等一系列规范性文件，但关于民用无人机行业综合性的法律或行政法规，以及无人机研发、销售、使用、维修、报废等阶段的法律法规却不尽完善。随着我国民用无人机的技术快速进步、行业规模不断扩大，已有的政策文件对行业难以形成有效的监管，缺少相关的行业标准和规范。不管是宏观的市场准入条件，还是具体的适航认证管理、飞行资质认证、飞行管制、相关从业人员培训等规则章程，以及飞行器的安全性和技术参数方面的要求等，均处于政策的真空地带。

3. 行业监管机制缺失

政策和标准的缺失导致的管理不到位，已成为制约我国无人机市场发展的瓶颈。首先，无人机产品缺乏统一的技术质量标准，导致行业进入门槛较低，“三无”产品层出不穷，引起低价恶性竞争，影响行业长期发展。其次，行业监管仍不明确，民用无人机管理涉及的主管单位有军方、民航总局、工商总局、工信部、公安部、海关总署、体育总局等多个部门，协调难度大，容易造成管理工作的混乱。例如，部分地区由于“于法无据”，只能将无人机管理归于体育局，将其划分为航模运动类项目。[②] 同时，由于政府对低空空域飞行的管制存在一定的局限性，民航局相关领域管制条例尚未正式发布，监管机制尚不明确，认证制度推行缓慢等问题都制约我国民用无人机的发展。

4. 规模效应难以形成

从产业化进程来看，一方面，目前我国多旋翼无人机产业链配套逐渐成熟，以大疆为代表的无人机企业已经占据了国内外多旋翼消费级无人机的主要市场份额。随着智能手机的大规模生产，与多旋翼无人机通用的关键部件价格也将逐步降低。另一方面，我国固定翼无人机、无人直升机的机体结构设计、机身材料、动力能源、传感器等关键制造技术对国外依赖性较强，并且我国固定翼无人机、无人直升机的核心技术仍掌握在军工企业和高等院校手中，受限于体制机制等

---

①陈静红：《无人机行业格局未定，市场发展潜力可观》，《投资有道》2016年第2期，第90-93页。

②《中国无人机发展面临四大挑战——技术比美国差20年》，《经纬天地》2014年第3期，第27-30页。

因素，这些单位对市场的把控能力较弱，将产品量化生产积极性不高。因此，在固定翼无人机、无人直升机领域，研发力量相对较为分散，市场化程度相对较低，产业链上下游配套不完善，难以形成良好的规模经济效应。①

二、无人机行业人才需求分析

近年来，我国无人机企业的数量不断增长，涌现出一批知名度高、具有较强竞争力的本土企业。2016 年 5 月，国务院颁发《关于促进通用航空业发展的指导意见》，明确扩大低空空域开放，加大了对无人机行业的支持力度。在创新驱动发展战略、智能制造战略等的影响下，我国无人机产业不断优化升级。加之市场潜力巨大，我国无人机行业即将迎来新一轮的发展机遇。随着无人机行业规模的不断扩大，相关人才需求也必将成为关注焦点。

（一）行业企业发展状况

近些年来，我国无人机行业发展势头强劲，无人机企业规模不断壮大，发展水平逐年提高，业务范围覆盖警力、城市管理、农业、地质、气象、电力、抢险救灾、摄影拍摄等多个行业，逐渐形成配套齐全的研发、制造、销售和服务体系。

1. 企业成长速度快

在国内外无人机市场迅速扩大的影响下，国内企业快速发展。首先，企业总数不断攀升，根据中国航空器拥有者及驾驶员协会（AOPA）的统计，2016 年，我国从事包括研发、生产、运营在内的民用无人机企业达 400 余家。其次，企业自身成长速度加快，以深圳大疆创新科技有限公司为例，仅用数十年的时间，成长为全球领先的无人飞控系统及无人机解决方案的研发和生产商，客户遍布全球 100 多个国家和地区，2015 年营业额已达 10 亿美元（见表 7 - 2）。

表 7 - 2　　我国无人机行业代表性企业简介

名称	公司简介	经营情况
深圳大疆创新科技有限公司	成立于 2006 年，是全球无人机飞行控制系统和消费级无人机研发主要制造商，在消费级无人机领域占据绝对优势	2015 年营业收入突破 10 亿美元，占全球消费级无人机约 68.5% 的市场份额；产品主要销售到欧美市场，其中中国市场的销售额占比约为 20%
北京艾森博航空科技股份有限公司	成立于 2010 年，由北京航空航天大学校友联合创办，公司集工业级无人机和应用系统的研发、生产、销售、技术集成及服务于一体，致力于成为工业级无人机解决方案的引领者，是我国工业级无人机尤其是植保无人机的领军企业	—

①谢威：《我国民用无人机产业发展对策研究》，《企业管理》2016 年第 3 期，第 99 - 101 页。

续表

名称	公司简介	经营情况
北京观典航空科技股份有限公司	无人机的研发设计生产以及提供相应服务、IT 设备销售业务以及文化服务，业务涉及无人机机体的研发、生产，无人机应用技术的开发以及从事依托无人机技术为载体的航测、侦察服务。是我国唯一一家无人机服务商	2015 年营业收入 6000 万元，同比增长 50%；净利润 2600 万元，同比增长 148%
北京七维航测科技股份有限公司	从事基于定位导航、运动载体测姿测向及高精度同步授时等技术的航测、监测、检测三大领域的产品研发、生产、销售，并提供技术服务。是国内航测、监测无人机的巨头企业	2015 年营业收入 1.73 亿元，净利润 0.5 亿元，同比增长 29%
北京臻迪科技有限公司	为客户提供专业的无人机系统、大数据分析与智能可视化系统、虚拟仿真系统等技术咨询服务与开发服务；业务涉及无人机机体的研发、生产，无人机应用技术的开发以及从事依托无人机技术为载体的航测、侦察服务	2015 年营业收入 4900 万元，同比增长 640%；净利润 1600 万元，同比增长 273%
易瓦特科技股份公司	全系列无人机系统（多旋翼、固定翼、无人直升机）的设计、研发、生产、销售、检测、维修、无人机驾驶员培训、智能存储管理、通信指挥、飞行服务及智能电网配套产品的销售与技术服务	深耕工业级无人机及相关服务业务，2015 年全年实现收入 2.1 亿元、利润 2353 万元

资料来源：东兴证券及各企业官网。

2. 企业竞争实力强

在全球无人机行业中，我国无人机占据了较大的市场份额，处于国际领先地位。其中以大疆创新科技有限公司为代表，2014 年其总营业收入占全球小型无人机市场份额的 70%。在全球无人机企业排行前 10 位中有 5 家中国公司，分别为大疆创新、零度智控、极飞、臻迪科技、北京航空航天大学研究所；全球排名前 20 的无人机企业里，中国企业有 10 家（见表 7－3）。

表 7－3　　2016 年中国无人机企业进入国际排名前 20 的 10 家企业简介

名称	全球排名	国内排名	业务范围
深圳大疆创新科技有限公司	1	1	成立于 2006 年，是全球领先的无人飞行器控制系统及无人机解决方案的研发和生产商，客户遍布全球 100 多个国家；致力于为无人机工业、行业用户以及专业航拍应用提供性能最强、体验最佳的革命性智能飞控产品和解决方案
零度智控（北京）智能科技有限公司	5	2	成立于 2007 年，致力于成为全球顶尖的智能飞行器产品和智能无人机整体解决方案供应商；先后推出了飞行控制系统、增稳云台、商用无人机整机、专业影视航拍系统等数十款产品，奠定了无人机专业市场领导品牌地位。产品系列被广泛应用于测绘、安防、影视、农业、电力、科研等领域，是民用无人机领域的技术派代表

续表

名称	全球排名	国内排名	业务范围
Xaircraft（极飞）	7	3	成立于2007年，致力于民用无人机和飞行控制系统的研发和制造，是无人机行业领跑者和国内领先的商用无人机研发企业。产品涵盖农业植保、影视航拍、低空物流、警察监控、医疗救援、森林防火、地质勘探、空中测绘、极地科考等无人机核心产业
PowerVision（臻迪科技）	9	4	成立于2012年，专业提供国际领先的智能无人机系统、大数据分析及可视化系统、虚拟仿真系统等产品及专业服务，致力于人工智能、无人机、大数据分析等产业，为客户提供包括智能无人系统开发、大数据分析及可视化系统集成、虚拟仿真等一体化的产品、解决方案及服务的高科技产业集团
北京航空航天大学研究所	10	5	是国内最早从事无人机研究的单位，1962年，北航成立国内第一个无人机研究室，充分利用北航飞行器设计、导航飞控、电子信息和发动机学科的优势，按照“一代平台、系列化发展”的思路，攻克了大型无人机系统的关键技术，研制的产品具有高自主性、高稳定性、高安全性的技术特点，在大型、高空高速、长航时无人机等一系列关键技术领域，处于国内领先地位，为我军装备现代化做出了重要贡献
亿航智能技术公司	12	6	凭借“让人类像鸟儿一样自由飞翔”的愿景，亿航打造了全球首款将手机自动化简易操控与VR眼镜结合，打造沉浸式航拍体验的智能无人机GHOSTDRONE2.0
普洛特无人机飞行器科技公司	13	7	2008年成立于北京市，专业从事无人驾驶仪飞行器以及自动驾驶仪研究、设计、开发、生产为主的高科技企业。公司拥有雄厚的科技开发实力，现有航空飞行器设计、数据通信、计算机以及复合材料设计与制造、GPS开发与应用等各方面的高技术人才
中科遥感信息技术公司	14	8	以发展卫星与遥感应用战略新兴产业为己任，通过“全球感知，区域服务”以遥感信息云服务为龙头，高分遥感数据服务为契机，区域综合和大众应用市场为驱动，深化行业应用，建设成为拥有从数据源、处理加工、信息产品生产到区域、行业、大众应用服务的空间遥感信息产业链的集团公司
智能鸟无人机公司	15	9	成立于2010年5月，是国内领先的无人机生产厂家，公司创导的免操控手的无人机控制模式现已成为行业标杆，大幅降低了无人机的操作难度，为客户使用带来了极大的便利
爱生技术集团公司	16	10	是我国著名的研究、开发和生产系列中小型无人机系统及其动力装置的高科技企业，在无人机总体设计、动力装置、飞行控制、导航与制导、发射回收、系统集成、飞行试验等领域积累了丰富的经验，掌握了核心技术，处于国内领先地位

资料来源：根据企业公开资料整理。

3. 战略布局变化快

随着应用领域的不断拓展，市场规模的快速扩增，无人机行业越来越细化，仅无人机服务类就划分出了测绘、工业检查、销售、教育培训等不同的企业类别；无人机软件类也细分为测绘、3D建模、计算机视觉、飞行计划等板块。为了提高竞争力，抢占市场发展先机，国内无人机企业进一步加快调整战略布局。一方面，一些无人机行业巨头不断推陈出新，抢占行业竞争的高地，引领行业发展，如大疆创新科技有限公司将工业级与消费级无人机份额比重从2∶8调整到5∶5，并深耕专业航拍，同时布局农业植保；另一方面，大量其他行业的企业跨界加入无人机行业的市场博弈，如2016年腾讯联合深圳零度发布旗下首款无人机，宣布互联网企业腾讯进军无人机市场。一些传统的微型电机制造企业涉足无人机研发、制造，例如江苏金通灵风机股份有限公司、重庆宗申动力机械股份有限公司、通裕重工股份有限公司、隆鑫通用动力股份有限公司等传统重工业上市公司借助科技优势入驻工业无人机领域。此外，越来越多的企业将业务布局到无人机产业链上游的装备研究领域，并涌现出一大批上市公司，如表7－4所示。

表7－4　无人机产业链相关上市企业

分类	相关上市公司
无人机整机研制	威海广泰、隆鑫通用、金通灵、通裕重工、山东矿机、赛为智能、山河智能、德奥通航
无人机发动机研制	宗申动力、金通灵、山东矿机、德奥通航
无人机飞控系统研制	赛为智能、佳讯飞鸿
无人机任务荷载研制	高德红外、中航机电等

资料来源：中投顾问产业研究中心，中泰证券研究所。

（二）行业人才需求分析

无人机行业被视为多领域、多学科、多技术高度融合的新兴行业，无人机的应用范围和领域也在不断扩大。整个行业及相关企业的发展、壮大需要一批高级技术技能型专业人才作为支撑。

尽管我国已有普通高等院校和职业院校开设了无人机应用技术专业，但是开设时间较短，人才培养规模并不大。目前，我国无人机行业里的研发、制造、飞行控制等专业人才稀缺，大部分是信息技术、机械、电子、自动化等专业人才半路出家、自学成才，甚至有不少是业余无人机玩家或航模爱好者。由此可见，目前我国无人机行业的从业人员素质还不高，尚不能满足行业发展需求。

1. 人才类型分析

按照产业链的发展阶段，无人机行业可以分为上游、中上游、中游、下游四个阶段（见图7－4），每个阶段需要不同类型的专业人才。上游主要需要航空机载设备、飞行配套设备等生产技术型人才；中上游主要需要无人机组装技术型人才；中游主要需要无人机应用技术和研发型人才；下游是指无人机应用技术服务方，主要需要无人机售后服务型人才。

随着行业的快速发展，无人机行业从传统发展领域不断延伸至新的服务领域及服务环节，对应用服务和使用服务型人才的需求会不断上升，如图7－5所示。

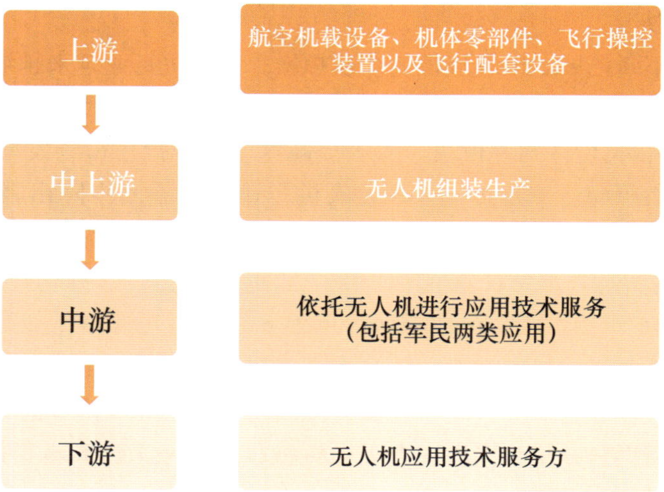

图 7－4　无人机产业链四个阶段对人才的需求

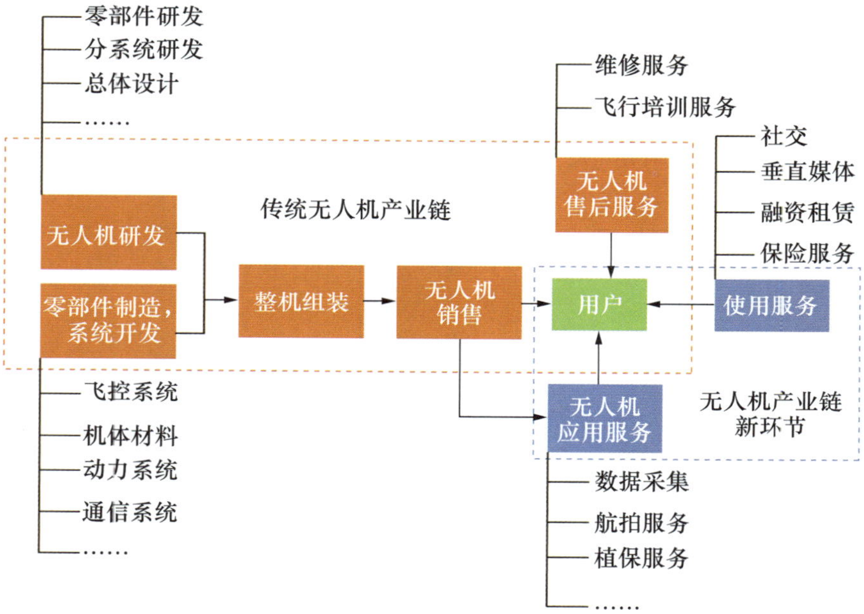

图 7－5　传统无人机产业链及新环节

通过对当前人才招聘信息的梳理，无人机企业对专业人才的需求主要有以下四类：

第一是无人机飞行控制人才（即无人机飞手）。无人机飞手要能够熟练掌握多旋翼、单旋翼或固定翼无人机的飞行控制技能，并具有航拍、植保、电力巡线等某一方面的工作经验。目前，无人机飞手已经成为一个热门职业，深受无人机行业企业的欢迎。但是，需要考取中国航空器拥有者及驾驶员协会（Aircraft Owners and Pilots Association of China，AOPA－China）认证的无人机驾驶资格证书才可以认为有证驾驶，否则将被认定为“黑飞”。

第二是无人机维修、维护人才。此类人才要能够熟练掌握所使用设备的性能，能进行维修、维护，是无人机飞手的基本技能。

第三是无人机研发、调试人才。该类人才要能熟练掌握飞行控制原理，熟悉无人机各组成部分的性能和工作原理，深入掌握无人机上的信号控制链路以及飞行动力计算，能够按照企业要求配置无人机，并且能够增加各种扩展设备，以实现无人机的不同应用。

第四是无人机行业应用人才。目前，无人机已被广泛应用于航拍、测绘、安防、电力等行业领域，但很多飞手只会飞无人机，不会操作和调试对应的设备和软件应用，不能根据行业的特殊要求作业，已成为无人机飞手就业的一大瓶颈。

无人机行业部分工作岗位及工作技能要求如表7－5所示。

表7－5　　无人机行业部分工作岗位及工作技能要求

工作岗位	工作技能要求
无人机硬件开发工程师	无人机产品的硬件开发单板硬件设计、常用元器件选型及产品性能设计；硬件原理图绘制；产品试产跟踪，后期维护及其他协助、辅助工作
无人机测试工程师	直升机、多旋翼及固定翼无人机飞行控制、测试、调试；协助飞控系统（含遥控遥测）、飞控软硬件的调试、二次开发；协助设计支持嵌入式飞行器控制系统应用的软件、协助开发嵌入式安卓系统和软件；协助飞控系统研发工作
无人机飞控算法工程师	无人机的核心控制算法的研究、设计及持续优化工作；负责手持及机载三轴云台算法优化及设计工作；负责研究算法及其应用；负责与算法研发相关的其他工作
无人机结构工程师	参与无人机金属结构、复合材料结构设计、力学分析等工作；制定零部件及整机试验方案并参与试验；产品打样跟踪以及试装；参与无人机试飞并保障结构安全、可靠
无人机飞控系统研发工程师	负责飞控系统（含遥控遥测）、飞行平台的集成、与飞控系统供应商的技术协调；负责开发有人机飞控系统/自驾仪、无人机飞控系统/自驾仪以及地面站软件设计；负责设计、开发及支持嵌入式飞行器控制系统应用软件设计、开发嵌入式安卓系统和软件，支持任务系统的集成
无人机试飞工程师	熟悉并掌握旋翼无人机的飞行控制及组装原理，具有一定的飞机调试、维护能力；熟悉并掌握旋翼无人机的安装调试与整机检测，熟悉无人机的日常维护及保养；熟悉并掌握航电设备的使用等
低空无人机操控手	遥控器的参数设置与调试、无人机起飞前调试、航线规划、无人机飞行操作、操控自驾仪软件
低空无人机维护维修	不同机型无人机的组装、调试、维护维修，发动机的拆装与维修、接收机、电调、舵机与机翼之间的连接
地勤	地面站的架设、设备调试、检测与处理航拍航测数据、无人机自驾设备的安装与调试、操控无人机自驾仪软件、场地勘测、规划飞行路径
搭载设备操控工程师	判断搭载设备是否可行，无人机搭载设备的安装、调试、维护维修，无人机搭载设备的操控
数据处理工程师	无人机自驾仪操控飞行数据接收处理、航拍航测航摄数据接收和后期制作处理

资料来源：智联招聘网站。

2. 人才需求规模

在政策红利以及产业转型升级的影响下，无人机行业正迎来发展的机遇期。凭借运行成本低、机动性能好、可进行超视距飞行、使用方便高效等优势，无人机已广泛应用于影视航拍、测绘航测、救灾救援、地质勘探、农药喷洒等专业领域，并且越来越多的行业希望用无人机取代传统工作。

伴随着无人机行业的飞速发展，各国均出现无人机人才培养滞后的现象。一台无人机至少要2～3人来操作才能顺利完成任务，如果农业、电力、公安、交通、执法部门大规模的使用无人机，无人机人才需求将是百万以上①。尤其是掌握低空无人机操控技术的专业人才，目前已成为职场最新热点和未来20年紧迫需求，整个行业人才缺口达到百万之巨。有业内机构预测，目前国内专业无人机飞手的需求量在20万人左右，而通过正规培训、持证的飞手大约7000人。以无人机在植保领域的应用为例，我国农业植保无人机需求量达到10万架，因此农业领域的无人机“飞行师”需要30万～40万人，但是具备专业技能的专才缺口却巨大。

三、我国无人机专业职业教育分析

无人机已被广泛应用于影视航拍、测绘航测、高压线巡查、远程监控、救灾救援、农药喷洒、商业表演等领域，越来越多的行业希望用无人机取代传统的人工作业方式。随着无人机应用的不断普及，无人机研发、生产、应用等机构对相关专业技术人才的需求非常迫切，缺口巨大。无人机专业也因此成为各大高校所青睐的新对象。近年来，我国西北工业大学、北京航空航天大学、南京航空航天大学、长春科技学院等多所高校纷纷开展无人机应用技术专业人才培养工作。

（一）职业教育类型

目前，我国无人机教育主要集中在以高职院校为主的无人机专业人才培养和以企业为主的无人机技能培训，应用型本科层次及中等职业教育领域尚未开设无人机专业。目前，国内无人机职业技术教育和培训主要有以下三类：

第一类，以航空类高职院校为主开设的无人机相关专业，如西安航空职业技术学院开设了无人机操控、机体制造与维修、机载电气设备修理等专业；常州航空技工学校、南京航鹰培训学校等开设了无人机操控员培训专业；天津现代职业技术学院开设了以培养无人机操控员为主的低空无人机应用专业。

第二类，部分本科院校自办或与企业联办无人机飞行操控与设备操控技术培训班，如沈阳航空航天大学举办了以飞行操控员为主要培养对象的无人机操控技术培训班；武汉大学举办了重点针对遥感设备应用和影像分析的“无人机遥感测绘关键工艺”培训班；天津大学与沈阳东信科技开发有限公司联合举办了无人机操控员培训班。

第三类，无人机企业为了满足自身需要和市场需求举办无人机技术培训班。如西安大地测绘公司举办了多期测绘无人机操控师培训，广州天翔空科技有限公司举办了针对“企业应用级无人机操控人员”的无人机应用培训班，河北华峰科技有限公司举办了航模无人机培训班。2016

①淄博新闻网：《无人机进入应用行业，人才需求将会更大》，http：//mlzg. zbnews. net/system/2015/11/03/012408919. shtml，2015－11－03。

年10月，由天翼航空科技有限公司携手深圳市大疆创新科技有限公司成立的“慧飞培训中心西安航空城分校”正式落户西安航空基地。该项目落户后，预计每年可培养专业无人机飞行人才500人，对规范无人机教育培训行业、推动无人机产业健康发展具有重要意义①。

（二）专业设置概况

1. 专业目录分析

在高等职业教育（专科层次）领域，根据《普通高等学校高等职业教育（专科）专业目录》，无人机专业属于航空装备大类，2015年以前无人机专业包括低空无人机操控技术及无人机应用技术两个专业，2015年专业目录调整后，两个专业合并为无人机应用技术（560610）。虽然航空装备大类下设的飞行器制造技术（560601）、飞行器维修技术（560602）、航空电子电气技术（560608）等多个专业均涉及无人机人才培养，但是从人才培养的专业度考虑，无人机应用技术（560610）（见表7－6）培养的人才更加专业，因此以下报告仅针对该专业进行分析。由于中等职业教育和高等职业教育本科阶段并没有专门设置无人机专业，因此本报告主要针对高等职业教育（专科层次）的无人机应用技术进行分析。

表7－6　　2015年最新高职（专科）专业目录：航空装备类专业

专业名称	主要专业方向	对应职业类别	衔接中职专业	接续本科专业
无人机应用技术	无人机装配技术 无人机调试与维护技术 无人机操控技术 无人机维修技术	航空产品装配、调试人员，测绘服务人员	电子技术应用 机电技术应用	飞行器设计与工程

2. 专业设置情况

2010年天津现代职业技术学院率先在全国高职院校中开设低空无人机应用专业，面向全国首次招收80名新生。2011年西安航空职业技术学院也开始无人机专业招生，并将教学重点定位于无人机遥感②。随着我国无人机行业的迅速发展，根据无人机行业发展对技术技能型人才提出的需求，无人机应用技术专业开设规模迅速扩大，备案学校由2013年的两所院校扩增至2017年的96所高职院校（见图7－6）。招生院校覆盖全国26个省、直辖市、自治区。

（三）专业人才培养分析

根据2016年开设无人机应用技术及相关专业的职业院校人才培养情况，下面从培养目标、课程设置、师资队伍、实习实训四个层面对我国无人机专业人才培养进行分析。

①沈谦：《无人机专业人才培养学校落户西安航空基地》，陕西传媒网，http：//www.sxdaily.com.cn/n/2016/1009/c266－6007295.html，2016－10－09。

②孙云帆：《无人驾驶成热门专业》，《北京日报》2014年8月13日第19版。

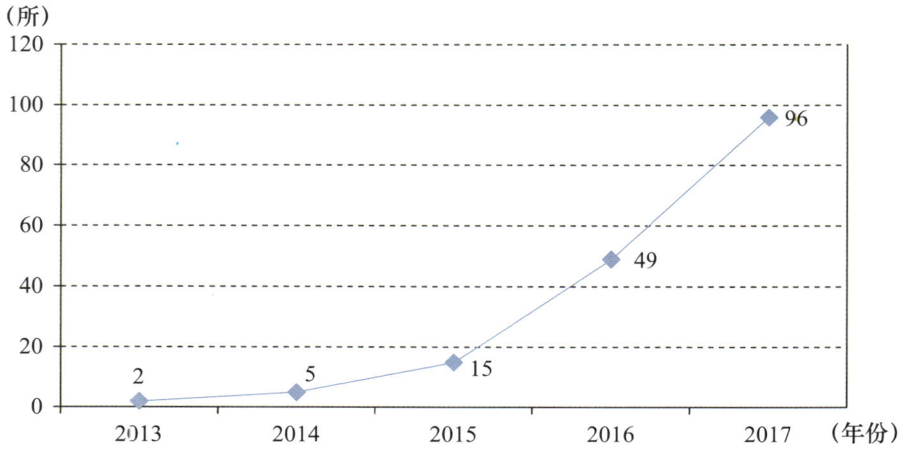

图 7 –6　高职院校无人机专业设置备案情况

资料来源：高等职业教育专业设置备案结果网站，http：//www. zjchina. org/mspMajorIndexAction. fo。

1. 培养目标

高等职业教育（专科层次）主要面向生产、制造企业及运营企业，培养能够在一线岗位工作的高素质技术技能型人才。无人机产业作为高新技术产业，需要具备创新素质，拥有多学科、多领域知识交叉运用能力的技术技能型人才。基于市场对无人机技术技能人才的需求较为明显，各学校人才培养目标和方向十分明确（见表 7 –7）。例如，西安航空职业技术学院作为我国首开无人机人才培养的学校，培养目标有明确的行业面向：无人机操纵、应用、维修技术行业；有明确的技能要求：掌握无人机驾驶理论、无人机操纵技术、无人机装配调试和维修等专业知识及专业技能；有明确的就业岗位：从事无人机制造、操纵、维护等岗位的飞手、技术员、维修员等高素质技术技能型人才。

表 7 –7　部分高职院校无人机应用技术培养目标和就业方向

学校名称	培养目标	就业方向
西安航空职业技术学院	培养拥护党的基本路线，具有良好职业道德，面向无人机操纵、应用、维修技术行业，掌握无人机驾驶理论、无人机操纵技术、无人机装配调试和维修等专业知识及专业技能，培养具备独立开展整个无人机操控和维修调试能力的专业飞手，从事无人机制造、操纵、维护等岗位的飞手、技术员、维修员等高素质技术技能型人才	从事无人机制造、操纵、维护等岗位的飞手、技术员、维修员等高素质技术技能型人才
天津现代职业技术学院	培养掌握低空无人机飞行技术和操控技能；掌握电气自动化技术的基本理论和熟练的基本技能；具备良好的职业道德，能从事电气自动化设备的安装、调试、维护和管理，低空无人机操控、维护维修，低空无人机航拍等生产一线需要的技术技能人才	面向部队技术士官和企业一线需要的低空无人机操控、维护维修，电子设备的安装、调试、维护维修等岗位工作

续表

学校名称	培养目标	就业方向
陕西航空职业技术学院	培养具备无人机生产、安装、调试、维修、操控、地勤等方面的基本理论知识、专业知识及操作技能，能胜任无人机安装、调试与维修、无人机操作的高等技术应用性专门人才	主要面向无人机生产、安装、调试、维修、操控、地勤等方面
张家界航空工业职业技术学院	—	主要面向无人机企业无人机应用技术工作岗位群，从事无人机装配调试工作、无人机操控及维修等相关岗位的技术工作
湖南国防工业职业技术学院	培养具备无人机操控、无人机维护维修专业领域必备的基础理论知识和专门技能，能够从事无人机组装、调试、维护、维修、操控、地勤、航拍航测等岗位职业能力的技术技能人才	从事无人机开发、设计与制造等技术岗位；无人机国土测绘与调查；无人机遥感数据采集与处理；无人机环境监测、电力巡查、农业植保；无人机影像航拍、摄影测量；部队、公安、国安、反恐侦察工作；消防、交管、城建巡查
长沙航空职业技术学院	掌握无人机系统结构和工作原理，具有无人机生产制造、维护应用必备的理论知识、专业技能和良好的职业道德	在军用和民用无人机制造企业及应用和维护等行业从事无人机部件生产组装、总装调试、质量检验及生产管理，从事无人机的制造、维修、地勤、航拍航测应用等工作

资料来源：根据各院校官网资料整理。

2. 课程设置

（1）课程结构。我国高职院校无人机应用技术专业课程主要包括公共基础课、专业基础课、专业核心课和专业拓展课四个模块（见表7－8）。其中，公共基础课主要是培养无人机高技术技能人才的能力素质课程，包括思想政治、英语、体育、计算机、心理健康等课程；专业基础课主要是无人机专业基本知识的课程，包括通用航空概论、计算机技术、机械基础等课程；专业核心课主要传授专业核心知识，涵盖无人机设计、制造、操控、维修等领域，根据各校专业定位又稍有不同；专业拓展课基本上以选修课形式呈现，主要为了提高学生能力、拓宽学生视野而设置。

表7－8　无人机应用技术专业课程结构模块

课程结构	课程名称
公共基础课	思想道德修养与法律基础、高等数学、应用写作、大学英语、体育与健康、计算机应用基础（实训）、国防教育与军训、入学教育、心理健康教育、职业生涯规划与就业（创业）指导
专业基础课	专业英语、通用航空概论、计算机网络技术、C语言程序设计基础、电子电工技术、机械基础

续表

课程结构	课程名称
专业核心课	无人机构造与原理、遥控技术、传感器与检测技术、无人机组装与调试、无人机模拟飞行、自动飞行控制系统、无人机操控技术、无人机维护与维修、无人机组装调试实训、无人机操控实训、无人机维护与维修实训、职业证书考试辅导、顶岗实习与专业技能训练、毕业设计
专业拓展课	航拍技术、CAD 机械制图、航模制作与飞行、图像处理技术、市场营销、电子商务

资料来源：根据各院校公开资料整理。

（2）专业核心课。根据不同的人才培养目标，我国高职院校无人机专业设置了不同的专业核心课程，主要包括无人机构造原理、无人机模拟飞行、无人机组装与调试、无人机操控技术及无人机维护与维修五类，分别对应无人机研发设计人才、无人机模拟飞行及飞手、无人机组装调试人才、无人机技术操控及无人机维护维修五类不同的人才。各类教学目标与能力要求如表7－9所示。

表7－9　无人机应用技术专业核心课程

核心课程	教学目标	能力要求
无人机构造与原理	主要学习无人机系统构成和飞行控制原理，掌握无人机飞行器的结构形式和工作原理及系统中遥控发射机和机载接收机及舵机工作原理	掌握无人机五大系统的构成以及它们之间的功能，掌握机械部分组成及工作原理、发动机工作原理，掌握控制系统各组成部分的功能和工作原理
无人机模拟飞行	主要是为无人机操控实现地面计算机模拟教学，通过学习训练学生掌握 G4 软件的飞行模式和操控模拟飞行器的飞行技术，增强学生对手柄的控制感，达到熟练操控固定翼无人机的水平	掌握计算机模拟飞行模式和操控模拟飞行器的飞行技术，增强学生对手柄的控制感，达到熟练操控固定翼无人机的水平
无人机组装与调试	主要学习无人机组装基础知识及构件的功能，掌握无人机部件生产组装、总装调试的技能，具有能独立拆装、调试小型无人机的能力	掌握无人机部件生产组装、总装调试技能，能够独立拆装、调试小型无人机
无人机操控技术	主要培养学生现场操控无人机，在完成基于 G4 软件的飞行模式的飞行操控的基础上，完成翼展 4M 以下固定翼无人机，并能配合一种专业工具进行飞行操作	掌握无人机操控技术工作原理；学会配合一种专业应用工具进行飞行操作；参加全国无人机飞控工程师考试，获取相应职业证书
无人机维护与维修	主要学习无人机起飞落地后的检查维护、日常保养，学会使用专业检修工具，对常见机械故障的维修	具备对无人机起飞落地后的检查维护和日常保养的职业能力，能够熟练运用专业检修工具，独立排除和维修常见机械故障

资料来源：根据各院校公开资料整理。

随着“无人机＋”成为行业发展的整体趋势，无人机行业的融合性越来越强，对无人机高技术技能人才的知识面要求越来越广，反映在专业核心课上则为各学校的课程覆盖面广、各具特色。如陕西航空职业技术学院开设的无人机专业核心课程偏重无人机的研发设计与制造类课程；河北对外经贸职业学院的无人机核心课程开设偏重无人机在摄影及电视节目制作中的应用；石家庄工程职业学院无人机课程开设侧重于对无人机的操控实训及飞行原理、技术的掌握（见表7－10）。

表7－10　部分高职院校无人机应用专业课程设置情况

学校名称	核心课程
陕西航空职业技术学院	工程制图、工程力学、工程材料、机械设计基础、电工与电子技术、传感器技术、航空电气线路标准与施工、机电系统测控技术、钣金与铆接、无人机结构与系统、发动机与测试技术、飞机维护技术基础、无人机部件组装与测试、无人机总装与检修等
石家庄工程职业学院	无人机操控技术实训、无人机自驾操控技能实训、测数据处理技术、发动机检测技术、无线电遥控技术、单片机技术、航模电子技术数字电路技术、无人机组装工艺、无人机飞行技术、飞行原理
河北对外经贸职业学院	影视美术、摄影构图、摄影基础、电视摄像、电视节目制作、遥控航空模型、无人机操控技术、无人机航拍技术
伊春职业学院	工程制图、电工技术基础、C语言程序设计、无人机操控应用基础、无线电遥控技术、发动机检测技术、传感器与检测技术、无人机组装与测试、单片机技术及应用、无人直升机模拟操控技术、航空侦察与监视技术、军事地形分析技术、无人机操控及应用实训、无人机自驾技术实训、航空拍摄成果整理、多媒体制作技术、无人机系统及作战应用、低空空间技术
黑龙江工业学院	无人机应用技术原理、测量技术基础、航空气象与飞行环境、机械基础、电子技术基础、空气动力学、遥控技术、飞机原理与构造、无人机构造与制作、无人机修理、无人机飞行控制技术、无人机任务规划、无人机相关的工程制图、导航原理及系统、航空电子装备修理理论与技术、飞行性能工程、无人机驾驶；设有课程设计、专业实习、飞行仿真实验、无人机飞行实习、无人机维护与保养实习课程
南通职业大学	无人机系统组成、民用无人机应用导论、飞行手册、无人机模拟操纵技术、无人机操控技能训练、多旋翼无人机拆装与维修、固定翼无人机拆装与维修、无人机植保技术、数码摄影、视频编辑、无人机测绘技术
正德职业技术学院	电路与电工技术、无人机系统概述、发动机检测技术、无人机飞行控制技术、航拍航测后期处理、无人机组装与检修、单片机原理与接口技术、航模飞行操控技能实训、无人机模拟飞行实训、无人机飞行操控技能实训、无人机自动驾驶技术技能实训及航空摄影技术等
湖南国防工业职业技术学院	应用数学、公共英语、应用文写作、军事体育与军事技能、计算机应用、机械制图与CAD、电子产品分析与制作、导航与控制技术、单片机技术、飞机结构与飞行原理、模拟飞行软件使用、无人机系统导论、无人机使用与保养、发射回收系统、无线电遥控技术、传感器原理、航拍数据处理等
张家界航空工业职业技术学院	无人机系统与构造、飞行控制技术、航空通信技术、控制电机及应用、航空发动机原理与结构、传感器与测试技术、无人机总装调试与维修、无线电测控技术、单片机原理及应用等
长沙航空职业技术学院	航空概论、机械设计与CATIA应用基础、航空复合材料加工与修理、自动控制技术基础、传感器原理与应用、单片机技术与应用、航空通信技术、飞机维护技术基础

资料来源：根据各院校官网资料整理。

3. 师资队伍

高职教育主要培养高素质技术技能型人才，既要求学生具有较强的理论知识，又要求掌握较强的技术运用能力，因此职业院校的教师必须具有“双师”素养。当前，我国无人机应用技术专业教师主要有两类，一类是从相近专业如航空类专业转行而来，另一类是从普通高等院校或研究机构无人机方向毕业而来。第一类教师虽然在相近专业领域具有较高的技术、技能水平和丰富的教学经验，甚至多数教师具备较强的飞机设计与研发能力，但面临全新的无人机领域，缺乏系统且扎实的无人机专业知识和技能训练，行业实践经验有限。第二类教师虽然具有较扎实的无人机理论知识，但是缺乏行业实践经验，也缺乏职业教育教学经验，实际教学质量也难以保证。总体而言，我国高等院校无人机专业师资力量十分薄弱。

4. 实习实训

实习实训既是职业院校学生实践能力培养的重要保证，又是反映职业教育水平的重要指标。当前，我国相当一部分开设无人机应用技术专业的学校具有航空航天类专业建设的背景，并依托此类专业建设校内实训室、依托与航空航天类企业长期合作关系建立校外实训基地，此类院校专业实训条件较好。如西安航空职业技术学院，该校拥有航模制作与飞行、模拟飞行、无人机模拟飞行实训、无人机自驾操控实训、飞机维护基本技能实训、航模制作与飞行实训、无人机综合实训等多个实训室，通过与德润航空、金宇航空、天翼航空等多家企业合作，建立了稳定的校外合作基地①。但是，由于无人机行业技术更新快、设备要求高，各院校实习实训水平总体不高。

四、我国无人机专业职业教育服务产业发展分析及建议

我国无人机行业正处于迅速发展阶段，但是我国无人机专业人才培养尚处于起步阶段。目前，无人机专业教育主要集中在职业教育层次，且开设无人机专业的学校有限，一些无人机企业不得不承担起无人机行业发展所需人才的培训任务。整体而言，我国无人机职业教育面临发展体系尚不完善、专业布局结构不完整、人才培养质量与层次难以满足行业快速发展的需求等问题，专业人才服务无人机产业发展的能力有待进一步提升。

（一）无人机专业职业教育服务产业发展分析

我国无人机行业顺应科技发展的浪潮，取得迅速的发展机会，行业对无人机专业技术技能人才的需求不断增加，专业较新，且相关专业相关人才的培养主要集中在高职专科的培养层次。中高职职业教育偏重电子技术应用和机电技术应用，本科及研究生层次主要以飞行器设计工程等交叉专业为主。同时，已开设无人机专业的院校存在专业设置布局过于狭窄、人才培养规模不足、质量不高等问题。

1. 专业开设滞后，不能满足行业发展需求

在科技发展浪潮的推动下，我国无人机行业进入快速发展阶段，引发了对无人机技术技能人才需求的上升。但是与行业发展需求相比，我国无人机专业开设较晚。2010 年以前，我国无人机专业人才培养尚处于空白，行业人才供应主要依赖航空航天、电气机电等相关专业和少量的培训机构。2010 年天津现代职业技术学院在全国高职院校中首开低空无人机应用专业，标志着我

①西安航空职业技术学院网站，http：//hkwx. xihang. edu. cn/info/1046/2449. htm，2017 -03 -31。

国无人机职业教育人才培养的开始。但是，一直到2015年，全国仅15所院校开设无人机相关专业，无人机职业教育发展规模远远落后于行业发展要求，不仅不能引领行业发展，甚至跟不上行业发展的步伐。相对传统行业，无人机应用技术专业开设院校数量较少，且大部分院校的专业建设仍旧处在探索尝试阶段，教学理念和目标、教学条件、教学环境、实训环境等难以满足行业发展所需人才的培养要求。

2. 专业布局狭窄，难以契合产业结构需要

目前，我国无人机专业人才的培养主要集中在职业教育层次且以高职教育为主。从2015年最新高职专业目录调整后，统一为无人机应用技术专业，主要集中在无人机装配技术、无人机调试与维护技术、无人机操控技术、无人机维修技术等方向，而无人机应用服务（数据采集、航拍、植保等）、无人机售后服务（维修、飞行培训服务）、使用服务（社交、垂直、融资租赁、保险服务）等人才的培养严重缺乏。虽然部分院校依据无人机行业涉及的领域进行了专业细分，如四川文化传媒职业学院的无人机应用技术专业分为无人机应用技术设计与研发、无人机应用技术航拍与测绘、无人机应用技术农林植保、无人机应用技术高空电力监测等方向。然而，随着无人机向农林、物流、航拍、安防、电力等诸多领域的拓展，行业对人才类型、层次需求更加多样，单一的无人机应用技术专业已经无法满足行业人才需求。

3. 人才培养规模偏小，不能支撑产业升级发展

尽管2017年开设无人机应用技术专业的备案学校增至96所，但总体人才培养规模偏小，难以满足无人机产业发展对专业技术人才的大量需求。

与无人机技术相近或相衔接的机电设备类、机械设计制造类、电子信息类、自动化类等专业，在我国中高职院校中开设较为广泛，招生规模较大。但是，这些专业的毕业生往往不具备系统的无人机专业技术知识和娴熟的专业技能，进入无人机开发企业或应用企业后，一般还需要进行二次培训，而短期培训的效果并不佳。

在无人机行业迅速发展、应用领域扩张的形势下，为了满足人才需求，一些无人机企业开始自主培养专业人才。但是，“极飞”3年才培养了800名飞手，而“大疆慧飞”UTC首期学员也才50名，且只有50%的学员最后从事相关工作①。因而，依靠无人机企业的培训力量支撑行业的发展是远远不足的，难以满足产业升级发展的需求，且无人机企业的教育培训更多集中在无人机飞行、调试、维修等基础环节，并不能从无人机产业链发展的需求上满足行业发展的需求。

（二）对我国无人机专业教育发展的建议

1. 加强政府引导支持

我国无人机专业教育的基础较为薄弱，开设时间不长，专业建设目标水平有待提升。要实现无人机专业职业教育的健康快速发展，助推无人机行业的稳步、有序提升，政府需要发挥统筹规划作用，加强引导与支持。

第一，要加快无人机职业教育体系建立与完善。当前我国无人机职业教育主要集中在高等职业教育高专层次，很少有中等职业学校、普通高等院校开设无人机专业，难以满足行业对人才多元化、多层次需求。政府要充分发挥主导职能，加快研究出台行业教育规划，加快职业教育发

①蔡辉：《无人机“包围”农村，厂商从飞手“下手”》，《南方都市报》，http：//epaper. oeeee. com/epaper/G/html/2016 - 10/17/content_ 85307. htm，2016 - 10 - 17。

展，扩大人才培养规模。与此同时，教育主管部门需适时修改、调整相关专业目录，以推动中高职职业教育衔接。

第二，加快出台专业建设标准。当前，我国无人机专业建设标准尚未出台，各校专业课程标准、人才评价标准、行业资格标准等均处于不完善甚至缺失状态，既不利于专业人才培养质量的保证，也不利于开展质量评价。

第三，加强专业设置审批。学校数量的增加、教育规模的扩大是循环、渐进的过程，不能因为产业的急需就放松审批，相反教育主管部门应该从严、慎重地审核、审批无人机专业的开设，要从整体布局上规划好专业分布和方向，以防止出现一哄而上、布局雷同，避免出现培养质量差、生源缺乏、设备资源浪费严重等不良局面。

教育主管部门还需理顺、协调好企业与学校的关系，鼓励无人机企业直接参与无人机专业的开发与建设，推动校企深度合作。

2. 合理规划专业设置

专业建设是教育连接产业发展、经济发展的接口，是职业院校适应社会需求，提高人才培养质量的关键环节。各职业院校需围绕区域产业发展情况、人才需求情况，并结合自身实际情况，科学合理地开设无人机专业。由于无人机行业应用领域广泛，不同地区无人机产业结构不同，侧重应用领域不同，因此，各职业院校在开设无人机专业的时候，必须对本地区产业结构及行业发展进行广泛、深入的调研，对专业进行科学合理的定位，找准专业建设的切入点、突破口，避免专业建设的同质化，避免设置与区域产业布局和未来发展不相适应的专业。同时，每个学校无人机专业开设需根据学校的发展目标、发展战略和发展格局协同，尽量能依托原有的相近专业的师资力量和硬件设施，如部分航空航天类院校都依据原有的师资力量及硬件设施，开设了无人机应用技术专业，既有利于提高教育资源的利用率，也有利于特色专业群的建立。

3. 提高人才培养质量

我国无人机专业职业教育及相关院校需创新人才培养模式，优化无人机技术应用人才培养方案，完善课程设置，推进教材开发，改进教学组织形式与实施方式，强化实训实习，进而提高人才培养质量。首先，相关职业院校应当根据区域无人机开发、应用企业对技术应用人才的具体诉求，紧跟无人机技术发展与应用的最新情况，结合学校自身的实际情况，优化人才培养方案，制定具体化、特色化的人才培养规格，加大专业人才培养与区域行业企业人才需求的对接力度。其次，相关职业院校需优化课程体系，确保公共基础、专业理论、专业实践等各类课程的比例协调；改革、创新课程设置的结构形式，促进相关课程之间的相互融通。最后，重视实习实训基地建设，加强实训设施管理，不断探索、创新实训设施的建设模式，将推动校企合作、校校合作作为提高学校实习实训设施建设的重要手段。

4. 加强师资队伍建设

师资队伍水平直接关系到无人机专业人才的培养质量。师资队伍的提升主要通过培养、引进专职教师，吸纳优秀的兼职教师等途径，打造专业实务能力强的专家师资团队。

第一，加强“双师型”师资队伍建设。一方面，加强学校教师培训。无人机专业教师积极进入无人机企业实践，丰富自己的实践经验。另一方面，加强人事制度改革，通过吸纳行业专家、企业技术带头人和管理人员，共同参与教学或实践指导工作，充分整合各方资源充实无人机专业师资团队。

第二，加强交流与合作。无人机专业教师可积极参与地区间、国际的无人机人才培养的交流与合作，如无人机应用开发与研讨、无人机大赛，拓宽国际视野，优化教学理念、教学内容和教学方法。我国的部分师资可以参加国内外知名无人机企业研修、培训、交流，提高无人机专业师资的科研及教学水平。

第三，大力引进行业企业的专业人才。相关院校可积极实施各种无人机专业兼职教师项目，制定相关制度、机制，聘请行业、企业里的一线专家、技师、技工到校兼职，对学校无人机专业的建设、发展建言献策，参与学生的技能培养；在无人机产业发展水平较高、相关企业较多的地区如深圳，教育主管部门及相关院校可探索建立一个动态组合、校企互通、相对稳定的兼职教师库，以推动当地无人机专业师资队伍的建设、发展。

参考文献

[1] 深圳新闻网：《热门新职业：无人机硬件创新工程师》，http：//www.sznews.com/news/content/2016－10/12/content_ 13986363.htm，2016－10－12。

[2] 南方都市报：《无人机飞手缺几十万，深圳要做无人机人才输送基地》，2016－08－30。

[3] 中国科技网：《中国无人机发展面临四大挑战　技术比美国落后 10 年》，http：//h.wokeji.com/military/jsyw/201406/t20140604_743083.shtml，2017－04－01。

[4] 艾瑞咨询：《2016 年中国无人机行业研究报告》，http：//www.askci.com/news/chanye/201605 11/921529272.shtml，2016－12－02。

[5] 石磊：《无人机在行业的应用前景》，《科技论坛》2016 年第 5 期，第 52 页。

[6] 环球网：《核心解读：无人机阵营异变，谁在主宰六大市场?》，http：//finance.huanqiu.com/xiaofeil/xiaofei/2016－10/9586033.html，2016－10－22。

[7]《中国无人机发展面临四大挑战——技术比美国差 20 年》，《经纬天地》2014 年第 3 期，第 27－30 页。

[8] 淄博新闻网：《无人机进入应用行业，人才需求将会更大》，http：//mlzg.zbnews.net/system/2015/11/03/012408919.shtml，2015－11－03。

[9] 沈谦：《无人机专业人才培养学校落户西安航空基地》，陕西传媒网，http：//www.sxdaily.com.cn/n/2016/1009/c266－6007295.html，2016－10－09。

[10] 孙云帆：《无人驾驶成热门专业》，《北京日报》2014 年 8 月 13 日第 19 版。

[11] 蔡辉：《无人机“包围”农村，厂商从飞手“下手”》，《南方都市报》，http：//epaper.oeeee.com/epaper/G/html/2016－10/17/content_85307.htm，2016－10－17。

[12] 周钰婷、郑健壮：《全球无人机产业：现状与趋势》，《经济研究导刊》2016 年第 26 期，第 26－30 页。

[13] 郑波、郭艳红、杨少鲜：《我国无人机产业发展现状及趋势特点》，《军民两用技术与产品》2014 年第 8 期，第 12－14 页。

[14] 郑波、马智伟、李其飞：《我国无人机产业未来发展战略思考》，《军民两用技术与产品》2014 年第 8 期，第 15－16 页。

[15] 宋福杰、肖强：《无人机产业分析报告》，《高科技与产业化》2016 年第 8 期，第 56－61 页。

[16] 张璐晶：《谁来监管火爆的无人机产业?》，《中国经济周刊》2015 年第 39 期，第 54－55 页。

[17]《中国无人机发展面临四大挑战——技术比美国差 20 年》，《经纬天地》2014 年第 3 期，第 27－30 页。

[18] 谢威：《我国民用无人机产业发展对策研究》，《企业管理》2016 年第 3 期，第 99－101 页。

[19] 中国产业信息网：《2017 年中国无人机行业市场现状及发展趋势预测》，http：//www.chyxx.com/industry/201704/509931.html，2017－04－06。

第八章　移动互联网行业与职业教育分析报告

随着宽带无线接入技术和移动终端技术的飞速发展，人们迫切希望能够随时随地乃至在移动过程中都能方便地从互联网获取信息和服务，移动互联网应运而生并迅猛发展。4G 部署奠定了移动宽带通信的发展基础，基于移动通信宽带服务和移动终端功能的逐渐增强，越来越多的用户开始选择手机、笔记本、Pad 等便携式终端获取移动信息服务和互联网接入服务。多元的用户需求、不断增长的用户规模促进了移动宽带业务的发展，并随着网络、技术、业务和终端的逐步融合，移动互联网行业呈现出快速发展的态势。

移动互联网的快速发展对互联网人才提出了强烈的需求，这就要求职业教育应紧跟行业发展需求，构建完善的移动互联网专业人才培养体系，培养不同层次、不同方向的专业人才，从而为行业发展提供有力的智力支持。本章在相关研究成果和行业发展数据的基础上，对我国移动互联网行业企业人才需求情况、移动互联网专业职业教育现状等进行较为全面的分析，并对我国移动互联网职业教育发展提出一些建议。

一、我国移动互联网行业发展概况

近几年，传统的互联网市场下降势头明显，移动互联网凭借普及率高、使用简单、距离用户近等优势呈现快速发展的趋势。随着移动互联网新型商业模式的不断涌现，对现代行业发展的影响不断深入，越来越多的传统行业开始加入移动互联网体系。作为新兴产业，移动互联网将成为继传统互联网之后孕育的巨大财富市场。

（一）移动互联网行业发展现状

移动互联网是基于移动通信技术，广域网、局域网及各种移动信息终端按照一定的通信协议组成的互联网络。广义上指手持移动终端通过各种无线网络进行通信，与互联网结合产生了移动互联网。移动互联网业务正在覆盖社会的方方面面，新闻阅读、视频节目、电商购物、公交出行等热门业务应用皆出现在移动终端上，企业级用户越来越意识到移动应用的重要性，纷纷开始规划和摸索进入移动互联网行业，客观上加快了移动互联网应用市场的发展。

1. 用户规模持续增加

随着移动上网设备的逐渐普及、网络环境的日趋完善、移动互联网应用场景的日益丰富，手机网民规模不断增长。我国互联网络信息中心发布的第 38 次《中国互联网络发展状况统计报告》显示，截至 2016 年底，中国移动互联网民规模达 8.3 亿，网民上网设备进一步向移动端集中[①]（见图 8－1）。从区域上分析，北上广以及深圳一带，依然是移动互联网用户的主要分布地区（见图 8－2）；从年龄上分析，青年人占移动互联网用户的大多数，以 25～30 岁年龄段为主

①中国互联网络信息中心：《中国互联网络发展状况统计报告（2016）》，2016 年 12 月。

要群体（见图 8－3）；从性别上分析，移动互联网用户男女比例接近，男性用户占比略高。移动互联网用户的持续增长，加快用户生活移动化，移动化趋势势不可当。

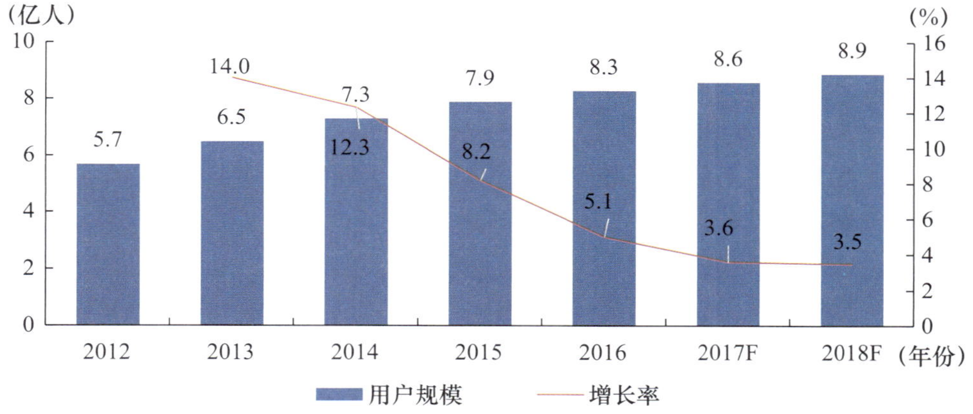

图 8－1　2012～2018 年中国移动互联网用户规模

资料来源：根据中国互联网络信息中心数据统计，2016 年 12 月。

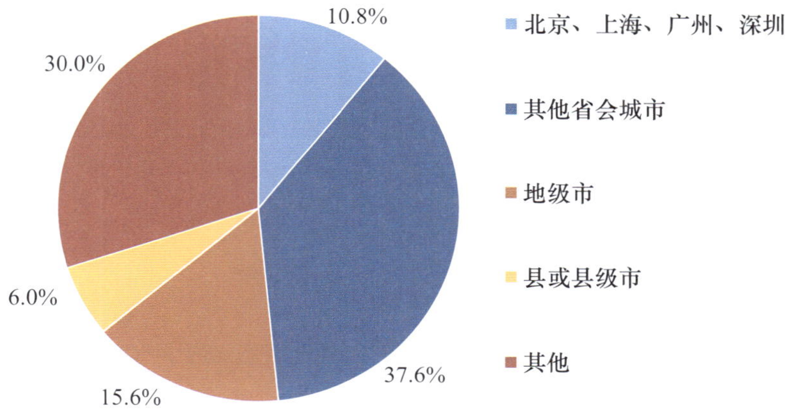

图 8－2　2015 年我国移动互联网用户区域分布

资料来源：易观智库，DECISIONFUEL_ Inmobi。

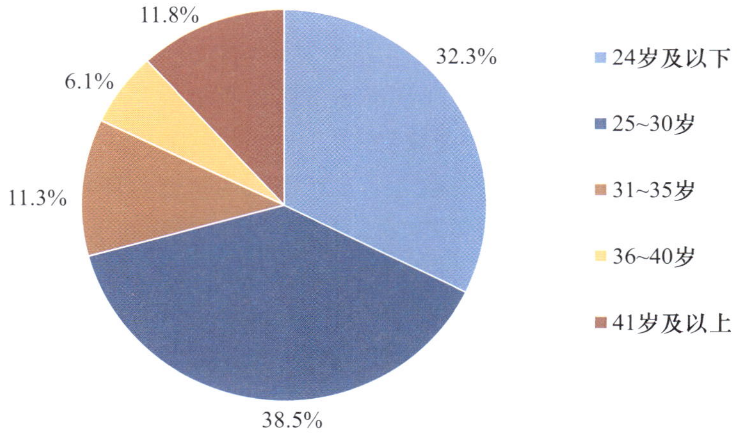

图 8－3　2015 年移动互联网用户年龄分布

资料来源：易观智库，DECISIONFUEL_ Inmobi。

2. 应用领域不断拓展

移动互联网服务应用已经渗透到各行各业，移动设备的易携带性和移动应用的丰富性，增加了用户对移动设备的使用黏性，对社会生活服务的渗透进一步加大。通常，在家中、户外、学校、交通工具等各种场景的移动端中，频繁出现零售餐饮、综合商务、交通出行、综合视频、游戏应用等热门业务，其中热门APP应用在苹果和安卓商店的下载已达到数百亿次[①]。同时，手机地图、零售餐饮与本地化服务相结合，已成为连接线上线下的重要平台。移动支付与消费者生活紧密结合，拓展了更多的移动业务，通过各类APP与社会服务广泛融合，带动了移动互联网业务的高速发展（见图8-4）。

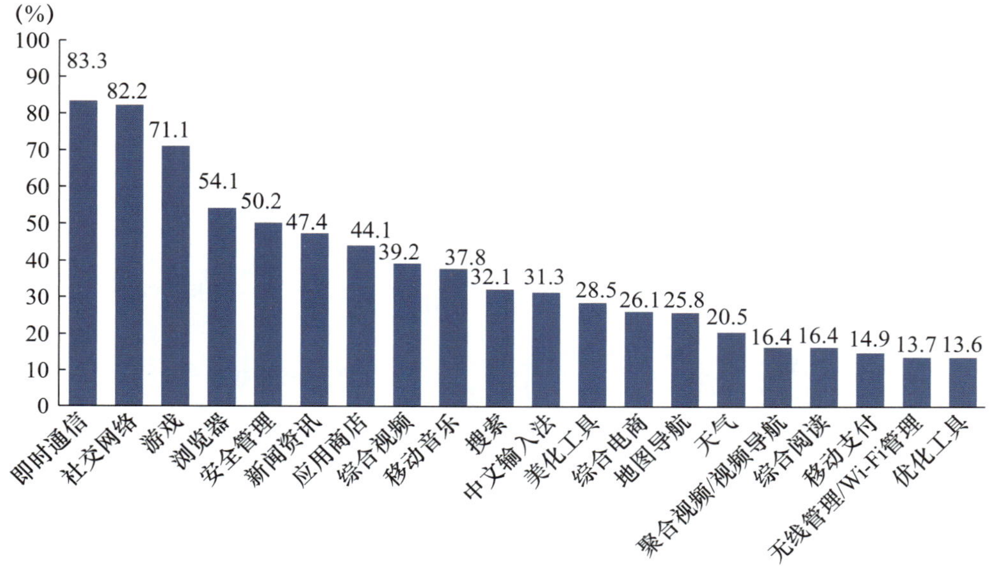

图8-4　2015年移动互联网用户APP主要应用领域及月均渗透率TOP20

资料来源：易观智库，DECISIONFUEL_ Inmobi。

3. 市场规模快速增长

在庞大用户群体的需求刺激下，移动互联网市场规模呈现持续增长态势。2016年，中国移动互联网市场规模达5966.3亿元，增幅达到58.0%，2018年中国移动互联网市场规模预期可达到11466.5亿元（见图8-5）。其中，移动购物依然是中国移动互联网市场中占比最高的部分，2016年占比达到67.4%[②]，移动生活服务则是市场份额增长最快的大类，移动旅游、移动团购和移动出行领域是移动生活服务增长的主要来源。

在“大众创业，万众创新”的国家战略之下，互联网创新创业环境持续改善，将进一步促进移动互联网市场的创新发展。从行业层面来看，移动互联网行业处于蓬勃发展阶段，存在许多新的增长点。移动互联网企业立足自身，不断加大力度改善智能终端性能，提升应用服务用户体验，创新产品及应用不断涌现，越来越完善的产品有效刺激用户需求，促进了整体市场规模的增长。

---

①《移动互联网下的流量经营模式》，道客巴巴，http：//www. doc88. com/p-5955854806016. html。

②《2016年中国移动互联网市场保持快速增长分析》，中国产业信息网，http：//www. chyxx. com/industry/201608/440654. html，2016-08-23。

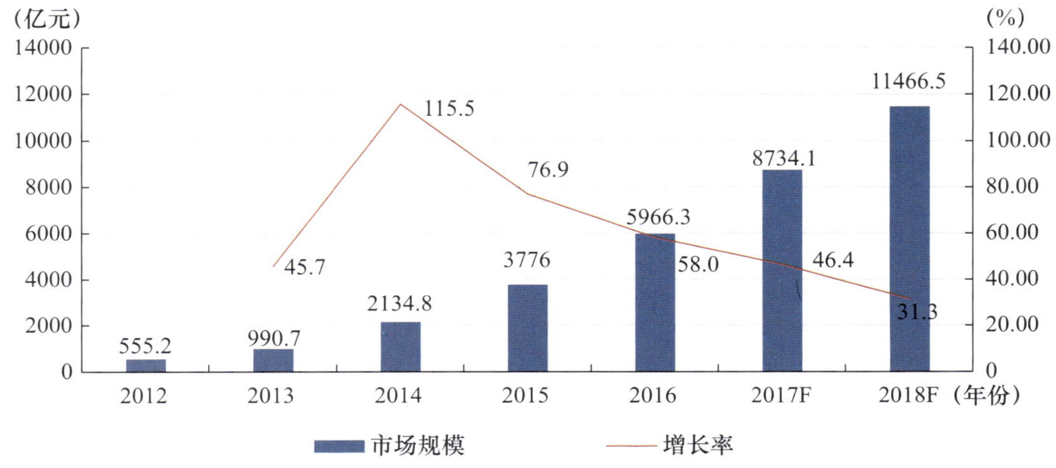

图 8-5 2012~2018 年中国移动互联网市场规模

资料来源：根据公开资料整理。

4. 政策环境逐步完善

从政策层面来看，国家和地方政府相继出台扶持政策，鼓励互联网企业发展和互联网应用的推广。2014 年 11 月 2 日，国家互联网信息办公室（以下简称国家网信办）召开移动互联网业界代表座谈会，提出移动互联网业界要以学习贯彻党的十八届四中全会精神为契机，践行好法治精神，推动我国移动互联网健康有序发展①，这是国家网信办成立以来首次召开移动互联网业界代表座谈会。近几年，国家工业和信息化部、国家文化部等部门出台了一系列对互联网行业的战略规划和政策措施（见表 8-1），这既是对“互联网+”行动计划的落实，也是对移动互联网行业作为新的经济发展原动力的肯定。随着移动互联网相关政策的逐步完善，一方面，通过对提供 APP 的第三方平台备案等形式管理，以加强对个人信息安全和合法权益的保护；另一方面，通过政策落实，把发展移动互联网作为“稳增长、调结构、惠民生”的重要手段。

表 8-1 2005~2016 年移动互联网行业主要政策规范汇总

颁布时间	相关政策	发布机构
2005 年 2 月	互联网 IP 地址备案管理办法	信息产业部
2005 年 9 月	互联网新闻信息服务管理规定	国务院新闻办公室 信息产业部
2006 年 2 月	互联网电子邮件服务管理办法	信息产业部
2007 年 12 月	互联网视听节目服务管理规定	国家广播电影电视总局 信息产业部
2011 年 12 月	规范互联网信息服务市场秩序若干规定	工业和信息化部

①《中国移动互联网行业政策环境及投融资现状分析》，百度文库，http：//wenku. baidu. com/link？ url = rkJS3Jy1ctJpN5nkN3ECRsjV1j6jLOg1sQCL7MdCSuSMDkHBipo9L3LBRYhHIudg97c7qp1SLuksQwZ - baJ3GRXHKlDQ5mpIqIf44GUpIsu。

续表

颁布时间	相关政策	发布机构
2012 年 12 月	关于加强网络信息保护的决定	全国人民代表大会常务委员会
2013 年 4 月	关于加强移动智能终端进网管理的通知	工业和信息化部
2013 年 8 月	关于促进信息消费扩大内需的若干意见	国务院
2013 年 8 月	关于实施《网络文化经营单位内容自审管理办法》的通知	文化部
2013 年 9 月	移动互联网应用自律白名单规范	中国反网络病毒联盟
2014 年 9 月	电信设备进网管理办法	工业和信息化部
2015 年 7 月	关于积极推进“互联网 +”行动的指导意见	国务院
2016 年 4 月	电信和互联网用户个人信息保护规定	工业和信息化部
2016 年 8 月	移动互联网应用程序信息服务管理规定	国家互联网信息办公室

资料来源：根据政府门户网站、工业和信息化部官网等公开资料整理。

（二）移动互联网行业发展存在的问题

移动互联网为互联网的发展提供了一个新的平台，使得互联网更加普及，它以移动应用固有的随身性、可鉴性、可身份识别等独特优势，为传统的互联网业务提供了新的发展空间和可持续发展的新商业模式。在移动互联网行业飞速发展的同时，一些弊端及问题也逐渐凸显，如用户信息安全得不到更加有效的保障、行业的监管力度还有待加强、行业商业模式创新不足等。

1. 信息安全保障待加强

随着移动互联网的不断改革创新，终端的智能化使电子产品更新换代的速度加快，功能越来越多、功能性越来越强，容量储蓄空间也越来越大，让用户足不出户就能了解身边以及外面所发生事件，网上购物、网上订餐、移动支付等越来越普遍，人们在电子产品中储存的信息越来越多。然而，移动互联网快速发展伴随的网络安全问题日益突出，互联网上原有的恶意程序传播、远程控制、网络攻击等传统网络安全威胁向移动互联网快速蔓延。移动互联网终端和业务与用户个人利益的关联度更高，大量的用户、海量的数据、用户隐私、文化管理与垃圾短信等使移动互联网面临着管理方式、管理手段的挑战。安全问题及管理问题是移动互联网必须面对并需要解决的问题。

2. 行业监管体系需规范

虽然在移动互联网平台发展的初期，确实不适宜过严地监管和规定，但以安卓开放平台为主的移动市场已经形成了一条完整严密的产业链，并急速膨胀扩张，使其中的一些严峻问题凸显出来。开发者、广告商、SP①（指移动互联网服务中内容应用服务的直接提供者，负责根据用户的要求开发和提供适合手机用户使用的服务）等厂商肆意利用权限收集用户隐私、恶意扣费的现象屡禁不绝，甚至有部分开发者、厂商、第三方平台相互勾结，进行恶意扣费、贩卖个人信息等

①《移动互联网开发》，看准网，http：//www. kanzhun. com/jobs/5945/。

不法行为，给消费者和行业环境带来了不良影响。在移动互联网平台的大概念下，仅靠从业者的自律难以解决所有问题，需要从技术、法规、监督等各方面多管齐下，综合治理，以期给整个行业和市场带来“正能量”。

3. 产业链整合较为复杂

自2011年起，移动互联网开放平台渐成趋势，无论是平台运营商、移动营销商还是互联网企业纷纷开放平台，采取多种措施拉拢移动开发者，在移动互联网产业内扩展势力范围，逐渐掌握了产业链上下游的资源①。这些企业往往资金雄厚或者有来自投资者的庞大资金支持。然而，在移动互联网产业的整个产业链中，最终只有通过提高应用和服务的质量来吸引和巩固用户，因而满足用户需求是整个产业发展的关键。一方面，开发者开发的应用直接面对用户，对吸引用户、提升用户体验、增加用户黏性都起着至关重要甚至是决定性的作用；另一方面，应用开发者处于产业链的薄弱地位，在行业发展中缺乏与平台运营商、移动运营商和互联网企业公平对话的话语权。因而，移动互联网产业想要构建良好的产业链环境，提高对应用开发者的重视程度至关重要。但是，电信运营商、终端厂商、内容提供商都想在移动互联网产业链中拥有话语权，产业链整合困难较大，尚未形成良好的生态系统，这在很大程度上制约了行业盈利模式的形成。

4. 商业盈利模式未清晰

移动互联网并不是PC互联网的简单延伸，移动互联网无法完全复制PC互联网的商业模式。近几年来，众多的企业和创业者纷纷尝试进入移动互联网领域，很多VC、PE向移动互联网企业投资。表面上，移动互联网产业发展很好、很快，其商业模式也在不断创新，但实际上，移动互联网商业模式依然不够成熟，很多企业仍处于投资阶段，没有真正实现盈利。

移动互联网发展环境尚不成熟是尚未形成有效商业模式的主要因素，如有的企业做移动互联网业务只是单纯地做某一业务，而不是做平台，缺乏基础核心应用，不利于“基础业务免费+增值服务收费”的盈利模式的形成；有些企业一味地追求规模扩张，不顾产品应用的创新和客户体验，导致用户逐渐对产品失去兴趣，用户逐步流失，未为企业带来利润②。在移动终端上做广告、做业务等，需要适配于跨不同操作系统、不同运营商、不同平台的环境，需要较强的技术能力支持，否则将影响业务发展和盈利模式的形成。目前来说，移动互联网盈利模式大多是对传统互联网的模仿，自身盈利模式尚不成熟。因此，移动互联网企业要获得更好的发展前景，需要创新商业模式，做好正确的市场定位，从而持续推进产品创新，满足客户的核心需求，击中客户的痛点。

二、移动互联网行业人才需求分析

移动互联网是一套极其庞大的体系，已涉及淘宝客户端、支付宝客户端、微博客户端、QQ客户端、微信、导航、手游等各种行业移动应用。各种移动应用逐步构建出一个较为完善的移动生态体系，已影响到人们生活和工作的方方面面。要支撑起如此庞大的运营体系，需要大批移动互联网专业人才。因此，分析移动互联网行业人才需求变化，将有助于职业教育培养出更加符合

①《移动互联网发展存在的问题》，百度文库，http：//wenku. baidu. com/view/ec9fb29eec3a87c24028c4ab. html。

②《移动互联网商业模式仍在开拓阶段》，中国报告网，http：//market. chinabaogao. com/it/0H2160B52013. html，2013－07－22。

社会需求的高质量技术应用人才。

（一）移动互联网企业发展概况

1. 企业稳步发展，经济收益同步增长

移动互联网已经成为信息产业发展最快、竞争最激烈、创新最活跃的领域和众多厂商追逐的掘金点。近几年，移动互联网行业飞速发展，我国互联网企业发挥原有优势，构建了本土的移动互联网应用体系，已成为应用服务发展的主要推动力，涌现出腾讯、阿里巴巴、百度、京东等一大批行业知名企业（见表8－2）。总的来说，伴随着移动互联网的高速发展，移动应用将在通信、零售、餐饮、交通等领域持续创新，并带动形成一批新的具有影响力的移动互联网企业。

表8－2　　2016年中国移动互联网部分知名企业

企业	业务范围	经营情况
腾讯	从事网络媒体、无线互联网增值业务、互动娱乐业务、互联网增值业务、电子商务、广告业务，逐步形成“一站式”服务	2015年，腾讯总收入为1028.63亿元，同比增长30%。经营利润为406.27亿元，比2014年同期增长33%
阿里巴巴	主要业务是电子商务平台，提供人们买卖商品B2B（以阿里巴巴网站为主）、C2C（淘宝、一拍）、电子支付（支付宝）、门户＋搜索（雅虎）	2015年营业收入122.93亿美元，同比增长45.14%，同期实现净利润39.23亿美元，同比增长3.92%
百度	为用户提供“简单、可依赖”的互联网搜索产品及服务，包括以网络搜索为主的功能性搜索，以贴吧为主的社区搜索，针对各区域、行业所需的垂直搜索，MP3搜索，以及门户频道、IM等	2015年百度总营业收入为663.82亿元，同比增长35.3%；净利润为336.64亿元，同比增长155.1%
京东	一站式综合购物平台，服务中国亿万家庭，3C事业部、家电事业部、消费品事业部、服饰家居事业部、生鲜事业部和新通路事业部六大部门领航发力，为第三方卖家提供在线销售平台和物流等一系列增值服务	2015年京东集团市场交易额达到4627亿元，净收入达到1813亿元，同比增长78%
唯品会	互联网在线销售品牌折扣商品，销售产品涵盖中高端服装、鞋帽、箱包、家居用品、化妆品、奢侈品等	2015年总营业收入402亿元，同比增长74%；年运营利润率从2014年同期的3.6%增至5.2%
网易	为用户提供免费邮箱、游戏、搜索引擎服务，开设新闻、娱乐、体育等30多个内容频道及博客、视频、论坛等	2015年净收入为228.03亿元，同比增长94.7%，移动端收入同比增长150%

续表

企业	业务范围	经营情况
携程	提供酒店预订、度假预订、机票预订、商旅管理、特惠商户以及旅游资讯等服务	2015年总营业收入为115亿元，同比增长48%
苏宁云商	经营商品涵盖传统家电、消费电子、百货、日用品、图书、虚拟产品等综合品类	2015年营业收入达1356.76亿元，同比增长24.56%；营业利润同比增长53.57%
新浪	通过由门户网站新浪网、移动门户手机新浪网和社交网络服务及微博服务组成的数字媒体网络，帮助广大用户通过互联网和移动设备获得专业媒体和用户自生成的多媒体内容	2015年净营业收入为8.807亿美元，同比增长15%
小米	主要经营小米手机、小米电视等自有产品以及电商平台小米网	2015年营业收入达780亿元，较2014年的743亿元同比增长5%

资料来源：根据各网站公开信息整理。

2. 服务领域细分，用户黏性不断提升

移动互联网行业细分是企业吸引移动端用户、占据用户移动端上网入口的重要举措。移动应用正在潜移默化地改变着信息时代下人们的日常生活，包括网络购物、团购、美食、生活资讯、地图、旅行、天气、导航、健康等。各细分领域的APP通过精准定位具体人群，提供深度个性化服务，不断增强APP的独特性，提高用户黏性和依赖度，从而获取优质用户。移动互联网行业服务领域主要分类及典型应用工具如表8－3所示。

表8－3　　移动互联网行业服务领域主要分类及典型应用工具

行业领域细分	特点	移动APP典型应用工具
社交	在移动网络虚拟世界里，服务社区化将成为焦点。社区可以延伸出不同的用户体验，提高用户对企业的黏性	微信、陌陌、QQ、探探等
游戏	娱乐化先锋，手机游戏作为移动互联网的杀手级盈利模式，无疑将掀起移动互联网商业模式的全新变革	数字顽石、迈奔灵动、上海雪鲤鱼、PunchBox（捕鱼达人）、卓亨信息、摩卡世界、呈天游、上海索乐等
搜索	移动搜索引擎整合搜索概念、智能搜索、语义互联网等，综合了多种搜索方法，提供范围更宽广的垂直和水平搜索体验	百度搜索、搜狐搜索、雅虎搜索、谷歌搜索、迅雷搜索、宜搜科技、UC浏览器、海豚浏览器等

续表

行业领域细分	特点	移动 APP 典型应用工具
视频	手持电视用户主要集中在积极尝试新事物、个性化需求较高的年轻群体，这样的群体在未来将逐渐扩大	乐视视频、搜狐视频、暴风影音、优酷视频、土豆视频、腾讯视频、爱奇艺、芒果TV、聚力视频等
电子阅读	填补夹缝时间：因为手机功能扩展、屏幕更大更清晰、容量提升、用户身份易于确认、付款方便等诸多优势，移动电子阅读正成为一种流行迅速传播开来	华阅数码、维旺明、多看、字节社、网易云阅读、anyview、鲜果读书、豆瓣阅读等
电子商务	移动电子商务可以为用户随时随地提供所需的服务、应用、信息和娱乐，利用手机终端方便快捷地选择及购买商品和服务	阿里巴巴、京东商城、唯品会、淘宝网、天猫商城、拍拍、卓越亚马逊、苏宁易购、买卖宝等
团购	将认识或不认识的消费者以网络的形式联合起来，自行组团、专业团购网站、商家组团等形式，以求得最优价格的一种购物方式	拉手网、美团网、优众、糯米团、58 团购、丁丁网、窝窝网等
移动支付	支付手段的电子化和移动化是不可避免的必然趋势，移动支付业务发展预示着移动行业与金融行业融合的深入	捷迅易付（19Pay）、连连科技、神州付、支付宝、微信支付等
教育学习	通过在线资源自主学习、人机交互、师生虚拟课堂在线互动的形式，实现教育无空间、时间限制，教育资源的充分利用与共享	iKnow 英语、传课网、e－learning、习信、酷学习、全员学习、学习中国等
地图导航	提供个性化信息：随着随身电子产品日益普及，人们的移动性在日益增强，对位置信息的移动定位服务需求也日益高涨	高德地图、百度地图、谷歌地图、腾讯地图、搜狗地图、凯立德导航等
交通出行	通过移动端软件为出行者及时提供交通出行信息，多样化的选择让人们的出行更方便	酷米客公交、滴滴出行、Uber、神州专车、易到等
休闲旅游	为用户提供全方位交通出行方案、酒店预订、路线、景点攻略等交互工具，为人们打造更丰富的旅游行程	休闲出游、途牛网、携程网、去哪儿网、驴妈妈等

资料来源：根据各网站公开信息整理。

移动互联网是一个快速发展的新兴产业，各类相关的厂商，包括硬件制造商、系统开发商、应用提供商、内容提供商、服务提供商、技术提供商、解决方案提供商等争相进入市场竞争中。早期移动互联网厂商通过向平台运营商转型以巩固在移动互联网的生命力；终端厂商寻求通过

“终端应用”的模式快速地从终端转型至应用服务；电信运营商不甘于成为流量管道，通过和产业链其他环节的合作重新获取产业链主导权；内容提供商在移动互联网从封闭型产业链逐渐走向开放的过程不再受到禁锢，通过向用户界面的渗透，争夺产业链的主导权；互联网知名企业也逐渐进入移动互联网行业。

3. 市场竞争激烈，跨界合作成为趋势

移动与互联网相结合，带来了革命性的变化，产业链变得更复杂（见图8－6）。另外，随着移动互联网的快速发展，企业跨界合作成为常态。一些传统企业选择与手机厂商合作，在手机里增加相关的应用，将自己的触角伸入移动互联网领域。例如，2011年中国移动推出“MM云服务”计划，聚拢操作系统厂商、终端厂商、互联网服务公司、风险投资以及中国移动的资源，加大对开发者的扶持力度，与开发者共享用户资源、运营资源、技术资源，吸引更多的开发者进入全球移动应用市场。总的来说，移动互联网企业的所有目标都指向用户，满足用户需求，发掘用户的潜在需求，给用户带来更好的使用体验是关键。目前我国没有一家公司能够实现产业链一条龙，所以在移动互联网领域，跨界合作将是必然趋势。

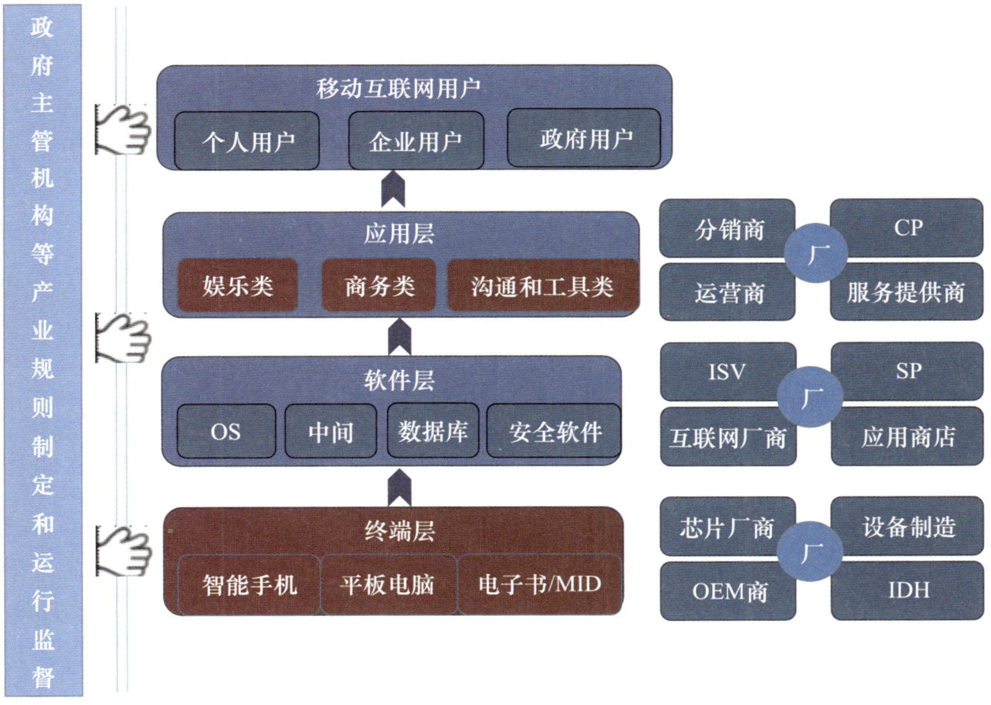

图8－6　中国移动互联网产业链构成

资料来源：《2015年移动互联网产业发展白皮书》。

（二）行业人才需求分析

当前，移动互联网正在与各行各业加快融合，改变着传统行业，催生了新的信息组织形态、新的传播模式、新的信息消费形态和新的产业生态，形成了一个个新型信息服务产业。随着行业融合不断深化，移动互联网人才需求迅速增长。与移动互联网产业发展相比，移动互联网专业人才的培养尚处于起步阶段，整个行业人才缺口巨大，无法提供强有力的人才支撑。

1. 人才需求现状

从 IT 行业发展对人才的需求情况来看，新兴产业的人才需求非常迫切且供不应求，这与传统产业形成鲜明对比，体现出人才需求的结构性变化。当前我国移动互联网行业人才无论是在数量还是在质量上，均处于供需失衡状态，缺口较大（见图 8－7）。特别是随着国内 4G、无线互联网、智能手机等产业不断发展，移动互联网行业对人才需求缺口会越来越大。据统计，Android 类应用程序开发者需求量每季度将增加 15%，iOS 类应用程序开发者需求量每季度将增长 10%，其他移动平台的开发者需求量也在不断增加[1]。据估计，未来 5 年，我国移动互联网行业人才需求总缺口将达到 150 万以上，供求比例达 1∶20[2]。人才紧缺特别是中高级人才的缺位，已经对很多移动互联网企业持续快速发展造成了严重制约。

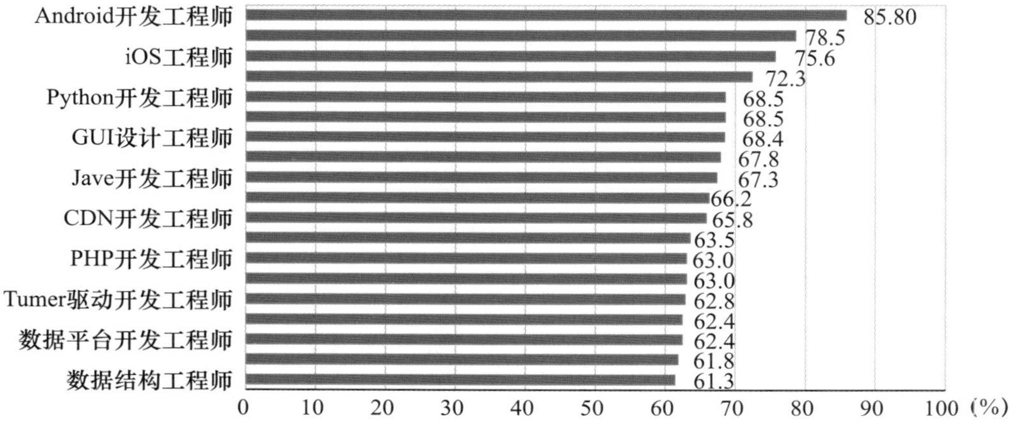

图 8－7　2015 年移动互联网行业人才需求分析

资料来源：易观智库，DECISIONFUEL_ Inmobi。

2. 人才需求类型

移动互联网企业岗位从不同角度可分为运营类和开发类。从运营角度，可分为产品类、媒介类和日常运营类岗位等；从开发角度，可分为 Java Web 相关、Android 相关以及 iOS 相关岗位。通过对移动互联网产业链的梳理，可以发现，移动互联网公司的岗位人员类型主要集中在应用开发方向、应用测试方向以及产品设计运营方向[3]（见图 8－8）。目前，我国移动互联网公司内部技术岗位的人数基本上比较均衡，每个技术岗位上的人数只有 1～2 个，总体需求量很大，特别需要能在不同智能手机平台上开发应用程序的移动智能手机开发综合性人才。应用型技术人才通常更着眼于人员的操作能力，在学历上一般要求专科毕业即可，这正好与高职院校培养技术技能型人才的目标相契合。

---

①《移动互联网行业人才需求出现井喷现状》，大洋社区，http：//club. dayoo. com/view－170962608－1－1. html，2011－09－16。

②《移动互联催热“大学后教育”行业人才缺口大》，E 都市网，http：//sz. edushi. com/bang/info/2－12－n447035. html，2013－11－31。

③金明、宋绪文：《移动互联网岗位需求和人才能力分析》，《现代商业》2014 年第 10 期，第 56－57 页。

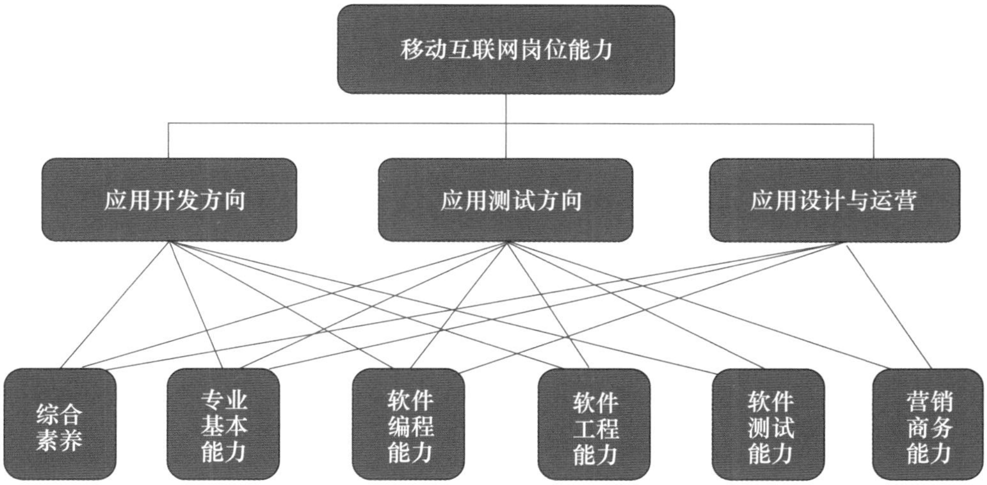

图8-8　移动互联网产业链及人才类型

资料来源：《2015年移动互联网产业发展白皮书》。

3. 人才能力要求

移动互联网行业作为一个日新月异、蓬勃发展的新兴行业，人才在核心岗位上应具备以下能力特征（见表8-4）。

表8-4　基于移动互联网应用产业链的岗位类型及核心能力

核心工作岗位	岗位描述	职业能力要求
移动平台应用开发工程师	完成软件的设计、开发、测试、修改Bug等工作，包括业务需求的沟通、功能模块详细设计、业务功能实现与单元测试、系统维护等工作	掌握面向对象程序设计Java编程；熟悉基于Android平台应用开发；基于JavaScript等前端Web技术进行产品的界面开发；制作标准优化的代码，并增加交互动态功能；与网站后台开发人员配合完成数据交互工作；实现网站页面特效、JS效果，进行页面优化，致力于通过技术改善用户体验等
UI设计师	负责商用平面设计、网页设计、移动应用界面设计等工作	根据产品的定位和需求，负责公司网站设计、客户端软件产品、移动产品的UI设计，以及UI设计的图形策划和设计；理解Web/Windows UI标准，对可用性、可访问性等相关知识，有较强的平面设计和网页设计能力；掌握相关设计工具等

续表

核心工作岗位	岗位描述	职业能力要求
运营总监助理/运营总监	规划公司销售体系的整体运营、业务方向，建设并领导各子公司业务经营体系；依据整体营销战略目标，组织制订营销战略计划等工作	负责运营工作的统筹规划，通过网络和线下手段带领团队进行推广，实现客户量、销售量、活跃度目标；对互联网及移动互联网产品进行有效运营，分析运营数据，优化和提高运营流程和效率，不断探索新的运营模式等
产品经理	负责平台的定位构建，功能设计，流程设计（含市场需求、竞争对手分析跟踪、产品定位、需求分解、功能规划、产品流程架构、产品形式设计、进程控制及执行产品运营建议）；完成相关设计文案，指导设计人员，负责网站平台设计实现；根据市场反馈，不断改进产品功能等工作	精通互联网及移动互联网，对 Web2. 0 的网站有较深刻的理解和认识；熟悉移动平台产品设计、开发流程；熟悉交互设计方法，对用户体验有深刻认识；能够通过有效手段深刻理解用户的需求；对互联网站的整体风格和框架及具体布局有较强的把控能力等
网络推广专员	负责网站的推广工作，包括网络排名、网络优化、关键词的推广及互联网和移动互联网营销工作	掌握多种网络推广方式，特别是具有运营微平台的日常运营和维护能力；负责微平台内容更新、人群聚焦、话题发起、客户管理等工作；负责策划并制定微平台线上活动方案以及微平台原创内容编辑工作；负责微平台推广模式与渠道的探索，了解用户需求，收集用户反馈，分析用户行为及需求的能力等
企业策划师	负责公司市场营销策略的研究、策划、组织与实施管理	具有企业策划、品牌发展推广、企业文化建设知识和技能；具有较强的沟通协调能力；分析决策能力和计划执行能力
视觉设计师	负责标志设计、广告设计、包装设计、店内外环境设计、企业形象设计等方面，负责移动互联网前端平台的艺术设计与维护	良好的设计需求理解能力、需求分析能力与清晰的沟通表达能力；扎实的视觉设计表现力，熟练掌握 Photoshop 软件使用等技能
软件测试工程师	参与产品测试、根据测试结果编写测试计划、测试报告、缺陷报告；负责编写各产品用户文档、技术白皮书、概要设计、功能说明书等各种技术文档；提出对产品的改进建议	理解软件开发模式，熟悉软件测试流程，进行功能性能测试，并编写文档。根据产品需求和设计文档，制定测试计划，并分析测试需求、设计测试流程；执行具体测试任务并确认测试结果、缺陷跟踪，完成测试报告以及测试结果分析等

资料来源：根据各院校官方网站整理。

（1）勇于创新能力。移动互联网是一个新兴行业，时刻面临新的产品、新的应用、新的技术、新的盈利模式、新的营销模式、新的客户需求等，创新是其生命力，创新能力是移动互联网行业人才的最大特征和基本要求。

（2）跨界复合能力。移动互联网结合了移动通信和传统互联网两个不同行业的特征，并在很多传统行业内进行多样化的应用。移动互联网行业人才应具有跨界跨行业、多向思维等综合、复合能力，勇于尝试一切新技术、新手段。

（3）学习适应能力。互联网行业本身是一个极富变化、日新月异的行业，移动互联网更是将这种变化性推向极致。移动互联网行业的客户需求、市场环境、技术和产品等无时无刻不在极速变化，这就要求从业者必须具备快速学习能力和行业适应能力。

（4）捕捉和满足个性化需求的能力。移动互联网的应用更强调个性化，产品对象、需求、架构、设计、界面、操作习惯等各方面皆强调个性化。从业人员要更善于捕捉和满足这些个性化需求，同时要能更深入地接近终端用户。

（5）独立性和自主性。移动互联网从业人员具有更多的独立自主性，即拥有更多自主发挥的自由度，也意味着更多的自主学习、自主提升和自主完成的责任感。作为新兴行业，很多移动互联网企业都处于初创期或者高速成长期，还没有形成健全的管理体系，这就要求移动互联网从业人员必须有较强的自我管理、自我提升的内在动力和能力，始终保持着高度的敏锐、激情和责任。

三、我国移动互联网专业职业教育分析

（一）专业设置情况

1. 专业开设现状

随着“互联网+”行动计划的提出，国家教育部门高度重视互联网及移动互联网专业的建设，申请开设移动互联应用技术专业的院校数量也在逐渐增多。国内开设移动互联应用技术专业的高职院校主要集中在软件类和电子信息类学院，软件类学院如广州大学华软软件学院、苏州高博软件技术职业学院、海南软件职业技术学院、湖南软件职业学院等院校，电子信息类学院如深圳信息职业技术学院、常州信息职业技术学院、重庆电子工程职业学院、天津电子信息职业技术学院等院校；从地域分布来看，开设移动互联应用技术专业的院校地域分布范围广泛（见图8-9）。院校数量居前十的省份分别是江苏、湖南、安徽、河南、河北、四川、广东、贵州、重庆、广西①。

除此之外，另有部分院校在电子信息、电子工程、计算机应用等专业设置了移动互联应用技术方向，高等院校及中等职业院校很少或几乎没有开设移动互联应用技术专业，仅设有计算机技术应用、计算机网络技术、物联网应用技术、软件技术、应用电子技术等专业。

2. 招生规模

由表8-5可以看出，我国开设移动互联应用技术专业的职业院校2016年招生规模不大，这

①《移动互联应用技术专业开设学校》，阳光高考网，http://gaokao.chsi.com.cn/zyk/zybk/schools.action?specialityId=320924709&ssdm=，2016-06-01。

是由于该专业为新兴专业，高职院校也只是在近两年才申请开设此专业。

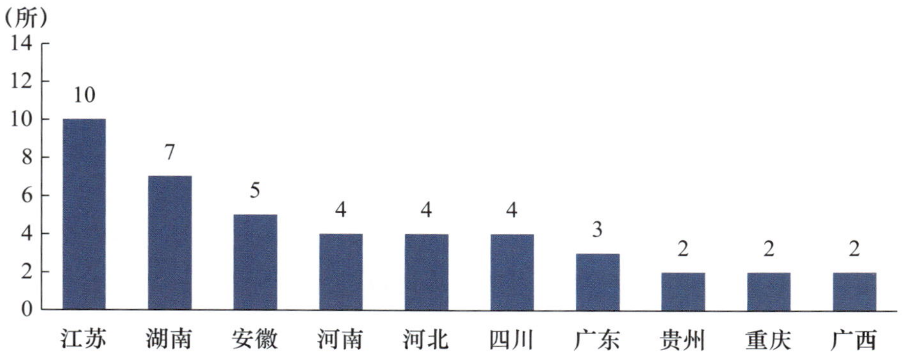

图 8－9　我国部分省份高职院校移动互联网专业开设情况

资料来源：根据公开资料整理。

表 8－5　　2016 年典型院校移动互联应用技术专业开设情况及招生计划

院校类别	学校名称	专业名称	所属院系	2016 年招生计划（人）
高校	广州大学华软软件学院	信息工程（移动互联网应用与开发）	软件工程系	230
高职	郑州铁路职业技术学院	移动互联应用技术	电子工程系	25
高职	常州信息职业技术学院	移动互联应用技术	软件学院	82
高职	河南工业贸易职业学院	移动互联应用技术	校企合作专业	50
高职	贵州职业技术学院	移动互联应用技术	讯方通信学院 校企合作专业	70
高职	沧州职业技术学院	移动互联应用技术	信息工程系	79
高职	天津电子信息职业技术学院	移动互联应用技术（游戏设计与制作）	计算机应用系	49
		移动应用开发		47
		移动互联应用技术（智能手机）		27
高职	广东科学技术职业学院	移动互联应用技术	计算机工程技术学院	35
高职	深圳信息职业技术学院	移动互联应用技术	软件学院	96
高职	石家庄科技信息职业学院	移动互联应用技术	电子信息学院	50
高职	无锡科技职业学院	移动互联应用技术	物联网与软件学院	62
中职	石家庄第二职业学校	移动互联网技术	移动互联网技术	30
中职	宁陵职业中专	移动互联网开发	计算机应用专业	30

资料来源：根据各院校官方网站资料整理。

（二）专业人才培养分析

我国开设移动互联应用技术专业的院校数量有限，且基本集中在高职层次，多层次人才培养体系尚不完善。随着国家对互联网行业支持力度的加大，越来越多的职业院校在申请开设移动互联应用技术专业，有些院校将该专业作为重点骨干专业进行建设，多数院校采取校企合作办学的方式进行人才培养。下面从人才培养目标、培养模式、课程体系、实训方式及师资队伍建设等方面对移动互联应用技术专业人才培养进行具体分析。

1. 培养目标

移动互联网技术人才是移动互联网发展的核心力量，也是扩大我国移动互联网影响力的重要保证。移动互联网本身就是行业复合的结果，结合了移动通信和传统互联网两个不同的行业，并在很多传统行业上进行多样化的应用。移动互联网行业人才应具有跨界跨行业、多向思维等综合、复合能力，要勇于尝试一切新鲜技术和手段。因此高职院校在设置人才培养目标上，就要针对互联网行业人才的具体要求，培养行业急需的实操型人才（见表8－6）。

表8－6　部分高职院校（本科）移动互联应用技术专业人才培养目标

学校	专业/方向	人才培养目标
广州大学华软软件学院	信息工程（移动互联应用与开发）	本专业培养大学本科层次，德、智、体、美全面发展，适应我国移动互联网建设需要，系统地掌握移动通信、移动互联网基本理论、基础知识和基本技能与应用，具备一定的移动终端系统应用开发、维护、单元测试能力，同时掌握一定的移动互联网通信开发技术，具备移动互联网 WAP 平台计算和移动搜索引擎开发能力的应用型创新人才
苏州高博软件技术职业学院	移动互联应用技术	“Android 应用开发”方向：主要培养具有 Android 智能手机软件开发的设计思想，掌握 Android 开发中各种功能点的实现方法和开发技巧，对产品的策划设计、开发与发布有丰富的经验和深刻的理解，能够独立完成 Android 的一整套设计、开发与发布流程，满足相关企业要求的应用型人才 “苹果 iOS 应用开发”方向：主要培养能够独立完成 iPhone APP 的设计、开发与发布流程，能够参与大型 APP 产品策划、设计、开发、测试等各个环节，满足相关企业要求的应用型人才
中山火炬职业技术学院	移动互联应用技术	本专业培养高职专科层次，德、智、体全面发展，适应我国新一代信息技术产业发展需要，系统地掌握移动互联网基础理论、基本技能与应用知识，具备一定的移动终端系统应用开发、维护、APP 测试及跨平台移植能力，能够进行智能终端应用软件开发、手机游戏开发、Android 企业级开发能力的应用型创新人才
重庆电子工程职业学院	移动互联应用技术	本专业培养德、智、体、美全面发展，可持续学习和适应能力的，在电子信息、制造、服务等行业领域，从事移动智能设备软件的设计与制作、移动网站数据库的设计与程序开发、移动智能设备的运营与维护以及网络信息系统的开发、测试、维护、管理等相关工作的高素质技能型专业人才

续表

学校	专业/方向	人才培养目标
海南软件职业技术学院	移动互联应用技术	本专业培养掌握计算机科学技术、移动互联网以及微应用相关基本理论和知识，具备移动终端系统应用软件开发维护能力、基于微应用的营销能力以及商业策划能力，适应未来移动互联网技术发展需要的高素质应用型人才
湖南软件职业学院	移动互联应用技术	本专业主要面向移动互联产业发展的要求，旨在培养面向移动互联网产业，具有较强的职业道德、科学素质，掌握移动互联基本理论知识和主流应用技术，熟悉各种移动互联业务开发流程和规范，具有移动商务网站开发和维护能力、智能手机软件开发和编程能力、移动增值业务开发和管理能力、移动互联网产品设计、策划、营销、测试能力，同时具有创新和可持续发展能力的高素质技术技能人才
石家庄科技信息职业学院	移动互联应用技术	本专业主要为河北省、京津地区培养具备移动互联综合应用的能力，初步掌握无线通信、移动 Web 设计等技术，能从事移动网络产品的运营、调试、维护及移动应用项目管理、安全性管理和移动应用项目系统集成等相关工作的高素质技能型专门人才
南京工业职业技术学院	移动互联应用技术	本专业培养具有良好的职业素质、专业实践能力、团队协作意识，掌握移动互联网应用与开发技术，具有基于 Android 平台进行移动增值应用开发、移动商务应用开发、游戏开发、移动智能终端用户体验设计、移动平台应用软件测试、移动商务应用的动手实践能力，具有行业职业资格证书，可从事基于移动互联网开发、应用等方面工作的高素质技术应用型人才
河南机电学院	移动互联应用技术	本专业旨在培养掌握软件开发基础理论知识以及移动互联网开发技术，具有移动终端系统应用软件的开发、维护、单元测试能力，能够从事移动互联网 WAP 平台搭建、移动应用软件、移动 Web 应用设计与实现的高素质工程型软件人才
广州东华职业学院	移动互联应用技术	本专业培养掌握移动互联网相关理论知识，Web 网站开发、运营与营销，移动应用编程技术，智能移动终端系统应用与维护相关知识，能系统地掌握 Android、iOS 平台应用程序开发，手机操作系统研发及手机应用软件开发（包括手机游戏等各类功能的软件开发）基本理论、基本知识和基本技能与方法，能在 IT、互联网、企业、事业、科研等单位从事基于 Android、iOS 技术应用开发的技术人才
无锡科技职业学院	移动互联应用技术	本专业培养初步掌握无线通信、嵌入式应用软件开发、云计算应用等技术，具备一定的移动互联网综合应用能力。毕业后能从事智能手机、平板电脑等移动互联应用设备的软硬件开发、测试、运行维护和售后技术支持等方面的高素质技术技能型人才
贵州职业技术学院	移动互联应用技术	本专业培养具备一定移动互联网行业素养，具备熟悉移动互联网行业和产品知识，具有移动互联解决方案能力；掌握移动互联应用系统项目集成、工程实施和技术服务基本技能，熟悉移动互联网行业应用，具有移动互联应用开发能力，能够胜任移动互联应用与服务工作的高端技能应用型人才

续表

学校	专业/方向	人才培养目标
石家庄第二职业学校	移动互联网技术	本专业通过智能手机、平板电脑等多种智能设备，与现有互联网进行互联，为用户提供随时随地的网络新应用，重点培养针对移动互联网的搭建，维护和故障解决能力，并针对网络新业务，例如，微信公共平台、微网站等具体功能的基础运营能力，适应“互联网＋”时代的用人需求，可从事移动互联网建设和移动互联网新业务的推广运营工作

资料来源：根据各院校官方网站资料整理。

从以上院校的人才培养目标来看，移动互联网人才能力的培养主要包含四个方面，分别是专业知识能力的培养、执行能力的培养、学习能力的培养和个人综合素质的培养。培养过程中要求各方面能力均衡发展，四个方面能力的培养构成塑造合格互联网人才的必备条件。

2. 培养模式

目前，我国职业院校主要以“校企合作”培养模式为基础，以“订单班”、“冠名班”等为主要模式，探索移动互联应用技术专业人才培养模式创新[①]。代表院校有广州大学华软软件学院、海南软件职业技术学院、广东科学技术职业学院、石家庄科技信息职业学院等（见表8－7）。

表8－7　　典型院校的人才培养模式

学校	人才培养模式	主要内容
海南软件职业技术学院	校企合作——订单培养模式	在企业，学生按照企业管理流程进行分组，组建团队；在学校，在专任教师和企业资深工程师的带领下，订单班学生一边参加专业培训，一边参加企业项目制作。通过团队协作和项目实战，使订单班学生对自己的未来有规划、有目标、有信心、有行动
河南工业贸易职业学院	校企合作——订单培养模式	和郑州报业集团旗下的中原网、河南广播电视台旗下的印象网、中国联通旗下的商都网以及河南比尔软件科技有限公司筹建实习基地，联系网站技术主管不定时到学院指导教学，邀请全国知名企业相关技术领导到校指导教学，总结了一套半年学、半年练的实用性较强的教学模式，增强学生实践应用能力，毕业即能上岗
广州大学华软软件学院（本科）	“政、校、企”深度融合的人才培养模式	学生在校期间由专业教师担任专业理论课程，奠定扎实的专业基础，同时聘请多位来自微软亚洲研究院的院士及IBM研发中心、中山大学、广州大学的教授等作为教学顾问，并与国内外多家移动互联网企业、金融机构建立长期深入合作关系
广东科学技术职业学院	“教学企业”人才培养模式	与企业共同投入资金、设备、场地或人员等要素，建设集生产运营、专业教学、实训实践、社会服务等功能于一体的经营实体，即“教学企业”。基于互联网平台和实际工作岗位，开展移动互联应用技术开发核心能力和职业素养课程的学习和顶岗实习

①崔国成：《以行业为依托构建“校企合作”订单式人才培养模式》，《中国职业技术教育》2014年第8期，第20－22页。

续表

学校	人才培养模式	主要内容
石家庄科技信息职业学院	“工学结合”人才培养模式	融“教、学、做”为一体，创建了思科网络学院，并与美国思科公司、大连海辉科技有限公司等省内外20多家知名企业建立了稳定的校外实训基地，校内仿真实训与校外实体实习相结合的特色，提高学生实际操作能力
无锡科技职业学院	合作办学	将原有传统单一的学院办学模式改革为两类，一类与IBM联合招生，IBM全程参与共同培养；另一类与东软集团股份有限公司、软通动力信息技术（集团）有限公司、上海睿泰企业管理集团有限公司等知名企业通过分层教学、冠名班、校外实训基地等多种形式共同培养。通过与企业共同制订专业人才培养方案，实现专业教学要求与企业岗位技能要求对接，学校的教学过程和企业的生产过程紧密结合，全面提升软件人才培养质量
苏州高博软件职业技术学院	定向班人才培养模式	与世界500强管理和软件外包公司埃森哲（中国）有限公司以及冠博软件技术（苏州）有限公司、苏州金游数码科技有限责任公司等一批企业在本系开办定向班，针对性极强的培训缩短了学生与企业的距离
广西建设职业技术学院	定向班+双导师制人才培养模式	与深圳市飞天网景通信有限公司一起定向培养，毕业生考核合格后可直接进入该公司就业；实行“双导师制”，由企业工程师和校内专业教师共同指导，可在校内实训实践基地（移动互联交付中心）进行生产性商业项目开发
贵州职业技术学院	合作办学	与深圳市讯方通信技术有限公司联合创办讯方通信学院，学生一半时间在学校学习理论知识，一半时间进入公司实践实习

资料来源：根据各院校官方网站资料整理。

3. 课程体系

开设移动互联应用开发专业的院校基本集中在高职阶段，属于三年制专科教育，仅有少数院校开设本科层次的移动互联应用技术开发相关方向。目前，各院校移动互联应用技术相关专业课程主要包括专业理论课、专业技能课、专业管理课，同时依据行业人才需求，开设了职业技能培训等实践课程（见表8-8）。

表8-8　　部分高职（本科）院校移动互联应用技术专业课程设置

学校名称	专业方向	层次	课程设置
广州大学华软软件学院	移动互联应用技术	四年本科	离散数学、数据结构与算法、面向对象程序设计、移动数据库、操作系统、软件工程、.NET程序设计、ASP.NET应用开发、编译原理、WML网页程序设计、移动互联应用技术、WAP网站搭建技术、Android平台应用与开发、移动搜索引擎、WAP技术及其应用等课程
广州东华职业学院	移动互联应用技术	三年高专	图形图像处理、C语言程序设计、Java语言程序设计、计算机网络通信、XML程序设计、数据库原理及应用、iOS开发基础、Objective-C程序设计、Linux操作系统、iOS高级应用开发、SQLite数据库、Android应用开发、移动设备人机交互界面、APP Store产品发布

续表

学校名称	专业方向	层次	课程设置
沧州职业技术学院	移动互联应用技术	三年高专	HTML 商业网站开发、数据库编程、Android 应用开发、软件测试技术、Java 程序设计、Java Web 应用开发、C + + 程序设计等
河南机电学院	移动互联应用技术	三年高专	软件工程、数据结构、软件测试技术与工具、Java 面向对象程序设计、Web 前端基础应用、数据库原理及应用、Java Web 应用编程、移动 Web 应用开发、Android 移动开发基础、Android 移动开发高级等
苏州高博软件技术职业学院	移动互联应用技术	三年高专	Java 程序设计、Java Web 开发、Java 框架技术、Android/苹果 iOS/Windows Phone 应用开发、移动互联网实践、数据库原理与 SQL - Server、软件工程、单片机原理及应用、专业外语、ERP 产品实战等
重庆工商职业学院	移动互联应用技术	三年高专	Java 程序设计、PHP Web 开发、框架技术、Android 应用开发、移动互联网实践、移动产品 UI 交互设计、数据库原理与 SQL - Server、软件工程、专业外语、移动设备软件项目实战等
重庆电子工程职业学院	移动互联应用技术	三年高专	英语、数学、计算机文化基础、硬件基础、网络基础、数据库基础、Java 程序设计、移动网络技术、Android 系统开发、Android 应用开发、操作系统、移动网站客户端技术、移动网站服务器端技术、软件工程与 UML、Android 游戏开发、网站平面设计等
海南软件职业技术学院	移动互联应用技术	三年高专	C 语言程序设计、计算机网络基础、面向对象的软件工程、微博应用平台基础、移动互联应用技术、面向对象程序设计、Android 平台应用及开发、移动数据库、企业微信营销操作解决方案、网络营销、微营销实战案例等
湖南软件职业学院	移动互联应用技术	三年高专	移动通信概论、数据结构、通信接入网支撑课程（WCDMA、CDMA2000、LTE 4G 移动通信技术）、数据通信技术、光传输技术、软件工程、Java 程序设计、Web 网站设计与开发、Android 开发技术、MySQL 数据库技术、C 语言程序设计等
石家庄科技信息职业学院	移动互联应用技术	三年高专	无线网络技术、网络操作系统、移动通信原理、网络数据库、移动互联应用技术与业务、信息安全、Java 语言、移动应用 APP 开发、移动 Web 网站建设与运营管理等
南京工业职业技术学院	移动互联应用技术	三年高专	移动互联网导论、程序设计基础、高级程序设计、智能终端人机交互的实现、智能终端应用开发、Android 系统结构与应用、Android 综合移动应用开发、移动终端应用测试技术、Android 移动商务应用开发、Android 游戏及多媒体应用开发、iPhone 移动应用开发、智能终端应用系统开发实训、Android 移动商务应用开发综合实训、移动商务应用开发综合实训、移动应用系统综合实训等
郑州信息科技职业学院	计算机应用技术（移动互联应用技术）	三年高专	计算机网络概论、Java 程序设计、数据结构、数据库应用技术、网页设计制作技术、PHP 动态网站技术、移动终端 UI 设计、Android 应用程序开发、Android 项目开发、移动终端服务器管理与配置等

续表

学校名称	专业方向	层次	课程设置
石家庄第二职业学校	移动互联技术	三年中专	移动互联技术专业主要学习物联网概论、电子线路、电工基础、电子工艺、通信基础、计算机网络基础、网络布线与绘图、单片机技术、传感器技术、射频识别（RFID）技术、嵌入式系统技术等课程

资料来源：根据各院校官方网站资料整理。

综合移动互联应用技术相关专业的培养目标及课程设置，可见职业院校主要培养具有较强的Android及iOS开发、数据库语言编程设计、网页制作与设计、移动终端测试、行业管理等方面能力的人才。根据对院校人才培养目标、课程开设情况、行业企业对人才的能力要求等的梳理，可以将相关课程分为职业基础课、职业技能课、综合素质拓展课、集中实践教学课（见表8-9）。

表8-9　我国移动互联应用技术专业课程模块分析

课程模块	课程名称	掌握能力
职业基础课	高等数学、C语言程序设计、面向对象程序设计、微信公众平台应用与开发、计算机网络基础、网页设计基础、视觉设计基础等	具备基础的计算机知识和移动应用开发、设计操作能力
职业技能课	移动商品策划与推广、移动互联软件测试、HTML5与Web前端技术、平面设计、B2C平台搭建、移动互联平台应用、移动互联网综合应用、创新与创业、Android平台应用及开发、网站SEO优化、Flash动画设计等	具备优秀的移动互联应用系统前端设计与后台开发能力、系统测试能力、产品（平台）设计与运营等能力
综合素质拓展课	沟通与礼仪、应用文写作、大学生心理健康教育等	具备良好的职业道德、心理素质与身体素质，较强的口头表达能力与商务沟通能力、组织协调能力、团队协作能力
集中实践教学课	网页设计基础、课程实训、HTML5与Web前端技术课程实训、移动互联网平台应用课程实训、岗前综合技能训练、顶岗实习等	具备较强的岗位综合实操能力与实际问题解决能力

资料来源：根据各院校官方网站资料整理。

4. 实训方式

按照高等职业教育教学要求，实践教学与理论教学比一般要达50%以上①。学生专业实践能力和技术应用能力一般通过学生实训过程来培养。学生的整个实训过程一般安排如下：在实习实

①《强化实践教学环节　提高高职学生的职业能力》，牛宝宝文章网，http://www.niubb.net/article/1172472-1/1/。

训前，除了完成基本理论教学外，根据课程需要安排具体的实践操作课时，重点培养学生的职业基本能力和基本素养。在实习实训阶段，对学生集中进行实验实训培养，大部分课程在 iOS、Android、WP 等主流移动平台实训基地（实训室）进行，为学生今后的顶岗实习和就业实践做好准备，让学生在实践中参与移动软件的设计、开发及应用，并将其实践成果作为成绩考核的依据（见表 8－10）。由于高职院校移动互联应用技术实践教学的需要，大部分院校在人才培养过程中高度重视校内外实训基地的建设，取得了不错的成效。

表 8－10　　部分院校移动互联应用专业实训建设情况

学校名称	专业方向	实训基地建设情况
郑州信息科技职业学院	移动互联应用技术	建立软件项目开发、计算机组装与维护、网络信息安全三个专业实训室；与郑州向心力通信技术股份有限公司、河南省 863 软件孵化器有限公司、上海央邦计算机科技有限公司、华软国际等 10 余家省内外相关企业合作建立了长期、稳定的校企合作实训基地
北京政法职业学院	移动互联应用技术	与悦成公司、中关村软件园区企业、中软国际、百科融创、中软集团、海辉集团等多家单位建立了长期稳定的实习实训定向合作关系
苏州高博软件技术职业学院	移动互联应用技术	与中国移动苏州公司联合打造面向移动互联网技术服务平台的省内首家实训基地；由江苏省教育厅批准建设的省级高等职业教育实训基地——移动互联网实训基地成立
常州信息职业技术学院	移动互联应用技术	国家级实训基地“计算机应用与软件实训中心”、省级实训基地“嵌入式系统工程中心”、与中兴通信合作创建了 ICT 创新基地
海南软件职业技术学院	移动互联应用技术	与海南英立科技开发有限公司建立校企合作关系，建立了长期稳定的校企合作实训合作基地
深圳信息职业技术学院	移动互联应用技术	学院拥有超过 6000 平方米的实训基地——深信软件园，园内设有专业认知体验区、基本技能训练区、综合技能训练区、创新创业区、软件工程中心、园区管理与服务中心；园区将集教学、科研和社会服务“三位一体”，以开放共享的虚拟实训为特色，引进知名软件企业入园，打造国家级职业教育实训基地。此外，与校外软件企业签约的实训基地有 10 余家

资料来源：根据各院校官方网站资料整理。

5. 师资队伍建设

移动互联网具有较强的行业复合性且应用于许多不同的行业，这对从事移动互联应用技术专业教学的师资队伍提出了较高的要求。但目前该专业的教师多是从其他相关联的专业（如计算机技术、软件开发等）转行而来，受过系统的移动互联网技术专业教育的师资较少。相关院校为了提高专业人才培养质量，除聘请计算机软件专业的高层次人才作为专职教师外，还从相关企业中聘请了一批专家担任兼职教师（见表 8－11）。

表 8－11　　部分院校移动互联应用技术专业师资队伍现状

学校	师资特点	具体情况
南京工业职业技术学院	技术能力强、教学水平高	拥有专职教师 6 人，团队现有教授 3 人，江苏省“六大人才高峰”1 人，校级黄炎培教学名师 2 人
广东科学技术职业学院	拥有一支高水平的“双师型”教师团队	配备专任教师 28 人（其中，博士 3 人、教授 3 人、副教授 3 人），企业能工巧匠兼职教师 16 人
广州大学华软软件学院	拥有一支较高水平的双师素质教师队伍，专业教学特别强调实践性，相当部分的老师具有丰富的企业经验	聘请多位来自微软亚洲研究院的院士及 IBM 研发中心、中山大学、广州大学的教授等作为教学顾问。其中，教授、副教授以上职称 6 人，博士、硕士研究生以上学历占 90%
苏州高博软件技术职业学院	行业实战经验丰富、专兼职结合的“双师”结构师资队伍	拥有专职教师 15 人，其中，教授 2 人、副教授 1 人、工程师 2 人、讲师 3 人
无锡科技职业学院	拥有一支高学历高素质的“双师型”队伍，专业能力强，教学水平高	拥有副教授 4 人、讲师 14 人，其中获得硕士学位的教师有 16 人

资料来源：根据各院校官方网站资料整理。

四、我国移动互联网专业职业教育服务产业发展分析及建议

移动互联网行业的快速发展对移动互联应用技术专业人才提出新的要求，但该领域的人才需求缺口达百万。在国外，斯坦福大学、麻省理工学院早在几年前就开设了移动互联网课程，我国很多 IT 社会培训机构也陆续开设了相关培训课程。但作为应用型技术技能人才培养基地的高职院校，却没有跟上社会和市场需求的步伐，开设相关专业的院校寥寥无几。我国移动互联网专业职业教育应不断完善职业教育体系，以满足我国大规模的移动互联网行业人才需求。

（一）移动互联网职业教育服务产业发展分析

从 IT 行业快速发展对人才需求的情况来看，移动互联网产业的人才需求非常迫切且供不应求，这与传统产业形成鲜明对比。造成移动互联网人才紧缺现象的原因主要表现在以下几个方面：

1. 专业开设院校少

移动互联应用技术目前来说还属于一个比较新的专业，而我国的相关教育产业有滞后性，教育部在 2015 年才在发布的高职高专教育指导性专业目录中新增“移动互联应用技术”专业①，目前开设了移动互联应用技术专业的院校都是将移动互联开发作为软件技术或计算机应用技

①《教育部就〈高等职业教育专业目录（2015）年〉和〈高等职业教育专业设置管理办法〉答记者问》，阳光高考网，http：//gaokao. chsi. com. cn/gkxx/gzzk/rdxw/201511/20151109/1509289532. html，2015－11－03。

术专业的一个方向。虽然开设移动互联应用技术专业的学校并不多，但实际上很多学校的一些专业课程都涉及该专业。影响学校开设该专业的主要因素集中在师资和教学环境的不足方面。

2. 培养目标不明确

目前，大部分学校的软件技术专业人才培养目标的定位不清晰，基本都是培养软件技术通用型人才，重基础轻技能。对移动互联网人才的职业需求和岗位能力缺乏准确的认识，尚未建立起实用的人才培养方案。移动互联应用技术专业主要为各类企业特别是信息技术以及电商企业培养在不同工作岗位中需要的移动互联网技术人才，而我国大部分高职院校软件技术专业人才的培养目标定位宽泛，未能体现出专业特色，培养的学生难以满足企业的用人需求。很多职业院校移动互联应用技术专业对于移动软件开发人才的岗位需求和岗位能力缺乏全面理解，在培养目标上过于追求高大全，要求学生学习掌握涉及软件应用的所有知识，不能与市场需求有效结合，尚不能建立起有效的人才培养方案。

3. 培养模式较单一

目前，移动互联应用技术专业在大部分院校还属于新设专业，人才培养模式还处于摸索阶段，普遍存在教学实践薄弱、创新思维训练不足、人文精神缺乏、毕业生与社会需求脱节等问题。在人才培养模式上，受教学理念、场地等影响，校企合作并未真正建立。从已实施校企合作的院校来看，高职院校大都与传统 IT 企业合作，与移动互联网公司的合作较少，特别是缺乏大型移动互联网公司的参与。大型知名互联网公司不愿与学校合作的原因在于：在合作的过程中，一些学校师资力量薄弱，“双师型”教师缺乏，过于注重学生理论知识的灌输，导致学生专业理论与实践教学脱节，科研水平和技术能力都很难满足企业需要，企业要耗费大量的精力去培养学生[①]。此外，大部分院校校企合作仅停留在将企业作为实习单位层面，并没有真正从人才培养的角度去提高学生的专业能力和职业素养，合作的模式及深度都有待进一步探索。

4. 课程设置待完善

由于缺乏对移动互联网在企业实际应用的理解，我国移动互联网专业基础课程多，核心技术技能方面的课程少，往往变成了各类编程语言的杂乱使用，其主要原因是：①手机软件的潜在市场相当庞大，但是由于手机开发尤其是智能手机开发在国内的时间比较短，绝大部分高校计算机专业还没有开设面向手机软件开发人才的专门课程。②大部分手机软件开发人才依然靠自学或社会机构培养而成，数量相当有限，而且他们没有经过系统的学习，缺少在实际项目环境下进行学习的机会。③在课程内容选择上，将重点放在较为陈旧的单机版手机软件开发上，缺少当前主流的手机 Web 应用，课程内容较少深入到当前热门的 iPhone iOS、Android 等开发技术。④在教材方面，市场上面向高职院校学生的移动互联网开发的教材少之又少，远远跟不上移动互联网产业的发展速度。由于行业涉及的技术内容更新快，要能够跟上其发展往往只有紧跟技术前沿企业，因此企业的培训资料值得职业院校借鉴学习。

5. 师资力量需加强

移动互联网开发是近几年的新兴产业，多数院校移动互联应用技术专业属于新开专业，教师大多是从本校相关专业转岗过来进行授课，而对于移动互联网专业的专业课程，大多数院校的师资是自学或通过培训机构培养，缺乏专业性。同时，作为一个新兴产业，移动互联网职业教育行

---

①谢欣：《移动互联网应用开发行业人才培养模式研究》，《声屏世界》2011 年第 8 期，第 39 - 41 页。

业却无法像企业一样通过高薪来招揽大量人才，无法招聘到互联网行业工程师来进行授课，导致大部分师资缺乏移动互联网开发的项目经验，教学上也只能照本宣科，缺少企业开发人员对实际项目开发的敏感度。

（二）对我国移动互联网专业职业教育发展的建议

1. 以产业需求为导向，调整人才培养目标

在专业建设与教学改革过程中，学校应结合目前企业对移动互联网专业人才的具体岗位设定和岗位能力要求，不断优化专业人才培养方案，而不是盲目追求高大上或者照搬其他学校的人才培养目标。在岗位需求上，移动互联网专业针对的具体岗位包括 Android/iOS 软件工程师、Android/iOS 软件测试工程师、产品经理、UI 设计师等；在职业技能要求上，要求本专业学生具有程序设计能力、代码编写能力、软件测试能力、产品设计与运营能力等具体实践技能。同时，学校应关注到在互联网领域，技术已经不再是最核心的，产品和市场才是最重要的，因此，学校应将产品设计中的用户体验、项目管理、市场营销、风险分析等相关人才的培养也放入人才培养目标中。

2. 以学生能力为重点，创新人才培养模式

移动互联网人才与传统的互联网人才具有不同的特点：①移动应用软件开发成功在于策划、创意设计而非技术。②移动应用软件的开发相对传统软件开发难度不大，对理论知识和逻辑思维要求较低。③移动互联网进入门槛低，每个人都有创业的机会。移动互联网无论是技术还是理念，无论对于教师还是学生都是全新的，不能套用传统的培养模式来培养移动互联网专业人才。针对移动互联网人才特点和教育部关于高职高专培养技能型、应用型人才的要求，学校应顺应社会上对本专业人才的要求，不断摸索新的人才培养模式，如探索采用“基于校企合作、工学结合的 1212 人才培养模式”。学校和企业合作可以让企业优先录取优秀学生，实现企业职工素质的提高，同时在产品研发和技术革新中能获取学校一定的智力支持与服务，达成互利双赢。

（1）“合作办学”人才培养模式[①]。学校牵头、政府支持、行业协会参与，邀请移动互联网行业加盟，成立理事会，建立软件学院或 IT 学院等机构，联合培养移动互联网人才。学校与企业紧密融合、深度合作，开设订单式培养、与企业共建冠名班。课程计划由企业和学校共同制定，并由企业技术骨干担任核心专业课程的教学和项目实训指导。

（2）“工学结合”人才培养模式[②]。学生每个培养周期中有一半左右的时间是在企业进行实习实训，由合作企业安排技术专家带领学生做真实项目，学生边工作边学习。校内教师积极参与企业项目开发，校企合作共编移动互联网专业课程教材，做到“产教结合”、“产研结合”。

（3）“1212”分阶段培养模式[③]。学校实施四个阶段能力递进的“1212 人才培养模式”，采取“五岗一体，逐层推进”的多形式校企合作，实现简易、务实、高效的专业人才培养过程，如表 8－12 所示。

---

①王力纲：《构建校企合作的人才培养模式研究》，《中国电力教育》2010 年第 10 期，第 4－6 页。
②韩冰：《工学结合人才培养模式与校企合作》，《教育与职业》2010 年第 2 期，第 30－31 页。
③陆立才：《校企合作四阶能力递进“1212”人才培养模式探析》，《职业教育研究》2012 年第 8 期，第 171－172 页。

表 8 – 12　　“1212”分阶段培养模式

培养院校三年制			
1	2	**1**	**2**
一个学期学习专业基础课程和职业规划课，第一学期结束后，学生根据自己的特长和兴趣选择相应的方向	两个学期学习专业基础课和专业技能课，第二学期主要学习专业基础课程，掌握专业基本知识和基本技能，第三学期主要学习专业骨干课程，掌握核心技能	一个学期项目实训。第四学期，学生在校内进行项目实训，同时进行专业认证培训和考试，取得相应的职业资格证书	两个学期企业顶岗实习，第五、第六学期学生全部到校外实训基地进行顶岗实习，期间完成毕业设计。同时为就业做好准备，学生在获得毕业证书的同时，必须获得相关考试职业对应的岗位从业资格证书

注：“1”表示第一学期，进行公共基础课程的教学。“2”表示第二和第三学期，进行专业基础课和专业技能课的教学。“**1**”表示第四学期，校内项目实训和认证考核。“**2**”表示第五和第六学期，学生进入企业顶岗实习。

资料来源：根据公开资料整理。

3. 以培养目标为依据，优化完善课程体系

高职院校软件专业原有的课程体系，由于缺乏针对性和重点，大多无法直接适用于移动互联网这一新的专业方向培养需求，必须做出相应调整，使之吻合移动互联网专业人才知识结构与能力模型。结合移动互联网人才培养目标，为保证学生职业技能与职业素养全面发展，构建移动互联网人才培养“12343”课程体系（不包括大学英语、高等数学、体育、思政等公共基础课程），以及结合移动互联网人才培养规律，构建以能力培养为核心的“一条主线、四个课程群、三个实践平台”① 的课程与教学体系（见图 8 – 10）。

其中，“1”个基础体系，包括移动互联网开发所有专业基础课程，这些课程是学生未来应用和发展的基础；“2”个开发平台，选择当前最热门的 Android 和 iOS 两个开发平台，也可以根据学校软硬件环境集中使用某个平台；“3”个应用方向，针对用户使用手机或平板电脑上网使用率高的应用，可选择开设手机游戏开发、移动 Web 开发和移动电子商务方向，每个方向分别开设相应的课程；“4”个实践机会，包括课程项目实训、校内项目实训、企业顶岗实习和手机应用商店；“3”个职业训练，包括职业技能大赛、职业资格认证和职业素养与就业指导课程。

“12343”课程体系②在原有的计算机基础课程中，增加移动终端硬件方面的知识，使学生尽早接触智能终端的相关知识，激发他们关注移动智能终端软件、硬件的发展，为后续的移动互联网软件开发打好基础；在专业知识部分，一方面为学生提供多种数据结构实践思路，另一方面加强与基础知识部分的衔接，提高知识的连贯性和系统性；在技能知识部分，可根据学生的兴趣分方向选择各种实训项目，同时通过参加各种大赛和职业认证，提高学生专业技能和职业素养，为就业提供明确方向。

4. 以队伍建设为根本，打造优质师资团队

教师队伍的整体素质直接决定了课堂教学的质量和教学效果。软件专业现有的师资大多成长于传统互联网时代，其专业知识与技能难免出现老化、脱节现象，所以专业转型必先考虑师资转型。

①谢景明、卢锋：《高职院校移动互联网开发人才培养的探讨》，《广州职业教育论坛》2012 年第 6 期，第 43 – 44 页。

②陆立才：《校企合作四阶能力递进“1212”人才培养模式探析》，《职业教育研究》2012 年第 8 期，第 171 – 172 页。

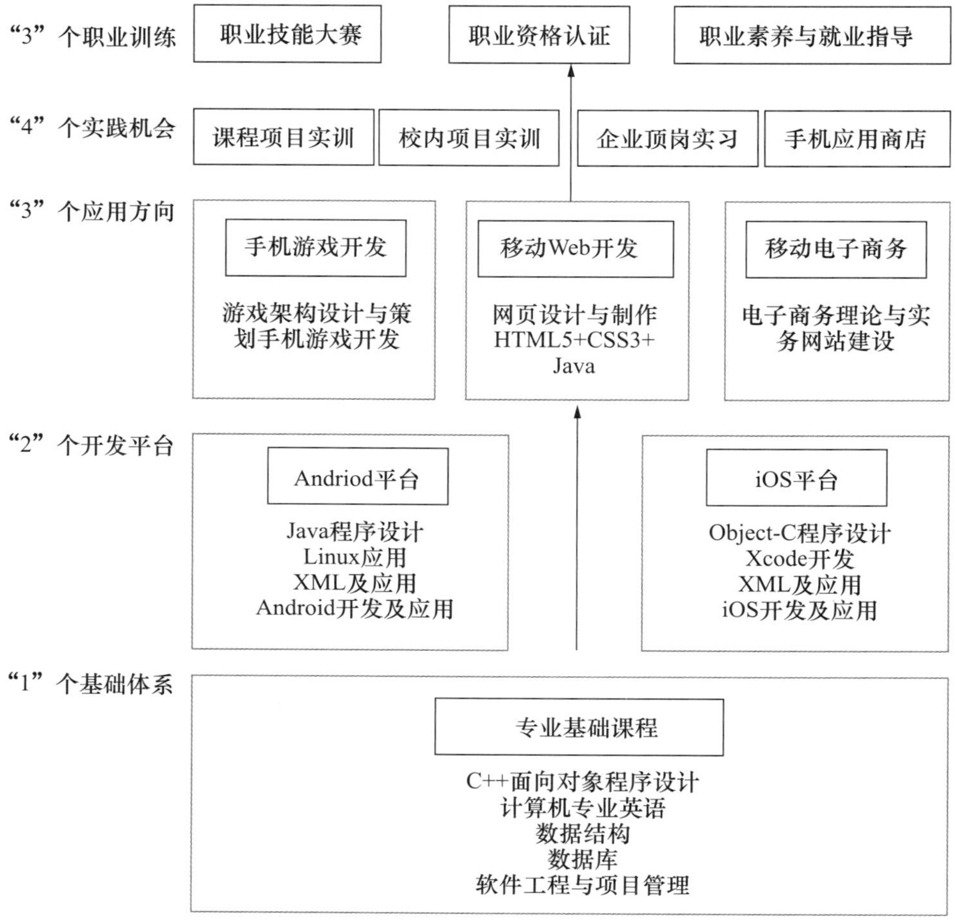

图 8－10　"12343"课程体系

学校可以通过专业教师"走出去，请进来"等方式，加大"双师型"师资的培养力度，打造优质师资队伍。从移动互联网企业聘请工程师担任专业兼职教师，实施师资转型"请进来"，让具有长期一线工作经验的企业工程师担任一定比例的课程教学，特别是实训类课程的指导；鼓励教师"走出去"，到移动互联网相关企业进行调研、实习，使他们亲临一线，在提高业务知识的同时切实了解岗位的能力要求，不断优化自身的教学方法。实行完善的教师进修制度，根据专业建设的要求定期派遣骨干教师参加相关技术领域的培训学习并获得相关认证。

5. 以各界资源为依托，提供多样化教育培训

随着移动通信网络、智能引擎搜索和软件技术的迅猛发展，移动互联网技术已经成为信息产业的热点，并且在各行各业发挥了越来越大的作用，催生出了多种新型的产业链应用。移动互联技术的快速发展以及相关产业的扩大，对移动互联网人才的需求亦随之大量增加。2011 年以来，陆续有高职院校开设移动互联网开发方向或者专业，但总体开设的院校并不多。针对我国移动互联应用技术开发人才的不足及人才的紧缺，除了通过院校的正规专业教育，还应加强对广大在职人员开展多种形式的移动互联应用技术专业知识与技能方面的培训。

同时，校、政、企各方可充分发挥各自的优势，依托学校建立公共实训职业培训中心（点），根据培训对象的不同，提供不同形式的培训：①针对计算机应用、软件开发应用等相关专业的毕业生进行移动互联网应用专业知识及管理知识培训，使其成为熟悉移动互联网相关工作的技能型人才；②针对未接受学历教育或低学历教育的移动互联网从业技术人员，进行职业技能与素养提升培训，使其通过培训取得相关职业资格证书，同时完善在职人员的知识结构，进一步提升服务行业的能力，不断促进移动互联网行业的发展。

参考文献

[1] 高同庆：《移动互联网发展趋势与产业发展思考》，《江苏电信》2011 年第 11 期，第 89 - 91 页。

[2] 马敏、王旗：《中国移动互联网现状与发展趋势分析》，《互联网天地》2014 年第 2 期，第 30 - 32 页。

[3] 李立奇、沈萍：《移动互联网行业发展现状及目标分析》，《移动通信》2011 年第 11 期，第 52 - 56 页。

[4]《中国移动互联网发展状况调查报告》，中国互联网络信息中心，http：//www. cnnic. cn/hlwfzyj/hlwfzzx/qwfb/201203/t20120329_ 31120. htm，2012 - 03 - 29。

[5] 刘兴华、韩伟峰：《中国移动互联网产业发展策略与制度创新》，《产业经济》2015 年第 5 期，第 4 - 6 页。

[6] 李勇辉、王晓箴、贾亦辰：《移动互联网安全威胁及策略研究》，《邮电设计技术》2013 年第 10 期，第 10 - 13 页。

[7] 刘光金：《移动互联网存在的安全问题及对策思考》，《中国新技术新产品》2014 年第 23 期，第 180 页。

[8] 何波：《移动互联网之发展现状及监管对策》，《中国传媒科技》2011 年第 10 期，第 35 - 37 页。

[9] 卢赫：《国内外移动互联网发展现状及问题分析》，《现代电信科技》2009 年第 7 期，第28 - 31 页，第 53 页。

[10] 张毅：《2013 年中国移动互联网的发展趋势分析》，《移动通信》2013 年第 7 期，第 88 - 89 页。

[11] 王欣：《移动互联网商业模式探讨》，《重庆邮电大学学报》（社会科学版）2009 年第 1 期，第 57 - 60 页。

[12]《移动 APP 发展迅速，衣食住行类 APP 垂直化趋势明显》，亿邦动力网，http：//www. ebrun. com/20130606/75215. shtml，2013 - 06 - 06。

[13]《我国移动互联网人才缺口大》，新华网，http：//news. xinhuanet. com/local/2014 - 09/23/c_1112597616. htm，2014 - 09 - 23。

[14] 卢迪：《移动互联网人才需求及高校移动互联网人才培养现状分析》，《现代传播》2015 年第 6 期，第 141 - 146 页。

[15]《移动互联网行业人才需求分析》，搜狐咨询，http：//roll. sohu. com/20130530/n377548025. shtml，2013 - 05 - 30。

[16]《移动互联网行业人才需求分析》，天涯论坛，http：//bbs. tianya. cn/post - no110 - 13685500 - 1. shtml，2015 - 02 - 02。

[17] 刘青云：《移动互联网应用人才培养定位及模式研究》，“决策论坛——区域发展与公共政策研究学术研讨会”论文集，2016 年 5 月。

[18] 陈向东：《移动互联网产业发展与人才培养研究》，《长春理工大学学报》2013 年第 5 期，第 195 - 196 页。

[19] 戴浩：《高等职业教育校企协同一体化人才培养模式探讨——以移动互联网专业建设为例》，《软件》2014 年第 3 期，第 210 - 213 页。

[20] 张耀辉、陈献辉：《校企合作共建高职移动互联网专业人才培养方案的研究与实践》，《湖南邮电职业技术学院学报》2014 年第 13 期，第 66 - 68 页。

[21] 赵菲、李颖：《移动互联网方向创新型人才培养思路的探索》，《黑龙江科学》2016 年第 7 期，第 39 - 41 页。

[22] 谢景明、卢锋：《高职院校移动互联网开发人才培养的探讨》，《广州职业教育论坛》2012 年第 6 期，第 43 - 44 页。

［23］李涛、张栋梁：《高职移动互联网应用专业人才培养模式研究》，《黑龙江科技信息》2014 年第 3 期，第 169 页。

［24］李桂霞、康思琦、黄保德：《订单式培养——校企合作人才培养模式的探索与实践》，《中国职业技术教育》2007 年第 30 期，第 9－10 页。

［25］王琪：《校企合作背景下“岗位技能递进”人才培养模式的实践探讨》，《时代教育》2015 年第 2 期，第 103－104 页。

［26］杨亮、高岩：《高校移动互联网人才培养相关问题的探讨》，《教学园地》2011 年第 10 期，第 58－60 页。

［27］谢欣：《移动互联网应用开发行业人才培养模式研究》，《声屏世界》2011 年第 8 期，第 39－41 页。

［28］戴浩：《高职软件专业移动互联网方向转型建设思路》，《国际 IT 传媒品牌》2013 年第 34 期，第 155－158 页。

［29］冯敬益：《中职学校开展移动互联网人才培养的探讨》，《电脑知识与技术》2015 年第 9 期，第112－114 页。

［30］雄亚蒙：《高职移动互联网人才培养的探讨》，《信息与电脑》2012 年第 9 期，第 212－213 页。

研究篇

第一章　职业教育发展研究

职业教育是我国教育体系的重要组成部分。大力发展职业教育有助于创造更大人才红利，对于深入实施创新驱动发展战略、智能制造战略，加快转方式、调结构、促升级具有十分重要的意义。近年来，国家频频出台与职业教育相关的改革政策，为职业教育创造了良好的发展环境，推动职业教育改革进入新阶段。然而，职业教育办学体制机制不畅、办学条件薄弱，致使其不能完全适应经济社会发展的需要。为了促进职业教育健康持续发展，教育界专家、学者深入研究职业教育发展难题并积极建言献策。本章筛选出2016年国内职业教育专家、学者有关职业教育发展的重要观点和研究成果，以期为职业教育改革创新提供参考。

研究报告一　谈中国职业教育现代化愿景①

国内外经济形势变化对技术技能人才需求与职业教育发展提出了新的要求。在此基础上，根据教育自身的发展规律和时代要求提出了职业教育现代化的愿景，并阐述了实现职业教育现代化愿景的重要条件：第一，要提高对技术技能人才和职业教育重要性的认识；第二，要明确行业企业和社会力量在职业教育中的地位；第三，要健全职业教育经费投入保障机制；第四，建立国家资格（资历）框架；第五，提高技术技能人才的经济待遇和社会地位。

一、职业教育发展面临的国际趋势

（一）全球经济形势变化对技术技能人才需求结构提出了新的要求

2008年世界金融危机爆发以来，很多国家经济受到重创。为寻求经济复苏之路，西方一些发达国家提出再工业化战略。德国提出要大力实施“2020高技术战略”，并于2013年4月提出了“工业4.0”的愿景。以信息物理系统为基础，通过制造技术与信息通信技术结合，构建“智能工厂”为目标的“工业4.0”成为了德国制造的一个重要标签，并在全球范围内引发了新一轮工业转型升级竞赛。

什么是工业1.0？什么是工业2.0？什么是工业3.0？什么是工业4.0？德国专家作了一张比较经典的图：1.0时代是蒸汽机时代，机械生产的供电由水或水蒸气驱动；2.0时代是电气时代，由电力推动大规模生产；3.0时代是电子与信息系统相结合的自动化生产时代；4.0时代是信息物理系统，是通过互联网远程控制设计的信息传承的系统。需要说明的是，从工业1.0到工业2.0，从工业2.0到工业3.0，从工业3.0再到工业4.0的转变是一个渐进的过程，工业技术升级

①本文作者：杨进，男，教育部职业技术教育中心研究所所长。文章来源：《高等职业教育探索》2016年第5期，第1-6页。

不是在一夜之间实现的。①

随着工业技术升级，工业生产对人力资源需求结构也相应地发生了变化。根据欧盟 25 个国家的数据，欧洲职业训练发展中心的研究结果表明：1996 年，低级技能人员占 33%，中级技能人员占 46%，高级技能人员占 21%；到 2006 年，低级技能人员占 26%，中级技能人员占 49%，高级技能人员占 25%；而到 2020 年，预测低级技能人员占 19%，中级技能人员保持在 50%，高级技能人员将增加到 31%。可见，随着技术的发展和变化，技能人才的需求结构也会相应发生变化。需要强调的是，1996～2020 年，低级技能人员将下降 14 个百分点，高级技能人员将增加 10 个百分点，中级技能人员依然保持着 50% 的比例。

（二）全球各国依然重视发展职业教育

面对全球经济形势变化，世界各国都更加重视发展职业教育。2015 年，联合国教科文组织在韩国仁川市举办"世界教育论坛"，通过《仁川宣言——教育 2030：迈向全纳、公平、有质量的教育和全民终身学习》，要求向学习者提供公平的、高质量的技术和职业教育与培训机会。国际劳工组织也倡导各国加强职业教育，帮助年轻人找到体面的工作。

在世界上绝大多数国家，高中阶段教育包括普通高中教育和中等职业教育。在发达国家，中等职业教育在校学生所占比例基本都超过高中阶段教育在校生总数的 50%。由表 1－1 提供的数据可见，经济合作与发展组织（OECD）国家高中阶段的职业教育所占比例为：澳大利亚 50.5%、奥地利 75.3%、比利时 72.8%、捷克 72.7%、德国 48.3%、意大利 59.2%、卢森堡 60.7%、荷兰 69.5%、挪威 52.0%、斯洛伐克 70.3%、斯洛文尼亚 66.2%、瑞士 65.2%。OECD 成员国平均占比 45.7%，欧盟 21 个成员国平均占比 52.7%。这些国家已经进入后工业社会，其人均 GDP 已经达到了很高的程度，依然在高中教育阶段发展职业教育。我国仍然处于工业化的过程中，千军万马过高考独木桥，轻视技术技能人才培养和职业教育的情况由来已久，这正是为适应我国产业结构升级和经济持续发展需要而亟待补齐的短板。

表 1－1　2012 年 OECD 国家高中教育阶段普职比例　单位:%

	普通高中	中等职业教育		普通高中	中等职业教育
澳大利亚	49.5	50.5	韩国	80.6	19.4
奥地利	24.7	75.3	卢森堡	39.3	60.7
比利时	27.2	72.8	墨西哥	91.2	8.8
加拿大	94.0	6.0	荷兰	30.5	69.5
智利	68.2	31.8	新西兰	72.6	27.4
捷克	27.3	72.7	挪威	48.0	52.0
丹麦	53.9	46.1	波兰	51.8	48.2
爱沙尼亚	65.9	34.1	葡萄牙	56.4	43.6
芬兰	29.9	70.1	斯洛伐克	29.7	70.3
法国	55.8	44.2	斯洛文尼亚	33.8	66.2
德国	51.7	48.3	西班牙	54.5	45.5
希腊	66.9	33.1	瑞典	50.6	49.4

①王宏泽：《工业 4.0 制造业的新生》，《光明日报》2015 年 3 月 26 日第 13 版。

续表

	普通高中	中等职业教育		普通高中	中等职业教育
匈牙利	72.7	27.3	瑞士	34.8	65.2
冰岛	66.4	33.6	土耳其	56.1	43.9
爱尔兰	67.8	32.2	英国	61.4	38.6
以色列	60.9	39.1	OECD 平均	54.3	45.7
意大利	40.8	59.2	欧盟 21 国平均	47.3	52.7
日本	76.9	23.1			

（三）正在改变着的教育范式及其对教与学、教育计划与管理的影响

为了适应经济和社会发展的需要，国际社会教育发展的范式也随之发生着变化，这对教与学、教育计划与管理都产生了重要影响。如表 1 - 2 所示。

表 1 - 2　正在改变着的教育范式及其对教与学、教育计划与管理的影响

教与学	
从专注于：	转变为关注：
上学读书	终身学习
以教师为中心	以学习者为中心
传播信息	建构认知能力
记忆	分析、归纳及应用
知识	发展技能和能力
教育计划与管理	
从专注于：	转变为关注：
数量扩张	质量提升
供给	需求
机会的可获得性	公平性与适应性
提供条件	结果与影响
经费投入	系统和效率

在教与学领域，过去关注的是上学读书，现在关注的是终身学习；过去是以教师为中心，现在是以学习者为中心；过去强调传播信息，现在强调建构认知能力；过去强调记忆，现在强调分析、归纳及应用；过去关注知识，现在更加关注发展技能和能力。

在教育计划与管理领域，过去强调数量扩张，现在转向强调质量提升；过去强调教育机会的供给，现在强调教育机会的需求；过去强调机会的可获得性，现在强调公平性与适应性；过去强调提供条件，现在强调结果与影响；过去强调经费投入，现在强调系统和效率。

二、职业教育发展的国内背景

（一）构建现代产业体系要求职业教育继续培养大量高素质技术技能人才

近年来国家提出了“一带一路”、“京津冀经济圈”、“长江经济带”、“中国制造 2025”、“自贸区”、“大众创业，万众创新”、“互联网 +”等一系列国家层面的重大战略，全面启动了供给侧结构改革。这些重大战略的实施需要职业教育更好地发挥优势，进一步提高服务能力和水平，做出更大贡献。例如，“中国制造 2025”亟须大批高素质的劳动者和技术技能人才提供智力支持和人才支撑，否则，战略实施缺乏坚实基础，对于经济增长与发展的拉动作用也将非常有限。2014 年中国半导体领域的自给率仅为 12.8%，在电脑、手机和数字家电领域号称“世界工厂”的中国，为何没能培养出半导体人才？日本专家认为根本原因在于中国没有注重培养技术技能人才①。因此，从国家发展层面看，要构建现代产业体系，只有全面提升广大劳动者的素质，加快培养大批高素质技术技能人才，国家经济和社会发展才有后劲。

（二）人民群众日益增长的多样化教育需求要求职业教育丰富学习机会供给

职业教育是国民教育体系和人力资源开发的重要组成部分，是教育与经济社会发展联系最直接、最密切的一个领域，承担着培育大量高素质劳动者的重要职责。当前，我国正处于经济转型和产业结构升级换代的关键时期，社会迫切需要培养大量高素质的劳动者和技术技能型人才，新生代农民工也迫切希望转化为有一定技能的产业工人。作为技术技能人才培养的主阵地，职业教育应提供更多、更丰富的教育学习机会。全国总工会的相关数据显示，生于 20 世纪 80 年代后期至 90 年代的新生代农民工已超过 1 亿人，占农民工总数的 60.9%，占全国职工总数近一半，已成为产业工人的主力②。2016 年 3 月，教育部、中华全国总工会联合启动农民工学历与能力提升行动计划——“求学圆梦行动”，旨在通过建立学历与非学历教育并重、产教融合、校企合作、工学结合的农民工继续教育新模式，帮助农民工实现体面劳动和幸福生活。

（三）创新驱动和绿色发展要求职业教育深化人才培养模式和教育教学改革

中国经济的发展要经过三个特定的发展阶段：要素驱动阶段、效率驱动阶段和创新驱动阶段。其中，最重要的是创新驱动阶段。由于边际效益递减的客观经济规律，中国经济的可持续增长和发展需要从要素驱动向效率驱动、创新驱动转变。创新是一种文化，必须坚持面向全体学习者，要融入学习者成长的全过程。这相应地要求职业教育应当主动针对创新驱动和绿色发展的需求推进人才培养模式和教育教学改革，实现学校人才培养与经济社会发展需求对接，提高人才培养质量和办学水平，增强职业教育对经济社会发展的服务和支持能力。

---

①环球时报：《日媒：中国为何没培养出半导体技术人才啥原因?》，http：//oversea.huanqiu.com/article/2016-03/8760277.html，2016-03-24。

②中国教育报：《新生代农民工职业成长调查》，http：//www.banyuetan.org/chcontent/zx/mtzd/2016325/189145.shtml，2016-03-25。

（四）推进农业现代化和新型城镇化要求统筹促进城乡职业教育协调发展

推进农业现代化和新型城镇化，解决“三农”问题，实现城乡协调发展是完成我国现代化建设目标的必经之路。要发展现代化农业，推进工业化和城镇化，需要引导农村富余劳动力向城镇和非农产业转移，迫切需要加强职业教育，统筹城乡职业教育协调发展。职业教育应该继续坚持改革创新、坚持内涵发展，提升办学质量，为推进农业现代化和新型城镇化培养更多灵活多样、更高素质的劳动者和技术技能人才。

（五）推进国家治理能力现代化要求建立多元参与的职业教育治理体系

建立多元参与的职业教育治理体系，是推进国家治理体系和治理能力建设的必然要求。适应全面深化改革需要，根据教育自身的发展规律和教育现代化的基本要求，建立政府、学校、行业、企业等多元主体共同参与的现代职业教育治理体系，形成政府宏观管理、学校自主办学、社会广泛参与的良好办学格局，是我国加快构建现代职业教育体系的重要内容。建立多元参与的职业教育治理体系的一个关键环节就是要健全企业的参与制度，积极鼓励行业和企业举办或参与举办职业教育，发挥企业重要的办学主体作用。

三、中国职业教育现代化发展愿景

中国教育学会名誉会长顾明远教授根据教育自身的发展规律和时代要求提出了教育现代化的八大特征：教育的民主性和公平性、教育的生产性和社会性、教育的终身性和全时空性、教育的个性化和创造性、教育的多样性和差异性、教育的信息化和创新性、教育的国际性和开放性、教育的科学性和法制性①。对于职业教育来说，中国职业教育现代化愿景是什么？教育部职业技术教育中心研究所承担的“中国职业教育 2030 研究”课题组认为，职业教育现代化愿景是：2030 年在全面建成小康社会的背景下，形成有力支撑和促进国家现代化建设，具有中国特色、彰显世界潮流的现代职业教育体系，为人民群众提供更加灵活多样、更加公平、更高质量的职业教育和培训机会，为国家经济社会发展培养更多高素质的劳动者和技术技能人才。具体可以归纳为以下四句话：层次结构更加科学，基础能力更加现代；学习方式更加灵活，教育质量更加优良；基本制度更加完备，体制机制更加健全；治理体系更加完善，国际合作更加全面。为实现职业教育现代化愿景，需要找准突破口和切入点，精准发力。第一要坚持教育的公益性，促进全纳与公平；第二要坚持改革创新，激发办学活力；第三要坚持产教融合，深化校企合作；第四要坚持内涵发展，聚焦质量提升；第五要坚持政府推动，实行协同治理。

四、中国实现职业教育现代化的重要条件

（一）提高对技术技能人才和职业教育重要性的认识

技术技能人才是我国人才队伍不可或缺的重要组成部分，在实施人才强国战略、全面建成小

①顾明远、马忠虎：《教育现代化：中国教育改革和发展的路径与愿景——顾明远教授专访》，《苏州大学学报》（教育科学版）2014 年第 1 期，第 1－5 页。

康社会过程中具有不可替代的重要作用。当前，我国经济社会发展正处于转方式、调结构、促升级的关键时期，要想在日益激烈的国际竞争中具有更强的竞争优势，把“中国制造”从“低端制造”推向“高端制造”、“精品制造”，迫切需要大力发展现代职业教育，加快培养造就一大批掌握精湛技艺和高超技能的技术技能人才。为此，国家应当把职业教育和技术技能开发作为重要国家战略，将职业教育作为教育现代化的战略突破口和切入点，使职业教育与经济社会发展同步规划、同步推进。

（二）明确行业企业和社会力量在职业教育中的地位

职业教育作为与劳动力市场关系最为密切的一种教育类型，明确行业企业和社会力量在职业教育改革发展中的权利、责任和职能，理顺政府、学校、行业和企业之间的关系，是构建现代职业教育治理体系的重要基础。教育与生产劳动相结合是马克思主义教育观的核心内容。马克思认为：“要改变一般人的本性，使他获得一定劳动部门的技能和技巧，成为发达的专门的劳动力，就要有一定的教育或训练，而这就得花费或多或少的商品等价物。”① 马克思在《资本论》中提到：“生产劳动跟智育和体育相结合，它不仅是提高社会生产的一种方法，而且是造就全面发展的人的惟一方法。”② 要完善职业教育、高等教育治理能力和治理体系的现代化，必须促使教育与生产劳动相结合，必须推动企业、行业参与高等教育、职业教育。产教融合是马克思主义教育观在职业教育领域的重要体现。要真正实现产教融合就必须充分发挥行业企业和社会力量在职业教育中的重要作用，推动形成职业教育发展的强大合力，密切职业教育与产业的关系。

（三）健全职业教育经费投入保障机制

职业教育实施的是技术技能教育，需要比普通教育投入更多的设备、场地和专业技术人员。总的来看，发达国家职业教育投入往往明显高于普通教育。世界银行20世纪90年代的研究表明，职业教育的生均成本应是同级普通教育的2.53倍③。根据教育部职业教育研究所近期的研究报告，2013年我国中等职业教育财政预算生均公用经费平均仅是普通高中的1.30倍，有9个省份低于普通高中，北京是67%，江西是71%，青海是76%。没有政府的高投入，职业教育很难实现专业化教育目标。2010年经合组织国家职业教育经费约占整个教育经费的16%，目前我国职业教育占整个教育经费的比例为11.4%，相差了近5个百分点。国家应该建立完善职业教育投入保障机制，提高政府教育经费的投入水平，并根据职业教育的特点，依法制定和落实合理的职业院校生均经费标准或公用经费标准。

（四）建立国家资格（资历）框架

国家资格（资历）框架是把一个国家建立的各级学历、学位与职业（专业）资格进行比较和沟通的体系。世界上越来越多的国家和地区正在探索和建立国家资历制度，真正把通过不同学习方式获得的技能、胜任力和知识放在同等重要的位置。目前，国际社会在建立国家资历框架和促进对非正规学习和无一定形式的学习成果认证方面，面临良好机遇。比如越来越多的国家接受

①马克思：《资本论》（第一卷），北京：人民出版社，1975年版，第194－195页。

②马克思：《资本论》（第一卷），北京：人民出版社，1975年版，第529－530页。

③Middleton J., Ziderman A., Admas A. V. *Skills for Productivity: Vocational Education and Training in Developing Countries*. USA: Oxford University Press, 1993.

了终身学习这一理念并逐步重视非正规学习和无一定形式的学习，以能力为本位的学习成果评价方法越来越得到普遍采用等。欧盟、澳大利亚等国家和地区已建立了自己的资格框架，实现了职业资格与学历学位之间的等值，打通了学历资格与职业资格之间的沟通渠道。建立国家资格（资历）框架，对于提高技术技能人才的社会地位具有非常重要的意义。我国也应尽快建立国家资格（资历）框架，为包括技术技能人才在内的各类人才的成长，构建一个灵活沟通的“进阶”结构和“上升”通道。

（五）提高技术技能人才的经济待遇和社会地位

法国社会学家涂尔干认为：“教育的组成器官无论在什么时代都密切地联系着社会体中的其他制度、习俗和信仰，以及重大的思想运动。”[①] 德国社会学家韦伯曾指出：“任何一项伟大事业的背后都存在支撑这一事业，并维系这一事业成败的无形文化精神。”[②] 历史唯物主义告诉我们，社会存在决定社会意识的内容和形式。有什么样的社会存在，就会有什么样的社会意识。社会文化为职业教育的发展提供了原动力，是决定职业发展的最根本因素。重视技术技能人才、重视职业教育是全社会的事。因此，要经过政府和全社会的共同努力，大力提高大多数技术技能人才的经济待遇和社会地位，要让大多数技术技能人才到2025年、2030年进入中等社会阶层，要让各行各业的能工巧匠进入高收入阶层，大幅提升职业教育的社会声誉，增强职业教育的吸引力与持续健康发展能力，让技术技能人才和职业教育在日益激烈的竞争中获得应有的地位和话语权。

①爱米尔·涂尔干：《教育思想的演进》，北京：人民出版社，2003年版。
②马克斯·韦伯：《经济与社会》（上卷），林荣远译，北京：商务印书馆，1997年版。

研究报告二　教育供给侧改革的最大潜力在于职业教育①

教育作为人力资源的供给侧，迫切需要进行结构性改革。实际上，人力资源供给侧改革最大的潜力在于职业教育，因为职业教育是与经济社会发展联系最为紧密的教育类型。职业教育不仅是经济发展的助推器、社会公平的润滑剂，也是个性发展的动力源。职业教育的供给侧改革，不仅涉及职业教育的观念和功能，而且涉及职业教育的体制与机制。当前，只有对困扰职业教育发展的一些问题进行深入的探究与思考，才能充分挖掘并彰显职业教育的潜力。

一、基于文化潜力维度思考的职业教育

2013 年 7 月，笔者在德国莱比锡现场观摩了第 42 届世界技能大赛。这次大赛令笔者震惊的是，半数以上的观摩者都是青少年。虽然我国职业院校技能大赛的规模越来越大，社会影响力也越来越大，但在赛场依然难以见到青少年观摩技能大赛的场景。尽管我们也提倡开放校园、开放院所、开放赛场，总而言之就是“开放职业教育”，但距离真正的开放还有相当大的距离。这既暴露出我国职业院校的社会吸引力不足这一发展“命门”，又表明职业教育办学者并没有真正完全领会职业教育的功能。职业教育是一种“面向人人的教育”，特别是要面向广大青少年。

在生源不足的背景下，闭门搞发展只会让职业教育的道路越走越窄，不但难以提升社会吸引力，甚至可能陷入恶性循环的发展窘境。在这方面，德国职业教育为我们树立了榜样。德国是 20 世纪在第二次世界大战的废墟上重建起来的产业强国，直到现在，其装备制造业总量依然居全球首位。德国制造业何以能够成为世界翘楚？德国经济何以能够长盛不衰？这一系列问题都可以从其职业教育发展中找寻到答案。在诸多取得成功的因素中，职业教育的厚重底蕴成为德国制造业和经济稳定发展的重要依托。面对新一轮互联网技术革命，德国也将技能上升为国家发展战略。德国提出，未来的世界不是互联网世界、虚拟世界，而依然是一个物理世界、一个实体世界；不是互联网取代实体经济，而是将互联网融入实体经济。所以，未来世界不是一个传统的物理世界，而是一个信息物理系统。基于对世界未来发展趋势的睿智判断，德国率先提出了“工业 4.0”计划。这对“中国制造 2025”以及美国、日本、韩国等诸多国家制定未来发展战略都产生了很大的影响。

我国学习德国职业教育已近 40 年，对德国“双元制”职业教育的发展模式可谓耳熟能详，但是否真正学习到德国职业教育的精髓还有待思考。笔者认为，职业教育是一种文化现象。德国的学校、教师和家长踊跃带孩子去观摩世界技能大赛的做法清晰地表明，这种文化概括起来就是对职业的敬畏、对技能的膜拜、对劳动的尊重。一个国家或民族如果对职业没有敬畏之心、对技能没有膜拜之行、对劳动没有尊重之情，那么这个国家或民族很难有所发展。国家的改革创新不仅需要培养拔尖人才“顶天”的普通教育，也需要培养职业人才“立地”的职业教育。近年来，国家将发展职业教育提升到战略层面，使职业教育取得了长足进步，但不得不承认，职业教育依

①本文作者：姜大源，男，研究员，教育部职业技术教育中心研究所高等职业教育研究中心主任，教育部学校规划建设发展中心课程建设研究院院长。文章来源：《教育与职业》2016 年第 21 期，第 5－7 页。

然是我国教育发展的薄弱环节，职业教育和职业学校的学生还没有获得社会应有的尊重。同德国、瑞士等世界职业教育发达国家相比，我国高质量职业教育的发展还远远不够。

职业教育的文化所蕴含的潜力，需要我们去深入挖掘。

二、基于跨界潜力维度思考的职业教育

职业教育作为一种独特的教育类型，在产业升级、经济转型过程中的战略地位日益凸显。为了大力发展职业教育，我国提出了建设一个具有中国特色、世界水准的现代职业教育体系的宏伟目标，但对于其中的很多关键问题依然缺乏深入研究。

职业教育是一种跨界教育，一个跨界的教育必须有跨界的思考。职业教育至少涉及两个学习地点：一是学校，二是企业。职业教育的发展、规划、评价必须在具备两个学习地点的参照系下去思考。所以，职业教育不应只关注学生如何在学校学习，还要关注学生如何在工作中学习。发展职业教育必须跨出教育，跳出学校的围城。为此，职业教育必须研究两种科学：一是职业科学，二是教育科学。但是长期以来，职业教育只研究教育科学而不研究职业科学。思考职业教育既要从教育和教育科学的角度，也要从职业和职业科学的角度，否则一定会重蹈封闭式教育体系的覆辙。

为什么校企合作总是“剃头挑子一头热”？传统的教育观念认为，教育机构只有学校，但当企业作为另一个不可替代的学习地点时，企业是否也能成为一种教育机构呢？笔者认为，在职业教育领域，认为只有学校是教育机构的传统观念将会被颠覆。那些“有资格”的企业——将教育作为一种社会责任的企业，将成为另一种教育机构。当企业作为另一种教育机构存在时，企业将成为职业教育的主体，这样的“校企合作”理应成为“企校合作”，“剃头挑子一头热”的现象也将过去。基于此，如果说传统的教育学基本上是学校教育学的话，那么支撑企业实践的教育学理论就应是企业教育学，但遗憾的是，我国还没有明确提出“企业教育学”这一概念。再者，如果说传统教育心理学更多指××心理学的话，那么职业教育还应该补上工作心理学的内容。

德国人认为，所有的企业都有资格开展培训，但这绝不意味着所有的企业都有资格办教育，那些有资格办教育的企业被命名为“教育企业”或“教育性企业”。而我国能否赋予有资格的企业以教育机构的资格呢？一旦这类企业被赋予教育机构的地位，同时也就赋予了其与学校同等的办学责任和社会权利，那么这样的企业就不仅是人力资源的需求方，也是人力资源的供应方。所以，如果我们构建的仍然是一个基于学校教育范畴的职业教育体系，那么职业教育必然失去其跨界的特征和规律，职业教育就会丧失活力。因此，跨界是职业教育发展与改革的基本属性和思考问题的出发点。

职业教育的跨界所蕴含的潜力，需要我们去深入挖掘。

三、基于升级潜力维度思考的职业教育

谈教育供给侧改革，不仅要从文化的角度、跨界的角度去思考，还要从职业教育功能的角度对困扰职业教育发展的一些问题进行深入的思考和挖掘，这就涉及职业教育升级的问题。

第一，职业教育的升级应展现其存在价值所蕴含的潜力。将人的社会分工视为垂直层次，并由此进行教育层次的分工，这样是不公平的。倘若我们将技术工人、技术员、技师视为低层次职

业，而将工程师、科学家视为高层次职业，那么就会将培养技术工人、技术员、技师的职业教育视为低层次教育，而将培养工程师、科学家的高等教育视为高层次教育，这是一种不公平的教育观。社会分工应以水平维度为参照系划分教育类型，而不应以垂直维度的层次作为参照系。由此，在教育类型中划分层次，强调类型中有层次才是公平的。不同的教育类型都有相应的层次。钱学森是科学家，高凤林是“大国工匠”，都具有同等的社会价值。

俗话说，“三百六十行，行行出状元”。行是什么？行就是类型。状元是什么？状元就是层次，每一行都有自己的状元，每一行都有自己的层次。“天生我材必有用”，“材”是遗传基因，是不以人的意志为转移的，但不管你具有何种天赋，只要定位准确，都能“不拘一格降人才”，都能成为人才。因此，职业教育和职业学校学生绝不能“自卑”，而要有自信。

即便制造宇宙飞船这样最尖端的技术，也需要大量的高技能人才将科学家、工程师设计出来的图纸变成现实，这正是职业人才的价值所在。因此，必须提高职业人才的社会价值，职业教育的升级应是职业教育价值观的升级。

第二，职业教育的升级应拓展其话语语境所蕴含的潜力。升级是否应是职业教育发展的话语语境？现在都在讲“工业4.0”、“中国制造2025”、“互联网+”，这意味着市场对职业教育提出了更高的要求。如果只是在教育语境里思考，职业教育的升级就是职业学校的升格，但是从国家角度和提高国家综合实力的角度来思考，应该更多地考虑升级而不是升格。

升格还是升级，虽只有一字之差，但反映了两种语境：一种是教育语言，一种是国家语言。应该说，产业的升级导致技术的升级，技术的升级导致技能的升级。仅仅以升学和学校的升格来应对产业升级，是无法实现因经济发展而导致的越来越高、越来越复杂的职业资格升级的。我们应该学习欧洲46个国家建立“欧洲资格框架”的经验，建立一个完善的中国“国家资格框架”，通过等值而不同类的教育路径，让高技能人才享有与普通教育同等的地位和待遇，这是一项迫在眉睫的教育改革。所以，如果我们构建的现代职业教育体系只有学历上的升格而非职业资格上的升级，那么职业教育必然失去经济拉升的动因，这意味着升级虽涵盖了升格但超越了升格。正如古人所言：“條变于道，殊途同归。”无论是正规的职业教育还是非正规的职业教育或非正式教育，在“国家资格框架”下都具有上升的通道，都能达到同样的层次。

第三，职业教育的升级应彰显其管理体制所蕴含的潜力。职业教育与就业服务是分离还是融合？职业教育的职能管理是“条条管理”还是“块块管理”？哪一种管理体制更为有效？当前劳动就业制度与职业教育制度的分离，直接导致了两个结果：一是人社部门与教育部门在管理职能上的交叉，二是劳动市场的用人需求与职业教育的育人供给之间的失配。尤其是行业企业参与、参加职业教育途径的缺失，导致本应在职业教育政策的制定和实施上有更多话语权的行业企业处于一个可有可无的“失语”境地，以至于实施产教融合、校企合作、工学结合困难重重，对劳动市场的信息资源、学校的教育资源与行业企业的实训资源都无法实现综合的高效配置。

基于此，在国家层面应该建立教育与职业的统筹管理部门，将教育部和人社部与职业教育有关的部门进行整合，同时将其他专业部委、有关的行业企业以及工会和妇联等代表职业教育利益的各个社会群体都纳入职业教育的管理职能范畴，在此基础上将纵向的、分割的专业部门管理体制转向横向的综合部门管理体制。这就需要大手笔、大决策。国际上已有很多成功的经验值得借鉴。例如，瑞士长期以来在经济部下建立“职业教育与技术署”（BBT），澳大利亚成立了“国家培训局”（ANTA），德国成立了“联邦职业教育机构”（BIBB，原译为德国“联邦职业教育研究所”），英国成立了“商业、技能与创新部”等，都是在国家层面对职业教育进行统筹协调的管理机构。

第四，职业教育潜力的升级应凸显其开放机制所蕴含的潜力。《国家中长期教育改革和发展规划纲要（2010～2020年）》提出："到2020年，形成适应经济发展方式转变和产业结构调整要求、体现终身教育理念、中等和高等职业教育协调发展的现代职业教育体系。"作为建设现代职业教育体系的总纲，它指明了现代职业教育体系必须具备的三个要务：一是职业教育要体现经济发展的需求性；二是职业教育要体现终身学习的开放性；三是职业教育要体现职业教育的系统性。世界上多数职业的初始就业年龄为15～24岁，也就是说，劳动力结构不是一个倒三角形的结构。如果我们把初始就业年龄全都提高到24岁本科毕业之后，那么24岁之前的职业就无人去做，中国制造也就无从谈起。这是一个事关职业教育的功能定位甚至中华民族复兴的大问题。当前我国高等学校的毛入学率已经超过了德国、瑞士。瑞士作为人均国民收入始终处在世界前五位并连续多年被评为世界上创新力、竞争力第一的经济高度发达国家，其中中等职业教育占高中阶段的比例仍然超过65%。而我国中等职业教育由于一味追求升学升格，其发展将会影响中国劳动力结构的合理性以及经济能否健康发展。

强调职业教育的就业导向并不意味着职业教育是阻碍个人发展的"断头"教育，而是要建立一个让每个学生都有上升空间的职业教育体系。由于职业教育的每一级都构成一个完整的职业资格，因此，要随时根据经济发展的需要输送相应的职业人才。同时，还应允许根据个性发展的需要，随时回到职业教育机构继续学习和晋级深造。一个坚持服务发展、就业导向的职业教育体系，是一个开放式体系。因此，建立一个开放的职业教育体系既要坚持就业导向不动摇，避免职业教育失去其社会存在的价值，又要基于终身学习的思考，建立基于学分制或学分银行、弹性学制的开放体系，以形成一个更加灵活的"学习—就业—再学习—再就业"的良性机制。

职业教育的升级所蕴含的潜力，需要我们去深入挖掘。

我国改革开放已近40年，伴随着中国经济的发展而同步发展起来的中国职业教育，是世界上最大规模的职业教育。只要我们牢牢把握世界经济发展的趋势，以"一带一路"的国家大发展战略为引领，深入挖掘职业教育的内在潜力，中国的职业教育必将为国家经济和社会的发展创造出一种新的教育秩序，进而为中国未来的创新发展不断做出新的贡献。

研究报告三　以改革创新的精神引领推动地方本科院校转型发展[①]

当前，中国正处在全面深化改革、加快推进社会主义现代化建设发展的新阶段。发展应用技术型教育、推动地方高校转型，既是当前中国高等教育改革的重大战略，也是高等院校自身发展的迫切需求。在这一过程中，亟待加强和国外应用技术大学的交流与合作，学习借鉴国外高校发展的成功经验，共同推动应用技术型高等院校的建设和发展。

一、应用技术型教育在经济社会发展中具有重要作用

当今世界已进入空前的创新密集和产业振兴的新时代，以新技术、新材料、新能源相结合为特征的第三次工业革命初见端倪。各国经济实力和综合国力的竞争，越来越取决于科技和人才的竞争，取决于教育的竞争。应用技术型教育作为一种重要的高等教育类型和技术技能型人才培养的重要手段，在现代社会生产生活中发挥着越来越重要的作用。

（一）发展应用技术型教育是国家竞争力的助推器

随着全球经济和科技一体化进程的加快，世界各国为抢占发展机遇，对于适应高新技术产业发展的高素质高技能人才的需求越来越迫切。应用技术型高等教育作为高素质技术技能型专门人才培养、新技术转化和科技创新的重要基地，是人力资源开发和科技创新的重要阵地，承担着培养高层次应用人才、开展应用研发创新、服务就业创业和区域发展、为个人提供终身学习机会的重要使命，在提升国家经济实力和竞争力方面有着自己独特的优势，已经成为促进各国经济发展的动力源泉，具有不可替代的作用。德国、英国、爱尔兰等国家应用技术大学的建立提升了职业教育的层次，丰富了高等教育的内涵，对保持和提升国家竞争力具有重要的贡献。

正因如此，进入 21 世纪，面对日益激烈的国际竞争环境，发达国家也将发展应用技术型教育作为新时期构筑竞争新优势、增强国家竞争力的战略选择。例如，欧盟制定了欧洲 2020 战略，英国、德国等国家则始终将发展应用技术大学摆在重要位置。这充分表明了应用技术大学对于实现经济社会可持续发展的重要意义，也为中国进一步推进职业教育改革与发展提供了宝贵经验。

（二）发展应用技术型教育也是世界高等教育发展的趋势

从国际经验和趋势来看，发展迅猛的技术革命正改变着人类的生产生活方式。由于错综复杂的职业发展对从业者技术技能的要求不断提高，单纯的学术性教育已经不能满足经济社会发展的特定需求。西方一些发达国家纷纷出台相关政策，重点发展应用技术大学，逐步形成了与普通大学相互补充的双元格局。世界高等教育的发展方向不再一味追求“学术”取向的精英教育模式，而倾向于大力发展“应用”取向的技术型大学。应用性和技术性已成为 20 世纪后期以来国际高

---

①本文作者：马培华，男，全国政协副主席，中华职业教育社副理事长。文章来源：《职业与教育》2016 年第 9 期，第 5－7 页。

等教育的重要发展趋势。

二、地方本科院校转型发展的必要性

引导地方普通本科高校向应用型高校转变，是中国全面深化教育改革的重大举措。2014 年 6 月，国务院召开全国职业教育工作会议，印发了《关于加快发展现代职业教育的决定》，提出“引导一批普通本科高等学校向应用技术类型高等学校转型，重点举办本科职业教育”。这一顶层设计拉开了中国新一轮高等教育综合改革的序幕。

（一）“转型”是打造中国经济升级版的需要

现阶段，中国正处于产业结构深度转型与生产生活方式重大转变的战略机遇期。加快经济发展方式转变，优化调整产业结构，迫切需要大量高端服务类、技术技能及创新型人才。资料显示，发达国家工业生产中的专业工程技术人员和经营管理人员占职工总人数的近 80%，而中国在企业工作的各类专业技术人员还不到员工总数的 40%。技术技能型人才缺乏，已成为影响国家经济结构调整、产业转型升级的重要掣肘因素。因此，发展应用技术型教育、推动地方高校转型发展，使其作为服务地方经济社会发展的重要力量，为地方产业结构转型升级以及新型工业化、信息化、城市化提供人力资源保障与智力支持就显得至关重要。

（二）“转型”是实现高等教育多样化和教育现代化的必然要求

伴随着经济社会的发展，中国高等教育已进入大众化发展阶段，高等教育在校生规模达到 3559 万人，跃居世界第一。但是，由于缺乏现实的分类指导政策以及受固有办学模式的影响，中国的高等院校在一定程度上出现了定位不明、特色不显、模式单一的局面，结构性矛盾比较突出，存在严重的同质化倾向。学术型高校在整个高等教育结构中所占比重过大，应用型高校发展滞后，一般学术型人才培养过剩，应用技术型人才缺口很大。而在发达国家的高等教育体系中，一般学术型大学的比例只占 20% 左右，应用技术型大学的比例在 80% 左右，人才培养结构呈“金字塔”形。与此同时，鼓励地方高校向本科层次应用技术型大学发展，开辟一条专科层次、本科层次和研究生层次并存发展的“高速公路”，有助于打造技术技能型人才成长发展的“立交桥”，有助于改变我国职业教育“断层”教育的尴尬现状，是国家构建现代职业教育体系的重要内容和切入点。可以说，将应用技术型高校确定为中国高等教育的重要类型并引导部分普通本科高校向应用技术型转型，是基于中国现有的教育体系和高等教育大众化的独特路径做出的必然选择，也是加快发展现代职业教育、构建现代职业教育体系的迫切要求。

（三）“转型”也是地方院校走内涵式、特色化发展道路的根本出路

地方普通本科院校作为高等教育大众化的主要承担者，承担着为区域经济社会发展提供人才支撑的重要使命。长期以来，由于受计划经济体制以及历史、现实条件的制约，不少地方高校往往比较重视扩大规模和数量的外延式发展模式，对提高质量与效益的内涵式发展、特色式发展重视不够，投入不够。这些高校在发展中往往都面临办学基础薄弱、资金投入不足、获取社会资源能力有限等问题，走传统的大学发展之路比较困难，加之不少地方高校存在办学定位模糊、学科专业趋同、人才培养同质化等问题，培养的学生出现“就业率低、专业对口率低、就业质量低”

的“三低”状况比较严重，不能适应区域经济社会发展的新要求，不能满足民众接受更高质量教育的愿望。长此以往，势必影响高等教育的办学声誉，甚至造成高等教育的生源危机和生存危机。因此，转型对地方高校来说也是重要的发展机遇。通过转型发展，推动地方高校全面深度融入区域发展、产业升级、城镇建设和社会管理，有利于消除高等教育同质化的弊端，推动高校在主动、深入为行业和地方经济社会发展服务中进行科学定位，赢得并拓展学校自身的发展空间，进而在激烈的竞争和时代变迁中实现自身的可持续、高质量发展。

三、地方本科院校转型发展的路径

引导地方普通本科高校向应用型本科院校转变，是党中央、国务院为构建现代职业教育体系做出的重要决策部署，也是我国高等教育改革发展过程中的一件大事。这对于丰富职业教育层次、推动高等教育适应、服务经济新常态、助力创业创新和产业转型以及国家一系列重大经济战略的实施有着十分重要的意义。

为贯彻落实这一决策部署，国家、地方及高校层面都做出了不同程度的响应。教育部发布了《关于引导部分地方普通本科高校向应用型转变的指导意见》，对转型发展进行了顶层设计；地方政府积极响应，组建区域联盟，助推转型发展；部分高校先行先试，多方谋划转型发展方略，试点探索初见成效。但是，受长期以来重理论、轻技术等落后观念的影响，受传统计划经济模式下高校固有的发展路径和模式的桎梏，以及目前高校转型的政策支持和顶层设计不够、管理干部队伍和师资队伍准备不足、校企合作机制难以实现等方面因素的制约，高校转型的内外部驱动力不足，使转型存在诸多困难和问题。可以说，引导部分地方本科高校向应用型转变，是一项长期的艰巨任务，也是一项复杂的系统工程。这既是中国高等教育新的增长点，更是亟待突破的瓶颈环节。推动高校转型，核心是激活高校办学活力，重点是建设“双师型”师资队伍和深化产教融合校企合作，最终目标是提高学校的办学水平和服务质量。为此，必须以改革创新的精神，加大改革和调整力度，重点做好三个方面的文章。

（一）充分发挥学校的主动跟进作用，进一步深化认识，凝聚共识

应用技术型教育是强调实践性、操作性和应用性的教育类型，是注重动手能力和实践能力培养的教育。它与普通大学相比，只是分类定位的不同，没有教育层次高低之分。在高等教育大众化的今天，转型发展既是国家的需要也是企业的需要，更是地方高校实现战略突围的根本出路。要充分发挥学校的主动跟进作用，进一步解放思想，转变观念，主动适应社会发展的新形势，对学校进行更加明确的定位，并制定发展战略。

在专业设置上，要从以学科建设为导向逐步向以职业和岗位为导向转型，按职业和岗位需求设置专业，增强专业与社会需求的契合度；在师资建设上，要从以校内教师为主体的师资建设体系逐步向多种来源建设师资队伍转型，多渠道培养高水平的师资队伍；在教育教学机制上，要从以传授知识为基础的教学模式逐步向以产教融合、校企合作为特征的教育教学运行机制转型，以培养适应社会需求的人才；在办学模式和资源配置上，要从地方高校自成一体的治理结构逐步向多元主体办学转型，优化资源配置，实现办学模式和资源配置的合理化、高效化。要通过对专业、师资等方面转型的认识，找准转型发展的着力点、突破口，真正增强为区域经济社会发展服务的能力、为行业企业技术进步服务的能力、为学习者创造价值的能力。

（二）进一步加大政策引导和支持力度，为高校转型创造更有利的条件

推动地方高校转型发展，政府发挥的作用和扮演的角色至关重要。为了大力推进应用技术型教育的发展，政府主管部门必须在法律法规、政策措施、试点示范等方面全方位地开展工作。具体来说：

（1）要对高等教育实行分类改革，按照类型建立高等教育公平有序的竞争平台，淡化现有的固化的高等学校分层体系，明确应用技术型高校在整个教育体系中的地位，引导地方高等院校明确自身办学定位，形成合理的结构和科学的发展机制。

（2）要推动评价机制的“转型”，建立起以受教育者评价和企业用户评价为价值导向，由行业企业、社区、学生、家长、劳动就业部门等参与的人才培养质量评价制度和机制，通过分类评估引导地方高校转型发展。

（3）要为行业企业参与合作育人提供法律法规、政策机制保障，通过税收优惠政策等，调动企业支持地方本科高校转型的积极性。

（4）要进一步落实高校的办学自主权，在专业设置、课程改革、招生入学、师资建设等方面赋予高校更多的自主权，推动高校转型发展。此外，还要加强用人制度、人事制度等方面的配套改革，加强舆论宣传和引导，通过系列政策和配套改革，为高校转型保驾护航。

（三）强化国际交流与合作，充分借鉴国际经验

在中国，应用技术大学属于新鲜事物，需要以全球视角思考问题，充分借鉴国际经验，努力对接国际标准。世界上许多国家特别是发达国家，其应用技术大学对国家经济复苏、发展以及产业结构升级发挥了重要作用，有许多经验值得借鉴。为此，要推动高校转型发展，一方面，要进一步建立和完善交流机制。要加强职业教育和高等教育的政策对话，定期交流分享应用技术大学的发展战略、宏观政策和制度机制等方面的政策与措施。另一方面，进一步深化校际合作，多渠道拓展与国（境）外联合办学，开展学生互换、学分互认和学位互授，支持应用技术大学的教师参加学术交流，开展深入合作。通过国际交流与合作，开阔视野、拓展思路，推动高校转型发展的顺利进行。

爱尔兰等欧洲国家在发展应用技术型教育方面有着成熟的经验和先进的理念，特别是特色鲜明的高等教育结构、高度融合的产教合作机制、完整的现代职业教育体系以及先进的高等教育管理理念受到世界各国的普遍称赞，值得中国学习和借鉴。在新一轮科技革命和产业变革的背景下，我们有必要学习借鉴职业教育先进国家的经验，并结合中国国情和教育实践，积极推动地方本科院校向应用技术型高校转型，进而促进职业教育的进一步发展。

研究报告四　中国制造 2025 宏观战略背景下探索我国应用技术大学设置与评价①

“金融危机”过后，西方发达国家旗帜鲜明地提出“再工业化”战略，发出向实体经济回归的信号。2009 年 11 月 2 日，美国总统奥巴马提出，美国经济要转向可持续增长模式，即出口推动型增长和制造业增长。2011 年 8 月，奥巴马签署制造业促进法案。2012 年，在《国情咨询报告》中奥巴马提出两个重要观点：第一要从美国的制造业开始不断发展的经济蓝图，第二要号召美国的商业领袖们将制造岗位移至国内，以增加本土就业。② 据美国波士顿咨询公司预测：在几年内，将有八大行业回流美国。到 2020 年，这些回流美国的制造业将给美国创造巨大价值，就业机会将有 300 余万。③ 美国实施再工业化战略，无疑将打乱中国制造业的发展路径。

一、产业转型升级急需高素质技术人才

技术变革发生并进入工业领域后，引起工业革命甚至产业革命，信息技术正在并且将是带动世界经济增长和经济结构变化的主要动力。新的技术变革正在孕育：生物技术发展将引发新的产业革命；纳米技术发展将导致资源使用和制造业的变革；不断发展的新能源将成为化石能源的可接续性能源，从而改变人类生产生活的动力基础。

最近看到一个很重要的报告，2008 年以来，美国在没有政府支持只有政府打压的环境下，自发崛起了一支新兴产业力量——页岩石（油），这个产业以科技进步为抓手，在几年内迅猛发展，将会成为美国振兴实体经济的重要抓手。

我们都知道，石油将会成为未来世界争夺战的重要焦点之一，这样的一个新能源替代物，将会成为美国未来的发展方向。页岩石（油）行业的出现意味着，将会锻炼出一批具有美国中西部特质的产业英雄，这批人物将成为新世界行业的领军人物；中东以及俄罗斯凭借资源的优势在与美国技术力量的对弈中居于下风且难以扭转，这将引发连锁反应。

那么到底什么是页岩石（油）？简言之，就是指从由黏土沉积经压力和温度形成的岩石中，经过创新思维与新技术，生产出可以替代石油的新能源。石油个体户、企业家，还有无可救药的梦想家们，靠着近乎偏执的创业精神和技术创新，挑战美国地下的页岩和其他种类的岩石，成为石油与天然气开采“压裂”技术方面的先锋，为美国乃至世界带来一场新能源技术革命——页岩革命。乔治·米切尔的团队花了整整 17 年艰苦奋斗，从页岩里打出天然气，哈罗德·哈姆和他的手下也是奋斗数十年，于 2007 年之后在巴肯地区打出石油。④ 页岩石（油）的出现改变了油气产业的结构。1990 年以来，国际油气行业分化为油公司（代表是大型跨国石油公司）与上

---

①本文作者：孙诚，女，中国教育科学研究院职业与继续教育研究所所长，博士、研究员，主要研究方向为人力资源、职业教育与继续教育、高等教育。文章来源：《北京联合大学学报》2017 年第 1 期，第 6 – 11 页。

②赵刚：《美国再工业化战略对中国的挑战》，《高科技与产业化》2012 年第 9 期，第 28 – 31 页。

③中国智能制造网：《美国制造业真在回流？数据告诉你真相》，http：//www. gkzhan. com/news/Detail/59071. html，2015 – 09 – 25。

④涂启智：《在石头里开发能源》，《羊城晚报》2014 年 11 月 9 日 B4 版。

游的油服公司，油公司成为资源型公司，把研发投入乃至钻井操作外包给装备、油服公司。这一结构里，油公司居主导地位，技术公司居于从属地位。随着页岩石（油）的出现，未来情况会倒过来，技术要素反升为主导要素。纯资源型油气公司如遵循老路将变得被动，近期通用电气收购贝克休斯公司就暗示了这一趋势。

反观我们国家，很大程度上还是处于粗放型经济发展阶段，粗放型经济发展模式的后果就是自然资源短缺、高端制造乏力、生存环境恶化。2010 年《全球制造业白皮书》显示，中国虽然进入全球三大制造强国阵容，但与美国和日本相比差距依然很大。中国机械 500 强门槛是 0.3 亿美元，而世界机械 500 强门槛则为 20 亿美元。美国、日本、中国在世界机械 500 强企业中的数量如图 1－1 所示。

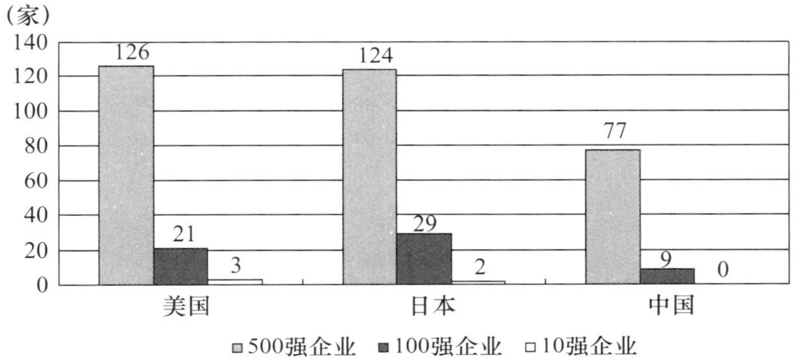

图 1－1　世界机械 500 强企业中的美国、日本、中国企业数

虽然我国是制造业大国，但在世界机械制造企业 500 强中，没有进入前 10 名的企业，进入 100 强的也只有 9 家，远远落后于美国、日本，我国传统制造业一直处于全球产业链条的中低端，“大而不强”。据中国工控网统计，2015 年日本和欧美品牌占据我国通用伺服市场绝大部分市场份额，其中，日本占 49.9%，美欧占 21.7%，中国只占 28.4%（见图 1－2）。①

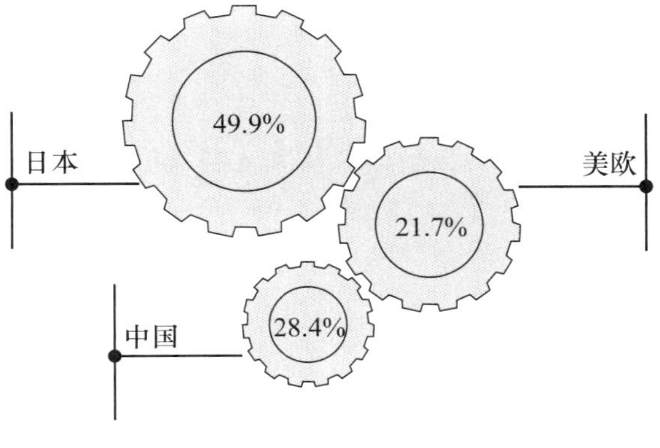

图 1－2　我国通用伺服市场份额

①《2016 年中国伺服系统行业发展前景分析及行业市场容量预测》，http://www.chyxx.com/industry/201609/453232.html，2016－09－29。

我国制造业存在着巨大的危机。危机一，我国工业自动化市场已被国际巨头瓜分，尤其是中高端领域更是优势明显，已建立起良好的品牌、技术、渠道、客户群，使民族品牌进入门槛进一步提高。危机二，总体而言，进入本行业难度较大，尤其是形成具有自主知识产权的中高端品牌，这也是国家出台大量政策鼓励本行业发展的主要原因。在发展质量、创新能力、品牌塑造方面，与发达国家相比，我国仍有较大差距，大而不强的问题一直是亟须破解的瓶颈。2016 年 12 月 7 日，工信部在世界智能制造大会上发布《智能制造发展规划（2016 ~ 2020 年）》（下称《规划》）。《规划》指出，到 2025 年前，推进智能制造实施“两步走”战略：第一步，到 2020 年，智能制造发展基础和支撑能力明显增强，传统制造业重点领域基本实现数字化制造，有条件、有基础的重点产业智能转型取得明显进展。第二步，到 2025 年，智能制造支撑体系基本建立，重点产业初步实现智能转型。并明确了加快智能制造装备发展、加强关键共性技术创新、建设智能制造标准体系、构筑工业互联网基础等十大重点任务。①

产业转型升级迫切需要更多的高素质人才，在这里，我们更强调具有工匠精神的高素质人才，甚至可以说，工匠精神是实现中国制造强国之魂。工匠精神是什么？第一是精益求精。具备工匠精神的人，对工艺品质有着不懈追求，以严谨的态度，规范地完成好每一道工艺，小到一支钢笔、大到一架飞机，每一个零件、每一道工序、每一次组装。第二是持之以恒。具备工匠精神的人是向内收敛的，他们隔绝外界纷扰，凭借执着与专注从平凡中脱颖而出。他们甘于为一项技艺的传承和发展奉献毕生才智和精力。人类社会最为普遍的奉献精神，它看似平凡，实则伟大，应该是在平凡中脱颖而出，所以我们需要做的是摒弃浮躁，宁静致远，静能生慧，静能生乐。第三是守正创新。大国工匠们凭借丰富的实践经验和不懈的思考进步，带头实现了一项项工艺革新、牵头完成了一系列重大技术攻坚项目。他们在各自工作岗位上的守正创新正是当今时代我国精神的最好表现。② 青出于蓝而胜于蓝，所以我们国家必须要打破常规发展，突破思维，出奇制胜。可以简单地概括为，一个优秀工匠可以带动一群人；一群工匠可以带动一个明星企业；一群明星企业可以提升一座城市的核心竞争力。

二、应用型大学评估标准与设置标准研究

2015 年 10 月，教育部、国家发展和改革委员会、财政部联合发布《关于引导部分地方普通本科高校向应用型转变的指导意见》，特别强调了四个转变：第一，在办学思路方面，转到服务地方经济社会发展上来；第二，在办学方式方面，转到产教融合校企合作上来；第三，在人才定位方面，转到培养技术技能型人才上来；第四，在人才目标方面，转到增强学生就业创业能力上来。还有四个坚持，其基本思路，一是坚持顶层设计、综合改革；二是坚持需求导向、服务地方；三是坚持试点先行、示范引领；四是坚持省级统筹，协同推进。③ 高校转型发展中的重点任务是明确类型定位和转型路径，学术型大学重点是培养学术型人才，侧重基础性研究；应用型大学重点培养应用型人才，侧重应用型研究，解决实际问题。地方普通本科院校大多是处在培养应用型人才、开展应用型科研这个层面的，产业链有上游中游下游，只有遵循产业链的需求，才可

①阮晓琴、刘向红：《中国智能制造五年规划发布，定调“两步走”战略》，《上海证券报》2016 年 12 月 8 日第 7 版。

②刘维涛：《让工匠精神涵养时代气质》，《人民日报》2016 年 6 月 21 日第 20 版。

③教育部、国家发展和改革委员会、财政部：《关于引导部分地方普通本科高校向应用型转变的指导意见》，http: // www. moe. edu. cn/srcsite/A03/moe_ 1892/moe_ 630/201511/t20151113_ 218942. html，2015 - 11 - 13。

能知道产业链的突破点、创新点，也才能找准人才链。所以无论哪一类高校都应该找准自己的定位。在这里特别提出来建立行业企业合作发展的平台，高校可以与行业、企业共同组建教育集团；可以与行业企业、产业集聚区共建共管二级学院。通过合作，支持行业、企业全方位、全过程地参与到学校管理、专业建设、课程设置、人才培养和绩效评价等当中来。借此，开展了评估标准与设置标准设计课题研究，响应高等学校分类型、特色化发展的目标，对定位于发展应用技术型本科高校的高等院校提供办学依据，规范、引导应用技术型本科高校发展。其中，评估标准适用于现有已经成为应用（技术）高校的本科高校，以及未来准备向应用（技术）高校方向发展的本科高校；设置标准适用于新设置应用技术型本科高校，以及想升格为应用技术型本科的高职高专院校。

（一）标准设计依据与原则

1. 标准设计依据

设计依据主要包括以下五个方面：

第一，国家政策文件。主要有《教育部　国家发展和改革委员会　财政部关于引导部分地方普通本科高校向应用型转变的指导意见》（教发［2015］7号），《教育部关于开展普通高等学校本科教学工作审核评估的通知》（教高［2013］10号），《教育部办公厅关于开展普通高等学校本科教学工作合格评估的通知》（教高厅［2011］2号），《国务院关于发布〈普通高等学校设置暂行条例〉的通知》（国发［1996］108号），《教育部关于印发〈普通本科学校设置暂行规定〉的通知》（教发［2006］18号），《高等职业学校设置标准（暂行）》（教发［2000］41号）和《普通高等学校本科教学工作水平评估方案》（教高厅［2004］21号）。

第二，实地调研。课题组赴北京、黑龙江、天津、陕西、浙江、重庆、四川等20多个省市200多所高校开展了调研，并拿到了翔实的结果。

第三，专家研讨。向中华职业教育社，原教育部职成司杨金土司长，教育部、科技部等相关司局等咨询，与相关高校、行业指导委员会、企业等多名专家多次研讨。

第四，学习国外经验。赴德国、比利时等国多所应用技术型高校及相关管理机构调研，进行欧洲10多个国家文献研究。

第五，创新问卷调查。2016年初，共有1762所高校参与了创新调查，探索产学研合作研究及科研成果转化与扩散等途径，支持和推动企业创新的力度与效果。

2. 评估标准设计原则

评估标准设计时需要遵循以下三项原则：

第一，突出应用型。所有指标均为反映应用型高校关键特征的核心指标。

第二，指标方向性。标准主要提供定性指标，对其中一些关键指标提供了参考性的定量指标。对于一些定量指标，若高校虽然没有达到定量标准，但发展特别有特色、有影响的，专家可酌情加分，尽量避免一刀切，推动高校的多样化发展。

第三，具备扩展性。学校可提出超越于本标准中涉及的指标及证据，由专家决定是否作为扩展性的标准用于评价高校办学质量，推动高校特色化发展。

3. 设置标准设计原则

设置标准设计时需要遵循以下三项原则：

第一，突出应用型。所有指标均为反映应用技术型本科高校关键特征的核心指标。

第二，定性与定量结合。标准对一些关键指标提供可借鉴的量化标准，有一些则仅提供定性描述，由专家根据实际情况进行判断。

第三，较高的门槛。本标准针对新设置的应用技术型本科高校和想升格为应用技术型本科的高职高专院校，为避免盲目设置与升格，制定的标准要求相对较高。

（二）评估标准与指标体系

评估标准指标体系由 8 个一级指标、27 个二级指标以及若干特色项目组成，每个二级指标都设置有具体的分值，如表 1－3 所示。

表 1－3　　评估指标体系

一级指标	二级指标	分值
定位与治理	办学定位	0.2
	规章制度	0.4
	治理结构	0.4
办学条件	教学科研仪器设备	0.2
	实习实训基地	0.5
	创新创业中心	0.1
	信息平台	0.2
师资队伍	教师数量	0.3
	教师结构	0.2
	教师质量	0.3
	教师培训	0.2
专业、课程与教学	专业（群）建设	0.3
	课程与教材开发	0.3
	实践教学	0.4
学生培养质量	学生能力发展	0.5
	学生就业	0.3
	学生未来发展	0.2
应用型科研	应用型科研导向	0.2
	科研项目与经费	0.4
	科研成果及转化	0.4
社会服务	文化与资源服务	0.2
	继续教育与培训	0.4
	咨询与技术服务	0.4
国际化	国际化教育理念	0.2
	学生与教师流动	0.4
	课程国际化	0.1
	合作办学与援外培训	0.3

（三）设置标准与指标体系

设置标准指标体系由 9 个一级指标、21 个二级指标以及相关观测点组成，如表 1－4 所示。

表 1－4　设置指标体系

一级指标	二级指标
办学目标	办学目标
	培养目标
办学规模	在校生规模
领导班子	董事会（理事会）制度
教师队伍	教师数量
	教师结构
	教师质量
	教师建设
专业（群）	专业结构
	专业群建设
	专业调整
教学	实践教学
	教学水平
科研与社会服务	应用型科研
	社会服务
基础设施	占地面积
	建筑面积
	实习实训基地
	创新创业中心
	智慧校园
办学经费	经费数量

三、标准框架与指标体系的新变化

概括而言，新的应用型大学评估标准与设置标准体现出办学定位与人才培养、办学规模、领导班子、教师结构、专业群建设、教育教学、应用型科研、基础设施方面的新变化。

（一）办学定位与人才培养——“服务区域行业”、“应用型人才”

从指标内涵上，新的应用型大学评估标准与设置标准服务于区域经济社会、行业产业对应用型、技术技能的人才需求，所培养的人才除具备较高的通用素质外，还要具有一定的文化知识基础和相关的专业知识与技能基础。

指标依据《国务院关于加快发展现代职业教育的决定》、《现代职业教育体系建设规划（2014～2020年）》、《教育部　国家发展和改革委员会　财政部关于引导部分地方普通本科高校向应用型转变的指导意见》等制定。在指标的设置上，充分考虑中国当前经济社会发展进入新阶段后，产业升级不会完全走传统的路径和方式，将有革命性的产业升级新方式，其中跨越型发展和交叉融合是主要特点，对人才要求有许多新特点，需要注重对素质的要求。以美国为例，美国本科教育已经成了基础教育的一部分，其根本目标不是培养专业人才，而是培养全球化信息化时代下的合格公民，培养具有冷静的批判思考能力、条理清晰富有逻辑的沟通表达能力、全球化的文化视野、对新事物的兴趣和热情以及面对挫折的坚毅等基本素质的年轻人。

（二）办学规模——“小而精”

在指标内涵上，对办学规模不作硬性规定，鼓励举办“小而精”的应用技术类本科高校。2013年，我国本科院校平均在校生规模14261人，专科高职院校5876人。2014年的德国，学术型大学校均规模约1.58万人，应用技术大学校均规模约3700人。我国现有高等教育资源分配地域差异显著，校均规模以及学校覆盖人口数都存在较大差异。

（三）领导班子——企业行业参与

积极寻求地方政府、行业、企业和社区等机构参与学校治理，建立有地方、行业和用人单位参与的校、院理事会（董事会）制度。比如欧洲多个国家应用技术大学设置有理事会，行使监督与共同决策的功能，为大学在战略发展伴随运营管理的层面上引领、规划、决策。理事会中有来自行业、企业的代表参与学校治理。同时参考其他国家的经验，职业教育法修订应该给予法律保障。

（四）教师结构——“双师型”教师

要聘请企业优秀专业技术人才、管理人才和高技能人才作为专业建设带头人，承担相关教学任务。行业企业兼职教师承担不低于30%的专业课。“双师型”教师占专业课教师比例≥80%。教辅人员与专任教师之比不高于6；每100名全日制本专科在校生配备1名实习指导教师和1名学习辅导教师。新聘任教师的标准为：硕士以上学历，3年以上相关行业实践经验；教辅人员的标准为：本科以上学历，承担实验技术及实习指导工作经历，若具有高级职业资格证书，可适当放宽学历要求。配备这样一支队伍对应用型人才培养是非常重要的。

（五）专业群建设——产教深度融合

专业群实际上离不开产教深度融合，不是一个专业的拼盘，而是如何把企业需求、产业需求效果摸清，把好脉，才可能构建适合我们人才培养方案的一些计划。因此，对接职业岗位群需求，建设应用型核心专业。优势专业覆盖学生比例不低于50%。升格学校应拥有应用型的国家级示范/特色专业5个以上。专业群覆盖学生比例不低于80%。以产业需求为导向，建设适用于应用型人才的培养课程体系。专业实践教学占总学时比例不低于30%。组建专业群建设指导委员会，由各专业相关的行业企业代表、专任教师、院校管理人员共同组成，指导设计专业集群课程体系，开发专业课程教材，共享实习实训资源，共同促进学生就业。

《教育部　国家发展和改革委员会　财政部关于引导部分地方普通本科高校向应用型转变的指导意见》明确提出：建立学校、地方、行业、企业和社区共同参与的合作办学、合作治理机制。校企合作的专业集群覆盖率达到100%。

以未来的智能制造领域为例，可以划分为如图1－3所示的几大板块。针对这样的人才需求，如何去打造我们的关键点非常重要。比如智能控制系统及装置制造业是一个技术和资本密集产业，涉及软件、自动控制、微电子、机械加工、机电一体化、人机交互、通信以及电力电子技术等多学科、多领域技术，不是短时间可以掌握的，需要培养和储备一批人才队伍，经过长期的研发和实践积累才能实现。可见，这种最新的人才需求对高校人才专业学科建设是十分重要的挑战。

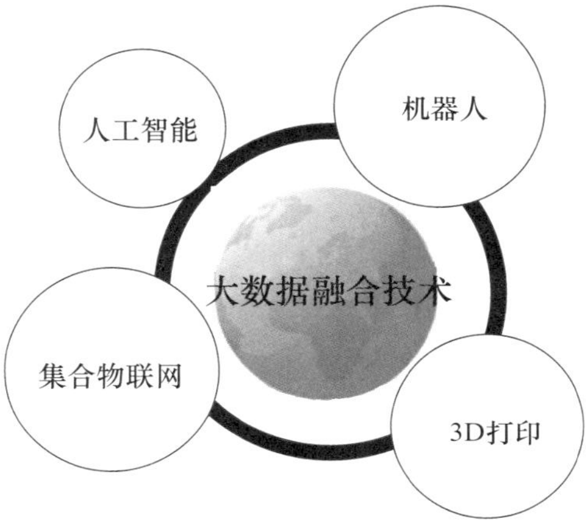

图1－3　智能制造领域

（六）教育教学——实践教学与教学水平

在教育教学方面，一定是实践教学和教学水平不断提高的过程。要求生均教学仪器设备值能满足正常教育教学需求，不低于10000元；实践教学的时间和课时数占到总教学时数的30%以上。对于新建院校，重点考察是否具有相应的本科层次教学能力，在国家组织的本科教学水平评估中，是否达到“优秀”等；对于升格院校，重点考察原有教学水平高低，在国家组织的各项教学水平评估中是否达到“优秀”等，学生有否获得国际国内技能大赛奖等。

（七）应用型科研——与企业携手创新

在应用型科研方面，主要考察服务区域、行业、企业尤其是中小型企业的科研导向；设有产学研合作推动应用型科研的专门机构；拥有以应用型科研导向的科研管理制度将应用型科研成果纳入教师职称评审和绩效评价标准。拥有获得纵向应用型科研经费和横向企业科研经费的能力（升格学校每年拥有来源于企业的到账经费2000万元以上）。设有专门的科研成果转化与扩散机构；拥有为地方政府提供产业升级与教育发展相关的决策咨询服务的导向。

（八）基础设施——创新创业中心

创新创业中心的建设是十分重要的，实际上发改委已经投资，无论是中职高职本科，投了很多钱都是加强创新创业中心的建设，有的地方发展得非常好。在新的标准中，对学校的占地总面积和建筑总面积不作硬性规定，只对生均作具体要求，满足学校正常发展需求就好。对于校内基地，要求各专业都具有校内基地，具有真实（或仿真）职业氛围、设备先进、软硬配套；对于校外基地，要求多数专业必须有稳定的校外实习实训基地，运行良好并有保障机制，实习实训效果好。

四、结束语

鉴于篇幅，很多问题没有进一步拓展开来详述，但有一点很明确，我们处在一个改革和创新的时代，如果有谁认为今天存在的一切将永远真实存在，那么他就输了，墨守成规是进步的无形杀手，创新家的想象力是与他对要解决的问题所具有的意识强度和明晰度紧密联系的。

研究报告五　破解“三农”难题，农村职成教育大有可为①

3年来，教育部与科技部、水利部、农业部、国家林业局和国家粮食局联合推进“国家级农村职业教育和成人教示范县”，目前，第一批创建合格的“示范县”名单得以公布。这是教育部等多个部门共同推进农村教育培训建设的重要举措，也是以“接地气”的教育工作破解“三农”问题的重要突破。这为我国职业教育解决农业农村农民问题提供了一条积极作为的实践渠道。协助解决三农难题，农村职业教育与培训，使命重大，大有可为。

一、难题：农村发展遭遇严重人才瓶颈

近年来，我国农村发展遭遇越来越明显也越来越严重的人才瓶颈。

数量萎缩。当前农民工总量约有2.3亿，每年以900万~1000万人的速度加速转移，务农农民尤其是青壮年农民急剧减少，农村出现空心化。

结构失衡。我国农业劳动力平均年龄接近50岁，年龄结构老年化，性别结构呈妇孺化。

素质堪忧。由于转移出来的劳动力大都是有文化的年轻人，留在农村的农业从业人员素质有逐步降低的趋势。2015年的抽样调查发现，初中及以下文化程度者占到67.5%。

后继乏人。据各行业部门不完全统计，我国各类中等农业职业学校仅剩237所，涉农职业教育发展现状不容乐观，我国农业职业教育“轻农、去农、离农”现象已经相当严重。即便是就读农科类专业，毕业后也争相“跳农门”，新生代劳动力去农离农现象严重。

机构缺失。基层农村职业教育机构呈现大踏步减少趋势。“谁来种地”、“靠谁来实现农业现代化”已经成为重大的现实问题。

二、破题：农村职成教育走在前面

解决“三农”难题，关键瓶颈就在“人”。而要做好这些在农村地区从事具体农业生产的人的工作，就必须提升生产能力和劳动效益。出路在哪儿？加强和发展能立足于农村、服务于农业生产的农村职业教育与成人教育，势在必行。

农村职成教育战略性的重要意义不待多言，有关部门加快发展面向农村的职业教育与成人教育的相关举措，也的确一直没有中断：教育部等九部门就优先扶持中等农业职业学校，办好1000个涉农专业点，普遍提升农业职业学校办学水平；13个粮食主产省、21个重点市和800个产粮大县、600个大城市郊区和蔬菜优势产区，则立足各自实际需求，重点设置和发展一批农业职业学校和涉农专业。

农村职成教育在困境中的稳步推进，持续到2013年，迎来了战略性的重大进展：国家发改委、财政部、教育部、人社部、农业部等部门出台规划，决定创建300个国家级农村职业教育和成人教育示范县，多部门合作推进农村职成教育示范县的格局成形，而用示范县建设来带动各地

①本文作者：刘杰，男，教育部职成司调研员。文章来源：《光明日报》2017年3月2日第14版。

的农村职成教育重振信心和活力，也就水到渠成，并带来了实际的动作。

换言之，破解“三农”难题，农村职成教育应该走在前面。

三、示范：抓住县域农业发展的急需

因为盯住了县域农业生产组织迫在眉睫的大问题，“国家级农村职成教育示范县”创建迅速得到了各省县级人民政府的积极响应。98 个首批申报县，最后入围 59 个。有了工作抓手和清晰目标，示范各县积极性大增，创新之策、长远之计也就层出不穷。

（一）努力改善办学条件，基础能力增强

黑龙江省为该省每个示范创建县拨付专项经费 1000 万元，各创建县多渠道筹措资金，设立专项经费，投入逐年增加，为县域内涉农职成教学校划拨土地、新建校舍，建立实习实训基地；山东省诸城市投资 7000 多万元，启动镇街社区学院标准化建设工程，新建 13 所符合省定办学标准的镇街社区教育中心；福建省福清市则划拨教育用地 200 亩，启动规划建设公共实训中心；龙海市计划投资 3. 8 亿元，对职教中心进行全面改造提升。

（二）加强教师队伍建设，队伍整体素质明显提升

天津市全部实现乡镇成人教育中心校“三独立”，即编制独立、校舍独立，经费独立，每一个成人教育中心校还配备了 3 名教师；静海区等 4 个县区，加强了职教中心和成人教育中心校的教师队伍，配置了可以指导实际生产的“双师型”教师队伍；广东省佛山市三水区还建立起职校教师补充新机制。

一大批乡镇成人文化技术学校人员编制得到解决，合理满员的师资队伍保障也提高了这些学校的办学水平，一度消沉的农村成人教育阵地不仅得到巩固，还焕发出新的发展活力。

（三）从教育内部强化了基础教育、职业教育、成人教育的“三教”统筹发展

黑龙江省讷河市建设“三教融通”相互衔接的农村学校，主动引进隆平高科等知名企业，形成了地企合作、农科教结合等办学模式；湖南省长沙市望城区则在普通高中与中等职业学校之间，实现了办学条件、招生数量等“四个大体相当”。农村职成教育组成形式、办学宽度、质量深度都得到加强。

而因为紧紧围绕县域主导产业、特色产业和现代农业，农村职成教育得到优化，还同时优化了专业布局。职成教学校面向农民开展了实用技术、就业创业、乡风文明、法制宣传、家庭教育和社会文化生活等各类教育培训活动，各校在老百姓心目中的地位越来越高。

“学技术到职校，想致富找成校”已经成为当前许多家庭致富奔小康的必然选择。天津市蓟州区孙各庄成人文化技术学校教师，就带领当地农民组成核桃、板栗、养蜂等合作社，使全镇农民平均收入达每年人均 7200 元，提高了 2000 元。百姓获得实惠，农民也逐步养成了学习习惯，奠定了广大农村地区学习型社会的基础。

示范县创建工作不仅是简单加强农村职业与成人教育，同时也对乡俗民风的形成、党群关系的改善、社区治理能力有效提升、助推精准扶贫、弘扬传统文化形成积极推动，更为农业增效、农村发展、农民致富提供了有效的服务保障。

四、前行：为解决“三农”问题打下根基

农村职成教育机构肩负着重大历史使命。

无论是农村健康和谐发展，还是长治久安，都要求我们下更大决心、花更大精力去服务一方百姓，满足他们的教育培训需要。这是暖心助脑的大事。农村职成教育示范县创建工作就是要更加关注“人”的教育培训问题。这里的“人”是指生活工作在县及县以下的人群，因为所有涉及“三农”的话题，都离不开他们的素质提升。我们不能只是埋怨农民素质低，而是要把提高农民、扶持农民作为优先工作进行。农村职成教示范县创建，就是推进农村职成教育现代化建设，落实党和国家推进“三农”工作的重要举措。

随着农村职成教育的推动，技术培训实现了农民转型、技术帮扶实现了农民增收、信息化平台的搭建又助力了农民素养提高、技术的支持助力了新农村建设，为解决“三农”问题发挥了重要的积极作用，实实在在地落实着中央“三农”工作战略的要求。

当前，我国已进入全面建成小康社会的决胜阶段。职成教育特别是农村职成教育，在加快构建新型职业农民队伍、提升新型经营主体带动农户能力、促进农村人才创业就业、推动城乡基本公共服务均衡配置、推进农业转移人口市民化等方面均负有不可推卸的责任。

这一批示范县，创新农村职成教育发展模式，加快农村职成教育现代化建设，不仅可以把现代的技术、生活方式以及经营理念导入农村，提高农业生产效益和农产品竞争力，而且可以在农村催生新业态、新模式，为农村经济发展灌注新动能，为实现农业现代化提供坚实的人才保障。

第二章　职业教育专题研究

在新一轮的教育改革浪潮中，职业教育的被关注度达到前所未有的高度。全方位地加快发展现代职业教育、培养高素质劳动者和技能型人才是我国全面建成小康社会的需要，也是实现中华民族伟大复兴的中国梦的需要。在产业转型升级和教育改革的大背景下，如何推进职业院校改进教学工作？教材建设工作如何适应现代职业教育体系的要求？师资队伍如何建设？诸多细节问题亟须一一解决。本章筛选出部分专家学者对职业教育专项发展问题的最新研究成果，以期为现代职业教育体系建设提供参考。

研究报告一　中等职业教育教研工作的方式与方法刍议[①]

中等职业教育教研工作目的在于促进学生全面发展和教师专业进步，以课程实施、教学改革和教育教学过程中，教师面对的各种具体教育教学问题为研究对象，以教师为研究主体，以专业研究人员为合作伙伴，以校为本的实践性研究活动。

一、中等职业教育教研工作的地位与作用

（一）位置中观

各省市、各职业学校的教学研究机构（职教研究室、职业教育研究中心、教科室等）是在教育行政部门领导下，进行中等职业教育教学研究的专业研究机构，业务上处在理论与实践的结合部位，工作中上承教育行政部门，下接基层学校和教师的中观层次，是教学研究和教学业务的指导中心。所以，在工作中，既不能越位，也不能缺位，更不能错位。实际上，这也是中等职业教育教研工作的定位。

（二）职能专业

《教育部关于印发〈关于全面推进素质教育、深化中等职业教育教学改革的意见〉的通知》（教职成司［2001］1号）中明确指出：要充分发挥职教研究机构在教学研究、教学管理、教学指导、教学评价、师资培训和组织开展教学改革实验方面的作用。因此，中等职业教育教研工作中应抓住农业职业教育教改中的重点、难点、焦点问题，结合学校的条件、发展、规划，合理筹划，并给予明确、具体的专业指导。这也是我们与教育行政部门的区别所在。

---

①本文作者：龚双江，男，安徽省教育科学研究院职业与成人教育研究室主任，特级教师，享受国务院特殊津贴，主要研究方向为职业教育教学、课程。文章来源：《中国职业技术教育》2015年第11期，第56－60页。

（三）学术独立

中等职业教育教研工作的学术相对独立性主要表现在教研工作的独立建制以及与相关行政职能部门的职责分工。在工作中，主要表现在对中等职业教育教学业务和学术的指导、评价、研究和管理等方面。中等职业教育教研工作在策划、组织、协调、管理各专业、课程的教学研究活动中具有相对的学术独立性。这一特性，决定了其在教学管理上具有自己独立的工作范围、职能和方式。

（四）任务多元

中等职业教育教研工作除具有其他教育教研工作的一般属性外，还要研究职教方针政策，为行政部门做好决策参谋；还应协调各方面的关系，需解决多种专业、学科的具体教学问题（主要包括教学管理、专业水平、教学业务、教学评价、教学指导、教研活动组织能力）。所以，一个优秀的中等职业教育教研人员应该是懂业务（一个专业或一个职业群）、能协调（与行业企业、上级主管部门、基层学校与教师等）、会管理（专业教研规划和教研活动），并具有科学策划、组织、经营能力的专业带头人。这些也是与普教单纯的学科教研的不同之处。

二、当前中等职业教育教研工作的任务

（一）加快教学管理制度创新

教学管理是依据教学规律和管理学原理，对整个教学活动进行计划、组织、协调、控制，保证教学活动正常运行，最终实现教学目标的过程。

当前，中等职业教育教学管理的任务，分别由教育行政部门、职业教育教学研究机构和职业学校三个部门承担。教育行政部门主要承担管理规章、专业设置、学校布局等宏观层面的管理工作；职业学校的教学管理主要是教学计划、教学过程、教学行政、教学质量、教学组织、教学设施、教学人员、教学研究与信息等微观层面的管理和组织工作；而中等职业教育教研管理的主要职责是教学思想管理、教学质量管理、教师业务管理、教材管理、专业教学标准管理、实施性教学计划和教学大纲管理、教学规范管理、教学改革管理等方面。中等职业教育教研机构的这一特殊地位，决定了其在中等职业教育教学管理上的特殊职能。

（二）加速教学评价机制创新

建立中等职业教育的质量检测机制，实现对教学过程和教学效果的有效监控和管理，是发挥中等职业教育教研部门功用的关键。

目前，许多职业学校缺乏一套符合当前职业教育教学改革实际和时代要求的教育教学评价监测机制，进而很难进行有效的教学监督、管理和指导。少数学校在开展此项工作时，也缺乏足够的权威性和政策性。在这种情况下，一些职业教育行政部门和职业学校，过度强调以一定的专业教育为基础、突出单项专业技能的人才评价标准，致使教学质量低下，甚至不能完成教学大纲的最低质量要求。从而使学生人才全面发展要求降低，公共职业素质矮化，就业竞争力削弱，转岗和下岗再就业培训基础缺失，专业技能发展空间受阻，职业生涯可持续发展能力受限，甚至严重

影响到中等职业学校的社会声誉。

（三）加大教学模式和方法创新

近几年，职业教育教学模式和教学方法研究相当活跃，但大多介绍国外情况，在我国落地实验研究少，基础理论研究多、应用实践研究少，移植的教学模式多、自主开发嫁接的少。当前，中等职业教育教研工作者应针对学校实际，带着问题，有针对性地开展有效研究，研究成果要能解决办学过程中的实际问题。同时，要善于发掘和培育本土优秀的教改典型，不失时机地总结、宣传、推广具有中国特色的教改经验。

（四）加强信息化教学改革与创新

信息化教学是在信息化环境中，教师与学生在现代教育思想、理论指导下借助现代信息技术组织的教学活动。信息化教学是以现代信息技术为基础的整体教学体系的一系列革新。在这种趋势下，中等职业教育教研人员要引导本专业教师运用现代信息化教学方式，创新教育模式和学习方式，运用网络教研、网络论坛、即时通信等方式，加强优质教育资源和信息化学习环境建设，推进信息技术与课程教学的深度而全面的融合，用信息化教学改造传统教学方式，实现教与学、教与教、学与学的有效互动，促进教学方式与学习方式变革。

（五）加深中职衔接高职、本科的课程创新

中等职业教育中高职、本科衔接的关键是课程衔接，而课程衔接的关键和难点是教学内容要求的划分。如何实现“围绕中等和高等职业教育接续专业的人才培养目标，系统设计、统筹规划课程开发和教材建设，明确各自的教学重点，制定课程标准，调整课程结构与内容，完善教学管理与评价，推进专业课程体系和教材的有机衔接”这一目标，则需充分发挥各级中等职业教育教学研究人员的作用。

应深入研究中职与高职、本科在专业、课程与教材体系、教学与考试评价等方面的脱节、断层或重复现象。更新观念、锐意改革、不断实验，以促进专业与产业对接、课程内容与职业标准对接、教学过程与生产过程对接、学历证书与职业资格证书对接、职业教育与终身学习对接。

三、中等职业教育教研工作的主要方式

（一）深入学校调查研究

通过深入学校、人才市场、劳务市场和行业企业，开展对教师、学生、毕业生和用人单位的调查研究，可以从不同的渠道、途径发现我们的培养模式、课程设置、教学教改中的问题，从而为教育行政部门的决策提供科学依据。

教研人员通过调研，可随时掌握教改动态和实际教学质量，还可以挖掘先进典型，总结推广教改经验。同时，通过有目的、有计划、有针对性的调研活动，也可以为我们的教科研工作提供更多的研究资料和课题。

（二）组织教学改革实验

组织教学改革实验是教研工作向科研化转变的有效路径。教研人员处于理论研究和应用研究

的中间层面，既有一定的教育教学理论，也有一定的教育教学实践经验，同时对基层学校情况比较熟悉。因此，教研员从教学现状出发，制定的教改方案更具有实效性和针对性，也容易被学校、教师所接受。

教研人员应通过组织教改实验，走进学校，深入课堂，与教学一线教师一起合作，共同探讨教学规律，解决教学矛盾。这不仅有助于教学质量提高，也是当前着力提倡的一种有效的教研方式。

（三）组织专项课题研究

带着教改实践中的问题，有针对性地进行课题研究。在学习相关职教理论、政策的基础上，结合本专业的教改工作，探讨中等职业教育教学改革的内容、方法和途径。

当前，主要应在“工学结合、校企合作、顶岗实习”研究，教材教法研究，学法研究，信息化教学研究，中职与高职、本科课程衔接和专业学科教学评价研究等方面找准课题。此外，还应参与学校教育科研课题的管理工作，深入学校，指导和帮助教师进行课题研究。

（四）培育树立先进典型

培育典型是教研工作的一种必要的工作方式。由于受到中等职业教育教研人员的工作范围、任务、人员的局限，不可能逐一面对学校和教师。因此，工作中必须抓住典型，典型不仅是某一教改领域的一个具体、直观的样板，也是检验我们教改工作实效的标杆。

我们培育典型时不仅要有教学模式改革的典型，也要有提高教学质量的典型，还要有“校企合作、工学结合、顶岗实习”的典型、“信息化教学”的典型等；不仅要有地区整体改革的典型，也要有学校个体的典型、教师典型，这都是职教教研工作中必须注意和培育的。

（五）总结推广教改经验

当前，许多地区因区域优势和领导者的开拓精神，在“校企合作、工学结合、顶岗实习”“集团化办学”、“中高职衔接”、“教学方法改革”等方面涌现出一批脚踏实地的先进典型和改革先锋。他们依据职教发展的需求，结合实际、带着问题精心探究和实践成功的教改经验，是具有中国特色、可直接借鉴学习、使我们少走弯路的宝贵财富。

中等职业教育教研人员要及时发现、总结、推广这些教改经验，同时还应发掘本地有特色的创新思路。特别是要珍惜、尊重、保护学校首创的教改样式和教师首创的教改经验。

（六）开展教学视导活动

组织教学视导中的听课评课活动，可以帮助教师树立先进的教学理念，运用科学的教学模式，正确把握专业教学指导方案，提高教学管理水平。

通过听课，可以及时了解教学情况，检查教学质量，发现典型和经验；通过评课，可以帮助教师掌握大纲教材，改进教学方法，优化教学过程，提高教学效能。还可以组织本地区同学科教师集体备课，相互交流，取长补短。

（七）举办教改研讨会

组织召开不同内容、形式多样的教研会议不仅是实现各种教研目标、完成各类教研任务的重要手段，也是教研员与教师之间联系和交流的直接有效途径。

教改研讨会可分为研讨解决教学中的某一类问题或某一专题进行研讨的专题型教研会议；帮助教师进一步掌握相关教育理念、教学理论与方法，提高教学能力的研讨型教研会议；帮助教师进一步掌握大纲、教材和教法，提高教学教研工作能力的培训型教研会议；按培训对象和培训目的不同划分为普及型和提高型培训；推广成型教改经验，促进大面积教改实践的推广型教研会议等。教研员可根据需要有针对性地召开相关的会议，也可采取视频会议、网络会议的形式召开。

（八）做好教学评比工作

组织各级、各类、各种形式的精品课程、专业（学科）带头人、教坛新星、教学能手、优秀教研论文、优秀教学设计、优秀课件等评选，组织专业操作技能竞赛等活动，不仅可以检查一所学校、一个地区的教研工作、教师水平、教学质量和教改动态，也可以给广大教师提供一个展示才能和水平的舞台，还可以发现优秀人才、教改典范和先进事迹。

同时，通过这些活动也可以发现一些教学中存在的突出问题、共性问题，便于及时反馈、矫正、改进，以调整我们的工作思路、重点和方式。

（九）开设专题讲座

通过专题讲座，既可以传达、宣传国家最新教改政策和先进教改理念，介绍国内外职教教改动态、先进的教学模式和教学方法，推广成熟的教改经验，也可以针对职教发展中显现的和教改中突出的不同类型的问题进行专项探究。

专题讲座可以请国内的知名专家、学者做学术报告，可以请行业企业的专门技术管理和人力资源部的领导讲课，也可以请教改先进典型介绍经验，还可以请学校的学术带头人和“教坛新星”、“精品课程”获奖者现场示范教学。须注意的是请专家讲课，一定要事先确定题目、时间和听课对象，最好针对某项改革实施，进行针对性好、实效性强的适用培训。

四、中等职业教育教研工作的基本途径

（一）评估教学质量

通过常规教学质量的监测和评估，可按国家相关精神，根据经济社会发展和学校建设的需要，定期对不同类型职业学校的教学管理、教学质量进行评估，对学校的专业建设、课程方案进行指导，以促进学校端正办学方向、纠正办学偏差，规范教学行为。同时，结合评估中发现的问题，进一步强化教学管理、规范教学行为、引领教学改革，进而充分发挥中等职业教育教研部门的优势。

（二）组建教研大组

在职业教育规模较大，有条件的地区，建议组建中等职业教育专业教研大组，选拔相应的学科带头人和骨干教师，定期组织研讨、培训、交流等教研活动，也可利用QQ群等交流媒介，定期传达上级的教研工作要求，适时安排本地区的教研活动，定期联系广大一线教师。条件成熟的地区还可以培育选拔学校、行业有关专家作为特约教研员，并通过他们协助本地区的科研、教研

工作。

教研大组的建立，应取得当地教育主管部门的批准，并根据成员的业绩，定期表彰先进，调整组成结构，以不断适应本地区教改发展的需求。

（三）开展网络教研

网络教研是一种以网络为手段开展教研工作的新方式。基于网络的支持，教研人员与广大教师、教师与教师之间，能够跨越时空，平等地互动交流，教研人员能够随时了解一线教师的困惑，教师也能及时得到教研人员的回应与引领。同时，网络拥有大量的教学资源，可以通过教育网、学科论坛、学科博客、微博、QQ 空间、博客、FTP 站点等，传播精品课程、慕课、微课、教案、课例、课件、论文以及国内外的教研动态，让教师在分享同行经验的同时，通过教研专家的引领提高自我。

（四）做好教学服务

中等职业教育教研机构与基层学校在行政上不具有任何隶属关系，特别是在其教学管理的调控和指导上，具有相对的独立性。这一特殊的地位，决定了中等职业教育教研工作不带有任何行政命令的强制性、直接性，只能用高水平的教学指导、良好的专业咨询方式，或通过协助行政部门的工作，制约和影响学校的教学行为。因此，教研工作的本质是服务，既要成为行政部门的“咨询库”，又要成为基层学校的“智囊团”，还要成为一线教师的“充电站”。在工作中，教研人员应主动与行政职能部门联系沟通，积极争取行政领导的支持，力争为行政决策当好参谋和助手。对基层的学校和教师，更要从各方面为他们提供所需要的高质量的服务。

五、中等职业教育教研人员的素质与要求

（一）探究意识

探究意识是教研素质的重要组成部分。就职教教研而言，不仅要进行职教教学探究，还要开展职教科学探究；不仅要研究教育教学理论，还要熟悉专业教学和生产实践；不仅要研究学校教育，还要探究行业企业和人才劳务市场；不仅要研究职业教育，还要了解基础教育和高职教育；不仅要研究专业，还要研究课程等。这些是一名职教教研人员的基本专业要求。

（二）学习精神

经济社会不断发展，中职专业设置与课程结构不断更新。对于这些，只有通过不断学习才能主动适应。不仅要从书本上学，还要从教育教学改革和生产实践中学，在不断探究中学。这应是职业教研人员的基本精神。

（三）创新品质

一位有抱负的中职教研员必须具备勇于开拓的创新品质。

一个地区中等职业教育教研工作的成效不是一蹴而就的。它需要长期实验实践，反复探索磨砺，在此过程中，教研人员的创新品质也会得到不断提升。这也是一些地区在困难条件下仍然能

够把中职教研工作开展较好的重要原因。

（四）组织水平

如何有效地开展教研活动是检验中等职业教育教研人员能力的重要标志。在一些地方，职业教育教研机构尚未完善，教研员大多承担若干个专业（岗位群）的教研工作。面对众多的专业学科门类、繁杂的教研内容，教研人员的策划、组织、运作教研活动的水平能力，对发挥中职教研部门作用，提高教研的吸引力，展示本地区教研活动的水平起着十分重要的作用。

参 考 文 献

［1］蒋宏达、郑德荣、胡金水：《对职教教研工作现状的调查与思考》，《中国职业技术教育》2003 年第 11 期。

［2］吕成玉：《职教教研工作的五忌五要》，《职教通讯》2001 年第 4 期。

［3］王晓华：《“中高职一体化”办学模式下的中职教研工作》，《潍坊高等职业教育》2012 年第 1 期。

［4］黄洪成：《试析职教课改下市级职教教研的功能》，《江苏教育：职业教育》2010 年第 1 期。

研究报告二　基于现代职业教育体系的新一轮国家规划教材建设工作的思考与实践[①]

教材是开展教育教学工作的重要依据与基础，职业院校的人才培养需要有好的教材作支撑。习近平总书记在2016年5月17日哲学社会科学工作会议的讲话中，也进一步强调了教材体系对培养适应中国特色社会主义发展要求的人才的重要性。总结、反思既往教材建设工作的经验与不足，思考、探索新一轮职业教育教材的建设模式，可以为更好地开展下一步工作提供思路与借鉴。

一、“十一五”期间职业教育教材存在的问题

“十一五”期间，我国职业教育得到了高速发展，服务于职业教育的教材出版工作也成长迅速。根据有关方面的调查统计数据，2005年我国职业教育教材出版品种为2353种，2010年已达12617种，品种数量和销售规模都大幅度提升。2006年教育部启动了普通高等教育“十一五”国家级规划教材的立项工作，最后确定了9716种选题列入普通高等教育“十一五”国家级教材规划（含高职）。但是，职业教育教材的内涵建设并没有与品种数量的增加完全同步，并不能完全满足现代职业教育的需求。分析“十一五”期间的职业教育教材，仍存在诸多不足有待改进。

（一）内容选择和功能定位与现代职业教育体系建设的要求不匹配；教材更新缓慢，未能及时反映最新技术发展和标准与规范的更新

服务现代职业教育体系的人才培养工作是职业教育教材的首要任务。随着职业教育的发展，职业教育呈现多元化，生源来自不同渠道，各地陆续发展了“五年一贯制高职”、“三二分段五年制高职”、“中本贯通”等多种职业教育形式，改变了过去单一的生源为高中毕业生的三年高职学校教育形式。尤其是各种形式的五年制高职教育，已经成为职业教育的一种重要形式，以江苏省联合职业技术学院为例，年招收学生约4.5万人，2015年招生4.3万人，在校生达20万人。而“十一五”国家规划教材目录中，完全没有与之相适应的教材。

2004年，教育部颁布了《普通高等学校高职高专教育指导性专业目录（试行）》（以下简称《目录》），对高等职业教育的专业设置进行了规范（此前教育部没有设定针对高等职业教育的专业目录），《目录》发布有531种专业。但随着职业人才需求的变化，自2005年以来，目录外专业数量呈快速增长态势。根据教育部公布的有关文件，2013年拟招生专业1088个，专业点47591个。专业和专业点设置相对十年前有了大幅度的增长。

由于教材的编写出版周期往往较长，更新速度缓慢，新知识、新技术、新工艺、新材料不能及时反映到教材中来，不能及时反映一线岗位对相应知识和技能的要求，这与高职专业设置紧密联系生产、建设、服务、管理一线和实际要求不相适应。甚至个别教材不符合行业基本规范，错误率极高，不堪选用。

---

①本文作者：孔全会，男，高等教育出版社上海分社社长。文章来源：《中国职业技术教育》2016年第26期，第57－61页。

（二）编写体系仍偏向学科化，没有按照职业活动的内在逻辑进行编写

教材编写承袭本科教材编写体系，注重学科理论体系的完整性，没有体现职业教育注重实践能力培养的教育特点。如规划教材目录中的《物理学》、《数据结构》、《货币银行学》等，与职业教育的课程设置已不相适应。

职业教育是一种类型教育，是与普通高等教育培养学术型人才不同的、培养技术技能人才的教育。美国哈佛大学心理学家加德纳教授的多元智能研究认为，人类在智能的结构和类型方面存在着本质的区别，不同的智能倾向，对知识的掌握也具有不同的指向性。职业人才的培养，需要行动导向的课程模式，按照职业活动的内在逻辑进行教材编写。已有教材围绕知识内容单一的“章节目”式编写体系未能反映职业人才的培养特点，尤其是针对职业院校实践教学的实训教材建设，滞后于职业教育发展的步伐，直接影响着学生职业技能的培养。

（三）内容过难、过多，呈现形式单一，不适应职业院校学生的实际情况

根据教育部发布的历年全国教育事业发展统计公报，2003～2013年，我国初中毕业升学率由59.6%上升为88.4%，高中阶段毛入学率由43.8%上升至85.0%，高等教育毛入学率由17.0%上升至30.0%（2015年为40%）。普通高校扩招致使高等职业院校生源紧张，为吸纳学生，各地高等职业院校推行了高考、单考单招、自主招生、注册入学等多种形式的招生方式，生源情况发生了很大变化，高等职业教育工作者从“选择适合教育的学生”转化为“选择适合学生的教育”，教材的难易程度需作相应调整。

教材仍以纸质教材为主，配套教学资源的开发无论从数量上还是质量上都处于相对较低水平；共享型教学资源平台及其相关运行机制尚未形成，广大教师难以获得优质教学资源。大量“课本搬家”式的教学课件，远不能满足现代职业教育的需要，现代教育技术的应用价值远未得到充分体现。

二、“十二五”职业教育国家规划教材的编写实践

2012年11月《教育部关于“十二五”职业教育教材建设的若干意见》（教职成［2012］9号）发布，提出了“十二五”职业教育教材建设的总体思路、建设原则和工作目标，定位于“打造精品教材，服务现代职业教育体系建设”。

其后，教育部发布了《高等职业学校专业教学标准（试行）》，涉及18个大类的410个专业教学标准。在专业名称、培养目标与规格、职业证书、课程体系与核心课程等十个方面提出了具体要求。在培养目标和规格上定位在为生产、管理、服务一线培养具有良好职业道德、专业知识素养和职业能力的高素质技能型人才；在教学模式上倡导“以学生为中心”，根据学生特点，实行任务驱动、项目导向等多种形式的“工学结合”教学模式；在教学内容和课程体系安排上体现与职业岗位对接、中高职衔接，理论知识够用，职业能力适应岗位要求和个人发展要求。高等职业学校专业教学标准是高等职业学校进行教学基本建设和专业建设的基本标准，是高等职业学校办学的参考依据。

同年12月，教育部启动了“十二五”国家规划教材的立项工作。与“十一五”国家级规划教材立项工作不同之处在于，本次工作把高等职业教育教材规划的制订工作从“十二五”普通

高等教育国家级规划教材立项工作中独立出来，更加凸显高等职业教育的“职业”特色。

高等教育出版社是我国职业教育教材的出版重地，在“十二五”职业教育国家规划教材立项中，共有1000余种教材经审定通过。笔者所在单位通过学习、总结、把握职业教育的改革精神和形势，总结分析“十一五”期间职业教育教材的不足，按照“统筹规划、优化结构、锤炼精品、鼓励创新”的原则，整合全国的优质出版资源，积极参与了该项工作，并形成“五新”职业教育教材建设模式。

（一）构建新体系

教材整体规划、统筹安排，注重系统培养，兼顾多样成才，突出产教融合。遵循技术技能人才培养规律，构建服务于中职高职衔接、职业教育与普通教育相互沟通的现代职业教育教材体系。

例如，计算机类专业是在中职、高职院校开设较多的专业，经过调研分析发现：中高职两个阶段专业课程重复设置，教材内容重复现象严重，以计算机应用专业为例，中职教育通常开设《计算机应用基础》、《计算机组装与维护》、《网页设计》、《数据库技术》、《计算机网络》等课程，而高职教育往往也开设类似课程，中高职两类学校依据各自的教育目标和培养对象的智能结构要求设置课程，导致两类学校不可避免地存在课程设置和课程内容安排上的重复甚至倒挂现象。据对江苏省初步统计，中高职院校同一专业的课程体系和教学内容重复率高达30%以上。

在借鉴国外职业教育经验、结合国内岗位需求的基础上，我们组织策划了五年制高职计算机系列教材。该系列教材满足高职IT专业群的典型专业如计算机应用、计算机网络、软件技术、多媒体技术等专业人才培养要求。整个教材体系分为三层：中职教育到高职教育的衔接课程、IT专业群公共课程和各专业职业能力课程，自下而上，相辅相成，互为关联。该系列教材在内容选取、知识厚度、结构安排方面系统筹划，满足从中职过渡到高职这一特定学生群体的知识、素质和职业技能提升要求，体现能力培养的主题思想，贴近高职院校对特定学生群体的教学实际，积极接纳企业工程师参与教材编写工作，充分吸收典型企业的典型案例，吸收并整合业界知名企业的技术资料和培训教程，具有较强的可操作性。

（二）适应新学情

教材编写遵循易用、易学、易教的原则，强调以学生为中心，符合职业教育的培养目标与学生认知规律。

以高等职业教育中的基础课“数学”为例，为了打造适应职业教育的工科类五年制高职数学教材，我们遴选了各校普遍使用的10种高职数学教材，对其知识内容进行了统计与分类，列出340个知识点，并对这些知识点进行分析与整合，选取出面向专业需求的54个部分内容和面向岗位需求的21个部分内容。在此基础上，通过问卷和座谈的方式调查高职“数学”课程内容的社会需求，包括院校大类专业需求和职业岗位需求，征求对数学教材的使用意见。在教材内容编写上，我们从学生实际水平出发，主要从三个方面来适应学生的学习能力。

一是降低理论要求。将数学通俗化、生活化、趣味化，让数学走进学生认知领域，走进学生的生活。例如，关于“极限”的内容，重在理解极限的思想，将其作为过程性知识来处理，而没有在“极限的定量化定义”、“两个重要的极限”、“两个极限的判定存在准则”、“极限的计算方法与技巧”等知识上下过多的功夫，只设置了4课时的内容。

二是结合新时代学生的学习特点。学生成长在数字化时代，他们乐于学习和使用信息技术。教材把重点放到理解概念的背景和应用上，加强数学模型的建立与理解，淡化解题技巧，将繁杂的计算任务交给软件来完成。利用软件来支持课程，既使繁杂的计算变得简单易行，又符合当代学生的学习特征，同时还增强了数学计算的可操作性。

三是增加课程的弹性，适应不同职业岗位群的数学需求。例如，为偏电的专业设置了级数的内容；为土建类专业及偏机的专业，特别是数控加工专业设置了向量与空间解析几何的内容。各专业可以根据需要选学相关内容。

（三）反映新技术与新标准

以《高等职业学校专业教学标准（试行）》为依据，密切跟踪新技术的发展以及行业、职业需求的最新变化，服务经济社会发展和人的全面发展，突出就业能力培养。

在《高等职业学校专业教学标准（试行）》中，“自动检测与转换技术”作为“计算机控制技术”专业（580205）的专业核心课程开设。由于具有“机”与“电”之间的“桥梁”和“纽带”作用，在高职高专制造大类和电子信息大类的相关专业中均对此课程的知识及能力提出了要求。在教材编写中，我们除保证内容与新颁布的专业教学标准的要求一致外，建立了模块式体例，各模块既相对独立又可以相互拼接，便于教学活动灵活开展；采用理实一体化教学模式，设置了问题引入和分析、应用案例、实训项目等环节，体现教师教学引导和学生自主学习的统一；充分吸收来自企业的真实案例和工作任务，反映职业技能鉴定的相关内容要求，同时让学生更多地运用计算机接口技术，体现手脑并用和教学合一的教学原则；特别设置了“现代新型检测技术”模块及相关单元运用虚拟仪器进行检测，体现专业教学的基础性与先进性。

根据新技术的发展，我们还率先组织编写了一批反映新技术、新规范、新标准的教材，例如《工业机器人应用技术》，又如根据财会领域的新准则、新法规，全新开发了相关课程的教材。

（四）推进新模式

在职业教育工学结合、知行合一的人才培养模式下，改革教材编写体例，创新内容呈现形式，推进“任务驱动”、“项目化”、“工作过程导向”、“理实一体化”、“做中学、做中教”等教学模式的实施。

例如，“电子产品结构工艺”是电子信息类专业的专业核心课程，过去的同类教材由于兼顾到学校的实际条件，较少进行项目式课程内容设计，存在教学目的不够强、教学效果不够好的情况。职业教育的发展和广泛的校企合作，以及实习实训条件的改善为项目式课程开展提供了保障。新教材编写时，根据嵌入式产品、电子产品的“测试员”、“设计与制作员”、“结构设计员”、“工艺员”等岗位群所需的知识和技能，按项目将课程学习内容设计成 3 个项目 14 个任务，并辅之以典型工作案例、现场视频等教学资源，大大提升了学生的学习兴趣和教学效果。

（五）建设新资源

教材内容与高等职业教育国家专业教学资源库紧密结合，同时配套建设课程教学资源，为教学提供全面支持和增值服务。

例如，“中国税收”是经管大类的专业基础课。课程的规则性内容多，变化大。2009 年 9 月 1 日以来先后实施了新的《个人所得税法》、《资源税法》、《车船税法》，增值税、营业税等税法也有重大变化。为了提升教学效果，使学生更好地掌握有关知识与技能以及最新的法规政策，在教材编写的同时，我们以课程为核心，配合作者从教学实施的教、学、做、测各环节入手，采用不同的技术手段开发了演示文稿，名师名课录像，教师手册（包括课程标准、教学大纲及教学活动设计、教学内容解析、教学讲义、实训手册答案和考核记录等），教学课件，补充法规政策（电子文档形式，随时更新），典型案例（每个案例分为案情介绍、知识背景、案例分析、启示与讨论、思考与练习等内容，一个案例就是一个单元完整知识的应用），试题库，学习难点的动画视频等。各种资源以网络课程的形式统合并免费提供，既有助于教学，又保证了课程内容的及时性。

在“五新”模式指导下建设的教材已相继出版，并得到了广大职业院校的充分肯定。

三、“十三五”职业教育教材出版工作的思考

2016 年是跨入我国经济发展“十三五”的第一个年头，职业教育观念的进步、新技术新标准的应用、社会对职业人才的新需求，都要求“十三五”期间的职业教育教材出版工作有新的适应，尤其是在以下三个方面：

（一）对接现代生产生活方式

随着现代科学技术的发展，知识和能力已经成为生产力，生产力系统中的劳动者将以具有知识创新能力的高科技人才为主，生产力系统中的劳动资料将以智能性工具为主，再生型、扩展型的知识和信息资源，正在取代自然资源成为生产力系统中最主要的劳动对象和生产要素。生产方式呈现出自动化、柔性化、分散化、系统化特点。现代社会生活更加多样性，终身学习能力成为现代职业人必须具备的能力。此外，具备与知识经济创新性相适应的创意理念、创新思维、创造精神也是职业人才应该具备的特点。作为服务于职业院校人才培养的教材，必须反映技术发展、支持终身学习、培养创新精神。

2014 年，教育部等 6 部门印发了《现代职业教育体系建设规划（2014～2020 年）》，提出现代职业教育建设的总体目标是：“2015 年，初步形成现代职业教育体系框架……人才培养层次更加完善，专业结构更加符合市场需求，中高等职业教育全面衔接，产教融合、校企合作的体制基本建立，现代职业院校制度基本形成……2020 年，基本建成中国特色现代职业教育体系……职业教育体系的层次、结构更加科学，院校布局和专业设置适应经济社会需求，现代职业教育的基本制度、运行机制、重大政策更加完善，社会力量广泛参与，建成一批高水平职业院校，各类职业人才培养水平大幅提升。”在教育部组织编写的《中等职业学校专业目录》（2010 年修订）中提供了“继续专业学习举例”，《普通高等学校高等职业教育（专科）专业目录及专业简介》（2015 年）提供了参考的前继专业和后续专业，政策环境、规范文件、社会职业人才需求等，这些都为职业教育的教材建设提供了参考依据。2016 年，“天津中德职业技术学院”率先升格为“天津中德职业技术大学”，更高层次的职业人才培养体系正在形成。编写出版对接现代职教体系、培养先进技术技能人才、服务于职业人才终身发展的教材大有可为。

（二）服务现代职业院校教学管理

提升学校教学管理水平是促进职业院校内涵发展的现实要求，是提高人才培养质量的重要保

障。在 2015 年 8 月教育部印发的《职业院校管理水平提升行动计划（2015～2018 年）》中，把"按照《教育部关于深化职业教育教学改革全面提高人才培养质量的若干意见》等文件要求，完善学校专业人才培养方案，强化教学过程管理，组织开展教学计划执行情况检查，注重教学效果的反馈与改进，杜绝课程开设与教学实施随意变动等现象"列为重点工作。

近些年，由于职业教育的快速发展，教材作为学校一线教学工作开展的重要依据，存在编写规范性差，没有严格贯彻专业教学标准、国家职业标准及有关教学文件等情况。随着相关文件、标准的陆续更新，建设规范的、高水平的、满足学校内涵提升需要的教学资源是教材出版工作的重要任务。

（三）支持个性化自主学习的现代人才培养方式

国际数据公司（IDC）的研究结果表明，到 2012 年为止，人类生产的所有印刷材料的数据量是 200PB，全人类历史上说过的所有话的数据量大约是 5EB。截至 2012 年，数据量已经从 TB（1024GB = 1TB）级别跃升到 PB（1024TB = 1PB）、EB（1024PB = 1EB）乃至 ZB（1024EB = 1ZB）级别。根据国内大数据服务提供商 Question Mobile 发布的《2016 春季 APP 实力榜》，截至 2016 年 3 月，国内移动互联网月度活跃用户数突破 9.27 亿；腾讯公司发布的 2016 年第一季度用户数据表明，截至 3 月底，月度活跃用户已达 5.49 亿，各种品牌的微信公众账号有 800 万个。每位个体都在以不同的方式通过互联网发布个性化的信息。

信息化时代，缺乏的不是信息资源，而是缺乏个性化的信息服务。从 2011 年起，《国际教育信息化发展的地平线报告》（高等教育版）连续 4 年把学习分析作为教育技术应用的未来发展趋势。互联网技术的快速发展，为教学内容的表达和学生个性化自主学习提供了多种手段：二维码技术、增强现实技术、互联网应用，使纸介质教材成为可连接各种教学素材的载体；在线课程、微课、云平台服务，进一步丰富了课程的学习方法。将现代教育技术手段应用于职业能力培养的各个环节，可以有效整合教育资源、丰富教学手段、拓展学习空间，尤其是对于我们的主要培养对象——形象思维强于抽象思维的职业院校的学生来说显得更为重要。作为教育出版单位，不仅需要提供内容服务，还可以在服务中收集、整理、分析学习数据，为学生提供个性化自主学习方案和内容。谁拥有了个性化的教育服务能力，谁就拥有教育出版的未来。

参 考 文 献

［1］鲍洁：《中国高等职业教育课程改革状况研究》，北京：中国铁道出版社，2012 年版。

［2］教育部职业教育与成人教育司：《高等职业学校专业教学标准》，北京：中央广播电视大学出版社，2012 年版。

［3］中国就业培训技术指导中心：《职业课程：职业技能课程的开发理论与实务》，北京：北京师范大学出版社，2010 年版。

［4］胡梅叶：《略论现代生产方式、生活方式和思维方式》，《安徽教育学院学报》2005 年第 4 期，第 26－28 页。

［5］《中国职业教育教材发展报告（2004～2014）》撰写小组：《中国职业教育教材市场出版数据分析》，《新华书目报》2015 年 1 月 29 日。

研究报告三　“以技能操作为核心的项目式教学”与“六步教学法”[①]

“六步教学法”是我们在长期的中等职业教育实践中，针对职业教育专业课教学与培训的特点和学生的学习实际，经过长期的研究，摸索出的一种新型教学法。其目的是摆脱普教模式的束缚，体现职业教育教学的特色和规律，提高职业教育教学的质量。

一、“六步教学法”的探索背景

随着我国经济结构的调整，教育结构也作了对应的调整。经过30多年的发展，中等职业教育已占据整个中等教育的半壁江山。社会经济的不断发展与进步，对中高级技术应用型和操作型人才的需求越来越迫切。客观上，中等职业教育的教学指导思想和教学质量迫切需要进一步更新与提高，以适应我国经济建设发展的需要。

但长期以来，职业学校的教师普遍感觉到：职校学生的学习情感低落，动力不足；学习过程中存在障碍性困难，理性思维水平低；学习自控力较差，教学中严重存在着重理论轻实践的倾向，理论脱离实际；应用操作和职业能力差等。这些问题不解决，职业教育的教学质量就难以进一步提高。我们还发现，这些问题的存在还直接导致一种现象，就是职校学生中厌学或不想学习的人数比例居高不下。我们深深感到仿佛陷入了一种教学困境之中。

我们在对厌学或不想学习群体的专项调查中发现，学生反映的主要情况有两种：一是认为学习没有多大实际用处；二是想学但学不懂，最后放弃。这一反馈，引发了我们对职业教育教学自身的反思。就“学生感到学习没有多大实际用处”而言，除了社会上的原因外，与我们的教学指导思想不无关系，如教学内容与社会实际需求有较大差距，教学过程重理论轻实践，学非所用等。通常，职校学生是普教模式下的弱势群体，是普教模式下的不适应者。来到职校后，文化课加专业课共计20门左右，课程之重、难度之大、要求之高远远超过普通高中。如果我们的教学模式和方法依然是沿袭普教的，只能是让我们的职校学生继续不适应，继续成为弱势群体，从而导致许多学生想学而学不懂，最后放弃学习的现象发生。鉴于这种对实际情况的调查与分析，我们认为，要摆脱这种教学困境，埋怨是没有用的，我们只能积极地改变自己，改变我们的教学指导思想、教学模式和教学方法，让我们职校的教学适应社会的需求和职业教学的特点及职校学生的实际。为此，正视现实，运用正确的思想指导我们的教学，摸索出一套行之有效的教学模式和方法，以提高职校学生的学习兴趣和动力，降低教学中的学习难度，突出技术的应用性和操作性，形成职业能力，提高学生的学习效果，是我们职校进一步提高教学质量的关键所在。“六步教学法”就是这种探索的结果。

①本文作者：张建军，男，中学高级教师，合肥工业学校原副校长，合肥市创造学会秘书长，安徽省教育厅计算机学科高级职称评审专家，省市青少年科技创新大赛评审专家。

二、“六步教学法”的实践效果

为能客观定量地了解“以技能操作为核心的项目式教学”模式和“六步教学法”教学改革在实际教学中所带来的影响和变化，我们从学生的学习情感和学习效果变化层面做了对照实验与调查。历时两年，多学科的实验数据共同显示：“以技能操作为核心的项目式教学”和“六步教学法”显著地大面积提高了职业学校专业课教学质量、改善了学生的学习情感。以单片机技术课程的对照实验为例，数据显示：

实验组：单片机课程采取项目式教学方式和“六步教学法”。

对照组：单片机课程采取传统教学方式。

（1）“最喜欢的课程”调查，如图 2－1 所示。

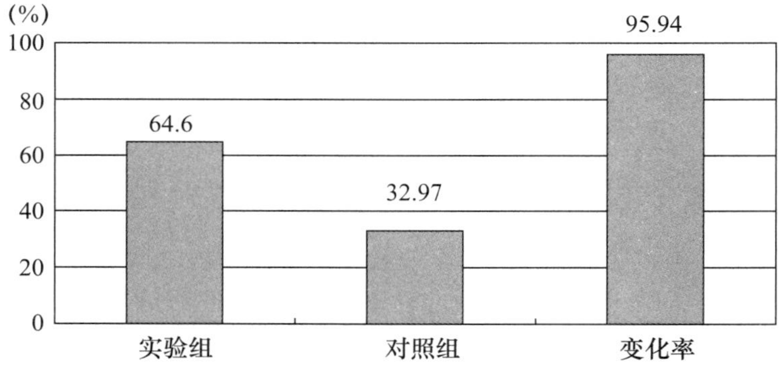

图 2－1　“最喜欢的课程”调查

结论：实验组对单片机课程的喜爱度比对照组高出 95. 94% 。

（2）“最不喜欢的课程”调查，如图 2－2 所示。

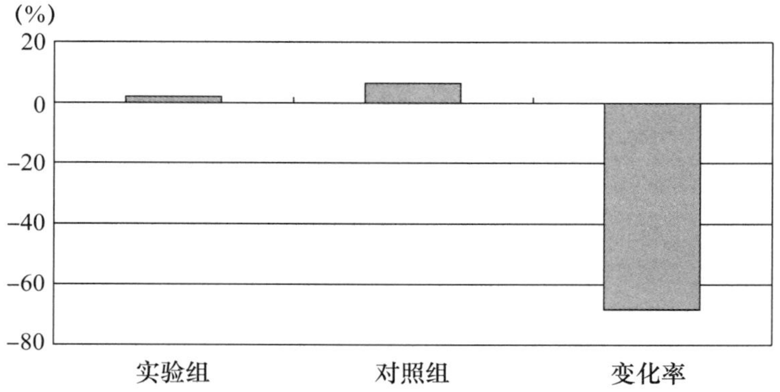

图 2－2　“最不喜欢的课程”调查

结论：实验组对单片机课程的不良情感比对照组低 68. 44% 。

（3）“对单片机课程的学习效果”调查，如图 2－3 所示。

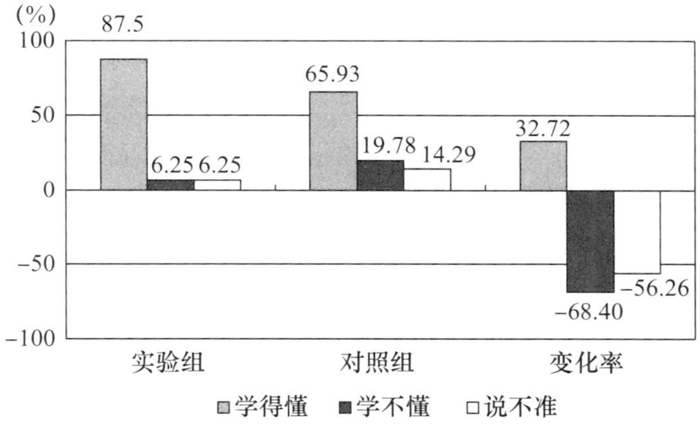

图2－3　“对单片机课程的学习效果”调查

结论：实验组对单片机课程的正向学习效果比对照组高32.72%；实验组对单片机课程的反向学习效果比对照组低68.40%。

（4）“对单片机课程的学习兴趣”调查，如图2－4所示。

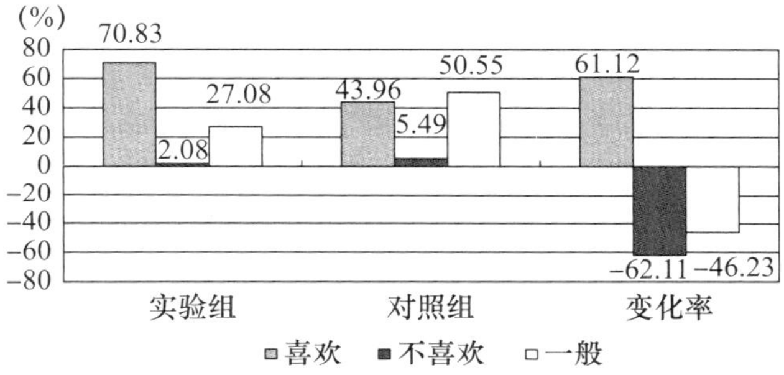

图2－4　“对单片机课程的学习兴趣”调查

数据比较显示：不论是从对单片机的学习效果看，还是从对单片机的学习兴趣上看，实验组都比对照组显著高出许多。

三、“六步教学法”的步骤与原理

“六步教学法”是在“三用二学一创”的教学思想指导下，运用于“以技能操作为核心的项目式教学”模式下的一种教学方法。“三用二学一创”教学思想指的是：以用促学，学以致用，用中求创。现代最先进的教学理念必然是在教学过程中充分体现教、学、用、创四者有机地结合，在职业教育的专业课教学中更应如此。“六步教学法”就是体现这种理念的一种规范性教学过程。其结构、步骤、原理阐述如下：

第一步：交代学习任务与目标。

这一步是由教师在教学开始，清晰明了地向学生说清该学习单元或学习模块的任务与要求，让学生知道该次课的学习目标，确定行为意识的指向性。据现代行为心理研究表明，一个人在行动开始前，目的、目标越清晰，行为动力就越强，注意力就越集中，行为情感处于激活状态。交代学习任务与目标，就是为了引发学生的学习动力，调动其学习情感，让学生处于良好的学习初始状态。

第二步：教师示范性操作。

正式进行教学过程中，教师不是首先讲解知识、概念与结论，而是将有关知识点和操作要领巧妙地融于一个可具体展示操作的任务中，通过教师的示范性操作，让学生直观形象地接受教学内容和知识要点。现代学习心理学告诉我们，我们在接收信息的过程中，直观形象的信息远比抽象符号及语言文字的信息更易于方便、快捷、丰富地接收。教师示范性操作主要是运用直观形象的教学方法，其目的是降低学习的难度，排除学习障碍。

第三步：学生模仿性操作。

在学生观看教师示范性操作后，再亲自模仿操作一遍。此阶段是为了突出学习的主体性，突出学生的实际操作，提高学生的学习兴趣，巩固学生所接收的信息。现代学习理论的研究表明：在接收和巩固信息的感知方式中，通过读，效果有10%；通过听，有20%；通过看，效果有30%；通过听和看相结合，效果有50%；通过自己说，效果有70%；通过自己做，效果有90%。由此可见，在教学中让学生亲自模仿操作一下，非常有利于加强学生的学习效果。不仅如此，在这一阶段，教师还有充分的时间关注每个学生的操作状况，尤其是对学习接收反应程度慢或有学习障碍的个别学生给予耐心指导和帮助，不让一个学生落下。该步骤只要求学生对所学的知识和操作要领知其然。

第四步：理性讲解（知识点归纳与阐述）。

此阶段是由教师针对前面示范性操作所涉及的理论知识和模仿性操作中所暴露的学习问题，详细讲解有关知识点和操作要领，让学生在知识的理解层次上得以提升，不仅知其然，而且知其所以然，达到进一步巩固和理解知识的目的。由于理性讲解，是在学生有了直观感知和模仿性操作后进行的，所以学生对知识和技术要领的理解更深刻、更有效果。

第五步：学生任务性操作。

在学生对前面知识和操作要领的理解基础上，用所学到的知识和技能，独立地完成教师事先设计好的一个新任务，以进一步巩固、理解和掌握知识，进一步检验学生的学习效果。此阶段是以任务为驱动，突出学生对知识的实际应用能力，实现知识到能力的转变，突出学习者的主观能动性和主体性，且教师可以同样在这一时间段内观察每个学生的学习效果，并给予个别指导。如果任务具有一定的挑战性，还可促使学生发挥创造性，并为后面新知识的学习打下伏笔。因此，学生的任务性操作阶段，是“六步教学法”中的高潮阶段，是教学目标的具体体现和教学效果的检验阶段。

第六步：学习效果的评价与总结。

此阶段是“六步教学法”的尾声，通过学生的任务性操作结果，对学生此单元或模块学习目标的实现情况和值得注意的问题，给出评价与总结。虽然每个学生在学习过程中，其接收快慢、理解程度、要领掌握存在着差异，但由于在模仿性操作和任务性操作过程中，教师有充分的机会给个别学生以指导和帮助，事实上没让任何一个学生落下。因此，我们的评价原则是“只计成功，不计失败”。只要学生能最终完成任务，就给予肯定，这就恢复了学生的学习信心，进一步强化了学生的学习动机，改善了学习情感，使职校学生步入良好的学习状态之中。

综合上面论述，我们可明显地看出“六步教学法”有以下几个特点：

一是在“六步教学法”的主教学过程中，体现了这样的一个教学思想，即从第二步到第四步主要体现了“以用促学”的教学思想；从第四步到第五步主要体现了“学以致用”的教学思想，避免了传统教学中的学习盲目性和枯燥性。

二是整个教学过程充分体现出了教与学双方的互动性，教与学此起彼伏，相互穿插。如第一步、第二步是以教师为主导，第三步是以学生为主体，第四步又是以教师为主导，第五步又是以学生为主体等，避免了传统教学过程中容易出现满堂灌的现象。

三是整个教学过程突出了学生在学习过程中的主体地位和应用操作性，改变了学生在学习过程中的被动性，避免了教师唱独角戏和学生一味地靠记忆与理解学习抽象的知识，使学生学得有兴趣且可手脑并用、左右脑并用，更符合用脑科学。

四是“六步教学法”在不同的教学阶段中，综合运用了多种先进而行之有效的教学方法，如直观形象教学法、实际操作教学法、理论讲解法、应用实践教学法、总结评价教学法等，使得整体教学效果超过任何一种单一的教学法所起到的效果。

五是“六步教学法”在教学过程中充分体现了教学对象的全体性。常规的教学设计中，教师只能从大多数学生的接收程度来考虑教学，而“六步教学法”则在模仿性操作和任务性操作两个环节中，教师有足够的时间和机会给接收慢的或有认知不到位的学习者以指导，使得教学要着眼于全体对象有了时空保障。同时，“只计成功，不计失败”的评价原则，帮助和鼓励每个学生在学习上获得成功。

六是“六步教学法”科学地运用了人的认知规律，由浅入深，循序渐进地规范了教学过程。如由直观到模仿，再到理解与抽象，最后又落实到应用与实践，把理论与实际巧妙地融为一体；在学生对内容的把握上，先让学生知其然，再让学生知其所以然，最后再通过应用与实践，让学生加深对所学知识的记忆、理解、掌握与运用，最终转化为能力。

综上所述，“六步教学法”的进程与结构如表 2 - 1 所示。

表 2 - 1　“六步教学法”结构

<table>
<tr><th rowspan="2">教学指导思想</th><th rowspan="2">教学步骤</th><th rowspan="2">原理、方法与目的</th><th rowspan="2">特　点</th><th rowspan="2">主角</th><th colspan="2">心理过程</th></tr>
<tr><th>知识掌握</th><th>技能掌握</th></tr>
<tr><td>激发动机</td><td>交代学习任务与目标</td><td>引发学生学习动力，调动学习情感（行为心理学）</td><td>关注学习动机与情感</td><td>教师</td><td rowspan="6">感知
↓
理解
↓
巩固
↓
应用</td><td rowspan="6">示范
↓
模仿
↓
矫正
↓
练习</td></tr>
<tr><td rowspan="3">以用促学</td><td>教师示范性操作</td><td>运用直观形象教学，降低学生的学习难度</td><td>为学生提供直观认识</td><td>教师</td></tr>
<tr><td>学生模仿性操作</td><td>突出实际操作，提高学习兴趣，提高学习效果</td><td>让学生对学习内容知其然，同时教师可以观察学生，并给予指导帮助</td><td>学生</td></tr>
<tr><td>理性讲解（知识点的归纳与阐述）</td><td>抽象与逻辑，记忆与理解，有目的性地进行理论提升</td><td>让学生对学习内容知其所以然</td><td>教师</td></tr>
<tr><td>学以致用</td><td>学生任务性操作</td><td>突出知识的实际应用，将知识转化为能力，突出学生在学习中的主体地位，检验学生的学习效果</td><td>学用结合，实现知识到能力的转化，同时教师再次观察学生，并再次给予指导和帮助，使其获得成功</td><td>学生</td></tr>
<tr><td>学习效果</td><td>学习效果的评价与总结</td><td>对行为过程和结果进行评价与肯定，进一步强化学习动机，增强学习信心</td><td>评价原则：只计成功，不计失败</td><td>教师</td></tr>
</table>

四、“六步教学法”的应用范围与条件

“六步教学法”主要应用在可操作性的课程上，尤其是职业学校的各种专业课程和技术培训上。但若能顺利地运用“六步教学法”，从实质上提高职业学校的教学质量，还须注意两个条件：

第一，实施“六步教学法”，必须要有与之相适应的“工程环境教室”。所谓“工程环境教室”主要有两个功能：一是可供教师讲解、展示和操作的场所；二是能为学生提供相关操作的平台与环境，实质上就是普通教室与专业实验室、实训室相结合的二合一教室。学生在“工程环境教室”中，既可听教师讲，又可看教师示范，还可自己动手做，实现教、学、做合一。教师只有在这样的教室里，才能得心应手地实施“六步教学法”。“工程环境教室”应分门别类地按各种专业功能去建设，诸如“物理环境教室”、“化学环境教室”、“电工环境教室”、“电子环境教室”、“计算机环境教室”、“机械工程环境教室”、“数控加工环境教室”等。“工程环境教室”的功能与设施应尽可能地面向实际应用。

第二，实施“六步教学法”，必须敢于打破原有教材的结构和体系。以实际能力的形成与发展为依据，将可操作性内容与相关知识点重新编排、组合成一个个以“项目”为单元的模块。每个教学单元或模块有相对独立的功能性教学内容，其中既有理论知识，又有可操作性内容。如“单片机原理与应用”这门课程，我们就可按功能和用途将其重新编排成“星星点灯”、“灯光闪烁”、“流水灯”、“报警发生器”、“电子钟”等一系列循序渐进的项目模块。只有在项目式教学中，“六步教学法”才能充分发挥教、学、做合一和教学双边互动等特殊优势，大面积提高学生的学习兴趣和学习效果，走出职业学校的教学困境。

经过我们对“六步教学法”的研究与实践，证实了“六步教学法”的科学性、实效性和可操作性，并成为与普教模式有着本质不同的职教模式，创出了职业学校教学与培训的特色。

研究报告四　县域职业学校教师专业自主发展的影响因素及建议——以安徽省宣城市为例①

职业学校在提升我国制造业水平、提高劳动者素质及其家庭生活质量方面的作用是不言而喻的。但是，在我国职业教育蓬勃发展的今天，其质量却未得到社会的认可。促进教师专业发展是提高职业教育的主要内容，因此，笔者对宣城市县级职业学校教师专业发展状况进行调研，深入探讨影响其发展的因素，并提出了相关建议，以期对职业教育师资队伍建设起到指导作用。

一、宣城市县域职业学校教师专业发展的基本情况

课题组对宣城市7所县域职业学校（5所国家重点和2所省示范学校）的7名管理者和600名专任教师进行了问卷调查。回收学校有效问卷7份；教师有效问卷569份。其中，在编在岗教师515份，聘任和兼职的54份。问卷内容涉及教师的基本情况、从教经历、教学教研、培训、成长的影响因素等。

（一）专任教师结构较为合理，岗位结构、学历结构仍需改善

一是专任教师性别结构趋向平衡，男女比例为62.3∶37.7。二是岗位结构趋向合理，文化课教师和专业课教师的比例为44.4∶55.6。三是年龄结构以中青年为主，30岁及以下、31～40岁、41～50岁教师分别占12.1%、34.9%、42.6%。四是学历结构趋向达标，本科及以上占89.9%。五是职称结构较理想，高、中级教师分别占28.5%、42.9%。

（二）教师任职资格趋向达标，入职基础与职业标准要求相差甚大

一是教师初始学历达标率较低，仅占44.7%。二是教师资格达标率不够高。有中职、普高教师资格的达83.5%，初始资格为中职、普高教师的分别占30.7%、20.6%。60.2%的专业课教师取得中级工及以上职业资格证书；30.7%的曾有企业实践经历。三是教师任职变动较大。一直在现在学校任教的占19.8%，现任教之前在中职学校、中小学、企事业任职的分别占21.0%、51.3%、7.9%。

（三）教师工作成绩较显著，自我职业满意度较高

37.9%的教师曾主持或主要参与市级及以上教育教学课题研究，获奖的占27.2%；62.9%的曾参加市级及以上教学比赛或教研论文、教学课件等评选，获奖的占59.6%。59.8%的专业课教师曾从事与任教专业对应或相近的职业培训与技能鉴定；49.8%的曾参与实验室、实训基地建设。专业课教师曾指导学生参加技能大赛的占62.5%，其中获国家、省、市级奖项的分别占

①本文作者：高利兵，男，安徽省宣城市教育体育局教研员，教育学硕士，中学高级教师。文章来源：《河南科技学院学报》（职业教育版）2016年第8期，第28－33页。

4.2%、14.6%、30.7%；自己参加过市级及以上技能竞赛的占28.0%；曾主持或主要参与县级及以上专业技术应用设计或研究的占23.0%。

教师对从事的职业感到满意、比较满意的占70.5%；女教师的满意度比男教师高10.4个百分点；30岁以下的比50岁以上的高16个百分点。

（四）教师参加培训、交流较多，培训需求广泛、要求丰富

59.2%的教师近三年曾参加县级及以上专业技术技能培训，30.3%的培训达3次以上，27.2%的培训累计达3个月以上；50.3%曾参加县级及以上教育教学研究或学术会议，42.5%的曾参加县级及以上教育教学研究组织、行业协会或学术学会。31.4%的专业课教师近三年曾到企业实践，18.4%的企业实践达3个月以上。

教师认为：①最需要获得学科专业知识（68.0%）、教育专业知识（59.4%）；②最需要提升教学能力（54.8%）、实践操作能力（51.8%）以及教育管理能力（47.0%）；③教师培训需要侧重于专业技能（86.4%）、职业发展与规划（51.1%）和学习方法与能力（44.1%）；④必需的培训主要是深入企业学习（56.3%）、技能培训（52.0%）、教学方法培训（41.9%）以及职业发展与综合能力提升培训（35.5%）；⑤对以往参加过的培训评价主要是实践训练少（46.6%）、缺乏规划和系统性（40.4%）、教师不能按需选择培训内容（34.4%）、内容单调及针对性差（28.3%）以及内容不适合（26.0%）；⑥通过培训需要提高教学设计能力（43.7%）、教学实施能力（41.4%）、指导实践能力（41.4%）、课程开发能力（35.3%）和现代教育技术应用能力（32.2%）。

（五）多数教师既有专业发展的目标，也感受到专业发展的压力

77.3%的教师有专业发展目标；男性与女性教师、文化课与专业课教师差异不明显；中青年教师有发展目标的比例以及目标的明确性高于年长的教师。45.2%的教师对日常教育教学实践和周围教育现象主动且经常反思，53.1%的能反思；40%的经常写教学日记和教育教学体会；51.3%的经常阅读教育教学类书籍和杂志。

12.6%的教师在专业发展过程中感到压力很大、难以承受，67.8%的有压力但可承受。教师专业发展的压力既有来自自身发展的需要，也有来自教学对象和学校方面的。认为压力主要来源于学生难教、自身发展需要、职称评定、学校管理方式的分别达75.7%、50.1%、39.8%、37.5%。

（六）教师专业发展的影响因素多样，专业发展的期望较多

自身能力（57.5%）、教学兴趣（41.6%）、职业理想（41.4%）、学校组织气氛（39.6%）是影响教师专业发展的主要因素，此外还有专业挑战（39.2%）、进修途径（38.1%）、学校制度（30.3%）、专业互动（24.1%）、工作压力（22.5%）。教师希望得到业务进修（78.8%）、教学观摩（54.0%）、赴企业实践（53.4%）、学习化环境（44.9%）等发展机会。

总体来看，制约教师专业发展的外部因素包括学校、政府和教育部门及社会因素，政策是教师专业自主发展的重要影响因素之一，发挥着不容忽视、不可替代的重要作用。

二、教师专业自主发展的影响因素剖析

（一）专业基础是影响教师专业自主发展的首要因素

专业素养和专业技能是教师专业发展的基础和影响发展水平的根本因素。研究表明，学历层次对于教师的教育实践和专业发展具有多重影响和决定性作用。学历层次对通过教学方法所呈现的教学素养具有正相关的影响，同时也决定了不同层次的教师教学专业素养发展的基础。教师对课堂教学技能的自我评价，随着学历层次提高而上升，特别是大专以下的教师，教学效能感明显降低。[①] 调查显示，55.3%的教师任教时初始学历未达本科；48.7%的教师初始任教时未取得中职或普高教师资格。除学历要求以外，《中等职业学校教师专业标准（试行）》的实施，使中等职业学校合格教师有了基本判断标准，教师自身专业发展有了更加明确的方向。目前我国中职教师教育生源不够理想，课程设置与中职实际要求脱节，课堂教学模式传统，专业教学缺乏企业实践，教育教学实习应付了事等。由于职前的教育培训不足，教师不仅教育理论储备不足，而且教育实践技能比较薄弱。非师范类高校毕业生是中职专业教师的重要来源，他们虽然具有一定的专业基础，但缺乏系统的教育理论基础，在很大程度也影响了他们的专业发展。此外，专业课教师有相当一部分是以往中职毕业生通过对口高考升入高校，毕业之后又到中职学校任教的；还有部分是文化课教师改行任教的，其专业基础相对不够扎实。从更高层次要求来看，教师中具有研究生学历、硕士学位的仅占2.95%，与国家的有关要求相差较大，提升教师的学历层次的任务相当艰巨。

（二）教育信念是影响教师专业自主发展的核心因素

专业精神在教师专业发展中起到灵魂统摄的作用，是教师专业发展的根本推动力。教育信念作为教师在信念追求上自发的、真诚的、内源性的一种自主发展表现，不但是教师专业精神的核心内容，而且还处于教师专业发展构成的最高层，同时也是教师自主的、持续的专业发展的重要内部动因，是促进教师自我成长，并引导教师追求更为完善的教师专业发展的精神支持和内部推动力。[②] 中等职业教育是我国教育事业中的薄弱环节，其社会的认可度偏低；县域职业学校不少教师对中等职业教育的认同度不高，面对办学条件、吸引力与普通高中相差甚远的学校和“特殊群体”的学生，不仅缺乏应有的自信心和自豪感，而且自我效能感和教学成就感不足，职业认同感差。调查表明，教师对从事的职业感到不太满意、很不满意的占29.5%；教师对自己的专业发展目标模糊、没有、不知怎样确定的占59.4%。学校环境和政策因素中，绩效工资的发放、职称的评聘、领导对教师专业发展的重视与支持以及教师参与学校管理对其工作满意度起着最明显的作用。有些学校绩效工资分配方案不能满足教师的要求，绩效考评公平性不够，挫伤了教师工作的积极性。对经济欠发达地区的县域职业学校教师来说，部分教师还是过多地关注绩效工资及其他经济待遇的，当教师由关注专业素质内涵发展转向关注职业身份及其待遇，或多或少

---

①“全国中小学教师专业发展状况调查”项目组：《中国中小学教师专业发展状况调查与政策分析报告》，《教育研究》2011年第3期，第3－12页。

②郭婷：《基于教师专业发展的当代教师教育信念的构建》，《中国电力教育》2009年第18期，第18－19页。

地会忽略个人专业发展。在职称评审上，由于人为地设置中、高级职称比例，使得部分教师40岁后就没有再晋升的可能了，而职称评定制度实施过程中存在某些偏差与漏洞，相当一部分教师很难顺利地晋升高一级职称，这也在某种程度上阻碍了教师的专业自主发展。为了获取职称职位、经济待遇、社会声望等，教师往往会偏离应有的精神追求及专业发展应走的途径。

（三）日常教学是影响教师专业自主发展的基础因素

教师专业自主发展主要体现在日常教学活动的过程中，日常教学场域为教师专业自主发展提供了理想载体，日常教学的水平体现了教师专业自主发展的水平。“对于教师而言，课堂教学是其职业生活最基本的构成，它的质量直接影响教师对职业的感受与态度、专业水平的发展和生命价值的体现”①。在县域职业学校的日常教学中，不少学生的学习基础相对较差，缺乏学习的主动性，对教师的日常教学兴趣和教学成就感产生较大的影响，教师的教学兴趣是影响教师专业发展的主要因素之一。此外，多数学校由于专任教师数量不足，教师的工作负担较重，不仅影响教师的教学投入，也影响教师的教学研究与学习培训。从调查来看，一半教师周平均课时达13节及以上。反思和研究是提升教师地位和扩大教师自主权的有效路径，在专业发展过程中，98.3%的教师对日常教育教学实践和周围教育现象主动且经常反思或能作反思，这表明绝大多数教师在日常教学中会对自己的教学行为进行反思。读书、写教学日记是教师进行教学反思的主要方式，调查显示，46.6%的教师偶尔阅读一些教育教学类书籍和杂志，56.3%的教师偶尔写教学日记和教育教学体会。可以说教师日常教学中进行教学反思的广度和深度都还显得不足，教师进行教学反思的方式多属于自我反思方式，而采用同伴反思的方式较少。

（四）进修培训是影响教师专业自主发展的关键因素

县域职业学校基本上由原来较差的普高转型而来，有些专业教师也是转行而来，还有不少教师普通大学毕业后，就到职业学校任教，缺乏职业教育的理念、技术、方法，没有行业经验，实践教学能力普遍很低，因此，进修培训在促进教师专业自主发展中起到重要的作用。调查表明，约占半数教师通过进修提升学历层次，近60.0%的教师参加县级及以上专业技术技能培训，近1/3的专业课教师到企业实践。不过许多教师参训是由于各级培训任务以及考核的要求，有些教师即使是出于内在动机参加培训，也是为了功利性的目标。教师培训的质量关系到教师专业素质的提升。调查显示，教师反映培训缺乏规划和系统性，不能按需选择培训内容，内容单调及针对性差，实践训练少，培训的实效性有待进一步提升；教师认为需要加强学科专业知识、教育专业知识等培训，通过培训提升教学设计能力、教学实施能力、指导实践能力、课程开发能力和现代教育技术应用能力；专业教师需要深入企业学习，加强专业技能培训，提升专业实践能力。教师培训设计自上而下，忽视教师的内在需求；培训内容远离课堂实际，新理念转化为教学行为有偏差；培训脱离教育教学实践，缺乏针对性和实效性，未能满足教师的发展需求，这不仅影响教师参加培训的积极性，更影响教师专业发展的自主性。

（五）教研活动是影响教师专业自主发展的动力因素

教研活动不仅为教师提供了学习与交流的机会，也为教师提供了展示自己教学水平的平台，

①叶澜：《让课堂焕发出生命活力——论中小学教学改革的深化》，《教育研究》1997年第9期，第3-7页。

更是促进教师专业成长的重要途径。教师在教学中研究教学，会使教学在平淡中显奇崛，会使教师专业化成长呈现加速度。调查表明，71.8%的教师曾参加教学比赛或教研论文、教学课件等评选；48.3%的教师曾主持或主要参与教育教学课题研究。各级教研部门、学校广泛开展教科研活动，在很大程度上促进了教师的专业发展。但是，县域职业学校不少教师的教科研意识淡薄，教科研方法缺乏，教科研能力较为薄弱；许多教师参加教研活动的功利性强，一些地方和学校缺乏促进教师参与教科研活动的相关制度与措施。调查显示，36.5%的教师认为最需要获得科研方法知识，56.7%的教师认为最需要提升教育科研能力，35.1%的教师希望能发表教育科研论文，展示研究成果，促进专业自主发展。

（六）评价激励是影响教师专业自主发展的促进因素

激励机制是政府部门、学校管理者采取物质、精神、政策等措施和手段促进教师专业发展。科学合理的评价考核机制，能激励教师专业发展的主动参与，促进教师专业素养的实质性提升。调查表明，教师获县级及以上学科（专业）带头人、骨干教师、教坛新（之）星的占51.3%，曾被评为县级及以上优秀（模范）教师、优秀班主任的占65.7%。众多的教师希望获得更多的激励，教师最希望得到的激励方式依次是：奖金福利（88.5%）、技术职称晋升（72.2%）、高级培训（70.3%）、授予荣誉称号（38.3%），此外，还有教学评比获奖等。但在一些学校和部门，考核评价的实施与奖惩制度的执行不够公平合理，在一定程度上影响教师的工作投入和满意度。教师激励机制实施过程中的公平性直接关系到教师工作积极性和主动性的发挥，关系到教师发展和专业成长。

三、促进教师专业自主发展的建议

（一）建立现代职业教育教师教育体系，扎实教师专业自主发展的专业基础

《中等职业学校教师专业标准（试行）》的颁布，标志着我国中职教师专业发展有了基本依据，其实施也为中职教师培养培训提供了基本依据，提出了新的要求，更进一步促进教师专业化发展。教师专业化发展要求教师培养由师范教育向教师教育转型，面向全社会提供教师资格课程，遴选合格教师，建立开放的教师资格制度，重视教师发展终身化和职前、职后一体化，以能力为重，培养应用型人才，注重教师培养的专业化、职业化和实践化。因此，要在《教师专业标准（试行）》的引领下，以终身教育思想为指导，以现有师范院校为主体、其他高校共同参与，按照教师专业发展的不同阶段，推进教师职前培养和在职培训一体化，建立培养与培训相衔接、体现终身教育思想、开放的教师教育体系，完善“国标、省考、县聘、校用”的准入制度。一是要按照“专业理念与师德”、“专业知识”和“专业能力”三个维度，完善教师教育培养目标、培养方案和课程体系，改革教学模式和培养方法，改变教育教学评价方式，加强职业背景和职业道德教育，满足教师职前培养、入职培训和在职研修等职业发展的需求。二是要严格中职教师资格制度，建立完善中职教师入职培训制度，增加培训资源和机会，改善资源的投入方式；规范中职教师资格认定和新教师招聘入职的程序，把好教师的入口关。三是要完善教师在职进修、攻读教育硕士、专业硕士学位制度和激励政策，鼓励教师在职提升学历层次和专业水平。

（二）优化现代职业教育发展保障体系，改善教师专业自主发展的教育信念

教育信念是推动教师专业发展和专业自觉的不竭动力。教师的社会地位和经济收入相对偏低，不仅降低在职教师的职业认同感，使一些优秀教师产生了离职的意向，而且也直接影响新教师的招聘入职，这对县域职业学校建立一支稳定可靠、爱岗敬业、高素质的教师队伍提出了严峻挑战。研究表明，如果教师的生存需要和自我实现需要得不到满足，工作的满意度不高，就会产生离职意向；反之，如果教师的物质需要和精神需要得到了满足，教师发展成为具有自我更新和创造能力的专业工作者，教师的离职意向也会随之降低。各级政府与教育部门要切实关注教师的工资待遇和精神状态，为教师队伍的可持续发展制定完善的政策措施，重点改善教师的社会地位和经济收入。教育部、人力资源和社会保障部等部门要完善教师专业技术职务评审制度，放宽教师中、高级职称比例的人为设限，保障教师专业技术职务评审晋升的权利，让专业技术职务评审成为教师专业自主发展的引擎。调查表明，资金投入是制约教师专业发展工作的最大瓶颈，尤其是在中西部经济欠发达地区，中西部县域地区更是如此。发展县域经济，改善职业学校的经费投入，满足教师专业发展的专业设备、书刊及影像资料、仿真教学软件等资源需要，会在一定程度上促进教师的专业发展和专业自觉。

研究表明，参与不同的学校管理工作有利于教师专业自主发展。教师对教学专业工作参与越多，越认可学校管理对自己专业的重视；对教学管理工作参与越多，越有利于教师职业满意度的获得；对学校发展工作参与越多，越有利于教师对自己的社会地位的认可。因此，要建立和完善现代职业学校制度，促进学校作为教师专业自主发展首要环境的建设。一是要营造和谐良好的学校专业发展环境，让领导重视教师专业发展、教师参与学校管理成为学校文化建设的重要方面。二是鼓励教师参与学校管理，既要根据每位教师的能力优势分配管理项目，也要根据不同管理项目具有的功能，激发教师的工作积极性。三是加强学校信息化建设，尽快制定校园网等信息化建设规范，加强信息化队伍建设，将校务管理、教育教学与信息资源有效整合。

（三）完善现代职业教育教学管理制度，提升教师专业自主发展的教学能力

课堂教学过程是一个丰富而又复杂的动态发展过程，每一堂课的教学水平，都是教师专业水平和生命价值的直接体现。教学是一种理解活动，是对教育意义的寻求与探索，只有在反思性教学场中教师形成了教育反思的智慧，才能真正确立起研究主体的意识。教师应在变换的课堂教学情境中观察、理解和深入分析课堂教学实况，充分感知学生学习效果、把握课程教学目标的预设性实现以及相关情境和知识的生成。建立和完善学校教育教学管理制度，加强管理，规范教学行为，促进教师自主教学反思，是教师实现专业自主发展的关键，这对县域职业学校尤为重要。一是建立和完善教师教学工作常规，规范教师在制订教学计划、实施教学的各个环节以及教研活动等方面的行为，引导教师自主实施教学、自主专业发展。教学反思是促进教师专业自主发展的有效形式，如何继续推进和发展符合教师各自风格的反思方式是制度建设考虑的重点之一。二是制定和实施学校教学管理工作基本规范，加强教师教学工作考核评价机制和质量保障体系建设，规范学校教学管理的行为。引导教师将自我反思与同伴反思相结合，在学校形成反思氛围，使原本停留于技术层面的教师反思扩展到情感层面和辩证层面，促进教师专业发展。教师的工作压力不仅来源于备课、上课和作业批改等教学工作之中，也有可能或主要来自上课之外的其他工作。规范管理行为，从与教师专业活动关系较小的活动入手，减轻教师工作压力。此外，大多数学校缺

少规范的教师教学工作量制度，或虽有制度但缺少执行力。为减少教学工作安排上的随意性，确立和规范教师教学工作量制度是必要的。三是建立和完善学校教育教学工作视导制度，市、县教育管理部门和教研部门要定期开展视导活动，组织专家深入课堂指导教师教学工作；实施教学工作评估和质量评价制度，建立教学质量年度报告制度，积极探索第三方机构开展评估。

（四）改进学历进修和业务培训制度，提高教师专业自主发展的综合素质

进修培训是促进教师专业自主发展，不断提升教师整体素质的必由之路。一是完善五年一周期的教师全员培训制度。建立教师培训与教师考核、教师资格再注册和职务聘任等相挂钩的机制，采取切实措施进一步普及教师在职培训和企业实践制度，对教师真正做到全员培训、全方位培训。二是建立健全教师培训项目招投标机制。培训内容的制订要做到切实的全面化、项目化与多样化，根据不同教师的需求提供具有层次性的培训支持，提高教师培训的针对性，标准化培训无法满足不同教师的需求而容易造成政策在实践中得不到落实；进一步提高各类培训的实效性，保障培训项目的质量。三是完善教师培训经费分担机制，由中央财政继续支持国培计划，地方各级政府设立教师培训专项经费并纳入预算，强化落实学校公用经费5%用于教师培训的制度。四是建立和完善教师培训的考核评价标准和评价机制，对承担培训项目的培训机构的培训质量进行科学有效的评价，对优秀的培训教师给予奖励。五是开展对教师培训的研究，政策制定者及教育管理部门要借助高校科研力量，组建教师专业发展研究队伍及教师教育专家委员会，专门研究一线教师的教学工作状况及其专业需求，为教师的专业发展需求真正成为教师教育与培训的基础提供有效思路。

（五）改革教研活动和课题研究制度，提高教师专业自主发展的科研能力

教师的自主发展发生在教育研究的过程之中，教育研究是教师自主发展发生的现实母胎。[①]要使教师以更高的专业热情投入教科研活动，就必须优化教师的工作环境。一是各级教研部门广泛开展各类教研活动，举办信息化教学大赛，开展优秀教研论文、教学课件和精品课评选等一系列教研活动，促进教师教育信息技术的广泛应用和教师专业化水平的提升。二是各级教育科研部门加强重点课题的立项研究，对各个立项研究的课题提供专家指导与引领，并给予一定的研究经费支持。三是开展优秀教研组、教研先进个人的评选活动，促进学校以教研组为主体的校本教研工作的开展，主要工作内容是以集体备课为主体的日常教研活动、听课评课活动、教学展示活动、读书与写作、课题研究、校本课程及教材开发、精品课程建设等。四是为教研活动创造环境，各级教研部门在制定校本研修计划时，应充分认识教师所感受到的诸如职称难评、外界的行政干预太多、领导的专业权威不够、成果发表渠道不通畅、考试压力大等工作困难，逐步减轻教师心中的压力，使学校的教科研活动与教师专业发展真正得到良好的实施。

（六）加强评价制度和激励机制建设，优化教师专业自主发展的外部环境

一是要建立以能力和业绩为导向、以社会和业内认可为核心的教师评价机制，更为全面、客观、公正地评价教师的业绩；完善教师专业技术水平评价标准，评价实施采取评审专家责任制和评价结果公示制度；探索实行学校、学生、教师和社会参与的多元评价办法，以多种方式对教师

---

①赵冬梅：《论教师的专业自主发展》，《当代教育科学》2014年第18期，第11－14页。

进行全方位考评，将师德表现列为教师资格认定和定期注册、绩效考核、职务聘任和评优奖励的首要依据，实行“师德”一票否决制。二是要全面落实绩效工资制度，改进和完善基于岗位和绩效的激励制度，制定和完善教师住房优惠政策以及医疗、养老等社会保障制度，逐步缩小县域教师与城市教师收入、待遇差距。三是要构建和落实教师在职教育的激励机制，将教师在职培训情况作为考核学校工作情况的主要指标，将教师参加在职培训的情况记入业务档案，作为聘用、晋升和职称评定的依据，将教师在职培训情况与教师资格证再注册结合起来，对积极参与在职培训的教师给予资助或经济补助，对没有按规定完成培训任务的教师予以相应的处罚等。四是要完善教师表彰奖励制度，在充分调研和有效分析的基础上研制系列的激励政策与制度，持续开展各类优秀教师和教学成果奖的评选表彰活动，多渠道综合运用多种方式满足教师的精神需求，优化教师成长的文化环境与发展空间，以先进典型带动良好风气的形成，激发教师自主发展的内在需求，促进教师自觉自律地成长。当然，任何的外部动力都只能在一定程度上刺激教师达到教学的一定水平，不能从根本上改变教师实现自主发展的意识，只有教师从思想上意识到自我激励、自我更新，才能从根本上提升教师自主发展的信心，才能实现教师的自主发展。

参 考 文 献

［1］“全国中小学教师专业发展状况调查”项目组：《中国中小学教师专业发展状况调查与政策分析报告》，《教育研究》2011 年第 3 期，第 3 - 12 页。

［2］郭婷：《基于教师专业发展的当代教师教育信念的构建》，《中国电力教育》2009 年第 18 期，第 18 - 19 页。

［3］叶澜：《让课堂焕发出生命活力——论中小学教学改革的深化》，《教育研究》1997 年第 9 期，第 3 - 7 页。

［4］赵冬梅：《论教师的专业自主发展》，《当代教育科学》2014 年第 18 期，第 11 - 14 页。

案例篇

第一章　突出办学特色　塑造职教品牌

学校的发展不在于规模大小，关键是要具有自己的办学特色，拥有独特的办学理念与风格。推进特色发展，塑造职教品牌，是职业院校更具生命力和吸引力的必由之路，也是发展现代职业教育的必然要求。经过多年的发展、改革与创新，我国一些职业院校逐渐走出了自己的特色办学之路，形成了品牌效应。

案例一　合肥职业技术学院

——拓展开放合作、创新育人之路①

背景：

合肥职业技术学院坚持走产教融合、校企合作的发展道路，以学校成功申报"安徽省首批地方技能型高水平大学"、"全国优质专科高等职业院校"建设单位为契机，确定了"省内一流、国内知名"的建设目标，坚持以立德树人为根本，以服务发展为宗旨，以促进就业为导向，以能力培养为核心，以合肥市支柱产业和大中型企业为依托，不断开拓进取、改革创新，在创新人才培养模式、技能型专业群建设、"双师型"师资队伍建设、校企合作育人、开放办学等方面均取得了重大突破，综合办学实力显著提升，形成了特色鲜明、灵活多样、充满活力的办学模式和机制。

一、学校概况

合肥职业技术学院（以下简称"合肥职院"）成立于2002年。已建成的巢湖校区占地面积784亩，总建筑面积24万平方米，总投资8.5亿元。在建的合肥校区总投资超过14.8亿元，占地446亩，总建筑面积24万平方米，2017年下半年将投入使用。学院现有全日制高职在校生10281人，其他各类学历教育在校生1835人；现有教职工539名，其中专任教师379人，教授23人，副高以上职称教师132人，校内外兼职教师175人。学院图书馆有纸质图书近60万册，电子图书36TB，中外期刊650余种，电子期刊8596种；建有校内实验实训室174个，校外实习实训基地135个，教学用计算机3800余台。

合肥职院是教育部、卫生部批准的承担护理专业领域技能型紧缺人才培训基地、教育部批准的NIT人才培养基地、安徽省计算机系统高技能人才培训基地、省级校企合作教育实践基地、合肥蜀山国际电子商务园区人才培养基地、巢湖市餐饮服务管理人员培训基地、巢湖市电子商务人才培训基地、巢湖市计算机安全员培训基地。学院建有国家职业技能鉴定站，是合肥市现代职业

①本文根据合肥职业技术学院官网信息及相关研究成果等公开资料编撰而成。

教育集团重要成员单位。学院每年为社会培养3000余名全日制毕业生，毕业生就业率均保持在97%以上。毕业生职业道德良好、理论基础宽厚、职业技能水平高，深受广大用人单位欢迎。

二、全面深化创新育人，扎实推进开放合作

合肥职院成立以来，坚持“以人为本，尚德重技，质量兴校，特色发展”的办学理念，拓展开放合作、创新育人之路，在国际合作、四方联动、创新创业、立德树人方面取得重大突破。

（一）国际合作，推动开放办学

1. 国际交流参访

为吸纳、借鉴国外专业建设、教学管理的先进经验，近年来，合肥职院以专业建设为重点，注重加强与国（境）外学校、研究设计机构的交流与合作。2016年学校接待美国杰克逊维尔大学、韩国大田广域市高校、韩国建阳大学国际教育学院、中国台湾元培医事科技大学两岸交流暨合作中心等国（境）外来访团10余次，交流数量、规格和层次呈逐步提升的态势。

2. 教师出国（境）进修

为了进一步深化国际合作交流，学院充分发挥与美国、日本、德国及中国台湾等国家和地区的友好关系，分批次、分重点派遣教师出国（境）培训交流，重点学习对方专业建设思路、教学管理经验、专业技术技能等。同时，学院聘请专业教师和专家，为出国（境）教师开设“国际学者课程班”和语言强化班，支持教师出国（境）进修。2016年，学校先后4次派出近40名教师出国（境）进修学习，推动了学校开放办学水平的提升。

3. 中外合作办学

中外合作办学是引进先进教学理念、优质教育资源、高效管理手段的重要途径。近年来，学院高度重视中外合作办学，广泛开展合作模式、办学理念、专业建设、课程建设、师资队伍建设、学生管理服务及教学设施建设等方面的研究调研，为推动合作办学奠定坚实的基础。通过努力，2016年学院先后与美国、韩国等国签署合作办学协议，中外合作办学取得历史性突破。当前，学院与美国杰克逊维尔大学共建的会计专业专科教育项目和市场营销专业专科教育项目已全面招生，与韩国新星大学合作举办的汽车检测与维修专业专科教育项目正在进行课程设置及招生筹备工作。

（二）四方联动，深化产教融合

1. 四方联动，合作办学新格局

在“合作办学”思路的引领下，学院充分挖掘社会资源，以合作办学、合作育人、合作就业、合作发展为主线，与政府职能部门对接、与企业共建双赢、与科研院所资源共享，加强人才培养、师资培训、基地建设、学术交流等方面的交流合作，建立了政府、行业、企业、学校四方联动的开放办学新格局，促进学校快速发展。

2. 校企合作，产教融合常态化

学院本着为合肥地方经济和社会发展、学生就业服务的宗旨，始终把校企合作作为深化教学改革、加强内涵建设、增强发展活力的重要举措。通过努力探索，学院校企合作已经步入常态化、规范化轨道，与130余家企事业单位建立了合作关系，并形成了顶岗实习、工作室、订单培

养、企业冠名班、双主体办学、现代学徒制等合作模式。依托合肥市现代职业教育集团，学院与安徽好之旅国际旅行社、安徽风之星汽车股份有限公司、安徽江淮汽车股份有限公司、合肥合力股份有限公司等18家企业建立了合作共建关系，在人才培养方案制定、课程建设、教材开发、师资队伍建设、实训基地建设等方面进行深层次合作。同时，学院充分利用校企合作的有利关系，有计划地安排专业教师到企业挂职实践，增强教师教学与企业实际相结合的意识，提高解决现场实际问题的能力，收集生产一线信息，为高素质技能型人才培养提供了有力的支撑。

（三）创新创业，激发潜力活力

1. 实施创新创业工程

（1）优化创新创业团队。学院各专业均建立了以专业带头人为引领，专业教师、就业指导教师充分参与，由多名企业家、创业成功人士兼职辅导的创新创业师资团队。同时，学院充分发挥校、系（分院）两级就业指导部门和培训部门职能，通过就业指导部提供创新创业服务，培训部提供创新创业能力素质培训，更好地服务学生创新创业。

（2）练好创新创业团队内功。学院组织教师参与社会、行业的创新创业实践，鼓励教师考取国家人力资源和社会保障部创业培训教师认证，加强创新创业教育教学研究，发表高质量的创新创业教育论文。

（3）突出创新创业课程专业特色。学院探索“2+X”模式（“2”是公共知识，分布在就业指导课与集中培训中；“X”是本专业特色知识，分布在各门专业课、就业指导课、集中培训中），构建创新创业课程体系，将创新创业融入专业教学：在专业课程中启发创新创业的意识，在就业指导课中加强创新创业引导，在毕业集中培训中引入创新创业方法。同时，学院充分挖掘本校学生创新创业案例，编写创新创业实践指导教材。

（4）组织创新创业实践活动。学院以合肥市经济社会发展需求为背景，借助学院大学生创业大赛、学生创业模拟实训等创新创业实践活动平台，孵化了一批优秀创业项目；积极组织学生参加“双百”大学生科普创意创新大赛、安徽省大学生创业大赛等各类比赛，并取得优异成绩。同时，学院大力支持活动中涌现的优秀创业项目，鼓励学生利用学院创业园或政府创业园进行孵化与自主创业。

2. 营造创业育人氛围

（1）营造创新创业环境。学院将学生创新创业情况作为创新创业教育相关课程成绩评定、大学生素质教育评价的重要依据，加大帮扶家庭经济困难学生创业力度，倡导敢为人先、宽容失败的创新文化，树立崇尚创新、创业致富的价值导向，激发学生的创新创业热情。

（2）构建创新创业空间。学院广泛利用成熟开放的互联网创新创业平台，鼓励学生在淘宝、京东等电商网站开网店；办活学院大学生创业园，大力扶持优秀学生创业项目入驻孵化，吸引行业企业入驻并接纳大学生实习实训；充分利用地方政府资源，积极与地方企业对接，为学院学生实习实训、开展创新创业活动开辟新的空间。通过努力，在校生创新创业意识明显提高，创新创业项目显著增多，如电子商务相关专业学生创业覆盖率达100%。

（3）建设创新创业评价体系。学院通过建立国内先进的监控指标体系，构建了内容上囊括创新创业课程、实践活动、学生创业成功率和创业质量等指标，角色上包含学院、社会、学生三方面，时间上覆盖学生在校、离校实习、毕业后三个阶段的全方位、多元立体化的创新创业评价体系。同时，学院通过建立常态化的质量监控结果研讨机制，及时获取评价结果，不断完善创新创业教育体系。

（四）立德树人，完善人才培养

1. 重视综合素质培养

合肥职院在培养学生职业能力的同时，注重学生主体意识、参与意识和创造力的培养。在制定人才培养方案时除通过理论、实践教学提高学生专业技能水平外，学院还强调通过实践锻炼、生活体验、文化熏陶等方式提高学生的人文素养，在学生诚信教育、心理健康教育、社会实践和文明建设等方面取得突破。

2. 提高学生思想觉悟

学院以思想政治课为主渠道，以班级团支部为主阵地，开展形式多样的教育活动。如组织学生干部赴革命根据地开展红色教育主题活动、举办纪念建党 95 周年暨红军长征胜利 80 周年合唱比赛，引导青年学生继承和弘扬爱国主义精神，培育和践行社会主义核心价值观；开展大学生暑期社会实践活动和“三下乡”社会实践活动，增强学生社会责任感，坚定大学生跟党走的信念，培养服务社会意识。

3. 注重校园文化熏陶

学院注重专业技术能力与人文素质的有机结合，把营造校园文化氛围、提高学生综合素质作为重要教育工作。在基础建设中，学院加大校园文化景观建设力度，发挥文化育人的作用；拓展素质大讲堂，开展多种形式的宣讲活动，广泛普及社会主义核心价值理念，弘扬主旋律、正能量，在潜移默化中引领学生成长；以文明宿舍创建、文明用餐、中华传统经典诵读、书香校园等活动为载体，开展校园文明建设和优秀（传统）文化传承活动；举办青年志愿者、优秀校友报告会、大学生社会实践、社团文化节、体育文化节、五月鲜花合唱节、教职工联欢等丰富多彩的校园文化活动，不断增强师生员工的爱校、兴校意识，增强学院的精神凝聚力，在活动中打造校园文化精品。

三、体会与思考

作为一所创办于 21 世纪的年轻学院，合肥职院通过积极开展国际合作、努力拓展产教融合领域、全面推行创新创业教育、高度重视德育教育，在短短 15 年的办学历程中，取得了丰硕的办学成果，在人才培养和社会服务方面取得了良好社会效应，其经验值得借鉴。

（一）以立德树人为根本

培养有理想、有道德、有情怀、有文化面向世界的高素质技能型人才，不仅关系到学院未来“省内一流、国内知名”的建设目标，也关系到学院“学生成才、学者成功、学院成名”的理想追求。建校以来，学院一直将立德树人作为最根本的培养目标，作为学院一切教育教学活动的出发点和落脚点。

（二）以服务发展为宗旨

学院充分利用校内教育教学资源，充分发挥专业人才优势和“基地”、“中心”功能，为区域提供技术培训和技能鉴定等服务。2016 年，学院与安徽省安监局、省交通局、省运管局、省科技局、省住建厅和巢湖市市场局、白湖监狱等合作，并联合行业、企业开展专业技术培训和科技服务工作，为在校学生、企事业职工及出监教育人员鉴定3053人次，培训14280人次。

（三）以促进就业为导向

就业是学院教育工作的重要内容。近年来，学院一方面通过不断改革课程体系、教学内容和教学方式，大力倡导能力本位与素质本位并重，增强学生应对职业变迁的能力，提高学生的就业能力和可持续发展能力；另一方面积极整合社会资源，通过“政校行企”四方联动，与130多家企业和众多行业协会建立了合作关系，为学生就业提供稳定的保障。

（四）以能力培养为核心

学院不断完善实践教学环节，构建了以校内实验实训中心和校外实训基地相结合的学生实践网络：一方面，加大投入，提高校内实践条件，为培养应用型人才提供了真实的实训环境；另一方面，积极与社会企业行业合作，建设了包括江淮汽车、格力电器、合力叉车等企业在内的130余个校外实习实训基地。通过实验实训室和实训基地的建设，学院构建了基础性试验、综合性实验、设计性实验、开放性实验等多种形式的实验教学体系，为提高学生专业素养和实践动手能力提供了重要保障。

（五）以诊断改进为保障

学校积极吸收行业专家、企业、家长等相关人员参与学校教学质量的监控，建成内部监控主体与外部监控主体相结合，以学校为主体、教育行政主管部门引导，行业企业深度参与的机制。同时，树立全过程管理思想，严把招生、人才培养方案制定、教学实施、毕业生就业等各个环节，强化对实验、实训、实习等其他教学环节和教学过程的监控，构建由新生招录到毕业生就业的全过程监控体系。

（六）以网络学习为平台

学校鼓励教师利用网络空间完成备课、课堂教学、课后跟踪评价等完整的教学过程，并对教与学的全过程进行记录。师生间、学生间通过空间及时进行交流互动。空间教学打破教与学的时空局限，推动传统的封闭、灌输式教学方式向开放、互动式教学方式转变，同时以学生学习空间为载体，促进资源共建共享，形成职业教育数字资源“人人参与、共建共享”的格局，为学生终身学习提供机会。

案例二　佳木斯职业教育集团

——实体性集团化办学的探索与实践[①]

背景：

职业教育集团化办学符合职业教育改革与发展实际需求，是具有中国特色的职业教育办学模式。作为全国首家具有事业单位法人资格的实体性职教集团，佳木斯职业教育集团经过十余年的探索与实践，不断创新管理体制机制，完善人才培养模式，充分发挥“双上位”管理优势，走出一条实体性集团化办学之路，彰显了职业教育办学活力。

一、集团概况

佳木斯职业教育集团（以下简称“职教集团”）是佳木斯市委市政府秉承“大职教”的理念、创新职业教育办学模式于2007年组建的实体性职教集团。集团现有成员单位99家，其中本科院校2所、高职院校1所、中职学校15所、政府部门15个、企业53家、行业协会7个、科研机构4个、创业孵化园1个、博士后工作站1个。在53家企业成员中有34家佳木斯本地企业，覆盖了第一产业、第二产业、第三产业，体现了集团服务面向佳木斯区域发展的宗旨。

职教集团现有公共实训鉴定基地等实习实训基地90余个，教学仪器设备总值近1.2亿元，图书馆藏书49万册，教学资源丰富，满足了县域职业教育在师资、实训基地等方面的需要，带动了县域职业教育的发展。此外，佳木斯职业学院等归口省教育厅管理，佳木斯技师学院等归口省人力资源与社会保障厅管理。这种“双上位”管理制度，促使职教集团能够充分利用教育、人力资源和社会保障两大系统的政策，有利于推动职教集团进入快速发展通道。

二、集团化办学模式的探索与实践

职教集团紧跟区域经济发展需求，不断增强区域协同发展能力，形成政府主导型职业教育集团化办学模式，依据区位优势，搭建技术技能人才成长通道，扩大办学格局，提高职教集团综合服务能力。

（一）优化集团架构，创新管理体制机制

职教集团采取管理委员会领导体制，设立“四个委员会”，成立秘书处，实施“三层办学”，使得集团顶层设计架构清晰，管理体制机制完善，确保了集团良性运转（见图1-1）。

1. 设立“四个委员会”

“四个委员会”包括集团管理委员会、集团理事会、集团发展专家咨询委员会、集团发展行业指导委员会。其中，集团管理委员会是决策机构，是经市编制委员会批复成立的常设议事机构，统筹管理各成员学校的财务、人事、教务、学工、招生、后勤管理、发展规划等各项工作，

① 本文根据佳木斯职业教育集团官网信息及相关研究成果等公开资料编撰而成。

打破了原有职业院校分属教育、劳动、人事等部门的管理界限和学校类别界限，真正实现人、财、物的集中统一管理，为集团实体性运作打下了坚实基础。集团理事会是执行机构，由各成员单位代表组成，负责制定和修改章程、选举产生和撤销集团所设的工作机构、审议工作报告、审议集团理事会或常务理事会提出的议案、审议集团其他重大事项等。集团发展专家咨询委员会是咨询机构，由国内知名专家组成，为集团顶层设计、职教理念、教学改革、校企合作等提供智力支持。集团发展行业指导委员会是指导机构，由佳木斯市政府15个职能部门和7个行业协会组成，负责协调职教集团与各部门区域对接活动，并从各自角度为职教集团发展提供业务指导。

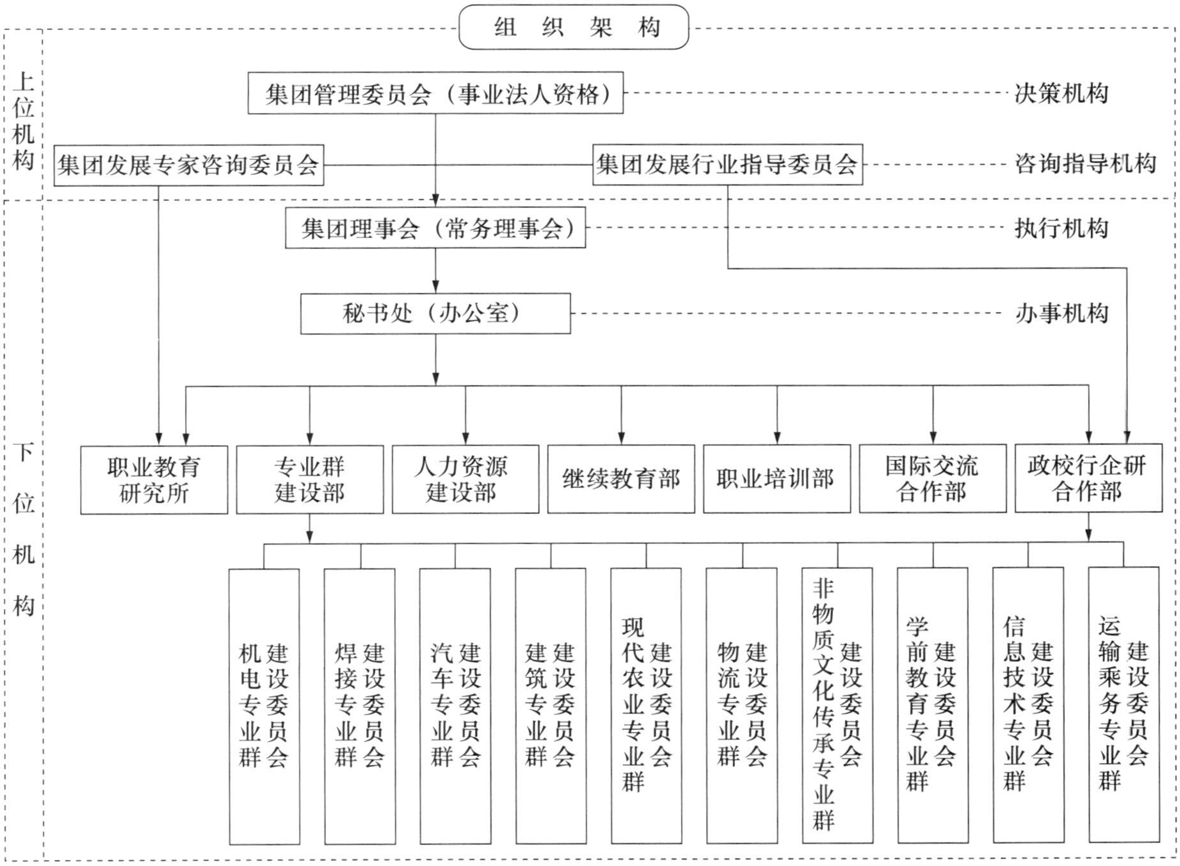

图1－1　佳木斯职业教育集团组织架构

2. 成立秘书处

秘书处是具体的办事机构，负责分解落实集团各项工作。秘书处下设7个部门，即政校行企研合作部、专业群建设部、人力资源建设部、继续教育部、职业培训部、国际交流合作部、职业教育研究所。其中，专业群建设部和政校行企研合作部指导建立10个专业群建设委员会，即机电、焊接、汽车、建筑、现代农业、物流、非物质文化传承、学前教育、信息技术、运输乘务10个专业群建设委员会，借助QQ群、微信群、集团网站等方式展开工作。

3. 实施“三层办学”

“三层办学”是指构建集团核心层、紧密层、联盟层，创新政府主导的实体性集团化办学模式。其中，核心层由佳木斯职业学院、佳木斯技师学院、佳木斯师范学校、佳木斯文化艺术职业学校等院校构成，是集团化办学实体性运作的基石。紧密层包括与集团探索混合所有制的企业、实施现代学徒制的企业、共办学院的企业以及开展订单培养的企业等。联盟层由科研院所、创业孵化园、博士后工作站以及集团发挥辐射带动，与其共办专业，形成联盟的各县、市（区）职业院校组成。

（二）推动中高职衔接，搭建成长立交桥

职教集团高度注重中高职衔接工作，通过多项措施提高中高职相近专业的相容性和衔接性。主管教学的管委会副主任、副院长、教务处长等重要领导组成中高职衔接工作小组，并制定《佳木斯职教集团中高职衔接工作实施方案》，统筹成员学校开启中高职衔接工作，搭建技术技能型人才成长通道。同时，建立教师队伍共建共享、实训基地共建共享、教学资源共建共享机制，推进中高职衔接。

职教集团按照《黑龙江省中高职衔接贯通培养试点方案》在13个中高职相近专业中确定数控技术、焊接技术与自动化等8个专业开展中高职衔接试点工作。依托“三个对接”完善中高职衔接制度，在人才培养目标对接方面，对8个专业分别制定出8套对接方案，明确中高职不同职业岗位、不同层次技术技能人才的知识、技能要求；在课程体系建设对接方面，8个专业按照分层递进，教学组织梯度推进，教学内容编排由浅到深的总体思路，确定公共课、专业课、顶岗实习与社会实践、拓展课程的比重和学时分配，构建中高职衔接的能力递进课程体系；在质量评价对接方面，职教集团加强与行业、企业、联盟学校、用人单位等多方互动，实施多方参与的评价制度，重点评价培养目标、课程体系等方面的对接效果。

（三）紧跟国家战略，提高辐射带动能力

职教集团为提高服务“龙江丝路带”国家区域发展战略和“中蒙俄经济走廊前导区”主体功能区战略能力，与日本、韩国、俄罗斯等国家职业院校开展合作，特别是与俄罗斯比罗比詹综合职业技术学院合作，双方建立常态互动机制，多次互派师生到对方学校学习交流，在合作中实现了互利共赢。同时，集团积极参加中欧志愿者合作交流项目，已接收三批来自法国、意大利等国家志愿者15人，为其提供学习中国文化的机会，并派出两批教师赴欧洲交流，参加青年就业能力提高研讨会。此外，集团于2016年9月承办第二届职教联盟大会，促进了集团化办学跨区域合作，扩大了集团影响力。

集团借助全市职教联席会议平台，积极与桦南县、汤原县、富锦市、同江市开展对接活动，助力当地政府打造品牌，扶持四地职教中心形成自身特色。如扶持桦南职教中心塑造了极具特色的新型农民培训体系，汤原职教中心走上了以培养生态旅游人才为主的办学之路等。这样，集团发挥了区域辐射带动作用，实现了“一县一品牌，一校一特色”的目标。

（四）完善培训体系，提升综合服务能力

为了给服务区域经济转型、产业升级、技术进步提供更多的技术技能型人才支撑，职教集团坚持做大、做强社会培训工作，从而构建了完整的劳动者终身职业培训体系。主要体现在四个方面：第一，开展“三多”培训，即面向集团内部和社会开展多形式、多层次、多技能培训，其中多形式包括职前培训、专业培训、学徒培训、在职培训、创业培训等；多层次包括初级、中

级、高级职业培训和其他适应性培训；多技能包括传统技能、社会急需技能等。第二，依托佳木斯市职业技能鉴定基地面向全社会开展职业技能鉴定、职业资格培训活动，累计投入设备2687台套，内设实训工位3208个，技能鉴定考核达到22万余人次。第三，依托公共实训基地平台承办职业技能竞赛。截至目前，集团已圆满承接国家、省、市级竞赛50场。第四，打造职业培训超市。由集团投入资金、设备，开发职业培训网站，市民可通过网络平台获取集团举办的各种职业培训和创业项目、师资配备、开班情况等信息，并可根据个人需要进行快捷报名，满足不同群体的培训需求，实现反哺社会的功能。

三、体会与思考

职教集团依托区域优势，与企业合作办学、开发人力资源，共享区域经济发展的各种资源和优惠政策，从而形成比较集中的整体效应，为全国职业教育集团化办学提供了借鉴思路。

（一）政府主导是职业教育集团化办学的关键

政府主导型职教集团通常是由区域行政管理部门牵头，整合行政区域内的职教资源，对接产业发展需要成立的职业教育联合体。政府利用自身职能对职教集团进行全程指导、协调，并在土地使用、税收减免、资产置换等方面给予强力支持。佳木斯职教集团从顶层设计出发，设立了管理委员会、集团理事会、集团发展专家咨询委员会、集团发展行业指导委员会及秘书处，不断完善体制机制，保证职业教育集团化办学的顺利实施。其发展历程证明，在政府主导下办学，由市级主要领导带头更能协调政府相关部门积极推进职教改革，促进集团化办学模式的实现，并提升职教集团的运行与管理效能。

（二）改革创新是实现集团化办学模式的动力

职业教育集团化办学是对区域职业教育资源的重组整合，是具有发展潜力的办学模式，有利于推动职业教育的可持续发展。职教集团办学模式创新能够实现成员的纵向沟通、横向联合和优势互补，是区域经济、行业产业和职业教育深层次对接的有效途径，能够充分利用多方参与整合资源，发挥自身主观能动性，顺应当地职业教育发展内在要求，推动现行职业教育体制和办学模式的改革。

（三）协同合作是职业教育集团化办学的活力

协同合作是创新整合各个要素资源在系统内的无障碍流动，职业教育集团协同合作有助于形成“人才共育、过程共管、成果共享、责任共担”的紧密型合作长效机制，促进资源共享和优化配置，推动职业院校、行业、企业共同探索“合作办学、共同育人”的办学渠道，提高技术技能型人才培养质量。佳木斯职教集团通过借助政府力量，发挥各成员优势，实现了学校、行业、企业的深度融合，促进了教育链和产业链的配套衔接，进一步激发了集团化办学的活力。

案例三　福建船政交通职业学院

——构建“12345”职业能力体系①

背景：

福建船政交通职业学院的前身为创办于1866年的中国近代官办第一所高等实业学堂——福建船政学堂，堪称中国近代职业教育的发端。建校100多年来，学院在继承船政办学理念和教育模式等优良传统的基础上，创新现代职业教育人才培养机制，积极构建“12345”职业能力体系，把学校建设成为特色鲜明、省内一流、国内知名的示范性现代职业院校。

一、学校概况

福建船政交通职业学院（以下简称“福建船政职院”）坐落于福建省福州市仓山区，占地面积600多亩，是经教育部批准成立的省属公办高等职业院校，也是全国首批28所国家示范性高等职业院校之一，曾培养出如严复、詹天佑、邓世昌、陈季同、萨镇冰等众多的仁人志士和民族英雄。

福建船政职院现设有航海技术系、轮机工程系、汽车运用工程系、机械工程系、道路工程系、能源工程系、信息工程系等15个教学单位，开设了涵盖当今公路、海运等领域的技术与管理专业及新兴的经济社会建设急需的专业63个，逐步形成以工为主，经管文多专业协调发展的专业格局。学院现有在校生13000多人，教职工837人，其中专任教师595人、副高级职称以上人员200人、国家级教学名师1人、福建省优秀专家1人、福建省高校教学名师13人。学院建有校内实训基地80个、实验实训室193个，拥有校外实习实训基地370个。

在100多年的发展进程中，福建船政职院秉承船政学堂“求是、自强、求实、创新”的办学精神，形成了“以工为主、依托行业、产学结合、厚德强技”的办学特色。学院的综合办学水平在福建省高职院校中名列前茅，先后荣获“全国职业教育先进单位”、“福建省职业教育先进单位”、“福建省级文明学校”（连续五届）、“福建省依法治校示范学校”、福建省“平安校园”等荣誉称号。

二、构建“12345”职业能力体系

近年来，福建船政职院积极围绕服务区域经济社会发展的中心目标，立足高职教育前沿，不断深化改革，从搭建平台、二元互动、创新举措、补短板、提升内涵等多个方面入手，积极构建“12345”职业能力体系，为福建经济社会发展培养了数以万计的具有良好职业道德、熟练的专业技能和可持续发展能力的，能够满足生产、建设、服务、管理第一线需求的高素质技术技能型专门人才。如图1－2所示。

①本文根据福建船政交通职业学院官网信息、中国高职高专教育网信息以及相关研究成果等资料编撰而成。

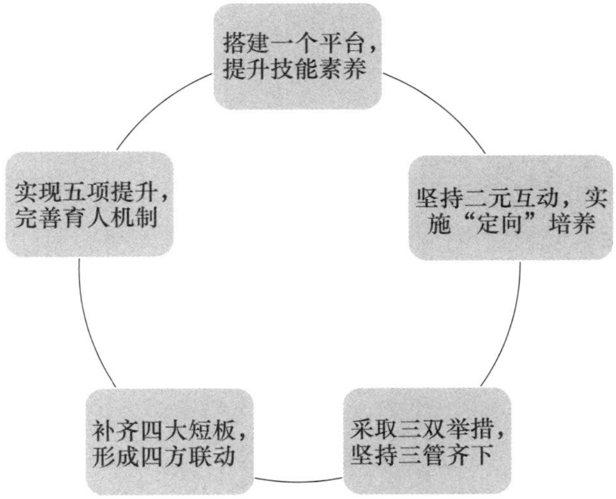

图 1－2　构建“12345”职业能力体系

（一）搭建一个平台，提升技能素养

福建船政职院以“班级、系级、院级、省级、国家级”五级技能竞赛为平台，出台了《福建船政交通职业学院专业人才培养方案管理规定》，提出以职业能力培养为主线，将技能竞赛纳入专业人才培养方案的实践教学环节，以常规教学平台和校企合作平台为依托，开展技能竞赛，提高学生对职业能力提升的积极性和实践效果，提升人才培养质量。在 2016 年全国职业院校技能大赛上，学院学生取得了一等奖 4 项、二等奖 8 项、三等奖 6 项的好成绩，连续三年在福建省参赛高职院校总成绩榜中位居第一，大赛的成绩直接表明学生的综合素质、精神面貌和实践能力有了明显的提高。

（二）坚持二元互动，实施“定向”培养

福建船政职院积极探索体制机制创新，带动校企二元合作办学。学院大力实行“订单式”人才培养，与丰田汽车、东风雪铁龙、苏宁电器、沃尔沃建筑设备等 20 多家公司长期合作，开办了“丰田 T－TEP 学校”、“雪铁龙班”、“苏宁班”、“沃尔沃班”；实行“定向”人才培养，与中国太平洋集团、中铝集团、福建路桥、交通控股等国内外大型企业合作，签订校企合作协议；探索职业教育集团办学，以福建省汽车职业教育集团、福建省交通物流职业教育集团带动，推动行业优势资源汇聚职业教育领域，促进人才培养。据统计，学院各专业产学合作企业数达 400 多家，合作开展的课程共 72 门，合编教材 58 部，技术服务收入 119.2 万元，为企业培训员工数达 35000 余人次，获企业捐赠仪器设备总值达 400 余万元。

福建船政职院专门设立校企合作办公室，加强对校企合作的质量、规范和层次的管理，确保产学合作专业覆盖率。校企共同开发的专业课程比例、共同开发教材比例、来自企业的兼职教师数等均有大幅度提升。

（三）采取三双举措，坚持三管齐下

一是“双师型”。福建船政职院采取“内培外引、专兼结合”的思路，一方面通过实施研修

培训、科研培训，引进行业精英、骨干，提高师资队伍水平，培养骨干教师；另一方面加大兼职教师库建设，采取制度激励等措施，完善人才结构，引领师资队伍发展。学校目前双师素质教师比三年前增加了8.44倍。

二是"双课堂"。近年来学院实践教学条件在省内均处于领先水平，校内实训基地80个，实验（训）室193个，校外实训基地370个，学生实践教学课时占比达51.43%。例如，航海技术、轮机工程技术专业结合船政学堂厂校一体，将"船舶搬到学校"，将部分教学内容放到合作企业行政管理生产船上，在船长、轮机长等指导下，进行生产性实训；学生到企业生产船的真实环境中实训，做到实境训教。学院将"课堂搬到船上"，从而实现人才培养过程"实境训教，无缝对接"。

三是"双证书"。福建船政职院要求学生毕业必须获得相应工种和岗位的技能证书或职业资格证书。学院大力推行"双证书"制度，校内职业资格鉴定站具有51个职业工种的鉴定考核资质，基本能够对所有专业进行相应的职业资格认证，并颁发国家、行业或企业资格证书，形成"招生、专业教学、职业资格培训与鉴定、就业推荐"一条龙的教育服务体系。2015年，学校毕业生职业资格证书（"双证书"）获取率达98.7%，位居省内高职院校前列。

（四）补齐四大短板，形成四方联动

一是着力补齐以师资队伍建设为主的内涵建设短板。福建船政职院加强人才引进，强化师资培训，打造双师队伍。实施"3+1"优化工程（教授工程、博士工程、双师工程+青年教师杰出计划）；加大兼职教师库建设，引进行业精英、骨干，提高师资队伍水平。

二是着力补齐福建产业结构转型升级和行业特点的专业结构调整短板。学院坚持针对性和实用性强的专业设置与课程体系的办学精髓，形成"以工为主、依托行业、产学结合、厚德强技"的办学特色。建立专业预警和动态调整机制，实行专业设置"正负面清单"制度。

三是着力补齐培养模式、教学改革滞后产业、行业、企业发展的短板。学院坚持厂校一体、工学结合的"做中教、做中学"的教学理念，根据产业特点实施各具特色的人才培养模式，如航海技术专业结合船政学堂"厂校一体"的培养架构，在课程体系中引进国际海事组织（IMO）职业标准及适任证书考试课程。

四是着力补齐校企合作、产教融合的短板。学院按照国家现代职业教育体系建设的要求，以牵头组建的福建省汽车职业教育集团、福建省交通物流职业教育集团带动，促进行业优势资源汇聚职业教育领域；推动校企联合建设创新科研平台，与企业开展双边、多边技术协作，共同开展和承担技术开发、新技术培训和推广等服务。近年来，学院承担省、厅、行业、企业科研及科技开发服务立项达200项，被评为"高校服务海西产学研优秀合作项目单位"。

（五）实现五项提升，完善育人机制

一是提升学生专业课程学习质量。福建船政职院紧紧围绕重点建设专业，摸索适合自己专业特点的人才培养模式。目前有6个中央财政重点支持专业和2个非中央财政重点支持专业。8个建设专业辐射带动了学校所有的专业群，构筑起了"一个保障，两路并进，四个支撑"（即以安全技术为保障，海路陆路同时并进，汽车、机械装备、物流、信息技术为技术和人才支撑）的具有鲜明交通群体专业优势的特色专业群。不断锤炼形成了"行业立校、质量兴校、文化铸校、人才强校"办学理念。

二是提升学生职业素养。学院秉承船政学堂“求是、自强、求实、创新”的办学精神，坚持德育为先、能力为重的育人思想，培育学生永不止息的创新与变革精神、精益求精的治学态度和注重历练的成才观，力求做到学生职业素养体系建设有课程、学习有课时、计量有学分、行为有考核、合格有证书的五重标准。

三是提升学生职业能力与行业需求的契合度。学院按照国家现代职业教育体系建设的要求，坚持在原松散型职教集团合作的框架基础上，探索推进紧密型职教集团建设。学院根据产业、行业、企业的实际需要，使人才培养目标和计划、课程体系建设、课程内容改革等与企业需求紧密对接，人才培养更精准、更贴近社会需求。

四是提升学生就业能力。麦可思调查报告显示，福建船政职院的毕业生在企业的发展价值倍增，毕业生对接工作岗位的适应性评价持续提升。2016 年毕业生初次就业率为 99.64%，毕业生就业率比全国同类交通院校高 2 个百分点以上，连续六年保持在 99% 以上。用人单位对毕业生满意度达 90% 以上，位居全省同类院校前列，荣获“全国普通高校毕业生就业工作先进集体”、“全国高职院校毕业生就业质量 50 强”等荣誉称号。

五是提升学生创新创业能力。学院改革创新创业服务机制，安排专项经费开展大学生创新创业培训项目，鼓励系部、职能部门探索高职高专创客教育模式，建设以科研团队、技术创新服务团队为主体、专兼职教师共同参与的众创空间，服务大学生创新创业。

三、体会与思考

经过多年辛勤不懈的努力和耕耘，福建船政职院各项事业取得了显著的成绩，获得了社会各界的充分肯定与广泛赞赏。良好的品牌效应使学校形成了报考率高、录取分数高、报到率高、就业率高、就业质量高的良性循环，为其他院校树立了健康、可持续发展的榜样。

（一）传承船政文化，凝练现代职教办学理念

福建船政职院高度重视培育现代高职特色大学精神，深入挖掘船政文化的精髓，将其归纳为“振兴中华的理想、兼收并蓄的思维、有容乃大的胸怀、知行合一的方法”。在继承船政文化传统的基础上，基于现代职业教育体系建设，学院遵循“以社会需求为导向，以能力素质培养为核心”的办学理念，坚持秉承船政、立足交通、服务社会、面向全国、开放包容、开门办学；创新“一体两翼”办学思路，即以全日制职业教育为主体，职业培训与社会服务并重；推行“政校行企四方联动，产学研用立体推进”的办学模式，坚持以工为主，交通行业优势专业群为支撑，经、管、文多专业发展，为国家培养高素质劳动者和技术技能人才。

（二）打造职教品牌，创新现代人才培养体系

学校品牌是学校的无形资产。提高学校的办学质量，要善于打造、宣传、经营学校品牌，进一步扩大办学影响，提高学校知名度。福建船政职院深入挖掘船政文化精髓，传承船政学堂“厂校一体、工学结合”的办学模式和强调“实践历练”的人才培养观，深化产教融合、校企合作，打造个性鲜明的船政职教品牌，不断加强内涵建设，坚持走产学研结合的办学道路，努力建设一所办学理念新、办学实力强、办学质量优、办学特色鲜明的国家示范性高职院校。在长期的办学实践中，学院形成了“三个融合”的品牌专业发展策略，即“产业—行业—企业”三融合，

解决为什么办专业，以及怎么办专业的问题，其中产业是基础，行业协会是纽带，企业是合作实体；“岗位—能力—课程”三融合，解决培养什么样的人才，以及专业如何进行课程体系设计的问题；“基地—师资—制度”三融合，解决怎么培养人才，以及如何有效利用校外资源的问题。

（三）坚持对外交流，拓展国际视野

福建船政职院秉承“以工为主、依托行业、产学结合、厚德强技”的办学特色，积极开展对外交流合作办学。学院与福建江夏学校联办“4＋0”应用型本科试点班，与重庆交通大学、长沙理工大学、集美大学、长安大学、兰州交通大学等合作开办本科学历、研究生学位的自考、函授教育。

作为首批对台先行先试校，学院与台北城市科技大学等20余所台湾职业院校签署了交流合作意向书，承担了闽台“校校企”联合培养人才等4项教育改革试点项目，先后选送64名教师、173名学生赴中国台湾高校研修学习，并接待了来自中国台湾高校领导、学者的来访计243人次，双方就闽台职业教育交流合作进行沟通交流，取得了良好成效。学院还与马来西亚林登大学合作举办“3＋2”本科教育项目，与德国BSK国际教育机构（BSK德国大学联盟）合作实施毕业生赴德专升本和攻读硕士学位项目，为广大学子构筑拓展国际视野、提升学识水平的立交桥。

案例四　上海农林职业技术学院

——探索服务都市现代农业之路[①]

背景：

随着农业现代化的加快推进，社会对农业实用技能型人才和职业农民的需求更加旺盛。一方面，农业高等职业院校的人才培养是服务现代农业的重要支撑；另一方面，现代农业的发展影响着农业高等职业院校人才培养的定位和方向。上海农林职业技术学院坚持为农办学方向，以培养适合上海现代农业发展的适应性农业人才为目标，积极探索“双主体”人才培养模式，为上海“三农”发展培养大批专业技术技能型人才，取得良好成效。

一、学校概况

上海农林职业技术学院（以下简称“上海农林职院”）在上海市农业学校的基础上于2002年4月建立，是上海市特色高职院校建设单位，现隶属于上海市教育委员会。目前，上海农林职院拥有松江主校区、松江泖港校区、奉贤海湾校区和浦东校区四个校区，其中，松江泖港校区是集现代生态农业、教学实训、社会服务于一体的上海市都市农林开放实训中心。校园总建筑（包括构筑物）面积17.5万平方米，在校生近4000人，教职工292人，专业教师中“双师素质”比例占83%。学院现设有园艺园林系、动物科学技术系、农业生物与生态技术系、农业经济管理系、农业信息工程系、基础部和思想政治理论研究部7个教学系部，开设20个专业，其中涉农专业占总数的80%。

作为上海市唯一一所以现代都市农业为特色的高等职业技术院校，上海农林职院秉承“为农服务、特色立校”的办学宗旨，弘扬“尚农、乐耕、生生不息”的校园文化精神，努力建设成为上海农业农村技术人才、经营人才、管理人才和新型职业农民的培养培训基地，为创建全国一流农林职业院校目标而努力奋斗，被誉为“全国农业职业教育研究基地”。

二、发挥农林院校优势，探索服务都市现代农业之路

上海农林职院立足服务上海“三农”，充分发挥农林院校优势，通过灵活调整专业结构、探索校企“双主体”人才培养模式、构建农耕特色校园文化、创新为农服务培训机制，逐渐探索出一条服务都市现代农业之路，为上海郊区新农村建设和经济社会发展提供强有力的智力支持和技术依托。

（一）促进专业和产业的对接

上海农林职院的专业设置和调整紧扣新农村建设和社会的需求，按照“特色立校、服务行业、动态调整、协同发展”的专业建设总体思路，围绕上海加快转变农业发展方式和加快推进

①本文根据上海农林职业技术学院官网信息及相关研究成果等公开资料编撰而成。

农业现代化的各项建设任务对人才的需求，制定《专业设置调整管理办法》，推进专业设置机制改革；建立专业建设预警机制，优化专业结构，实施专业优化布局调整工作，不断开发涉农新专业和新方向。"十二五"期间，学院在农业生产、农业服务、农业经营、农村管理、农业执法五大领域，先后开发建设作物生产技术、水产养殖技术、宠物养护与疾病防治、农业信息技术应用、农业物联网技术等涉农新专业，停招9个专业；重点建设以园艺技术、园林技术、动物医学、生物技术及应用专业为代表的农林特色专业群，加快农业经济管理、农业信息技术应用专业建设，形成具有农林特色的"种植类、养殖类、农业经济类、农业工程类"专业格局，构建了与上海"三农"发展需求相适应的专业结构体系。如表1－1所示。

表1－1　　上海农林职院各系专业（2016年）

院系	园艺园林系	动物科学技术系	农业信息工程系	农业经济管理系	农业生物与生态技术系
专业名称	园艺技术 种子生产与经营 作物生产技术 园林技术	动物医学 宠物养护与驯导 水产养殖技术	计算机网络技术 设施农业与装备（农业物联网技术方向） 软件技术（农业信息技术方向） 软件技术（软件测试方向）	农业经济管理 商务管理 休闲农业 旅游管理	药品生物技术 农产品加工与质量检测 环境工程技术

上海农林职院坚持以质量为核心的内涵式发展。以上海市市级特色高等职业院校建设和"085"工程项目建设为契机，学院从人才培养模式改革、实验实训条件建设、师资队伍建设、社会和技术服务四个维度，进一步加大投入，准确定位人才培养目标，不断加强园艺技术、园林技术、动物医学、生物技术及应用、农业经济管理和农业信息技术六个特色专业的内涵建设，专业建设水平得到进一步提升。以园艺技术专业为例，学院已逐步将原有专业教学内容调整为服务都市现代农业发展的种源农业、创汇农业、生态农业、设施农业和观光农业，形成了与都市现代农业产业化生产相适应，覆盖种植业产前、产中、产后全过程的专业特色。

（二）构建校企合作"双主体"

1. 建立基于"双主体"的人才培养模式

上海农林职院积极探索优势互补、需求对应、互利共赢的校企合作途径，与上海五四有限公司在培养农业高技能人才方面开展校企合作试点"五四班"，推行校企"双主体"人才培养模式改革，实现人才培养的全过程、多环节与行业企业的零距离接轨，为提高上海现代农业人才培养质量发挥了重要作用。

校企"双主体"人才培养模式强调学校、企业双方在人才培养中的主体地位，校企双方共同实施对高技能人才的培养，并在各环节上制定了管理运行制度，确保人才培养的质量。在三年的培养过程中，课程设置、教学内容开发和时间安排等方面完全根据企业需求、生产季节和生产过程相结合。学生有两种身份，即企业"准员工"和学校学生。其中，学生在学习期间享受企业提供的"准员工"工资和福利待遇；企业对学生培养也更有责任感，学生毕业后立即成为企业的正式员工。

2. 构建“五轮工学交替”教学组织模式

上海农林职院关于涉农专业人才的培养计划完整而且针对性强，表现为对学生要掌握的知识、技能与能力有明确的目标要求，合理设置课程、学时、学分分配比例等，并且独立设置实践教学环节和专业技能考证安排，确保培养出适用性强的涉农专业人才。特别是在教学组织安排上，设计出“五轮工学交替”的教学组织安排形式。以园艺技术专业人才培养为例，校企共同设计“五轮工学交替”教学组织模式（见表1－2），即第一、第二学年分别有两轮工学交替，第三学年有一轮工学交替。在企业教学时间安排上，学生第一学年累计有2个月、第二学年有6个月、第三学年有9个月在企业培训和工作。学生无寒暑假，享受企业员工的放假制度。随着学生掌握的专业技能越来越多，在企业实施教学的时间也越来越长。多轮工学交替的安排，既有利于学生循序渐进地适应企业环境，又能使学生多次经历农业生产周期，在多个工作岗位进行学习和锻炼[①]。

表1－2　“五轮工学交替”的教学组织安排

月份	9	10	11	12	1	2	3	4	5	6	7	8
第一学年	学院	学院	学院	学院	企业	企业	学院	学院	学院	学院	学院	学院
第二学年	学院	学院	学院	学院	企业	企业	学院	学院	企业	企业	企业	企业
第三学年	学院	综合实训	企业	企业	企业	企业	企业	企业	企业	企业	企业	—

根据“五轮工学交替”的教学组织安排，公共课、专业平台课主要由学院教师承担，在学院安排教学；与岗位生产任务对接的项目化专业课主要由企业兼职教师承担，在企业安排教学。双方共同在企业生产区域安排了教学场所，配备必要的教学设施，利用企业的生产性资源进行人才培养，在企业建立“厂中校”，将实践教学贯穿于人才培养全过程。

3. 深化“双主体”，推进现代学徒制试点

“现代学徒制”是将“手把手教”的传统学徒制融入了学校教育，由企业和学校共同推进的育人模式，是职业教育校企合作深化的一种新形式，是校企合作“双主体”的升级版。在入选教育部首批现代学徒制试点单位后，上海农林职院在总结“双主体”教学班和“订单班”经验的基础上，在园艺技术、农业经济管理、农业信息技术等专业先行试点现代学徒制工作，与农业龙头企业光明食品集团上海五四有限公司以及上海农业信息有限公司合作，成功开设五四园艺班、五四财务班、农信班3个现代学徒班。现代学徒制班实行校企联合招生、联合培养，形成校企“双主体”育人、学校教师和企业师傅“双导师”教学、校企共同设计人才培养方案、共同实施教学管理和考试评价的育人格局。学院以此为突破口，紧密联系农业行业，推进校企深度融合。截至2016年底，学院开设的现代学徒班与校企“双主体”合作班已达到20余个，初步形成了规模效应。

（三）塑造农耕特色校园文化

上海农林职院以“尚农、乐耕、生生不息”的校训引领校园文化建设，以优化校园功能布

①张海娜：《农业高等职业院校人才培养模式研究——以上海农林职业技术学院为例》，上海交通大学硕士学位论文，2014年。

局为基础，以丰富多彩的文化活动为载体，使师生浸润在浓郁的农耕文化氛围中学习、生活，逐步形成“尚农乐耕生生不息，博学悟道源远流长”的校园文化氛围。

1. 营造农耕文化氛围

学院创作校歌《尚农之歌》，设计凸显“尚农乐耕”精神的校徽，建造农耕文化展示馆、农耕文化长廊、雕塑等。其中，农耕文化展示馆集农耕文化展示、动植物标本展示、70 多年建校历史展示为一体；雕塑主要是一些著名农学家或师生群像等，把古代、近现代农业人物的思想、学术等方面的标识有机地融合其中，弘扬农业传统文化。此外，学院还有计划地进行校园围墙、门廊、庭院、道路、主题广场和水系统的改造和建设，开展校园景点、楼栋命名、楹联征集活动，在宿舍、教室、实验室、图书馆等公共场所营造农耕文化氛围。

2. 开展涉农文化活动

学院按照“大型活动届次化、精品化”的活动思路，开展富有农林特色、学生参与面广的文化、体育、艺术活动。学院积极举办“上农之春”文化节，创作话剧《三农有梦，青春无悔》，开设上农精英学术沙龙，邀请“三农”行业的领军人物来校作报告，鼓励各系组织面向全校介绍农业领域先进技术的学术报告会。由此，上海农林职院已初步建成了“农耕文化浓郁、农林职教氛围浓厚、农林实训工场凸显、农林生态观光”四位一体的校园文化形态，农林办学特色凸显。

（四）创新为农培训服务机制

1. 开展为农培训工作

上海农林职院结合上海市“千名专家服务基层行动”、上海市“085”工程重点专业建设以及上海市特色高职院校建设技术服务和社会服务项目，组建园艺园林技术服务队等 6 支科技服务团队，利用实训基地资源，开展科技咨询与宣传、技术培训和技术指导等服务工作，推进各类农业职业技能培训和鉴定。学院开展的“三农”服务培训活动主要有：实施“上海郊区农村劳动力职业教育三年行动计划”项目培训；为农业产业化企业开展企业战略管理、人力资源管理、品牌战略、现代营销战略培训；为农民专业合作社开展财务管理、市场营销、农产品质量安全与认证等专业培训；为发展农业旅游开展“农家乐”餐饮管理、客房服务管理等方面的培训；为村级“为农综合服务站”开展农业技术推广、农业生产资料、农业信息、农机服务岗位培训等。

2. 推进农村继续教育

在新农村建设进程中，一批农业生产第一线的专业农民、农业规模经营带头人以及农村管理人员必将成为新农村建设的主力军，提高这支主力军的素质和能力就成为扎实推进新农村建设的重要环节和根本保障。学院依托现有教育合作办学平台，继续推进农业基层干部及一线科技服务人员的学历和综合素质提升，统筹与依托学院优质教学资源推进服务区域农业从业人员的农业继续教育，设立新型职业农民培训专项经费，建立新型职业农民教育培训制度，推进新型职业农民培训。

三、体会与思考

上海农林职院自建校以来，始终坚持为农服务的办学特色，找准农林职业教育服务都市现代农业的“点”、“线”、“面”，切实对接上海现代农业发展对人才的需求，逐步打造出农林类高职教育品牌，为其他同类院校的发展提供了借鉴与参考。

（一）特色立校，为农服务特色明显

上海农林职院始终高举农林职业教育大旗，努力建设成为上海农业农村高技能技术人才、经营人才、管理人才的培养基地。学院以"为农服务"作为特色立校，积极调整人才培养目标、课程设置内容等，使其更加符合现代农业人才的需求，为农服务特色明显。以软件专业为例，学院调整后的培养目标为培养具备基本的农业设施及设施农业生产基本知识，熟悉传感器、无线传感网络技术等物联网技术，掌握网络配置、实施与维护基本技能，具有农业物联网基本项目应用开发能力，在农业物联网工程项目中能从事物联网施工、物联网系统集成、物联网服务平台搭建、物联网系统管理以及物联网应用开发等一线岗位工作需要的知识型、发展型技术技能人才。

（二）资源整合，推进专业结构调整

上海农林职院积极调整专业建设的总体发展方向，主动调研市场需求，及时掌握农业发展方式转变对人才需求的新情况，找到原专业与上海农业经济企业的交叉融合，以资源整合为切入点，大力推进专业结构调整，增设涉农新专业，逐步取消非涉农专业或优化原有专业。同时，上海农林职院还重视社会需求和人才培养质量调研分析，委托第三方开展社会调研，准确评估专业设置的有效性，正确反馈市场内的职业岗位需求，健全专业预警和退出机制。

（三）面向就业，扩大企业订单培养

一直以来，上海都存在着农业企业高技能人才招聘困难的问题。由于社会、历史、地缘等各种原因，上海院校的涉农专业较少，涉农专业学生招生困难，而且在校涉农专业的学生就业对口率较低。上海农林职院通过广泛地宣传和推广订单式培养，采用"双主体"的人才培养模式，重视学生的就业和职业发展，涉农专业的招生和就业情况得到明显改善，提升了学生对现代农业的认识和对专业的学习热情，改变了许多学生和家长对上海"三农"发展的观点，同时也为企业输送了许多农业人才。

案例五　贵州航天职业技术学院

——让走出去的人都有一技之长[①]

背景：

职业教育迎来蓬勃发展新时期。作为地处西部大开发地域的企业办职业院校，贵州航天职业技术学院立足遵义，面向市场，坚持特色、规模、质量、效益统一协调发展，逐步建设成规模、结构、质量、效益协调发展，行业特色明显、专业特色突出、社会效益优良的工科高等职业技术院校。

一、学校概况

贵州航天职业技术学院（以下简称“贵州航天职院”）由原贵州航天职工大学和原贵州航天高级技工学校于2000年合并组建而成，是由贵州省人民政府批准组建的第一批高职院校之一。经过17年的建设发展，学院已成为集高职、中职、成人教育和社会培训为一体的综合性学院。

贵州航天职院设有“七系四部二中心”，其中，“七系”是指机械工程系、汽车工程系、电子工程系、计算机科学系、经济管理系、建筑工程系、基础科学系，“四部”是指社会科学教学部、成人教育部、培训部、中职教学部，“二中心”是指贵州航天高级工培训中心以及贵州航天安全技术中心教育教学部门；共开设高职专科类专业50个，中职类专业13个；全日制在校学生共计12000余人；在岗教职员工390人，其中专任教师200余人、副高及以上职称50余人。学院高职类毕业生就业率连续10年保持在95%以上，中职毕业生就业率超过98%。

贵州航天职院不断研究与探索职业教育的办学规律，现已成为国家和省级高技能人才培训基地、国务院扶贫办“雨露计划”示范基地、贵州省制造业信息化培训基地、中华全国总工会全国职工教育培训示范点和国家职业资格考试考点、贵州航天高级技工培训基地、贵州省特种作业专业人员培训基地、遵义市下岗失业人员和大学生“创业”培训基地、红花岗区和汇川区农村剩余劳动力转移培训与再就业培训基地。“十二五”期间，学院累计培训各类人员60000余人。

二、立足区域发展需求，探索技术技能人才培养之路

贵州航天职院致力于践行“以立德树人为根本，以能力培养为主线，以职业技能为重点，以学生就业为导向，以服务区域为目的”的现代职业教育理念；充分发挥航天精神和工科为主的比较优势，以建设持续支撑区域经济发展不可或缺的高等职业教育为远景目标；以ISO9000质量管理模式为抓手，树立以满足用人单位需要作为评价教学优劣的质量观，对教育、教学、管理、服务实施全面质量管理；将“特别能吃苦，特别能战斗，特别能攻关，特别能奉献”的航天精神辐射到职业能力和职业素养培养上，大力培养政治合格、专业扎实、技能过硬和德、智、体、美全面发展的高素质技术技能型人才，让每一位从学院走出去的人都拥有一技之长；力争把

①本文根据贵州航天职业技术学院官网信息及相关研究成果等资料编撰而成。

学院建成培养高技能人才的典范，成为贵州乃至西部地区具有示范和引领作用的特色高职院校。

（一）立足区域经济，优化专业设置

1. 专业设置立足区域发展，突出人才培养优势

贵州航天职院紧密结合区域社会经济发展需要，扩大专业群建设成果，构建合理的专业结构，建立专业动态调整机制，适时调整专业设置、专业方向、培养目标、教学内容与课程体系等。学院强化专业特色和品牌意识，加大现有特色和重点专业的改革与建设，突出和巩固专业特色，同时紧盯市场需求，紧跟区域产业发展趋势，开设大数据和新能源汽车检测与维修等热门专业。此外，学院鼓励教师积极实施一体化教学、与行业企业合作编写教材、开发教学资源，推进课程与教材建设工作。

2. 实施重点专业建设工程，服务地方产业升级

贵州航天职院充分认识到职业教育必须与行业企业接轨，必须融入行业企业和区域经济，深化产教融合。为此，学院转变办学思路，实施以专业建设服务产业能力提升和产业转型升级为要义的重点专业建设工程，成立了重点专业群建设领导小组，“模具设计与制造”与“应用电子技术”并制定了相关管理制度，用专业与专业群建设引领学院内涵建设。贵州航天职院现已全面完成两个中央财政资金支持的国家级重点专业建设；“汽车检测与维修技术”、“软件技术”和“酒店管理”三个院级重点专业建设项目。通过充分发挥国家重点专业建设项目的示范带动效应，辐射形成相应的专业群，夯实了学院的内涵建设，提高了办学质量。

（二）加大开放力度，深化校企合作

1. 开放办学，深化对省内外的开放程度

贵州航天职院不断加强与省内外兄弟院校、企业、科研院所的交流与协作。学院以“云卫通”项目为突破口，加大产教融合“平台、载体”建设工作；推进校企深度合作，借助中德诺浩等优质合作企业，引入O2O（线上线下）和“翻转课堂”等现代化教学方式，探索、实践“大师工作室”及现代学徒制，夯实生产性实训基地建设成果；继续做好中高职衔接工作，扩大学院办学影响，拓展生源渠道；加强国际交流与合作，紧跟贵州省推动教育国际化要求，抓住“中国—东盟教育交流周”契机，寻求合作机遇，探索国际合作办学。

2. 订单式培养，推进校企深度合作

目前，贵州航天职院开设的高速铁路动车乘务、国际邮轮乘务、航空服务、航空机电设备维修等专业分别与厦门中海航、北京翔宇等相关公司签订合作协议，采用订单式的联合培养，学生入学时就与企业签订就业合同，签约率达100%。除教师到企业学习外，学院还聘请有丰富经验的企业工程技术人员、专家到学院给学生授课。机械制造类相关专业实施“引厂进校”人才培养模式，企业利用学院设备到校内建设“工厂”，结合学生技能训练进行产品加工生产，学生以学徒身份在“师傅”指导下学习技术技能，实现校企深度合作。另外，学院还到企业投资“进厂办学”，把实训场地直接建到企业，校企双方共派师资，让学生在实际的工作岗位上学习知识、锻炼技能。

3. 重视就业质量分析，提高人才培养质量

编制和发布毕业生就业质量年度报告，是提高教育质量的一个重要抓手和举措。贵州航天职院高度重视毕业生就业工作，积极总结毕业生就业经验，凝练学校特色，不断促进招生、人才培

养、就业创业的协调发展。学院认真安排布置，借助其他高校成熟经验，准确分析学院毕业生就业质量，为学院融入区域经济、引导专业结构调整、创新培养模式、优化就业服务提供有力参考依据。

（三）强化社会服务，助力产业发展

借助贵州省“加速发展、加快转型、推动跨越”的历史机遇期，贵州航天职院进一步强化服务意识，提升服务水平，全面融入贵州省发展大局，积极开展非学历教育、短期培训、技能鉴定等工作；紧跟贵州省大数据、电子商务和大健康的发展趋势，重点打造一批“职业技能培训”服务品牌。此外，学院还充分发挥国家和省级高技能人才培训基地、国务院扶贫办“雨露计划”示范基地、贵州省制造业信息化培训基地、贵州航天高级技工培训基地、遵义市下岗失业人员和大学生“创业”培训基地等资源的作用，结合区域农村剩余劳动力转移培训与再就业培训基地的发展要求，依托专业优势，积极开展社会培训，发挥学院工科办学在遵义地区的引领作用，拓展学院为地方经济建设服务的领域和能力。学院每年向社会输出的高技能人才约为3000人，累计培养各学历层次、工经管类专业和技术工人60000人，以优良的教学质量，为国防事业建设和地方经济社会发展作贡献。

三、体会与思考

提高人才培养的质量是职业院校改革发展的重要目标。贵州航天职院立足区域经济发展需求，通过优化专业设置、深化校企合作和强化服务意识等多种方式，培养了一大批高素质技术技能人才，服务区域经济社会发展。

（一）打造优质教育资源

贵州航天职院根据区域特点，以专业建设为重点，提升要素质量、创新发展形式、扩大优质教育资源的总量和覆盖面，提高区域高等职业教育的均衡程度和社会认可度。在内涵建设上，对标教育部高等职业教育创新发展行动计划和职业院校管理水平提升行动计划，贵州航天职院安排部署了以重点专业群建设为代表的“9+1”“优质学校”三年建设工程。学院“职责归位、勇于担当”的目标责任制管理考核体系初见成效，干部和教职工精神饱满，离退休工作得力，学生工作稳定有序，各项工作推进有力有为。另外，贵州航天职院不断加强与规模以上优秀企业的合作，探索与信誉良好的国际组织、跨国企业以及职业教育发达国家开展交流与合作，积极引进一切优质教育资源，培养“中国制造2025”需要的不同层次人才。

（二）增强院校办学活力

贵州航天职院创新人才培养模式，不断增强院校办学活力，提高学院对市场的适应能力和自主发展能力。在新的机遇与挑战面前，学院以“新校区、新机制、新模式、新作为”理念为引领，以新机制、新模式创建为重点，更新教育观、发展观、事业观，贯彻在教育教学改革的所有领域、所有方面、所有环节，落实到提高办学活力和办学水平上，科学谋划、强力推进，确保学院整体工作有突破性进展。学院抓住新校区建设和搬迁机遇，致力于办学体制机制创新，高起点定位学院未来，高标准定位学院特色，深入推进人才培养质量提升工程和管理水平提升工程，争

取再造一个办学特色明显，服务行业和区域能力突出的、引领作用彰显的“新学院”。

（三）加强技术技能积累

贵州航天职院服务区域、产业发展的需要，加强教师队伍建设，加强应用技术的研发、传承、应用能力，提高培养人才的水平和技术服务的附加值。学院加大开放办学力度，深化校企合作，采用订单式培养，开展“现代学徒制”试点，校企共建实习实训基地，不断加强学生的技术技能积累。学院重点服务产业转型升级需求，主动适应数字化、网络化、智能化制造需要，围绕强化工业基础、提升产品质量的目标，培育能从事制造业相关的生产性服务业的高级技术技能型人才，满足社会人才需求。

案例六　安徽省汽车工业学校

——"四轮"驱动办学，探索发展新路①

背景：

安徽省汽车工业学校坚持服务社会而创、依托产业而建，抢抓发展机遇，不断更新理念、转变思路；实施"四轮"驱动办学，在"办学特色化、师资专业化、服务社会化、环境职业化"四个维度上积极探索技术技能型人才培养的创新之路，实现边办学、边建设，推动学校由规模向质量、由一般向特色、由普通向精品的"三个转变"，为安徽省经济社会发展，特别是汽车等现代制造业发展培养了大量专业人才。

一、学校概况

安徽省汽车工业学校（以下简称"安徽汽车学校"）是安徽省教育厅直属的公办国家级重点中专学校，创办于1979年，前身为安徽省机械工业干部学校，1997年经安徽省政府批准更改为现名，2016年获批设立安徽汽车应用技师学院。

安徽汽车学校有两个校区，分处于合肥市双凤开发区和庐阳产业园内，占地总面积400亩，建筑面积近12万平方米，集教学、实训、驾训、生产于一体，是安徽省首个突破万人办学规模的中职学校。学校现有教师220多名，其中，专任教师180人；在专任教师中，省级骨干教师40余人，具有高、中级专业技术职称的教师占80%以上。学校现开设有汽车制造与检修、汽车运用与维修、机电技术应用、数控技术应用、计算机动漫与游戏制作、汽车电子技术应用、汽车车身修复等20多个专业，其中汽车运用与维修专业是国家首批示范专业；办学层次学制有"3+2"五年制高职、三年制初中专、二年制高中专，以及合工大自考本科班、合工大自考专科班、电大专科班和吉林大学远程函授班。学校是教育部计算机应用技术证书考试（NIT）培训基地（考点）和北航海尔CAXA大学（CAD/CAM）教育培训中心，设有省级职业技能鉴定所，可独立为在校生、毕业生、社会从业人员提供各类技能培训、技能鉴定并颁发相应等级证书。

建校以来，安徽汽车学校先后获得"全国职业技术学校职业指导工作先进学校"、"国家级重点中专"、"全国职业教育先进单位"、"全国首批中等职业教育改革发展示范学校"、"全国教育系统先进集体"等荣誉称号。在构建现代职业教育体系的新形势下，学校主动对接产业发展，以内涵建设为重点，深化教育改革，强化科学管理，全面促进建设发展、改革创新、稳定和谐，力争实现办学"线"做长、"面"做宽、"质"做高的新目标。

二、"四轮"驱动办学，推进改革创新

安徽汽车学校坚持以服务为宗旨，以就业为目标，以技能为本位，以质量为保证，着力提高学生职业综合素质，"四轮"驱动办学，在专业建设、师资队伍建设、对外开放办学、校园文化

①本文根据安徽省汽车工业学校官网信息及相关研究成果等公开资料编撰而成。

建设等方面取得重大突破。

（一）办学特色化——专业建设与产业进步合拍

安徽汽车学校坚持专业服务产业，围绕区域经济发展、产业发展推进专业建设及课程改革，将主干专业的改革创新与皖江城市带承接产业转移结合起来，适时优化调整。学校将汽车制造加工向技术服务延伸、将汽车前市场向后市场拓展，整合已有专业3个、开设新专业（方向）8个；对传统汽车制造工艺进行定向培养，与钣喷、空调、检测诊断等现代汽修技术等进行精准对接；根据新能源、机器人、车联网等技术在汽车制造领域的应用及时更新专业课程。学校牵头编制全省汽车专业教学指导方案，立项建成3门省级和3门市级精品课程，成功申报2个国家级、5个省级课题，编写3本中职创新示范教材。

学校建立校企“双主体”育人机制，聘请企业工程师、技师参与制订教学计划和人才培养方案，将企业产品安排到实训教学中，让学生感受到企业生产、管理的全过程；联合职教集团内行业企业专家和本地教育教学专家，加强专业课程体系建设、教材编写、教学资源库建设和实践实训教学，完善学生学业水平及专业技能水平的考核标准。安凯、奇瑞、星马等合作企业主动对接学校参与学校专业建设，并先后送来车桥、发动机、变速箱等专项拆装设备供学生动手实操，帮助学生岗位技能达到企业规定的要求。学校引入社会评价机制，邀请企业专家进校考评学生，实施“考教分离”，并将学生的顶岗实习表现、技能鉴定成绩等纳入考评中。

学校按照中高职衔接、构建现代职教体系要求，与吉林大学、合肥工业大学、中央电大、安徽职业技术学院、安徽工商职业学院等高校合办远程、自考助学、“3+2”等多形式本、专科教育，开办中德、中韩汽车职教特色项目，为学生可持续发展提供更多选择空间。

（二）师资专业化——梯队建设与教学改革共进

安徽汽车学校以师德师风建设为前提，以“双师素质”队伍建设为核心，以理实一体化教学改革为抓手，坚持“培养为主、引进为辅、专兼结合”的原则，保证教师既拥有较高的专业知识水平，又具备较强的技术能力，保障教学与生产同步。

安徽汽车学校实施“专业带头人培养”、“骨干教师培训”、“兼职教师资源库”和“教师评价体系改革”4项建设计划，以带动教师队伍整体素质和教学水平提升，实现“师德高尚、师能精湛、师表示范”等质的提升。学校根据所任专业课程组建教研组，建立实训指导教师与专业理论教师结对互帮制度，有方向、有重点、有保障地开展师培工作。例如，学校组织专业教师赴国外参加专业培训，参加国培、省培项目，赴企业学习调研和专业实践等，鼓励教师提升自身学历。

此外，学校引入集团行业企业技术骨干和具有丰富从业经验的人员参与到学校教学和科研中来，搭建校企人才直通车，做到校内专业教师与校外兼职能工巧匠比例协调，力争实现企业行业技术骨干与学校教师无障碍沟通交流。

（三）服务社会化——交流合作与市场需求同步

安徽汽车学校率先组建安徽省首个职教集团——安徽汽车职业教育集团，积极发挥联合办学的示范辐射和带动作用，把互助合作深入到省内县（区）职教中心，扩大到西部地区，助推城乡、东西部职教一体化发展。

学校以帮扶推动合作，以合作促共进，为安徽省中职学校培训汽修专业骨干教师300多人次，向同类学校分享相关经验成果100多批次。在职教对接皖江城市带、对口支援皖北（沿淮）、老区（山区）的过程中，学校努力帮扶阜南、界首、全椒、金寨等20多所县职教中心开展专业建设；在对口支援藏南、松潘和新疆等省外职业教育的过程中，接受新疆内职班学生来校就读，选派骨干教师赴皮山支教。

另外，安徽汽车学校坚持对接行业企业，实行“任务引领、职业情景、项目驱动”等工学结合、理实一体模式。学校引进通用AYEC、奔腾钣喷、博世机修、丰田TEAM－21、庞贝捷PPG、斯比克SPX等多个校企合作特色培训项目，建立了20多个校内实训实验室和40多个校外实习基地，为省内企业年均培养输送了2000多名适用的技术技能型人才，为属地合肥工业园区企业提供职工培训、零件加工、技术支持、自考助学等服务，实现校企“双向服务、互惠共赢”的合作效果。

（四）环境职业化——校园文化与工业文明相映

在校园文化建设上，安徽汽车学校积极践行社会主义核心价值观，营造带有浓厚生产性的职业环境氛围。学校大力举办由企业冠名并参与的校企技能文体艺术节，依托校办工厂，为安凯股份等车企提供零部件加工生产；建设汽车文化广场，用生动形象的雕塑艺术展示汽车工业文明发展史；在教学楼每个楼道制作汽车文化长廊，以耳濡目染的方式向学生传递汽车文化知识；在实训楼分区域建设企业文化长廊，让学生随时随地感受工业文明及企业文化；在学生公寓内布置学生行为规范展板，为学生熟悉职业规范打下良好基础。

同时，学校在校内推广现代企业“7S”管理模式，开设汽车文化课程，举办汽车模型展、模拟4S店和优秀毕业生报告会，组建汽车专业学生兴趣社团，建设汽车营销实训室，组织师生参加职业技能大赛，力求师生的一言一行、一招一式都能体现职业素养，实现专业知识与岗位能力的无缝对接、实训与实习的有机衔接。

三、体会与思考

安徽汽车学校主动适应区域经济社会发展变化，紧跟产业技术升级，加速职教改革，以办学模式创新促进产教融合，以培养方式转变推进校企合作，以教育质量提升强化工学结合，以职业精神养成固化知行合一，在人才培养和社会服务方面取得了良好社会效应。

（一）动态调整专业设置，服务地方产业

职业教育具有区域发展性，职业院校的一大使命就是为地方经济服务，为区域产业发展提供人才支撑。要想实现职业院校与社会需求的零距离对接，就需要根据当地产业结构合理设置和调整专业。安徽汽车学校重点发展汽车运用与维修、汽车制造与检修、汽车电子技术应用、汽车车身修复、机电技术应用、数控技术应用等相关专业，形成独具特色的汽车专业体系，并建立产业引领和需求驱动的专业动态调整机制。学校的专业建设对接产业发展，并全面融入产业链，为区域经济社会发展提供技术支持和人才保障。

（二）加强师资队伍建设，提升教学质量

教学团队的建设是学校教学质量和水平提升的突破口，建设一支专兼结合、数量足够、素质

优良、结构合理、相对稳定的职业教育教师队伍，是实现职业教育跨世纪发展和改革的奋斗目标，是使职业教育的规模和质量适应社会主义现代化建设需要的根本保证。安徽汽车学校实施“专业带头人培养”、“骨干教师培训”、“兼职教师资源库”和“教师评价体系改革”四项师资队伍建设计划，提高了师资团队整体素质和教学水平，形成学校独特的竞争优势。

（三）深化对外交流合作，提高人才匹配度

目前，职业教育面临的一个突出问题是：对企业来说，学校培养的人才缺乏实践经验，毕业之后不能满足企业的需求；对学生来说，学生拿到了毕业证书却找不到工作。最终导致企业招不到人，学生又找不到工作的尴尬局面，形成了人才的“虚过剩”。而对外合作与交流正是解决这个难题的有效方法。安徽汽车学校通过校企合作、校校合作以及集团化办学等提高了人才培养与市场需求的匹配度。一方面，学校加强校企合作，与企业分享实训基地、科研、师资等专业资源，为专业人才培养提供保障；另一方面，利用专业优势为企业和社会提供员工培训、技能鉴定等社会服务，为汽车机械企业培养合格人才。另外，学校牵头组织成立安徽汽车职教集团，先后与30所县级职教中心开展“1+2”模式联合办学，实现了成员学校间的互利共赢。

（四）主动融入企业文化，营造职业环境氛围

校企双方是利益休戚与共的合作关系，在思想认识上要表现出主动融入的姿态，校企文化对接创造最佳育人条件。在校园文化建设过程中，安徽汽车学校以安徽汽车职教集团为平台，以校企合作、联合办学为载体，及时引入和渗透企业文化，有效对接企业文化，实现培养目标同社会需求的统一、专业教学同社会实践的统一、学生学习同就业的统一，从而使学生早日领略到企业文化的内涵、要求与特点，培养学生的主人翁精神和敬业精神，为顺利实现由学生到企业员工的角色转换打下基础。

第二章　深化校企合作　培养专业人才

校企合作不仅是职业院校培养技术技能型人才的必要环节，更是职业教育与产业发展紧密结合、协同促进、双赢互惠的必要形式。产业转型升级以及智能制造战略和创新驱动发展战略的实施，对技术技能人才提出更高要求，职业教育迎来新挑战。职业院校需要深化校企合作，推动产教融合，探索人才培养新路径、新模式，提高人才培养质量。

案例一　湖南交通职业技术学院

——探索校企合作新路径①

背景：

湖南交通职业技术学院根据不同专业人才培养的特点，采用不同的人才培养模式，创新了“秋去春回，工学交替”的培养模式。学院借鉴德国先进职教模式，整合湖南本土资源，不断调整专业及课程体系来适应和服务区域经济的发展，实现教学质量和内涵的不断提升。

一、学校概况

湖南交通职业技术学院（以下简称“湖南交通职院”）创建于1956年，是湖南省交通运输厅直属的国家示范性高等职业院校，是国家技能型紧缺人才培训基地（汽车）、交通部工程机械实训基地、湖南省汽车实习实训基地和交通部全国公路管理干部培训基地。

湖南交通职院对接“交通基础设施建设—交通运载工具运用—智能交通平台—交通运输服务”交通产业链，按照“专业基础相通、技术领域相近、职业岗位相关、教学资源共享”原则，构建交通土建技术、汽车技术服务、智能交通技术、交通运输服务4个交通特色专业群，工程机械运用技术和建筑工程技术2个其他特色专业群，未来还将适时建设水运工程专业群。学院现有专业29个，其中，4个中央财政重点支持建设专业、6个省级精品建设专业以及2个省示范性特色专业、2个省特色专业；拥有2个中央财政支持的实训基地、4个省级实训基地。学院现有全日制在籍学生1.2万余人；专任教师592人，其中高级职称248人，研究生学历和硕士以上学位273人，“双师型”教师占专任教师比例达到93%。

湖南交通职院坚持“立足交通行业，面向市场经济，服务富民强省”的办学定位，秉承“厚德树人、技能立业、特色兴校”的办学理念，坚持“好品德、好技能、好使用、好形象”的育人标准，以交通特色专业群建设为核心，以师资队伍建设、治理能力建设为重要支撑，整合各方资源，激发办学活力，推动产教深度融合，实现校企协同创新，不断追求卓越，打造职教品

①本文根据湖南交通职业技术学院官网及高职高专教育网官网等公开资料编撰而成。

牌，为交通运输事业发展和区域经济建设培养高端技术技能人才。

二、探索校企合作新路径

（一）创新人才培养模式

湖南交通职院根据不同专业大类的人才培养特点，以就业为导向，改革人才培养模式，积极探索和实践“秋去春回，工学交替”的培养模式。

“秋去春回，工学交替”模式是学院道路桥梁工程技术专业根据南方“春夏多雨，秋冬干燥，企业工程施工主要集中在秋季”的特点所实施的人才培养模式。第一学年在校完成跨职业学习领域和职业基础学习领域内容，第二学年上学期到施工单位先由工程技术人员进行岗前培训，然后进行定岗实习，从事道路及桥梁的施工测量和工程材料试验等工作，培养其现场测量及材料试验的操作能力。第二学年下学期返校系统学习职业学习领域内容，初步掌握了道路桥梁现场施工程序、知识后，第三学年上学期到施工现场，在现场施工技术人员的指导下实践按图施工，经过一个秋天的顶岗实习，使学生具备独立处理现场施工技术问题的能力。第三学年下学期，学生再返校完成职业拓展领域的内容学习。如图 2－1 所示。

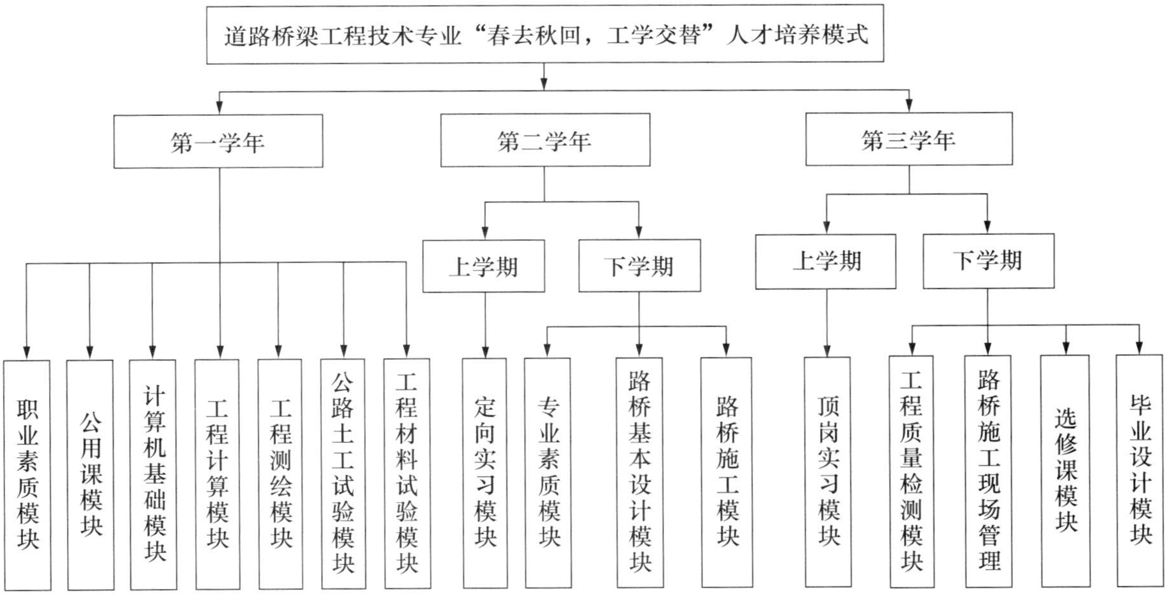

图 2－1　“秋去春回，工学交替”人才培养模式

（二）探索校企合作新路径

湖南交通职院立足交通行业，对接品牌企业，探索校企合作的新路径，推动产教深度融合，把教学、生产、服务、应用有机结合起来，实现校企合作机制和人才培养模式的协同创新，不断提高人才培养水平，稳步提升毕业生就业创业质量。

1. 坚持就业导向，调整优化专业结构

学院坚持就业导向，积极跟踪交通运输事业发展对技术技能人才的需求，构建了交通土建技术、汽车技术服务、智能交通技术、交通运输服务四个重点交通特色专业群。同时，学院持续实施“三随三调”的专业发展动态调整机制，即随市场需求变化调整专业招生规模、随用人标准变化调整人才培养规格、随企业岗位能力要求变化调整课程体系和课程内容；建立并实施招生—培养—就业联动机制，让就业倒逼招生，在专业设置、招生计划调整、经费安排与就业状况适度挂钩方面的举措成效明显，对就业率连续三年低于本校平均就业率或低于全省本专业平均就业率的专业，缩减招生计划和培养规模，修改专业方向或予以撤销。

2. 坚持产教融合，实现校企互通互融

学院瞄准企业生产实际，借助上海大众、智能物流产业园等大批知名企业和重点项目，通过“校中厂”，把企业引入校园、产品引入实训、工程师引入课堂；通过“厂中校”，让教师进入车间、学生进入工段、教学进入现场。由此实现校企之间的四个互通互融。

一是校企信息互通互融。学院建立毕业生求职资料库及用人单位信息库，搭建校企合作一站式网络平台，加强与各地区、各行业、各机构的交流合作。二是校企人员互通互融。学院实施“百名教师下企业”项目，跟踪行业企业新技术、新工艺，反馈到课堂教学中；与企业共同开发教材（见表2－1），并持续开展“百名技师进课堂”项目，促进校企合作育人。三是校企设备互通互融，打造校企共同体。四是培养标准互通互融，学院的人才培养标准与企业的人才需求标准匹配。学院充分利用校企互融的办学优势，依托交通运输职教集团，部分专业与世界500强及业内领军企业建立了良好的用工合作关系（见表2－2）。

表2－1　部分专业与企业或相关机构共同开发的教材情况

专业	与企业共同开发的教材
道路桥梁工程技术专业	《桥梁施工设计》、《道路工程检测》、《工程力学》等
工程机械应用技术专业	《工程机械液压系统检测》等
物流管理专业	《仓储实务》、《运输与配送实务》、《物流营销与客户服务》

表2－2　学院部分专业与企业合作情况

专业	主要合作企业
工程机械应用技术专业	三一重工、中联重科、中铁轨道系统集团等6家企业
汽车运用与维修技术专业	一汽丰田、北京现代、兰天汽车集团、湖南永通汽车城等20家企业
智能交通技术运用专业	湖南省高速公路管理局等5家企业

（三）体验“德版”职教模式

2011年4月，在中国教育部与德国国际合作机构（GIZ）的支持和推动下，我国启动实施中德职业教育汽车机电合作项目（SGAVE），SGAVE项目由GIZ和领先的德国汽车制造商（奥迪、宝马、奔驰、大众和保时捷）提供支持，旨在在中国培养汽车电气机械师，主要涉及专业内容及其在教学法方面的实施，以满足中国对现代汽车技术不断增长的需求。湖南交通职院作为此项目全国首批5所试点高职院校之一，从2011级汽车运用技术专业学生开始实施SGAVE项目，通过中德合作选拔培训专业教师、共同开发教学资源、合作推行行动导向教学模式，在教师职教能力、学生培养质量、校企合作深度三方面获得提升，扩大了中德SGAVE项目的影响力和传播力。

1. 中德合作选拔专业教师

学院通过遴选考试、赴德国培训、认证考试等环节，分批选拔培养专业教师，使任课教师熟知德国职业教育教学法、教学论、SGAVE项目教学大纲结构和内容，具备较强的职教能力和专业技能。

2. 中德合作开发学习领域课程

由奥迪股份公司牵头负责，会同奔驰、宝马和保时捷等8家德系车企的技术培训专家及试点院校教师合作开发“SGAVE课程”。该课程体系分为汽车及其系统的维护与保养、发动机机械机构的诊断与维修、电气系统和能量/启动系统的诊断与维修、发动机管理系统的诊断与维修、传动系的诊断与维修、底盘和制动系统的诊断与维修、替代燃料驱动系统的诊断与维修、维修站中的沟通与互动八个学习领域，每个学习领域又由多个学习情境组成。SGAVE课程具有以客户为导向、以实践为导向和以能力为导向三个特点。

3. 营造真实工作过程的教学场景

学院以现有的良好校内汽车实训基地为支撑，由大众、宝马、戴姆勒、保时捷、奥迪等德系汽车公司通过赠送、租赁、低价出售等方式为学院提供配套整车及相关教学设备，再配备多媒体、网络等教学设施，为教学活动提供了充足先进的教学设备，营造教室、车间一体化的教学场景。

4. 实施行动导向教学模式

SGAVE课程的八个学习领域按照能力要求由简单到复杂的递进关系安排教学进程，采用理实一体行动导向的教学模式，使教学活动接近真实的工作场景。学习情景呈现完整的工作过程，每个学习情境以客户委托为载体开展教学，让学生了解该部分涉及的汽车系统会出现什么样的问题，出现这样问题的原因，该如何解决等。在课堂上，教师以客户的名义提出一个个问题，让学生去思考、去解决，在思考中明白原理，在动手中学会思考。

在教学过程中，教师注重培养学生的实际操作的专业能力、小组合作的社会能力、查阅资料和执行计划的方法能力、独立工作的个人能力，采取实操一对一单独考核方式，以任务为载体，让学生通过“制订计划、资料查阅、准备工作、独立操作、实施检查、最终评估”完成学习任务。

学生在处理客户委托，完成完整的行动过程中，从结构、原理、检测方法等方面入手，在行动中思索并学习，接受委托书、准备材料、确定诊断方法、检测故障到最后执行评估交付车辆、进行5S。一个学期下来，学生完成了若干客户委托，将这种工作模式反复训练，形成有计划、有步骤的行事作风，自身能力也逐渐提升。教师在教学过程中的吩咐命令减少，学生能主动进行教学场景布置、分配工具和设备，成为教师的好帮手，学生的综合能力也得到锻炼，更能适应德系中高端车经销店的工作环境。

5. 签订学生实习三方协议

学院在校举行SGAVE项目经销商经理信息日活动，邀请长沙株洲的奔驰、奥迪、宝马和保时捷等8家德系车经销商经理以及德方代表参加。在活动期间，学院向经销商经理宣讲中德项目背景，并与经销商、整车厂代表针对学生企业实习三方协议、实习周期报告、内部培训任务和培训证明等文件进行讨论，为学生企业实习做好准备。学院与位于长沙的大众、宝马、戴姆勒、奥迪等8家经销店及实习学生签署三方协议，明确各自的权利、责任与义务。学生在企业实习中由企业培训教师和培训负责人指导和管理，由学院负责监管。

三、体会与思考

（一）坚持特色，增强办学活力

湖南交通职院突出交通行业特色，以交通特色专业群建设为核心，构建"4+2+1"的专业群办学体系，主动服务湖南"四化两型"建设和交通运输"四个交通"建设，把职业教育与经济社会发展紧密联系在一起，增强办学活力，提高人才培养质量，提升社会服务能力，力争把学校建设成有特色、高水平、国内一流的卓越高等职业技术学院。

（二）校企合作，共同培育人才

湖南交通职院根据不同专业人才的培养特点，以就业为导向，开展人才培养模式改革创新，创造性地推出"秋去春回，工学交替"的人才培养模式，为学生提供良好的实践锻炼机会，有助于提高学生的实践能力；通过"校中厂"和"厂中校"建设，推进产教融合，实现校企之间的互通互融。人才培养做到了学校与企业、学校课堂与工作场地、教师与企业员工、学生与企业员工的融合，实现校企双方之间的良性互动，有效增强了学校的办学效益和人才培养质量。

（三）中外合作，提高教学水平

一些发达国家和地区的职业教育发展经验丰富，值得我们借鉴、学习。湖南交通职院抓住机遇，借鉴德国职业教育模式，引进德国的职业教育教学法、教学论和相关课程体系等优势资源，创新教学场景和教学模式，提高教学水平；与德系汽车企业深入合作，把品牌汽车企业的培训模式深度融入学校的教学活动，着力培养学生的综合能力，为学生的职业发展提供更多的机会。

案例二　江苏工程职业技术学院

——实业与教育迭相为用[①]

背景：

江苏工程职业技术学院是一所拥有百年历史的普通高等院校，学院坚持以“学生为本”的教育理念，弘扬张謇“学必期于用”、“用必适于地”的职教思想，不断深索工学结合的人才培养模式。学院以服务地方经济社会发展为己任，大力推进“产学研”一体化建设，积极为社会提供培训服务和技术服务。学院秉承对外开放的理念，成立了中澳合作的南通纺织职业技术学院堪培门学院，积极开展国际交流合作，不断增强办学水平和影响力。

一、学校概况

江苏工程职业技术学院（以下简称“江苏工院”）是一所省属公办全日制普通高等院校，创办于1912年，前身是由著名教育家张謇先生创办的我国第一所纺织专门学校。学院坐落在江苏省南通市，占地面积573232平方米，建筑面积283632平方米。学院教学设施齐全，装备比较先进，教学手段科学，现代教育技术得到广泛运用，基本实现了图书的信息化和电子化。

学院拥有全日制在校学生1万多名，是一所以工科为主的综合性高校。设有纺染工程学院、机电工程学院、商学院（社会管理工程学院）、艺术设计学院、服装设计学院、建筑工程学院、航空工程学院7个二级学院和素质教学部。开设有42个专业（方向），其中，拥有国家示范性高职院校重点建设专业4个。

学院秉承“以学生为本”的教育理念，实行思想素质、人文素质、科学素质、职业素质“四位一体”的素质教育，弘扬张謇“学必期于用”、“用必适于地”的职教思想，不断探索工学结合人才培养模式，积极与企业实行教学、科研、生产等方面优势资源的集成与整合，在办学方向、专业设置、课程开发、师资培养、实验室和实训基地建设、人才培养等方面展开全面合作。

二、“实业与教育迭相为用”的百年老校

（一）产教“共生”：从“厂中校”到“校中厂”

江苏工院1912年由张謇先生采用“厂中校”形式创办，是典型的诞生于实业中的职业院校。百年来，学校坚持“实业与教育迭相为用”的办学理念，与纺织业、航空业、制造业和建筑业等产业企业开展广泛合作，形成了产教“共生”的办学特色；同时，学校不断加大与政府的合作，探索出“校中厂”的合作模式。如2013年，学校与海门市政府合作，通过“地校一体、合作共赢”合作机制，由海门市政府部门投资5亿元，建成了具有“校中厂”特征的海门港生产性实训基地。具体合作项目如表2－3所示。

---

①本文根据江苏工程职业技术学院官网信息及相关研究成果等资料编撰而成。

表 2 -3　　江苏工院合作项目一览表

序号	合作政府/企业名称	合作项目名称
1	南通海门市政府	海门港生产性实训基地
2	江苏联发集团	江苏工院联发高端纺织创新中心
3	南通经信部门、浙江瓦栏文化创意有限公司	中国（南通）家纺设计交易平台
4	华夏航空工程技术有限公司	办学实体南通航空培训中心
5	库卡机器人（上海）有限公司	工业机器人实训基地、库卡机器人江苏应用与培训中心
6	江苏省住房和城乡建设部门、江苏中南建设集团、龙信建设集团	江苏省（南通）建筑产业现代化实训中心

（二）内涵建设："有德之材才是可用之材"

1. 人才培养模式："知行并进，学做合一"

为了提高学校办学水平和人才培养质量，江苏工院探索出"知行并进，学做合一"的人才培养模式。该培养模式为：搭建政校企协同育人平台，校企两个主体双向参与推进工学交替和产学研合作，通过提供真实的工作环境或通过模拟真实的工作环境，让学生"感同身受"，完成学习性工作任务，接受职业训练，获得工作经历，养成现代社会所需要的工作价值观和态度，从而顺利地进入职业生涯，并能顺利地应对未来社会职业环境不断变迁挑战，实现自我职业生涯的可持续发展。其培养模式主要内容如图 2 -2 所示。

2. 课程体系："双基导向"

江苏工院围绕课改目标，积极推进"双基导向"课程建设，即基于"社会生活过程导向"开发公共课，基于"工作过程"开发专业课，通过"全课程育人"，打造"道德学术，俱属优美"的职业人。

基于对"公共基础课程和专业课程相互补充、相互支撑、相互转化，融为一体，以完整的高职课程体系支撑着高素质技术和技能型人才培养目标的实现"的深刻认识，学校设计了由思想政治教育、身心健康、审美与人文、就业与创业、生活通识与通用技能类课程群构成的公共基础课程子体系。借鉴"基于工作过程"的专业课程开发理念，分析提炼出大类专业及各方向具有共性要求和个性要求的典型工作任务，以学习性工作任务为载体，构建了专业"平台 + 方向"的工学结合课程子体系。逐步形成"双基导向"的高职课程建设范式，构建了"文化素养养成与专业技能培养有机融合"的课程体系，如图 2 -3 所示。

3. 师资队伍：全方位改革

江苏工院通过全方位系统化的教学改革，打造了一支师德高尚、理念先进、教学水平高、实践教学能力强、专兼结合、结构合理的师资队伍。学校以提升教师教学能力为着力点，成立了教学促进与教师发展中心，搭建了"校内通识培训、企业工程实践、国内师资培训基地和国（境）外短期研修"四级提升教师能力和专业实践能力的教师教学发展平台，以系列专题活动为载体提升教师教学设计和教学实施能力，助推教师追求卓越教学；依托先进网络信息技术，建设具有辅教助学功能的"数字化学习中心"和"SPOC 学院"，推进"混合式"教学模式改革，成功获批为"网络教育数字化学习资源中心建设"项目职业院校分中心；在建校 100 周年之际，学校还

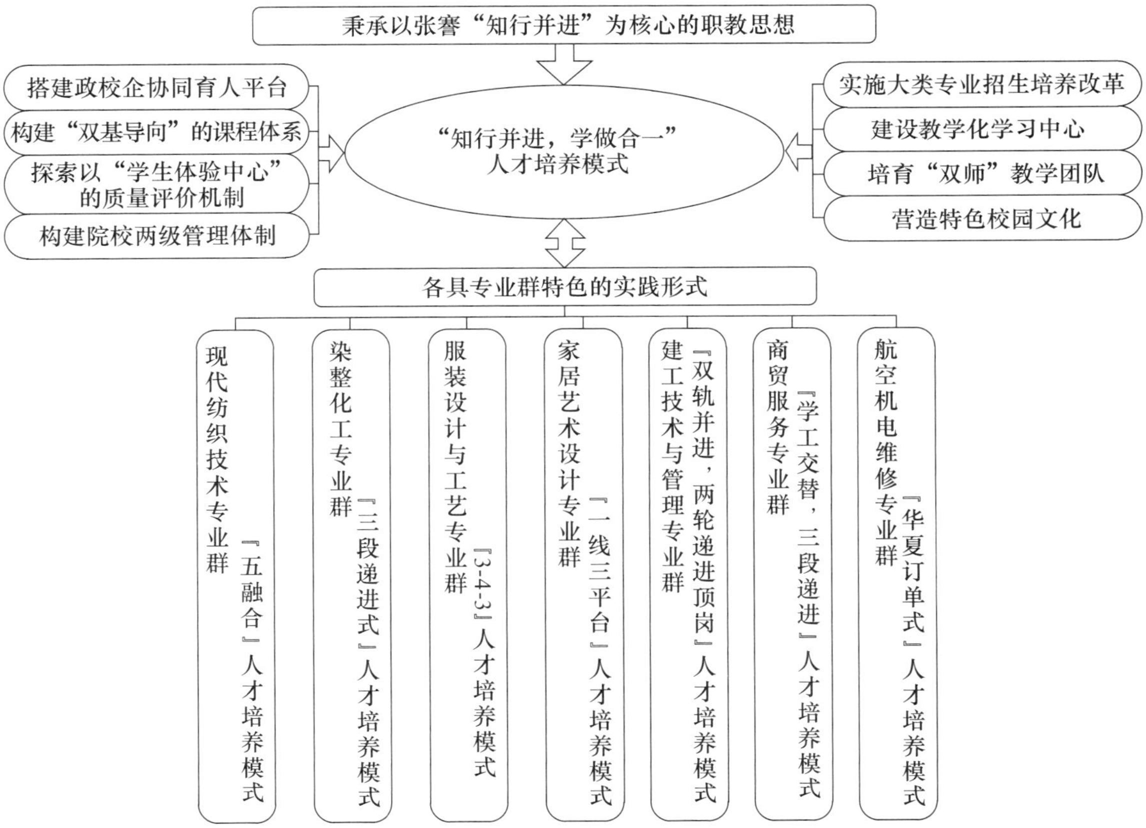

图2－2　“知行并进，学做合一”人才培养模式示意图

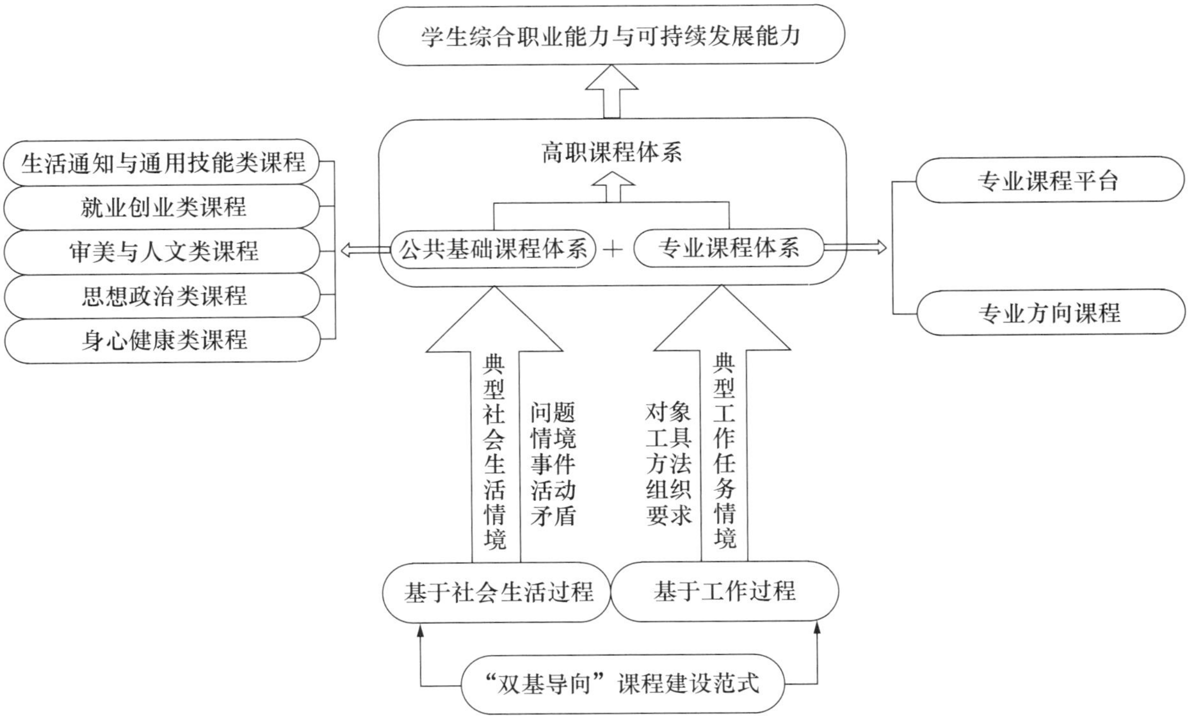

图2－3　“双基导向”课程建设范式示意图

建设了由“张謇职教思想陈列馆”、“沈寿刺绣传习馆”、“中家纺艺术馆”和“南通色织土布技艺馆”四个特色分馆组成的多功能展馆——文博馆，弘扬优秀纺织文化，传承张謇职教思想。

（三）产教共赢：以实业辅助教育，以教育改良实业

张謇先生曾提出“以实业辅助教育，以教育改良实业”的理想，强调实业兴国。江苏工院秉承这一理想，一方面，将教育与产业协同，充分发挥知识的外溢性效应，培养实用型人才；另一方面，通过学校的人才培养和技术研究，助力产业发展和科技成果向现实生产力转化，最终达成产教“共赢”。

江苏工院面对南通抢抓长三角一体化、江苏东部沿海开发两大国家战略优势叠加的机遇，统筹利用和合理配置学校资源，对接地方主导产业，提出“地方经济社会的增长点在哪里，专业就办到哪里，专业建设不仅要跟着社会跑，甚至要领着社会跑”的发展思路。学院针对南通“3 + 3 + N”产业体系建设举措，从专业共生发展、资源整合共享着手，通过淘汰落后专业、整合传统专业、培育新兴专业，形成了以纺织服装、建筑工程管理等传统优势专业为主干，以工业机器人、新能源装备、航空机电与电子等社会急需的新兴专业为特色，艺术设计、生物制药等专业协调发展的专业格局，实现专业结构的整体优化，增强了学校专业与南通经济社会发展的契合度。

三、体会与思考

作为有百年历史的职业院校，面对新环境、新变化，江苏工院通过准确把握机遇、适时变革，创造出令人瞩目的成就。总结其办学经验，以下几点或者可以为国内相关院校提供参考。

（一）“三机制”夯实就业工作基础

学院高度重视毕业生就业工作，按照国家、省市相关文件要求，以学校管理体制改革为契机，全面落实“一把手工程”负责机制，实行大部制和校、院两级管理，形成就业工作的校、二级学院、班级三级管理网络；以学校专职和兼职师资队伍建设为抓手，确立完善就业工作优先保障机制，补充完善校、二级学院招生就业部门人才队伍，并通过加强师资队伍培训，提高工作人员素质。同时，学校始终坚持就业工作年度经费不低于全校学生应缴学费总额1%的标准，保证就业工作的开展。

（二）“三平台”整合优化社会资源

学院积极发挥国家示范高职院校的引领作用与辐射效应，以江苏纺织服装职业教育集团为纽带，通过打造全程化“三择”职业能力培养平台、政校企“三方”协同合作交流平台、网络化“三元”就业信息服务平台，集成与整合优质资源，实现多方共赢局面，取得了可喜的成效。

（三）“三项措施”保障不同群体就业

学院通过鼓励创业教育实践措施、帮扶就业困难群体措施和促进国家就业项目措施“三项措施”，科学化分类培养。主要表现在：充分挖掘校本文化，积极用张謇创办民族工业、追求“实业救国”、“教育救国”的业绩和精神对学生开展创业教育；对经济困难型学生，实施“订单培养”或“定向培养”和奖学金帮扶；引导毕业生响应国家号召，积极投身基层和部队，锻炼

实践，服务社会。

（四）专本分段校企合作一体化

专本分段的人才培养目标是培养具有后续发展潜力的高素质技术技能型人才，既不同于高职的技术技能型人才，也不同于传统本科的理论见长型人才。专本分段人才培养模式下，高职与本科必须树立人才可持续发展以及终身职业发展的理念，课程体系应按照一体化进行设计，其中，学生能力设计特别是实践能力模块的系统性设计和训练需要企业的紧密参与，教学进程的设计和监控必须通过行业、企业的良性互动来实现。江苏工院在校企合作共同参与"理事会管理机制"的基础上，建立"两校一企"的三方互动平台和校企双方信息沟通、资源共享的循环反馈机制，以建筑工程技术、现代纺织技术和服装设计三个专业为例试点专本分段人才培养，培育专业技术人才。

案例三　陕西职业技术学院

——体制机制创新引领校企合作发展[①]

背景：

近年来，随着国家、社会对职业教育愈加重视，许多职业院校纷纷开展大规模的改革创新活动，以提高自身的办学水平和教学质量，培养出更能适应经济发展、社会建设所需的技能型人才。陕西职业技术学院借助国家大力发展职业教育的机遇和地方政府的支持，创建陕西城镇建设职业教育集团，积极推动校企合作体制机制创新、创新人才培养模式等，采取多项创新措施，推进学校改革和发展。

一、学校概况

陕西职业技术学院（以下简称“陕西职院”）是一所全日制公办普通高等学校。学院设有财经学院、建筑工程学院、艺术与学前教育学院、汽车工程学院、航空服务学院、电子商务与现代物流学院、计算机科学系、旅游系、管理系 9 个二级院系和思想政治理论课教学科研部、基础课部、高等职业教育技术研究所 3 个教学科研单位。学院拥有优良的实践教学条件，校企共建了多个融“教学、实训、培训、服务”于一体的校内仿真实训基地，开设了 17 个订单班。学院在校生 11000 余名，教职工 735 名，现有省级教学名师 4 名，省级普通高校教学团队 2 个。

学院重视师资队伍建设，现有省级教学名师 4 名，省级普通高校教学团队 2 个。学院遵循“专业建设与专业群协同、专业建设与产学研协同、专业建设与周边产业及文化资源协同”的原则，不断深化教学改革与创新，形成了独具特色的人才培养模式。学院牵头组建了陕西城镇建设职教集团和白鹿原大学城高校联盟，形成了“职教集团化办学、园区联盟式发展”的办学格局和政、行、企、校“四方联动”的校企合作机制。学院重视素质教育，坚持把校园文化建设与人才培养目标和学生成才需要相结合，培养多才多艺的复合型人才，大力推行“校企合作、工学结合”的教育教学模式改革创新，促使人才培养质量和水平稳步提升。

二、以体制机制创新引领校企合作深入发展

校企合作是我国高职教育改革和发展的基本思路，也是高职院校生存发展的内在需求。作为国家示范性骨干高职院校，陕西职业技术学院在建设过程中，积极推行“政府主导、企业参与、学校自主、适应需求”的办学模式，建立起政府宏观调控、理事会主导、系部与企业共同实施，行业协会等广泛参与的管理体制，形成“人才共育、过程共管、成果共享、责任共担”的校企合作长效机制，不断创新人才培养模式，提高了人才培养质量，走出了一条适合自身发展、融入行业企业、服务社会发展的特色道路。

---

①本文根据陕西职业技术学院官网信息及相关研究成果等资料编撰而成。

（一）创新人才培养模式

为适应陕西大力发展旅游产业需要，学院及时转变思路，通过创新人才培养模式，初步构建校企合作、工学结合、企业全程参与的“政、行、企、校”四方联合的人才培养机制。陕西职院不同院系人才培养模式有所不同，表2－4对三个院系不同人才培养模式进行了划分。

表2－4　不同院系人才培养模式

院系名称	人才培养方式	主要内容
旅游系	工学结合、三段递进	突破课程开发模式，由校企合作进行课程开发，提高课程的针对性与适应性；突破传统课程教学模式，变传统教学模式为工学交替、任务驱动、项目导向、顶岗实习等教学模式；突破课程教学评价方式，采用过程考核和终结性考核相结合、校内成绩考核与企业实践考核相结合的考核方式，广泛吸收企业专家和学生参与教学评价
建筑工程学院	工学交替、三段递进	依据认知规律和职业能力成长规律，将人才培养过程分为三个阶段，实施工学交替，按三个阶段能力递进组织教学
计算机科学系	2＋0.5＋0.5	学生在校学习两年，主要学习文化基础知识、专业基础知识、基本技能训练及人文素质的培养；在企业岗位培训半年，主要进行岗位知识的学习、岗位基本技能的培训及职业素质的培养；在企业岗位实习半年，主要进行顶岗实习，同时做好毕业设计及综合素质的养成

（二）创建陕西城镇建设职业教育集团

2014年5月，在陕西省教育厅领导下，以陕西职业技术学院为牵头单位，联合省内外16所职业院校、47家企业、13个行业协会及科研机构，按照“平等、互利、自愿”的原则组成了以校企合作为基础的“陕西城镇建设职业教育集团”。职教集团以服务为宗旨，发挥行业指导作用，实现校校合作，促进共同发展，成立了理事会、专业指导委员会、社会服务工作指导委员会，实质化开展工作，推动校企深度融合。通过建设和发挥职教集团的平台作用，以专业和产业为纽带，通过理事会、校企合作工作指导委员会、专业建设工作指导委员会、社会服务工作指导委员会，与行业、企业和区域经济建立紧密联系，建立校企合作双赢机制，逐步形成教学链、产业链、利益链的融合体。

（三）创新校企合作长效机制

1. “四方参与、过程共管”的人才共育机制

陕西职院整合陕西城镇建设职教集团理事单位的优势资源，积极协调“政、行、企、校”四方参与，以“专业产业对接”为引擎，以合作发展为目标，结合校内外优质教育资源，建立校内工作室、校外实训基地，打造合作育人载体，深化人才培养模式改革；调整内部机构和管理职能，在二级院系设立校企合作工作指导委员会，在重点专业设立校企合作工作小组，完善合作育人的管理组织；制定完善学院校企合作管理制度，规范订单培养、人员互聘、基地共建、信息

共享等工作流程，整体推进校企合作育人模式，形成“四方参与、过程共管”的人才共育机制。

在职教集团专业建设工作指导委员会的指导下，陕西职院充分发挥二级院系专业建设工作指导委员会的作用，校企双方共同研讨专业建设、课程设置、实训室建设，将职业资格标准融入各专业人才培养方案，将行业企业技术标准融入专业课程标准，制定专业的人才培养方案。计算机科学系将国家信息化计算机教育认证融入课程建设和人才培养方案；建筑工程学院与陕西建工集团总公司的专家共同设计陕西建筑工程实训中心的建设方案，陕西建工集团总公司投入 210 万元设备和资金与学院共建实训中心；旅游系与凯莱酒店集团共建校外实训基地；财经学院聘请陕西电子商务协会专家共同制定电子商务人才培养方案。校企双方在课程开发、人才培养方案制定、教学实施和教学评价四个环节开展深度合作，企业全方位、全过程参与人才培养工作，依托校内工作室和校外实训基地作为校企合作平台，校企双方共同培养学生，形成了校企合作、人才共育的机制。

2. “责权明晰、责任共担”的基地共建机制

陕西职院以服务区域经济社会发展、促进企业转型升级为动力，积极发挥职教集团和二级院系校企合作工作指导委员会的作用，推动企业和学院共同投资建设校内生产性实训基地和校外实习实训基地，搭建校企合作平台。在建设过程中，陕西职院有效整合了政府引导发展、企业注重效益、学院培养人才的三者需求，形成了“责权明晰、责任共担”的基地共建机制。在职教集团校企合作工作指导委员会的指导下，政府提供政策支持，行业协会统筹区域内的企业资源，合作企业提供设备、资金、岗位、兼职指导教师、场地、技术等。

2014～2016 年，陕西职院新增校内生产性实训基地 3 个、校外实训基地 59 个。学院各院系积极与相关企业开展生产性实践教学的合作，建设实训中心或工作室，如表 2-5 所示。

表 2-5　　学院院系与企业合作项目（部分）

院系名称	合作企业	合作项目名称	企业投入资金（万元）
建筑工程学院	陕西建工集团总公司	陕西建筑工程实训中心	210
计算机科学系	西安金讯通软件技术有限公司	西安金讯通软件工作室（开展生产性实习实训）	332.50
	西安笨笨修笔记本电脑维修中心	长安计算机硬件维修工作室（进行生产性实训教学）	50
旅游系	西安千策电子信息科技有限公司、西安知格信息技术有限公司	三维实景教学实训工作室和虚拟教学场景实训工作室	67

校企双方通过共同投入设备、资金、场地等硬件设施，互派骨干教师和技术人员担任基地指导人员，开展深度合作，校企双方责权明晰，共同监督实训基地的管理，共同使用实训基地培养学生，形成责权明晰、责任共担的基地共建机制。

3. “内培外引、兼职聘任”的人才互聘机制

陕西职院对内制订了《专业教师赴企业实践锻炼管理办法（试行）》等制度，联合企业培养“双师型”教师队伍，并从企业聘任兼职教师。2014～2016 年，陕西职院共派出骨干教师 65 名赴企业锻炼。专业教师在企业挂职，担任企业技术顾问，主动熟悉并掌握企业一线生产设备、最新工艺和先进生产技术，提高专业能力和实践教学能力，指导学生完成顶岗实习、毕业设计。同时，借助校企合作平台资源，协同企业共同开发科研项目，为企业提供技术开发、技术转让、技术服务、技术咨询等。

陕西职院对外引进企业技术人员和管理人员，通过从企业聘请技术人员担任兼职教师的办法，充实教学师资队伍。建设期间，陕西职院从集团内企业选聘企业精英担任学院发展顾问13人，企业兼职教师508人。校企双方通过“内培外引、兼职聘任”，采取培养、聘任、配备等途径，让教师下车间、技师进课堂，优化师资队伍结构，提升队伍水平，实现优势资源共享，打造“双师结构、专兼结合”的师资队伍，形成校企双方“内培外引、兼职聘任”的人才互聘机制。

4. “校企互融、成果共享”的信息共享机制

校企双方借助陕西城镇建设职教集团技术研发与信息服务中心，构建了校企互融、信息互通的信息共享平台，利用平台及时沟通，形成了“校企互融、成果共享”的信息共享机制。校企协同办学，推进产教融合。校际携手发展，共同成长进步，创新了“集团化办学、多元化发展、产学研结合、综合化服务”的发展新模式，形成了“集团搭桥”、“四方联动”、“融合成长”的紧密型校企合作办学体制机制。

三、体会与思考

（一）实践探索校企合作人才培养模式

推进校企合作，建构适应社会经济发展职业教育人才培养模式已成为当前高职教育改革与发展的突出问题。陕西职院因势利导，因地制宜，及时调整办学思路，改革人才培养方案，打造特色高职品牌，为陕西经济社会发展培养职业素养良好、职业能力过硬和就业创业能力较强的高端技能型专门人才。

按照培养高端技能型人才的培养目标和人才规格，陕西职院以校企合作、工学结合的教学内容和课程体系，管理制度和评估方式，实施人才教育的战略转变，探索出“工学结合、三段递进”的人才培养模式，其中不同院系有所差异。

（二）建立紧密的校企合作体制机制

实践证明，结合区域经济发展情况以及学院自身特点，陕西职院在教学实践中形成了紧密的校企合作机制，提升了办学活力和办学声誉，提高了人才培养质量和就业质量。这种由需求驱动到主动协作发展的校企合作体制机制具有服务面广、重点突出、可操作性和针对性强的特点，较好地解决了不同行业企业面临的难题。同时，它还有利于满足不同行业企业的需求，调动各系及教师的工作积极性，实现“专业与产业对接、课程内容与职业标准对接、教学过程与生产过程对接、学历证书与职业资格证书的对接”的目标，提高人才培养质量，是解决多行业、多专业背景下，公办高职院校建立紧密、稳定的校企合作体制机制的有效途径之一，值得推广和借鉴。

案例四　上海石化工业学校

——探索顶岗实习“五员”管理模式[①]

背景：

近年来，作为职业教育学校培养人才的重要环节，顶岗实习越来越受到职业教育学校的重视。上海石化工业学校与国内外200多家著名企业积极合作，共同实施人才培养策略，逐渐探索出了基于校企合作模式下的顶岗实习“五员”管理新模式。

一、学校概况

上海石化工业学校由原上海石化总厂1978年创办，学校占地面积150亩，建筑面积8.7万平方米，现有教师269名，其中具有中、高级职称的教师占85%，在册学生约3500名，近三年职业培训规模保持在10000人/年。学校一直大力推进专业现代化建设，坚持走品牌化、特色化、差别化专业发展之路，现开设12个专业，其中化工类4个、机电类4个、经贸类4个，并形成以化工类专业为龙头，以机电类和财经商贸旅游类专业为两翼的专业布局。

学校积极推进校企合作，已与国内外200多家企业开展联合办学，同时引进国外先进的办学理念及教学方法，构建与国际职业教育接轨的教育教学模式，逐步形成了“订单培养”、“工学结合”、“顶岗实习”等多种人才培养模式，取得显著成效。学校已为上海市乃至长三角地区输送了大批高技能人才，毕业生就业率保持在98%以上，并获得“上海市现代化标志性职业技术学校”、“全国职业教育先进单位”、“全国职业指导工作先进学校”等荣誉称号。

二、构建顶岗实习“五员”管理模式

上海石化工业学校坚持树立“就业型实习是中职教育的一种特殊形式和阶段，是学校培养的一种模式创新，是学校专业教学的一种延续”的理念，探索出独具特色的顶岗实习“五员”管理模式。

（一）实施顶岗实习“五员”管理前提

1. 尊重管理对象

顶岗实习的管理对象是学生，上海石化工业学校顶岗实习“五员”管理秉承“管理是一种服务”的理念，在组织机构构建和制度设计时，把为学生提供更好的服务放在重要位置。综合考虑中职学生的年龄、行为习惯等因素，在顶岗实习条件下管理好、服务好学生的前提是尊重学生，把学生置于整个管理体系的核心位置，让他们参与到整个管理组织和管理活动中来。不管是常态管理还是突发事件处理，均让学生共同参与，充分体现学校、

①本文根据上海石化工业学校官网信息及相关研究成果等公开资料编撰而成。

企业和教师对学生的理解、信任、尊重和关怀，从而使学生的主体意识和形象得以独立展现。

2. 明确管理目的

顶岗实习“五员”管理的目的体现三个层次，分别为稳定有序、专业渗透和学生自我成长。其中，稳定有序是指保障顶岗实习管理在有序的状态下稳定进行，即遇到突发事件也能于第一时间在制度框架下组织专门临时工作小组进行快速、稳妥的处理，让学生在岗位安心实习；专业渗透是指顶岗实习管理一定要有利于专业教学的渗透，特别是对于顶岗实习岗位与专业服务领域有一定差异的学生，学校应该根据管理制度成立由学校专业教师和企业技术人员或岗位操作人员组成的专门小组，共同帮助学生拓展专业知识或进行迁移性学习；学生自我成长是采取鼓励措施和创造条件让学生进行自主式有序管理，以促进学生形成自我认同和社会公责，提高学生职业素养，促进学生生涯和职业生涯的和谐过渡。学生自我成长是顶岗实习“五员”管理的最高境界。

3. 完善管理制度

顶岗实习“五员”管理必须建有配套的管理制度。上海石化工业学校以提高学校顶岗实习管理质量和效益为目标，依据《中华人民共和国职业教育法》、《中等职业学校学生顶岗实习管理规定》及学校的有关制度，制定了《上海石化工业学校顶岗实习管理条例》、《上海石化工业学校实习带队班主任或实习管理员工作评价指标和等级标准》、《上海石化工业学校关于加强就业型实习教学管理的若干意见》、《上海石化工业学校关于加强学生顶岗实习期间管理的规定》等一系列较完善的管理制度，保证学生顶岗实习顺利开展。

4. 突出管理效能

顶岗实习“五员”管理是为了追求较高的管理效能，通过绩效评价的方式引导管理过程，考核管理成败。上海石化工业学校针对顶岗实习“五员”管理模式，制定了一套校企共同评价的顶岗实习评价机制，该考核办法根据顶岗实习学生的双重身份，由企业和学校共同制定考核标准，其中企业考核与学校考核的比重分别为70%和30%，有效地提高了学生顶岗实习的管理效能。

（二）构建顶岗实习“五员”管理网络

鉴于顶岗实习阶段是中职教育的特殊阶段，上海石化工业学校与企业密切合作，共同探寻出不同于学校教育和企业培训的教育、教学和管理模式，建立了独具特色的顶岗实习“五员”管理网络。如图2-4所示。

以提高顶岗实习管理效率为目的，上海石化工业学校顶岗实习“五员”管理网络的具体布局如下：

由学校教务、学生部门和就业管理部门、专业教学科室以及企业的人事、生产部门和生产装置（车间）的负责人组成教学管理小组，负责落实校企合作领导小组的决策，具体负责制定顶岗实习阶段的教育、教学和管理方面的计划方案，落实教学管理人员对整个实习过程的指导和控制，对实习成效进行评估等。

由学校实习带队班主任、实习管理员和就业推荐员以及企业专业技术人员、实习师傅组成“五员”管理执行层，具体实施顶岗实习的教育教学管理工作。同时，在每个企业的实习学生中建立有学生推选的自主管理小组，实行学生自主管理。其中，学校的实习管理员会同企业专业技术人员（指导教师）主要侧重于了解管理区域内学生基本情况，建立健全管理区域内学生自助管理网络；实习师傅主要侧重学生的岗位专项技能训练，同时负责学生职业习惯和敬业精神的培养，并协助带队班主任做好日常管理和实习考评；带队班主任主要负责了解学生的思想动态，开展教育活动和实习期间的日常管理；就业推荐员负责与教学管理小组联系，协调解决实习过程出现的各类问题；学生自主管理小组则发挥学生自治作用，通过开展各类教育教学、娱乐活动以及团组织活动，丰富学生业余生活，并与带队班主任、校企教学人员及时沟通，反馈学生在思想、学习、工作及生活等方面的情况，提出学生诉求，配合校企双方共同做好学生的教育工作。

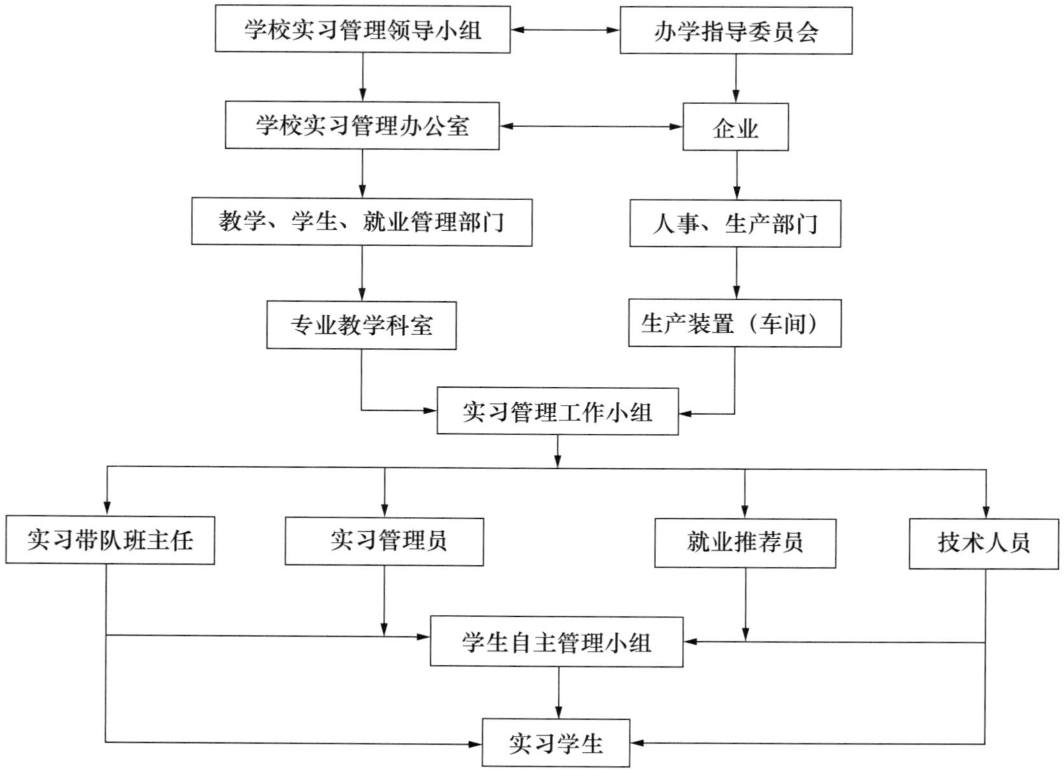

图 2－4　顶岗实习“五员”管理网络

（三）创新顶岗实习“五员”管理评价

经过不断研究与实践，上海石化工业学校设计制定了顶岗实习质量考核多项指标，最终出台了新的较为科学合理的“校企共同考核”办法。该考核办法根据顶岗实习学生双重身份，由学校和企业共同制定考核标准。其中，企业侧重于岗位素质方面的评价，学校侧重于专业技术和基本素质方面的评价。如图 2－5 所示。

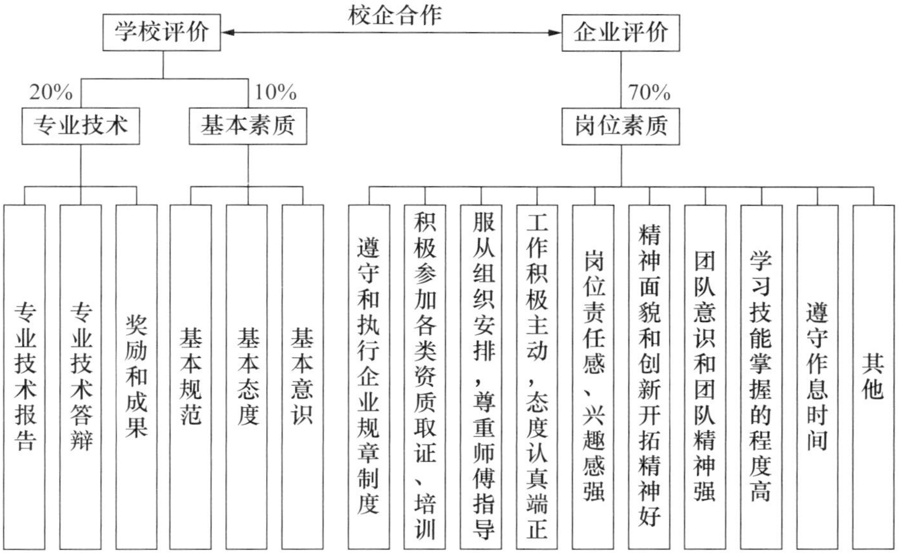

图2-5 顶岗实习校企共同考核评价体系

三、体会与思考

上海石化工业学校通过10多年的校企合作实践，探索出了顶岗实习“五员”管理新模式，提高了人才培养质量，为上海自贸区的经济发展做出了积极贡献，走出了一条独具特色的中职学校发展之路，为其他中职学校的发展做出了示范效应。

（一）转变观念，凸显实习教育职能

要提高实习的有效性，可以从三个层面进行转变。首先，顶岗实习的准确定位。顶岗实习是中等职业教育的重要组成部分，是学校教育教学的延续，中职学校责无旁贷地要承担起教育教学和管理的主要责任。其次，认清顶岗实习阶段是中职教育的特殊阶段。其特殊性表现在该阶段的学生具有中职学校学生和企业“准员工”的双重身份，学生所处的环境、主要接触对象乃至行为习惯、生活起居方式与在校期间都有很大不同。如何让学生积极适应这种变化？学校和企业需要共同探寻一种既不同于学校学习又不同于企业培训的教育、教学和管理模式。最后，实现教育与管理职能的转变。一方面，将顶岗实习教育和管理的职责从仅保障学生实习平安、满足岗位适应性提升至促进学生岗位与专业协同发展，提高学生职业意识和职业能力；另一方面，管理人员的职能要从单纯的“维持”实习平安向促进学生实习期间思想稳定、培养职业精神等，保障专业延伸课程的实施、保证岗位实习教学顺利有效转移。

（二）校企联合，实现实习教育多元化

上海石化工业学校积极谋求与企业合作，实施“顶岗实习”订单式培养，即学校与企业针对社会和企业需求，以“协议”形式明确校企双方在学校教育管理上的职责，共同制订教学培养计划，并通过多种形式分别在学校和企业中组织教学活动，学生毕业后直接到企业实习就业。

该培养模式实现了教学内容与企业生产要求相符合、与企业培训内容相融合的目标，注重学生专业能力的培养，使学生具备相应的职业资格，并能达到企业岗位对人才知识和技能的要求，实现学校与企业、“学生”与“工人”的无缝对接。校企联合培养既为学生高质量就业开辟了一条新渠道，又达到了校企双方资源优势互补的双赢效果。

（三）完善机制，提升实习管理实效

建立和健全实习管理机制，实施多元化、网络化管理模式，调动各级各类管理人员的积极性，特别是发挥学生自主管理的作用，切实提高实习管理的实效。在上海石化工业学校顶岗实习“五员”管理网络中，学生既定位为被管理者，又定位为管理者，在很大程度上发挥了学生的积极性和能动性。在任何一个企业的顶岗实习中，小问题或决策由学生自行解决，学生解决不了的生活问题或纠纷由带队班主任协助解决。教学上出现的问题，由学生自主汇总后，交给实习教学人员和企业技术人员或师傅帮助解决，特殊问题如职业适应性、职业行为偏差等，由就业管理员协助解决。完善的管理机制不仅有利于发挥学生的主观能动性，还有利于培养学生的综合能力，全面提升学生顶岗实习的效果。

案例五　安顺职业技术学院

——探索“S－ESE”人才培养模式①

背景：

在我国经济社会发展的新形势下，职业教育的重大使命秉承“产学融合、校企合作、工学结合、知行合一”的理念，培养学生的工匠精神、职业精神，促进形成崇尚科学技术、崇尚劳动的社会风气，让每个人都有人生出彩的机会，助力我国从制造大国向制造强国的转变。围绕职业教育的使命、任务，安顺职业技术学院积极探索，创造性地提出“S－ESE”人才培养模式，有效推进学院的内涵建设、质量提升。

一、学校概况

安顺职业技术学院（以下简称“安顺职院”）是2002年由具有60多年办学历史的4所省内重点中专学校（即原安顺农业学校、财政学校、卫生学校、工业学校）合并组建而成立的高等职业技术学院。建校以来，安顺职院秉承“德能具厚、有业乐业”的校训，营造“明理自强、知行合一”的校风和“教喻有节、修业不倦”的教风，以及“笃行苦练、日臻新境”的学风，坚持“产学融合、校企合作、工学结合、知行合一”理念，强内涵、提质量、追求卓越，致力培养经济社会发展急需的生产、建设、服务、管理第一线高素质技术技能型人才。

经过十多年的建设，安顺职院打造出具有特色优势的服务于旅游产业、现代农业产业、信息大数据产业、机械加工制造业、商贸物流产业、大健康医疗产业的6大专业群，建设了一支具有教授和副教授、工程师和技能大师、博士和硕士等专兼结合的优秀教师队伍。安顺职院大力投入实训室和实训基地的建设，建有开放型实训基地3个、产学一体实训中心4个，与专业教学相配套的实训室30多个，实训仪器设备值达1.3亿元；在校生1.5万人，毕业生就业率在95%以上。

二、探索“S－ESE”人才培养模式

建校以来，安顺职院积极开展高职院校人才培养模式研究与探索，在2008年创造性地提出了“S－ESE”人才培养模式，有效推进学校强内涵、提质量。

（一）“S－ESE”模式的研究探索

“S－ESE”模式以学生为主体，以企业或职业岗位的需求为标准，学校与企业紧密结合，共同制定人才培养方案，共同组织实施人才培养的过程，从而培养出与未来职业岗位需求对接的合格人才。

“S－ESE”模式首先是要突出学生（S－Student）的主体地位，改变学生在学习活动过程中的角色定位，由传统的被动角色变成主动角色，成为教学活动的主体。其次是专业对应相应的行

①本文根据安顺职业技术学院官网信息及相关研究成果等公开资料编撰而成。

业企业，课程对应相应的职业岗位，以企业、职业岗位的需求和要求为主，校企（ES：Enterprise，School）共同制定人才培养标准、人才培养内容（课程）、人才培养计划等，共同制定出人才培养方案。最后人才培养过程以学校为主，企业深度参与（SE：School，Enterprise），根据制定的人才培养方案，采取在学校与企业之间工学交替的三层循环教学的方式，培养符合企业、行业所需的合格人才。如图 2－6 所示。

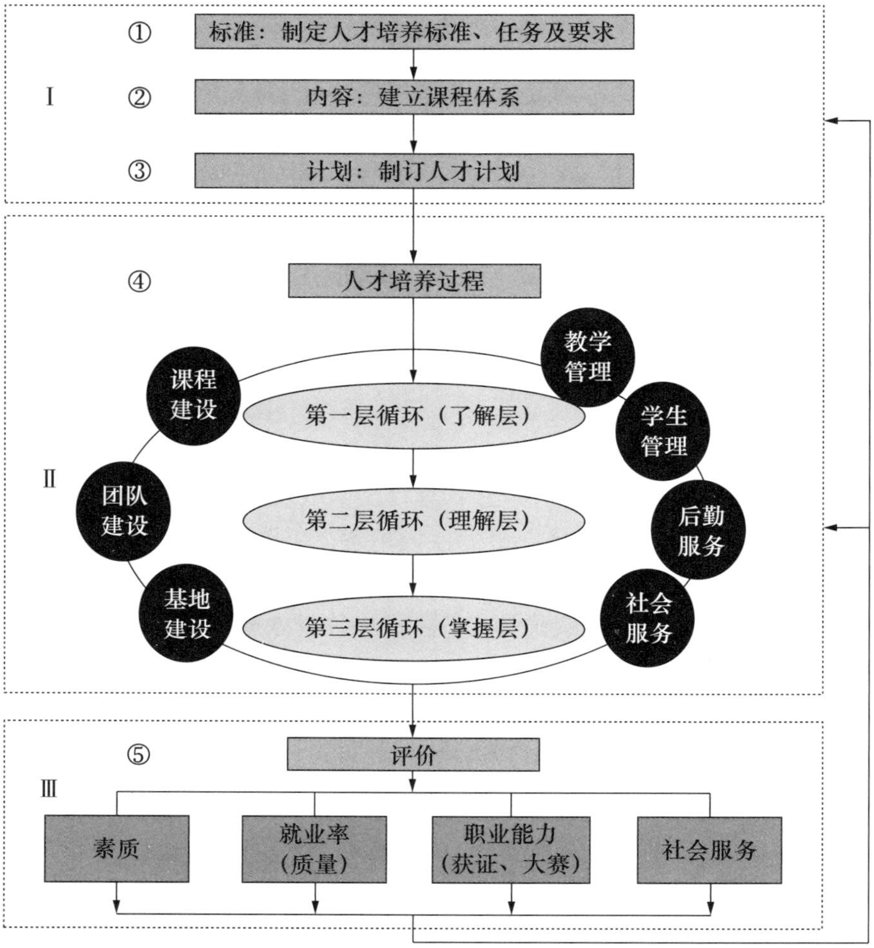

图 2－6 "S－ESE" 人才培养模式

从 2009 年 7 月开始，安顺职院选择了工、农、商、医、信息等八个专业作为试点，实施"S－ESE"模式。2010 年，学院开始在所有专业中推行"S－ESE"模式，同时在安顺市民族职业技术学校、安顺市城市职业学校、普定职业技术学校等学校推广"S－ESE"模式。近年来，安顺职院的办学实力、能力及水平均得到显著提升，特别是校企合作从表层建立实训基地向合作办学的深度发展，如与中国华电集团贵州分公司合作，企业投资一亿元共建"移民培训中心"；安顺华荣集团投资近千万元与学院共办煤矿开采技术、矿山测量、矿山机电等专业；上海荔昶餐饮有限公司投资 20 多万元在校建立以企业冠名的仿真实训室，并于 2010 年与学院合作投入 1000 多万元在上海建立"安顺职业技术学院长三角地区大学生就业创业基地"；与安顺公交总公司共建“公交学院”，共办汽车检测与维修中心等。

（二）“S－ESE”模式的实施要点

1. 校企紧密合作共建专业

安顺职院以解决企业人力资源短缺的困难为己任，主动与企业对接，建立联动机制；通过开展专业岗位职业技能要求调研、专业人才岗位需求调研以及专业知识、能力及素质结构调研，寻找企业与学校、职业岗位与专业的接合热点，使专业定位更加贴近企业（行业）要求。学院以企业的需求为标准要求，积极开展一系列教育教学改革和课题研究工作，确保校企合作的契合度，搭建好合作平台。

2. “三共同”制定人才培养方案

人才培养的前期工作是按照企业对人才的技术技能要求，制定好人才培养标准、人才培养内容（课程）、人才培养计划。安顺职院与企业紧密合作，建立企业技术人员深度参与的专业建设指导委员会，形成校企合作、共同建设专业的机制。学院与行业、企业共同制定人才培养的标准和要求，共同确定和建立课程体系和搞好课程建设工作，共同制订教学计划，形成“S－ESE”模式专业人才培养方案”。

3. “三循环”做好人才培养过程

人才培养过程以学院为主，采取在学院与企业之间的“三层循环”教学形式来完成教学任务。在具体的教学过程中，教学场所不仅是在学校，而是在学校与企业（社会）之间循环往复，从而使理论与实践、知识与技能的学习得到相互支撑，提高学习效益，培养出企业（社会）所需的合格人才。“三循环”是根据学生在学制规定的整个学习期内，按学习内容将学生的学习过程从时间和空间上划分为“三层递进式循环过程”。

4. 人才培养工作质量评价机制

安顺职院对整个人才培养工作进行阶段性和综合性评价，实时调整人才培养工作内容和方法。学院建立了以专业学生为对象，以学生职业素质、技能成绩、就业率及社会服务为主要评价指标，学校、企业、社会共同参与的人才培养质量评价机制。根据专业人才质量的综合评价结果，学院及时调整、改进人才培养方案。

5. 七项工作确保模式顺利实施

“S－ESE”模式的实施，给传统教育教学管理带来很大的转变，也提出了许多新要求。为此，安顺职院努力做好七方面工作，即“三大建设、两大管理、两项服务”。“三大建设”是指课程建设、师资队伍建设、实训基地建设。“两大管理”是指教学管理、学生管理。其中，在教学管理工作中，学院围绕各专业“S－ESE”人才培养模式的实施，引入“ISO质量管理论证体系”，建立健全与之相配套的人才培养标准制定、课程体系制定、教学计划制订、教学过程控制、学生学业评价等教学管理制度，组织开展学生学习成绩考核制度改革；在学生管理工作中，学院围绕培养社会主义合格接班人和建设者的目标，按照高校大学生思政教育工作要求，结合“S－ESE”模式实施，以“三观”教育为核心，从理想信念、公民道德、日常行为规范、职业道德教育等方面入手，创新建立“S－ESE”模式下的“校企德育共育模式”及配套管理机制，搞好学生管理工作。两项服务即后勤保障服务、技术支持服务。从学生生活服务、就业与企业用工服务、教学服务等方面创建适应“S－ESE”模式的后勤保障工作机制，为学生的生活学习和教师的工作提供便捷的服务。

三、体会与思考

1. 校企深度合作，提高人才培养质量

实施“S－ESE”模式离不开企业的深度参与。因而，要抓住校企合作中企业的关注点，改变校企合作中“学校热、企业冷”的现象，使企业能与学校同心同向，并以专业为单元，形成校企共建专业的机制，共同打造专业平台，有效推进人才培养工作，培养出行业、企业所需的高级技术技能型人才。

2. 紧扣企业的需求，让校企共获红利

“三共同”、“三循环”是实施“S－ESE”模式的核心。在“三共同”这一环节工作中，学院以企业或职业岗位的需求为主要目的，制定专业人才培养方案，从源头上就对接行业、企业和职业岗位，促使人才培养方案更加具有针对性和应用价值。由此培养出的人才更加符合行业、企业和职业岗位所需，企业便能从中获取更多的人力资源“红利”，从而提高企业参与职业教育的积极性，甚至给予资金投入。在安顺职院的实践中，企业不仅投入人力、物力参与学校的人才培养，甚至还给予办学经费支持，最终实现校企双赢的局面。

3. 突出学生的主体地位，让学生受益

教育的对象是受教育者，而受教育者在教育活动中的角色和定位是一个不容忽视的重要问题。实施“S－ESE”模式首先要明确学生在教学活动中的主体地位，在三层循环教学过程中明确要求，通过对职业岗位的观摩教学，让学生对职业岗位所需的知识、技能技术、职业素养等有一个清晰的认识和了解；再结合“三共同”制定的专业人才培养方案，在教师的指导下由学生制定出学习规划，让学生明白“为什么学”和“学什么”，充分激发学生学习的主观能动性，变“要我学”为“我要学”。同时，在第二层循环（理解层）和第三层循环（掌握层）突出技能与岗位能力培养，使学生毕业就能上岗就业，缩短毕业生与职业、岗位的距离，使学生成为职业教育的第一受益者。

案例六　珠海城市职业技术学院

——探索“双三元”特色办学模式[①]

背景：

基于德国“双元制”职业教育理论，珠海城市职业技术学院在实践探索中提出“政校企、行校企”协同融合的“双三元”办学模式，并对该办学模式进行了机制创新与创新实践，探索出与地方经济紧密联系、与学院自身特点相适应的办学模式，形成了鲜明的办学特色。

一、学校概况

珠海城市职业技术学院（以下简称“珠海城市职院”）是由珠海市人民政府主办的全日制普通高等院校，2004 年 4 月经广东省人民政府核准成立，并报教育部备案，由原珠海教育学院、珠海广播电视大学、珠海市工业技工学校、珠海市财贸学校合并组建而成。学校于 2013 年 11 月被广东省教育厅、省财政厅确定为第三批广东省示范性高职院校立项建设单位。学院现有西湖城校区、电大校区、梅华校区三个教学校区，占地面积约 361400 平方米。学院设有经济管理学院、国际合作与交流学院、电子信息工程学院、人文与社会管理学院、旅游管理学院、工业与艺术设计学院、机电工程学院、航空与海洋工程学院、思想政治理论课教学部、公共体育部、成教学院（珠海电大）11 个院部，开设了与珠海经济产业发展密切相关的 32 个专业。目前，各类在校生 14000 余人，其中，全日制高职高专学生 6200 人，各类非全日制成人学历教育在校生约 8000 人；教职工 484 人，其中，专任教师 346 人，“双师素质”教师占专任教师总人数的 75%，达 259 人。

近年来，珠海城市职院强力推进示范项目、落地生根项目，创新办学机制体制，实施“双三元”、产学研协同的开放式办学模式，创建“服务—学习”育人模式，坚持“特色化、国际化、品牌化”的发展方向，加强内涵建设，不断提升办学水平，为服务珠海经济社会发展做出新贡献，成为构建珠海学习型城市的重要支撑，在协同创新中建设成高职特色名校。

二、“双三元”办学模式的创新实践探索

珠海城市职院积极开展德国“双元制”职业教育理念本土化改造探索实践，在全国率先提出“政校企”、“行校企”互动“双三元”职业教育办学模式，充分发挥政府主导作用，解决“办学中”的发展问题；充分发挥行业作用，指导专业和课程建设；充分发挥企业、学校的双主体办学作用，促进学校技术技能人才培养。以政府为主导、以学校为主体、以企业为支撑的“政校企”相互合作的职业教育模式，有效构建起高职教育与经济社会协调发展平台；以行业为指导、以学校为主体、以企业为支撑的“行校企”合作模式，充分发挥行业组织在职业教育中的指导作用，推动企业为职业教育提供实训平台、实践教学、师资力量以及产学研项目支撑。学

①本文根据珠海城市职业技术学院官网信息、中国高职高专教育网信息以及相关研究成果等资料编撰而成。

校的“双三元”办学模式实现了“政校企”、“行校企”在宏观、中观和微观层面的深度融合，即宏观层面为珠海市职教联合会及其办学理事会；中观层面为各二级学院成立的“三元共建”教学指导委员会；微观层面为各专业成立的“三元共建”专业指导委员会，为职业教育和区域经济发展提供了有效的制度保障。如图2－7所示。

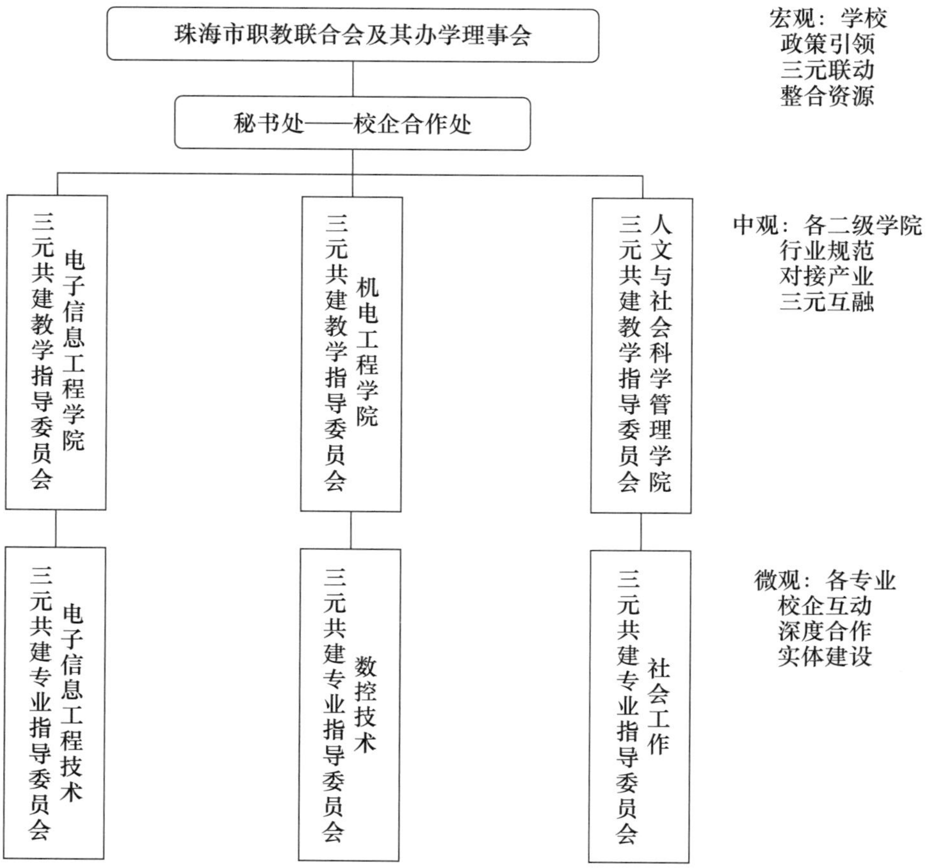

图2－7 珠海城市职院“双三元”办学组织构架

（一）“双三元”办学模式的内涵

珠海城市职院在原“行校企”三元共建的基础上创造性地提出“政校企”、“行校企”、“双三元”协同融合办学模式。“双三元”是指“政校企”（即以政府为主导、以学校为主体、以企业为支撑）、“行校企”（即以行业为指导、以学校为主体、以企业为支撑）协同融合的合作办学模式。该模式并不是简单地将“政、行、校、企”四元组合，而是分层次、按路径的合作。“政校企”是“双三元”办学模式的前提和基础，解决政府政策主导不力、校企合作法律缺失等问题，促进学院服务区域经济社会发展能力的提高；“行校企”是“双三元”办学模式的关键和抓手，解决企业参与职业教育热情不高等问题，推动学院专业服务产业发展能力的提升。“政校企”提供政策、打造平台，“行校企”负责实施和执行，同时又把合作中遇到的问题和难点反馈到“政校企”层面，“政校企”对其进行指导和帮助。“政校企”与“行校企”相互促进、相互支撑，通过有层次、分路径的协同融合，培养出符合产业转型升级和企业技术创新需要的发展型、复合型和创新型技术技能人才，全面提高高等职业教育的质量。

在“双三元”办学模式中，第一个“三元”是宏观层面的合作共建，构建了高等职业教育与经济社会协调发展平台，其有效协同为职业教育和区域经济发展提供了制度保障。在第一个“三元”平台的基础上，第二个“三元”将在中、微观层面上实现深度合作。如图2－8所示。

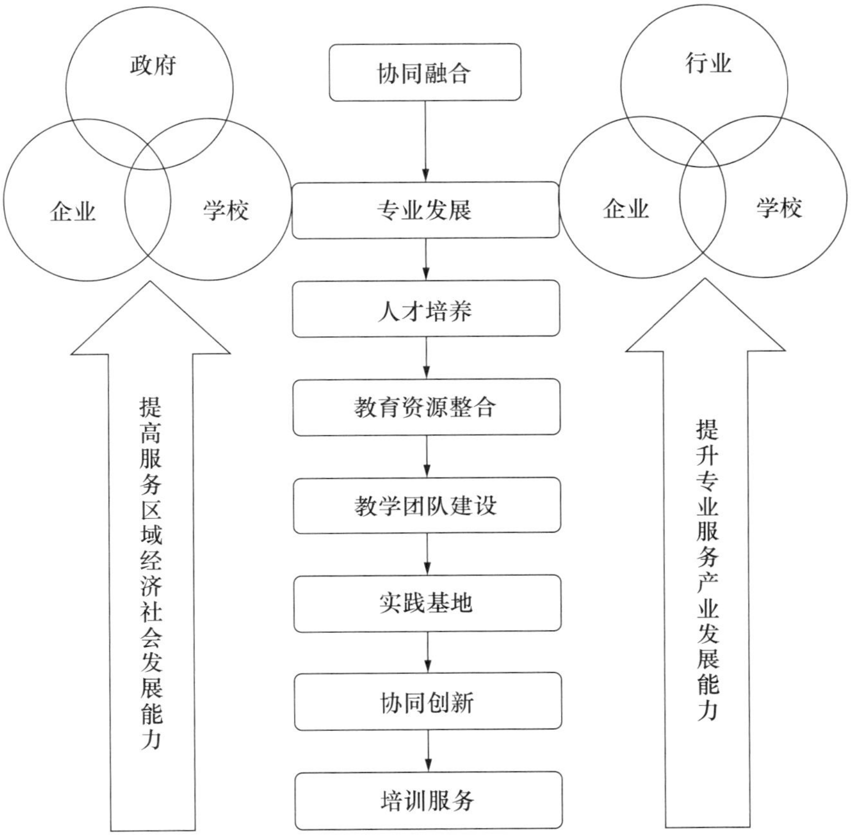

图2－8　“双三元”办学模式示意图

（二）“双三元”办学模式的制度创新

“双三元”办学模式的运行依托于政策、平台、组织及各项执行机制。珠海城市职院一方面积极推动人大立法出台《珠海市职业教育促进条例》，推动市政府建立职教联席会，构建“双三元”合作办学理事会治理结构，建立“双三元”人才培养共育共管保障机制；另一方面根据珠江西岸地区的产业规划，重新整合教学资源，依托“双三元”办学模式建立协同创新平台，以科研服务创新，建立专业规划建设协调机制、人才培养合作机制、教育资源优化协调机制、人才交流机制、产学研合作机制、协同创新机制、培训认证协同机制、互利双赢成果共享的激励机制、管理风险社会责任共担的约束机制、工学结合的教学组织与运行机制等各项服务机制如图2－9所示。

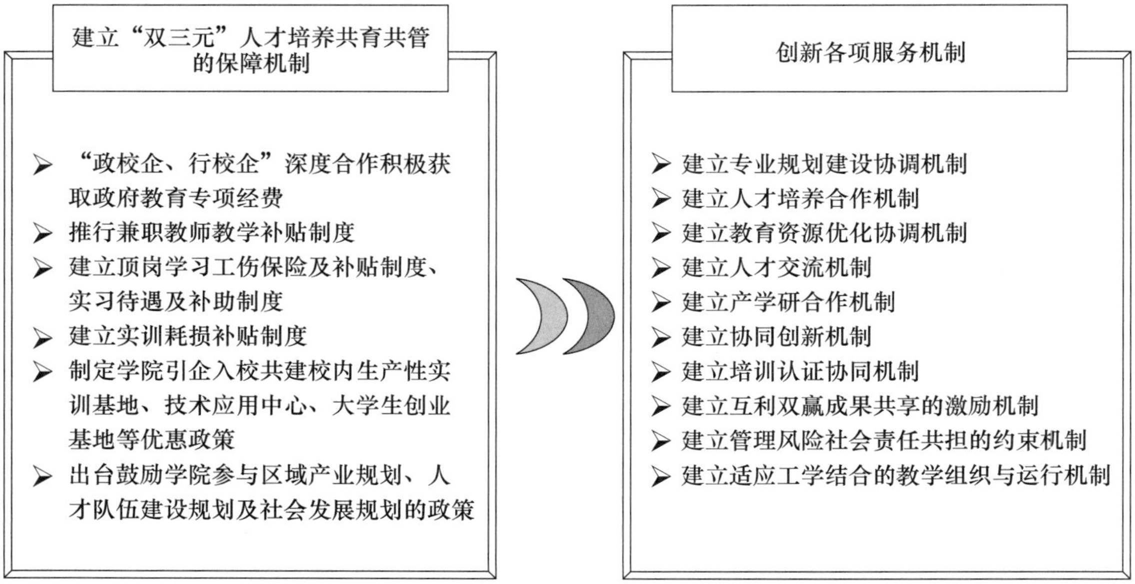

图2－9 珠海城市职院“双三元”办学模式的制度创新

（三）“双三元”办学模式的创新实践

高等职业教育从其诞生之日起，就与社会各界有着天然、密切的联系，具有明显的合作教育特色。完全照搬德国的“双元制”模式，将会水土不服，珠海城市职院在“双三元”办学模式上进行了大胆的创新实践，使之适应区域经济发展。

1. 学院专业设置对接地方产业发展规划

珠海城市职院结合珠海“三高一特”产业发展战略定位布局，根据珠海对技能型人才的需求，出台在“双三元”办学模式下的《珠海城市职院院系及专业设置方案》。在原有工程与信息学院的基础上，将学院调整为3个工科学院，以适应珠海产业发展需求。以现有的2个中央财政支持重点建设专业、2个省级重点培育专业及校级特色专业为基础，重新整合教学资源，建设电子信息、机电工程、旅游管理、物流管理、社会工作5大专业群。同时，加强游艇装饰设计与工艺、中德合作等特色项目，筹备开发与海洋工程装备制造，航空、空调制冷等与产业（行业）相关的新专业。

依据《珠江三角洲地区改革发展规划纲要》的指示，珠海需加快建设完善珠海港的现代化功能，其中高栏港工业区、海洋工程装备制造基地均落户高栏港经济区，从国家战略层面明确高栏港经济区的发展战略定位和产业定位。高栏港经济区产业格局显示，海洋装备制造、石化、清洁能源、物流等产业迅猛发展，专业人才需求存在巨大缺口。学院和高栏港经济区产业发展局都意识到这一双方合作的重大契机，双方携手打造珠海首个“政校企深度合作实验圈”，建立政府、高校、企业合作培养人才的模式，改善港区技术技能人才短缺现象。产业发展局在高栏港举办“校企合作对接会”，为学院与各企业搭建交流平台，以促进政校企的合作。学院与格力等高端制造企业和高新技术企业合作，与长隆国际海洋度假区等高端服务企业合作，创办“航空与海洋工程学院”，为学生实习实践提供机会，为地方产业提供高素质技能型人才。

2. 专业人才培养对接行业企业人才需求

在细化职业技术教育专业设置时，从地方企业实际需要出发，企业需要什么样的专业人才学院就培养与之相适应的专业人才。学院与珠海市工商联签订校企战略合作协议书，建立协同创新中心，充分调动行业与学校合作办学的积极性，构建以“互利互惠，优势互补，利益共享，风险共担”为基础的长期、稳定的合作关系。目前，珠海城市职院已与一百多家企业建立了稳定的合作、协作关系，在专业设置、课程改革等方面展开了长效并有深度的合作，推动专业人才培养与行业企业人才需求对接。另外，专业与企业对接的一个生动例证就是“订单式”培养。目前，学院开设长隆旅游管理班、格力安全技术员定向培训班、格力实验测试员定向培训班等17个冠名班。企业直接参与专业课程开发，使教学内容动态地跟踪新技术、新设备的发展，减少了教学中的盲目性，实现了教学与上岗的零距离。

3. 教师职教能力要求对接职业岗位要求

在“双三元”办学模式下，对教师的素质提出了更高的要求。在教与学的互动中，教师处于主导地位，教师不仅要胜任理论教学，更要胜任实践技能教学。在教学方法上，教师改变“满堂灌”的授课方式，主要发挥引导辅助作用，给学生更多的技能启蒙与实践空间，突出学生的中心地位。同时，教师职教能力要对接职业岗位必须走进企业，将自身掌握的学科理论知识与职业岗位的专门技能融合在一起，实现教师与工程师的零距离。珠海城市职院在与珠海港控集团等企业的校企战略合作中，选派优秀专业教师赴企业挂职锻炼、顶岗操作。通过强化专业教师的企业工作经历，提高教师教学设计和实践能力对接职业岗位。

三、体会与思考

经过不断的积极探索与创新实践，珠海城市职院的“政校企、行校企”互动的“双三元”办学模式，推动了职业教育与区域经济的协同发展，在人才培养、科研服务、技术创新等方面取得一定的成效，获得社会的广泛认可，其发展经验值得国内其他职业院校借鉴。

（一）三元互动，创新“政校企、行校企”双三元理论

珠海城市职院在原“行校企”三元共建的基础上创造性地提出了“政校企”、“行校企”、“双三元”办学体制机制的创新理论，并进行了积极的实践探索，已初步形成珠海市职教联合会及其办学理事会、“三元共建”教学指导委员会、专业指导委员会三层办学架构，并逐步建立起专业规划建设协调等11种适应工学结合的教学组织与运行机制。此外，学院的“双三元高职人才培养模式的创新研究与实践”获第七届广东教育教学成果（高等教育）二等奖；《光明日报》发表了《“双三元”：高职教育的中国化之路》予以肯定；《双三元办学模式的理论与实践》已经公开出版，为中国职教办学创新发展提供了借鉴。

（二）协同创新，校校合作与校企合作有声有色

在“政校企”、“行校企”、“双三元”办学模式引导下，珠海城市职院与其他职业院校及相关企业协同合作，建立协同创新平台。例如，学院与中国社会科学院、工程院、中国科学院合作，建立了广东省社会科学院珠海分院、中国工程科技发展战略研究中心（珠海）、中国科学院广州技术转移中心珠海中心三大校企合作平台；与武汉船舶职业技术学院合作共建船机制造与维

修专业，与北京五洲树人公司合作共建空乘专业，与珠光汽车有限公司合作共建汽车技术服务与营销专业，机电一体化专业和珠海黑马医学仪器有限公司合作开展现代学徒制探索；与电路板行业龙头企业方正电路板（珠海）公司合作成立方正学院，负责企业骨干人员的脱产培训，半年共有 270 人到方正学院接受培训，校企深度融合。

（三）服务特区，产教融合紧密对接区域高端产业

高等职业院校办学，必须主动适应区域经济发展，适应优势支柱产业和新兴产业发展的需求。珠海城市职院谨记办学服务地方经济发展的使命，积极推进产教融合，合理设置专业，紧密对接区域高端产业。学院紧扣珠海高端产业发展和横琴自贸区发展趋势，优化调整学院专业布局，新建航空与海洋工程学院，新增船机制造与维修、空中乘务等专业，加深电子信息工程专业对接珠海高新技术、数控专业对接珠海高端制造业、社会工作专业对接珠海高端服务业的合作。目前，珠海城市职院已形成了与各行业密切联系的集高职教育、中职教育、成人教育和职业培训并存，承担职业教育、继续教育、终身教育义务的办学格局。

第三章　加强国际合作　提升办学水平

在发展现代职业教育的过程中，学校必须具有国际视野，既要注重学习借鉴以形成自己的特色，也要发挥自身优势，积极“走出去”。随着对外开放步伐的加快，尤其是“一带一路”战略的实施，我国职业教育的发展需要紧跟时代发展要求和国家对外战略需求，开展国际交流与合作，走向国际化，拓宽办学之路，提高办学水平。

案例一　成都纺织高等专科学校

——发挥专业优势，服务“一带一路”战略①

背景：

在知识经济时代，国家综合实力的竞争归根结底是人才的竞争。教育国际化的终极目标是培养具有国际意识、国际交往能力和竞争能力的高素质人才。近年来，成都纺织高等专科学校积极顺应教育国际化趋势，发挥特色专业优势，主动服务中国纺织服装产业“走出去”，借助“一带一路”战略，奋力突破创新、开门开放办学，国际交流与合作不断扩大和深化。

一、学校概况

成都纺织高等专科学校（以下简称“成都纺专”）地处四川省成都市犀浦镇，是四川省政府创办的全日制普通高等学校，直属四川省教育厅，是国家骨干高等职业院校、四川省首批示范性高等职业院校、中国纺织服装高技能人才培训基地。学校设有纺织工程学院、材料与环保学院、服装学院、电气工程学院、机械工程学院、建筑工程学院、经济管理学院、外国语学院、艺术学院 9 个学院和基础教学部、思想政治理论课教学部、体育工作部 3 个教学部，形成了以纺织、服装、染化为龙头，以机械、电气、电子信息、建筑为骨干，艺术、经贸、管理和外语并举的专业格局。学校现有国家级重点专业 5 个，省级重点专业 7 个；国家级精品资源共享课 1 门、省级精品资源共享课 14 门。

伴随国家改革开放的逐步深化，成都纺专主动适应国家经济发展的新常态，立足于纺织服装产业的升级换代、中小企业的创新发展和四川“丝纺基地建设”的需要，与美国、德国、法国、新加坡、日本、印度尼西亚、印度、中国台湾、中国香港等国家和地区的 30 余所院校和教育培训机构建立了长期的友好合作关系，广泛开展校际交流与合作，培养了一批具有国际意识、国际交往能力和竞争能力的高素质人才。学校坚持以创新为特色，以服务求发展，以就业为导向，毕业生初次就业率始终保持在 95% 以上，得到了企业和社会的高度认可，先后被评为“四川省博

①本文根据成都纺织高等专科学校官网信息以及相关研究成果等资料编撰而成。

士后创新实践基地”、“四川省普通高校毕业生就业先进集体”、“国家骨干高等职业院校”、“中国纺织服装高技能人才培训基地”、“中国纺织科技创新人才西南培训中心”等。

二、“一带一路”战略引领下的国际化办学模式

为进一步拓宽国际交流与合作渠道，提升学校职业教育国际化水平，成都纺专发挥学校特色专业优势，不断拓展国际交流合作深度，增强学校对外交流能力，积极融入“一带一路”教育共同体，服务国家“一带一路”战略。

（一）“产学研”无缝对接

伴随国家“一带一路”战略的实施，纺织服装业的资源优势和发展空间也随之扩大，成都纺专适时抓住机遇，积极融入“一带一路”战略中，做强、做大、做精优势特色专业，并通过专业集群优势发挥学校在纺织产业发展中的重要作用。成都纺专共建立了17个由行业、企业、专家组成的专业设置与专业建设指导委员会，立足区域产业发展，制定人才培养方案，建立多元合作的专业建设与调整机制，以“专业设置适应社会需求、课程设置适应专业人才素质和技能要求”为基本原则，每年对专业建设进行审议，适时优化专业结构，形成专业动态调整机制。同时，成都纺专引入麦可思第三方专业评价机构，对专业与产业发展相关度、人才培养与职业能力满足度进行客观评价，促进专业与产业的有效对接，全力服务国家“一带一路”战略。

成都纺专牵头成立了政府、行业协会、园区管委会、高职院校、企业相互协作的西南纺织服装职教联盟，出台了《西南纺织服装职教联盟章程》，明确规定以服务产业为宗旨、以人才培养为核心，推动高职院校专业集群和产业集群对接，形成“命运共同体”，实现校企抱团发展。同时，学校先后融入省内5个纺织服装产业园区，面向企业需求开展技术服务、成果转化和员工培训服务，助推纺织服装产业转型升级，协助企业打造服装品牌。

随着新一轮西部大开发和国家“一带一路”战略的实施，成都纺专与中国纺织工业联合会开展“推行‘一带一路’战略、承接产业转移、服务园区建设”合作，与云南保山、新疆阿克苏、宁夏石嘴山等丝绸之路经济带的核心地区展开合作，服务当地产业园区，承接纺织产业向西部创新型转移，为“一带一路”纺织行业的复兴和发展提供技术和人才支持。

（二）建立国际交流工作机制

近年来，为推动国际交流合作，提高学校国际化水平，实现中国纺织服装产业“走出去”的战略目标，成都纺专进一步完善了国际交流工作体制机制，成立了外事工作领导小组，将外事办从学校办公室独立出去，更名为国际交流与合作处，成为集留学生管理、出国项目规划及管理、外籍人士归口管理等综合性部门。学校的各二级学院安排专人负责本学院的国际交流工作，明确学校各部门服务国际交流的工作职责，逐步形成了“学校为主导、项目为支撑、师生为核心”的国际交流工作机制。学校陆续出台一系列针对留学生、外籍教师、教职工出国（境）、英文网站管理等制度和办法，确保学校国际交流有据可依、有章可循、系统高效、规范有序地展开。

（三）加大师生国际交流力度

为了提高国际交流层次，成都纺专不断扩大国际交流领域，与国（境）外院校和机构共同

实施教师培训、学生交换、学历提升、联合科研等不同层次和规模的交流与合作。

（1）派遣教师出国交流学习。为提高学院师资队伍国际化水平，成都纺专派遣教师出国（境）参加专业建设、课程建设、教学管理、学生管理、教学方法改革等方面的培训、学习，吸纳国（境）外先进教育教学理念、教学方法。通过学习国外先进教育教学理念，成都纺专的师资队伍和专业建设水平得到了极大提升。

（2）拓展学生国际交流渠道。为了鼓励学生积极参与国际交流，成都纺专积极采取一系列措施：第一，与国（境）外院校和机构签署合作协议，共同实施游学、学生交换等项目。如近几年，成都纺专先后与10余个国家和地区的20余所院校和机构签署合作交流协议。第二，组织学生到国（境）外的高校和教育机构如美国朱尼亚塔学院（JC）、德国F+U萨克森公益教育机构、英国密德萨斯大学、印度尼西亚加札马达大学（UGM）、印度阿佩吉大学（AID）、中国香港职业训练局（VTC）、中国台湾昆山科技大学等开展文化参访、学业交流、课程互换、带薪实习、艺术表演等国际交流活动。第三，特设“海外留学奖学金”，资助优秀学生到国（境）外留学。

此外，成都纺专还积极探索留学生的培养模式，招收外国留学生，多次召开专题会议研究和落实留学生的教学、服务和管理工作，出台《成都纺织高等专科学校留学生管理办法》，明确并形成了“学校统筹规划、职能部门分工负责、学院专业具体实施”的工作格局。目前，来自美国、韩国、新加坡、泰国、印度、印度尼西亚、中国香港等国家和地区的学生越来越多地走进成都纺专，使得成都纺专的国际化氛围日益浓厚。

（四）提升学校对外交流能力

国家实施“一带一路”战略以来，成都纺专采取“走出去”与“引进来”相结合措施，输出优质职教资源，传播传统文化精髓，提升学校对外交流能力。

（1）主动“走出去”，输出优质职教资源。成都纺专积极引导领导、教师和学生主动“走出去”，对韩国、俄罗斯、老挝、印度、新加坡、印度尼西亚、泰国、马来西亚等国家进行访问交流、讲学授课，积极输出优质职业教育资源。如2015年3月，成都纺专师生受印度APEEJAY教育集团邀请赴印度新德里、贾兰达尔的APRRJAY设计学院和APEEJAY美术学院参加国际设计艺术周系列活动。成都纺专师生积极地与印度、荷兰的教师和印度的企业家、设计师分享探讨“中国传统与现代结合的艺术教育”、“中国传统手工艺的现代化”、“中国传统服饰的继承和发展”、“印度的汽车设计”、“印度的时尚产业”等专题。同时，围绕中印双方的学校情况、专业发展、课程设置、学生就业等进行广泛的交流。

（2）热情“请进来”，传播传统文化精髓。一方面，成都纺专以纺织、服装、印染、艺术类专业为依托，传承蜀锦蜀绣、蜡染扎染和传统书画艺术，立项建立“手工印染和数码印染”、“蜀锦蜀绣”、“手工编织”、“手工旗袍定制”、“中国书法和绘画”、“陶艺”、“篆刻”、“明清家具赏析”、“中国古建筑欣赏”、“情景汉语”等一批国际交流特色课程，吸引面向世界各国，特别是引起“一带一路”国家的关注与兴趣；另一方面，成都纺专邀请国（境）外师生来校交流学习，在充分尊重受邀院校民族文化、生活习俗、课程需求等的情况下，结合成都纺专的办学特色，详细制定活动日程。如在校内活动中，成都纺专充分利用学校传统特色专业优势，安排一些破冰活动、碟片的制作讲解、中国书法绘画的课堂实践操作以及四川旅游文化、交际普通话、国庆节、中国传统婚礼等的讲座和实践，帮助国（境）外学生尽可能多地学习汉语和了解中国文化，比较全面地认识学校的校园文化、学科专业等；在校外活动中，成都纺专安排“西村”时尚秀，参观金沙遗址博物馆、四川博物馆、熊猫基地，游览春熙路、天府广场、锦里古街，观看变脸、滚灯等传统四川艺术节目，让国（境）外学生有机会了解四川悠久的历史文化、灿烂的巴蜀文明和美丽的自然风光。

三、体会与思考

推进国际教育交流与合作既是职业教育创新发展的有效途径，更是服务国家“一带一路”战略的责任与担当。多年来，成都纺专立足于国际化发展格局，致力于国际交流质量提升，通过全方位、多层次、宽领域的对外交流与合作途径，走出了一条特色发展的国际化办学之路，其经验值得其他院校借鉴、学习。

（一）助力纺织服装产业输出

成都纺专主动融入“一带一路”发展战略，立足服装纺织产业转移，改革创新人才培养模式，发挥特色专业优势，引入国际先进工艺流程、产品标准、技术标准、服务标准、管理方法等内容，充分发挥学校在西部独一无二的区位和专业建设覆盖纺织服装产业链的优势，为纺织服装产业培养出一批具有国际视野、通晓国际规则的技术技能人才，更好地助力纺织服装产业发展。

（二）探索国际化发展新思路

成都纺专秉承以真诚促交流、以交流促合作、以合作促发展、以发展谋共赢的合作宗旨，高度重视跨国界、跨文化的教育交流与合作，借此实现国际教育资源与国内教育资源的互补和合理配置，培养大量具有国际视野的人才；通过国际交流与合作提高师资队伍建设，服务专业发展需求；通过国际交流与合作挖掘国际合作潜力，拓宽国际交流与合作领域，提升国际合作层次。

案例二　绵阳职业技术学院

——抢抓发展新机遇，加强国际交流合作[①]

背景：

在全球经济一体化的背景下，高等职业教育国际化是未来发展的必然趋势。为全面贯彻《国家中长期教育改革和发展规划纲要（2010～2020年）》中关于“扩大教育开放”的精神，绵阳职业技术学院积极拓宽国际交流合作渠道，与众多国（境）外高校建立交流合作关系，不断更新合作理念，创新培养模式，促使学校国际化水平稳步提高，国际知名度与影响力迅速提升。

一、学校概况

绵阳职业技术学院（以下简称“绵阳职院”）位于美丽的绵阳市，是国家级示范高职院校。绵阳职院前身为1933年创办的江苏省立宿迁玻璃科职业学校，2001年经四川省人民政府批准，由原四川建筑材料工业学校、绵阳机电工业学校、绵阳工业学校组建成立绵阳职业技术学院。绵阳职院占地面积50余万平方米，现有各类在校生12000余人，设有8个系和3个教学部，开设51个高职专业、54个中职专业方向。经四川省教育厅批准，绵阳职院与西南科技大学、四川峨胜集团合作，从2013年起开展高端技术技能型应用本科试点。

学院坚持“诚信为基，能力为本，创新为魂，特色为翼”的办学理念，积极发挥“国家示范”的带动作用，主动服务行业、地方和绵阳国家科技城建设，形成了“传承建材行业优势，服务绵阳国家科技城建设，政校企研四方联动共育高端技术技能型人才”的办学特色，学院先后获得“国家示范高等职业院校”、“全国职业教育先进单位”、“全国社科工作先进单位”、“四川省最佳文明单位”、“四川省普通高校毕业生就业工作先进单位”等50余项荣誉称号。

现如今，学院站在新的起点，正按照“对上积极探索高端技术技能型人才培养、对下积极探索中高职协调发展、对外积极探索国际合作交流、对内不断强化内涵建设”的办学思路，积极实施“8138”高等教育质量工程等“后示范”建设项目，以与韩国东国大学、中国台湾大仁科技大学、中国南台科技大学和加拿大北大西洋学院等高校的深度合作为良好开端，进一步开展国际合作交流办学，将学院办成国内一流、世界知名的高等职业院校。

二、助力“一带一路”，发挥“绵阳职院”影响

2015年，中央深改组通过《关于做好新时期教育对外开放工作的若干意见》强调，教育对外开放工作要“自觉服务‘一带一路’建设等重大战略”。为配合国家“一带一路”战略的实施，绵阳职院非常重视国际交流合作，从开拓国际化办学思路、构建多元化人才培养模式、提高教育质量工程等方面服务地方经济和社会发展。此外，作为绵阳职业教育集团理事长单位，绵阳职院还积极发挥“国家示范高职院校”的辐射带动作用，推动集团内职业院校的国际交流合作工作。

---

①本文根据绵阳职业技术学院官网信息以及相关研究成果等资料编撰而成。

（一）响应“一带一路”战略，开拓国际化办学新思路

2013 年以来，学校将国际合作交流作为“后示范”建设“四个面向”战略之一，坚持“围绕中心、服务大局，以我为主、兼容并蓄，提升水平、内涵发展，平等合作、保障安全”的方针，成立了国际交流合作专门机构。通过近 3 年的工作，绵阳职院在中外合作办学、学生出国出境留学研修、教师出国出境培训以及外事访问交流等各方面都有了突破性进展，取得了初步成效，积累了比较丰富的经验。

1. 探索中外合作办学模式

为了使学生享受更多优质教育资源，绵阳职院积极与国外高校开展国际合作办学，探索中外合作办学模式，在联合培养“双专”学生、跨国（境）“专升本”、教师互访互派、携手开展科学研究等方面开展合作。如 2014 年 5 月，绵阳职院与加拿大北大西洋学院（CNA）正式签署合作办学项目协议，共同举办建筑工程技术专科专业教育项目。该项目属学历教育，学制三年，计划内年招生人数 50 人，学生在中加双方同时注册，取得双学籍，实行学分互认制，修业合格后将同时取得绵阳职院和 CNA 颁发的“双专科”毕业证书。项目当年先后获得四川省教育厅正式批复、教育部备案复函，并于 2015 年 9 月招收了第一批学生。

2. 引导学生出去留学研修

绵阳职院积极引导学生“走出去”，利用国（境）外优质教育教学资源培养具有国际视野的高端技术技能人才。目前，学校引导学生“走出去”参加国际交流深造的项目主要有三种，一是“专升本”、“专升硕”项目，二是短期研修，三是寒暑假实践项目，具体内容如表 3 – 1 所示。绵阳职院开展形式灵活、多样化的国际交流项目，为绵阳学子感受海外名校氛围、拓宽国际视野提供了诸多机会。

表 3 – 1　绵阳职院引导学生参加国际交流深造项目内容及实施情况

项目名称	具体内容	实施情况（2013 年以来）
“专升本”、“专本硕”升学项目	学生前往国（境）外高校留学深造，通过两年、三年以上的学习，可获得本科或研究生学历	已有 6 批共 30 人到韩国东国大学进行“专升本”留学
短期研修	学生前往国（境）外高校进行为期半年或一年的专业课程学习	已有 5 批共 21 人赴中国台湾大仁科技大学短期游学、3 批 6 位同学赴中国台湾南台科技大学短期研修
寒、暑期实践项目	学生到国（境）外实践地参观、学习、考察、座谈、游览，并获得社会实践证书	2014 年，有 16 名学生参加了由四川省教育厅组织的“四川大学生香港行”、“优秀学生干部团香港行”社会实践活动

3. 支持教师参与国际培训

绵阳职院积极鼓励教师参与国际培训，学习国（境）外先进职业教育理念，提升师资队伍国际化水平。“十二五”期间，学校累计派遣专业负责人、骨干教师等 260 余人次赴德国、加拿大、新加坡、澳大利亚、英国、爱尔兰、中国香港、中国台湾等国家和地区的高校进行了短期培

训或出访交流，如表3－2所示。此外，绵阳职院还多次派出校领导参加教育部国际合作交流司组织的“高职院校领导海外培训”项目。

表3－2 2015～2017年绵阳职校教师出国出境短期培训情况

序号	时间	目的地	培训项目
1	2015年1～4月	加拿大	中加合作办学专业培训
2	2015年10～12月	加拿大	中加合作办学专业培训
3	2015年7～8月	加拿大	全国高校英语骨干教师赴加拿大研修项目
4	2015年7～8月	中国台湾	四川省骨干教师赴台培训
5	2015年8月	德国	机电、信工、材料等重点专业建设项目国培
6	2015年9～11月	马来西亚	英语教学培训
7	2015年9～12月	德国	高等教育教学法出国研修项目
8	2015年12月至2016年3月	德国	高等教育教学法出国研修项目
9	2015年11月	中国台湾	绵阳市人社局组织“高校毕业生创新创业就业参访团”项目
10	2015～2017年	老挝	培训汉语老师
11	2016年1～4月	加拿大	中加合作办学专业培训

4. 扩大国际交流合作水平

为进一步拓展国际交流合作途径，学习国内外高校的国际交流合作经验，获取更多相关信息，提升国际化水平，绵阳职院于2015年9月提出了加入中国教育国际交流协会的申请，于2015年12月正式成为了该会会员单位。绵阳职院作为全国遴选出来的5所高职之一，先后派出校长、副校长参加了由教育部国际合作交流司组团参会的美国国际教育工作者协会（NAFSA）第67届年会暨国际教育展、爱尔兰举办的首届“中爱大学校长论坛”、英国举办的欧洲国际教育协会（EAIE）第27届年会暨教育展，并积极参加在北京举办的第16届中国国际教育年会。学校还积极派人参加在国内举行的大型职教交流会议和国际教育交流展览，如“第七、第八届中国—东盟教育交流周职业教育博览会”、“第三届海峡两岸高等职业教育校长联席会”等。

此外，绵阳职院积极负责接待国（境）外高校师生代表来校访问交流。截至目前，绵阳职院共接待了国（境）外高校师生代表31批、98人次来访，与12所国（境）外高校签署了合作协议或合作备忘录。

（二）“政校企研”四方联动，构建多元化人才培养模式

为培养企业满意、服务地方经济发展的高端技能型人才，绵阳职院多方协调，积极把握社会对人才的需求重点，立足于学校对基础知识、基本技能的教授，联合地方政府、行业企业、科研院所共同组建产学研合作委员会，量身打造各具专业特色的多元化职业人才培养模式，制定符合专业实际和高职教育规律的专业人才培养方案。主要体现在：①广泛采用“项目导向、任务驱动”的教学模式和理实一体的教学方法，把企业引入校园、产品引入实训、工程师引入课堂，以企业文化和制度对学生进行管理和培养，学生的学习过程在企业化的生产场景中完成，确保学生技能培养与企业需求无缝对接。②依托“校中厂”、“厂中校”理实一体生产性实训室，将实

训实验室整体搬迁至企业，建成集生产、实习、培训、技术开发于一体的基地，企业提供场地，学校出资建设实训室及学生宿舍，校企共管，共同打造“厂中校”。③依据国家行业产业结构调整及职业岗位对任职人员知识、能力和素质的要求，制订工学结合人才培养方案，构建高职人才培养体系，走“需求定向、工学交替、无缝对接”的人才培养道路，提高学生职业技能和职业素养。

（三）实施“8138”教育质量工程，全面提高教育质量

高校办学质量主要体现在内涵建设。在内涵建设方面，以国家示范建设和人才培养水平评估要求为标准，以强化专业内涵建设为核心，以提高教育教学质量为根本目的，绵阳职院推出了“8138”质量工程，有计划、有步骤地重点建设8个特色专业；建成100门院级及以上精品开放课程；培育30个院级以上优秀教学团队，培养30名院级以上教学名师，建立有300名稳定兼职教师的兼职教师资源库；建成8个以上校企深度融合的开放性实训室（基地）。如表3-3所示。

表3-3　“8138”教育质量工程

数字	含义
8	8个特色专业
1	100门院级以上（院级、省级、国家级）的精品资源共享课程（精品视频开放课程20门，精品资源共享课程80门，其中，国家级1门，省级10门）
3	●用五年的时间培养30名院级以上教学名师（其中，国家级1名，省级3名） ●建设30个院级以上的优秀教学团队（其中，国家级1个，省级3个） ●建成有300名稳定兼职教师的兼职教师资源库
8	建成8个以上开放性的实训基地

三、体会与思考

随着国际交往日益频繁，绵阳职院领导高度重视国际化战略，切实推进与国际接轨的办学进程，拓展国际合作交流的途径、形式和内容，推动国际交流合作工作可持续发展。

（一）国际交流合作，国际化水平进一步提升

通过与国（境）外高校，特别是国外职业院校的互利合作，绵阳职院进一步提高了自身的国际化程度，也为本校高职专科学生接收本科乃至更高层次的职业教育提供更多、更好的选择。一方面，学校领导和教师通过国际培训拓宽国际视野，在培训、交流中更新教育教学理念，掌握先进教学方式方法，提升教学能力水平和责任感、使命感；另一方面，学生通过国际交流深造、短期研修等，享受国外知名高校的课程体系、教材、教师等优质教学资源，感受海外名校氛围，拓宽国际视野。此外，通过参与国际教育交流活动，绵阳职院的国际知名度和美誉度也大大提高，为吸引国外大学师生来学院留学、研修、交流打下了基础。

（二）推动四方联动，服务产业能力显著增强

绵阳职院按照“资源共享、优势互补、合作共赢、共谋发展”的原则，通过“政府主导、学院主体、企业参与、院所指导”在专业建设、实训基地建设、成果转化等方面取得积极成效。“政校企研”四方联动人才培养模式，进一步增强了院校服务产业的能力，主要表现在：在政府的主导下，实现专业与产业对接；在行业引领下，实现人才培养与岗位职业对接；在企业参与下，实现教学内容与技术进步对接。

（三）深化教学改革，人才培养质量稳步提高

自2012年学院提出实施“8138”高等教育质量工程以来，各相关部门积极响应、协调行动，使得各项工作稳步推进。绵阳职院以“8138”高等教育质量工程为开端，持续加大以内涵建设为核心的后示范建设力度，主动适应高职教育综合改革发展需要，突出办学特色，稳步推广示范建设成果，提高技术技能型人才培养质量，为全国建设行业和绵阳国家科技城建设做出应有贡献。

案例三　陕西工业职业技术学院

——铸就国内知名的国际化品牌院校①

背景：

陕西工业职业技术学院瞄准“省内领先、国内一流、国际知名”高职院校目标，大力开展国际交流合作，在学生国际交流、师资国际培养、跨国联合共建等方面取得显著成效，推进了学校办学的国际化进程，提高了人才培养水平和质量，加速推进国际职教名校进程。

一、学校概况

陕西工业职业技术学院（以下简称“陕西工业职院”）前身是创办于1950年的咸阳机器制造学校，是新中国最早成立的中等专业学校之一。1999年，经教育部批准升格改制为省属全日制普通高等学校，是西北地区首家由教育部批准改制升格的高职学院。2010年1月，与陕西纺织服装职业技术学院合并组建成新的陕西工业职院，2011年被教育部、财政部确定为“国家示范性高等职业院校”。学院占地面积650亩，校外教学用地1200亩，校内建有188个门类齐全、设备优良的实训基地和工程训练中心，其中国家级实训基地3个，央财支持实训基地2个，省级实训基地8个。学院图书馆文献总量130万册，电子图书4565GB。学院设有机械工程学院、数控工程学院、电气工程学院、材料工程学院、信息工程学院、工商管理学院、物流管理学院等10个二级学院，涵盖装备制造、电子电气、工程材料、信息技术、财经商贸、公共事业、物流管理、工民建筑、纺织染化、服装艺术等63个专业，其中教育部精品专业1个、教育部高职高专教改试点专业2个、国家示范专业5个、省级重点专业16个。学校学生总数近20000名，专职教师及职工1070名，其中教授81人、副高职称376人。

学院秉承“明德、笃学、精艺、强身”的校训，围绕“办有灵魂的教育，建有品位的学校，创有境界的文化、育有底气的人才”的建设目标，立足陕西支柱产业对高素质技能型人才的需求，瞄准学生未来职业生涯的成才目标开展人才培养。在60多年的发展历程中，共培养各类专业技术人才11万余名，毕业生就业率平均保持在98%以上，在国有大中型企业、世界500强企业就业率达到38%，毕业生以优良的素质、扎实的专业技术基础和娴熟的职业岗位技能深受用人单位的欢迎和好评。陕西工业职院两度被授予全国职业教育先进单位，先后荣膺“全国文明单位”、“全国机械行业骨干职业院校”、“中国工业优秀单位”，为陕西省乃至全国装备制造业的发展作出了重要贡献。

二、打造国际合作品牌，提升办学水平

陕西工业职院主动适应经济全球化要求和国家“走出去”发展战略需要，通过与世界知名高校和企业的深度合作，为学生提供了广泛的海外交流机会，为教师提供了中短期各具特色的海

①本文根据陕西工业职业技术学院官网信息及相关研究成果等资料编撰而成。

外进修项目，打造了国内知名的国际合作品牌。

（一）注重国际交流，拓宽学生视野

近年来学校与德国、俄罗斯、美国、韩国、爱尔兰、中国台湾的高校建立了合作关系，开展了一系列学生海外交流项目。

1. 德制工程师培养平台

陕西工业职院积极探索学生海外交流渠道，与德国高校及教育机构建立德制工程师平台，开展学生硕士学位德制工程师培养项目，可将毕业生送到德国高校继续深造，培育成为具备国际化高水平的工程师，操作流程如图 3 – 1 所示。该校于 2012 年与德国大学联盟、德国 BSK 国际教育机构签署了合作框架协议，建立中国高职院校与德国公立高校德制工程师培养模式对接平台，共有 11 名同学赴德国高校学习。2013 年，学校引进德语外教，开设德语课程，正式挂牌“应用型硕士学位德制工程师赴德学习预备部”，形成了浓郁的赴德国高校深造的氛围。

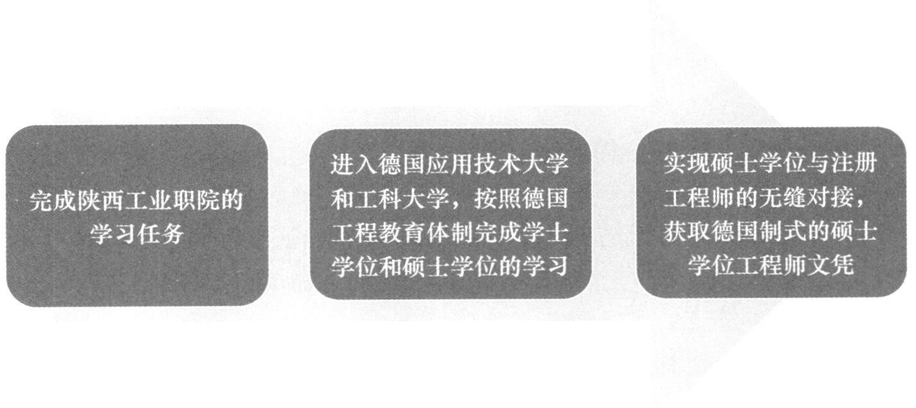

图 3 – 1　德制工程师培养项目流程

2. 短期学习与交流项目

学生跨地域短期交流是高职院校国际交流合作的重要组成部分，是培养学生国际视野、通晓国际规则的重要途径。陕西工业职院积极支持学生参加国际短期交流活动，为赴德国短期学习的学生提供 70% 的费用资助，为特困家庭的学生提供全额资助。2012 年以来，陕西工业职院先后与德国奥斯特法利亚应用技术大学、霍夫应用技术大学签署合作协议，先后共派出 14 名学生赴德进行短期交流学习，实施内容如图 3 – 2 所示。

（二）开展海外研修，提升师资水平

为了提高师资队伍国际化水平，陕西工业职院加大选派青年骨干教师出国进修学习力度，借助与德国、新加坡、中国台湾的高校建立的校校合作关系，有计划地实施教师国际交流与培训项目。

1. 师资中期交流学习，提高专业技能

陕西工业职院与国外高校开展教师中期进修和讲学交流计划，双方在教育理念、专业建设、

学术研究等方面开展广泛和深入的沟通，提高教师职业能力的国际化水平。通过国际合作交流，参加项目的教师不仅可以学习国外先进的教学方法，还能与国外教师合作开展学术交流和科研项目。例如该校与德国签订的师资中期进修项目，通过德国 BSK 国际教育机构的资金支持，每年安排三名青年骨干教师赴德国汉诺威大学、伊尔梅瑙工业大学等高校开展三个月的交流学习。

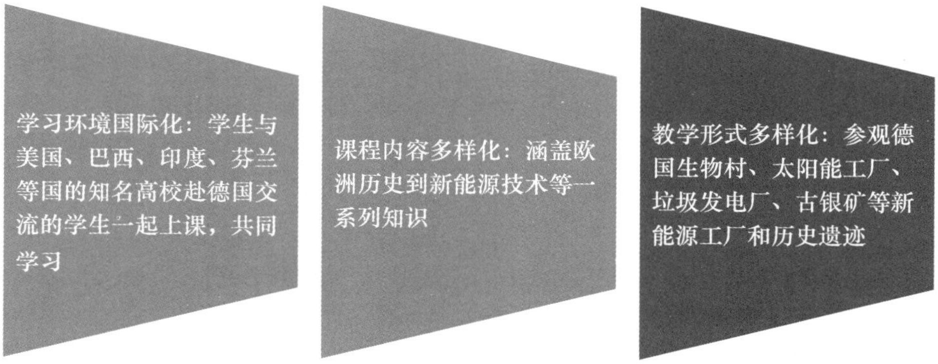

图 3 –2　短期交流项目实施内容

2. 骨干教师国（境）外研修，拓展国际视野

海外研修有助于高校教师开设全英文专业课程教学，转变教学观念，提高课程教学方法和课程安排的科学性，对高校课程国际化建设有显著的效果。陕西工业职院从 2009 年开始尝试骨干教师国外研修计划，先后派出 400 余名教师赴德国、澳大利亚、新加坡、美国、英国、中国台湾和中国香港地区进行师资培训，大大提高了教师的国际化视野，促进了学院教育教学质量的提高。该院骨干教师研修情况如表 3 –4 所示。

表 3 –4　　陕西工业职院骨干教师研修情况

时间	国家及地区	内容
2012 年以来	德国	共派出 109 名骨干教师赴德国代根多夫应用科学大学进行为期 28 天的短期研修项目，研修主题围绕德国应用技术大学的专业建设及人才培养模式
2014 年以来	中国台湾	选派了 48 名中青年骨干教师赴中国台湾中州科技大学、建国科技大学、朝阳科技大学、台湾科技大学进行了短期研修项目
2012 ~ 2013 年	新加坡	派出 23 位教师和管理干部参加了新加坡淡马锡基金会—南洋理工学院的师资培训项目

（三）引进国外师资，开展教育培训

学院坚持“扩大范围、提高层次、保证质量”的原则，在鼓励支持教师“走出去”的同时，大力引入国外师资力量，聘请英语和德语等海外职业教育专家对该校教师进行业务培训，借此培育出一批学术和教学骨干，有效推动教学内容、教学模式的创新改革和课程国际化建设，极大地提升了教师的教学科研水平。同时，该院从 2013 年开始实施分层次教学改革试点，在试点班级全部推行英语外教上课，稳步引进一批海外专家及教师到该校任职。此外，学院坚持引入国际知名职业教育专家对教师进行培训，提高师资队伍国际化水平。如表3－5所示。

表3－5　学院引入国际师资培训项目

时间	项目
2011～2013年	先后两次邀请德国职业教育专家胡格先生进行教学法培训，共有380多名骨干教师参与培训，主要培训先进的教育理念和教学方法
2013年	邀请德国伊尔梅瑙工业大学教授、欧洲电子电力协会主席劳伦斯教授来校举行学术讲座

（四）加强校企合作，实现人才共育

陕西工业职院与世界知名企业开展深度校企合作，校企双方通过共同开办订单班、引入企业技术培训包、合作共建实训室等举措，提高人才培养质量，提升学生就业能力。如按照“项目联结推动，职教搭台育人”的思路，以“共育国际一流员工”为战略目标，与日本欧姆龙公司合作探索形成“校企七联合”的合作育人模式，即双方联合制订一流培养计划、共同打造一流教学团队、携手推行一流现场教学、协同实施一流双向管理、共建共享一流实训基地、合力构建一流评价体系、按照产业升级对一流员工培养的要求进行人才培养，成为学院国际化校企合作的代表。

三、体会与思考

国际交流与合作是实现高等教育国际化的主要途径，是提高职业院校办学水平的必由之路。陕西工业职院通过“引进来”与“走出去”相结合的手段推动学院国际化进程，全面提高毕业生和师资队伍的国际化水平，获得了社会和企业的高度认可。

（一）全面提升师生的国际化水平

陕西工业职院从学生、教师、校企合作三个方面推动国际化进程。在学生培养方面，借助德制工程师培养平台和跨国短期交流项目，培养了一批既具有专业技能又具有国际视野的高素质、高技术技能人才；在师资队伍培训方面，学院不断选派青年骨干教师出国研修学习，开展中期讲学交流计划，同时引进外国职业教育专家对教师进行业务培训、开设讲座等，使其有机会学习最新的教育理念与教学方法，提升师资队伍整体的国际化教学水平；在校企合作方面，与日本、德国、美国等知名企业建立深入的校企合作关系，由学校和国外企业共同制定人才培养方案、教学管理方法、课程体系等，形成校企共育的人才培养模式，拓宽学生就业渠道。

（二）建立高效的国际化运作体系

随着陕西工业职院国际合作与交流工作的深入开展，将开阔学生和师资的国际视野，增强教师的国际交流能力，提高学院的国际化水平。通过引进国外优质职业教育资源，拓展国际合作领域，提升院校之间的合作层次。同时，学院已建立合理的管理机制、形成高效的运作体系，促进

学院以职业教育发展趋势为指引树立国际化办学理念。首先，积极鼓励学生参与国际校际交流，培养学生的国际交流能力、国际从业能力等，形成以交流项目为渠道促进学生学习、实习、就业国际化；其次，坚持“走出去”和“引进来”相结合的方式加强师资队伍国际化建设，加大国外师资引进力度，提高对内教师国际培训质量，强化师资队伍建设国际化；最后，扩大学院国际交流范围、拓展交流内容、稳定交流关系，双方共同开发和推进国内外合作招生、合作培养的深层次合作办学项目，形成以合作项目为载体推进人才培养国际化的模式。

案例四　浙江省机电技师学院

——国际合作办学，圆中职学生“留学梦”[①]

背景：

随着教育国际化步伐的不断加快，教育的开放性成为时代命题，中等职业教育要想在激烈的竞争中得以生存发展，就要符合时代的要求，进行国际交流与合作办学，拓宽办学之路，增强职业院校竞争实力，提高其教育教学活动的质量。浙江省机电技师学院适应时代发展需要，积极探索国际合作办学之路，培养具有国际化视野的“双高”人才。

一、学校概况

浙江省机电技师学院（以下简称“浙江机电学院”）创办于1978年，前身为浙江建材技工学校，2008年由成建制划转到浙江省机电集团，2013年获浙江省人民政府批准更改为现名，是一所以培养高技能人才为主体的省属国家级重点技工院校。

浙江机电学院占地面积12.46万平方米，现有在校生4489人，专任教师265人，其中，高级职称46人，中级职称129人；高级技师13人，技师20人；“双师型”教师112人。学院设有“四系一部”，即财经商贸系、电气工程系、现代制造系、应用设计系和基础部，开设12个专业，涵盖机电类、信息技术类、商贸财经类、公共事业类等学科门类；建成省级示范、骨干（特色、新兴）专业8个。学院建有31个校内实训基地，其中国家级实训基地2个、省级实训基地8个，市级实训基地3个和国家职业技能鉴定所1个。

浙江机电学院秉承“高端引领、校企融合、多元办学、内涵发展”的办学理念，立足当地的先进制造业、时尚产业、战略性新兴产业，以义乌国际化商贸名城为背景，与韩国、德国等院校开展深度合作，培育具有国际视野的技术技能人才。学校的办学层次、办学水平、社会影响力不断提升，办学特色鲜明，办学成效得到了政府部门、行业、企业以及社会的充分认可，先后获得“国家级重点技工学校”、“国家中等职业教育改革发展示范校”、“全国职业教育和职工培训先进集体”、“浙江省德育先进集体”、“浙江省职业培训教材发行及教材规范化使用先进学校”等多项荣誉。

二、基于培养国际化视野高技能人才的合作办学

基于义乌市对职业教育品质的国际化新诉求，浙江机电学院放眼世界，开展国际合作与交流，先后与韩国大邱工业大学、东新大学、中部大学和德国巴伐利亚经济职业进修公益有限公司等开展专业教学合作，并积极与韩国设计振兴院对接，拓展合作空间，引进国际优质职业教育资源，培养具有国际视野的高端技能人才。

---

①本文根据浙江省机电技师学院官网信息以及相关研究成果等资料编撰而成。

（一）依托专业，丰富合作内涵

浙江机电学院国际合作办学以专业为依托，双方在师资、课程、教材等方面进行资源置换，服务专业建设，共同培养国际化的高技能人才，全面提升合作内涵和合作层次。

1. 构建“生态双环”专业合作模式

浙江机电学院国际合作办学以饰品设计与制作、形象设计、模具制造技术三大专业为依托，汲取合作学校的先进理念，构建了“生态双环”专业合作模式。所谓“生态双环”，即以课程、师资、教材、设备等教学资源置换为核心的教育内环和以体验、培训、游学、留学等多元活动为主轴的服务外环，如图 3－3 所示。其中，“内环”立足校内，借助双校园的优势，优化配置中外教学资源，建设了融合国际先进课程体系并具有学校特色的 LAPE（Language and Professional Education）模式，其内涵是“语言＋专业”的双重教育模式，整个学段分为“2.5＋0.5＋2”，确保专业建设的“中外双向、校校双轨”。“外环”辐射社会，紧紧围绕多国职业标准融通，深化终身学习理念，确保人才培养的“多选择、多渠道、多能力”。

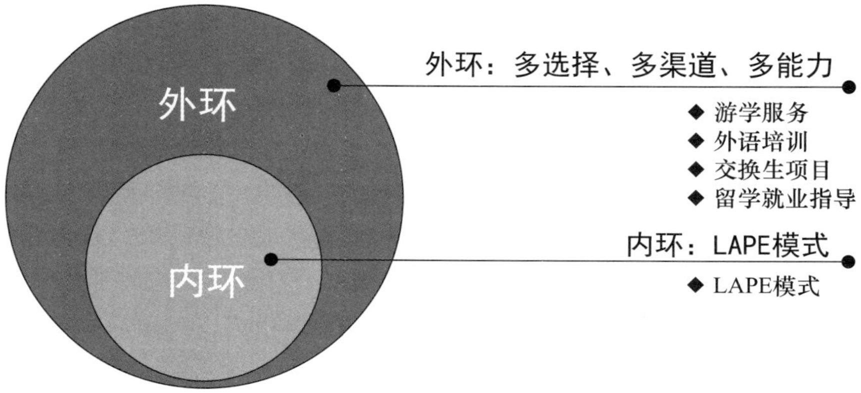

图 3－3　“生态双环”专业合作模式

在这样的合作模式下，学校中韩班、中德班的合作又因专业和合作学校的不同形成差异性和多样性。如学校与韩国大邱工业大学开展“3＋2”专科预科课程合作项目，与韩国东新大学开展“3＋4”本科预科课程合作项目，与德国巴伐利亚经济教育集团开展“一校园、一标准”的引进式合作项目。学校国际交流处充分体现“优优结合”，以“走出去和引进来”双管齐下的方式不断扩展国际合作办学的服务项目，包括开展游学服务、外语培训、交换生项目、留学就业指导等。

2. 打造“自能课堂”创新教学模式

通过借鉴国外教学模式，浙江机电学院在国际合作办学班级中创新性地打造“自能课堂”。目的是通过转变教师的教学方式和学生的学习方式，促使学生增强学习的自主性和积极性，培养学习的自主意识。受韩国合作教育方式与德国体验式教学的影响，为促进中外双重教育元素的流通，浙江机电学院在国际合作办学班级中进行课堂教学模式的改革，提出“预习自主、合作自助、展示自查、点拨自悟、达标自成、拓展自升”的课堂教学基本要求，确立了以“体验感悟—自主学习—交流展示—释疑点拨—训练达标”为基本的教学流程。这一流程既是一个完整的学习过程，又是相对独立的教学环节；既是行为方式，又是达成教学目标的策略。五个环节在形式上互相交叉、有机渗透，初步构建了以培养学生自主学习能力为根本的理想课堂。

3. 创设"英才档案"考核监控体系

重视人才培养质量的考核监控有助于倒逼学校不断优化人才培养模式。在国际合作办学过程中，浙江机电学院充分实现"中西合璧"，结合原有的学生学籍卡，引进韩国的教学"文件夹"和德国企业全过程参与的做法，创设"英才档案"，即人才培养信息管理档案。创设"英才档案"，一是强调过程性考核，即每一个学生的档案中都详细录入学生具体的课堂表现，甚至包含学生课堂笔记（参照韩国"文件夹"，要求学生将教师示范、实践感悟、课堂作品等以图文的方式记录）；二是强调个性化把关，整个档案的规划依据专业、学生的不同而有所差异，如中韩班有专门的韩语语言学习和考证档案、化妆师考证档案、首饰设计师考证档案；三是强调多元化评价，包含学生自我评价、教师评价、学校综合评价、合作学校评价、企业评价等，以实现评价的科学性和客观性。

（二）培训交流，提升师资水平

浙江机电学院选派骨干教师和优秀教师赴境外合作院校交流、培训，加强技能培训的同时学习国外先进的教学模式、教学理念和教学方法，全面提升专业理论、技能水平和职业素质。此外，学院聘请海外教师和专家，形成专业化与国际化的师资队伍，提升了师资实力。

1. 加强出国培训，全面提升教师队伍素质

为了提高校内教师队伍素质，浙江机电学院制定《教师出国培训两年规划》，遴选优秀教师和骨干教师参加国外教育培训，每年选派2～4名教师到合作院校进修学习专业技能、职业教育理念、教学方法、实训室建设、项目教学研发等，扩大教师的国外教育背景，培养一支中外兼容、能够适应国际化通用人才培养要求的"专业化与国际化并举"的教师队伍。

2. 引进国外智力，进一步推进师资国际化

为了进一步推动学校内涵建设和专业建设，提升师资队伍的国际化水平，浙江机电学院从三个方面引进国外智力：一是邀请专业带头人指导专业建设。如从韩国大邱工业大学邀请形象设计专家、从东新大学邀请饰品设计与制作专家指导专业建设，就人才培养方案、课程体系、实训室建设等方面做全方位指导，促进专业建设的快速发展。二是邀请专家到校讲座，讲解最前沿的先进技术，提升学生和教师国际化视野及专业技能，营造良好的国际交流氛围。三是聘请国外教师担任专业教师，优化师资队伍结构。

（三）密切合作，构建办学机制

1. 构建政府保障机制

浙江机电学院在国际合作办学过程中得到了义乌市政府的大力支持，政府鼓励学校"引进来"、"走出去"，提升学校国际化办学水平，构建了合作办学的政府保障机制。首先，对于合作的国外院校，政府在审批过程中对其办学资质、办学能力进行多方位的调研和评估，严格审查，从源头上保证中外合作办学教育质量。其次，政府牵线搭桥，为学校推介国际优质教育资源。最后，在外教聘请、优质资源引进、资金保障等方面给予政策支持，确保学院国际合作办学的教育质量。

2. 探索院校合作机制

浙江机电学院与国外院校紧密合作，进一步拓展交流合作渠道，共同探索长效稳定的合作机

制，建立健全校际交流互访机制、教学运行管理机制、教学质量评估机制，确保合作办学高质高效。首先，加强国际合作办学教学运行管理。引进韩国课程体系，结合学院实际情况，建设国际化、科学化的课程体系，精心做好课程设置与管理，创新课程建设。其次，加强专业化与国际化师资队伍建设。制定教师出国培训两年规划，有计划选派教师到国外合作院校进行学术交流和进修深造；完善外籍教师聘任办法和方法，制定外教管理制度，聘请了高质量的专业外教教授语言和专业课程；邀请专家来校进行讲座和专业指导。再次，制订校际交流互访计划。每年定期举行 1 次以上与国外合作院校的领导级别互访，1 次以上教师间交流互访，1 次以上学生交流学习，使校际交流多样化、常态化。最后，成立国际合作办学监管及质量评估小组，从教学大纲、培养方案等具体的教学环节上进行监管和评估，并不定期检查规范合作项目的教学和管理秩序，确保合作办学的教学质量。

（四）深度交流，营造开放文化

浙江机电学院国际合作办学不拘泥于教学的合作，更多的是国际文化的交流互动。第一，建立实体韩国文化体验馆，引进国外饮食、潮流等，带领学生感受韩国饮食、参与韩式展销会志愿者、参加韩国专家讲座。第二，借助本地韩商商会的力量，从校校交流跨越到校企交流，学校向商会会员单位开放园区，组织足球活动；学校外教带领形象设计专业学生给韩企年会员工化妆。第三，在学校网站上另辟一栏，建立韩国语言文化体验空间，设立走进韩国、韩国影视欣赏、留学咨询、韩语学习等板块，让学生通过网络平台，直接“对话”韩国。学院通过搭建平台、举办活动，延伸合作力度，营造了开放、自由的文化氛围。

三、体会与思考

浙江机电学院将高技能人才培养模式放在国际化背景下进行定位，以引进国外优质教学资源为突破口，通过国际合作办学，促进学校教育在办学模式、教学方法及手段等方面的创新，提高了学校的教育质量和学生的国际竞争力，这种合作办学模式值得其他院校借鉴。

（一）国际合作办学促进学生多元发展

一方面，国际合作办学强化了学生的专业能力和语言交流能力，为学生留学、就业提供了更多元的选择，尊重学生的多元化发展；另一方面，多国文化的交流、多种活动的组织，使学生及时接受先进理念和文化的熏陶，对文化差异有更快的适应能力和评鉴能力，为学生以后进入外资企业打下基础。

（二）国际合作办学促进专业内涵发展

浙江机电学院选择的国际合作院校分别在不同的专业领域具有一定程度上的优势，这样极大地推进了学院专业的发展。如韩国大邱工业大学的饰品设计与制作、形象设计专业，无论是人才培养方案、教学场所还是课程教学都与韩国同步。更为重要的是，国际合作院校在促进合作专业发展的基础上，带动其他专业的中外合作，拓宽了学校中外合作的途径，形成了国际化专业合作特色，即产业、专业、国外院校的联动发展。

第四章　强化文化育人　提高综合素质

文化是道德的滋养源泉，是民族的血脉，是人民的精神家园。职业院校在培养人才过程中，必须充分认识文化的重要育人价值，大力挖掘文化育人资源，开展校园文化建设，让广大学生增强底气，坚定文化自觉和文化自信，培养德才兼备的高素质专业技术技能型人才。

案例一　六安职业技术学院

——自觉自信，文化立校[①]

背景：

校园文化建设是实现办学目标的重要环节，是全面实施素质教育的有效载体。多年来，六安职业技术学院积极探索以“志勤文化”为核心的校园文化建设，不断加强校园文化活动的基础设施建设，创新校园文化活动内容，拓展校园文化建设领域，规范校园文化活动模式，使校园文化大发展大繁荣，实现了办学条件大改善、办学内涵大提升和办学特色大凸显。

一、学校概况

六安职业技术学院（以下简称“六安职院”）是2001年6月经安徽省人民政府批准成立的专科层次的公办全日制普通高等院校。学院占地面积100万平方米，总建筑面积29.82万平方米，现有教职工572人，全日制在校生近万人。学院设有6个二级学院、3个教学部，开设45个专业，建有13个实训中心，110个校内实训室、65个校外实训基地。图书馆藏书丰富，拥有中国知网、超星数字、万方数据等网络文献资源。

六安职院通过十几年的建设发展，取得了丰硕成果，成为安徽省示范高职院校、国家优质高等职业院校建设单位、安徽省地方技能型高水平大学建设单位、国家AAA级旅游景区、国务院扶贫办批准建立的贫困地区劳动力转移培训示范基地、农村富余劳动力跨地区就业培训基地、安徽大别山职业教育集团理事长单位、六安农民学院执行院长单位、六安市专业技术人员继续教育基地、六安市非物质文化首批传习基地。学院各项工作走在安徽省同类学校的前列，荣获安徽省级园林式单位、省绿化先进单位、省级节水型单位、省级公共机构节约型示范单位、省高等学校师资培训工作先进集体、省高校毕业生就业工作标兵单位、省就业工作先进单位和第六届、第七届、第八届“六安市文明单位”、六安市安全生产先进单位、市法制宣传教育工作先进集体等荣誉称号。

---

①本文根据六安职业技术学院官网信息及相关研究成果等资料编撰而成。

二、强力实施“文化立校”战略

六安职院积极培育优良的校园文化，强力实施“文化立校”战略，把校园文化建设纳入学校建设、发展的整体轨道，放在办学总体规划和人才培养目标的大背景下实施；把校园文化建设作为人才培养模式创新中最大的文化自觉，积极营造高职教育的文化软实力，为人才培养模式创新提供了肥沃土壤和强大的动力。

（一）建构学院教育理念

六安职院秉承“学以致用，惟志惟勤”的校训，凝练形成了“志存高远、自强不息、勤恳奉献、团结奉献”的“志勤精神”；确立了“忠诚廉洁、志勤兼备、好学敏求、勇于担当”的工作作风标杆，“忠诚事业、热爱学生、严谨治学、严格执教”的教风标杆，“自信自强、自主自立、勤学善用、知行合一”的学风标杆，“有理想信念、有道德情操、有扎实学识、有仁爱之心”和“心中有德、胸中有梦、眼中有事、手中有能”的“双四有”师德修养标准，建成了独具特色的校园文化符号系统。

广大师生在校园文化符号系统的框架引领下，对高等职业教育文化进行了自我觉醒、自我反省和自我创建，培育出六安职院最大的文化自觉，即坚持“全面贯彻党的教育方针，以服务发展为宗旨，以促进就业为导向，以育人为中心，以能力为本位，以工学结合为切入点，不断创新人才培养模式，为地方社会经济发展培养高素质技术技能型人才”的办学指导思想；践行“文化浸润、人格养成、能力固本、素质铸魂”四位一体的人才培养模式改革新思路；全面构建人才培养模式改革的支撑平台，立足支撑平台建设独具特色的“硬”措施，彰显高职教育的文化“软”实力。

（二）塑造校园文化形象

六安职院建成了校史馆、皖西历史文化馆、皖西红色文化馆、皖西非物质文化遗产展馆及传承教学基地、现代农业科普教育园；建成了涵盖所有专业、体现先进工业文明和信息社会特色的13个实训中心，现代化的校园形象已经形成。

学院提升校园建设文化品位，积极探索环境育人的新路径，精心打造“志勤圆梦、温故求真、善水涤尘、青春印象、洗桐问茶、清溪留韵、柳岸霞起、荷塘凝翠、绿野寻芳、不言树人”十大景点。校园内步步有景、处处育人，被评为国家AAA级旅游景区。

学院全面引入6S管理等企业文化内涵，对全校实训中心进行了职场化改造；结合南大门的修建，学院建成企业文化广场，把企业文化与校园文化有机结合，塑造了体现高等职业教育文化的校园形象。

（三）营造校园文化氛围

六安职院以社会主义核心价值体系为根本，把核心价值观融入校园文化建设中，营造良好的文化氛围，不断提升师生思想道德水平；以践行社会主义核心价值观为抓手，积极开展文明创建活动，获得第六届、第七届、第八届“六安市文明单位”称号。

学院大力弘扬“志勤精神”，发挥其在学校建设发展中的熏陶、引领和激励作用，把学校特有的“志勤”文化、皖西厚重的历史文化、革命老区的红色文化、先进的企业文化融入校园文化建设之中，开展“非遗进校园”活动，用丰富健康向上的精神文化教育人、激励人、培养人。

学院全面开展教室文化、寝室文化、实训室文化、工坊文化建设工作，使校园的每一寸空间，都洋溢着“志勤文化”的气息。由于“文化浸润”无处不在，六安职院形成了独特的文化自信。那就是：肯定与坚持自己的办学传统，学习和借鉴先进的办学经验，主动把握自己的发展前景，不自我陶醉，不抱残守缺，以长远的眼光把握发展的潮流和趋势，立足革命老区经济社会发展实际，在全国职业教育发展的大背景下考量自己的工作，推进教育教学改革，建设地方技能型高水平大学，为我国高等职业教育发展做出新的贡献。

（四）丰富文化细节体验

六安职院大力实施学习领域课程建设、品牌专业建设、双师队伍建设、实践教学体系建设、校企合作育人建设、技能型大学文化建设、技能型大学治理能力建设、校园基础能力提升、大学生职业精神提升、社会服务能力提升等一系列工程，打造人才培养模式改革支撑平台的升级版，使地方技能型高水平大学建设的文化自觉落到实处。

学院以拓展职业素质为核心，构建了由“活动模块、课程模块、养成模块”和“认证平台”构成的大学生素质拓展体系，并实现活动模块品牌化、课程模块科学化、养成模块精细化、认证平台信息化，使“人格养成”落到实处。

学院开展混合式教学模式改革试点工作，推动教学改革步伐。针对学习情境中的技能节点进行微课开发制作，学院建成了“微课云”平台和课程微信群教学辅助平台；以岗位需求和技术活动全过程需求作为课程体系设计的逻辑起点，构建了能力本位、校本特色的课程体系；并将职业技术基础课程、职业岗位核心课程全部由学科课程改造成为彰显高职文化特色的“学习领域课程”，使“眼中有事、手中有能”落到实处。

作为六安农民学院执行院长单位，学院依托六安农民学院平台，积极开展新型职业农民培训。2016 年学院承担水产养殖大户、畜牧养殖大户、粮食种植经营大户、茶叶种植经营大户四个班、200 人的培训任务，精准培养了懂技术、会管理、善经营的致富能手，使农民朋友早日脱贫致富，使社会服务落到实处。

（五）开展创新创业教育

六安职院大力开展创新创业教育工作，培养学生创新创业能力。学院把 2016 年定为“创新创业教育改革推进年”，召开了第一次创新创业教育工作会议，成立了创新创业学院，出台了《六安职业技术学院关于进一步加强创新创业教育工作的实施意见》，明确了“全面融入、全员覆盖、全程递进”的创新创业教育运行模式，提出了“创建一个创新创业教育运行模式、构建一个创新创业教育课程体系、培养一支创新创业教育师资队伍、搭建一个创新创业教育支撑平台、营造一个创新创业教育文化氛围、孵化一批创新创业实践项目”的主要任务。

在营造创新创业教育文化氛围方面，学院依托思想宣传工作和大学生素质拓展体系，将创新创业教育纳入校园文化建设工程和职业精神提升工程，努力营造敢为人先、敢冒风险、宽容失败的校园文化氛围，使“大众创业，万众创新”理念深入人心；广泛开展创新创业教育宣传，充分利用广播、专栏、校园网、微信、微博等途径并建设创新创业教育网站，大力宣传加强创新创业教育的必要性、紧迫性、重要性，使创新创业成为学校办学、教师教学、学生求学的理性认知与行动自觉，宣传促进创新创业的政策、措施，宣传推动创新创业教育工作的新举措、新成效，引导学生树立科学的创业观、就业观、成才观；开展丰富多彩的创新创业教育活动，依托“志勤大讲堂”举办创新创业讲座，邀请专家、企业家、创新创业成功人士、优秀创业毕业生来校讲座，举办“志勤杯”创新创业大赛、创新创业沙龙、创新创业模拟实践等活动，支持和培育学生成立创新创业社团组织；发掘、树立并宣传大学生创新创业典型，建立在校生和历届毕业生创业信息数据库，编写大学生创业成功案例集，宣传学生自主创业的先进典型，组织大学生创业事迹报告会，开展“双创之星”评选活动，弘扬创新创业正能量，以榜样力量激发学生创新创业热情。

三、体会和思考

六安职院强力实施“文化立校”，从理念诉求、形象塑造、氛围营造、细节体验、双创教育等层面营造文化软实力，增强文化自信，培育全体六安职院人的文化自觉。六安职院的做法对于职业院校开展校园文化建设、实现文化育人具有一定的借鉴意义。

（一）多路径推进校园文化建设

随着社会的进步和发展，高职院校的校园文化在调整、适应、发展的过程中，也在不断地吸收和融合社会主流文化和其他亚文化；同时，高职院校与行业企业之间的密切联系，又使得高职院校的校园文化不断地向校园外拓展。加之当今日渐丰富的经济、社会和文化活动和快速发展的文化传播手段，也为高职校园文化的建设发展提供了有利条件。因而，校园文化建设需要多路径推进，不断丰富其实质内容与外在表现形式。在实施“文化立校”的过程中，六安职院注重与社会相联系，吸收、融合社会主流文化和其他优秀亚文化，从多个层面营造文化软实力，以多种路径不断加强校园文化建设。

（二）提高职校校园文化适应性

职业教育主要面向区域经济社会，为区域社会培养高素质高技能人才。因此，职业院校在校园文化建设中要融入当地社会生活和文化大环境，借助区域文化丰富校园文化，才可能使学生在以后的工作中更好地适应社会。六安职院在营造文化软实力的过程中，注重运用皖西的地域文化丰富校园文化，并通过开展社会服务将校园文化建设延伸到校外，使学生们得到了理论联系实际的锻炼机会，也为他们提供了了解当地社会社情民意的窗口，有助于增强学生的社会责任感，促进学生整体素质水平的提高。

（三）形成独特的职教文化特色

职业教育作为教育体系的重要组成部分，理应承担同样的文化任务。但是由于教育类型的不同，承担的文化任务和责任也不一样。职业院校的校园文化建设应该更多地弘扬技术技能文化，注重彰显职业教育元素，强调“行行出状元”的理念。只有这样，职业院校的校园文化建设才能走出照搬学术型高校的模子，形成独特的职业教育文化特色，最终创出具有文化品位、独立品格和价值追求，校企文化相融，理论与实践相辅相成的职业院校校园文化，为培养高素质高技能型人才创造良好环境。

案例二　濮阳职业技术学院

——创设“班级文化”育人模式①

背景：

文化育人是高职院校人才培养的潜在命题。如何选择文化的形态并发挥文化的功效，对于高等职业教育的可持续发展具有重要意义。而班级文化建设作为校园文化建设的重要组成部分，是高职院校育人工作的重要手段和有效途径。濮阳职业技术学院根据企业岗位实际需求，不断探索既满足岗位标准要求，又符合学生个人发展需要的课程体系和教学模式，进而创设了“团队优秀—激情奔放—目标明晰”的“班级文化”育人模式，引领教学改革。

一、学校概况

濮阳职业技术学院（以下简称“濮阳职院”）是2001年4月经河南省人民政府批准、国家教育部备案，由原濮阳教育学院、濮阳广播电视大学、濮阳师范学校、濮阳工业学校四校合并组建成立的一所全日制公办高等职业院校。

濮阳职院占地面积1162亩，总建筑面积31.1万平方米；现有全日制在校学生12000余人，专任教师640余人，其中教授52人、副教授198人，拥有硕士、博士学位的教师333人，享受国务院特殊津贴专家、省级教学名师、省管优秀专家、省职教专家、省级学术技术带头人28人。学院设有人文学院、教育科学学院、外语与旅游学院等11个二级学院，开设49个专业，涵盖理工、文史、农林、经管、艺术等学科门类；建成国家级重点专业2个、省级特色专业和综合改革试点专业15个，并拥有14门省级精品课程。学院在教育部高职高专院校人才培养工作水平评估中被评为“优秀院校”，先后荣获“河南省高等职业教育品牌示范院校”、“河南省骨干高职院校项目建设单位”等荣誉称号。

濮阳职院是濮阳市政府主办的地方高职院校，其人才培养定位于服务区域经济和社会事业发展。近几年来，经济管理学院紧紧围绕迅速崛起的冀鲁豫交界区域现代服务业，根据企业岗位实际需求，不断探索既满足岗位标准要求，又符合学生个人发展需要的课程体系和教学模式。从探索“高效课堂”到提升“优质课堂”、进而创设“团队优秀—激情奔放—目标明晰”的“班级文化”育人模式，该院用三年时间基本完成财经商贸类高职课程体系开发的一个轮回，其经验对于全国同行具有一定的参考价值。

二、创设“班级文化”育人模式，促进教学改革

班级文化是校园文化的亚文化，是在社会主流文化、学校教育文化、教师文化的影响下，由班集体中全体成员自己创造出来的独特的班级学习、生活方式。积极向上的班级文化对育人成才至关重要。濮阳职院坚持“服务区域经济和社会事业发展”的办学理念，从探索“高效课堂”

①本文根据濮阳职业技术学院官网信息、中国高职高专教育网信息以及相关研究成果等资料编撰而成。

到提升“优质课堂”的过程中，创造性地提出了“团队优秀—激情奔放—目标明晰”的“班级文化”育人模式，以促进职业教育教学改革。

(一)“班级文化”育人模式的基本框架

濮阳职院的教学团队经过对《物流营销》、《营销策划实务》、《市场营销项目教程》等专业核心课程多年的实践探索，提炼出了“团队优秀—激情奔放—目标明晰”的“班级文化”育人模式。其基本框架如图 4－1 所示。

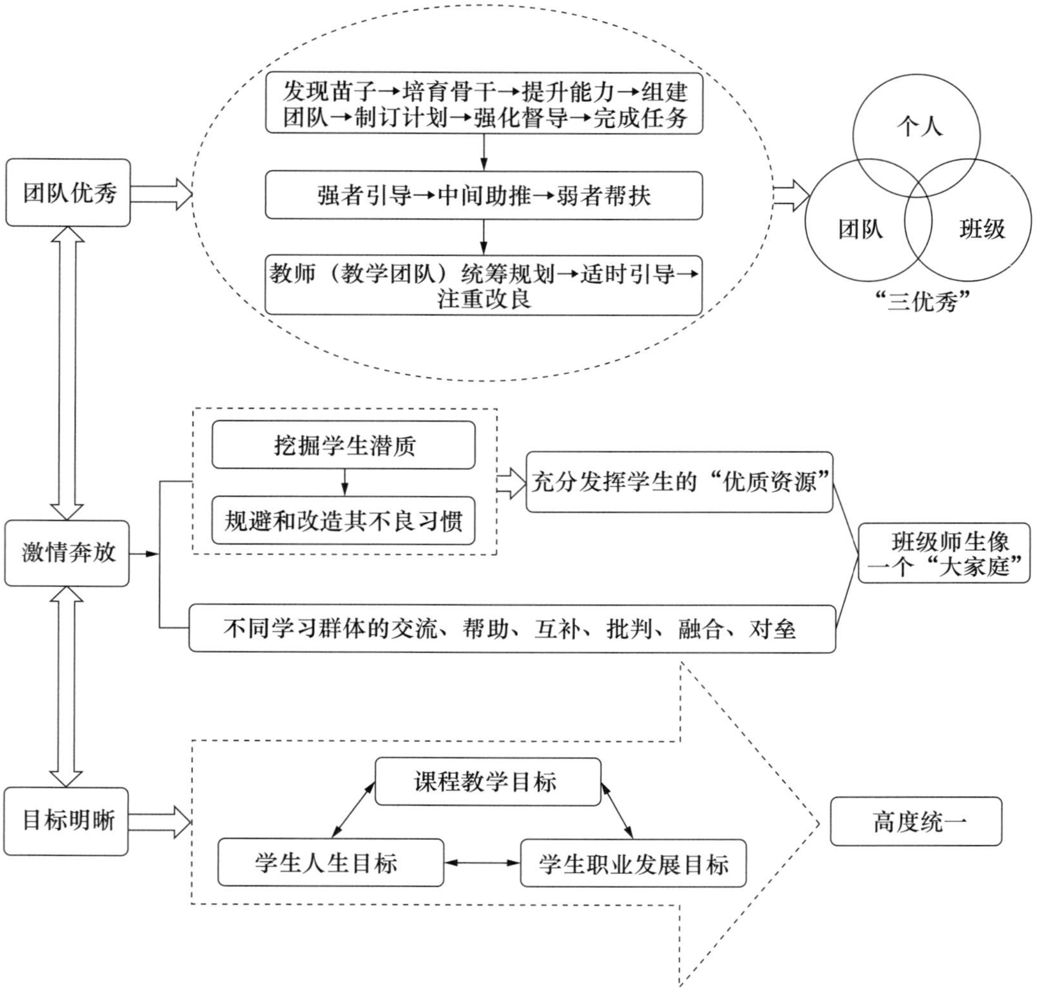

图 4－1　濮阳职院“班级文化”育人模式基本框架

团队优秀包括三个环节：第一是发现苗子、培育骨干、提升能力、组建团队、制订计划、强化督导、完成任务；第二是强者引导、中间助推、弱者帮扶；第三是教师（教学团队）统筹规划，适时引导，注重改良。环环相扣，实现个人、团队、班级“三优秀”。

激情奔放是指在团队学习过程中，注意挖掘每一个学生身上的学习正能量、闪光点、特殊技能和潜质，改造他们身上的不良习惯，从而使每一个学生身体内的“优质资源”发挥得淋漓尽致。同时，教师还要注意实现师生之间、同学之间、好差之间、同类型之间、团队之间等不同学习群体的交流、帮助、互补、批判、融合、对垒，使全班师生真正形成一个“大家庭”。

目标明晰是指课程教学目标、学生人生目标和学生职业发展目标达到高度统一，课堂教学主要的目标是引导其树立正确的人生理想，科学规划自己的职业前进方向。教师的所有教学活动都是为了使每一个学生有一个明晰的职业规划和人生走向，偏离这一宗旨的做法都是低效率或是无用的。

（二）“班级文化”育人模式的实现机理

濮阳职院“班级文化”育人模式的实现机理主要体现在环境育人、文化育人、制度育人、行为育人方面，如图 4－2 所示。

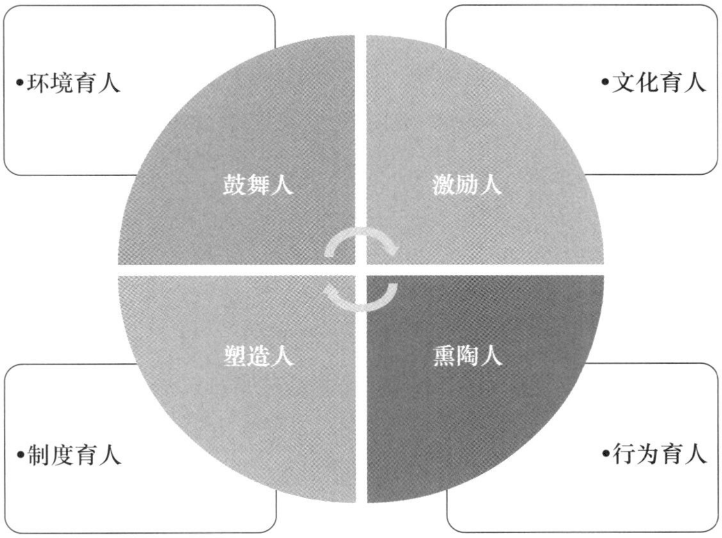

图 4－2　濮阳职院“班级文化”育人模式的实现机理

环境育人是指以加强班级环境建设为载体，营造良好的物质环境，发挥班级文化的导向功能，从而鼓舞人。文化育人是指以打造班级精神文化为引领，营造良好的情感氛围，发挥班级文化的凝聚功能，从而激励人。制度育人是指以完善的班级制度管理为手段，依法治班，规范学生言行，发挥班级文化的约束作用，从而塑造人。行为育人是指以树立榜样典型为依托，培养学生良好的行为习惯，发挥班级文化的熏陶功能，从而熏陶人。

（三）以优秀“班级文化”引领教学改革

濮阳职院以优秀“班级文化”引领教学改革，主要从六个方面重点把握。一是优秀“班级文化”的核心是坚持立德树人，把培养学生爱祖国、讲文明、有责任心、懂感恩、敢于担当等良好道德品质放在第一位。二是尊重学生职业发展需求、个性张扬和差异化，合理选取教学内容，按需分配，满足其学习、生活和成人、成长、成才需要，实现学生有尊严和快乐地生活。三是注重培育个人和学习团队的团队精神，让他们了解、理解、消化、发扬、尊崇和切身实践团队精神，增强学生对班级就是团队、团队就是家庭、家庭就是社会细胞的认识，促进学习团队成为有凝聚力、战斗力和向心力的坚强集体。四是以学生就业创业和可持续发展为主线，更加关注每一个学生的未来愿望，分类指导，量身裁衣，精雕细琢，满足学生按时顶岗、满意就业、成功创业等现实需求。五是教师及课程团队牢固树立开放办学、开门教学思想，所有课程的教学活动无边界、无上限、无条框，一切以实现教学目标和促进学生成长进步为目的。六是课程教学团队融入区域经济大潮，时刻把握经济发展和产业结构调整脉络，力争成为企业行业改革发展和技术进步的行家里手，对财经商贸类专业教师来说更是基本能力要求。

三、体会与思考

随着高职改革的深入，越来越多的学校开始实行学分制。在学分制条件下，班级的职能与学年制相比发生了重大变化。这些变化造成了学生的班集体观念淡化，不仅给学校日常管理增加了难度，也使班级文化建设失去了有效的工作载体。濮阳职院在教学改革过程中，紧抓班级管理，创设出了“团队优秀—激情奔放—目标明晰”的“班级文化”育人模式，为学生提供良好的学习环境，让学生更加健康地成长，为其他职业院校建设“班级文化”提供了借鉴。

（一）班主任要把握“班级文化”建设的整体方向

学校将几十名来自不同家庭和不同学校、年龄相当、身心发展水平相近的学生编成一个班级的时候，还不能说这个班级就是一个集体。它需要班主任通过大量的工作，有目的、有计划地组织培养才能建设成为一个真正的集体。在班集体的建设中，班主任起着导航、激发、定向的作用。良好的班集体不是自发形成的，而是班主任辛勤培育的结果。当班主任成为班集体建设的顾问、引领者，学生的自主管理能力被充分调动起来时，学生的班级荣誉感才会增强。良好的班风、学风陶冶了学生纯洁的心灵，学生和班级都得以成长。因此，要建设成为优秀的班集体和形成良好的班风文化，必须充分发挥班主任的核心领导作用，整体把握班级的文化建设方向。

（二）共同的奋斗目标是“班级文化”建设的基础

培养和建设良好的有共同奋斗目标的班集体是班级文化建设的基础。学生根据自己的情况，会形成自己的奋斗目标，成为自身的动力。一个班集体也是如此。要想获得长足的发展和进步，就必须根据班级的整体情况形成一个共同的奋斗目标。这个目标应该是可以为全班同学所接受，和班级的专业学习紧紧联系，全体同学共同为之而努力。一个班级的组织健全、发展目标明确、师生关系融洽，班级学生才会积极向上，教学才会井然有序，班级文化才能更好地发挥它的教育和凝聚功能，班级才会有更大的发展空间。

（三）健全的班级组织是“班级文化”发展的组织保障

班级文化是班级组织与文化的结合物，它是班级组织发展到高级水平的标志。因此，要建设优秀的班级文化，首先要进行班级组织建设。班级组织建设是指把一个松散的组织凝聚为一个组织，再进而把这个组织建设成集体，然后用优秀的文化来引领集体的健康发展。在经过一段时间的观察和考核后，班级就应该拥有自己的班团干部和其他的负责人员。各位同学在自己的工作岗位上各司其职，但又相互合作，为班级的发展贡献自己的光和热，为班级成为一个健康向上的集体而奋斗。

（四）学生主体作用的发挥是“班级文化”建设的关键

班级文化建设离不开一系列班级活动。在学校、班级开展的各种活动中，学生的才华得以展示，实践、创新能力得到提高，积极进取顽强拼搏的精神得到培养。在这些活动中，学生是作为活动的主体而存在的。在班级文化建设中，班级活动的开展要充分尊重并发挥学生的主体作用，要充分考虑是否符合学生的生理发展和心理成长的实际，是不是学生真正所需要的。班级发展目标只有由老师与学生共同协商、研究制定，才能更好地发挥目标的导向和激励作用。因此，班级文化建设要承认并赋予学生以主体地位，充分调动学生的积极性，组织开展丰富多彩的班级教育活动，充实学生的学习生活，使学生在活动中得到提高，让班级文化在学生的自主活动中得到建设和发展。

案例三　沧州职业技术学院

——探索大学生廉洁文化教育模式①

背景：

大学生是祖国未来建设的栋梁，对他们开展廉洁文化教育是大学生思想政治教育的一个重要组成部分，也是校园文化建设在新形势下的新要求。高等学校开展廉洁文化教育，引导大学生学习廉政文化，提高道德自律意识和增强拒腐防变的心理品质，促进他们建立正确的权力观、名利观，树立正确的人生观和世界观，具有重要意义。沧州职业技术学院积极开展廉洁文化教育的模式与方法的探索和实践，对加强高校廉洁教育有积极的借鉴作用。

一、学校概况

沧州职业技术学院（以下简称“沧州职院”）坐落于沧州西部新城，具有近60年的办学历史。学院下辖沧州市农林科学院、沧州工贸学校，设有机械工程系、电气工程系、信息工程系、经贸管理系等13个教学院系，招生专业共计54个；拥有省级示范专业和省级教学改革试点专业各1个，省级精品课程3门，国家财政支持的重点专业3个。学院形成了以机电、汽车、牧医、化工为主干，建工、生物、信息、经贸、现代服务等多专业交叉，协调发展的专业群，涵盖了工、农、经、管、文、理等学科门类。

沧州职院现有全日制在校生12000余人，教职工878人。其中，专任教师598人；教授、研究员47人，副高职以上职称263人；“双师素质”教师占84%；享受国务院政府特殊津贴的专家1人，省管优秀专家1人，省突出贡献中青年专家6人，市级专业技术拔尖人才24名。

沧州职院建有理实一体化实训中心、实训基地及经上级有关部门批准的职业技能鉴定站，其中应用化工技术和化学制药技术实训基地是“石油和化工行业职业教育与培训全国示范性实训基地”，也是中央财政支持的实训基地建设项目。2016年，中德诺浩、北汽新能源汽车高技能人才培养基地和河北省高技能人才培训基地先后落户该院。

多年来，沧州职院紧紧跟踪行业、产业、企业和区域经济发展以及沧州市五大支柱产业和新兴战略产业需要，及时调整办学思路，整合、改进专业设置，优化专业结构，培养适销对路的高端技能型专门人才，实现专业与产业的“无缝对接”。学院还积极探索开放式办学，与五个国家多所高校开展合作办学，培养具有国际视野、通晓国际规则的优秀人才。

二、探索大学生廉洁文化教育模式

为了营造清正廉洁、公正和谐、健康向上的育人环境，在广大师生中牢固树立廉洁意识，筑牢廉洁有为的思想基础，以培育廉洁观念为根本，形成风清气正的校园氛围，沧州职院积极探索廉洁文化教育模式，加强对青年学生的廉洁思想引领和价值引导，培养廉洁思维与品质，取得了良好效果。

①本文根据沧州职业技术学院官网信息及相关研究成果等资料编撰而成。

（一）廉洁文化教育与思想政治理论课相结合

沧州职院充分发挥思想政治理论课的主渠道作用，把大学生廉洁教育与思想政治理论课有机结合，把廉洁文化作为思想政治理论课的重要组成部分进行讲解和传授，将廉洁教育目标的实现和教学内容的完善作为思想政治理论课教学的重要任务，贯穿到思想政治理论教学的全过程，增强廉洁教育的系统性，对大学生开展拒腐防变、自我约束的教育，以达到崇尚廉洁的教育目的。

在教学过程中，纪检人员和思政教师积极编写适宜青年学生的廉洁教育读本。2016 年 5 月，学院出版了《学生廉洁品质的培养与教育》读本，推动廉洁教育的深入开展。该教材语言生动而平实，立足于大学生的特点和实际，从古代监察制度发展史、世界典型国家和地区廉政制度与文化、中国共产党的反腐倡廉建设、腐败是社会的毒瘤、大学生如何廉洁修身、廉洁从业远离腐败以及廉洁文化赏析等多个方面，全面、透彻地解析了大学生廉洁品质培养与教育的深层意义和作用。

（二）廉洁文化教育与校园社团活动相结合

沧州职院把廉洁文化教育融入校园社团活动中，开展一些大学生喜闻乐见、积极参与的社团活动。

学院有学生社团 110 个，在社团开展廉洁活动过程中，积极调动校园每个社团参与，让学生在活动、娱乐中接受廉洁教育，潜移默化地培养学生的廉洁品质。例如，摄影社团开展以廉洁为主题的摄影比赛展；书画社团开展廉政书画作品巡展；计算机社团开展雷锋服务团活动，为师生提供免费的计算机修理、调试、故障排除等服务，既可增强学生的计算机操作能力，又能培养学生淡泊名利、服务社会、承担社会责任的意识和品质。

（三）廉洁文化教育与校园文化活动相结合

沧州职院在全院范围内开展了以廉洁为主题的校园文化活动，让更多教职工和学生参与到廉洁活动中来，达到廉洁教育的目的。学院举办《青年要培育和践行社会主义核心价值观》、《传统文化与现代价值》、《孝率百善，德为教本——忠孝仁爱构建幸福人生》专题讲座等；举办以“廉洁”为主题的演讲比赛，让学生感受和传播廉洁文化知识；开展“模拟法庭”活动，活动中法庭的设置与真正的法庭几乎没有区别，审判长、书记员、法警等人员都由学生扮演，以庭审形式进行案例分析和法制宣传。这些活动形式新颖、形象直观，更加易于让人接受，让学生自觉或不自觉地接受廉洁文化教育。

（四）做好廉洁文化的宣传与传播

沧州职院充分利用网络、校报、宣传橱窗、展板等多种载体，大力宣传廉洁文化知识，培养和塑造学生的廉洁品质。学院创办《廉政教育专刊》，增办《廉洁文化专栏》，完善纪检网站，设置“室外正能量展板”，建设“廉洁文化百米长廊”，并以这些载体为主要抓手，积极构建校园廉洁宣教平台。廉洁宣教平台起到了多层次、多方位宣传反腐倡廉知识，传播社会正能量的作用，构筑了强大的反腐倡廉文化阵地，营造了良好的校园廉洁氛围。截至 2017 年 2 月，学院刊出《廉政教育专刊》13 期、《廉洁文化专栏》55 期，展出室外正能量展板 256 块，并建成了百米“廉洁文化长廊”。

“廉洁文化百米长廊”以展板的形式进行宣传，以“崇廉爱党”为主题，分上下两层，六个展厅。每个展厅，结合变化了的新形势，推出八项规定、六条禁令、廉洁自律准则、纪律处分条例、党内监督条例、在新形势下党内政治生活的若干规定等相关内容以及作风清廉党员的优秀事迹、反腐倡廉模范人物介绍，以引导广大师生增强廉洁、诚信、守法、守纪意识，激发大家支持和参与崇廉尚俭的自觉性。

（五）廉洁文化教育贯穿于学生管理全过程

学生管理工作是与学生密不可分的，是学生感触校园廉洁文化最直接、最密切、最深刻的工作。在学生管理过程中，各项工作制度的实施牵动着学生的切身利益，制度是否公平、公正，是否合规合章，都深刻影响着学生对廉洁的认识。因此在学生管理工作中，必须坚持公平、公正、依章依规的原则，避免不按规章办事、随意更改工作程序，坚决杜绝吃拿卡要、暗箱操作等不良现象。用廉洁的制度进行学生管理工作，去影响和教育学生。

沧州职院在学生管理中，坚持阳光管理，严把关键点，关注学生的切身利益，实行学生事务全公开。如“学生奖助学金评选与发放”、“学生党员的发展”、“学生干部的选拔”、“学生评优评先”等都要公开评比程序、过程和结果，接受全体师生的监督。学院用廉洁的学生管理工作，去影响和教育学生，促进学生廉洁思维的形成。

三、体会与思考

大学生是中国特色社会主义事业的建设者和接班人，是国家的未来，是实现中华民族伟大复兴的希望。高校作为青年人才的摇篮，肩负着培养中国特色社会主义事业合格建设者和可靠接班人的根本任务。在我国大力推进社会主义廉政建设、不断加强和改进大学生思想政治教育的背景下，高校必须把大学生廉洁教育与大学自身廉政建设工作相结合，充分重视和加强大学生廉洁教育，不断增强大学生的廉政意识，筑牢大学生拒腐防变的思想防线。

（一）营造廉洁的育人环境

大学校园的育人环境深刻影响着大学生的学习和生活。为了营造廉洁的育人环境，高校需要把对大学生的廉洁文化教育融入校园管理的各项工作中，从贴近学生、贴近生活、贴近实际等方面强化大学生的廉洁素养。学校要把廉洁文化内容融入教学、管理、服务等工作环节，充分利用校园广播、网络、报纸、墙报、手机短信等新老结合的媒体舆论导向作用，广泛宣传廉政文化，传播廉政知识，营造讲诚信、讲民主、守纪律的校园环境，为加强学生的思想道德修养、增强廉洁守法意识、养成良好的行为习惯创造一个良好的环境。

（二）构建大学生廉洁文化教育的长效机制

大学生廉洁文化教育是一项长期性的工作，其有效运行需要规章制度的保障，这就要求大学生廉洁文化教育必须建章立制，逐步走上正常化、规范化和制度化的轨道。首先，要建立大学生廉洁的保障和规范机制。高校要根据廉政建设发展的要求、形势的需要和大学生的时代特点，在重视硬件建设，确保人力、物力、财力投入的基础上，制定和完善各类保障大学生廉洁教育长效推进的规章制度，使其能适应廉政发展的需要，实现廉洁教育理念和手段的现代化。其次，要建立大学生廉洁教育奖惩和评价机制。学校要加强对大学生廉洁行为的考察和评价，特别要做到奖惩分明，要对廉洁典型进行宣传，并予以表彰、奖励。

（三）适时创新大学生廉洁文化教育的方式

大学生廉洁文化教育需要针对当下大学生的特点和国家廉政建设工作的要求，不断创新和完善其工作方式和思路。网络和手机等新兴媒体是当代青年大学生获取资讯、关注时事的重要途径。大学生的廉洁文化教育要努力在校园自有新媒体建设和教育技巧上下功夫，学校既要建设、完善和覆盖网络、手机等教育平台，也要以学生易接收的、潜移默化的互动方式提升教育实效，引导学生树立正确的廉政理念。同时，大学生廉洁文化教育是一个不断积累、不断发展、不断丰富的过程，既需要各方面齐心协力、常抓不懈，也需要以学校为主导的各个方面定期针对大学生廉洁教育中所遇到的新挑战、新问题、新热点，认真探究解决问题的新方法、新途径、新思路，使大学生的廉洁教育不断保持鲜活的生命力。

学校通过开展系列廉洁文化宣传教育活动，使新时代大学生确立健康阳光的人生心态，助力其系好人生的第一粒纽扣，能够适应和面对将来纷繁复杂的社会环境，为成为德才兼备的技术技能型人才奠定了坚实基础。

案例四　温州鹿城职业技术学校

——育鞋业技能人才，做有温州文化的鞋[1]

背景：

基于明确的教育理念和发展定位，温州鹿城职业技术学校从战略的高度制定学校发展规划，实现学校独特的发展目标，形成文化特色鲜明、示范引领作用明显、服务产业发展需要的鞋业文化体系。学校构建了基于校企合作的课程体系并积极引领校企合作背景下中职教育课程的构建，是中职学校校园文化建设和课程改革的有益探索，可为浙江乃至全国中职学校文化建设所借鉴。

一、学校概况

鹿城职业技术学校（以下简称“鹿城职校”），又名温州市第十八中学、温州鞋革职业中等专业学校，是温州市鹿城区属的公办职业中学，创办于1973年。学校地处温州“中国鞋都产业园区”，周围鞋产业聚集，具有独特的专业办学优势，自2007年以来逐渐从综合性的职业中学转型为鞋类专门化学校。学校占地面积20411.5平方米，现有在职教师76名，班级27个，在校生1232人，专业7个，其中与鞋类相关专业为6个，基本形成涵盖鞋产业的生产工艺、管理、设计、专卖、营销、电商等各环节的鞋类专业链。

学校紧跟地方产业的人才培养需求，遵循“一站式供给”的专业建设思路，努力拓展鞋类专业建设，不断提升办学能力，为鞋类产业的人才需求服务，办学富有效益，赢得了社会声誉。近年来，学校办学成绩突出，培养的毕业生供不应求，受到鞋企的欢迎。“十二五”期间，学校先后获得“全国百强特色学校”、“中央财政支持实训基地”、“浙江省中职鞋类综合实训基地”、“浙江省中职创新创业教育基地”、“浙江省中职示范专业”、“浙江省中职特色专业”、“浙江省中职鞋类产学研联合体”、“浙江省鞋类开放实训中心”、“浙江省皮革行业协会最具责任感单位”、“浙江省皮革行业协会最具创新力单位”等众多荣誉。

二、依托鞋都优势，探索鹿职鞋文化育人

文化发展是学校和企业发展的软实力，可以为学校和企业提供智力支持、精神动力和思想保障。鹿城职校在办学转型过程中，依托鞋都优势，广泛汲取中职学校的办学经验和文化成果，逐步形成了具有自身特色的鞋业文化育人模式，从构建鞋业文化体系、营造鞋业文化氛围等方面进行系统设计，充分发挥文化育人的整体功能，推进学校各项事业的跨越式发展。

（一）凸显鞋业元素，创设文化育人环境

学校注重“职业人素养”的养成教育，努力实现“学历教育”、“企业服务”、“社会培训”、“技能鉴赛”、“文化传承”五大功能。一方面，立足本校发展，构建了“一体两翼”的鹿职鞋

[1]本文根据温州鹿城职业技术学校官网信息及相关研究成果等公开资料编撰而成。

业文化体系；另一方面，在校园景观和文化氛围方面，充分展现对学生“温州人精神”、“工匠精神”、“四成教育”、“踏实行千里”的熏陶培育，为地方产业经济发展输送了一大批鞋业高素质技能型应用人才。

1. 构建鹿职鞋业文化体系

面向制鞋产业，历经十年的办学改革实践和转型发展，鹿城职校创建了国内首个中职鞋类专门化学校，构建了“一体两翼、3455”文化育人体系，在鞋类开发、鞋类培训、承办行业技能比赛、企业服务等方面为鞋企提供了强有力的技术支持和服务保障。其中，“一体两翼”指以培育鞋业高素质技能型应用人才的学校使命为核心，以学校愿景和价值观为支柱。“3455”指育人目标、专业建设、文化建设、社会服务四个维度：一是将学校育人目标概括为成人、成匠、成才、成器“四成教育”，与校训“崇德、尚技、博学、精工”形成呼应，培养创新创业的高素质操作技能型人才；二是在专业建设上坚持机械化、手工化、数字化、流通化、时尚化“五化专业”，培养适应鞋业发展需要的人；三是文化建设坚持行业文化、企业文化、中职文化“三大文化”结合，培育有素养的职业人；四是社会服务中将学历教育、企业服务、社会培训、技能鉴赛、文化传承“五大功能”相统一，培养社会应用型人才。如图 4－3 所示。

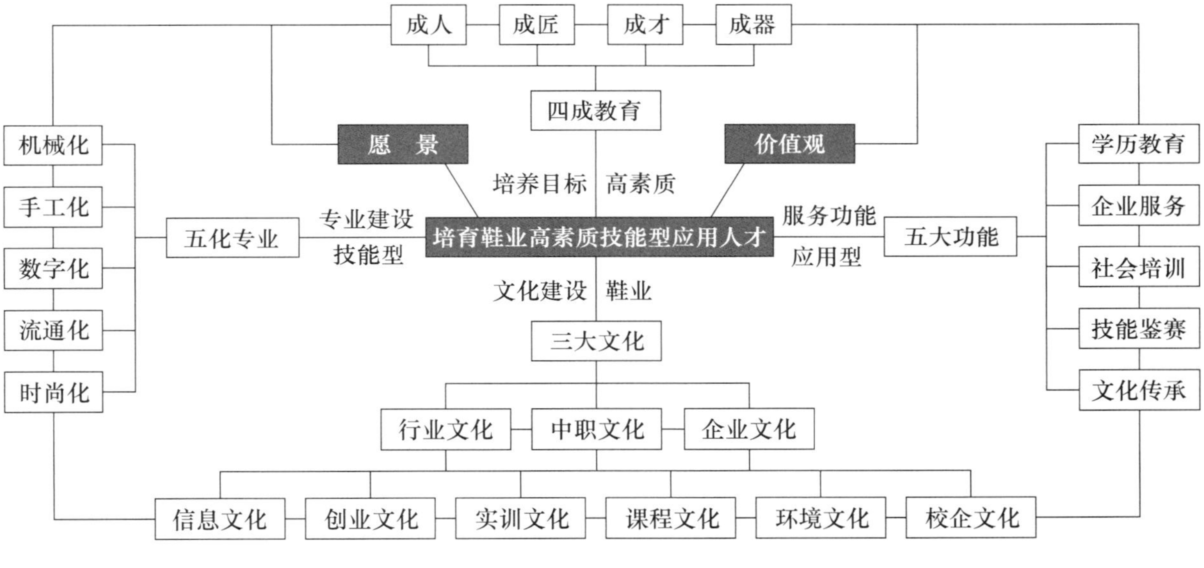

图 4－3　鹿城职校（一体两翼）“3455”鞋业文化育人体系

2. 营造浓厚的鞋文化氛围

为谋求人才培养与地方产业发展相适应，鹿城职校秉承将鞋文化注入每一双鞋的教育理念，重视校园文化建设，积极实施开展鞋文化题词建设工程、美丽鹿职创建工程等。一方面，在校园基本设施和人文景观建设中，突出鞋业元素，凸显鞋文化标志，营造出浓厚的鞋文化氛围，如建设鞋文化博物馆、鞋文化长廊、鞋文化景观雕塑、鞋文化石刻等；另一方面，以活动为载体，凸显鞋业元素，实施全方位全程育人计划，创设鞋文化育人环境，如开展职业（专业）文化进校园、企业文化进班级活动。此外，鹿城职校还大力弘扬温州人精神，打造“一足间”创客空间，要求每个学生工作室引进一家企业或一个技能大师入驻。目前，手工皮艺工作室、创意鞋工作室、鞋靴手绘社、营销专卖社等被评为市级创新创业社团，学校也因此被评为浙江省中职学生创业教育基地。

（二）联合企业办学，探索校企文化协同

产教融合、校企合作是职业教育最重要的环节。鹿城职校高度重视产教融合，坚持联合企业办学，在工学结合、订单培养、引企入校等方面探索校企文化协同发展，并取得了积极成效。

1. 工学结合，探索“四段递进式”工学结合培养模式

为了实现教学与实践的无缝对接，学校以学生就业创业和市场需求为导向，根据地方经济发展和企业的需求，积极探索与实践校企合作、工学结合，形成一套行之有效的“四段递进式”工学结合人才培养模式，将三年的学习时间划分为专业认知—职业体验—生产训练—毕业实习四个阶段。学校通过与企业合作办学，充分利用学校和企业两种资源，“工”与“学”交替进行，使学生成才。如图 4 -4 所示。

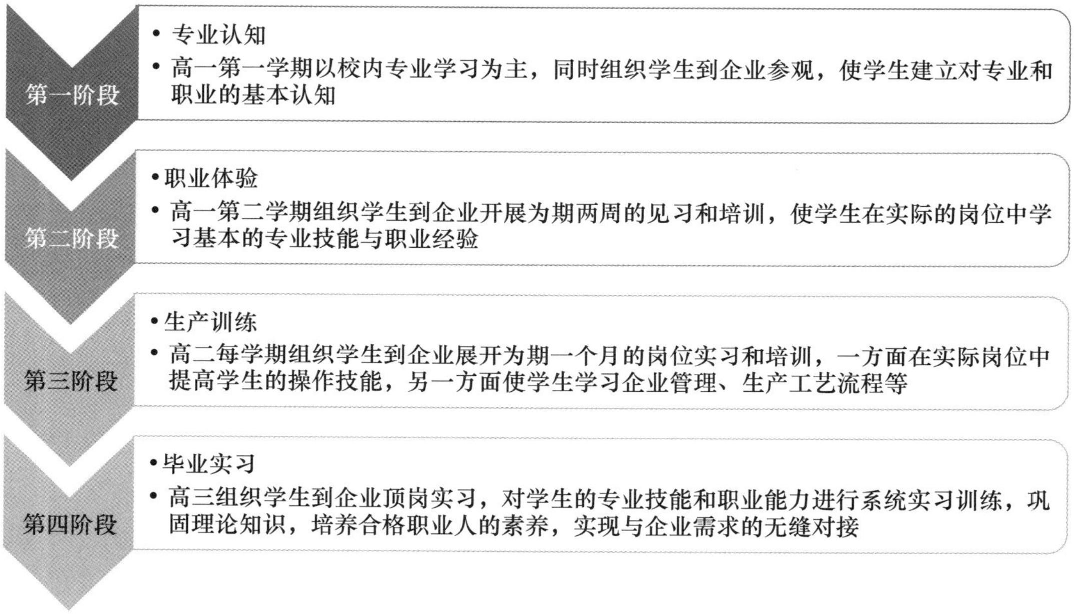

图 4 -4　基于校企互动的“四段递进式”工学结合模式流程

2. 订单培养，探索现代学徒制试点班

现代学徒制倡导校企联合招生（招工）、联合培养，以学徒双重身份、校企双元育人、交互训教、在岗培养为重要特点。鹿城职校高度重视校企合作育人，探索出现代学徒制试点班等联合培养模式，在招生时就做到学校、企业、学生、家长四方明确，学生入学既是学校学生，又是企业学徒工，具有双重身份。为了满足学生“工学结合、顶岗实习”需求，鹿城职校积极拓展合作企业，与康奈、奥康、泰马、吉尔达、巨一、红蜻蜓、中国鞋都鞋革城、温州（国际）鞋城、温州国际淘宝城等知名鞋企和机构签订了长期合作协议，确保各个专业都有 6 家以上稳定的校外实训基地。如鹿城职校与合作企业康奈集团联合开设“鞋类制造与管理”专业的“康奈班”（现代学徒制试点班），由校企双方共同协作制定的基于康奈典型产品的项目化课程体系，如图 4 -5 所示。

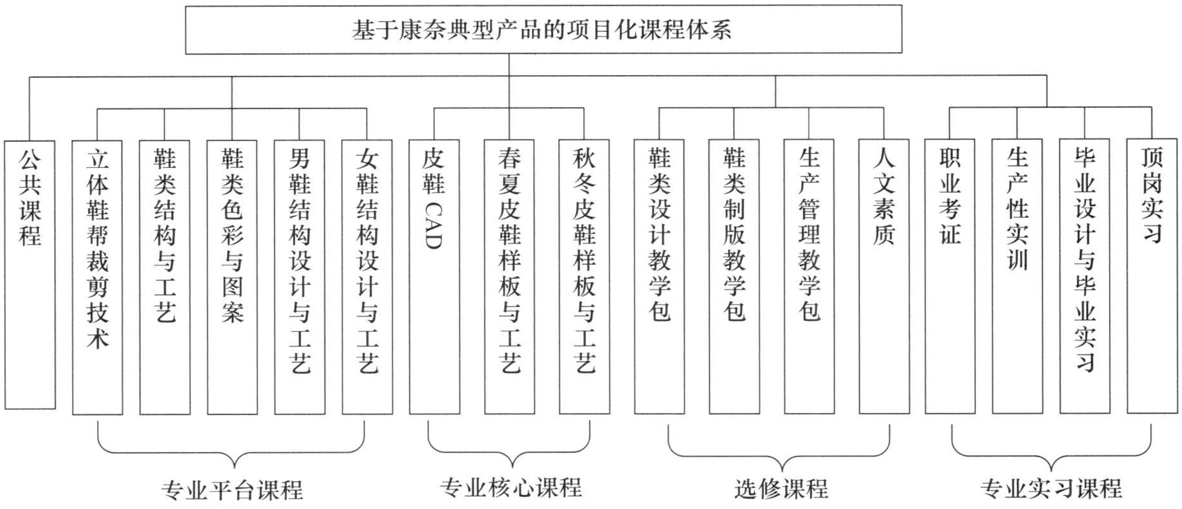

图4－5　基于康奈典型产品的项目化课程体系

3. 引企入校，打造校企产学研联合体

为基于工作过程开发的课程创设实境教学环境，鹿城职校按照真实的生产场景，参照企业7S运作模式管理，在校内引进企业资源，建设集生产研发、理论学习、实践操作、技能训练等多功能于一体的校企合作产学研联合体。一是与企业合作共建面向社会开放的“教学工厂”，全方位为专业建设和企业、社会提供服务。如吸纳打样板、物料采购、裁断、车缝帮面、成型、销售等产业链环节上的企业入驻鞋革实训基地，让学生参与岗位真实情景相对应的技能操练，充分得到企业师傅的技术指导。二是重金聘请企业制鞋技术高超、经验丰富的师傅参与学校制鞋工作室的建立和指导，组建由优秀学生和企业师傅组成的手工定制鞋、皮雕工作团队，开展手工定制鞋和皮雕生产，参加各级各类鞋、箱包设计制作比赛，鼓励学生自主设计，自主定制，并借此为学生实践和创业提供机会，培养学生创新创业能力。三是引进有办学资质，实力雄厚的鞋企机构入驻学校，如新方向鞋样培训、梦幻职业技能培训、佰旺鞋业研发中心、古鲁丁纯手工皮雕等，共同探索合作办学机制，实现设施、技术、师资、培训、教材、信息、成果等资源的共享与整合。

三、体会与思考

特色文化是中职办学的重要组成和显著特征，蕴含着学校的发展理想和核心价值，体现着学校的生命力和社会影响力，对学校培育人才、凝心聚力、树立形象、扩大影响、促进发展都具有深远影响。在职业教育追求大而全的趋势下，鹿城职校另辟蹊径，致力于打造和完善鹿城职校鞋业文化体系，提炼核心文化，为服务区域产业经济文化发展做出了积极的贡献。

（一）文化育人特色发展

鹿城职校把特色文化建设纳入教育事业发展总体规划，构筑全方位、多层次和立体化的特色文化育人体系，形成了以艰苦奋斗精神为内核、鞋业元素为特点，具有时代特征、产业特色、学校特点的文化格局。近年来，鹿城职校实施以精神文化、专业文化、企业文化、职业文化、创业文化、社团文化为核心内容的校园文化建设工程，极力培育师生爱国爱乡爱校情怀，营造良好学习环境和创新人才成长氛围，彰显鞋类专业特点和办学特色，系统推进了特色学校建设。

（二）校企文化协同共建

“工”与“学”交替教学是现代教学模式中较为常见的一种模式。鹿城职校将“工学交替”分为四个阶段，既是现代教学改革的需要，又符合学生知识技能学习的规律。分阶段实施的工学结合方式，一方面改变了学校传统的课程设置、教学内容、教学模式，如促使课程设置向能力本位的职业教育课程转变，教学内容加入大量的生产一线动态的“学材”等。另一方面解决了校企合作的难点和问题，如在不同阶段对学生进行企业工位轮岗，使学生熟悉本专业不同工种，增加学生和企业之间的相互认知。这一教学模式有利于学生提高对理论知识重要性的认知，同时通过及时的实践检验，实现理论与实践的有效结合，实现校园教育与企业训练的有效结合，为校企文化的协同发展创造条件。

（三）产教融合特色彰显

学校产教融合集教育教学、素质养成、技能历练、科技研发、教学管理和社会服务于一体，不仅能促进高素质技能型人才培养，还能将学校和企业的研发成果转化为现实生产力，推动企业技术进步和产业升级转型，更好地服务地方经济发展。早在 2007 年，鹿城职校就通过成立学校理事会和专业教学指导委员会，以专业为纽带架构校企对接桥梁、开展专业与产业的对话，有效促进了职业教育与区域经济的互动发展。如学校与企业合作共建的“教学工厂”不但可以完成鞋类专业教学和实践任务，还可以全方位实现企业员工的技能培训、为企业提供生产加工等服务。多年来，学校始终坚持“专业纽带 · 品牌中心”的校企合作原则，积极探索校企长效合作机制，取得了突出的合作办学业绩。

第五章　借鉴海外经验　推动职教发展

发达国家和地区的职业教育起步较早，在职业教育理念、人才培养模式、课程设置、教学方法等方面积累了丰富的经验，培育了大量技术技能型人才。当前，世界各国、各地区的职业教育也在不断地进行改革创新。我国应充分学习和借鉴其他国家或地区的成功经验，提升职业教育发展水平。

案例一　柏林工业大学

——服务工业发展，打造全球标杆①

背景：

柏林工业大学是世界著名理工院校，是德国九所卓越理工大学联盟成员之一，现已发展成为以工为主的多科性工业大学。柏林工业大学立足德国工业化发展需求，以专业设置、课程体系、科技研究、校企合作等为切入点，为工业发展提供高素质技术技能人才支撑，加速德国工业化进程。

一、学校概况

柏林工业大学（Technische Universität Berlin，TUB）亦称西柏林工业大学、柏林理工大学、柏林科技大学和柏林技术大学，是柏林唯一一所理工科综合性大学。该校前身是1799年由普鲁士国王腓特烈·威廉三世创建的皇家建筑学堂，1946年定名为柏林工业大学。目前，柏林工业大学校区面积约60万平方米，分布在柏林西部；在校生32000余人，其中来自133个国家的海外留学生6000余名；教授近400名，硕士及以上学位的科学家1800名，行政管理和技术人员2000名，是德国最大的理工科院校，也是留学生在校比例最高的德国高校。学校设立工程学院、数学学院、电子学院、机械学院等8个学院，开设50多个专业，涵盖工程学科、生物工艺、机械信息技术、机械制造、人文、社会、规划管理、经济等学科门类，其中工程学科和自然科学学科等工科类学科是重点专业。

为进一步加强柏林作为科学城的重要地位，柏林工业大学充分利用大学资源，成立优秀人力资源中心，宽带电信研究中心、过程数据控制中心、网络技术与多媒体应用研究中心、生物工艺学中心等，同世界上200多所高校保持着广泛的联系，与许多经济研究机构和大企业保持着密切的合作关系。此外，柏林工业大学还是柏林最大的职业培训机构之一，每年提供147个职位的培训。柏林工业大学正朝着研究、学术以及经济一体化的国际综合型大学不断发展，校友和教授中

---

①本文根据柏林工业大学官网信息及相关研究成果等公开资料编撰而成。

有10位是诺贝尔奖获得者，1位普利兹克奖（建筑学界最高奖）获得者。

二、为工业发展服务

以柏林大学为代表的研究型大学和以柏林工业大学为代表的工科大学是德国高等教育的两种大学模式，前者注重纯粹科学研究，后者侧重应用科学研究。柏林工业大学模式在坚持“洪堡原则”的基础上，开展以“技术科学为中心”的研究，它的兴起与工业化紧密相连，并具有系科设置与工业化的适切性、课程内容与工业化的相关性、科学研究与技术研究紧密结合的显著特征。

（一）系科设置与工业化的适切性

柏林工业大学是在工业化的外在助推、工商官员的改革推进、工科大学的“内在自觉”与多方力量的商议妥协等共同推动下发展起来的，系科设置紧跟德国工业化进程和企业需求，与德国工业发展保持紧密适应性。该校最初的教育目标是培养学生成为“有教养的、符合伦理道德观念的高质量工程师”，之后提出“学校培养目标是让学生根据未来职业需要，使之能够胜任今后工作并独立解决在工作中遇到的问题”，培养国家技术官僚和服务企业的专业技术人才。

目前，德国不少企业正处于结构调整和创新时期，对复合型人才的需求不断增加，促使柏林工业大学的专业设置做出相应的调整和补充，形成专业建设动态调整机制，最大限度地满足德国工业产业的发展需求。

（二）课程内容与工业化的相关性

柏林工业大学开设超过50门学科的专业课程，知识体系与企业实际需求有非常大的契合度，课程内容具有技术特征。其课程体系主要包括技术教育和一般教育两个部分，技术教育的课程包括建筑、土木、机械、化学、冶金、采矿等理工科科目；一般教育内容由“普通系或基础文化系”来实施，包括基本人文及伦理等知识，如大量的人文和社会学科的专业科目。在授课的过程中，学校非常重视理论与实践的结合，第一，注重向学生传授基础理论知识，且强调基础理论课程的应用性，以便学生进行专业学习，毕业后能尽快适应新的领域。第二，专注训练学生面向应用研究、发展和技术转化的能力，培养学生独立运用科学方法和知识的能力，学生毕业论文和毕业设计内容均来自实践，并能在实践中得到应用，即课程教学内容与工业化有较高的相关性。

同时，学校重视产业界和整个社会的发展需求，邀请产业界代表对其课程进行升级、更新，共同商讨有关课程设置和改进问题，保证学校所培养的人才满足产业发展需求。此外，在专业课教学中，教师讲授的内容主要来源于生产实践，结合企业界正在使用的新技术、新管理方法和营销手段进行授课，保证课程内容与工业发展同步，最大程度地服务工业产业发展。

（三）科学研究与技术研究相结合

柏林工业大学在办学思路上并不是一味地进行科学研究或技术研究，而是强调科学研究与技术研究的有机结合，并以“技术研究为中心”，其研究以理论水平的应用科学研究为特点。为提高学生的科研能力和创造能力，学校采用课内与课外、教学与研究、教学与实践相结合的教学手段，以探究式学习为主要方法，鼓励学生积极参与科研项目，充分激发学生学习的兴趣、参与科研的积极性。同时，学校的理论课程注重知识体系的建立、理论的推导与应用。为帮助学生领会所学理论的实用价值，教师往往从经济咨询、政策分析和理论研究中提炼和归纳出各种典型的经济模型，补充真实的数据，提供实际条件，帮助学生理解和消化所学知识，并且习题取自实际项目的应用领域，不脱离课程知识。

此外，为了促进学科整合和前沿科学的发展，柏林工业大学成立大量的跨学科学术组织，包括跨系研究中心（FSP）、大学研究论坛（UF）、跨学科研究组（IFP），德国研究会（DFG）的合作研究中心、研究组，研究生院，独立研究所（An - Institutes）以及跨学科研究协会（IFV）等多种形式的跨学科教育和科研机构。跨学科学术组织建立在传统学术组织结构基础之上，突出大学的研究功能，强调教学建立在研究的基础上，紧跟工业领域技术研究需求，以科学研究带动教学活动，使学生获得运用基本原理进行思考的能力。

（四）构建产学研共同合作有机体

德国政府、社会和学校三者之间已形成一个良性的、互动的格局，彼此之间相互影响、相互服务、相互促进，共同推进德国工业产业发展。柏林工业大学为工商界和私人企业服务，强调直接为各州经济与技术发展服务；各州政府则对教育进行适当的管理，把握柏林工业大学的办学制度与方向，其他权力下放给学校自主安排；受德国“双元制”人才培养模式的影响，企业与学校共同承担人才培养的责任，为学校提供应用项目，向学校捐赠实验设备，为学生提供实习岗位，为毕业生提供工作机会等。

（五）重“双师型”师资队伍建设

柏林工业大学的教授必须是“双师型”教授，同时具备教师素质和工程师素质，强调学术与实践的统一。该校聘请的教授必须符合五项基本条件：综合大学相应专业毕业；具有相应专业的博士学位；五年以上的专业工作经验，其中至少三年在企业工作；具有将科学技术成果转化为实际应用的能力和突出表现；发表相应的专业学术论著或专利。学校要求教授既具有扎实的科学理论知识，又具有丰富的实践经验，保证应用型人才的培养质量。同时，学校还聘请一批在政府部门、经济界和企业界的兼职教授，能够把最新的生产技术与行业发展趋势带给学生，其实践经验对培养学生职业能力起到专职教师不具备的作用，提高师资队伍整体水平。

三、体会与思考

柏林工业大学在不断的摸索与改革中前进，具有鲜明的办学特色、先进的培养理念及创新的实践方法，对我国职业教育改革具有重要的借鉴意义。由于我国教育体制与德国有很大差别，需要批判性地借鉴德国教育模式与经验，以探索符合中国特色的职业教育发展之路。

（一）以培养目标为导向，制定人才培养方案

柏林工业大学产生于纯粹科学研究与国家工业发展不相适应的状况，在德国工业化的进程中发展、升格而成，最终获得博士学位授予权，取得与现代大学同等地位。该校最初确立了培养学生成为“有教养的、符合伦理道理观念的高质量工程师”的教育目标，之后根据德国工业化发展变化及对人才需求的调整，该校将人才培养目标定为“学校培养目标是让学生根据未来职业

发展，使之能够胜任今后工作并独立解决在工作中遇到的问题”。由此可见，柏林工业大学拥有非常清晰的人才培养目标，着重强调学生的学习主动性、解决问题的能力、独立思考能力等，为推动工业化发展培养一批实践动手能力强的应用型、技术型人才。

（二）以课程体系为核心，构建科学教学体系

课程和教学体系是人才培养的重要工具。柏林工业大学在课程设置和内容上，一方面强调知识体系的全面性和基础性，突出跨学科和综合性特征，为培养复合型人才做铺垫；另一方面充分利用行业、企业、社会研发机构、社区等各界的教育资源，积极推动课程内容的改革与创新，将校内外资源纳入大学的教学内容，适应德国产业结构转型升级的需求。同时，根据德国工业产业发展对应用型人才的需求情况，结合专业最新发展成果，柔性设置专业课程，组织课程教学内容改革，突出课程设置与工业发展的适应性。

（三）以技术研究为重点，加强产学研合作建设

德国将科学技术视为强国之本，大力扶持科学技术研究，从中央到各州建立一套科学研究体系，包括国立科学院、科研所等，大学建立各自的科研所和实验室，使科研与生产紧密结合。柏林工业大学的应用型研究以技术研究为中心，建立了大量的跨学科学术组织，包括跨系研究中心、大学研究论坛等，实现科研工作推动工业生产的目的。该校在技术研究的过程中，加强产学研合作建设，争取得到国家和企业为主的大力支持，促使企业不仅能为学生实习提供场所，更能在职业教育的整个办学过程中发挥主体作用，使技术研究与工业生产紧密联系。

案例二　日本丰桥技术科学大学

——开创工程应用型人才培养新模式[①]

背景：

日本丰桥技术科学大学是一所举办本科和研究生教育的高等职业教育院校，是日本实力最雄厚、发展水平最高的国立技术科学大学之一。学校以培养产业社会所需的高级工程人才为目标，以培养学生工程复合能力为重点，实施综合化的课程教育和长期化实务训练，开创了工程教育应用型人才培养新模式。我国可以借鉴日本丰桥技术科学大学工程应用型人才培养的成功经验，提高应用型人才培养质量。

一、学校概况

日本丰桥技术科学大学（以下简称“丰桥技科大”）成立于1976年，属于介于研究型高校和高职高专院校之间的一种高等教育类别，既具有本科院校的特征，又具有高职院校的属性。学校位于日本太平洋沿岸爱知县的丰桥市，目前设置有机械系统工学系、生产系统工学系、电气电子工学系、信息工学系、物质工学系等9个系，其中机械构造系统工学专业、机械材料工学专业、电子信息工学专业、环境生命工学专业4个专业可以招收博士生，是日本最具影响力的高级职业技术教育机构。

丰桥技科大秉承“以传授技学为使命，培养具有新学问和工程应用能力的，富有实践性和创造力，能够为人类社会繁荣做出贡献的指导性技术人才”的办学目标，为社会培养有丰富专业知识和较强实践能力的高级工程人才。学校在课程设置、招生方式、培养模式等方面独具一格，以培养学生工程复合能力为方向，实施综合化的课程教育和长期化的实务训练，积极推进产学研协作和国际交流合作，开创了工程应用教育人才培养新模式，为日本乃至全世界职业技术教育的发展做出示范。

二、工程应用型人才培养新模式

经济发展和产业转型升级离不开技术技能人才支撑，科学技术进步需要工程型人才提供动力。丰桥技科大在人才培养模式和招生办学方面独具特色，明确了指导性技术人才培养目标、设置单一的科类专业，为日本技术革新提供大量的高质量人力资源，满足第二产业对高质量工程人才的需求。

（一）创新人才培养新模式，培养工程复合能力人才

丰桥技科大本着“从技术中发现科学，用科学促进更高水平技术开发”的基本理念，在学科专业设置、人才培养和招生方式等方面独树一帜，开创了工程教育应用型人才培养新模式。

---

①本文根据日本丰桥技术科学大学官网信息及相关研究成果等资料编撰而成。

1. 专业设置坚持以工科为主体

丰桥技科大的人才培养宗旨是服务于当地经济和社会发展，在学科、专业设置方面放弃大而全的发展思路，不强调学科的完整性，而是立足技术科学视角，坚持以开发“技术”和培养高级工程人才为目标，只设置工科一类的学科专业，是纯粹的、单一性的工科类院校。单一的学科设置既能突出学校的工学教育特色，也契合技术科学大学培养工程应用型人才的办学目标，为大学的个性化发展奠定了坚实的基础。学校所设专业虽然数量较少，但专业整合性强、与现代工业技术领域契合度高，符合日本工业产业发展趋势。

2. 人才培养以复合能力为重点

丰桥技科大十分注重对学生工程复合能力的培养，即工程理论能力、工程实践能力和工程研究能力，以实现高级技术人才的培养目标，满足产业升级对高质量工程人才的需求。重视培养学生的工程理论能力是丰桥技科大有别于高等专门学校的重要特点，本科阶段的理论性课程学分占到毕业总学分的 80% 以上，研究生阶段达到 90% 以上，工程理论能力为工科学生继续深造打下坚实的基础；工程实践能力的培养是丰桥技科大对高等职业教育优良办学传统的继承与发扬，本科生在第四学年均有集中的实习期，通过校企合作等多样化的形式派遣学生到实际生产现场进行长期实务训练，深入学习了解产品设计、研发与生产过程等，提高学生将理论应用于实践的能力；工程研究能力是技术科学大学的重点能力培养之一，三年级后根据学生的能力特点将学生归于不同的专业研究室，协助研究人员从事有关课题研究，在课题研究中寻找适合于个人的研究方向。

3. 课程设置以综合化为主导

丰桥技科大的课程设置除了遵循应用性、实践性的高职属性以外，还体现多重交叉和综合化的特点，实施多学科交叉的综合化课程教育，即课堂教学不采用标准通用的课程教学体系，以专业为核心，从技术科学的角度出发，打破各门学科和专业间的界限，按照工程教育的需求进行跨学科知识内容重组，从而设计出新型的课程教育模式。例如，将语言学、数学、物理、化学、心理学、史学、人文地理等基础科目列入必修课程计划，使工程教育与自然科学、社会科学建立起整合关系，并拓展出许多交叉性的研究方向，如机械材料工学、多媒体教育工学等。如表 5 -1 所示。

表 5 -1　　综合课程构成及目的

综合课程	构成及目的
机械系工程学课程	把机械工学领域固体系统，热流体系统及控制系统的领域系统化，以力学领域的各科为中心，使之相互关联，以加深工学基础的综合理解，从而获得高度而应用范围广泛的解析能力
机械材料工程学课程	在对有机材料、无机材料、机能性材料进行开发应用研究的同时，将其与机械工学相关联的领域紧密联系起来，培养运用综合化的思维解决实际问题和研发新型材料的人
多媒体教育工程课程	将投影仪、电子白板、音响设备和中控系统等多媒体设备与工学相联系，利用多媒体具有图、文、声并茂甚至有活动影像这样的特点将工学生动化，便于理解
建设工学课程	以土木工学为主体，将计划、环境工学和结构工学领域相关联；以国土计划、防灾工学为重点，以结构工学为轴，作为应用面，从工学的立场培养能解决实际问题的人

资料来源：http：//www. tut. ac. jp/university/subject. html.

4. 科研机制以灵活性为特点

丰桥技科大在构筑“技术”的同时，还建立起灵活的科研机制，成立了处于领先地位的研究机构：研究基础中心、未来技术流动研究中心、工学教育国际合作研究中心、地区合作研究中心、尖端农业研究中心等。学校摆脱了拘泥于高、精、尖科学研究的单一传统模式，建立了创新型研究机制，主要体现在两个方面：第一，尖端技术的应用研究。挑战能量、环境、粮食等世界范围内所面临的困难课题，取得显著成果，并在机械装置开发、新概念电脑开发、农业 IT 技术的应用等综合研究方面取得突破性进展。第二，企业等民间机构难以进行的基础研究。民间企业可以向学校咨询实际生产中遇到的技术难题，同时也可以派遣工作人员到学校进行研究，该研究机制解决了企业因为人才、设备、精力、时间等方面的限制而难以进行基础研究的矛盾，促进了学校与企业之间的深度合作，巩固了丰桥技术科学大学在社会发展中的重要作用。

5. 国际交流合作以多渠道为方式

注重国际交流与合作是学校的办学传统和重要特色，其国际化方式主要表现在两个方面：第一，人才培养的国际化，学生不仅可以赴海外参加短期学术会议或访学交流，还拥有在海外企业进行长期实务训练的机会。第二，学校遵循相关制度聘请专业过硬、实践能力强的教师，提高教师能力与素质的国际化，每年至少派 300 名教师赴海外研修交流和从事科研合作，年均派出人数几乎占到全校专任教师数的 90%。借助国际交流与合作渠道，使教师增长知识，开阔视野，更加深入地了解国外学校的工程人才培养目标、课程内容和教学方法等，推动本国人才培养的国际化水平。

（二）创新招生办学方式，搭建贯通式人才培养体系

围绕学校的办学理念，丰桥技科大充分发挥自身定位与优势，打破传统招生方式，创新办学模式，构建贯通式人才培养体系，着力培养产业社会所需的工程学士、工程硕士和工程博士。

1. 探索创新性招生方式

为确保所培养学生能够成为工程领域的专门人才，丰桥技科大改变传统招生方式，将招生对象分为三类，即高等专门学校毕业生、普通高中毕业生和职业高中毕业生，招收对象多为高等工业专门学校和工业高中的毕业生，只有在不满足定员的情况下才从非工业类普通高中和职业高中录取，学校生源的 80% 来自高等专科学校。大学对高等专科学校的毕业生采取三年级编入的入学方针，而普通高中和职业高中的毕业生则从本科第一年级开始学习，确保所有毕业生具有相同的工程专业基础、能够成为工程领域的专业性人才。

2. 构建本硕博贯通体系

丰桥技科大设有研究生院，实行本科和研究生教育一贯制，使学生从入学开始就接受连续、系统的工学教育。学校研究生院的主要招收对象是本校的本科学生，学生定员与本科在校生学生数相同，即本校本科毕业生只要成绩合格均可升入硕士阶段深造，只有在本校本科生就业、出国留学等情况下，硕士生院才会从其他大学进行第二次选拔。为了培养具有广阔视野、能够独立解决复杂工程问题的更高层次的工程型研究人才，学校规定本校优秀硕士生还可以升入工学研究科（研究生院）继续攻读博士课程。因此，从某种程度上看，丰桥技科大已基本建成了“本硕博一贯制”的人才培养体系。

为了培养学生系统性的工科专业知识，学生从本科到硕士研究生直至博士研究生始终从事同一项研究，均有明确的研究方向。虽然学生所做的课题多属于基础性、预备性研究，但这些课题

都是在为实际应用做准备，研究取得一定进展后就会有生产部门或政府资助，继续开展进一步的研究。学生能够在实际课题研究中体会科学的研究方法和技术应用的实践过程，在产品试制及工艺改进中积累丰富的实践经验，满足日本科学技术日新月异的变革需要，服务产业转型升级需求。

三、体会与思考

丰桥技科大具有鲜明的办学特色，先进的人才培养理念和专注的人才培养目标，吸收其成功经验和办学特色，对我国高等工程教育的发展有十分重要的借鉴意义，可积极推动工程类应用型大学改革。

（一）明确培养目标，确立办学特色

丰桥技科大在创立之初便确立了以研究生工程教育为中心的办学思路以及“指导性技术人才”的培养目标，该培养目标既区别于普通本科院校理论型人才培养，也有别于高等专门学校的技术技能人才培养，借助“本硕博一贯制”人才培养体系，更加凸显丰桥技科大的办学特色。在明确的培养目标基础上，推动高水平的基础教育、专业教育和体验技术制作相互渗透、交叉进行，着力培养学生工程复合能力，使得学生工程理论能力、工程实践能力和工程研究能力同时提升，毕业生在进入企业、工厂以后，能尽快适应各工作岗位，大大缩短了业务“空窗期”，满足社会对高级工程人才的需要。

（二）优化课程设置，突出交叉特点

由于当代科学技术高度分化又高度综合，各学科之间交叉、渗透性强，使得高等学校必须不断优化课程设置和教学内容以适应科学技术和高等教育的发展。因此，丰桥技科大采用综合化课程教育，打破课程之间的壁垒和界限，按照工程教育的需要进行跨学科的知识内容重组，从而建立起工程教育与自然科学、社会科学的整合关系，建立起各学科和各门课程之间的紧密联系。立足专业视角的课程体系更能够让学生掌握系统的、完整的专业理论知识，再将高等教育体系欠缺的实习教育导入课程体系，创造了独特的“螺旋型教育”模式，全面提升学生的专业知识和实践技能，培养符合社会需求的工程复合型人才。

（三）加强校企业协作，注重工程实训

丰桥技科大通过本硕博贯通的培养模式提高工程人才质量，并借助校企合作途径提升工程人才实践技能。丰桥技科大所践行的校企合作主要包括两方面内容：一是通过长期化的实务训练来培养学生的工程实践能力和生产责任意识；二是教师组成以学生为主体的研究团队积极参与校企合作项目研究。因此，丰桥技科大的毕业生备受企业的青睐，在就业竞争激烈的情况下，其就业率始终位居全国高校前列，丰田、东芝、三菱、NHK、日本精工、日本电子等知名企业的一线岗位都有丰桥技科大的毕业生。

案例三　旧金山城市学院

——完善社会服务职能的典型代表①

背景：

社会服务职能指高等学校通过各种劳动满足社会需要的过程，是高等学校建设发展的一项重要职能，发挥着联系社会的重要作用。美国旧金山城市学院在发挥社会服务职能的过程中，始终重视学员的职业需要，不断为学员的职业发展服务，成为完善社会服务职能的典型代表。

一、学校概况

旧金山城市学院（City College of San Francisco）成立于1935年，是一所两年制的公立社区学院。作为旧金山统一学校系统中的一部分，学院的主要目的是满足当地居民的学术和职业教育需要。在80多年的发展历程中，学院一直贯彻其纯粹的“平民传统”，立足本地社区，为不断发展变化的社区提供教育和文化服务。正因如此，旧金山城市学院发展迅速，从创办之初仅有1500名注册学生的小学校，发展成为美国规模最大的社区学院之一。目前，学院注册学生3.3万人，其中国际生1200人（3%），来自90个国家。

旧金山城市学院的11个校区、150多处教学点遍布旧金山市内各街区，是真正的“城中有校、校中有城”，城市和学校有机地融合为一体。学院共有6个分院，分别是应用科学和技术学院、行为与社会科学学院、商学院、卫生和体育学院、人文学院、科学和数学学院，所开设的专业囊括了社会生产、生活的方方面面，能够提供超过50个科系的课程和100多个专业证书课程供学生选择。另外，学院也提供一些短期的职业培训课程，专业包括烹饪、饮食服务、装饰园艺、计算机艺术设计、电影制作、广播及儿童发展教育等。

旧金山城市学院在办学中注重理论与实际的结合，积极与企业开展合作。学院提供的最主要项目之一就是与美联航空公司的合作，为航空机队机械师提供专门的技能培训，开设他们急需的课程，深受学员的欢迎。此外，学院还与太平洋电器公司合作共同开发了一个有关劳动福利方面的项目，解决企业缺乏培训项目的问题。

二、完善社会服务职能，满足人的职业需要

旧金山城市学院在建设过程中注重发挥社会服务职能，重视学员的职业需要，秉承服务学员职业发展的理念，成为完善社会服务职能的典型代表。

①本文根据旧金山城市学院官网信息及相关研究成果等公开资料编撰而成。参考的相关研究成果主要有：王丹、张铁英：《论加强我国高等职业教育社会服务职能路径——兼论美国旧金山城市学院的社会服务职能》，《职业技术教育》2011年第13期，第10－14页；范明丽：《旧金山城市学院：城市与学院结合的典范》，《教育与职业》2008年第4期，第100－102页；王丹、丁国声：《中美高等职业教育的差异及其对我国的启示——以美国旧金山城市学院为例》，《职教论坛》2011年第3期，第94－96页。

（一）开放办学，个性化教学

旧金山城市学院的办学具有灵活性和个性化的特点，尤其体现在职业教育方面。从学生来源看，职业教育面向社区全体成员，没有入学考试，实行“无试招生”。从学习时间看，职业教育的授课时间尽量方便学生，下午 4 点以后和晚上甚至在周末都开设课程。因此，各行各业的在职人员都有学习的机会。学员可以根据自己的时间安排选择日间或夜间的课程，或者选择周末课程，也可以选择网络在线课程。从专业和课程设置看，学院根据学生程度水平不同，学习目的和要求又不同，进行个别化教学，实行开放办学，建立完全的学分制，让学员可以按照自己的需要安排学习时间。

（二）课程设置兼顾学术职业

旧金山城市学院的学制为两年，实行学分制，而且校际互认。学院设有转学分课程，学生可在这里完成副学士学位（文科/理科）的学习，修够学分以后转学到全美各地的四年制学院或大学完成大三及大四的课程，最终取得学士学位。其中，工程、计算机科学、商业管理等在转学分课程地很有名。该校转入加州大学和加利福尼亚州立大学的学员数量是最多的，在全美也位列前十。

除了转学分课程之外，学员也可以选择提供学位及短期培训课程的半学术性学科，或者直接选择职业训练课程。职业课程是专门为学生就业设计的，包括航天技术、电脑艺术设计、医疗技术、装饰园艺、烹饪餐饮、理发美容、服装设计与裁剪、电影制作、广播及儿童发展教育等各种实用性的专业和课程。其中比较热门的有医疗科学、商业及国际商务、餐饮及旅店管理、儿童发展及英语教学等，尤其是生化科技方面的课程，甚至得到了国家级的认可。

（三）开展入学前的职业教育

旧金山城市学院为本地区的初、高中学生设计了宽泛的入学前职业培训项目，以帮助学生进行切合自身实际情况的职业选择与定位。在旧金山地区的中学中，7～12 年级的中学生都会接受不同程度的职业指导与职业教育，从最初参观企业获得感性认识开始，逐步推进，让学生根据各自不同的兴趣、能力、要求来获得职业指导，进入职业培训项目、城市大学或其他学院学习。培训期间，学院根据学生兴趣与需求的变化以及其擅长的领域来安排专业课程，激发学生的职业兴趣，让学生认识到高科技时代职业教育的重要性。

学院实行弹性学分制，保障各类型在校生最终完成大学职业教育。学生可采取边工作边学习、先学习后工作、中断学习后再返回学院继续学习等多种求学方式，以获得足够的学分。学生毕业后，既可以选择工作，又可以选择到与旧金山城市学院签订协议的相关高校继续就读。

（四）提供职业发展咨询服务

旧金山城市学院设有一个学生咨询机构，该机构拥有一支强大的咨询教师队伍，主要负责解决学生在校期间的学业、职业、心理辅导等方面的问题，为学生的学习、成长、发展提供咨询服务。为了能够高效率地完成各项咨询工作，该机构采取了如下措施。

首先，充分了解学生、学院以及就业现状。旧金山城市学院学生构成的复杂度较高，其中既有传统意义上由高中考入的大学生和海外留学生，还有新移民学生、继续教育学生和非学历教育学生。这些学生的具体需求差异很大，如为获取工作而学习某项技能，获得学历，获得转学机会，更新原有技能，学习新知识或新技能等。

其次，加强咨询机构的专业化建设，即服务对象的专业化、咨询领域的专业化和咨询过程的专业化。根据服务对象的不同，如新入学学生、继续教育学生、转学生、留学生、谋求职业发展的学生、心理出现问题的学生等，该机构为其提供高度专业化的咨询服务。根据咨询领域的不同，如学业咨询、就业咨询和个人问题咨询等，该机构加强服务内容的专业化，以保证学生对咨询效果的满意度。咨询过程的专业化是指在服务过程中，咨询教师不是为学生做决策，而是通过各种渠道、方法让学生更加了解自身特点、问题或所从事行业的特征，逐步引导学生自己做出高质量的决策。

最后，提高对学生职业引导的合理性。学生的就业咨询是该机构的主要工作内容之一。旧金山城市学院通过就业测试与咨询相结合的方式，提高对学生职业引导的合理性。瑞塞克测量法（Riasec Test）是学院主要使用的职业测试方法，该方法建立在霍兰德职业兴趣理论的基础上，通过让学生回答六类问题，即现实性问题、工作方式性问题、艺术性问题、社会性问题、事业发展性问题、生活习惯性问题，来展示学生的自我职业发展取向。结合测试的结果，咨询教师帮助学生进行职业选择。

（五）收集、分析职业教育信息

在美国，高等职业教育院校中一般设有专门负责收集、分析、反馈职业教育信息的机构，其有效地加强了高等职业教育院校与社会的联系，促进了高等职业教育院校的自我调节与自我发展。旧金山城市学院的经济与劳动力发展中心（Economic and Workforce Development，EWD）就是专门从事这项工作的机构，该中心认为劳动力的发展、技术结构的调整以及企业的拓展必须与地区经济的发展相一致，其宗旨就是通过教育、培训和服务来提高国家的经济增长力和全球竞争力。旧金山城市学院设有若干个从事不同专业或地区的职业教育信息收集、分析、反馈工作的EWD中心。

EWD主要收集以下三方面的信息：一是关于未来产业的相关信息，主要包括对未来产业的预测信息和相关部门的政策调整信息；二是密切关注经济发展的最新动态，如新的市场需求，新的商品开发以及资源分配走向等；三是持续观察原有经济的动态，如跟踪行业发展和劳动力需求，调查学院与行业发展的一致性状况等。EWD分析各类教育信息的过程也是形成环境扫描报告（Environmental Scan Report，ESR）的过程。ESR一般包括以下几项内容，即行业发展现状、职业发展现状、劳动力需求现状、相关社区学院的教学现状，本学院应对各种挑战的措施、结论和建议等。旧金山城市学院收到ESR后，一般采用如下信息反馈措施，即开设新的课程、为相关咨询人员提供最新的行业信息、建立或拓展校企合作对象、向相关企业推荐毕业生等。通过职业教育信息的收集、分析、反馈，学院保持与社会发展的同步，不断进行自我调整，完善职业服务，提高自我发展能力。

三、体会与思考

社会服务职能是连接社会与学校的纽带。只有社会服务职能与整个高等职业教育的各个环节构成一个有机的系统，使社会服务职能有机地融入整个社会，与社会同步发展时，才能真正加强我国高等职业教育的社会服务职能，提高职业教育的自我发展能力。

（一）从认识上重构社会服务职能

我国高等职业教育起步晚，社会服务职能还不健全。职业院校需要从思想认识上澄清发展社会服务职能的现实必然性，即社会服务职能在满足社会发展需要的同时，还能促进高等职业院校的不断自我调整与完善；只有充分发挥社会服务职能才能从根本上保证社会与高等职业教育在相得益彰中同步发展。同时，我国高等职业教育在认识、重构社会服务职能时，还要注意实现国内与国外的对接，从观念上促成社会服务职能的国际化发展。例如，在国外高等职业教育逐渐向终身教育渗透、向中学教育渗透、向以行业和协会为主体的社会教育渗透。而这三种趋势最终都是通过社会服务职能体现出来的，值得我们关注、思考。

（二）设置相应的社会服务职能部门

我国高等职业教育社服务职能不健全的一个主要原因是众多高等职业院校并没有设置实际意义上的社会服务部门或系统。美国旧金山城市学院设置了多种与社会联系、为社会服务的部门，即建构了社会服务功能，而后发挥社会服务职能就是顺理成章之事。因此，设置相应的社会服务职能部门，健全社会服务功能，就成为发挥我国高职院校社会服务职能的一条主要途径。在这一过程中，高职院校必须始终贯彻为人服务的原则，突出高等职业教育社会服务职能的职业性色彩，这样才能真正将高等职业教育的社会服务职能落到实处。

（三）增强职业教育的自我发展能力

通过建立与多种行会和企业联合的社会职业教育系统，旧金山城市学院不断进行自我调整，增强自我发展能力。而我国的高等职业教育更多是单纯通过为社会输送高质量的毕业生来实现社会服务职能。我国的许多高等职业院校依然是依靠各项政府方针、政策的引导，被动地适应社会发展的需要，甚至出现教育与社会需求严重脱节的现象，影响持续发展能力。

我国高等职业教育需要直接与社会系统进行物质、能量和信息的交换，进而获得最新的信息以调整教育内部的组成结构和运行机制。高等职业教育既要建立和完善社会沟通机制，保持与社会大系统及时进行各种信息交换，进而优化高等职业教育运行的外部环境；又要建立高等职业教育内部的自我调整和更新机制，使教育内部各个环节的功能主动适应社会发展的需要，进而优化高等职业教育运行的内部环境，不断增强自我发展能力。

案例四　新加坡南洋理工学院

——“教学工厂”推进教学研合一[①]

背景：

新加坡南洋理工学院独创“教学工厂”教育模式，将企业实践环境引入学校教学环境，以项目为纽带，教、学、研深度融合，对培养学生专业能力和职业能力有重要作用。“教学工厂”为新加坡培养了一大批具有较高技术研发能力的高技能应用型人才，成为南洋理工大学重要的名片。

一、学校概况

新加坡南洋理工学院（Nan Yang Polytechnic，NYP）成立于1992年，是新加坡政府为满足经济快速发展对人才需求而成立的，以理工学科为主的综合性高等教育机构。NYP隶属于新加坡教育部，是新加坡政府创办的五所国立理工学院之一，设有工商管理系、化学与生命科学系、设计系、工程系、健康科学系、信息技术系、互动与数码媒体系7个系42个专业，占地30.5万平方米，现有在校生15000人，教职工1300人，是新加坡最受欢迎的理工类高校之一。

NYP将创办成“一所国际特色的顶级理工学院”作为办学目标，秉承“为学生的终身学习服务，使他们成为终身学习者，并为新加坡的科技、经济及社会发展做出贡献；为企业服务，充分利用学院的资源、人才、创意及创新能力来支持企业的发展需求”的发展使命，以“市场导向、柔性系统、能力开发、国际合作、重应用重开发、面向世界”为办学策略[②]，发展成为新加坡科技人才和技术应用人才的重要输出地。NYP是新加坡高等职业教育的代表，也是全球公认的具有创新精神的著名学府。

二、“教学工厂”教育模式

NYP最有影响力和代表性的是其“教学工厂”的教育模式，即将企业真实的生产实践环境引入学校，在校内建立设备先进、环境逼真的教育教学工厂。“教学工厂”是20世纪80年代初，由NYP前校长兼总裁林靖东先生在借鉴德国“双元制”模式的基础上创立的。该模式将企业与学校、实践与理论、教师与专家充分结合，有效解决了学校毕业生不能很快适应企业工作岗位的问题。

（一）专业设置适度超前

超前的专业开发和专业规划是保证“教学工厂”引领市场而非被市场牵着鼻子走的重要前

①本文根据公开资料编撰而成，资料来源包括学校官网、中国知网等。

②张倩：《商科高等职业教育“教践研”一体化的思考》，《教育理论与实践》2013年第9期，第24页。

提，也是保证“教学工厂”生存的重要基础。为保证NYP专业设置更加科学严谨，学校邀请企业、学生、家长共同参与专业设置。NYP专业设置程序严密，首先，开展市场人才需求调研，需充分研究国家、企业和学生的需求，形成市场人才需求报告；其次，由专业负责人及骨干教师组织成立专业开发小组，负责提出新专业建议、确认毕业生专业知识和技能要求、设计课程机构、编写人才培养方案等；再次，提请批准，由系主任初步审核，再向企业专家、所在系主任组成的咨询委员会提出咨询和建议，之后提交由院长、副院长、系主任、教师代表等专家组成的学术委员会审议，提出评价和修改；最后，报校董事会同意、报新加坡教育部批准。[①] 所有程序都必须严格执行，充分考虑市场和受教育者的需求。

（二）课程以项目为核心

项目是“教学工厂”实施教学的载体，也是教学工厂理念的具体表现。在NYP课程体系中，包括工业项目、学生创新项目、国家科技项目在内的各类项目占据了总课时的50%以上。项目不同于纯粹的理论知识和实践课程教学，需要不同专业背景的教师和学生跨专业合作，能够使学生将所学理论知识技能与具体项目紧密结合。例如，面对车床夹具制造项目，工程系的学生需要具备应用工程力学、材料学、工程制造技术、电脑绘图等知识与技能。为了保持各类项目与专业理论授课进度一致，使基础学习与实践训练紧密结合，NYP将三年的课程分为“2+1”两个阶段，即第一、第二学年的专业基础学习阶段和第三学年的工业项目研究与实习阶段，每个阶段都有各种项目贯穿其中。在专业基础学习阶段，学生主要学习基础能力和技术培训课程，每学年包括120个学时的学期项目和300个学时的专业基础课，使学生掌握扎实的基础知识和技能；第三学年，由6个月专业培训课和6个月企业实习或项目研究构成。

（三）教学组织双轨设计

为了解决实训室和指导教师难以满足太多学生同时参与专业培训、项目研究等问题，学校设计了独具特色的“双轨制”教学组织模式。在第一、第二学年，将学生分为A、B两组，将每一学年的课程分为两个模块，如果第一学期A组学习模块一，B组学生则学习模块二，第二学期A、B两组学生对调。在第三学年，学校根据前两年学生的能力再将学生重新分为A、B两组，学习能力较强的A组在第一学期进行企业实习与项目研究，学习能力较弱的B组在第一学期参加专业培训，第二学期A、B两组对调。同时，各组学生在参与企业实习与项目研究之前，再将学生分为1、2两个小组，第1小组进入企业实习，第2小组参加项目研究，三个月后两个小组对调[②]（见图5-1）。这种交替分组分模块的教学组织，不仅能够充分利用学校的设备、师资等教学资源，还能够满足不同学习能力学生的学习需求，此外，由于每个学期都有学生参与企业的工业项目研究，也保证了校企合作的连续性，增强校企合作黏度。

（四）教学设备企业对接

先进教学设备是NYP实施“教学工厂”教育模式的基本保证。为了给学生创造真实的教学环境，NYP通过投入大量资金或与企业合作，建设设备先进、环境真实、可与企业匹配甚至比

①蒋家宁、孙长坪：《新加坡“教学工厂”与我国“工学结合”教学模式的比较研究》，《职教论坛》2012年第33期，第95页。
②候肖霞：《新加坡“教学工厂”理念下的“双轨系统”教学模式》，《石家庄职业技术学院学报》2009年第6期，第30页。

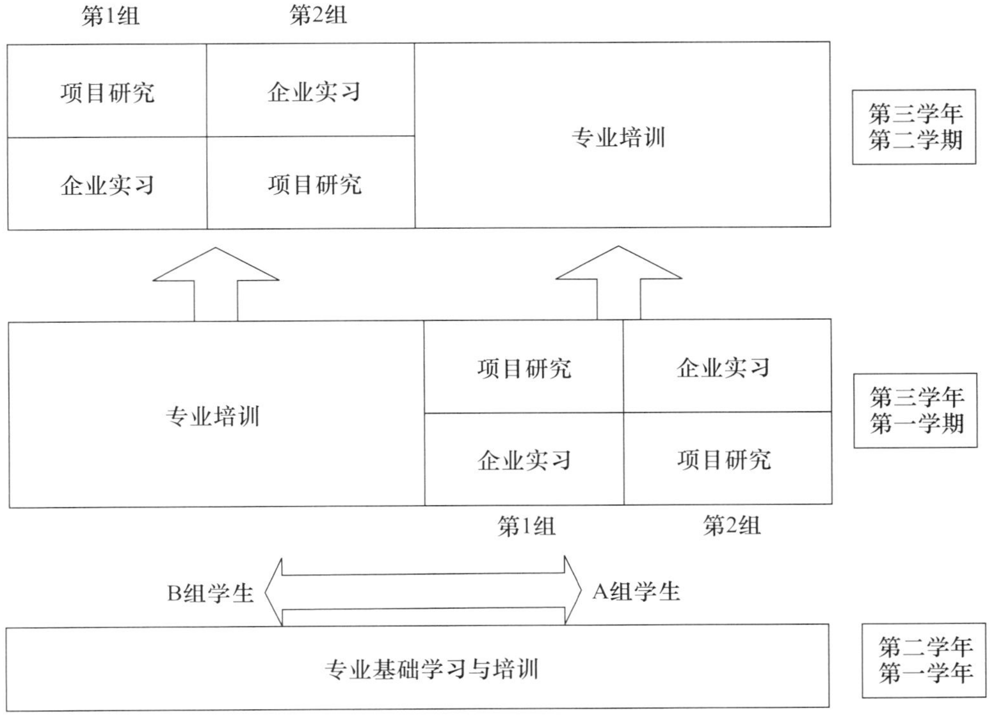

图5－1　NYP双轨系统教育组织模式

企业设备更先进的教学工厂。资金投入包括NYP的办学经费投入和政府直接投入，政府投资一般由专门的职业教育基金会操作，如该校化学与生命科学教学实训基地由政府投资4000万新元建设完成；在企业合作模式中，通常由企业为学校提供与实际生产车间完全相同的设备和资金，学校则通过承接企业项目作为回馈，最终达到双方共赢。为了保持学院教学设备的先进性，NYP的合作企业遍布全球，积极争取企业项目与合作。除了教学设备本身与企业对接外，"教学工厂"的管理机制也与企业对接，确定了以微利为原则的管理机制，虽然开展的项目或生产的产品不以盈利为目的，但是却需要核算成本，以培养学生的企业经营管理能力。

三、体会与思考

NYP走过20多年的办学历程，其创立的"教学工厂"教育模式成为新加坡职业教育亮丽的名片。"教学工厂"的成功离不开新加坡政府的高度重视，更与NYP重视创新、重视师资队伍建设等办学理念有重要关系。

（一）政府高度重视职业教育

NYP"教学工厂"模式的成功离不开新加坡政府的大力扶持与推动。新加坡高度重视职业教育，不仅成立专门机构加强职业教育管理，成立基金会支持职业教育发展，还十分注重通过立法推动全社会重视职业教育。如新加坡政府规定：所有员工必须"先培训，后就业，未经培训不得就业”；职工的第一份工作的第一次工资由其文凭学历决定；① 国外企业进入新加坡投资，必须吸纳和接受一定数量的学生顶岗实习和实践等。这些规定为 NYP 的发展提供了有利的政策环境，也为校企合作提供了保障。

（二）创新理念贯穿教育始终

“创新理念”是 NYP 的重要办学特色，也是“教学工厂”成功的经验。NYP 创办至今，创新一直伴随其发展。“教学工厂”本身就是 NYP 在借鉴德国“双元制”基础上，将理论与实践、教学与科研、企业与学校充分融合，将企业真实的生产环境引入学校环境，并结合本国与本校特点形成的教育模式。在教育教学过程中，NYP 创造性地提出了“双轨制”教学组织形式、以项目为核心内容的课程设置等，有效地提高了资源使用效率，提高了学生的学习积极性。“教学工厂”一经提出，便在新加坡引起广泛效仿，成为新加坡职业教育的重要元素，为世界职业教育发展做出了重要贡献。

（三）高度重视教师队伍建设

林靖东先生认为师资是“教学工厂”的关键要素之一。学院高度重视师资队伍建设，在教师招聘、培训和实践研发等方面有严格要求，确保教师的教学水平、专业技术能力和科研能力同步提高。在师资聘用方面，要求所有教师必须具有本科学历、必须具有 5 年以上企业工作经验。这一要求不仅能保证教师的“双师”素质，还有利于推进校企合作：5 年以上企业工作经历基本能保证教师建立较紧密的企业人际关系，为将来校企合作提供可能。在师资培训方面，NYP 每年投入大量经费用于师资培训，并提出“六超越”的培训原则：超越现有工作经验、超越现今的职位、超越现在所处部门、超越现今状况、超越理工学院之外、超越国土；在实践研发方面，NYP 规定全校 20% 的教师都要进行 1 ~ 2 年的专职项目开发，一方面保证了教师专业技能的提高，另一方面保证了校企合作的延续性。②

①简祖平：《向新加坡“教学工厂”学什么》，《中国职业技术教育》2010 年第 19 期，第 35 页。

②倪春丽、李玉春：《新加坡 NYP“教学工厂”的十大特色》，《人力资源管理》2012 年第 6 期，第 208 页。

附录篇

附录一　2016 年中国职业教育大事记

［1］1 月 14 日，教育部办公厅下发《关于开展中等职业教育质量年度报告工作的通知》。

［2］1 月 20 日，国务院公布取消包括“咖啡师”、“注册人力资源管理师”在内的 61 项职业资格许可。

［3］1 月 21 日，教育部发布《关于办好开放大学的意见》。

［4］3 月 14 日，国务院印发《高等职业院校适应社会需求能力评估暂行办法》、《中等职业学校办学能力评估暂行办法》。

［5］3 月 16 日，教育部职业教育与成人教育司发布关于确定《高等职业教育创新发展行动计划（2015～2018 年）》任务（项目）承接单位的通知。

［6］3 月 17 日，第十二届全国人民代表大会第四次会议审查和批准了《中华人民共和国国民经济和社会发展第十三个五年规划纲要》。规划纲要对职业教育在“十三五”期间的改革发展提出了要求，明确提出“推进职业教育产教融合”，着重指出：完善现代职业教育体系，加强职业教育基础能力建设，推动具备条件的普通本科高校向应用型转变。

［7］3 月 21 日，教育部职业教育与成人教育司印发《职业教育与继续教育 2016 年工作要点》。

［8］4 月 7 日，教育部职业教育与成人教育司下发关于做好中等职业学校教学诊断与改进工作的通知。

［9］4 月 11 日，教育部、财政部等五部门联合印发了《职业学校学生实习管理规定》，对实习中的禁止情形作出明确要求。

［10］5 月 8 日，2016 年职业教育活动周全国启动仪式暨全国职业院校技能大赛开幕式在天津市隆重举行。中共中央政治局委员、国务院副总理刘延东出席会议并讲话。

［11］5 月 11 日，教育部等七部门印发《职业学校教师企业实践规定》，要求，进一步加强职业学校“双师型”教师队伍建设，促进职业学校教师专业发展，提升教师实践教学水平；职业学校专业课教师根据专业特点每 5 年必须累计不少于 6 个月到企业或生产服务一线实践。

［12］5 月 15 日，第十二届全国中等职业学校“文明风采”竞赛总结座谈会暨优秀作品展演在宁波举行。

［13］5 月 28 日，天津中德应用技术大学正式揭牌。本科层次职业教育早已成为国际趋势，中德的这次升级转型在国内开创先河。

［14］5 月 31 日，教育部确定职业院校教学诊断与改进工作试点省份及试点院校，确定在天津市等 18 个省（区、市）分别开展中、高等职业学校教学诊改试点工作，中、高职试点各为 9 个省份 27 所院校，试点工作为期 3 年。

［15］6 月 1 日，李克强总理主持召开国务院常务会，决定再取消“招标师”、“物业管理师”、“插花员”等 47 项职业资格，这已是第六批决定取消职业资格。

［16］7 月 8 日，教育部办公厅公布首批《职业学校专业（类）顶岗实习标准》目录。

［17］7 月 13 日，教育部印发《推进共建“一带一路”教育行动》。

［18］7 月 18 日，教育部等九部门发布关于进一步推进社区教育发展的意见。

［19］9 月 1 日，教育部发布《中等职业学校学生公约》。针对中职校学生的特点，提出了 8 条 48 字公约内容，对中职校学生道德品质和行为规范进行了高度浓缩，增强中等职业学校德育的针对性、实效性，教育引导学生自觉养成良好的思想品质和行为习惯。

［20］9 月 5 日，教育部职成司公布《关于做好 2017 年高等职业学校拟招生专业申报工作的通知》。

［21］9 月 13 日，教育部办公厅印发《职业教育专业教学资源库建设资金管理办法》。

［22］10 月 31 日，教育部、交通运输部两部门联合发布关于加快发展现代交通运输职业教育的若干意见。

［23］11 月 3 日，教育部、财政部两部门联合印发《关于实施职业院校教师素质提高计划（2017 ~ 2020 年）的意见》，意见指出，将组织职业院校校长、专业带头人、双师型骨干教师、优秀青年教师分层分类参加国家级培训，开展中职、高职、应用型高校教师团队研修和协同创新，推进教师和企业人员双向交流合作，组织职业院校专业教师到企业进行为期不少于 4 周的企业实践。

［24］11 月 22 日，教育部印发《高等学历继续教育专业设置管理办法》。

［25］11 月 22 日，教育部发文点名通报 5 所职校违规组织学生顶岗实习，并将始终保持治理实习违规问题的高压态势。

［26］11 月 23 日，国务院召开常务会议，决定在已分六批取消 319 项职业资格的基础上，再取消 114 项职业资格许可和认定事项。至此，国务院部门设置的职业资格共取消 433 项占 70% 以上。

［27］12 月 2 日，由教育部和中华职业教育社主办的“推进职业教育现代化座谈会——纪念职业教育法公布实施 20 周年”在京召开。

［28］12 月 9 日，人力资源和社会保障部印发《技工教育“十三五”规划》，这是人社部第一个关于技工教育的五年规划。

［29］12 月 12 日，教育部与福建省人民政府在福州联合召开了现代职业教育发展推进会。

［30］12 月 16 日，人力资源和社会保障部发布《国家职业资格目录清单》，拟列入 151 项职业资格。

附录二　2016 年中国职业教育相关政策法规汇编

关于印发《职业教育与继续教育 2016 年工作要点》的函

教职成司函［2016］31 号

各省、自治区、直辖市教育厅（教委），各计划单列市教育局，新疆生产建设兵团教育局：

经部领导同意，现将《职业教育与继续教育 2016 年工作要点》印发给你们，供工作中参考。

附件：职业教育与继续教育 2016 年工作要点

教育部职业教育与成人教育司

2016 年 3 月 21 日

附件

职业教育与继续教育 2016 年工作要点

2016 年职业教育与继续教育工作的总体思路是：全面贯彻党的十八大和十八届三中、四中、五中全会精神，深入贯彻习近平总书记系列重要讲话精神，按照“五位一体”总体布局和“四个全面”战略布局，以五大发展理念为引领，围绕中心、服务大局，以对接结构性改革和固本强基为主线，着力深化改革、加强建设、提高质量、促进公平，推动现代职业教育体系建设和继续教育体制机制创新取得新进展，为实现“十三五”时期改革发展目标布好局、起好步。

一、对接国家需求，增强职业教育与继续教育工作的针对性

1. 深入学习贯彻习近平总书记系列重要讲话精神。开展形式多样、内容丰富的学习宣传活动，把习近平总书记系列重要讲话精神和五中全会决策部署落实到职业教育与继续教育改革创新的具体行动上。加强战线党建工作，增强政治意识、大局意识、核心意识、看齐意识。按照中央统一部署，开展好“两学一做”学习教育，推动战线党内教育从“关键少数”向广大党员拓展、从集中性教育向经常性教育延伸，真正把党的思想政治建设抓在日常、严在经常。全面落实中央巡视组专项巡视工作要求。

2. 规划新时期职业教育与继续教育改革发展。围绕教育“十三五”规划、中国教育现代化 2030 等编制工作，加强职业教育与继续教育改革发展的前瞻性、全局性、战略性研究，明确今后一个时期改革发展的总体思路、目标任务和重大政策举措。加强职业教育与继续教育科研工作。

3. 提升职业教育服务国家重大战略的能力。编制《制造业人才发展规划（2016～2020年）》，为实施“中国制造2025”培养多样化人才。组织职业学校、行业企业联合开展跨境、跨区合作，助推“一带一路”建设、京津冀协同发展和长江经济带发展。加强创新创业教育，服务大众创业、万众创新。瞄准精准扶贫、精准脱贫，推动县级职教中心盘活资源、拓展功能，组织开展对口支援，推行职教特色扶贫模式。

4. 加快建设现代职业教育体系。联合印发《关于做好2016年高中阶段教育招生工作的通知》，统筹做好招生工作，大力发展现代职业教育，落实职普招生大体相当要求。实施《高等职业教育创新发展行动计划（2015～2018年）》。推动各地健全“文化素质+职业技能”、单独招生、综合评价招生和技能拔尖人才免试等考试招生办法，为学生接受不同层次高等职业教育提供多种机会。坚持职业学校教育和职业培训并举，支持职业学校提升培训能力。召开2016年度职业教育与继续教育工作会议。

二、全面深化改革，提高职业教育人才培养质量

5. 创新职业教育体制机制。积极推进《职业教育法》修订工作。出台促进校企合作的激励政策。深入推进现代学徒制试点。加强紧密型职教集团建设。研究制订中等职业学校布局结构调整指导意见。发挥职业教育改革试验区先行先试作用，形成一批改革创新成果。

6. 加强和改进德育工作。贯彻落实《中等职业学校德育大纲（2014年修订）》，深入开展爱国主义教育和社会主义核心价值观教育。推进德育课程改革，研究制订中等职业学校德育课课程标准。深化活动育人，开展中等职业学校“文明风采”竞赛活动、学雷锋志愿服务活动等，利用各类仪式、典礼、纪念日开展主题教育活动，强化学生职业道德和工匠精神培养。加强学校社团建设。开展文明校园评选活动。

7. 深化教育教学改革。推动专业设置、课程内容、教学方式与生产实践对接。印发指导意见，科学规范职业学校课程设置和教学实施等工作。启动中等职业学校专业目录修订工作。实施新修订的《普通高等学校高等职业教育（专科）专业设置管理办法》，印发专业简介，做好国控专业设置年度审批。发布新修订的中职语文、历史、体育与健康、公共艺术等课程标准，修订中职数学、英语、计算机、物理、化学等其他公共基础课课程标准。修（制）订高职专业教学标准。研究制订中高职衔接专业教学标准。发布35个专业（类）顶岗实习标准、5个专业仪器设备装备规范。开展先进制造业、邮政和快递、现代旅游、现代交通运输等产业发展急需示范专业点遴选工作。发布20个行业人才需求与专业设置指导报告。研究推动“十三五”职业教育教材建设工作。

8. 深化产教融合、校企合作。制订行指委章程、教指委工作规则，做好教指委换届工作。继续举办职业教育与行业对话活动，召开邮政、文化、旅游等行业职业教育工作会议，推进制订交通运输等行业职业教育指导政策。以增强有效性为重点实施校企合作项目。开发35个专业（类）企业生产实际教学案例库。成立2016～2020年全国职业院校技能大赛组织机构，发布大赛实施规划，办好2016年大赛。召开职业教育校企合作座谈会。

9. 加强职业学校管理。实施《职业院校管理水平提升行动计划（2015～2018年）》。推进职业学校章程建设。印发职业学校学生实习管理规定。推动各地健全职业学校实习责任保险制度。全面实施职业学校教学诊断与改进工作。推动中等职业教育质量年度报告编制工作。提高高等职业学校质量报告水平。

10. 推动职业教育信息化发展。贯彻教育信息化“十三五”规划，提出职业教育信息化建设的目标任务和重点措施。推动落实《职业院校数字校园建设规范》。实施信息惠民工程职业教育数字资源试点专项。继续实施职业教育专业教学资源库项目、国家示范性职业学校数字化资源共建共享计划。全面应用中职学生管理信息系统，推进学校管理信息系统建设。推动高职人才培养工作状态数据管理系统建设与应用。举办 2016 年全国职业院校信息化教学大赛。建立职业教育信息化发展水平监测机制。

11. 扩大职业教育对外交流与合作。贯彻中央关于做好新时期教育对外开放工作的精神，推动制订职业教育国际交流与合作发展规划，坚持“引进来”、“走出去”并举，增强对外合作的针对性。深化和拓展政策对话与项目合作，完善项目实施机制，推出一批示范项目。服务“一带一路”建设和国际产能合作，积极落实职业教育对外援助承诺，开展职业教育与企业合作“走出去”试点。开发与国际先进水平相对接的专业教学标准和课程体系。继续实施高职院校领导海外培训项目。

三、持续加大投入，充分发挥职业教育促进公平的作用

12. 不断改善学校办学条件。配合制订实施中等和高等职业学校建设标准。加强对现代职业教育质量提升计划的投入引导和绩效评价。启动职业教育产教融合工程。完成第三批国家中职示范校验收工作。实施职业教育专业能力建设专项。

13. 完善经费投入和学生资助政策。推动各地落实中等和高等职业学校生均拨款制度。会同有关部门研究逐步分类推进中等职业教育免除学杂费，推动扩大职业学校助学金覆盖面。

14. 加强农村、西部和民族地区职业教育。推动创建国家级农村职业教育和成人教育示范县，开展县级职教中心综合改革试点。探索培养新型职业农民的多种途径。协调推动东西部合作办学。推进南疆职业教育对口支援全覆盖。加强职教集团对口支援滇西、西藏和四省藏区工作。配合办好内地新疆、西藏中职班。做好定点扶贫县和对口支援县有关工作。继续实施华夏基金会职教项目。

四、创新体制机制，推进全民继续教育

15. 深化继续教育改革创新。大力发展继续教育，推进继续教育基本制度建设，印发高等学历继续教育专业设置管理办法，出台普通高校继续教育改革发展相关政策文件，加强学历继续教育统筹管理。推动开放大学建设，指导国家开放大学开展继续教育学习成果认证、积累和转换试点。做好高等教育自学考试相关工作。启动农民工学历与能力提升行动计划。发挥好高等学校继续教育数字化资源开放和在线教育联盟、大学与企业继续教育联盟的作用。

16. 积极促进学习型社会建设。发布《老年教育发展规划（2016～2020 年）》，推动高校第三年龄大学联盟和老年大学建设。印发《关于进一步推进社区教育发展的意见》，开展社区教育实验区、示范区遴选和建设。推动职业学校广泛开展职工继续教育，建设一批职工继续教育基地。开展学习型城市建设测评工作，扩大学习型城市建设覆盖面。推动各类学习型组织建设。

五、提升工作水平，营造积极向上的发展环境

17. 切实加强自身建设。巩固深化“三严三实”专题教育成果，把践行“三严三实”要求制度化常态化长效化。进一步转变职能，注重发挥地方、院校、学会、协会等作用，形成改革发

展合力。切实落实好党风廉政建设主体责任和监督责任，强化党团组织建设和反腐倡廉工作。加强政风行风学风建设。健全调查研究和联系基层制度，切实改进文风会风和工作作风。

18. 全方位强化宣传引导。办好职业教育活动周、全民终身学习活动周。组织开展《职业教育法》颁布实施20周年宣传活动。充分利用网络、电视、广播、纸媒、微信等媒体，宣传职业教育与继续教育方针政策、典型案例，展示院校风采和师生风貌，增强职业教育的影响力和吸引力。

教育部办公厅关于开展中等职业教育质量年度报告工作的通知

教职成厅函［2016］2 号

各省、自治区、直辖市教育厅（教委），计划单列市教育局，新疆生产建设兵团教育局：

根据《国务院关于加快发展现代职业教育的决定》（国发［2014］19 号）关于“实施职业教育质量年度报告制度”和《教育部关于印发〈职业院校管理水平提升行动计划（2015～2018 年）〉的通知》（教职成［2015］7 号）关于“建立中职学校质量年度报告制度”的要求，为促进中等职业学校强化内涵发展，全面提高人才培养质量，现就开展中等职业教育质量年度报告工作有关事项通知如下。

一、重要意义

开展中等职业教育质量年度报告工作，是完善中等职业教育质量评价制度，促进中等职业学校加强教育教学诊断与改进，加强和改进德育工作，全面提高人才培养质量的重要举措；是各地各中等职业学校向社会宣传办学理念和办学成果，展示学校风采风貌和办学特色的重要途径；是促进中等职业学校加强信息公开、回应社会关切、接受社会监督的重要体现。对于促进中等职业学校与社会沟通，强化校企协同育人，推动中等职业学校加强学校管理和育人，全面提高人才培养质量具有重要意义。各地各中等职业学校要充分认识开展教育质量年度报告工作的重要意义。

二、基本原则

——分级负责。教育质量年度报告工作由教育部统筹实施，各省级、地市级教育行政部门分级负责。各地教育行政部门要细化实施方案，指导和推动本地区中等职业学校编制和向社会公布教育质量年度报告。

——分步实施。教育质量年度报告工作分步骤开展。原则上，已验收通过的国家中等职业教育改革发展示范学校率先公布学校质量年度报告，其他学校及省市教育行政部门逐步公布本校、本地区中等职业教育质量年度报告。

——持续改进。教育质量年度报告工作，重在促进中等职业学校改进教育教学和德育工作。各级教育行政部门和各学校要通过教育质量报告总结经验、查找问题、持续诊断和改进，不断提高人才培养质量。

三、具体要求

（一）明确报告的主体和责任。各中等职业学校是中等职业教育质量年度报告的主体，各省级教育行政部门应组织、指导和推动辖区内地市级教育行政部门、各学校开展质量年度报告编制工作。省级、地市级教育行政部门要在 2017 年底前完成本区域中等职业教育质量年度报告首次发布工作。已验收通过的国家中等职业教育改革发展示范学校、国家级重点中等职业学校自 2016 年起，其他中等职业学校自 2017 年起发布质量年度报告。我部将适时发布全国中等职业教育质量报告。

（二）把握报告的内容要点。各地教育行政部门编制的区域中等职业教育质量年度报告应反映本地区推进中等职业教育改革发展和党建工作的政策措施、经验做法以及取得的成就、存在的困难和问题以及改进工作的措施和办法。参考提纲见附件。中等职业学校教育质量年度报告要紧扣人才培养工作，全面展示人才培养状况、教育教学、学生德育、学校党建等情况，总结提炼教育教学改革的经验做法、分析存在的困难和问题、提出改进的措施和办法。

（三）及时面向社会公开发布。教育质量年度报告可采取新闻发布会、网络公开等方式及时向全社会发布，接受社会监督。省级教育行政部门应在教育厅（教委、教育局）网页上设置教育质量年度报告专栏，公布本辖区内各学校和地市中等职业教育质量年度报告。教育部将在部网页上设立专栏，公布各省（区、市）教育质量年度报告。

（四）加强报告的抽查和监督。教育部将对各地的质量报告进行抽查，并对抽查情况进行通报。省级教育行政部门应对地市教育行政部门及学校编制的质量年度报告进行抽查，发现问题，及时责令整改。要引入第三方参与年度报告编制工作，增强报告的客观性和可信度。

（五）强化组织保障。地方各级教育行政部门要高度重视质量年度报告工作，要成立工作班子，明确专人负责；要加强对学校撰写发布质量报告的指导和监督，确保报告全面、系统、客观、真实地反映人才培养质量状况。

（六）加大宣传力度。要加强宣传，营造良好舆论氛围，通过教育质量年度报告向社会展示中等职业教育改革发展成果，促进学校与社会的交流，提高中等职业教育的社会影响力。

附件：教育行政部门中等职业教育质量年度报告编制参考提纲

教育部办公厅

2016年1月12日

教育部等五部门关于印发《职业学校学生实习管理规定》的通知

教职成［2016］3 号

各省、自治区、直辖市教育厅（教委）、财政厅（局）、人力资源和社会保障厅（局）、安全生产监督管理局、保监局，各计划单列市教育局、财政局、人力资源和社会保障局、安全生产监督管理局、保监局，新疆生产建设兵团教育局、财务局、人力资源和社会保障局、安全生产监督管理局：

为贯彻落实全国职业教育工作会议精神，规范职业学校学生实习工作，维护学生、学校和实习单位的合法权益，提高技术技能人才培养质量，教育部、财政部、人力资源和社会保障部、国家安全监管总局、中国保监会研究制定了《职业学校学生实习管理规定》，现印发给你们，请遵照执行。

教育部　财政部
人力资源和社会保障部　安全监管总局
中国保监会
2016 年 4 月 11 日

职业学校学生实习管理规定

第一章　总则

第一条　为规范和加强职业学校学生实习工作，维护学生、学校和实习单位的合法权益，提高技术技能人才培养质量，增强学生社会责任感、创新精神和实践能力，更好服务产业转型升级需要，依据《中华人民共和国教育法》、《中华人民共和国职业教育法》、《中华人民共和国劳动法》、《中华人民共和国安全生产法》、《中华人民共和国未成年人保护法》、《中华人民共和国职业病防治法》及相关法律法规、规章，制定本规定。

第二条　本规定所指职业学校学生实习，是指实施全日制学历教育的中等职业学校和高等职业学校学生（以下简称职业学校）按照专业培养目标要求和人才培养方案安排，由职业学校安排或者经职业学校批准自行到企（事）业等单位（以下简称实习单位）进行专业技能培养的实践性教育教学活动，包括认识实习、跟岗实习和顶岗实习等形式。

认识实习是指学生由职业学校组织到实习单位参观、观摩和体验，形成对实习单位和相关岗位的初步认识的活动。

跟岗实习是指不具有独立操作能力、不能完全适应实习岗位要求的学生，由职业学校组织到实习单位的相应岗位，在专业人员指导下部分参与实际辅助工作的活动。

顶岗实习是指初步具备实践岗位独立工作能力的学生，到相应实习岗位，相对独立参与实际工作的活动。

第三条 职业学校学生实习是实现职业教育培养目标，增强学生综合能力的基本环节，是教育教学的核心部分，应当科学组织、依法实施，遵循学生成长规律和职业能力形成规律，保护学生合法权益；应当坚持理论与实践相结合，强化校企协同育人，将职业精神养成教育贯穿学生实习全过程，促进职业技能与职业精神高度融合，服务学生全面发展，提高技术技能人才培养质量和就业创业能力。

第四条 地方各级人民政府相关部门应高度重视职业学校学生实习工作，切实承担责任，结合本地实际制定具体措施鼓励企（事）业等单位接收职业学校学生实习。

第二章 实习组织

第五条 教育行政部门负责统筹指导职业学校学生实习工作；职业学校主管部门负责职业学校实习的监督管理。职业学校应将学生跟岗实习、顶岗实习情况报主管部门备案。

第六条 职业学校应当选择合法经营、管理规范、实习设备完备、符合安全生产法律法规要求的实习单位安排学生实习。在确定实习单位前，职业学校应进行实地考察评估并形成书面报告，考察内容应包括：单位资质、诚信状况、管理水平、实习岗位性质和内容、工作时间、工作环境、生活环境以及健康保障、安全防护等方面。

第七条 职业学校应当会同实习单位共同组织实施学生实习。

实习开始前，职业学校应当根据专业人才培养方案，与实习单位共同制订实习计划，明确实习目标、实习任务、必要的实习准备、考核标准等；并开展培训，使学生了解各实习阶段的学习目标、任务和考核标准。

职业学校和实习单位应当分别选派经验丰富、业务素质好、责任心强、安全防范意识高的实习指导教师和专门人员全程指导、共同管理学生实习。

实习岗位应符合专业培养目标要求，与学生所学专业对口或相近。

第八条 学生经本人申请，职业学校同意，可以自行选择顶岗实习单位。对自行选择顶岗实习单位的学生，实习单位应安排专门人员指导学生实习，学生所在职业学校要安排实习指导教师跟踪了解实习情况。

认识实习、跟岗实习由职业学校安排，学生不得自行选择。

第九条 实习单位应当合理确定顶岗实习学生占在岗人数的比例，顶岗实习学生的人数不超过实习单位在岗职工总数的10%，在具体岗位顶岗实习的学生人数不高于同类岗位在岗职工总人数的20%。

任何单位或部门不得干预职业学校正常安排和实施实习计划，不得强制职业学校安排学生到指定单位实习。

第十条 学生在实习单位的实习时间根据专业人才培养方案确定，顶岗实习一般为6个月。支持鼓励职业学校和实习单位合作探索工学交替、多学期、分段式等多种形式的实践性教学改革。

第三章 实习管理

第十一条 职业学校应当会同实习单位制定学生实习工作具体管理办法和安全管理规定、实习学生安全及突发事件应急预案等制度性文件。

职业学校应对实习工作和学生实习过程进行监管。鼓励有条件的职业学校充分运用现代信息技术，构建实习信息化管理平台，与实习单位共同加强实习过程管理。

第十二条　学生参加跟岗实习、顶岗实习前，职业学校、实习单位、学生三方应签订实习协议。协议文本由当事方各执一份。

未按规定签订实习协议的，不得安排学生实习。

认识实习按照一般校外活动有关规定进行管理。

第十三条　实习协议应明确各方的责任、权利和义务，协议约定的内容不得违反相关法律法规。

实习协议应包括但不限于以下内容：

（一）各方基本信息；

（二）实习的时间、地点、内容、要求与条件保障；

（三）实习期间的食宿和休假安排；

（四）实习期间劳动保护和劳动安全、卫生、职业病危害防护条件；

（五）责任保险与伤亡事故处理办法，对不属于保险赔付范围或者超出保险赔付额度部分的约定责任；

（六）实习考核方式；

（七）违约责任；

（八）其他事项。

顶岗实习的实习协议内容还应当包括实习报酬及支付方式。

第十四条　未满 18 周岁的学生参加跟岗实习、顶岗实习，应取得学生监护人签字的知情同意书。

学生自行选择实习单位的顶岗实习，学生应在实习前将实习协议提交所在职业学校，未满 18 周岁学生还需要提交监护人签字的知情同意书。

第十五条　职业学校和实习单位要依法保障实习学生的基本权利，并不得有下列情形：

（一）安排、接收一年级在校学生顶岗实习；

（二）安排未满 16 周岁的学生跟岗实习、顶岗实习；

（三）安排未成年学生从事《未成年工特殊保护规定》中禁忌从事的劳动；

（四）安排实习的女学生从事《女职工劳动保护特别规定》中禁忌从事的劳动；

（五）安排学生到酒吧、夜总会、歌厅、洗浴中心等营业性娱乐场所实习；

（六）通过中介机构或有偿代理组织、安排和管理学生实习工作。

第十六条　除相关专业和实习岗位有特殊要求，并报上级主管部门备案的实习安排外，学生跟岗和顶岗实习期间，实习单位应遵守国家关于工作时间和休息休假的规定，并不得有以下情形：

（一）安排学生从事高空、井下、放射性、有毒、易燃易爆，以及其他具有较高安全风险的实习；

（二）安排学生在法定节假日实习；

（三）安排学生加班和夜班。

第十七条　接收学生顶岗实习的实习单位，应参考本单位相同岗位的报酬标准和顶岗实习学生的工作量、工作强度、工作时间等因素，合理确定顶岗实习报酬，原则上不低于本单位相同岗位试用期工资标准的 80%，并按照实习协议约定，以货币形式及时、足额支付给学生。

第十八条　实习单位因接收学生实习所实际发生的与取得收入有关的、合理的支出，按现行税收法律规定在计算应纳税所得额时扣除。

第十九条　职业学校和实习单位不得向学生收取实习押金、顶岗实习报酬提成、管理费或者其他形式的实习费用，不得扣押学生的居民身份证，不得要求学生提供担保或者以其他名义收取学生财物。

第二十条　实习学生应遵守职业学校的实习要求和实习单位的规章制度、实习纪律及实习协议，爱护实习单位设施设备，完成规定的实习任务，撰写实习日志，并在实习结束时提交实习报告。

第二十一条　职业学校要和实习单位相配合，建立学生实习信息通报制度，在学生实习全过程中，加强安全生产、职业道德、职业精神等方面的教育。

第二十二条　职业学校安排的实习指导教师和实习单位指定的专人应负责学生实习期间的业务指导和日常巡视工作，定期检查并向职业学校和实习单位报告学生实习情况，及时处理实习中出现的有关问题，并做好记录。

第二十三条　职业学校组织学生到外地实习，应当安排学生统一住宿；具备条件的实习单位应为实习学生提供统一住宿。职业学校和实习单位要建立实习学生住宿制度和请销假制度。学生申请在统一安排的宿舍以外住宿的，须经学生监护人签字同意，由职业学校备案后方可办理。

第二十四条　鼓励职业学校依法组织学生赴国（境）外实习。安排学生赴国（境）外实习的，应当根据需要通过国家驻外有关机构了解实习环境、实习单位和实习内容等情况，必要时可派人实地考察。要选派指导教师全程参与，做好实习期间的管理和相关服务工作。

第二十五条　鼓励各地职业学校主管部门建立学生实习综合服务平台，协调相关职能部门、行业企业、有关社会组织，为学生实习提供信息服务。

第二十六条　对违反本规定组织学生实习的职业学校，由职业学校主管部门责令改正。拒不改正的，对直接负责的主管人员和其他直接责任人依照有关规定给予处分。因工作失误造成重大事故的，应依法依规对相关责任人追究责任。

对违反本规定中相关条款和违反实习协议的实习单位，职业学校可根据情况调整实习安排，并根据实习协议要求实习单位承担相关责任。

第二十七条　对违反本规定安排、介绍或者接收未满 16 周岁学生跟岗实习、顶岗实习的，由人力资源和社会保障行政部门依照《禁止使用童工规定》进行查处；构成犯罪的，依法追究刑事责任。

第四章　实习考核

第二十八条　职业学校要建立以育人为目标的实习考核评价制度，学生跟岗实习和顶岗实习，职业学校要会同实习单位根据学生实习岗位职责要求制订具体考核方式和标准，实施考核工作。

第二十九条　跟岗实习和顶岗实习的考核结果应当计入实习学生学业成绩，考核结果分优秀、良好、合格和不合格四个等次，考核合格以上等次的学生获得学分，并纳入学籍档案。实习考核不合格者，不予毕业。

第三十条　职业学校应当会同实习单位对违反规章制度、实习纪律以及实习协议的学生，进行批评教育。学生违规情节严重的，经双方研究后，由职业学校给予纪律处分；给实习单位造成财产损失的，应当依法予以赔偿。

第三十一条　职业学校应组织做好学生实习情况的立卷归档工作。实习材料包括：（1）实习协议；（2）实习计划；（3）学生实习报告；（4）学生实习考核结果；（5）实习日志；（6）实习检查记录等；（7）实习总结。

第五章　安全职责

第三十二条　职业学校和实习单位要确立安全第一的原则，严格执行国家及地方安全生产和职业卫生有关规定。职业学校主管部门应会同相关部门加强实习安全监督检查。

第三十三条　实习单位应当健全本单位生产安全责任制，执行相关安全生产标准，健全安全生产规章制度和操作规程，制定生产安全事故应急救援预案，配备必要的安全保障器材和劳动防护用品，加强对实习学生的安全生产教育培训和管理，保障学生实习期间的人身安全和健康。

第三十四条　实习单位应当会同职业学校对实习学生进行安全防护知识、岗位操作规程教育和培训并进行考核。未经教育培训和未通过考核的学生不得参加实习。

第三十五条　推动建立学生实习强制保险制度。职业学校和实习单位应根据国家有关规定，为实习学生投保实习责任保险。责任保险范围应覆盖实习活动的全过程，包括学生实习期间遭受意外事故及由于被保险人疏忽或过失导致的学生人身伤亡，被保险人依法应承担的责任，以及相关法律费用等。

学生实习责任保险的经费可从职业学校学费中列支；免除学费的可从免学费补助资金中列支，不得向学生另行收取或从学生实习报酬中抵扣。职业学校与实习单位达成协议由实习单位支付投保经费的，实习单位支付的学生实习责任保险费可从实习单位成本（费用）中列支。

第三十六条　学生在实习期间受到人身伤害，属于实习责任保险赔付范围的，由承保保险公司按保险合同赔付标准进行赔付。不属于保险赔付范围或者超出保险赔付额度的部分，由实习单位、职业学校及学生按照实习协议约定承担责任。职业学校和实习单位应当妥善做好救治和善后工作。

第六章　附则

第三十七条　各省、自治区、直辖市教育行政部门应会同人力资源和社会保障等相关部门依据本规定，结合本地区实际制定实施细则或相应的管理制度。

第三十八条　非全日制职业教育、高中后中等职业教育学生实习参照本规定执行。

第三十九条　本规定自发布之日起施行，《中等职业学校学生实习管理办法》（教职成［2007］4 号）同时废止。

教育部关于印发《推进共建“一带一路”教育行动》的通知

教外［2016］46号

各省、自治区、直辖市教育厅（教委），各计划单列市教育局，新疆生产建设兵团教育局，部属各高等学校，部内各司局、各直属单位：

为贯彻落实中办、国办《关于做好新时期教育对外开放工作的若干意见》和国家发展改革委、外交部、商务部经国务院授权发布的《推动共建丝绸之路经济带和21世纪海上丝绸之路的愿景与行动》，我部牵头制订了《推进共建“一带一路”教育行动》，并已经国家教育体制改革领导小组会议审议通过。现印发给你们，请结合实际认真贯彻执行。

教育部

2016年7月13日

推进共建“一带一路”教育行动

推进共建“丝绸之路经济带”和“21世纪海上丝绸之路”（以下简称“一带一路”），为推动区域教育大开放、大交流、大融合提供了大契机。“一带一路”沿线国家教育加强合作、共同行动，既是共建“一带一路”的重要组成部分，又为共建“一带一路”提供人才支撑。中国愿与沿线国家一道，扩大人文交流，加强人才培养，共同开创教育美好明天。

一、教育使命

教育为国家富强、民族繁荣、人民幸福之本，在共建“一带一路”中具有基础性和先导性作用。教育交流为沿线各国民心相通架设桥梁，人才培养为沿线各国政策沟通、设施联通、贸易畅通、资金融通提供支撑。沿线各国唇齿相依，教育交流源远流长，教育合作前景广阔，大家携手发展教育，合力推进共建“一带一路”，是造福沿线各国人民的伟大事业。

中国将一以贯之地坚持教育对外开放，深度融入世界教育改革发展潮流。推进“一带一路”教育共同繁荣，既是加强与沿线各国教育互利合作的需要，也是推进中国教育改革发展的需要，中国愿意在力所能及的范围内承担更多责任义务，为区域教育大发展做出更大的贡献。

二、合作愿景

沿线各国携起手来，增进理解、扩大开放、加强合作、互学互鉴，谋求共同利益、直面共同命运、勇担共同责任，聚力构建“一带一路”教育共同体，形成平等、包容、互惠、活跃的教育合作态势，促进区域教育发展，全面支撑共建“一带一路”，共同致力于：

推进民心相通。开展更大范围、更高水平、更深层次的人文交流，不断推进沿线各国人民相知相亲。

提供人才支撑。培养大批共建“一带一路”急需人才，支持沿线各国实现政策互通、设施联通、贸易畅通、资金融通。

实现共同发展。推动教育深度合作、互学互鉴，携手促进沿线各国教育发展，全面提升区域教育影响力。

三、合作原则

育人为本，人文先行。加强合作育人，提高区域人口素质，为共建“一带一路”提供人才支撑。坚持人文交流先行，建立区域人文交流机制，搭建民心相通桥梁。

政府引导，民间主体。沿线国家政府加强沟通协调，整合多种资源，引导教育融合发展。发挥学校、企业及其他社会力量的主体作用，活跃教育合作局面，丰富教育交流内涵。

共商共建，开放合作。坚持沿线国家共商、共建、共享，推进各国教育发展规划相互衔接，实现沿线各国教育融通发展、互动发展。

和谐包容，互利共赢。加强不同文明之间的对话，寻求教育发展最佳契合点和教育合作最大公约数，促进沿线各国在教育领域互利互惠。

四、合作重点

沿线各国教育特色鲜明、资源丰富、互补性强、合作空间巨大。中国将以基础性、支撑性、引领性三方面举措为建议框架，开展三方面重点合作，对接沿线各国意愿，互鉴先进教育经验，共享优质教育资源，全面推动各国教育提速发展。

（一）开展教育互联互通合作

加强教育政策沟通。开展“一带一路”教育法律、政策协同研究，构建沿线各国教育政策信息交流通报机制，为沿线各国政府推进教育政策互通提供决策建议，为沿线各国学校和社会力量开展教育合作交流提供政策咨询。积极签署双边、多边和次区域教育合作框架协议，制定沿线各国教育合作交流国际公约，逐步疏通教育合作交流政策性瓶颈，实现学分互认、学位互授联授，协力推进教育共同体建设。

助力教育合作渠道畅通。推进“一带一路”国家间签证便利化，扩大教育领域合作交流，形成往来频繁、合作众多、交流活跃、关系密切的携手发展局面。鼓励有合作基础、相同研究课题和发展目标的学校缔结姊妹关系，逐步深化拓展教育合作交流。举办沿线国家校长论坛，推进学校间开展多层次多领域的务实合作。支持高等学校依托学科优势专业，建立产学研用结合的国际合作联合实验室（研究中心）、国际技术转移中心，共同应对经济发展、资源利用、生态保护等沿线各国面临的重大挑战与机遇。打造“一带一路”学术交流平台，吸引各国专家学者、青年学生开展研究和学术交流。推进“一带一路”优质教育资源共享。

促进沿线国家语言互通。研究构建语言互通协调机制，共同开发语言互通开放课程，逐步将沿线国家语言课程纳入各国学校教育课程体系。拓展政府间语言学习交换项目，联合培养、相互培养高层次语言人才。发挥外国语院校人才培养优势，推进基础教育多语种师资队伍建设和外语教育教学工作。扩大语言学习国家公派留学人员规模，倡导沿线各国与中国院校合作在华开办本国语言专业。支持更多社会力量助力孔子学院和孔子课堂建设，加强汉语教师和汉语教学志愿者队伍建设，全力满足沿线国家汉语学习需求。

推进沿线国家民心相通。鼓励沿线国家学者开展或合作开展中国课题研究，增进沿线各国对中国发展模式、国家政策、教育文化等各方面的理解。建设国别和区域研究基地，与对象国合作开展经济、政治、教育、文化等领域研究。逐步将理解教育课程、丝路文化遗产保护纳入沿线各国中小学教育课程体系，加强青少年对不同国家文化的理解。加强“丝绸之路”青少年交流，注重利用社会实践和志愿服务、文化体验、体育竞赛、创新创业活动和新媒体社交等途径，增进不同国家青少年对其他国家文化的理解。

推动学历学位认证标准连通。推动落实联合国教科文组织《亚太地区承认高等教育资历公约》，支持教科文组织建立世界范围学历互认机制，实现区域内双边多边学历学位关联互认。呼吁各国完善教育质量保障体系和认证机制，加快推进本国教育资历框架开发，助力各国学习者在不同种类和不同阶段教育之间进行转换，促进终身学习社会建设。共商共建区域性职业教育资历框架，逐步实现就业市场的从业标准一体化。探索建立沿线各国教师专业发展标准，促进教师流动。

（二）开展人才培养培训合作

实施“丝绸之路”留学推进计划。设立“丝绸之路”中国政府奖学金，为沿线各国专项培养行业领军人才和优秀技能人才。全面提升来华留学人才培养质量，把中国打造成为深受沿线各国学子欢迎的留学目的地国。以国家公派留学为引领，推动更多中国学生到沿线国家留学。坚持“出国留学和来华留学并重、公费留学和自费留学并重、扩大规模和提高质量并重、依法管理和完善服务并重、人才培养和发挥作用并重”，完善全链条的留学人员管理服务体系，保障平安留学、健康留学、成功留学。

实施“丝绸之路”合作办学推进计划。有条件的中国高等学校开展境外办学要集中优势学科，选好合作契合点，做好前期论证工作，构建人才培养模式、运行管理模式、服务当地模式、公共关系模式，使学校顺利落地生根、开花结果。发挥政府引领、行业主导作用，促进高等学校、职业院校与行业企业深化产教融合。鼓励中国优质职业教育配合高铁、电信运营等行业企业走出去，探索开展多种形式的境外合作办学，合作设立职业院校、培训中心，合作开发教学资源和项目，开展多层次职业教育和培训，培养当地急需的各类“一带一路”建设者。整合资源，积极推进与沿线各国在青年就业培训等共同关心领域的务实合作。倡议沿线国家之间开展高水平合作办学。

实施“丝绸之路”师资培训推进计划。开展“丝绸之路”教师培训，加强先进教育经验交流，提升区域教育质量。加强“丝绸之路”教师交流，推动沿线各国校长交流访问、教师及管理人员交流研修，推进优质教育模式在沿线各国互学互鉴。大力推进沿线各国优质教学仪器设备、教材课件和整体教学解决方案输出，跟进教师培训工作，促进沿线各国教育资源和教学水平均衡发展。

实施“丝绸之路”人才联合培养推进计划。推进沿线国家间的研修访学活动。鼓励沿线各国高等学校在语言、交通运输、建筑、医学、能源、环境工程、水利工程、生物科学、海洋科学、生态保护、文化遗产保护等沿线国家发展急需的专业领域联合培养学生，推动联盟内或校际间教育资源共享。

（三）共建丝路合作机制

加强“丝绸之路”人文交流高层磋商。开展沿线国家双边多边人文交流高层磋商，商定“一带一路”教育合作交流总体布局，协调推动沿线各国建立教育双边多边合作机制、教育质量保障协作机制和跨境教育市场监管协作机制，统筹推进“一带一路”教育共同行动。

充分发挥国际合作平台作用。发挥上海合作组织、东亚峰会、亚太经合组织、亚欧会议、亚洲相互协作与信任措施会议、中阿合作论坛、东南亚教育部长组织、中非合作论坛、中巴经济走廊、孟中印缅经济走廊、中蒙俄经济走廊等现有双边多边合作机制作用，增加教育合作的新内涵。借助联合国教科文组织等国际组织力量，推动沿线各国围绕实现世界教育发展目标形成协作机制。充分利用中国—东盟教育交流周、中日韩大学交流合作促进委员会、中阿大学校长论坛、中非高校20+20合作计划、中日大学校长论坛、中韩大学校长论坛、中俄大学联盟等已有平台，开展务实教育合作交流。支持在共同区域、有合作基础、具备相同专业背景的学校组建联盟，不断延展教育务实合作平台。

实施"丝绸之路"教育援助计划。发挥教育援助在"一带一路"教育共同行动中的重要作用，逐步加大教育援助力度，重点投资于人、援助于人、惠及于人。发挥教育援助在"南南合作"中的重要作用，加大对沿线国家尤其是最不发达国家的支持力度。统筹利用国家、教育系统和民间资源，为沿线国家培养培训教师、学者和各类技能人才。积极开展优质教学仪器设备、整体教学方案、配套师资培训一体化援助。加强中国教育培训中心和教育援外基地建设。倡议各国建立政府引导、社会参与的多元化经费筹措机制，通过国家资助、社会融资、民间捐赠等渠道，拓宽教育经费来源，做大教育援助格局，实现教育共同发展。

开展"丝路金驼金帆"表彰工作。对于在"一带一路"教育合作交流和区域教育共同发展中做出杰出贡献、产生重要影响的国际人士、团队和组织给予表彰。

五、中国教育行动起来

中国倡导沿线各国建立教育共同体，聚力推进共建"一带一路"，首先需要中国教育领域和社会各界率先垂范、积极行动。

加强协调推动。加强国内各部门各地方的统筹协调工作，有序开展"一带一路"教育合作交流。推动中国教育治理体系完善、相关法律法规修订和教育综合改革，提升中国开展"一带一路"教育行动的质量和水平。教育部与国家发展改革委、外交部、商务部等部门和全国性行业组织紧密配合，围绕共建"一带一路"大局，寻找合作重点、建立运行保障机制，畅通教育国际合作交流渠道，对接沿线各国教育发展战略规划。

地方重点推进。突出地方推进共建"一带一路"的主体性、支撑性和落地性，要求各地发挥区位优势和地方特色，抓紧制定本地教育和经济携手走出去行动计划，紧密对接国家总体布局。有序与沿线国家地方政府建立"友好省州"、"姊妹城市"关系，做好做实彼此间人文交流。充分利用地方调配资源优势，积极搭建海内外平台，促进校企优势互补、良性合作、共同发展。多措并举，支持指导本地教育系统与"一带一路"沿线国家广泛开展合作交流，打造教育合作交流区域高地，助力做强本地教育。

各级学校有序前行。各级各类学校秉承"己欲立而立人"的中国传统，有序与沿线各国学校扩大合作交流，整合优质资源走出去，选择优质资源引进来，兼容并包、互学互鉴，共同提升教育国际化水平和服务共建"一带一路"能力。中小学校要广泛建立校际合作交流关系，重点开展师生交流、教师培训和国际理解教育。高等学校、职业院校要立足各自发展战略和本地区参与共建"一带一路"规划，与沿线各国开展形式多样的合作交流，重点做好完善现代大学制度、创新人才培养模式、提升来华留学质量、优化境外合作办学、助推企业成长等各项工作的协同发展。

社会力量顺势而行。开展更大范围、更深层次、更高水平的"一带一路"教育民间合作交流，吸纳更多民间智慧、民间力量、民间方案、民间行动。大力培育和发展我国非营利组织，通过购买服务、市场调配等举措，大力支持社会机构和专业组织投身教育对外开放事业，活跃民间教育国际合作交流。加快推动教学仪器和中医诊疗服务走出去步伐，支持企业和个人按照市场规则依法参与中外合作办学、合作科研、涉外服务等教育对外开放活动。企业要积极与学校合作走出去，联合开展人才培养、科技创新和成果转化，积极服务“一带一路”国家经贸发展。

助力形成早期成果。实施高度灵活、富有弹性的合作机制，优先启动各方认可度高、条件成熟的项目，明确时间节点，争取短期内开花结果。2016 年，各省市制定并呈报本地“一带一路”教育行动计划，有序推进教育互联互通、人才培养培训及丝路合作机制建设。2017 年，基于三方面重点合作的沿线各国教育共同行动深入开展。未来 3 年，中国每年面向沿线国家公派留学生 2500 人；未来 5 年，建成 10 个海外科教基地，每年资助 1 万名沿线国家新生来华学习或研修。

六、共创教育美好明天

独行快，众行远。合作交流是沿线各国共建“一带一路”教育共同体的主要方式。通过教育合作交流，培养高素质人才，推进经济社会发展，提高沿线各国人民生活福祉，是我们共同的愿望。通过教育合作交流，扩大人文往来，筑牢地区和平基础，是我们共同的责任。

中国愿与沿线各国一道，秉持开放合作、互利共赢理念，共同构建多元化教育合作机制，制订时间表和路线图，推动弹性化合作进程，打造示范性合作项目，满足各方发展需要，促进共同发展。

中国教育部倡议沿线各国积极行动起来，加强战略规划对接和政策磋商，探索教育合作交流的机制与模式，增进教育合作交流的广度和深度，追求教育合作交流的质量和效益，互知互信、互帮互助、互学互鉴，携手推动教育发展，促进民心相通，构建“一带一路”教育共同体，共创人类美好生活新篇章。

教育部等七部门关于印发《职业学校教师企业实践规定》的通知

教师［2016］3号

各省（自治区、直辖市）教育厅（教委）、国资委、发展改革委、工业和信息化主管部门、财政厅（局）、人力资源和社会保障厅（局）、税务局，新疆生产建设兵团教育局、国资委、发展改革委、工信委、财务局、人力资源和社会保障局：

为贯彻落实全国职业教育工作会议精神以及《国务院关于加快发展现代职业教育的决定》（国发［2014］19号）要求，进一步加强职业学校“双师型”教师队伍建设，促进职业学校教师专业发展，提升教师实践教学水平，特制定《职业学校教师企业实践规定》。现印发给你们，请遵照执行。

执行中如遇问题，请及时反馈。

教育部　国务院国有资产监督管理委员会
国家发展和改革委员会　工业和信息化部　财政部
人力资源和社会保障部　国家税务总局
2016年5月11日

附件

职业学校教师企业实践规定

第一章　总则

第一条　为建设高水平职业教育教师队伍，根据《中华人民共和国职业教育法》、《中华人民共和国教师法》、《国家中长期教育改革和发展规划纲要（2010～2020年）》、《国务院关于加快发展现代职业教育的决定》，制定本规定。

第二条　组织教师企业实践，是加强职业学校“双师型”教师队伍建设，实行工学结合、校企合作人才培养模式，提高职业教育质量的重要举措。企业依法应当接纳职业学校教师进行实践。地方各级人民政府及有关部门、行业组织、职业学校和企业要高度重视，采取切实有效措施，完善相关支持政策，有效推进教师企业实践工作。

第三条　定期到企业实践，是促进职业学校教师专业发展、提升教师实践教学能力的重要形式和有效举措。职业学校应当保障教师定期参加企业实践的权利。各级教育行政部门和职业学校要制定具体办法，不断完善教师定期到企业实践制度。

第二章　内容和形式

第四条　职业学校专业课教师（含实习指导教师）要根据专业特点每5年必须累计不少于6个月到企业或生产服务一线实践，没有企业工作经历的新任教师应先实践再上岗。公共基础课教师也应定期到企业进行考察、调研和学习。

第五条　教师企业实践的主要内容，包括了解企业的生产组织方式、工艺流程、产业发展趋势等基本情况，熟悉企业相关岗位职责、操作规范、技能要求、用人标准、管理制度、企业文化等，学习所教专业在生产实践中应用的新知识、新技术、新工艺、新材料、新设备、新标准等。

第六条　教师企业实践的形式，包括到企业考察观摩、接受企业组织的技能培训、在企业的生产和管理岗位兼职或任职、参与企业产品研发和技术创新等。鼓励探索教师企业实践的多种实现形式。

第七条　教师企业实践要有针对性和实效性。职业学校要会同企业结合教师专业水平制订企业实践方案，根据教师教学实践和教研科研需要，确定教师企业实践的重点内容，解决教学和科研中的实际问题。要将组织教师企业实践与学生实习有机结合、有效对接，安排教师有计划、有针对性地进行企业实践，同时协助企业管理、指导学生实习。企业实践结束后，要及时总结，把企业实践收获转化为教学资源，推动教育教学改革与产业转型升级衔接配套。

第三章　组织与管理

第八条　各地要将教师企业实践工作列为职业教育工作部门联席会议的重要内容，组织教育、发展改革、工业和信息化、财政、人力资源和社会保障等相关部门定期研究，将教师企业实践纳入教师培训规划，加强与行业主管部门和行业组织的沟通与协调，建立健全教师企业实践的激励机制和保障体系，统筹管理和组织实施教师企业实践工作。

第九条　省级教育行政部门负责制订本省（区、市）教师企业实践工作总体规划和管理办法，依托现有资源建立信息化管理平台，制定教师企业实践基地遴选条件及淘汰机制，确定教师企业实践时间折算为教师培训学时（学分）的具体标准，对各地（市）教师企业实践工作进行指导、监督和评估，会同人力资源和社会保障、财政、发展改革等相关部门研究制定支持教师企业实践的政策措施。

第十条　地（市）级教育行政部门负责制订本地区教师企业实践实施细则和鼓励支持政策，建立区域内行业组织、企业与职业学校的沟通、磋商、联动机制，管理和组织实施教师企业实践工作。

第十一条　各行业主管部门和行业组织应积极引导支持行业内企业开展教师企业实践活动，配合教育行政部门、人力资源和社会保障行政部门落实教师企业实践基地，对行业内企业承担教师企业实践任务进行协调、指导与监督。

第十二条　企业应根据自身实际情况发挥接收教师企业实践的主体作用，积极承担教师企业实践任务。承担教师企业实践任务的企业，将其列入企业人力资源部门工作职责，完善教师企业实践工作管理制度和保障机制，并与教育、人力资源和社会保障部门联合制定教师企业实践计划，按照“对口”原则提供技术性岗位（工种），解决教师企业实践必需的办公、生活条件，明确管理责任人和指导人员（师傅），实施过程管理和绩效评估。

第十三条　职业学校要做好本校教师企业实践规划、实施计划、组织管理、考核评价等工作。除组织教师参加教育行政部门统一安排的教师企业实践外，职业学校还应自主组织教师定期到企业实践。

第十四条　教师参加企业实践，要充分发挥自身优势，积极承担企业职工教育与培训、产品研发、技术改造与推广等工作，严格遵守相关法律法规及企业生产、管理、安全、保密、知识产权及专利保护等各方面规定，必要时双方应签订相关协议。

第四章　保障措施

第十五条　建立政府、学校、企业和社会力量各方多渠道筹措经费机制，推动职业学校教师企业实践工作。鼓励引导社会各方通过设立专项基金、捐资赞助等方式支持教师企业实践。

第十六条　教师企业实践所需的设施、设备、工具和劳保用品等，由接收企业按在岗职工岗位标准配置。企业因接收教师实践所实际发生的有关合理支出，按现行税收法律规定在计算应纳税所得额时扣除。

第十七条　鼓励支持具有行业代表性的规模以上企业在接收教师企业实践方面发挥示范作用。

第十八条　国家和省级教育行政部门应会同行业主管部门依托现有资源，遴选一批共享开放的示范性教师企业实践基地，引导职业学校整合校内外企业资源建设具备生产能力的校级教师企业实践基地，逐步建立和完善教师企业实践体系。

第十九条　经学校批准到企业实践的教师，实践期间享受学校在岗人员同等的工资福利待遇，培训费、差旅费及相关费用按各地有关规定支付。教师参加企业实践应根据实际需要办理意外伤害保险。

第五章　考核与奖惩

第二十条　各地要将教师企业实践工作情况纳入对办学主管部门和职业学校的督导考核内容，对于工作成绩突出的基层部门，学校按照国家有关规定给予表彰，并予以鼓励宣传。

第二十一条　省级教育行政部门应会同有关行政部门和行业组织定期对所辖企业的教师企业实践工作进行监督、指导、考核，对工作成绩突出的企业、个人按照国家有关规定予以表彰奖励。采取有效措施，鼓励支持有条件的企业常设一批教师企业实践岗位。

第二十二条　地方各级教育行政部门要会同人力资源和社会保障行政部门建立教师企业实践考核和成绩登记制度，把教师企业实践学时（学分）纳入教师考核内容。引导支持有条件的企业对参加实践的教师进行职业技能鉴定，取得相应职业资格证书。

第二十三条　职业学校要会同企业对教师企业实践情况进行考核，对取得突出成绩、重大成果的教师给予表彰奖励。

第二十四条　教师无正当理由拒不参加企业实践或参加企业实践期间违反有关纪律规定的，所在学校应督促其改正，并视情节给予批评教育；有违法行为的，按照有关规定处理。

第六章　附则

第二十五条　本规定所称职业学校教师指中等职业学校和高等职业学校教师。技工院校教师企业实践有关工作由各级人力资源和社会保障行政部门负责。

第二十六条　本规定所称企业指在各级工商行政管理部门登记注册的各类企业。教师到机关、事业单位、社会团体和组织、境外企业等其他单位或机构实践，参照本规定执行。

第二十七条　本规定由教育部等部门根据职责分工，对本部门职责范围内事项负责解释。

第二十八条　本规定自公布之日起施行。

教育部办公厅关于印发《职业教育专业教学资源库建设资金管理办法》的通知

教财厅函［2016］28 号

各省、自治区、直辖市教育厅（教委）、计划单列市教育局，新疆生产建设兵团教育局：

为加强职业教育专业教学资源库建设资金管理，提高资金使用的规范性、安全性和有效性，助推优质职业教育资源共享，根据国家有关规定，制定了《职业教育专业教学资源库建设资金管理办法》，现予以印发，请遵照执行。

教育部办公厅

2016 年 9 月 13 日

职业教育专业教学资源库建设资金管理办法

第一章　总则

第一条　为加强职业教育专业教学资源库建设资金（以下简称建设资金）管理，提高资金使用的规范性、安全性和有效性，助推优质教育资源共建共享，不断提升专业建设能力，根据国家法律制度规定，结合资源库项目建设实际，特制定本办法。

第二条　建设资金是指通过教育部职业教育专业能力建设专项（以下简称部本专项资金）和项目筹措资金统筹安排，用于优质教育资源开发应用，建设国家级专业教学资源库的资金。部本专项资金属于项目建设补助性资金，有序支持经遴选确定的国家级资源库建设项目，由教育部拨付给项目第一主持单位统筹使用与管理。项目筹措资金可以由项目主持单位举办方或地方财政投入资金、行业企业支持资金以及相关院校自筹资金组成。

第三条　建设资金的使用与管理坚持“统一规划、分级管理、专款专用、专账核算、注重绩效、问效问责”的原则。

教育部负责项目中长期规划、建设资金管理办法的制定和组织实施；负责项目建设任务、资金预算及绩效目标的核定；负责部本专项资金的申请、分配、拨付与监管。

省级教育行政管理部门负责项目的推荐，负责项目建设任务、资金预算和绩效目标的审核；负责建设资金使用与管理的日常监督与检查。

项目实施单位按任务书约定筹措、使用与管理建设资金。项目第一主持单位对建设资金使用与管理的真实性、规范性、安全性和有效性负责。联合主持单位和参与建设单位接受第一主持单位的指导和监督。项目实施单位应当充分利用信息化手段，建立健全单位内部资源库项目建设、财务部门和项目负责人共享的信息平台，提高管理效率和便利化程度，在资源库项目预算编制和调剂、经费使用、财务决算和验收等方面提供专业化服务。

第二章　部本专项资金的分配与拨付

第四条　教育部及时发布年度《职业教育专业教学资源库建设工作指南》，按既定规程，在公开、公平、公正的原则下进行备选项目遴选，充实项目库。根据项目年度预算控制总额，确定部本专项资金支持的项目数量和支持额度，优先支持先进制造业战略性新兴产业、现代服务业以及支柱产业的专业教学资源库建设。有下列情形之一的，不予支持。

（1）主持单位举办方或地方政府投入力度较弱的；

（2）行业企业支持力度较弱的；

（3）不具备补齐项目预算差额能力的；

（4）建设资金管理细则不符合内部控制要求，没有对联合主持单位和参与建设单位资金使用与管理以及合同管理等做出详尽规定的；

（5）绩效目标设定不符合实际的；

（6）预算编制不符合要求的；

（7）使用中央财政支持资金，主持单位近5年或参与建设单位近3年有违规现象的；

（8）建设基础、运行平台等其他不能满足有关方面申报条件的。

第五条　部本专项资金对每个新立项项目的补助基数为500万元，以补助方式支持的升级改进项目的补助基数为新立项的三分之一左右。在此基础上，根据国家扶持政策、建设任务轻重、项目第一主持单位所在地财力情况、预算安排等因素，适当上下浮动。

第六条　部本专项资金拨付采取“一次确定，两年拨付，逐年考核，适度调整”的方式。下拨年度部本专项资金时，同时下达年度项目支出绩效目标。

第三章　建设资金使用与管理

第七条　建设资金使用与管理实行项目第一主持单位负责制，要建立健全内部管理机制，制定科学完善的项目建设资金使用与管理细则，强化制度约束，加强预算控制，规范会计核算与监督，确保专款专用、专账核算。建设资金可以实行统一管理，也可以实行分级管理。

第八条　建设资金主要用于调研论证、素材制作、企业案例收集制作、课程开发、特殊工具软件制作、应用推广等方面的支出，按照经济性质分类，相应在咨询费、印刷费、差旅费、会议费、培训费、专用材料费、委托业务费、其他商品和服务支出、专用设备购置费、信息网络及软件购置更新等会计科目中归集与核算。用于升级改进的建设资金不再用于平台维护和资源导入方面的支出。

第九条　建设资金用于专家咨询、调研论证的费用严格控制在项目预算总额的10%以内；上述“第八条”所列六方面支出以外的“其他支出”原则上不得超出项目预算总额的8%。部本专项资金用于职业教育专业教学资源库建设的直接支出，“专家咨询”“其他”等非直接支出从项目筹措资金中统筹安排，不得使用部本专项资金。

凡应纳入政府采购的支出项目，应当按照政府采购及招投标有关规定执行，否则不得列支。凡使用建设资金取得的资产，均为国有资产，应当按照国有资产管理有关规定统一管理。

第十条　项目实施单位要确保项目预算执行进度，如期完成项目建设任务。年度未支出的专项资金，严格按照国家有关结余结转规定进行管理。

第十一条　严禁将建设资金用于偿还债务、支付利息、缴纳罚款、对外投资、弥补其他建设资金缺口、赞助捐赠等，不得从建设资金中提取工作经费或管理经费。

第四章　预算编制与执行

第十二条　项目第一主持单位是预算编制和执行主体，对预算编制的全面性、完整性、真实性和预算执行及结果负责。

第十三条　预算由收入预算和支出预算组成，坚持目标相关性、政策相符性、经济合理性的编制原则，按照功能分类和经济性质分类编制收支预算。项目预（决）算要纳入单位预（决）算管理。

第十四条　项目总预算要与年度预算相匹配。项目第一主持单位应当按项目实施单位分别设定委托业务绩效目标；要详实说明部本专项资金用于其他资本性支出的预算细目；要反映项目筹措资金来源、承诺情况以及前期建设经费投入情况。升级改进项目须说明项目验收后发生的实际投入情况和申报当年的实际投入情况。编制预算时，不考虑不可预见因素。

第十五条　项目预算须经省级教育行政管理部门组织专家进行审核，教育部确认，并与项目建设《任务书》一并下达。

第十六条　项目总预算一经确定，原则上不予调整。确需调整的，须按程序向项目第一主持单位所在省份教育行政管理部门提出申请，省级教育行政管理部门应在收到申请15个工作日内进行审批，并报教育部备案。预算调整方案应当说明预算调整理由、项目和金额。

第十七条　项目第一主持单位应当加强对预算执行的领导。项目实施单位应当加强对预算收入和支出的管理，共同按照《任务书》的约定，确保预算资金及时足额到位。不得截留、挪用项目预算收入，不得擅自扩大支出范围，不得虚假列支，应当对预算支出情况开展绩效评价。

第十八条　项目第一主持单位每季度应当如实填写《职业教育国家级专业教学资源库建设资金预算执行季报表》，于下一季度5个工作日内报备教育部。

第五章　绩效管理与评价

第十九条　项目实施单位应当参照《中央部门预算绩效目标管理办法》（财预［2015］88号）精神，增强绩效意识，事前绩效设定，事中绩效监控，事后绩效评价，强化绩效目标管理。

第二十条　绩效目标设定要能清晰反映预算资金的预期产出和效果，并以相应的指标予以细化、量化描述，符合“指向明确、细化量化、合理可行、相应匹配”的要求。按照“谁申请资金，谁拟定目标”的工作原则，由项目第一主持单位负责组织填报《职业教育国家级专业教学资源库建设资金项目支出预算目标申报表》。凡没有绩效目标或绩效目标不符合要求的，部本专项资金不予支持。

第二十一条　省级教育行政管理部门按照预算评审流程，对项目支出绩效目标的相关性、完整性、适当性、可行性进行审核；教育部对项目支出绩效目标进行审定。

第二十二条　项目第一主持单位应当紧扣批复的绩效目标，组织预算执行，并对资金运行状况和绩效目标预期实现程度开展绩效监控，及时发现并纠正绩效运行中存在的问题，力保绩效目标如期实现。省级教育行政管理部门对建设资金使用情况开展绩效追踪，积极推进中期绩效评价。

第二十三条　教育部依据中期绩效评价结果和上年度预算执行等情况，对预算执行进度缓慢、绩效不理想、财务管理较差以及不按要求季报的资源库项目，停拨或核减部本专项资金，由此造成的项目建设资金不足部分按立项承诺予以补齐。扣减、追回以及年度考核核减的部本资金可以调节用于升级改进项目建设。

教育部依据已验收资源库项目的绩效评价结果，坚持“注重实效、择优奖励、宁缺毋滥”原则，以补助方式支持内容更新到位、应用效果较好的资源库进行升级改进。

第六章 监督检查

第二十四条 项目实施单位应当加强内部控制，确保内部控制覆盖经济和业务活动全过程，完善监督体系，确保内部控制有效实施，强化对内部权力运行的制约，确保制度健全、执行有力、监督到位。

第二十五条 项目实施单位应当加强项目管理的跟踪与督办，对项目资金使用与管理应当进行不少于一次的中期内部审计。

第二十六条 项目实施单位应当主动接受教育、财政、纪检、监察等部门的检查，依法接受外部审计部门的监督，对发现的问题，应当及时制定整改措施并落实。

第二十七条 建设资金的预算和绩效目标，应按照有关法律法规规定逐步予以公开，接受各方监督。

第二十八条 项目终了，应当聘请具有资质的第三方审计机构对项目进行全面审计，独立发表审议意见，出具项目《审计报告》。联合主持和参与建设单位须向项目第一主持单位提供单位法人代表签字、单位盖章的子项目全部建设资金决算报告（须附明细账及承诺资金的到账证明）、管理与绩效情况的详细说明。第三方审计机构须对子项目建设单位提供的相关资料进行职业判断，并对重大事项支出和认为有必要延伸审计的进行延伸审计。项目第一主持单位须针对项目《审计报告》指出的问题及时整改。子项目资金决算报告、管理与绩效情况和项目主持院校单位负责人签字的整改结果作为审计报告附件一并上报。

第二十九条 逐步推行信用管理制度，探索建立覆盖项目第一主持单位负责人、项目负责人、评估（审）专家、中介机构、联合主持单位、参与建设单位等主体，涵盖项目建设全过程的信用记录制度。对异常现象列入“异常名录”，对挤占、挪用、虚列、套取部本专项资金或建设资金管理严重违反制度规定的单位及责任人，对严重违反专家工作纪律的评估（审）专家，对未能独立客观地发表意见，在评审等有关工作中存在虚假、伪造行为的中介机构，列入“黑名单”，阶段性或永久性取消其申请资金支持或参与项目管理的资格。

第三十条 建立和完善责任追究制度。对于挤占、挪用、虚列、套取部本专项资金的行为按照国家法律法规有关规定进行处理。

第七章 附则

第三十一条 项目第一主持单位应当根据本办法，结合项目建设实际，重点围绕内部控制、联合主持单位和参与建设单位资金使用与管理以及合同管理、资金管理等内容，制定实施细则。

第三十二条 本办法由教育部负责解释，自公布之日起实行。

教育部　财政部关于实施职业院校教师素质提高计划（2017～2020年）的意见

教师［2016］10号

各省、自治区、直辖市教育厅（教委）、财政厅（局），各计划单列市教育局、财政局，新疆生产建设兵团教育局、财务局，全国重点建设职教师资培养培训基地：

为贯彻落实《国务院关于加快发展现代职业教育的决定》（国发［2014］19号）精神，进一步加强职业院校“双师型”教师队伍建设，推动职业教育发展实现新跨越，教育部、财政部决定实施职业院校教师素质提高计划（2017～2020年）。现就计划实施提出如下意见。

一、目标任务

2017～2020年，组织职业院校教师校长分层分类参加国家级培训，带动地方有计划、分步骤实施五年一周期的教师全员培训，提高教师“双师”素质和校长办学治校能力；支持开展中职、高职、应用型高校教师团队研修和协同创新，创建一批中高职教师专业技能创新示范团队；推进教师和企业人员双向交流合作，建立教师到企业实践和企业人才到学校兼职任教常态化机制，通过示范引领、创新机制、重点推进、以点带面，切实提升职业院校教师队伍整体素质和建设水平，加快建成一支师德高尚、素质优良、技艺精湛、结构合理、专兼结合的高素质专业化的“双师型”教师队伍。

二、实施原则

中央引领，地方为主。中央突出示范引领，明确工作重点，加强统筹指导，强化目标管理，带动地方有效实施教师素质提高计划，建立健全教师培训经费投入长效机制。各省（区、市）根据国家要求，做好规划设计、组织安排、体系建设、监管评估，加大经费投入，保障计划有序推进、顺利实施。

对接需求，重点支持。服务精准扶贫、制造强国、区域协同发展等国家战略，统筹优化教师培养培训资源配置，优先支持战略性新兴产业、现代农业、先进制造业、现代服务业及扶贫重点产业等紧缺领域教师培训，倾斜支持农村、边远、贫困、民族及区域经济重点发展地区学校教师队伍建设。

协同创新，注重实效。推动地方政府、高校、职业院校与行业企业（职教集团）建立协同机制，深化区域、校企、校际合作，完善国家级、省级、市级、校级校企共建的教师专业发展支持服务体系，应用“互联网＋”技术创新教师培养培训方式，形成一批教师培养培训示范单位和品牌专业，提升项目实施的针对性和实效性。

规范管理，确保质量。加强管理制度建设，创新工作思路和管理模式，完善竞争择优遴选机制和动态调整机制，吸引行业企业深度参与，建立信息化管理和质量监测系统，强化过程管理、经费监管和绩效考评，切实提高计划的实施质量，确保达到预期的目标效益。

三、计划内容

（一）职业院校教师示范培训

各省（区、市）遴选具备资质条件的职教师资培养培训基地、大中型企业等，采取校企合作、工学交替、线上线下等组织形式，分层分类开展教师示范培训。培训要模块化设置课程，将师德素养、工匠精神、“双创”教育、信息技术等列入培训必修内容，实行集中脱产学习和网络自主化研修相结合，开展训前诊断、训中测评、训后考核，加强教师的师德养成、专业知识更新、实践技能积累和教学能力提升。重点支持新一代信息技术、生物技术、智能制造、节能环保等新兴产业及特色农业、种养业、民族传统工艺等扶贫产业领域教师培训。鼓励支持有条件的地方选派优秀教师校长到国（境）外进修，学习发达国家和地区职业教育理念、教育教学方法手段和先进技术技能。

1. 专业带头人领军能力研修。组织职业院校具有中级以上职称、主持过相关科研教改课题或项目的专业带头人，采取集中面授、返岗实践、再集中面授交替进行的方式，进行为期不少于 4 周的培训，重点提升教师的团队合作能力、应用技术研发与推广能力、课程开发技术、教研科研能力，培养一批具备专业领军水平、能够传帮带培训教学团队的“种子”名师。

2. “双师型”教师专业技能培训。组织职业院校不同层次和基础水平的“双师型”教师，采取集中面授与网络研修相结合的方式，进行不少于 4 周的专项培训，可分阶段。开设专业教学法、课程开发与应用、技术技能实训、教学实践与演练等专题模块，重点提升教师的理实一体教学能力、专业实践技能、信息技术应用能力等“双师”素质。

3. 优秀青年教师跟岗访学。组织职业院校有发展潜力的优秀青年教师到省内外国家级（省级）重点学校、示范学校等优质学校，采取听课观摩、集体备课与案例研讨、参与教科研项目等方式，以“师带徒”模式进行为期不少于 8 周的跟岗访学，通过全面参与培训院校教育教学实践和管理工作，帮助教师更新教育理念，提升教学能力、研究能力和管理能力，解决教育教学中的实际问题。

4. 卓越校长专题研修。分别组织中职和高职国家级（省级）重点学校、示范学校的校长，采取集中面授、名校观摩、跟岗培训、专题研究等相结合的方式，针对新任校长、骨干校长、知名校长分层分类开展不少于 2 周的专题研修。围绕集团化办学、校企合作、现代学徒制、学校治理、中高职衔接、专业设置与建设、教师队伍建设等内容，重点提高校长改革创新意识、决策领导能力、依法办学和治校能力，为各地培养一批具有较高知名度、精通现代学校治理的“教育家”型名校长。

（二）中高职教师素质协同提升

各省（区、市）遴选具备条件的优质职业院校、应用型高校、职教师资培养培训基地作为牵头单位，按照中职、高职、应用型本科不同阶段人才接续培养的要求，组织省域内学校的中等和高等职业教育衔接专业教师开展团队研修和协同创新，打造一批定期研修、协同研究、常态合作的中高职教师专业技能创新示范团队。各省（区、市）要根据区域经济社会发展需求合理确定协同提升的专业群，支持牵头学校整合优势资源，提供工作室或平台运行条件保障，支持主持人有效开展工作。

1. 中高职衔接专业教师协同研修。遴选国家级（省级）中高职示范学校具有教学专长的专业带头人、教学名师等主持建立“双师型”名师工作室，牵头组织区域内学校中高职衔接专业教师，采取集中面授和网络研修相结合的方式，进行为期不少于4周的团队研修。重点开展理实一体课程开发、行动导向的教学实践与演练、教科研交流与项目合作，协同提升教师实践教学能力、科研教研能力、研究协作能力等，共同研究开发中等和高等职业教育人才接续培养课程、教材及数字化资源。

2. 紧缺领域教师技术技能传承创新。面向装备制造、高新技术、传统（民族）技艺等紧缺专业，遴选具备条件的优质职业院校、应用型高校、职教师资培养培训基地建立教师技艺技能传承创新平台，组织具有绝招绝技的技能名师、兼职教师领衔，采取集中面授、项目合作研发相结合的方式，面向区域内中高职教师进行为期不少于4周的技术技能实训。重点开展新技术技能的开发与应用、传统（民族）技艺传承、实习实训资源开发、创新创业教育经验交流，提升教师专业实践操作技能、技术应用与创新能力等。

3. 骨干培训专家团队建设。面向承担计划任务的单位、基地管理人员和专兼职培训者，采取集中面授、网络研修、课题研究相结合的方式，进行为期不少于2周的培训组织实施能力专项研修，提升培训者的培训需求诊断能力、教学设计实施能力、课程与数字化资源开发能力、核心技能创新与推广能力、工作室（平台）主持能力和绩效考核评估能力。

（三）校企人员双向交流合作

各省（区、市）要联合行业组织，遴选、建设教师企业实践基地和兼职教师资源库，将实施教师企业实践和兼职教师聘用有效对接，完善教师定期到企业实践、企业人员到学校兼职任教的校企人才双向交流机制，促进产教深度融合。

1. 选派教师到企业实践。采取考察观摩、技能培训、跟岗实习、顶岗实践、在企业兼职或任职、参与产品技术研发等形式，组织职业院校专业课教师进行为期不少于4周的企业实践。重点学习掌握产业结构转型升级及发展趋势、前沿技术研发、关键技能应用等领域，以及企业的生产组织方式、工艺流程、岗位（工种）职责、操作规范、技能要求、用人标准、管理制度、企业文化、应用技术需求等内容，推进企业实践成果向教学资源转化，结合实践改进教学方法和途径，发掘学校技术服务企业发展的方式和途径。各地要遴选具有代表行业先进水平、有较强影响力、覆盖专业面广的企业，完善校企共建教师企业实践流动岗（工作站）机制，支持企业常设一批教师企业实践岗位。

2. 设立兼职教师特聘岗。重点面向战略性新兴产业、高新技术产业等国家亟需特需专业及技术技能积累、民族文化传承与创新等方面专业，支持职业院校设立一批兼职教师特聘岗位，聘请企业高技能人才、工程管理人员、能工巧匠等到学校任教，兼职教师每人每学期任教时间不少于80学时。各地要建立本地区对接产业、实时更新、动态调整的兼职教师资源库，开展兼职教师教育教学能力岗前培训，支持兼职教师参与“双师型”名师工作室建设、校本研修、产学研合作研究等。各地根据本地区实际需要、行业特点、人力资源成本等，具体确定兼职教师聘用人数和补贴标准。

四、保障措施

（一）明确职责分工。教育部制订计划的管理办法和实施指南，成立专家库，完善信息管理平台，推进优质资源共享共用，组织开展督查评估。中央财政通过现代职业教育质量提升计划专项资金渠道，采取以奖代补方式引导地方加大经费投入力度，提升计划的实施成效。各省（区、市）要将计划纳入本地区教育事业“十三五”发展规划，制订本地区项目实施办法，按年度将规划方案报教育部审核，安排专门机构、专人负责，落实工作经费，做好计划的组织、协调、管理和服务。承担单位要整合优质资源，制订对接需求的实施方案，落实条件、人员与经费保障，开发优质课程资源，做好项目总结和效果评估。

（二）加强体系建设。充分发挥国家职教师资培养培训基地和示范学校的示范引领作用，推进校企共建“双师型”教师培养培训基地和企业实践基地，支持教师培养培训资源匮乏省份与资源丰富省份联合组织实施计划，建立承担单位工作评估和动态调整机制，组建专业化培训专家团队，建成一批教师教育优势特色专业和优质课程资源，推进有条件的基地试点探索教师非学历培训与学历学位教育课程衔接和学分互认，构建完备的教师专业发展支持服务体系。

（三）严格经费管理。各省（区、市）要参照国家关于培训费管理的相关规定及《现代职业教育质量提升计划专项资金管理办法》等文件，规范使用管理中央补助经费，严格界定经费开支范围，控制培训费定额标准，对应纳入政府采购范围的事项实行政府采购。实行经费审计和预决算制度，严禁将中央专项资金用于弥补其他资金缺口，坚决杜绝挤占、挪用、截留、克扣、虚列、冒领等违法违规行为的发生，确保专款专用。落实中央八项规定精神等相关要求，厉行勤俭节约，提高经费使用效益。

（四）开展督导评估。国家和省级教育部门要健全计划的绩效评价和激励制度，完善评价指标体系，采取自我评估、匿名评教、专家抽评、第三方评估等方式开展工作绩效评估，评估结果作为经费分配、任务调整、考核奖励、鼓励宣传的重要依据。建立公示制度，按年度对各地、各承担单位执行情况和工作绩效予以公示，定期开展专项督查。

教育部 财政部

2016年10月28日

教育部关于印发《高等学历继续教育专业设置管理办法》的通知

教职成［2016］7号

各省、自治区、直辖市教育厅（教委）、高等教育自学考试委员会，新疆生产建设兵团教育局，有关部门（单位）教育司（局），部属各高等学校，解放军高等教育自学考试委员会，国家开放大学、考试中心：

为加强对高等学历继续教育专业设置的统筹规划与宏观管理，进一步扩大省级政府教育统筹权和高校办学自主权，促进各类高等学历继续教育健康、有序、协调发展，我部研制了《高等学历继续教育专业设置管理办法》（以下简称《管理办法》）。现将《管理办法》印发给你们，并就有关事项通知如下：

一、各地各高校要认真落实《管理办法》要求，对照现行《普通高等学校本科专业目录》《普通高等学校高等职业教育专科专业目录》和《高等学历继续教育补充专业目录》，对现设的本、专科专业进行梳理、调整和规范。2017年，各地各高校要通过全国高等学历继续教育专业管理和公共信息服务平台做好拟招生专业的申报工作（平台启用事项另行通知），自2018年起，新入学的学生全部按照目录内专业进行招生。按照“老人老办法、新人新办法”的原则，现在籍学生仍按原专业培养至毕业。

二、各地各高校要按照成人学习特点和教学规律，做好专业与课程体系建设，完善人才培养方案，增强人才培养的针对性和适用性，不断提高人才培养质量。

三、高等教育自学考试开考专业相关规定由全国高等教育自学考试指导委员会依据《管理办法》另行发布。

四、《管理办法》是教育部规范高等学历继续教育专业设置的首份文件，对于统一各类高等学历继续教育专业设置管理政策，转变管理方式，明确责任和管理程序，加强信息服务与过程监管具有重要意义。希望各省级教育行政部门、高等教育自学考试委员会要加强领导，认真组织宣传、学习和贯彻工作，确保《管理办法》的顺利实施。

实施过程中的情况和问题请及时报我部职业教育与成人教育司。

教育部

2016年11月18日

高等学历继续教育专业设置管理办法

第一章　总则

第一条　为加强对高等学历继续教育专业设置的统筹规划与宏观管理，促进各类高等学历继续教育健康、有序、协调发展，根据《中华人民共和国高等教育法》、《中华人民共和国行政许可法》、《高等教育自学考试暂行条例》、《国务院对确需保留的行政审批项目设定行政许可的决定》（国务院令第412号）等规定，制定本办法。

第二条　普通本科高校、高等职业学校、开放大学、独立设置成人高等学校（以下简称高校）举办的各类高等学历继续教育专业设置和管理，高等教育自学考试开考专业的管理，适用本办法。

第三条　高校设置高等学历继续教育专业要根据学校自身办学能力，发挥办学优势和特色，主动适应国家战略和经济社会发展需要，坚持终身学习理念，以满足学习者学习发展需求为导向，以学习者职业能力提升为重点，遵循高等教育规律和职业人才成长规律，培养具有较高综合素养、适应职业发展需要、具有创新意识的应用型人才。

第四条　教育部负责高等学历继续教育专业设置、高等教育自学考试开考专业设置的政策制定和宏观管理。

省级教育行政部门负责本行政区域内高校高等学历继续教育专业设置的统筹指导和监管服务。

高校依照相关规定自主设置和调整高等学历继续教育专业。

全国高等教育自学考试指导委员会（以下简称全国考委）负责制订高等教育自学考试开考专业清单和基本规范。

受教育部委托，国家行业主管部门、行业组织负责对本行业领域相关高等学历继续教育专业设置进行指导。

第五条　教育部组织设立高等学历继续教育专业设置评议专家组织。省级教育行政部门、高校设立相应的专业设置评议专家组织，或在现有专家组织中增加高等学历继续教育专业设置评议职能。充分发挥专家组织在高等学历继续教育专业设置、建设、监督与评估方面的政策研究、论证审议和决策咨询作用。

第六条　教育部建立全国高等学历继续教育专业管理和公共信息服务平台（以下简称信息平台），对高等学历继续教育专业设置实行全程信息化管理与服务。

第二章　专业目录

第七条　高等学历继续教育本、专科专业目录由《普通高等学校本科专业目录》《普通高等学校高等职业教育专科专业目录》和《高等学历继续教育补充专业目录》（见附件）组成。《高等学历继续教育补充专业目录》由教育部制定、发布，适时调整，实行动态管理。

第八条　全国考委、国家行业主管部门、行业组织、开放大学和独立设置的成人高校可对《高等学历继续教育补充专业目录》提出增补专业的建议。材料内容包括：相关行业（职业）人才需求报告、专业设置必要性和可行性论证报告、专业简介等。省级教育行政部门对本行政区域内高校提出的增补专业建议进行评议汇总，于每年 11 月 30 日前上报信息平台。全国考委、国家行业主管部门、行业组织可直接向教育部提交建议材料。教育部组织专家确定增补、撤销或更名的专业名单，适时向社会发布。

第九条　高等学历继续教育国家控制专业为现行《普通高等学校本科专业目录》、《普通高等学校高等职业教育专科专业目录》中已经明确的国家控制专业。

第三章　专业设置的基本条件和程序

第十条　高校设置高等学历继续教育专业，应同时具备以下基本条件：

（一）符合学校的办学定位和发展规划。

（二）适应经济社会发展和产业结构调整需要，满足学习者多样化终身学习需求。

（三）有科学、规范、完整的专业人才培养方案及其所必需的教师队伍及教学辅助人员。

（四）具备开办专业所必需的经费、教学设施、图书资料或数字化学习资源、仪器设备、实习实训场所等办学条件，有保障专业可持续发展的相关制度和必要措施。

第十一条　普通本科高校、高等职业学校须在本校已开设的全日制教育本、专科专业范围内设置高等学历继续教育本、专科专业，并可根据社会需求设置专业方向，但专业方向名称不能与高等学历继续教育本、专科专业目录中已有专业名称相同，不能涉及国家控制专业对应的相关行业。具体程序为：

（一）各高校通过信息平台填报当年拟招生专业及相关信息。

（二）省级教育行政部门统筹汇总本行政区域内高校提交的专业信息，并通过信息平台提交教育部。

（三）教育部对各地上报的专业信息进行汇总并向社会公布。

第十二条　开放大学和独立设置的成人高校根据自身办学条件可在高等学历继续教育本、专科专业目录中设置高等学历继续教育专业，并可根据社会需求设置专业方向，具体要求同第十一条。具体程序为：

（一）对于拟设置的新专业，学校要组织校内有关专业设置评议专家组进行审议，通过信息平台提交人才需求报告、专业论证报告和人才培养方案等申请材料。信息平台将面向社会公示一个月，学校官方网站应同步公示。公示期满后，学校对公示期间收到的意见进行研究处理，及时将意见处理情况及修改后的申请材料提交信息平台。

（二）对于已开设的专业，各校通过信息平台填报当年拟招生专业及相关信息。

（三）省级教育行政部门根据本省（区、市）实际，对本行政区域内开放大学和独立设置的成人高校提交的新设专业申请材料和当年拟招生专业信息进行统筹汇总，通过信息平台提交教育部。

（四）教育部对各地上报的专业信息进行汇总并向社会公布。

第十三条　开放大学和独立设置的成人高校设置高等学历继续教育国家控制专业，具体程序为：

（一）学校通过信息平台填报当年拟招生国家控制专业及相关信息。

（二）省级教育行政部门在取得相关行业主管部门意见后，将本省（区、市）内拟新设国家控制专业的申请材料报送教育部。

（三）教育部按照现有国家控制专业审批办法管理。

第十四条　各类高校拟招生专业及相关信息须于当年 1 月 31 日前通过信息平台填报；省级教育行政部门对本行政区域内各类高校提交的专业信息统筹汇总后，须于当年 3 月 31 日前通过信息平台提交教育部；教育部对各地上报的专业信息进行汇总，于当年 5 月 31 日前向社会公布专业备案或审批结果。

第十五条　全国考委在高等学历继续教育本、专科专业目录范围内，确定高等教育自学考试开考专业清单，制订相应专业基本规范，并于当年 5 月 31 日前通过信息平台公布。各省（区、市）高等教育自学考试委员会、军队高等教育自学考试委员会在清单范围内选择开考专业。

第四章　监督与评估

第十六条　教育部和全国考委将充分运用信息平台监测高等学历继续教育专业设置的工作运

行，全面掌握专业设置整体情况和动态信息，及时公布全国高等学历继续教育专业设置和调整情况。推动建立教育行政部门、行业组织、第三方机构、高校等多方参与的监管制度和评价机制。

第十七条　省级教育行政部门要充分运用信息平台掌握本行政区域内的高校继续教育专业设置情况，制订高等学历继续教育专业检查和评估办法，加强对高校高等学历继续教育专业建设的监督与评估，评估结果作为该专业继续招生、暂停招生的依据。对存在人才培养定位不适应社会需求、办学条件严重不足、教学（考试）管理严重不规范、教育质量低下等情况，省级教育行政部门要视情节责令有关高校对相应专业进行限期整改，完成整改前，该专业暂停招生，且高校不得设置新专业；情节严重且拒不整改的，省级教育行政部门应建议高校主管部门停止该专业招生。

第十八条　对未按本办法设置的高等学历继续教育专业，高校不得进行宣传和组织招生。对违反本办法擅自设置专业或经查实申请材料弄虚作假的高校，教育部和省级教育行政部门将予以公开通报批评并责令整改，情节严重的，三年内不得增设高等学历继续教育专业。

第十九条　高校应加强高等学历继续教育专业建设，建立和完善自我评价机制。鼓励引入专门机构或社会第三方机构对学校高等学历继续教育专业办学水平和质量进行评估及认证。

第五章　附则

第二十条　全国考委、省级教育行政部门依据本办法制订实施细则，报教育部备案后实施。

第二十一条　本办法自发布之日起实施。

人力资源和社会保障部关于印发技工教育“十三五”规划的通知

人社部发［2016］121号

各省、自治区、直辖市及新疆生产建设兵团人力资源和社会保障厅（局）：

为贯彻落实《国务院关于加快发展现代职业教育的决定》（国发［2014］19号）精神，加快推进技工教育改革创新发展，根据《人力资源和社会保障事业发展“十三五”规划纲要》要求，我部组织制定了《技工教育“十三五”规划》。现印发给你们，请结合实际认真贯彻执行。

人力资源和社会保障部

2016年12月9日

技工教育“十三五”规划

技工教育是国民教育体系和人力资源开发的重要组成部分，承担着为经济社会发展培养高素质技能人才的重要任务。根据《人力资源和社会保障事业发展“十三五”规划纲要》提出的“制定技工教育‘十三五’规划”要求，特制定本规划。

一、规划背景

（一）发展现状

“十二五”时期，各级人力资源和社会保障部门贯彻国家加快发展现代职业教育的总体要求，推动技工院校改革发展，为经济社会发展提供了强有力的技能人才支撑。一是总体规模基本稳定。全国技工院校保持在2500所以上，年招生保持在120万人以上，在校生保持在300万人以上，职业培训保持在500万人次左右。二是政策环境不断优化。党中央、国务院出台加强职业培训促进就业、建立现代职业教育体系、加强高技能人才队伍建设等政策，各级人力资源和社会保障部门出台推进技工院校改革发展的政策措施，在落实生均拨款、改善教师和毕业生待遇等方面取得积极进展，营造了良好的发展环境。三是投入力度不断加大。通过实施中职基础能力建设、中职示范校建设、现代职业教育质量提升计划、国家高技能人才培训基地建设等项目，中央财政累计投入近70亿元，带动各地加大投入，提升了技工院校整体实力。四是办学质量明显提高。大力推进工学一体化课程教学改革，创新技能人才培养模式，突出能力培养，提高了技工院校教学水平和培养质量，就业率保持在97%以上。五是技能竞赛取得突破。积极参加各级各类职业技能竞赛，以赛促教、以赛促学，推动优秀技能人才培养和选拔。以技工院校师生为主体的中国代表团参加三届世界技能大赛，取得优异成绩，实现金牌零的突破。六是社会影响逐步扩大。通过组织开展职业教育活动周、全国技工院校招生宣传、“走基层、技校行”等活动，提升了技工教育社会影响力。

（二）存在问题

近年来技工教育事业取得明显进展，但仍然存在一些突出问题：全社会对技工教育的重视程度和支持力度有待进一步加强；法律和政策环境有待进一步优化，招生、生均拨款、教师和毕业生待遇政策有待进一步完善落实；技工教育投入不足，学校建设和设备设施完善仍需加大资金投入；不同区域、不同院校的发展水平差异较大，优质高端教育资源不足；生源减少，同类院校竞争加剧，稳定招生规模的压力加大；提高生源质量、提高社会服务能力、提升技工教育社会认可度的任务依然艰巨；技工院校规范化、科学化管理水平有待提升，专业建设、教学改革、师资培养、内部管理等内涵发展需要进一步加强。

（三）面临形势

“十三五”时期是全面建成小康社会决胜阶段，机遇与挑战并存，动力与压力同在。一是党和国家高度重视职业教育和技能人才工作，为技工教育事业发展指明了方向。党和国家领导人多次作出重要指示，要求各级党委和政府要把加快发展现代职业教育摆在更加突出的位置，努力培养数以亿计的高素质劳动者和技术技能人才，培育精益求精的工匠精神，指明了技工教育事业发展方向。二是经济社会发展对技能人才的强劲需求，为技工教育事业拓展了发展空间。我国经济发展步入新常态，加强供给侧结构性改革，对提升人力资本素质提出了新的要求，实施创新驱动发展战略、人才强国战略、就业优先战略，发展壮大战略性新兴产业，改造提升传统制造业，大力发展现代服务业等，都对技能人才的规模、结构、素质提出了更高的要求。三是职业能力建设事业大发展，为推进技工教育创造了有利条件。“十三五”期间，建设以全面提高劳动者素质为目标，以加快高技能人才队伍建设和促进就业创业为重点的技能人才培养培训、评价使用、竞赛选拔、表彰激励、法律政策和宣传引导六大工作体系，推行终身职业技能培训制度，必须以加快发展技工教育为重要依托，同时，也为技工教育事业发展创造了更为有利的条件。

二、总体要求

（一）指导思想

全面贯彻党的十八大和十八届三中、四中、五中、六中全会精神，深入贯彻习近平总书记重要讲话精神，按照“五位一体”总体布局和“四个全面”战略布局，牢固树立创新、协调、绿色、开放、共享的发展理念，按照党中央、国务院决策部署，以立德树人和培育工匠精神为根本，坚持提高质量、促进就业、服务发展，以培养综合职业能力为核心，深入贯彻“高端引领、校企合作、多元办学、内涵发展”办学理念，围绕职业能力建设六大工作体系建设，构建与经济社会发展相适应的现代技工教育体系，着力培养德智体美劳全面发展的后备产业工人和高技能人才，为全面建成小康社会、实现技能强国目标提供有力支撑。

（二）基本原则

1. 坚持统筹规划。明确人力资源和社会保障部门对技工教育的综合管理职责和技工院校举办单位的管理职责，建立政府规范管理、学校自主办学、社会评价办学质量的技工教育管办评制度。以服务区域经济发展为立足点，合理规划各级各类技工院校布局，形成类型梯次比例适当、专业结构均衡合理的技工教育发展新格局。

2. 坚持就业导向。从经济社会发展和就业创业对技能人才的多样化需求出发，推进技工院校专业设置与产业需求对接、课程内容与职业标准对接、教学过程与工作过程对接，推广“校企双制、工学一体”办学模式，促进技能就业、技能成才。

3. 坚持内涵发展。围绕“十三五”期间技工教育改革发展目标和重点任务，在扩展规模、强化基础、改善办学条件的同时，全面加强校企合作、专业建设、课程改革、师资培养、职业培训、质量评价、内部管理等内涵建设，实现规模和质量的同步提升，推进技工教育转型发展。

4. 培育工匠精神。把培育工匠精神作为技工院校重点教学内容，融入公共课程、专业教学、实习实训、就业指导和考核鉴定体系，贯穿技工教育全过程，使弘扬和传承工匠精神成为技工教育的鲜明特征。

（三）发展目标

到“十三五”末期，基本形成办学规模适合市场需求，专业结构适应产业发展，校企融合贯穿办学过程，教学改革实现工学结合，实习实训与工作岗位紧密衔接，技能人才培养层次规模与经济社会发展更加匹配，社会服务功能更加健全的现代技工教育体系。

1. 布局更加合理。技工院校区域发展布局更加均衡，优质技工院校数量和全国在校生规模稳中有升，技工学校、高级技工学校、技师学院结构比例更趋合理，技师学院数量达到450所左右。技工院校学制教育规模达到350万人。

2. 功能更加健全。增强技工院校社会服务功能，积极承担职业培训、企业新型学徒培养、就业创业指导、技师研修、技术攻关与交流、人才评价、技能竞赛、脱贫攻坚、国际交流合作等任务。技工院校每年开展职业培训保持在500万人次以上。

3. 管理更加规范。人力资源和社会保障部门等主管主办单位对技工教育的管理与服务职能进一步增强，技工院校内部管理机制不断完善，办学自主权进一步扩大，学制、学籍、资助、教材、督导评估等规范化、科学化管理水平进一步提高。

4. 质量持续提升。专业建设、教学改革、教研科研、师资培养、质量评价、信息化建设等取得突出成果，办学质量和技能人才培养水平大幅提升，一流院校、一流专业建设取得积极成果。毕业生就业率保持在97%以上，毕业生就业质量和用人单位满意度保持在较高水平。

5. 特色更加鲜明。坚持校企合作、高端培养和标准化发展等技工院校办学特色。力争实现全国技工院校90%以上的专业实行校企合作培养模式，高级工班以上在校生力争达到40%，开发完成50个左右技工院校主体专业国家技能人才培养标准和一体化课程规范。

6. 环境更加优化。技工院校法律和政策环境逐步改善，资金项目支持力度加大，院校地位及师生待遇逐步提高，努力实现与同类职业院校同等标准。加强法制宣传教育。技工教育影响力进一步扩大，发展环境不断优化，社会认可度不断提高。

专栏1：“十三五”时期主要指标

指标	2015年	2020年
1. 技工院校数（所）	2545	>2000
2. 技师学院数（所）	434	450
3. 年招生规模（万人）	121	125
4. 在校生规模（万人）	322	350
5. 高级工班以上在校生比例（%）	34.2	40
6. 毕业生就业率（%）	97.4	>97
7. 开展职业培训（万人次）	[2589]	[>2800]
8. 开发技工院校国家级教材（种）	[1300]	[1500]
9. 一体化课程教学改革专业数（个）	14	50
10. 技工院校校园网覆盖率（%）	—	100

注：[　] 内为五年累计数。

三、优化技工教育布局

（一）统筹区域发展布局

各级人力资源和社会保障部门根据国家和区域产业发展实际，合理规划技工院校及专业布局。支持东部地区技工院校提升办学规模，壮大发展实力，建设更多一流院校。支持中西部地区地级以上城市和有条件的市（县）通过新建、依托现有职业培训学校改建等方式，举办技工院校，逐步拓展办学规模。支持贫困地区、革命老区、民族地区、边疆地区加强与发达地区合作，大力发展技工教育。鼓励统筹区域资源，通过组建技工教育集团、高技能人才培养联盟等形式，打造技工教育“常青藤”。

（二）优化技工院校结构

支持各地加大资源整合力度，扶优汰劣，壮大优质技工教育资源，大力发展技师学院。支持其他职业院校和培训机构向技工院校转型，支持技师学院举办分校（院）。鼓励优质资源投资技工教育，支持民办技工院校发展，探索发展股份制、混合所有制技工院校。发挥企业重要办学主体作用，支持企业直接举办或参与举办技工院校，保障国有企业办学与公办学校享有同等待遇。对于确需移交的行业企业办技工院校，各级人力资源和社会保障部门应做好接管工作。技工院校举办单位要加强对学校的人、财、物和基本建设的管理和服务。

（三）稳定学制教育规模

发挥人力资源和社会保障部门职能优势，支持技工院校到初高中校园开展招生宣传活动，利用基层劳动保障平台和公共就业服务机构，建立技工院校招生信息员队伍。拓宽招生渠道，鼓励技工院校探索高级工班和预备技师（技师）班招收中级工班学生的内部招生、面向往届初高中毕业生和企业在岗职工等群体的社会招生、与扶贫部门合作招收贫困家庭子女的扶贫招生、与企业合作开设订单班等校企合作招生、经济欠发达地区与发达地区合作招生、与初高中合作面向初三和高三学生提前分流招生、与高等院校合作招生、与国外职业院校联合培养的国际招生等方式，创新开展招生工作。杜绝违规招生、恶性竞争、虚假宣传、欺骗误导学生等不良行为。

四、增强技工教育社会服务能力

（一）服务就业创业

推动技工院校面向农民工、企业职工和转岗失业人员、高校毕业生等群体，积极开展就业技能培训、岗位技能提升培训和创业培训。加强职业训练院建设，推行职业培训包和企业新型学徒制度，促进职业培训有大的发展、质的提升。支持技工院校建立创业孵化基地和众创空间。

（二）服务技能人才发展

鼓励和支持技工院校通过设立弹性学制等形式，满足在职人员通过技工教育获得技能提升和职业发展的需求。鼓励和支持技工院校面向技能人才开展理论进修、知识更新和职业技能提升服务，开设技师研修班，开展技能大师交流研讨，积极参与技能人才评价和职业技能竞赛等活动。鼓励面向未就业高校毕业生开展技工教育和职业培训，提升高校毕业生岗位工作技能。

（三）服务脱贫攻坚

发挥技工院校优势，贯彻精准扶贫、精准脱贫基本方略，实施技工教育援助计划，支持贫困家庭子女接受技工教育和职业培训，使其掌握一技之长，走技能成才之路，实现“培训一人、就业一人、脱贫一户”的目标。加大对贫困地区、边疆地区的帮扶力度。

专栏 2：技工教育援助计划

1. 实施技能脱贫千校行动。面向建档立卡贫困家庭应、往届“两后生”开展免费技工教育和职业培训。

2. 开展技工教育帮扶行动。组织 19 个援疆省份对口支援新疆技工院校建设。组织援藏省份支持西藏建设好技师学院。

3. 做好技工教育定点扶贫工作。强化对口帮扶，人力资源和社会保障部重点支持金寨县、天镇县技工院校建设，各地人力资源和社会保障部门加大对定点扶贫帮扶地区技工院校的支持。

（四）强化国际交流合作

坚持“引进来”与“走出去”并重，提高技工教育国际交流合作水平。加大对外开放力度，借鉴国外先进理念和培养模式，积极与国外知名行业协会和院校合作，引进国外专业课程体系。构建技工院校学生出国（境）短训、出国留学和校长教师海外培训的渠道。积极参与制定相关国际人才培养标准，提高我国技工教育的国际影响力。配合国家“一带一路”战略，扩大与“一带一路”沿线国家的技工教育合作。探索对发展中国家开展技工教育和技能培训援助，支持优质技工院校取得接收国外留学生资质，招收并培养外籍学生。

五、规范技工院校管理

（一）规范技工院校内部管理

落实技工院校在人事管理、教师评聘、收入分配等方面的办学自主权。减少对学校办学行为的行政干预，支持学校建立并完善更加适应技能人才培养特色的办学制度，建立科学的组织机构和运行机制，推动学校管理规范化、科学化、现代化。建立健全学校教职工管理、教学管理、学生管理、招生管理与就业服务、资产及后勤管理、财务管理、安全管理等内部管理制度。规范校办企业管理，明晰产权归属、治理结构，加强财务监管，强化支持教学活动的功能。

（二）规范技工院校学制

技工院校招收初中毕业生，培养中级工、高级工、预备技师的学制教育期限分别为 3 年、5 年、6 年。高级技工学校、技师学院招收高中毕业生，培养高级工、预备技师的学制教育期限分别为 3 年、4 年。高级技工学校、技师学院招收对口专业中等职业学校（包括技工学校）达到中级技能水平学生，培养高级工、预备技师的学制教育期限分别为 2 年、3 年。技师学院招收达到高级技能水平学生，培养预备技师、技师的学制教育期限分别不少于 1 年、2 年。技工院校中级工班、高级工班、预备技师（技师）班毕业生分别按相当于中专、大专、本科学历落实相关待遇。

（三）规范学生学籍管理

制定技工院校学生学籍管理办法，实行全日制学制教育学籍和非全日制学制教育学籍分类注册、分别管理的制度，明确学籍管理部门和工作人员岗位职责。完善全日制学制教育学籍注册和日常管理工作流程，明确非全日制学制教育的对象范围、学制形式、考试考核等内容。重点加强对联合办学、校外办学、一校多牌、一校多区等办学形式的学籍监督管理。全面应用“全国技工院校电子注册和统计信息管理系统”，不断完善全国技工院校毕业证书查询系统。

（四）规范学生资助管理

建立全国、省、市和学校四级技工院校学生资助管理工作体系，健全学生资助管理机构，明确机构职责，加强人员配备。完善资助管理制度，规范工作流程，强化过程监管，确保政策落实。落实“逐级审核负责制”和“校长负责制”，严格执行责任追究制。建立工作常态化、形式多样化、实施主体多元化的监管工作机制，确保资助资金安全。

（五）规范技工院校督导评估

制定国家示范和重点技工院校评估细则，组织开展国家示范和重点技工院校评估工作。建立技工院校督导员队伍，发挥其在办学水平评估和办学过程督导中的作用。建立技工院校发展年度报告和技工院校毕业生年度就业质量报告发布制度。鼓励第三方机构开展技工院校办学水平评估工作。

六、提高技工教育质量

（一）加强专业建设

按照“中国制造 2025”等国家发展战略和市场需求，支持和引导全国技工院校举办先进制造业、现代服务业、战略性新兴产业、现代农业和传统工艺技艺领域的专业，重点支持各地技工院校建设一批与当地主导产业发展相匹配的特色专业。建立具有技工教育特色的专业目录并实行动态调整机制，规范技工院校专业设置，确保专业质量。

（二）加强教材建设

认真执行部颁教学计划和教学大纲（课程标准），国家课程教材必须在国家公布的教材目录中选用。加强教材使用情况检查督导，对使用规范的予以表扬，对使用不规范的提出整改意见，对使用盗版教材的坚决查处。积极运用互联网平台推广应用数字化教学资源。发挥好人力资源和社会保障部职业培训教材工作委员会作用，“十三五”期间，组织开发 1500 种技工教育国家级教材。

（三）加强科研教研

加强各级技工教育科研教研机构和队伍建设，组建技工教育专家咨询委员会，建设好技工教育课程研究中心。支持各地围绕技工院校学校管理、教学改革、质量评价、专业建设、师资建设、学生管理、技能竞赛、校企合作等重点领域，开展科研活动。按照国家有关规定组织开展技工教育优秀科研成果评选奖励活动。全面推进一体化教学改革。进一步扩大试点专业范围，到 2020 年，力争在 50 个左右主体专业开展一体化课程教学，一体化课程覆盖全国技工院校 70% 以上的在校生。

（四）加强师资建设

支持技工院校按有关规定，面向具有一线工作经验的企业工程技术人员、高技能人才自主公开招聘专业课和生产实习指导教师，重点考察应聘者职业技能、专业知识和实际授课水平。落实技工院校聘请高技能人才担任兼职教师的政策，支持教师到企业实践交流、参与技术革新。推进技工院校教师职称制度改革，在技工院校教师职称系列中增设正高级职称。实施技工院校师资能力提升计划。鼓励技工院校教师参加各级各类职业技能竞赛活动。组织推荐技工院校优秀高技能人才享受国务院政府特殊津贴。按照国家有关规定，对技工院校优秀教师和教育工作者进行表彰。

专栏 3：技工院校师资能力提升计划

1. 加强培训基地建设。建设一批全国技工院校师资研修中心，重点开展一体化师资培训。支持各地建立技工院校师资培训基地。

2. 落实师资轮训制度。国家、省、市三级人力资源和社会保障部门实施技工院校教师培训项目，到 2020 年，力争技工院校教师轮训一遍。

3. 组织教师企业实践。落实技工院校教师企业实践相关要求，确保专业课教师根据专业特点每 5 年必须累计不少于 6 个月到企业或生产服务一线实践。

（五）加强信息化建设

建设全国技工教育网，打造技工教育政策和招生宣传平台、校企合作平台、在线课程平台、教师在线培训平台、毕业生就业服务平台。全面加强技工院校信息化建设，提高课程教学质量和内部管理水平，丰富多元办学内容和手段，提升教学、招生、学籍管理、后勤服务、内部管理、就业服务等方面的信息化管理水平。到 2020 年，技工院校 100% 建立校园网。

七、增强技工教育特色

（一）坚持校企合作特色

坚持校企合作基本办学制度，建立政府部门、行业企业、技工院校合作机制，强化保障机制，完善政策措施，形成校企利益共同体，实现校企共同招生招工、共商专业规划、共议课程开发、共组师资队伍、共创培养模式、共建实习基地、共搭管理平台、共评培养质量的目标。积极培育校企合作典型。鼓励探索集团化办学、校企股份制合作、自主经营生产、租赁承包、前厂后校等多种校企合作模式，做到校中有企、企中有校。

（二）坚持高端培养特色

支持技工院校扩大高级工以上培养层次的在校生规模，加强一流院校、一流专业建设，发挥世界技能大赛高端引领作用，扩大技师培养试点。鼓励技工院校与企业通过共建技能大师工作室、组织技师研修、联合开展科技攻关和技术革新项目等方式，与企业合作培养培训高技能人才。组织中华技能大奖获得者、全国技术能手、技能大师工作室负责人、世赛国赛金牌选手进技校，作指导教师，发挥优秀技能人才在技工院校人才培养中的作用。

专栏 4：技工教育高端引领计划

1. “双一流”建设行动。重点建设 100 所国家级示范性技师学院，200 所国家级重点技师学院和高级技工学校，打造一流技工院校。支持每所技师学院建设 3 ~ 5 个、每所高级技工学校建设 2 ~ 3 个一流专业。

2. 世界技能大赛引领行动。主要依托优质技工院校建设世界技能大赛集训基地，促进技工教育与世界先进标准对接。

3. 新技师培养行动。支持技工院校承担技师培训项目，探索不同的技师培养路径。支持符合条件的技师学院开展学制教育培养技师试点，到 2020 年，力争每所国家级示范性技师学院有 1 ~ 3 个专业开展技师学制教育。

（三）坚持标准化发展特色

根据国家职业分类大典和技工院校专业目录，按照国家职业标准和企业岗位规范等，开发完成 50 个左右技工院校主体专业国家技能人才培养标准和一体化课程规范，形成国家技能人才培养标准化发展体系。根据职业资格目录清单和职业技能鉴定工作总体部署，研究制定技工院校毕业生参加职业资格、职业技能等级考核评价的办法，完善“双证书”制度。

八、优化技工教育发展环境

（一）加大政策支持

推动职业教育法修订和职业技能开发法立法等法治建设工作，支持有条件的地方开展立法工作，促进技工教育在国民教育体系中享有公平地位。修订技工院校工作条例，出台教师职称、学籍管理、弹性学制、毕业生学历待遇等方面的政策措施，落实好生均经费、国家助学金、免学费、扶贫资助等政策，创造公平发展环境。

（二）加大资金支持

各级人力资源和社会保障部门要积极协调发改、财政等部门，建立和完善与办学规模和培养要求相适应的技工院校财政投入制度，明确各层次技工院校比照同层次职业院校标准落实生均经费、公用经费和地方教育附加费，争取对技工教育改革发展重点项目和重点工作给予专项资金支持，争取就业补助资金、扶贫资金、人才工作经费对技工教育的支持。鼓励有条件的地区设立技工教育专项资金，用于技工院校基础设施建设、专业建设、课程改革、师资培训、教研科研、信息化建设、招生宣传等工作。

（三）加大项目支持

深入实施国家高技能人才振兴计划，支持技工院校建立高技能人才培训基地和技能大师工作室，承担技师培训项目。支持在技工院校开展产教融合、公共实训基地、世界技能大赛集训基地等项目建设，改善技工院校办学条件。积极协调财政等部门，落实现代职业教育质量提升计划对技工院校的支持。鼓励各地实施相关建设项目，重点支持各级各类技工院校均衡发展。

（四）加大宣传力度

深入开展技工院校招生宣传、“技能中国行”和“走基层、技校行”等主题宣传。结合世界青年技能日、职业教育活动周、高技能人才评选表彰、中国技能大赛、世界技能大赛等重点工作，做好集中宣传。依托“技能中国”、“世赛中国”微信公众号等新媒体以及技工院校自媒体，做好日常宣传。组织开展校园开放日、优秀校友见面会、技能大师进校园、技工院校进企业社区、技工院校普法宣传等活动，积极组织参与“中国大能手”等大型职业技能竞技节目，树立院校形象，打造技能明星，扩大社会影响。

九、组织实施

（一）加强组织领导

各级人力资源和社会保障部门要高度重视本规划的实施，主要领导要亲自牵头组织落实，主管领导要抓好具体工作。各地要按照本规划要求，结合地区实际，制定落实具体的工作方案和行动计划，将规划目标任务分解落实到具体工作部门和单位，明确目标、责任、时限、进度，确保规划落实。

（二）加强统筹协调

各级人力资源和社会保障部门要将推进技工教育事业发展纳入本地区经济社会发展的总体规划，注重衔接，协调推进。要加强与编制、发改、财政、教育等部门的协调，整合人社系统资源优势，形成各相关部门分工合作、全社会共同推动技工教育创新发展的局面。

（三）加强监测评估

强化各级人力资源和社会保障部门主体责任，将规划实施情况纳入人力资源和社会保障系统绩效考核体系。建立规划实施情况监测、评估和绩效考核机制，加强监测评估能力建设，强化对规划实施情况的跟踪分析，定期组织开展技工教育督导检查工作，及时研究解决新问题，总结推广新经验。

教育部　财政部关于实施职业院校教师素质提高计划（2017～2020年）的意见

教师［2016］10号

各省、自治区、直辖市教育厅（教委）、财政厅（局），各计划单列市教育局、财政局，新疆生产建设兵团教育局、财务局，全国重点建设职教师资培养培训基地：

为贯彻落实《国务院关于加快发展现代职业教育的决定》（国发［2014］19号）精神，进一步加强职业院校“双师型”教师队伍建设，推动职业教育发展实现新跨越，教育部、财政部决定实施职业院校教师素质提高计划（2017～2020年）。现就计划实施提出如下意见。

一、目标任务

2017～2020年，组织职业院校教师校长分层分类参加国家级培训，带动地方有计划、分步骤实施五年一周期的教师全员培训，提高教师“双师”素质和校长办学治校能力；支持开展中职、高职、应用型高校教师团队研修和协同创新，创建一批中高职教师专业技能创新示范团队；推进教师和企业人员双向交流合作，建立教师到企业实践和企业人才到学校兼职任教常态化机制，通过示范引领、创新机制、重点推进、以点带面，切实提升职业院校教师队伍整体素质和建设水平，加快建成一支师德高尚、素质优良、技艺精湛、结构合理、专兼结合的高素质专业化的“双师型”教师队伍。

二、实施原则

中央引领，地方为主。中央突出示范引领，明确工作重点，加强统筹指导，强化目标管理，带动地方有效实施教师素质提高计划，建立健全教师培训经费投入长效机制。各省（区、市）根据国家要求，做好规划设计、组织安排、体系建设、监管评估，加大经费投入，保障计划有序推进、顺利实施。

对接需求，重点支持。服务精准扶贫、制造强国、区域协同发展等国家战略，统筹优化教师培养培训资源配置，优先支持战略性新兴产业、现代农业、先进制造业、现代服务业及扶贫重点产业等紧缺领域教师培训，倾斜支持农村、边远、贫困、民族及区域经济重点发展地区学校教师队伍建设。

协同创新，注重实效。推动地方政府、高校、职业院校与行业企业（职教集团）建立协同机制，深化区域、校企、校际合作，完善国家级、省级、市级、校级校企共建的教师专业发展支持服务体系，应用“互联网+”技术创新教师培养培训方式，形成一批教师培养培训示范单位和品牌专业，提升项目实施的针对性和实效性。

规范管理，确保质量。加强管理制度建设，创新工作思路和管理模式，完善竞争择优遴选机制和动态调整机制，吸引行业企业深度参与，建立信息化管理和质量监测系统，强化过程管理、经费监管和绩效考评，切实提高计划的实施质量，确保达到预期的目标效益。

三、计划内容

（一）职业院校教师示范培训

各省（区、市）遴选具备资质条件的职教师资培养培训基地、大中型企业等，采取校企合作、工学交替、线上线下等组织形式，分层分类开展教师示范培训。培训要模块化设置课程，将师德素养、工匠精神、“双创”教育、信息技术等列入培训必修内容，实行集中脱产学习和网络自主化研修相结合，开展训前诊断、训中测评、训后考核，加强教师的师德养成、专业知识更新、实践技能积累和教学能力提升。重点支持新一代信息技术、生物技术、智能制造、节能环保等新兴产业及特色农业、种养业、民族传统工艺等扶贫产业领域教师培训。鼓励支持有条件的地方选派优秀教师校长到国（境）外进修，学习发达国家和地区职业教育理念、教育教学方法和先进技术技能。

1. 专业带头人领军能力研修。组织职业院校具有中级以上职称、主持过相关科研教改课题或项目的专业带头人，采取集中面授、返岗实践、再集中面授交替进行的方式，进行为期不少于4周的培训，重点提升教师的团队合作能力、应用技术研发与推广能力、课程开发能力、教研科研能力，培养一批具备专业领军水平、能够传帮带培训教学团队的“种子”名师。

2. “双师型”教师专业技能培训。组织职业院校不同层次和基础水平的“双师型”教师，采取集中面授与网络研修相结合的方式，进行不少于4周的专项培训，可分阶段。开设专业教学法、课程开发与应用、技术技能实训、教学实践与演练等专题模块，重点提升教师的理实一体教学能力、专业实践技能、信息技术应用能力等“双师”素质。

3. 优秀青年教师跟岗访学。组织职业院校有发展潜力的优秀青年教师到省内外国家级（省级）重点学校、示范学校等优质学校，采取听课观摩、集体备课与案例研讨、参与教科研项目等方式，以“师带徒”模式进行为期不少于8周的跟岗访学，通过全面参与培训院校教育教学实践和管理工作，帮助教师更新教育理念，提升教学能力、研究能力和管理能力，解决教育教学中的实际问题。

4. 卓越校长专题研修。分别组织中职和高职国家级（省级）重点学校、示范学校的校长，采取集中面授、名校观摩、跟岗培训、专题研究等相结合的方式，针对新任校长、骨干校长、知名校长分层分类开展不少于2周的专题研修。围绕集团化办学、校企合作、现代学徒制、学校治理、中高职衔接、专业设置与建设、教师队伍建设等内容，重点提高校长改革创新意识、决策领导能力、依法办学和治校能力，为各地培养一批具有较高知名度、精通现代学校治理的“教育家”型名校长。

（二）中高职教师素质协同提升

各省（区、市）遴选具备条件的优质职业院校、应用型高校、职教师资培养培训基地作为牵头单位，按照中职、高职、应用型本科不同阶段人才接续培养的要求，组织省域内学校的中等和高等职业教育衔接专业教师开展团队研修和协同创新，打造一批定期研修、协同研究、常态合作的中高职教师专业技能创新示范团队。各省（区、市）要根据区域经济社会发展需求合理确定协同提升的专业群，支持牵头学校整合优势资源，提供工作室或平台运行条件保障，支持主持人有效开展工作。

1. 中高职衔接专业教师协同研修。遴选国家级（省级）中高职示范学校具有教学专长的专业带头人、教学名师等主持建立“双师型”名师工作室，牵头组织区域内学校中高职衔接专业教师，采取集中面授和网络研修相结合的方式，进行为期不少于4周的团队研修。重点开展理实一体课程开发、行动导向的教学实践与演练、教科研交流与项目合作，协同提升教师实践教学能力、科研教研能力、研究协作能力等，共同研究开发中等和高等职业教育人才接续培养课程、教材及数字化资源。

2. 紧缺领域教师技术技能传承创新。面向装备制造、高新技术、传统（民族）技艺等紧缺专业，遴选具备条件的优质职业院校、应用型高校、职教师资培养培训基地建立教师技艺技能传承创新平台，组织具有绝招绝技的技能名师、兼职教师领衔，采取集中面授、项目合作研发相结合的方式，面向区域内中高职教师进行为期不少于4周的技术技能实训。重点开展新技术技能的开发与应用、传统（民族）技艺传承、实习实训资源开发、创新创业教育经验交流，提升教师专业实践操作技能、技术应用与创新能力等。

3. 骨干培训专家团队建设。面向承担计划任务的单位、基地管理人员和专兼职培训者，采取集中面授、网络研修、课题研究相结合的方式，进行为期不少于2周的培训组织实施能力专项研修，提升培训者的培训需求诊断能力、教学设计实施能力、课程与数字化资源开发能力、核心技能创新与推广能力、工作室（平台）主持能力和绩效考核评估能力。

（三）校企人员双向交流合作

各省（区、市）要联合行业组织，遴选、建设教师企业实践基地和兼职教师资源库，将实施教师企业实践和兼职教师聘用有效对接，完善教师定期到企业实践、企业人员到学校兼职任教的校企人才双向交流机制，促进产教深度融合。

1. 选派教师到企业实践。采取考察观摩、技能培训、跟岗实习、顶岗实践、在企业兼职或任职、参与产品技术研发等形式，组织职业院校专业课教师进行为期不少于4周的企业实践。重点学习掌握产业结构转型升级及发展趋势、前沿技术研发、关键技能应用等领域，以及企业的生产组织方式、工艺流程、岗位（工种）职责、操作规范、技能要求、用人标准、管理制度、企业文化、应用技术需求等内容，推进企业实践成果向教学资源转化，结合实践改进教学方法和途径，发掘学校技术服务企业发展的方式和途径。各地要遴选具有代表行业先进水平、有较强影响力、覆盖专业面广的企业，完善校企共建教师企业实践流动岗（工作站）机制，支持企业常设一批教师企业实践岗位。

2. 设立兼职教师特聘岗。重点面向战略性新兴产业、高新技术产业等国家亟须特需专业及技术技能积累、民族文化传承与创新等方面专业，支持职业院校设立一批兼职教师特聘岗位，聘请企业高技能人才、工程管理人员、能工巧匠等到学校任教，兼职教师每人每学期任教时间不少于80学时。各地要建立本地区对接产业、实时更新、动态调整的兼职教师资源库，开展兼职教师教育教学能力岗前培训，支持兼职教师参与“双师型”名师工作室建设、校本研修、产学研合作研究等。各地根据本地区实际需要、行业特点、人力资源成本等，具体确定兼职教师聘用人数和补贴标准。

四、保障措施

（一）明确职责分工。教育部制订计划的管理办法和实施指南，成立专家库，完善信息管理平台，推进优质资源共享共用，组织开展督查评估。中央财政通过现代职业教育质量提升计划专项资金渠道，采取以奖代补方式引导地方加大经费投入力度，提升计划的实施成效。各省（区、市）要将计划纳入本地区教育事业“十三五”发展规划，制订本地区项目实施办法，按年度将规划方案报教育部审核，安排专门机构、专人负责，落实工作经费，做好计划的组织、协调、管理和服务。承担单位要整合优质资源，制订对接需求的实施方案，落实条件、人员与经费保障，开发优质课程资源，做好项目总结和效果评估。

（二）加强体系建设。充分发挥国家职教师资培养培训基地和示范学校的示范引领作用，推进校企共建“双师型”教师培养培训基地和企业实践基地，支持教师培养培训资源匮乏省份与资源丰富省份联合组织实施计划，建立承担单位工作评估和动态调整机制，组建专业化培训专家团队，建成一批教师教育优势特色专业和优质课程资源，推进有条件的基地试点探索教师非学历培训与学历学位教育课程衔接和学分互认，构建完备的教师专业发展支持服务体系。

（三）严格经费管理。各省（区、市）要参照国家关于培训费管理的相关规定及《现代职业教育质量提升计划专项资金管理办法》等文件，规范使用管理中央补助经费，严格界定经费开支范围，控制培训费定额标准，对应纳入政府采购范围的事项实行政府采购。实行经费审计和预决算制度，严禁将中央专项资金用于弥补其他资金缺口，坚决杜绝挤占、挪用、截留、克扣、虚列、冒领等违法违规行为的发生，确保专款专用。落实中央八项规定精神等相关要求，厉行勤俭节约，提高经费使用效益。

（四）开展督导评估。国家和省级教育部门要健全计划的绩效评价和激励制度，完善评价指标体系，采取自我评估、匿名评教、专家抽评、第三方评估等方式开展工作绩效评估，评估结果作为经费分配、任务调整、考核奖励、鼓励宣传的重要依据。建立公示制度，按年度对各地、各承担单位执行情况和工作绩效予以公示，定期开展专项督查。

教育部　财政部

2016 年 10 月 28 日

附录三　2016 年全国高等职业院校创新创业示范校名录

地区	学校名称	电话	地址	邮编
北京	北京电子科技职业学院	010－67850226	北京亦庄经济技术开发区凉水河一街 9 号	100176
	北京财贸职业学院	010－69363126	北京市北关大街 88 号	110000
	北京信息职业技术学院	010－64312725	北京市朝阳区芳园西路 5 号	100015
	北京青年政治学院	010－64724789	北京市朝阳区花家地街 9 号	100102
天津	天津中德应用技术大学	022－28776099	天津市海河教育园区雅深路 2 号	300350
	天津现代职业技术学院	022－28193120	天津海河教育园区雅观路 3 号	300350
内蒙古	内蒙古建筑职业技术学院	0471－3951923 0471－3964369	内蒙古呼和浩特市回民区 内蒙古青少年生态园南侧	010070
黑龙江	黑龙江建筑职业技术学院	0451－85915000	哈尔滨市呼兰区利民开发区学院路	150000
江苏	江苏财经职业技术学院	0517－83858000	江苏省淮安市高教园区枚乘东路 8 号	223003
	江苏经贸职业技术学院	400－040－1156 025－52710208	江宁大学城龙眠大道 180 号 南京市光华路石门坎 104 号	211168 210007
	江苏农林职业技术学院	0511－87290000	江苏省句容市文昌东路 19 号	211121
	江苏农牧科技职业学院	0523－86158999	江苏省泰州市凤凰东路 8 号	225300
	徐州工业职业技术学院	0516－85782003 0516－85782059	徐州市鼓楼区襄王路 1 号	221400
	常州信息职业技术学院	0519－86338018	江苏省常州市科教城鸣新中路 22 号	213164
浙江	浙江机电职业技术学院	0571－87773000	浙江省杭州市滨江高教园滨文路 528 号	310053
	杭州科技职业技术学院	0571－28287180	浙江杭州富阳高科路 198 号	311402
	宁波城市职业技术学院	0574－87415012	浙江省宁波市高教园区学府路 9 号	315100
福建	福建信息职业技术学院	0591－87834434	福州市鼓楼区福飞路 106 号	350003
江西	九江职业技术学院	0792－8262695	江西省九江市十里大道 1188 号	332007
	江西交通职业技术学院	0791－83806062	江西省南昌市经济技术开发区 双港东大街 644 支路 395 号	330013
山东	山东商业职业技术学院	0531－86335888	济南市旅游路 4516 号	250103
	东营职业学院	0546－8060136	山东省东营市府前大街 129 号	257091
	泰山职业技术学院	0538－8628118	泰安市天烛峰路 281 号	271000
	青岛职业技术学院	0532－86105216 0532－86101330	青岛市钱塘江路 369 号 青岛市金坛路 17 号	266655 266071

续表

地区	学校名称	电话	地址	邮编
河南	黄河水利职业技术学院	0371－23662366	开封市东京大道1号	475004
湖北	武汉职业技术学院	027－87766779 027－87766773	湖北省武汉市关山大道463号	430074
	襄阳职业技术学院	0710－3564925	湖北省襄阳市襄城区隆中路18号	441050
	武汉软件工程职业学院	027－87996677	武汉市东湖新技术开发区光谷大道117号	430205
湖南	湖南汽车工程职业学院	0731－28431879	湖南省株洲市红旗北路476号	412001
广东	广东轻工职业技术学院	020－61230200	广州市新港西路152号	510300
	深圳职业技术学院	0755－26731000	广东省深圳市南山区留仙大道7098号	518055
	广东工程职业技术学院	020－37395091 020－87218126	广东省广州市渔兴路18号 广东省广州市下塘西路23号	510520
	顺德职业技术学院	0757－22323732	广东省佛山市顺德区德胜东路	528399
	广东科学技术职业学院	020－85297309 0756－7796288	广东省广州市天河区科华街351号 广东省珠海市金湾区珠海大道南侧	510640 519090
	珠海城市职业技术学院	0756－7253066	珠海市金湾区西湖城区金二路	519090
广西	柳州职业技术学院	0772－3156666	广西柳州市社湾路28号	545006
	南宁职业技术学院	0771－2029337	广西南宁市大学西路169号	530008
	广西职业技术学院	0771－4212633	广西壮族自治区南宁市明阳工业园	530226
海南	海南经贸职业技术学院	0898－65922033	海南省海口市桂林洋高校区	571127
重庆	重庆工程职业技术学院	023－61065333	重庆市江津区滨江新城南北大道1号 成都市新津县花源镇花源大道310号 成都市青羊区大石西路56号	402260
四川	成都职业技术学院	028－85327933	成都市高新区益州大道北段15号	610041
	绵阳职业技术学院	0816－2202006	四川省绵阳市游仙区仙人路一段32号	621000
陕西	陕西铁路工程职业技术学院	0913－2221170	渭南市临渭区站北街东段1号 渭南市高新技术开发区科教园区胜利大街西段	714099

附录四　2016 年全国职业院校教学诊断与改进工作试点院校名录

表 A　　高职诊改工作试点院校

地区	学校名称	电话	地址	邮编
山西	山西省财政税务专科学校	0351－6580599	太原市万柏林区千峰南路 25 号	030024
	山西交通职业技术学院	0351－7663069	山西省太原市小店区武宿南	030031
	山西经贸职业学院	0351－6338716	山西省太原市南内环西街 1 号	030024
内蒙古	内蒙古建筑职业技术学院	0471－3992297	呼和浩特市回民区青少年生态园南侧	010070
	包头职业技术学院	0472－6995998	包头市青山区呼得木林大街 12 号	014030
	内蒙古化工职业学院	0471－5260399	呼和浩特市赛罕区高职园区	010070
黑龙江	黑龙江职业学院	0451－87501262	黑龙江省哈尔滨市南岗区学府路 5 号	150025
	黑龙江农业工程职业学院	0451－86701967	哈尔滨市南岗区哈双路 348 号	150088
	哈尔滨职业技术学院	0451－86681627	哈尔滨市香坊区哈平路 217 号	150081
江苏	南京工业职业技术学院	025－85864009	南京市栖霞区仙林大学城羊山北路 1 号	210023
	无锡职业技术学院	0510－81838821	无锡市高浪西路 1600 号	214121
	常州工程职业技术学院	0519－86332228	常州市武进区滆湖中路 33 号	213164
山东	淄博职业学院	0533－2828000	山东省淄博新区联通路西首	255314
	滨州职业学院	0543－3278000	滨州市黄河十二路 919 号	256603
	泰山职业技术学院	0538－8628114	泰安市天烛峰路 281 号	271000
河南	黄河水利职业技术学院	0371－23658000	开封市东京大道西段	475004
	河南工业职业技术学院	0377－63270276	南阳市工农路 291 号	473000
	许昌职业技术学院	0374－2276999	河南许昌市新兴路 4335 号	461000
重庆	重庆电子工程职业学院	023－65926593	重庆市大学城东路 76 号	401331
	重庆城市管理职业学院	023－65626161	重庆市沙坪坝区虎溪重庆大学城	401331
	重庆航天职业技术学院	023－67613015	重庆市江北区红石路 255 号	400021
贵州	贵州交通职业技术学院	0851－8133355	贵阳市云岩区白云大道 245 号	550008
	铜仁职业技术学院	0856－6909046	铜仁市川硐教育园区	554300
	贵州轻工职业技术学院	0851－88506060	贵州省贵阳市花溪大学城	550025
陕西	陕西工业职业技术学院	029－33152190	咸阳市文汇西路 12 号	712000
	陕西铁路工程职业技术学院	0913－2221170	渭南市站北路东段 1 号	714099
	陕西交通职业技术学院	029－86405005	西安市文景路 19 号	710018

表 B　中职诊改工作试点院校

地区	学校名称	电话	地址	邮编
天津	天津市第一商业学校	022－84941992	津塘路1号桥129号	300180
	天津市第一轻工业学校	022－26370131	天津市红桥区勤俭道24号	300131
	天津市红星职业中等专业学校	022－86513108	天津市红桥区丁字沽三号路45号	300131
河北	石家庄工程技术学校	0311－89260032	石家庄市友谊北大街飞翼路9号	050061
	唐山丰南区职业技术教育中心	0315－8283666	唐山市丰南区青年路66号	063000
	保定女子职业中专学校	0312－3063874	保定市百花西路238号	071000
上海	上海信息技术学院	021－62506426	上海市真南路1008号	200331
	上海市群益职业技术学校	021－22816551	闵行区元江路4080号	201111
	上海市贸易学校	021－65975980	虹口区赤峰路43号	200092
浙江	宁波市鄞州职业教育中心学校	0574－88121012	宁波市高教园区学府路5号	315100
	浙江信息工程学校	0572－2315127	湖州市长兴路1299号	313000
	台州市三门县职业中专	0576－83372188	浙江省三门县海游镇中海路2号	317100
福建	福州建筑工程职业中专学校	0591－88013393	福州市仓山科技园双湖路9号	350007
	晋江职业中专学校	0595－85397087	晋江市金井镇新市村南区1号	362200
	三明市农业学校	0598－5822373	三明市沙县城关华山	365500
山东	山东省潍坊商业学校	0536－8327472	潍坊市潍城区胜利街向阳路34号	261011
	烟台理工学校	0535－2290153	莱州城港南路1639号	261400
	鲁中中等专业学校	0543－2187055	山东邹平黄山东路22号	271199
湖北	武汉市机电工程学校	027－82282028	武汉市江岸区百步亭建设新村300号	430012
	武汉市财贸学校	027－82323313 027－84627951	江岸区解放大道1018号 江岸区后湖兴业路162号	420100
	武汉市新洲高级职业中学	027－8975588	武汉市新洲区汪集街荣生路	430000
广东	广州市旅游商务职业学校	020－84302391	广州市海珠区新滘西路9号	510220
	佛山市南海区盐步职业技术学校	0757－5771905	大沥镇盐步河东中心路2号	528247
	韶关市曲江职业技术学校	0751－6910088	广东韶关曲江区马坝镇狮岩路6号	512100
四川	宜宾市职业技术学校	0831－2381084	宜宾市翠屏区南广路197号	644000
	成都市礼仪职业中学	028－85560276	成都市簧门后街1号 成都市镗钯街35号	610041
	泸县建筑职业中专学校	0830－8281134	四川省泸州市泸县嘉明镇牌坊街141号	646128